U0505572

中国关税

制度、政策与实践

（2022年版）

国务院关税税则委员会办公室
中华人民共和国财政部关税司

编著

中国财经出版传媒集团
经济科学出版社
Economic Science Press

图书在版编目（CIP）数据

中国关税：制度、政策与实践：2022 年版/
国务院关税税则委员会办公室，中华人民共和国财政部关
税司编著 . -- 北京：经济科学出版社，2023.2
ISBN 978 - 7 - 5218 - 3287 - 7

Ⅰ.①中…　Ⅱ.①国…②中…　Ⅲ.①关税 - 中国
Ⅳ.①F752.5

中国版本图书馆 CIP 数据核字（2021）第 253983 号

责任编辑：于　源　陈　晨
责任校对：隗立娜　郑淑艳
责任印制：范　艳

中 国 关 税
——制度、政策与实践（2022 年版）

国务院关税税则委员会办公室
中华人民共和国财政部关税司　编著

经济科学出版社出版、发行　新华书店经销
社址：北京市海淀区阜成路甲 28 号　邮编：100142
总编部电话：010 - 88191217　发行部电话：010 - 88191522
网址：www. esp. com. cn
电子邮箱：esp@ esp. com. cn
天猫网店：经济科学出版社旗舰店
网址：http：//jjkxcbs. tmall. com
北京季蜂印刷有限公司印装
787 × 1092　16 开　39.25 印张　900000 字
2023 年 2 月第 1 版　2023 年 2 月第 1 次印刷
ISBN 978 - 7 - 5218 - 3287 - 7　定价：190.00 元
（图书出现印装问题，本社负责调换。电话：010 - 88191510）
（版权所有　侵权必究　打击盗版　举报热线：010 - 88191661
QQ：2242791300　营销中心电话：010 - 88191537
电子邮箱：dbts@ esp. com. cn）

编写组成员名单

财政部关税司（国务院关税税则委员会办公室）

陈智远 易建华 梁立群 王洪林 吴京芳 徐 珑 李铁男 杨全州
付康荣 王志雄 王龙飞 戴良俊 李金钊 刘 畅 肖 楠 何榕秋
杨 凡 徐 静 史留保 韩宝华 江宇宁 周 正 王 锐 易炜铭
马晓雨 张江平 任 烈 赵 天 杜成杰 李永康 高卓远 张 珩
段雨辰 薛文龙 庞 博 王 岩 夏 寅 史璐琦 尚梦瑶 赵陈怡
吕怡慧 杨召能 沈滨滨 俞 健 郑森予 王 冀 刘卓青 李 赛

上海 WTO 事务咨询中心

王婧祎 阮 雯 杨 洁 邹家阳 张 颖 林乔影 林惠玲 周 可
孟 雪 谈 茜 黄 鹏 梅盛军 常丽娟 霍晓璐

前　言

为了满足广大读者学习关税基本理论与知识、了解我国关税制度与实践的需要，2011 年，财政部关税司（国务院关税税则委员会办公室）编写出版了《中国关税——制度、政策与实践》。该书融理论、法规、政策、实务于一体，自出版以来，广受国际贸易从业人员、财务人员、财经学者和学生等读者好评，认为不仅在理论层面具有权威性和专业性，而且在实践层面具有指导性和实用性。

党的十八大以来，我国关税工作取得新进展，尤其是近年来，关税工作面临的国内国际形势发生深刻变化，我国关税制度和政策在实践中不断创新完善。

十年来，我国加强关税宏观调控，优化进口税收政策体系，着力推动高质量发展。发挥关税定向、相机、精准调控作用，每年对超过 700 项进口商品精准实施较低的暂定税率，鼓励先进技术设备、关键零部件、优质消费品等进口，对钢铁、煤炭等资源性产品进行相机调控，在促进产业优化升级、保障国内市场供应、满足人民美好生活需要等方面发挥积极作用。出台支持科技创新、制造业升级、农业发展、能源资源开发利用、区域协调发展、社会事业进步、消费优化升级等进口税收政策，推动经济社会健康发展。这些举措助力我国经济实力实现历史性跃升，经济总量稳居世界第二位。

十年来，我国降低关税总水平，深化多双边关税合作，着力推进高水平开放。我国在 2010 年完成入世关税减让承诺后，2018 年实施自主降税，关税总水平由 9.8% 降至 7.5%；履行信息技术协定扩围协议降税承诺，关税总水平于 2021 年 7 月降至 7.4%，2023 年 7 月将进一步降至 7.3%，与我国发展阶段相适应。统筹多双边经贸规则制定，维护以世界贸易组织为核心的多边贸易体制，支持构建面向全球的高标准自由贸易区网络。主动对接高标准国际经贸规则，开展加入《全面与进步跨太平洋伙伴关系协定》（CPTPP）和《数字经济伙伴关系协定》（DEPA）相关工作，支持海南建设中国特色自由贸易港，推动自由贸易试验区深化改革创新，探索高水平制度型开放的方向和路径。在关税等对外开放举措推动下，我国成为 140 多个国家和地区的主要贸易伙伴，货物贸易总额位居世界第一。

十年来，我国妥善应对经贸摩擦，着力维护国家尊严和核心利益。面对国际局势急剧变化，关税工作敢于斗争、善于斗争，毫不动摇反对单边主义、保护主义、霸凌行径，坚决果断实施关税反制，创建加征关税排除制度体系，有效应对经贸摩擦，经受住了风险挑战考验。面对复杂激烈的国际竞争，我国依法开展贸易救济，作出反倾销税、反补贴税和保障措施关税征税决定，维护公平贸易环境，保护国内产业权益。在关税等政策工具的保障下，我国牢牢掌握了发展和安全主动权，依靠顽强斗争打开事业发展新天地。

为展现党的十八大以来关税工作在党的领导下取得的新进展、新成果，从关税视角展示新时代十年党和国家事业取得的历史性成就、发生的历史性变革，财政部关税司（国务院关税税则委员会办公室）联合上海WTO事务咨询中心修订形成了《中国关税——制度、政策与实践（2022年版）》。主要修订内容包括：

体例上，全书由原来的三篇调整为两篇。第一篇"中国关税制度"系统介绍了关税理论以及中国关税制度的历史沿革、制度体系、征收管理以及关税调控、政策、谈判等；第二篇"进出口税收法规政策汇编"收录了现行有效的关税法律法规、进出口税收政策、税收管理等相关文件。

结构布局上，全书进行了调整与优化。例如，在第一篇"中国关税制度"中，考虑到关税在宏观调控中发挥着越来越大的作用，将原"第八章 关税政策与宏观调控"调整为"第四章 关税调控"，系统梳理了关税调控相关理论和中国实施关税调控的基本实践；考虑到进口环节税和进口税收优惠政策密切相关，将原"第四章 进口环节税"和原"第七章 进口税收优惠政策"合并为"第六章 进口环节税和进口税收政策"。在第二篇"进出口税收法规政策汇编"中，为便于读者查找相关政策，将"支持产业和社会事业发展的税收政策"分为科技创新、制造业升级、农业发展、能源资源、社会事业、消费优化升级等六方面。

章节内容上，全书进行了更新与丰富。第一篇"中国关税制度"中介绍了关税工作新实践。例如，"第二章 中国关税制度的历史沿革"新增了"第六节 中国完成关税减让承诺后进出口关税的变化情况"；"第三章 现行关税制度"的"第四节 报复性关税"新增了我国自2018年来实施关税反制、开展加征关税商品排除工作的具体实践；"第六章第五节 区域性税收政策简介"新增了建设海南自由贸易港、自由贸易试验区等对外开放新举措。第一篇"中国关税制度"也更加关注国际经贸新动向，使全书更具前瞻性。例如，"第七章 世界贸易组织关税谈判"新增了"第五节 国际经贸领域发展动向"，包括跨境电子商务税收问题、碳边境调节机制等内容；"第八章 自由贸易协定等关税谈判与实施"新增了"第五节 国际经贸协定发展动态"，介绍了《全面与进步跨太平洋伙伴关系协定》（CPTPP）、美国－墨西哥－加拿大协定等。第二篇"进出口税收法规政策汇编"补充了新近出台的进出口税收政策等文件，并为所有文件增加了二维码，方便读者查阅文件电子版。

　　感谢曾参与 2011 年出版的《中国关税——制度、政策与实践》编写工作的人员，也感谢修订期间在财政部关税司工作的蔡强、袁璐等同志，他们都对本书贡献颇多。

　　编写组成员在修订过程中多次校核，但难免仍有缺憾与疏漏，欢迎读者提出宝贵意见。

编者

2022 年 12 月

CONTENTS 目录

第一篇　中国关税制度

第二篇　进出口税收法规政策汇编

二、进口税收政策 326

第一篇
中国关税制度

第一章 关税概论

关税是对进出关境的货物和物品所征收的税种。作为一个古老的税种，自起源以来，关税的内涵随着商品交换和流通领域的扩大不断发展演变。特别是进入 20 世纪以后，科学技术突飞猛进，国际经济和贸易快速发展，关税成为国家经济政策的重要组成部分，种类不断增加，征税方式不断丰富，对国内和国际经济产生越来越大的影响。

第一节 关税的基本概念

一、关税的定义

关税概念因时间、情况的变化和使用的场合不同，有不同的含义。

（一）关税的一般定义

关税最常见的定义是"对进出口货物或物品所征收的一种税"。更确切地说，关税是仅以进出境的货物或物品为课税对象的一种税。

首先，关税是一种税，这是它最基本的属性。所有税收的征收主体都是国家，关税通常由海关代表国家向纳税人征收。

其次，关税的课税对象是进出境的货物或物品，这是关税与其他税种的主要区别。它有两层含义：一是进出境货物或物品，一般必须是有形的货品。无形的商品，如科学技术、文艺美术、专利发明等，虽然具有价值，也是国际间的交易对象，但是海关不能对这些无形的商品征收关税。只有在无形商品的价值体现在某种有形的货品中进出境时，或换言之，只有在它们被物化为有形的物时，如书刊、文物、书画、录音等，有关的物或其载体才成为关税的课税对象。但电力作为一种特殊商品被列入关税征税商品，虽然电是无形的，但它是由电缆输送，而且是可以具体计量出来的，这属于一种例外。二是关税的课税对象必须是进出境的货品。对在一个国家的境内或境外自由流通的货品征收的税不属于关税。

最后，关税"仅以"进出境的货物或物品为课税对象。一个国家根据其政治、经济需要，在边界孔道、沿海口岸或境内的水陆空国际交往孔道设置海关机构，按照国家制定的关税法律法规、税则税率，对进出境货品征收关税。但需要说明的是，由海关征收的税不一定都是关税。进出境货品在海关征收关税后，根据国民待遇（national treatment）原则应与本国产品同等对待，在其进入进口国国内流通时，应当征收与进口国本国产品相同的国内税费，如进口环节增值税、进口环节消费税等。通常，这些国内税费由海关在进口环节与关税一起征收。因此，把关税简单地说成"由海关征收的税"是不确切的。

（二）关税的特殊定义

在一些关税协定中，对关税概念采取了狭义的定义。例如，海关合作理事会①主持编写出版的《国际海关术语汇编》中，把关税定义为"在海关税则中规定的对进出境货品征收的税。"这样，不但把关税和国内税严格区分开，而且也把由海关征收的一些临时性差别关税，如反倾销税等，排除在关税概念之外。这是由于这些协定、公约中规定的是仅限于进出一国国境或关境的货物通常所征收的关税，即进口关税的正税。把正税以外的特别关税排除在关税概念之外，是为了行文方便。有时还把特别关税作为非关税措施对待。

还有一些有关关税的协定或公约，将包括进口关税在内的有关税费统称为"进口税费"（import duties and taxes）。所谓进口税费，是指对进口货物征收的关税、进口环节税和有关规费等。规费与关税是有区别的，包括码头附加费、停港费、码头建设税（费）等，各国有不同规定，有些国家由海关征收，但不一定都由海关征收。

本书对关税概念采取广义的定义，凡是专门以进出境货物或物品为课税对象的税，如反倾销税、报复性关税等，均纳入关税范畴进行讲述。

二、关税的适用范围

关税定义中的"境"，是指关境，不一定就是国境。

国境，是一个国家的领土（national territory），即处于一个国家主权支配下的地球表面特定部分。所谓关境（customs territory）又被译为海关境域、关税领域或关税领土等。在《国际海关术语汇编》中，关境一词系指一个国家的《海关法》得以实施的区域（The term customs territory means the territory in which customs laws of a state apply in full.）。这是目前最常使用的关境定义。关境定义中所说的"国家"（state），一般指主权国家，有些情况下也可指非主权国家或某一区域。《关税与贸易总协定》第24条第2款中对关境的定义则采取更加中性的解释："本协定所称关境应理解为，任何与其他领土之间贸易的实质部分保留单独关税或其他贸易法规的任何领土（For the purpose of this Agreement, a customs territory shall be understood to mean any territory with respect to which separate tariffs or other regulations of commerce are

---

① 海关合作理事会（Customs Co-operation Council，CCC）是唯一世界范围的专门研究海关事务的国际政府间组织。理事会总部设在比利时布鲁塞尔。我国于1983年7月18日加入该理事会。1994年，为了更明确地表明该组织的世界性地位，海关合作理事会获得了一个工作名称，即"世界海关组织"（World Customs Organization，WCO），从而使该组织与"世界贸易组织"（World Trade Organization，WTO）相对应。

maintained for a substantial part of the trade of such territory with other territories）。"

关境是一个国家的《海关法》适用的空间，而海关行政管理是国家主权的一种体现。作为调整、规范海关行政管理关系的《海关法》，其使用的范围通常应为国家主权行使的范围——与国家领土相一致，即关境等于国境。一个国家的领土包括领陆、领水和领空，是个立体的空间，因此，关境也应是立体的。但由于国际经济贸易关系的错综复杂，以及一些国家存在特殊原因，国家政治国境和海关关境两者并不是绝对吻合的，《海关法》的地理适用范围有别于普通法习惯上确定的法律领土适用范围。关境与国境不一致的情况有关境大于国境和关境小于国境两类。

（一）关境大于国境

在几个国家结成关税同盟后，各成员国组成一个共同的关境，实施统一的关税法令和统一的对外税则。成员国彼此之间的货物进出国境不征收关税，只对来自或运往非成员国的货物在其进出共同关境时征收关税。这样，共同关境大于其成员国的各自国境。但是应当指出，关税同盟缔结后，成员国各自的关境并不必然因关税同盟而取消。

导致一国关境大于其国境的，还有某些国家由于地理、历史或海关管理方面的原因，相互签订条约，将其中一国领土的全部或部分划入另一国关境。

（二）关境小于国境

各国都在其《海关法》或《关税法》中明确规定各自国家关境的范围。通常，《海关法》的空间效力范围应与主权空间一致，没有必要专门规定，但关境与国境不一致时，凡列为该国关境外的地区都必须在其《海关法》或《关税法》中明示，或将该国的关境包括的范围明示。

《国际海关术语汇编》中，将自由区定义为："国家领土的一部分，凡输入这一区域的物品，仅就进口捐税而言，一般视为处在关境以外，并不受通常的海关监管（A part of the territory of a state, where goods introduced are generally regarded, insofar as import duties and taxes are concerned, as being outside of the customs territory and are not subject to usual customs control）。"

此外，一国某些地区还可能由于下列一些原因被规定为其关境外地区，导致其关境小于其国境：

（1）历史的原因。例如，我国的香港特别行政区、澳门特别行政区目前都有自己的《海关法》或相应的法律，台湾地区也有相关规定，而《中华人民共和国海关法》在这三个地区不适用。

（2）地理位置的原因。例如，美国远在太平洋中的关岛，在美国《海关法》中未列入其关境。

（3）国家间条约。例如，根据德国与奥地利两国海关条约，奥地利的容古尔兹和米特尔堡划入德国关境，奥地利关境就小于其国境。

第二节　关税的起源

关税的起源很早。随着社会生产力的发展，出现了商品的生产和交换。关税正是随着商品交换和商品流通领域的不断扩大、国际贸易的不断发展而产生和逐步发展的。

在古代，统治者在其领地内对流通中的商品征税，是取得财政收入的一种最方便的手段。近代国家出现后，关税成为国家税收中的一个单独税种，形成了近代关税。其后，又发展成为现代各国所通行的现代关税。

一、中国关税的起源

我国西周时期（约公元前 11 世纪至公元前 771 年）就在边境设立关卡，最初主要是为了防卫，《周礼·地官》中有了"关市之征"的记载。春秋时期以后，诸侯割据，纷纷在各自领地边界设立关卡，"关市之征"的记载也多了起来。关税从其本来意义上是对进出关卡的物品征税；市税是在领地内商品聚散集市上对进出集市的商品征税。征税的目的是"关市之赋以侍王之膳服"。据《周礼·天官》记载，周朝中央征收九种赋税，关市税是其中一种，直接归王室使用，关和市是相提并论的。边界关卡之处也可能是商品的交换集市。关税和市税都是对商品在流通环节中征税。《管子·问篇》曾提到"征于关者勿征于市，征于市者勿征于关"，对同一商品不主张重复征税，以减轻商人负担。"关市之征"是我国关税的雏形，我国"关税"的名称也是由此演进而来的。

秦统一天下以后，汉唐各代疆界不断扩大。在陆地边境关口和沿海港口征税，具有了国境关税的性质。但我国古代对外贸易虽有陆上和海上"丝绸之路"的贸易往来，但较之欧洲各国，发展不快，数量不大。边境关卡征税不是其主要任务。而在国内关、津各卡征税以"供御府声色之费"，一直是官府收入的财源之一。如唐朝的"关市税"和明朝的"钞关税"主要是指在内地关卡征税。在沿海港口对进出港的货物征税，各朝代有不同的名称。如唐朝的"下碇税"、宋朝的"抽解"、明朝的"引税"和"船钞"等，由称为市舶司（使）的机关负责征税。到清朝康熙年间，才在沿海设立粤、闽、浙、江四个"海关"，对进出口的货物征收船钞和货税。这时的关税概念仍包括内地关税和国境关税。直到鸦片战争后，受到西方国家的入侵，门户被迫开放，海关大权落入外人之手，尤其是英国人一直统治着我国海关，引进了近代关税概念和关税制度，国境关税和内地关税才逐渐有所区别。到1931年取消了常关税、子口税、厘金税等国内税，转口税不久也被取消，此后，我国的关税就只指进口税和出口税，对进出国境的货物只在进出境时征收关税。

中华人民共和国成立后，才真正取得了关税自主权。中华人民共和国成立初期，由于西方国家对我国实施封锁禁运等一些历史原因，我国的关税工作比较简单。改革开放以来，国际经济贸易往来大量增多，经济改革使关税的作用日益受到重视，国际关税协定有关关税的事务日益繁多，关税制度不断改革和完善，逐步实现了现代化和国际化。

二、国外关税的起源

在国外，关税也是一种古老的税种，最早产生在欧洲。据《大英百科全书》对 customs 一词的来源解释，古时在商人进入市场交易时，要向当地领主交纳一种例行的、常规的入市税（customary tolls），后来就把 customs 和 customs duty 作为海关和关税的英文名称。

希腊在公元前 5 世纪时成为地中海、爱琴海沿岸的强国。当时，这个地区的经济比较发达，商品贸易往来普遍，雅典成为当时的贸易中心。外国商人为取得在该地的贸易权利和受到保护，便向领主送（贡）礼。后来，雅典以使用港口的报酬为名，正式对输出入的货物征收 2%～5% 的使用费。其后，罗马帝国征服了欧洲、非洲、亚洲的大片领地，欧洲经济也有了进一步的发展，海上和陆地贸易昌盛，各地区之间和各省之间的商业往来发达。早在罗马王政时代，就对通过海港、道路、桥梁等的商品课税 2.5%，其后，关税就作为一种正式的间接税征收，进出境的一切贸易物品（帝国的信使除外）均须缴纳进出口税，正常税率是 12.5%，有的地区还按商品分类征税，对不同地区的进口货物税率也有差别。例如，针对来自印度和阿拉伯的货物，在红海口岸的征税高达 25%。罗马帝国境内曾形成很多关税势力圈，在各自边界上征税。另外，很多都市对食品还征收入市税。征税的目的主要是为了财政收入。

关税在英文中还有一个术语名称是 tariff。据传说，在地中海西口距直布罗陀 21 英里处，古时有一个海盗盘踞的港口名叫塔利法（Tariffa）。当时，进出地中海的商船为了避免被抢劫，被迫向塔利法港口的海盗缴纳一笔买路费。后来，tariff 就成为关税的另一通用名称，泛指关税、关税税则或关税制度等义。

配第在《赋税论》中说，"关税是对输入或输出君主领土的货物所课的一种捐税"，"我认为，关税最初是为了保护进出口的货物免遭海盗劫掠而送给君主的报酬"。

马克思、恩格斯在谈到关税的起源时也说："关税起源于封建主对其领地上的过往客商所征收的捐税，客商缴了这种税款就可免遭抢劫。后来各城市也征收了这种捐税，在现代国家出现后，这种捐税便是国库进款的最方便的手段。"[1]

在封建社会，自然经济占统治地位，商品生产和商品流通受封建制度的束缚，规模很小，发展缓慢，对外贸易比重很小，关税收入虽然起到一定的筹集财政收入作用，但均为官府享受之用，且由于关卡林立，重重征税，限制了对外贸易和国际交往，阻碍了社会生产力的进一步发展。

封建社会后期，出现了资本主义生产方式，新兴资产阶级为了发展资本主义生产和商品交换，便极力反对封建制度对商品生产的束缚，极力冲破封建特权所分割

---

[1] 《马克思恩格斯全集》第 3 卷，人民出版社 1960 年版，第 65 页。

的国内市场，争取国内的自由贸易和商品的自由流通。当资产阶级掌握政权后，就废除了因封建割据而形成的关卡林立的内地关税，实行了统一的国境关税，进出国境的货物统一在边境口岸交纳一次关税，以后在同一国境内不再重征关税。

英国资产阶级通过革命在 1640 年首先取得政权，成立了资产阶级掌权的近代国家，它立即开始实行了这种国境关税，废除了内地关税。法国于 1660 年开始废除内地关税，至 1791 年初才完全实行了国境关税。比利时、荷兰受法国的影响，也相继使用统一的国境关税。其后，世界各国开始普遍实行。

统一的国境关税是针对封建割据的内地关税而言的。它是在封建社会解体和出现了资本主义近代国家后产生的，所以，也称之为近代关税。其主要特点就是专对进出国境的货物在进出国境时征税，进口后不再重复征收。而且，近代国家一般不再把财政收入作为征收关税的主要目的，而是把关税作为执行国家经济政策的一个重要手段。

进入 20 世纪以后，尤其是近几十年来，科学技术迅速进步，社会生产力不断发展，国际贸易大量增多，各国间的经济斗争、经济分工与合作的形势复杂。为了减少关税对国际贸易和经济发展的障碍，自由港、自由区等大量出现，几个国家地区性的经济一体化、关税同盟的成立成为国际新潮流。目前，国境关税与关境关税在国际上同时并存。

国外有人把关税发展的历史分为三个阶段。我国对关税发展的阶段划分，一般也接受这一观点。

第一阶段：使用费时代。因为使用了道路、桥梁、港口等设施得到了方便，货物和商人受到了保护，向领主交纳费用作为报偿。

第二阶段：国内关税时代。封建领主在各自的庄园或都市领域内征税，除了有使用费的意义外，也具有了强制性、无偿性的税收特征。关税的征收也从实物形式逐渐转变为货币形式。这时在一国境内征收的关税与对进出其国境货品征收的关税并存。

第三阶段：国境关税或关境关税时代。近代国家出现后，不再征收内地关税。关税具有了它自己的特性。它除了有组织财政收入的作用外，更重要的是成为执行国家经济政策的一种重要手段，用以调节、保护和发展本国的经济和生产。这一时期的关税仅以进出国境或关境的货品为课税对象。

第三节 关税的分类

关税，按征税对象，可分为进口关税、出口关税；按征税方式，可分为从价税、从量税、复合税、选择税、季节税和滑准税等。其中，进口关税，又可按征税性质，分为最惠国税率、协定税率、特惠税率、普通税率、关税配额税率等。此外，除了正常征收的关税外，还存在特别关税。特别关税按征税的特定目的，可分为反倾销税、反补贴税、保障措施关税和报复性关税。

一、按征税对象：进口关税、出口关税

关税是以国际流通的货品为课税对象而征收的税，以进口和出口两个流向的货品为标准进行分类，是自然形成的传统分类，也是基本的分类。

（一）进口关税

进口关税（import duties）是指进口商品进入一国关境或从自由港、出口加工区、保税仓库进入国内市场时，由该国海关根据海关税则对本国进口商所征收的一种关税。

进口关税是保护关税的主要手段。通常所说的关税壁垒，实际上就是对进口商品征收高额关税，以此提高其成本，从而削弱其竞争力，起到限制进口的作用。关税壁垒是一国推行保护性贸易政策所实施的一项重要措施。

各国进口税率的制定是基于多方面因素的考虑，从有效保护和发展经济出发，对不同商品制定不同的税率。一般来说，进口关税税率随着进口商品加工程度的提高而提高，即工业制成品税率最高，半制成品次之，原料等初级产品税率最低甚至免税，这称为关税升级（tariff escalate）。进口国同样对不同商品实行差别税率，对于国内紧缺而又急需的生活必需品和机器设备予以低关税或免税，而对国内能大量生产的商品或奢侈品则征收高关税。同时，由于各国政治经济关系的需要，会对来自不同国家的同一种商品实行不同的税率。

（二）出口关税

出口关税（export duties）是出口国家的海关在本国产品输往国外时，对出口商品所征收的关税。目前，大多数国家对绝大部分出口商品都不征收出口关税。因为征收出口关税会抬高出口商品的成本和国外售价，削弱其在国外市场的竞争力，不利于扩大出口。但目前世界上仍有少数国家（特别是经济落后的发展中国家）征收出口关税，主要是为了增加本国财政收入，保护本国资源环境，保证本国市场供应，维护本国经济利益。我国目前采取的是进口与出口并重的政策，但为了控制一些商品的出口流量，采用了对极少数商品征出口关税的办法，被征出口关税的商品主要是高耗能、高污染、资源性产品。

二、按征税方式：从价税、从量税、复合税、选择税、季节税、滑准税等

（一）从价税

从价税（ad-valorem duties）是以货物价格作为征收标准的关税。从价税的税率表现为货物价格的百分值。从价税的计算公式为：

$$从价税税额 = 进口货物总值 \times 从价税率$$

征收从价税的一个重要问题是确定进口商品的完税价格（customs value）。所谓完税价格，是指作为计征关税依据的价格，货物按此价格照章征税。各国规定了不同的完税价格计税基础，目前大致有以下三种：出口国离岸价（FOB）、进口国到岸价（CIF）和进口国的官方价格。美国、加拿大等国家曾采用离岸价格作为完税价格的计税基础，而西欧等国家采用到岸价格，不少国家甚至故意抬高进口商品完税价格，以增加进口商品成本，把海关估价变成一种阻碍进口的非关税壁垒措施。

为了缩小各国确定完税价格的差异且减少其作为非关税壁垒的消极作用，东京回合达成了《关税与贸易总协定估价守则》（GATT Valuation Code），为进口货物估价规定了一个公平、统一和中立的制度，并规定了六种应依次使用的海关估价方法。其中确定了以进口货物的成交价格（transaction value）作为估价的主要依据，即以进口国立法确定的某一时间或地点，在正常贸易过程中于充分竞争的条件下，某一商品向他国出售的价格为依据，而不能以臆断或虚构的价格为依据。当成交价格不能确定时，应依次使用其他海关估价方法确定完税价格。

征收从价税有以下特点：

（1）税负合理。同类商品质高价高，税额也高；质次价低，税额也低。加工程度高的商品和奢侈品价高，税额较高，相应的保护作用较大。

（2）物价上涨时，税款相应增加，财政收入和保护作用均不受影响。但在商品价格下跌或者别国蓄意对进口国进行低价倾销时，财政收入就会减少，保护作用也会明显减弱。

（3）各种商品均可使用。

（4）从价税率按百分数表示，便于与别国进行比较。

（5）完税价格不易掌握，征税手续复杂，大大增加了海关的工作负荷。

（二）从量税

从量税（specific duties）是以进口货物的重量、数量、长度、容量和面积等计量单位为标准计征的关税。其中，重量单位是最常用的从量税计量单位。从量税的计算公式为：

$$从量税税额 = 货物计量单位数 \times 从量税率$$

以重量为单位征收从量税应注意在实际应用中各国计算重量的标准各不相同，一般采用毛重、半毛重和净重。毛重（gross weight）指商品本身的重量加内外包装材料在内的总重量。半毛重（demi-gross weight）指商品总重量扣除外包装后的重量。净重（net weight）则指商品本身的重量，不包括内外包装材料的重量。

采用从量税计征关税有以下特点：

（1）手续简便。无须审定货物的规格、品质、价格，便于计算。

（2）税负并不合理。同一税目的货物，不管质量好坏、价格高低，均按同一税率征税，税负相同。

（3）不能随价格变动做出调整。当国内物价上涨时，税额不能随之变动，使税收相对减少，保护作用削弱；物价回落时，税负又相对增高。这不仅影响财政收入，而且影响关税的调控作用。

（4）难以普遍采用。税收对象一般是谷物、棉花等大宗产品和标准产品，对某些商品不便使用，如古玩、字画、雕刻、宝石等艺术品及贵重物品。

在工业生产还不十分发达，商品品种规格简单，税则分类也不太细的一个相当长时期内，不少国家对大多数商品使用过从量税。但第二次世界大战后，随着严重通货膨胀的出现和工业制成品贸易比重的加大，征收从量税起不到关税保护作用，各国纷纷放弃了完全按从量税计征关税的做法。

由于从量税和从价税都存在一定的缺点，因此，关税的征收方法在从量税和从价税的基础上，又产生了复合税和选择税。

（三）复合税

复合税（compound duties）是征税时同时使用从量、从价两种税率计征，以两种税额之和作为该种商品的关税税额。复合税按从量、从价的主次不同又可分为两种情况：一种是以从量税为主加征从价税，即在对每单位进口商品征税的基础上，再按其价格加征一定比例的从价税。另一种是以从价税为主加征从量税，即在按进口商品的价格征税的基础上，再按其数量单位加征一定数额的从量税。

（四）选择税

选择税（alternative duties）是指对某种商品同时定有从量和从价两种税率，征税时由海关选择其中一种征税，作为该种商品的应征关税税额。一般是选择税额较高的一种税率征税，在物价上涨时使用从价税，物价下跌时使用从量税。有时，为了鼓励某种商品的进口，或给某出口国以优惠待遇，也有选择税额较低的一种税率征收关税。

（五）季节税

季节税（season duties），是指根据季节不同，按不同的比例或税额征收的关税。季节税一般是对生产季节性较强的农产品而设置的。例如，欧盟国家对一些水果、蔬菜或园艺产品除按从量税或复合税征收关税外，还征收季节税。

（六）滑准税

滑准税（sliding duties），亦称滑动税，是对进口税则中的同一种商品按其市场价格标准分别制定不同价格档次的税率而征收的一种进口关税。其高档价格的税率低或不征税，低档价格的税率高。征收这种关税的目的是使该种进口商品，不论其进口价格高低，其税后价格保持在一个预定的价格标准上，以稳定进口国内该种商品的市场价格。滑准税最早出现于重商主义时期（1670 年）的英国谷物法。该法规定，当小麦每夸脱价格在 53 先令 4 便士至 80 先令时征税 8 先令，当小麦每夸脱价格低于 53 先令 4 便士时征税 16 先令，以使英国小麦市场经常保持较高价格，保护封建农场主的谷物生产。

三、按征税性质：最惠国税率、协定税率、特惠税率、普通税率、关税配额税率等

按照对不同国别或不同情况的进口货物所给予的不同关税待遇分类，有优惠税率、普通税率和关税配额税率。优惠税率指对特定国家输入的商品以低于普通税率征收的关税，以示友好。优惠税率又可分为最惠国税率、协定税率和特惠税率三种。

（一）最惠国税率

最惠国税率（most-favored-nation tariff rates）是对签有最惠国待遇条款的贸易协定国家实行的关税。所谓最惠国待遇（most-favored-nation treatment，MFNT）是指缔约国各方实行互惠，凡缔约国一方现在和将来给予任何第三方的一切特权、优惠和豁免，也同样给予对方。最惠国待遇的主要内容是关税待遇。最惠国税率是互惠的且比普通税率低。目前，世界上大多数国家都加入了签订有多边最惠国待遇条约的世界贸易组织，或者通过个别谈判签订了双边最惠国待遇条约。但这种关税待遇中往往规定有例外条款，在缔结关税同盟、自由贸易区或有特殊关系的国家之间规定了更优惠的关税待遇时，最惠国待遇并不适用。

（二）协定税率

协定税率（agreement tariff rates）是指一国通过与他国签订贸易条约或协定的方式共同制定的关税。协定税率是缔约国间通过关税减让谈判达成的，一般比最惠国税率低；在条约或协定有效期间，未经缔约国一致同意，税率不得自行更改或废除。协定税率一般是双边的或多边的，具有互惠性，即缔约国相互减让关税；但也存在单边协定税率。

（三）特惠税率

特惠税率（special preferential tariff rates）是指某一国家对另一国家或某些国家对另外一些国家的进口商品给予特殊关税优惠待遇。特惠税率的优惠对象不受最惠国待遇原则制约，其他国家不得根据最惠国待遇原则要求享受这种优惠待遇。使用特惠税率的目的是增进与受惠国之间的友好贸易往来。特惠税率有的是互惠的，有的是非互惠的。

特惠税率最早开始于宗主国与其殖民地及附属国之间的贸易。目前，国际上最著名的特惠关税是"洛美协定"国家之间的关税，它是当时欧洲经济共同体向参加协定的非洲、加勒比海和太平洋地区的 90 多个发展中国家单方面提供的特惠关税。按照"洛美协定"，欧共体在免税、不限量的条件下，接受受惠国的全部工业品和 96% 的农产品，而不要求受惠国给予反向优惠，并放宽原产地限制。

此外，还有发达国家向发展中国家提供的普遍优惠制。普遍优惠制（generalized system of preferences，GSP）简称普惠制，是 1968 年联合国贸易和发展会议（以下简称"联合国贸发会议"）第二次会议提出，旨在建立有利于发展中国家特别是最

不发达国家的普遍、非互惠、非歧视性的优惠制度。在该制度下，发达国家（给惠国）对原产于发展中国家的特定范围产品，提供低于最惠国税率的低税率或零税率；同时给予最不发达国家更大范围产品、更低税率的优惠待遇。普遍性、非歧视性和非互惠性是普惠制的三项基本原则。普遍性是指发达国家对所有发展中国家出口的制成品和半制成品给予普遍的关税优惠待遇；非歧视性是指应使所有发展中国家都无歧视、无例外地享受普惠制待遇；非互惠性即非对等性，是指发达国家单方面给予发展中国家特殊关税减让而不要求发展中国家给予对等待遇。

普惠制的目的是通过给惠国对受惠国的受惠商品给予减、免关税优惠待遇，使发展中的受惠国增加出口收益，促使其工业化水平的提高，加速国民经济的增长。普遍优惠制是发展中国家在联合国贸发会议上长期斗争的成果，已在世界上实施了60多年。目前，澳大利亚、白俄罗斯、加拿大、欧盟、冰岛、日本、哈萨克斯坦、新西兰、挪威、俄罗斯、瑞士、土耳其和美国13个国家或地区向联合国贸发会议通报实施普惠制。

普惠制在实施60多年来，确实对发展中国家的出口起了一定的积极作用。但由于各给惠国在提供关税优惠的同时，又制定了种种烦琐的规定和严厉的限制措施，如例外条款、预订限额及毕业条款等，使得建立普惠制的预期目标还没有真正达到。

1971年，联合国大会正式设立最不发达国家类别，呼吁各国为最不发达国家提供特别优惠以支持其发展，其中包括给予最不发达国家特殊关税优惠待遇。

（四）普通税率

普通税率（general tariff rates）是指如果进口国未与该进口商品的来源国签订任何关税互惠贸易条约，则对该进口商品按普通关税税率征税。普通税率是最高税率，一般比优惠税率高1~5倍，少数商品甚至更高。目前仅有个别国家对极少数（一般是非建交）国家的出口商品实行这种税率，大多数只是将其作为其他优惠税率减税的基础。因此，普通税率并不是被普遍实施的税率。

（五）关税配额税率

关税配额税率（tariff quota rates）是实行关税配额管理的进口货物适用的税率，即在一定时期内，关税配额以内的进口货物按关税配额税率征收关税，超过配额的进口货物则按其他适用的税率征收关税。由于限额内的关税税率和限额外的关税税率通常相差悬殊，超过限额的进口货物会因这种高关税税率而无法进入进口方市场。

就关税配额的分配方式而言，一般有全球关税配额和国别关税配额之分。全球关税配额是指进口方只对享受优惠关税税率的进口商品总额做出规定，而不对有关商品所来自的国别或地区做出区分，按照先来先得的原则，由所有受惠国使用，直到配额用完为止。国别关税配额是指进口方在对享受优惠关税税率的进口商品总额做出规定以后，再将其按一定的标准分配给各受惠国，受惠国只能使用分配到的关税配额，而不能将关税配额转让给其他受惠国或者将当年未使用完的配额转移到下一年度。在国别配额下，为了便于管理，进口方一般都会要求受惠国提交有关产品的原产地证书。①

四、按征税的特定目的：反倾销税、反补贴税、保障措施关税、报复性关税

（一）反倾销税

反倾销税（anti-dumping duties）是指进口国对低于正常价值的价格在进口国进行销售，并给进口国生产同类产品的产业造成实质损害的进口产品，征收的不超过倾销幅度的税收。

（二）反补贴税

反补贴税（countervailing duties）是指进口国对获得制造、生产或出口补贴的进口商品在进口国进行销售，并给进口国同类产品的产业造成实质损害后征收的税收。

（三）保障措施关税

保障措施关税（safeguard duties）是指当某项产品进口数量增加并造成进口国国内相关产业遭受严重损害或者严重损害威胁时，进口方政府可以对该进口产品征收的税收。

（四）报复性关税

报复性关税（retaliative duties）是指他国对本国输出货物有不利的或歧视性待遇时，对从该国输入的货物加以报复，加重征收的关税。报复性关税措施是保证缔约方履行条约义务的一种威慑手段。

第四节　关税的效应分析

一个国家对进出境货物和物品征收关税，将对其国内（或境内，以下略）经济和国际经济产生影响。这种影响就其积极意义而言，通常被称为关税的职能作用。严格来说，关税的职能（function）是指关税内在的、固有的功能，而这种功能在一定社会、经济条件下显示出来，对关税征收国国内和国际经济产生具体的影响，就是关税的作用。作用通常是指人们期待发生的效果，具有积极意义。事实上，关税还有其消极方面的影响。为了对一国征收关税后对其本国经济和国际经济产生的影响有一个全面的分析，本书对关税职能和作用的阐述采用实证关税理论中更加中性的术语，称其为关税效应（effect）。

关税效应可以用不同的方法来研究，如局部均衡分析、一般均衡分析、可计算

① 《世界贸易组织法律大辞典》，法律出版社 2006 年版，第 221 页。

一般均衡分析等。局部均衡分析多用于研究一个市场、一种商品的关税效应或两种关联商品的关税效应。研究关税整体的效应，一般运用一般均衡分析，但这种分析只能得到抽象的结论。如果要研究关税整体结构较为实际的效应，则需要进行可计算一般均衡分析，这种分析可以为政策决策提供依据，但要求掌握丰富的数学知识和充分的统计资料。本节主要采用局部均衡分析来研究关税效应。

一、进口关税的效应

（一）关税的价格效应

一个国家对进口商品课征关税，立刻会表现为对价格的影响。一个商人在商品被课以关税后，总是要设法把关税税负转嫁出去，这就会引起进口国国内外市场价格的变化。对进口商品征收关税产生的价格影响，称为关税的价格效应（price effect）。但进口国是贸易大国或是贸易小国，征收关税产生的价格效应并不完全相同。

1. 贸易小国模型

所谓贸易小国，是指某商品的进口数量在整个国际贸易量中所占比例很小的国家，即国内供求量的变化对国际均衡价格没有影响，贸易小国在国际市场上只能是"价格接受者"（price taker）。

图1-1是贸易小国对进口商品征收关税的局部均衡分析。分析中假定被研究对象的价格和供求关系不因同一市场其他商品和其他市场的同一商品的价格和供求关系的变化而变化，也不受消费者收入变化的影响。此外，为了简化问题，假定：（1）关税是唯一进口保护措施；（2）该国国内生产的商品与进口商品同质；（3）消费者在进口商品与国内生产的商品价格相同时，优先购买国内生产的商品。

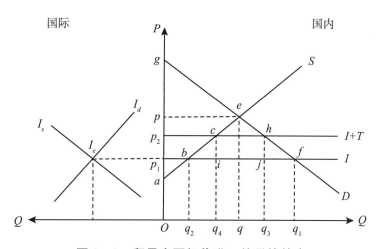

图1-1　贸易小国征收进口关税的效应

图1-1中，横坐标 OQ 为数量坐标，纵坐标 OP 为价格坐标。右侧为某商品国

内市场供求关系图，从左上向右下倾斜的斜线 D 为需求曲线，从右上向左下倾斜的斜线 S 为国内生产供给曲线。如果没有进口，则 e 点为国内供求均衡点，p 为均衡价格，q 为均衡数量。

如果存在对外贸易，则国内供给由国内生产供给和进口供给两方面组成。这两方面的条件并不相同，进口供给价格是由国际市场供求关系决定的，它不受贸易小国国内供求关系变化的影响。相反，当国际供给条件优于国内供给条件时，国内市场价格受进口供给价格的影响，以进口供给价格为国内市场价格。图 1-1 中，左侧为某商品国际市场供求关系，I_d 为国际市场需求曲线，I_s 为国际市场供给曲线，I_e 为国际市场供求均衡点，p_1 为国际市场均衡价格。贸易小国在国际市场上无论是否购买、购买多少都不能影响国际市场价格，则假定进口供给曲线为完全弹性，即进口供给曲线在图 1-1 右侧的国内市场供求关系图中为一水平直线 I。当国际市场均衡价格 p_1 低于无进口时的国内供给均衡价格 p 时，国内均衡价格服从于国际市场均衡价格。在 p_1 价格上，国内消费者愿意购买 q_1 数量的商品，而国内生产者只愿意生产 q_2 数量的商品，$q_1 - q_2$ 为进口供应量。

当贸易小国为了保护国内产业发展，对进口商品课征关税 T。由于贸易小国进口数量占国际市场销售总量的比例很小，进口商品数量的多少对国际市场的价格影响很小，则进口供给曲线为 $1+T$，关税税负完全前转由进口国的消费者承担，关税的价格效应完全表现在进口国国内市场价格提高为 p_2。

2. 贸易大国模型

贸易大国与贸易小国相反，是指某商品的进口数量在整个国际贸易量中所占比例很大的国家，即国内供求量的变化对国际均衡价格有重大影响。

图 1-2 是贸易大国存在进口贸易时的局部均衡分析。横坐标 OQ 为数量坐标，纵坐标 OP 为价格坐标。假定只有两个贸易国，进口国的进口量即为出口国的出口量，进口量变化会影响出口国的商品价格。右侧为进口国市场供求关系图，D 为需求曲线，S 为国内生产供给曲线。左侧为出口国市场供求关系图，I_d 为出口国需求曲线，I_s 为出口国供给曲线。如果没有进出口贸易，则进口国的均衡价格为 p，均衡产量为 q；出口国的均衡价格为 p_0，均衡产量为 q_0。但在自由贸易条件下，进口国从出口国进口价格更低的商品，国内供给除了国内生产外，还增加了进口供给，供过于求导致进口国国内价格下降；同时，出口国的出口需求增加，使出口国国内价格上升，直到与进口国价格一致，达到均衡，形成唯一的均衡价格 p_1。在这一价格下，进口国国内生产产量为 q_2，国内消费需求为 q_1，两者差额 $q_1 - q_2$ 为进口量；出口国国内生产量为 q_3，国内消费需求为 q_4，两者差额 $q_3 - q_4$ 为出口量。此时，进口国的进口量正好与出口国的出口量相等，即 $q_1 - q_2 = q_3 - q_4$。

如果贸易大国征收关税，则情况与贸易小国不同。贸易大国征收进口关税后，一方面会导致国内市场销售价格的提高；另一方面，由于贸易大国的进口数量占国际市场销售量的比例很大，其国内市场价格的提高将引起进口数量减少，会改变国际市场供求的均衡状况。出口国的生产者或出口商为了保证货品销售数量，不得不降低其出口货品的价格。所以，与贸易小国相比，贸易大国征收进口关税不仅使国内价格提高，而且会导致国际市场价格下降，关税税负将由进口国消费者和出口国生产者或出口商共同承担。

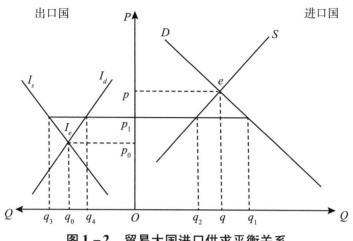

图 1-2　贸易大国进口供求平衡关系

图 1-3 是贸易大国对进口商品征收关税的局部均衡分析。自由贸易条件下，进口国与出口国的均衡价格均为 p_1，进口国的进口量 q_1-q_2 正好与出口国的出口量 Q_1-Q_2 相等。在进口国对进口商品征收单位税额为 T 的进口关税后，一方面，进口国国内价格上升至 p_2；另一方面，出口国国内价格下降至 p_3。此时，进口国进口数量 q_3-q_4 正好等于出口国出口数量 Q_3-Q_4。

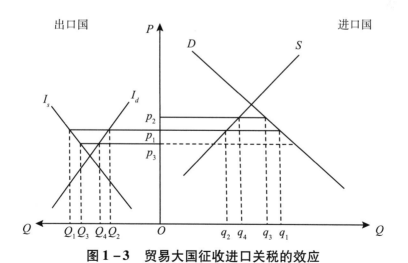

图 1-3　贸易大国征收进口关税的效应

（二）关税的消费效应

征收关税后，进口国国内市场的价格提高，理性的消费者因价格提高而减少消费，这一结果我们称为消费效应（consumption effect）。图 1-1 中，征收关税后，贸

易小国商品价格从 p_1 提高到 p_2。在 p_2 价格上，国内消费者减少需求，$q_1 - q_3$ 为国内需求减少量。图 1-3 中，征收关税后，贸易大国商品价格从 p_1 提高到 p_2，国内消费者的需求也从 q_1 减少到 q_3，但因贸易大国的关税税负由进口国消费者和出口国生产商或出口商共同承担，同等条件下，国内消费需求减少量比贸易小国要少。关税的消费效应，从积极的方面看，可以引导人民的消费倾向或人民的生活习俗，限制对非必需品或奢侈品的高消费；从消极的方面看，减少消费数量将降低进口国的社会福利水平。

在税率不变的条件下，关税消费效应的大小取决于进口国对征收关税商品需求的价格弹性。需求的价格弹性越大，征收关税后进口商品消费数量减少得就越多，关税消费效应就越大；反之，则关税的消费效应就越小。

（三）关税的生产效应

征收关税后，进口商品在进口国的国内市场上价格提高，根据市场充分竞争的法则，进口国国内生产的同类同质产品也能以相同的价格出售。国内生产者因国内市场价格提高而增加产品供给数量来替代进口商品，称为生产效应（production effect）。这是关税为国内产业提供保护的结果，因此，也称为保护效应（protection effect）。

图 1-1 中，贸易小国商品价格从 p_1 提高到 p_2 时，国内生产者增加供给，$q_4 - q_2$ 为国内生产供给量。图 1-3 中，贸易大国商品价格从 p_1 提高到 p_2 时，国内生产者也增加了 $q_4 - q_2$ 数量的供给量。在关税税率不变的条件下，生产效应的大小与进口国的供给弹性有关。供给弹性越大，生产效应就越大；反之则相反。

在实践中，关税生产效应的产生还需要考虑多种因素，例如征收关税产业的生产是否已达到其设计能力，生产者是否要增加新的投资、劳动力等生产要素，关税税率能否在较长时期内保持稳定，新投资者的预期利润能否超过行业进入成本等。

关税的保护效应被广泛地用于发展中国家对国内幼稚产业进行保护。亚历山大·汉密尔顿、约翰·斯图亚特·穆勒、艾尔弗雷德·马歇尔等都赞同此论点。当一个产业处于最初的发展阶段时，往往比成熟阶段面临更多的困难。如果与国外成熟厂商直接竞争，可能会导致其夭折。利用关税提高外国进口商品的销售价格，一方面可以削弱外国商品在进口国市场上与本国产品的竞争能力，从而保护本国幼稚产业的建立与生存；另一方面，提高进口商品价格也能提高或维持本国同类产品的市场价格，从而鼓励本国相关产业生产的积极性，对扶植本国产业起到保护作用。对发达国家而言，使用保护关税最主要的理由是保护本国人民的就业。

（四）关税的贸易效应

对进口商品征收关税而产生的生产效应和消费效应，使进口国对进口商品的需求数量减少，从而减少该商品的进口数量，减少的进口数量等于国内增加生产的数量与减少消费的数量之和，称为贸易效应（trade effect）。

图 1-1 中，贸易小国商品价格从 p_1 提高到 p_2 时，进口供给量减少，减少量为 $(q_1 - q_3) + (q_4 - q_2)$，即国内消费需求减少量加上国内生产供给增加量等于进口供给减少量。图 1-3 中，贸易大国商品价格提高，也有相同的效应。

贸易效应的大小在理论上等于消费效应加上生产效应之和。但由于许多国家在国际贸易中并不是以本国货币结算的，而征收关税通常是以本国货币计征，因此，贸易效应还会受到本国货币与外国货币汇率的影响。当本国货币相对于外国货币升值时，以本国货币计算的货品价格会降低，虽然关税税率没有改变，但关税完税价格降低，关税税额也会减少。因此，生产效应和消费效应将减小，贸易效应也会相应减小。反之，当本国货币相对于外国货币贬值时，贸易效应会相应增大。

（五）关税的国际收支效应

进口数量的减少导致外汇支付的减少，改善了国际收支状况，称为国际收支效应（balance of payment effect）。图 1 - 1 中，贸易小国进口商品数量的减少量 $(q_1 - q_3) + (q_4 - q_2)$，则国际收支效应即外汇支付的减少量，等于减少进口的数量与国际市场价格的乘积，即 $(q_1 - q_3)p_1 + (q_4 - q_2)p_1$。

利用关税的国际收支效应可以调节进出口商品数量，维持国际收支平衡。一个国家进口商品数量过大，又无法用出口货物换取足够的外汇，势必会造成国际收支的逆差。限制进口数量是解决的方法之一。例如，美国 1971 年曾因为外汇收支逆差过大而对进口货物加征特别关税，以减少进口数量，控制外汇支出，但因各国反对，不久就取消了这种特别关税。

（六）关税的收入效应

对进口商品征收关税，进口国因此取得了财政收入，称为关税的收入效应（tariff revenue effect），又称为财政收入效应（fiscal revenue effect）。关税是一种税收，组织财政收入是关税税收的最基本属性，也是关税最基本的职能。自关税产生以来，它就负担着为国家筹集财政资金的职责。

关税收入的金额等于进口货物的国际市场价格、进口数量、关税税率三者的乘积。图 1 - 1 中，贸易小国征收关税 t 后，该国需进口 $q_3 - q_4$ 数量的商品，关税税率为 $(p_2 - p_1)/p_1$，关税收入为 $(q_3 - q_4) \times (p_2 - p_1)$，即 $\square hcij$ 部分。

对贸易小国来说，关税税负完全或绝大部分前转由进口国内消费者承担。关税收入效应除了受到进口国供给弹性和需求弹性的影响外，还受到进口关税税率的影响。关税税率高，一方面表现为关税收入直接增加，但另一方面进口数量减少间接导致关税收入减少，关税收入与关税税率关系，我们可以用图 1 - 4 的拉弗曲线（Laffer curve）来说明。

拉弗曲线由美国经济学家阿瑟·拉弗（Arthur Laffer）提出。拉弗曲线的基本含义是，税收并不是随着税率的增高而无限增高，当税率超过一定点后，税收总额不仅不会增加，反而还会下降。就关税收入而言，决定税收的因素，不仅要看税率的高低，还要看课税基础的大小。过高的关税税率会导致进口减少，税源萎缩，最终导致关税税收总额的减少。图 1 - 4 中，x 轴为税率，y 轴为税收收入。当关税税率小于 t^* 时，税收收入随着关税税率的提高而增加；当关税税率等于 t^* 时，税收收入达到最大值；当关税税率大于 t^* 时，税收收入随着关税税率的提高而减少。超过税率 t^* 的阴影区域称为"拉弗禁区"。

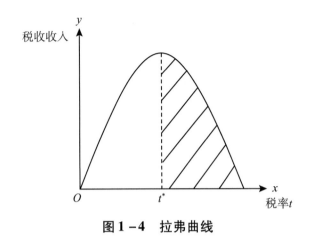

图 1-4 拉弗曲线

贸易大国征收关税虽然也取得关税收入，但其关税税负由进口国消费者和出口国生产者或出口商共同承担。图 1-3 中，贸易大国征收关税后，商品在进口国国内市场上的价格提高到 p_2，但提价幅度小于关税税率，国内消费者以高价购买的形式承担了一部分税负，即发生税负的前转。同时，出口国国内商品价格下降至 p_3，出口国也以降低价格的形式承担了一部分税负，即产生了税负的后转。

目前，发达国家的财政收入都以征收直接税为主。关税是间接税，被认为是阻碍贸易自由化的壁垒，受到国际协定的约束，关税组织财政收入的作用相对降低。通过关税与贸易总协定、世界贸易组织的关税减让谈判，各国关税水平大为降低，关税收入占税收总额的比重在发达国家已微不足道。如美国 2020 财年关税收入仅占财政总收入的 2%。但在一些发展中国家，国民收入较低，国内其他财源有限，征收关税仍是其财政收入的一个重要来源。

（七）关税的再分配效应

对进口商品征收关税直接对进口国的生产者和消费者之间的利益形成再分配。进口国征收关税，导致进口商品和国内生产的被保护产品在进口国市场上的价格提高，消费者不得不减少购买数量，导致消费者的福利水平降低。而进口国国内市场价格的提高，将使生产者获得更大利益。生产者获得的利益来自消费者的福利损失，形成了进口国国内生产者与消费者之间的利益再分配，因此称为再分配效应（income redistribution effect）。

关税的再分配效应可以用生产者剩余和消费者剩余来说明。图 1-1 中，征收关税前，生产者剩余为 △abp_1，征收关税后，生产者剩余为 △acp_2，增加了 □bcp_2p_1，而这部分在征收关税前是消费者剩余的一部分。由于征收关税，导致国内商品价格提高，增加了国内生产者的收益和消费者的负担，形成了生产者和消费者之间经济利益的再分配。

此外，关税和其他税收一样，体现着一定的分配关系。国家对进出口商品征收关税，再通过政府财政支出重新分配给国家各部门、单位和个人，以从事各种经济活动，从而参与国民收入的再分配。在对日用必需品进口征收低税或免税的同时，对高价的非必需品或奢侈品进口征收高额关税，也就是对使用高价非必需品或奢侈品的富人多征税，可以调节社会的贫富不均。

（八）社会福利效应

社会福利效应（social welfare effect）亦称净损失（deadweight loss）。进口国征收关税虽然使本国生产的产品替代了进口品，但生产的增加是在国内企业高成本、低效率的基础上进行的。生产同样数量的产品，国内生产者比国外生产者消耗了更多的资源，资源的浪费降低了社会福利水平。此外，进口国的消费者因价格提高而不得不减少消费数量，也降低了社会福利水平。

在图 1-1 中，征收关税前，消费者剩余为 $\triangle fgp_1$。征收关税后，消费者剩余为 $\triangle hgp_2$，减少了 $\square fhp_2p_1$。其中，$\square bcp_2p_1$ 是再分配效应，$\square hcij$ 是关税收入效应，它们最后将直接或间接地还给生产者或消费者，属于一个国家内部经济利益的分配问题。但是，$\triangle bci$ 和 $\triangle fhj$ 却是无可挽回的社会福利净损失。$\triangle bci$ 是由于国内生产者以高于国际上生产成本进行生产造成的资源浪费，称为生产净损失；$\triangle fhj$ 是国内消费者以较高的价格消费，造成的消费净损失。

二、出口关税的效应

对出口商品征收出口关税，从经济角度看，增加了出口商品的成本，不利于其在国外市场的竞争，因而征收出口关税会对出口商品形成一种负保护，阻碍本国商品的出口。近一个多世纪以来，国际市场竞争非常激烈，各国已很少使用出口关税。但在某些情况下，它依然存在，甚至具有重要的保护作用。

（一）征收出口关税的主要原因

1. 增加本国财政收入

一些最不发达国家或发展中国家经济比较落后，工业不发达，生产力水平低下，人民生活贫困，直接税等税源贫乏，只能依靠本国自然资源的出口优势来创汇。对一些资源丰富、出口量较大的商品，尤其是在世界市场上有独占性的出口商品征税，只要不过多地影响它在国外的销售数量，出口关税是其财政收入中稳定可靠的一项主要税源。

2. 保护本国资源环境

这一般都是对那些本国需求数量比较大的工业原料、初级产品及自然资源，征收出口关税以限制其盲目出口，防止资源耗竭。例如，我国从 20 世纪 90 年代开始对山羊绒、铅、钽铌等产品征收出口关税，以控制这些资源性产品的出口。进入 21 世纪后，我国继续开征出口关税，提高出口价格以控制部分高耗能、高污染、资源性产品的出口。同时，对出口的原料征税，有利于保障国内生产的需要和增加国外商品的生产成本，从而加强本国产业的竞争能力。例如瑞典、挪威对于木材出口征税，以保护其纸浆及造纸工业。

3. 保证本国市场供应

有些国家对本国虽有生产，但本国需求很大、供应不足的商品征收出口关税，以限制其盲目出口，稳定国内市场价格。此外，利用出口关税调节出口流量，可以稳定该商品在国际市场上的价格或争取该商品的有利售价。

4. 满足其他政治或经济方面的需要

对世界上具有独占性的产品出口征收关税，除了可以增加财政收入或改善本国贸易条件，有时还附有政治性目的或其他经济方面的目的。例如1930年，德国对当时只有德国能生产的化学产品、药物和光学仪器征收出口关税；1973年，海湾地区产油国家对石油征收出口关税；1974年，巴拿马对香蕉征收出口关税等。这些措施当时都在政治上、经济上产生过一定的影响。

（二）出口关税的经济效应

与征收进口关税一样，出口国是贸易大国或是贸易小国，征收出口关税产生的效应也不相同。

1. 贸易小国

图1-5是贸易小国对出口商品征收关税的局部均衡分析。

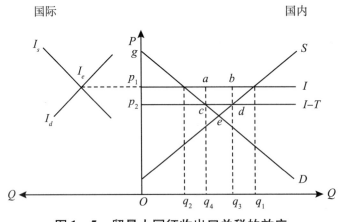

图 1 - 5　贸易小国征收出口关税的效应

图1-5中，横坐标OQ为数量坐标，纵坐标OP为价格坐标。右侧为某商品国内市场供求关系图，D为需求曲线，S为国内生产供给曲线。左侧为某商品国际市场供求关系图，I_d为国际市场需求曲线，I_s为国际市场供给曲线，I_e为国际市场供求均衡点，p_1为国际市场均衡价格。贸易小国在国际市场上无论是否出口、出口多少都不能影响国际市场价格，则国际市场需求曲线为完全弹性的一水平直线I。

如果出口国实行自由贸易，则出口国国内市场价格等于国际市场价格p_1，生产

者愿意供给 q_1 数量的商品，其中，出口国国内消费需求 q_2 数量，剩余的 q_1-q_2 为向国际市场的出口商品数量。如果出口国对出口商品征收出口关税。由于贸易小国出口数量占国际市场需求总量的比例很小，出口商品数量的多少对国际市场的价格影响很小，国际市场价格仍然为 p_1，出口关税的税负只能完全后转由出口国的出口商承担，因此，征税后的供给曲线为 $I-T$，出口国国内市场价格降为 p_2。在 p_2 价格上，出口国的生产商供给 q_3 数量的商品，而国内市场需求则因价格降低而增加需求量，达到 q_4 数量，所以，向国际市场的出口商品数量减少为 q_3-q_4。□$abcd$ 为出口国征收的出口关税数量。征收出口关税与征收进口关税一样，也会产生诸如贸易效益、国际收支效应、再分配效应、社会福利效应等，在此不一一赘述。

2. 贸易大国

图 1-6 是贸易大国对出口商品征收关税的局部均衡分析。与贸易大国征收进口关税类似，我们假定只有两个贸易国，出口国的出口量即为进口国的出口量，出口量变化会影响进口国的商品价格。右侧为出口国市场供求关系图，D 为需求曲线，S 为国内生产供给曲线。左侧为进口国市场供求关系图，I_d 为出口国需求曲线，I_s 为出口国供给曲线。在自由贸易条件下，出口国向进口国出口价格更低的商品，国内供给除了满足国内需求外，还要进行出口，供不应求导致出口国国内价格上升；同时，进口国的供给增加，使进口国国内价格下降，直到与出口国价格一致，达到贸易均衡，形成唯一的均衡价格 p_1。在这一价格下，出口国国内产量为 q_1，国内消费需求为 q_2，q_1-q_2 为出口量；而进口国国内产量为 Q_2，国内需求为 Q_1，Q_1-Q_2 为进口量，此时，出口国的出口量正好与进口国的进口量相等，即 $q_1-q_2=Q_1-Q_2$。

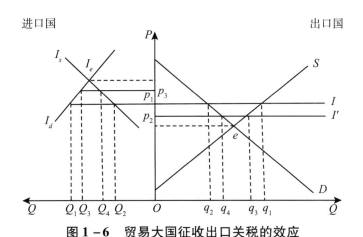

图 1-6　贸易大国征收出口关税的效应

如果贸易大国征收出口关税，则一方面会导致国内市场价格降低到 p_2，另一方面，由于贸易大国的出口数量占国际市场需求总量的比例很大，其国内市场价格的降低将引起出口数量减少，会改变国际市场供求关系的均衡状况。进口国的消费者为了满足需求，不得不提高进口商品的价格至 p_3，此时，出口国出口数量 q_3-q_4 正好等于进口国进口数量 Q_3-Q_4。所以，与贸易小国相比，贸易大国征收出口关税不仅使国内价格降低，而且会导致国际市场价格上升，关税税负将由出口国出口商和进口国消费者共同承担。

贸易大国存在一种极端情况，即出口国在国际市场上具有垄断地位，其出口产品的供给曲线是一条完全弹性的水平直线。

如图 1-7 所示，出口国征收出口关税后，其国内市场价格不变，仍为 p_0，关税税负完全前转由国外进口商承担，国际市场价格上涨为 p_1，国际市场需求减少为 q_1。如果被征税的商品是投入品，则国外以该商品为投入品的生产成本将上升，而出口国国内投入品的价格不变，生产的商品的竞争力将会相对提高。

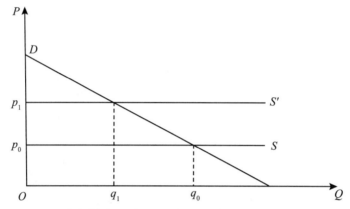

图 1-7　垄断性贸易大国征收出口关税对国际市场的影响

第二章 中国关税制度的历史沿革

我国关税的发展史，可以追溯至公元前 11 世纪的西周时期，在封建社会发展为包含境内关税和国境关税的税收体系。近代以来，我国被列强侵略，形成半殖民地性质的协定关税制度，到中华人民共和国成立才实现海关独立、关税自主。中华人民共和国成立初期，我国实行保护国内生产的关税政策，改革开放后调整为促进开放和适度保护的关税政策。加入世界贸易组织（以下简称"入世"）在我国关税发展史上具有里程碑式意义，我国履行关税减让义务，关税制度进一步与国际接轨。根据国内发展需要，2018 年我国进一步自主降低关税总水平，展现更开放的姿态。

第一节 鸦片战争前关税演变的简要回顾

夏、商以前，中国处于有关无税时期，设关的主要目的是检查违禁的货物和不轨之徒，防止外族入侵，并没有征收关税。西周开始在城门（包括国门）设立"关"的管理机构和官员，同时开征关税，这时关税主要是作为实施抑商政策的工具，也是为了满足国家财政的需要和"关"的管理费用。需要说明的是，中国古代的关税包括国境关税和境内关税（城关之税）。春秋战国时期，关税逐步得到各诸侯国的普遍认同，关税收入不仅是国家的重要财政来源，也是国家实施经济发展战略的工具，可以促进贸易往来，强化诸侯霸主地位。春秋时期以境内关税为主，只有少数与匈奴接壤的国家征收边境关税。

秦朝统一六国，铲除六国时代遗留的旧关卡，同时按郡县规制设立关卡，征收关税，但由于秦朝不实行抑商政策，所以关市之征不可能太重，但具体怎么征，征收多少，史料记载不详。汉代时期，国家为了恢复经济，实行休养生息的国策，对关卡的管理根据当时的国内外形势的变化而时严时松。秦汉时期的境内关税在国家财政收入上不占重要位置，国境设关主要目的是保障国家安全，而非征税，所以史料记载不详，但关税仍是国家财政的来源之一。秦汉时期，国境设关征税与否，成了一种外交的手段，是中外关系友好与恶化的重要标志之一。关系融洽时往往开征关税，甚至给予优惠；关系恶化时则闭关作为一种惩罚，使该国失去了贸易所能得到的一切好处。

三国魏晋南北朝时期，关税制度沿袭了两汉时期的关税制度，但由于当时环境纷乱，关税的征收也表现出了不稳定性和非连续性，时征时停，时重时轻。当时关税的种类和东汉末年的关税种类大致相似，即包括境内关税和国境关税两类。据有限的资料记载，这个时期的关税税率最低为 10%。当时征收关税主要是满足国家财政需求或满足最高统治者的贪婪欲望。也有个别国家以关税为手段，调节国内商品的需求。

隋朝建立后不久，就下令相继废除了各类市税和商税，所以隋无境内关津之税。唐初也无境内关津之征，允许商人自由运输货物。直到安史之乱以后，国家军旅支出浩大，财政捉襟见肘，于是逐渐开征境内关税，且品种日渐增加，征收制度也日渐杂乱。然而国境关税却日臻完善与规范，中国海路关税之肇始——市舶税，也是这个时期开始征收的。唐代关税的管理机构主要有三个部门：一是境内关津的税收管理部门；二是国境陆路关税的管理部门；三是国境海路关税的管理部门。

宋朝统一中国过程中，吸取前人教训，进行了一系列政治、军事方面的改革，经济取得较大的发展，商品经济更加活跃。宋代继承了五代十国的税收制度，税种繁杂，税率不一，虽经多次整顿，但由于吏治腐败，致使繁税杂出，境内关津之征也表现了这种弊端。据历史记载，宋代主要的境内城关税称"过税"，水关税则有河渡钱、舟车税、黄河竹索钱、力胜钱、溪渡钱等。宋代的过税包含在商税之内，属于通行税一类。关于过税的征收，宋朝规定商人贩运货物由官府发给税引，据引纳税。税引又称券、公凭、公据等，称谓不一。宋代还经常颁布商税则例，规范商税的征收。例如宋太祖在建隆元年（960 年）就制定了《商税则例》，这是历史上第一个较为正规、具有法律约束力的商税税则，也是第一个关税税则。后来，宋朝对这一税则又进行了多次补充和修改。但实际上，上述税则只是纸上谈兵，在实际执行中很难贯彻，地方官多不遵行。此外，在国境关税方面，两宋时期的市舶税更为发达，市舶制度也进一步发展，关税的管理机构设置也比较完备。

到了辽金时期，由于农业、手工业和商业的发展，国内商品需要输出国外，也需要从国外输入必需品，所以随着外贸的发展，关税征收就显得格外重要。但辽金国的关税制度一直很简约，且时征时停，政策也很简明，对国家必需品可以互市且畅行无阻，对于敌国需要的物品，则一概禁止互市。金朝在国内各州设关征税，称为关税，大定二年（1162 年）免除了各关的关税，只令稽查过往行人，此后征收时断时续。当时的关税税率在 3% 左右。金朝严禁私人贩卖，发现有私贩者定罪，同时对有些商品严禁互市出关。

元朝国土辽阔，海岸线长，航海技术的进步和造船业的发展使得海上贸易十分发达。元朝时，国家对海关的征税十分重视，关税以市舶税（海关税）为主。元朝对国内商舶与海外诸国的往来贸易及海外诸国船只来华贸易，统称市舶。对进行贸易的中外船舶所载货的抽分与课税，简称为市舶税。元朝海上贸易的基本原则是"损中国无用之货，易远方难制之物"。这在经济上具有"以有余易不足""以无用换有用"的意义。这一原则贯穿元朝统治的始终。元朝的市舶课管理机构是市舶司。

明朝的关税与元朝的截然相反，明朝的关税主要以境内关税为主，明太祖时期，境内关市之征较为轻简，其后税收品类逐渐增加，日益繁复，明朝后期出现了许多苛捐杂税。而明朝时的国境关税因为受到了来自国际方面的挑战，时兴时废。明朝的市舶政策大体分为两个大的阶段：第一阶段是明初到隆庆初年，这个时期市舶司设立目的在于管理外国人贡船只和事宜，不在于征税。来华船只只要进贡货物就允许与民贸易，这种贸易并非为了增加国家收入，而是对进贡方的一种恩惠，故对海舶货物全部免税。此外严格禁止贡舶以外的海上贸易。第二阶段即隆庆初年到明末，改贡舶政策为征税政策，允许民间海上贸易，并对其征收关税。

清初，关税制度相较明朝不仅在形式上发生了变化，在内容上也发生了重大变化。人们对国内水陆交通要道或商品集散地设置的征税关卡称"税关"，就是后来的"常关"，所征之税称"钞关税"或"常关税"；对国境设置的征税关卡，则称"海关"，所征之税称为"海关税"。然而，清前期的关税无论发生怎样的变化，仍未超出封建制度下的关市之征范畴。

第二节　清后期至中华人民共和国成立前
关税演变的简要回顾

一、清后期关税制度简要回顾

到了清后期，随着中国的半殖民地化，中国的关税进入半殖民地化。自第一次鸦片战争后，列强就开始侵夺中国的关税自主权。1844 年签订的中美《望厦条约》和中法《黄埔条约》，规定了中国改变税则须经各国同意的"协定关税"原则。1853 年列强又乘上海小刀会起义之机夺取上海海关的管理权，至 1858 年更迫使清政府将全国各海关的管理权交由外国税务司执掌。与此同时，列强还强迫清政府不断降低海关进出口税率。第一次鸦片战争后规定的税率，出口货为其价值的 1.5%～10.75%，进口货为 4%～13%，一般普通进口物品为 5%，一些主要进口品的税率较之开关前的税率降低了 58%～79%。1858 年签订的《天津条约》规定所有进出口货物一律"完纳值百抽五"的海关征税，"另按值百抽二点五的税率征收子口税"，其余各种内地税捐一概免征，使主要进口品的税率较 1843 年的税率又降低了 13%～65%。

甲午战争以后，列强对中国关税主权的侵犯又增加了新的内容。一是对关税的控制权从海关扩大到常关。《辛丑条约》规定：为了保证偿付赔款，中国的"所有常关各进款，在各通商口岸之常关，均归新关（即海关）管理"。二是把协定关税制度从进出口商品扩大到在华外资企业生产的产品。1895 年中日签订的《马关条约》规定："日本臣民在中国制造一切货物，其于内地运送税、内地税、钞课、杂派……即照日本臣民运入中国之货物一体办理，至应享优例豁除，亦莫不相同。"三是把减免税范围从进出口关税扩大到购买中国土货的内地税。1896 年中日签订的《通商行船条约》规定："日本臣民在通商各口岸购买中国货物土产，非系禁运出外洋之物，运出口时，只完出口征税，所有内地税负、钞课、厘金、杂派，一概豁免。"四是攫取陆路贸易的特惠减税特权。1895 年中法签订的有关条约规定：凡经中越边界通商口岸进出口之中国土货，"应照十分减四"征收出口税，免征复进口税；1896年中俄签订的有关条约又规定：凡经中俄合办铁路运输之进出口货物，其税额"较之税则所载之数，减三分之一交纳"。这些由日本、法国、俄国领头攫取的减免税特权，其他列强各国依据"最惠国"待遇而得以"一体均沾"。

这种协定关税制度，及其强迫清政府接受的税率标准，不仅严重侵害了中国的关税主权，也严重损害了中国的民族经济。列强所取得的减免税特权，使洋商的税负大大低于华商，在市场竞争中处于绝对优势的地位；也使中国的进口税率大大低于列强各国的进口税率，在1859～1875年，英国、法国、德国、美国的进口税率为15%～42%，相当于中国的3～8倍。此外，这种协定关税不是互惠的，它们对从中国输出的货物所征收的进口税，比由它们输入中国的货物所交纳的进口税要高得多，如英国对从中国输出的茶叶所征收的进口关税为25%，日本对从中国输出的烟草和生丝所征收的进口关税分别为350%和30%，美国对从中国输出的熟丝所征收的进口关税为35%～60%。列强对中国关税主权的这种侵夺，造成中国关税制度形同虚设，中外贸易条件严重失衡，失去自我保护的功能，为洋商的对华商品倾销和原料掠夺提供了便利条件。

二、中华民国关税制度简要回顾

辛亥革命后，中华民国建立。在最初的16年北洋军阀统治时期，由于北洋政府本身便是半殖民地半封建社会的产物，中国的关税管理权、关税收支和保管权依然被列强所侵夺，税则修改不能自主，进口和出口实行值百抽五的税率，同时，对具有内地通过税性质的子口税和复进口税按2.5%的税率征收。北洋政府时期的关税收入虽然逐年增加，但实际上是由于外国商品进口大量增加的结果，且税款由外国银行收存，在清偿外债和赔款之后才能供北洋政府使用，因此，这一时期的关税政策并未对国内民族工商业和农业经济起到保护作用。

此后，南京国民政府通过与列强重新订约的方式，实现了名义上的"关税自主"。在与列强签订的新条约中，规定了最惠国待遇条款、华洋商人纳税平等待遇、陆路关税与海陆关税平等待遇、裁撤国内通过税等主要原则。这种"关税自主"是以与列强签订新条约的方式实现的，因此并非实现了真正意义上的完全自主，存在片面最惠国待遇、海关行政管理权仍未收回、进出口税则的调整仍受列强的制约等现实问题。在这个时期，南京国民政府分别颁布了进口和出口税则，将值百抽五的进口税则改为等差税率，先后五次对进口税则进行了修订，将大部分从量计征货物改为从价计征，进口最高税率也由50%调高至80%，并调高了日用必需品的关税，到1934年，南京国民政府对税则的修订基本完成。这一时期的关税仍然是以获得财政收入为目的，外国货物大量进入中国，不但冲击国内市场，使民族工商业和农业受到沉重打击，还使得中国不得不以廉价的原料来弥补大量的贸易逆差。此外，由于人民生活所需的日用品税率提高比例远高于奢侈品，因此，在国民政府获得高关税收入的同时，人民群众却承担着沉重的税负。

抗日战争时期，南京国民政府的关税政策重点调整为与日军开展经济战，统制进出口物资，并增加税收。其中，进口关税通过减免税等方式便利军需及日用必需品的进口；出口则禁止与军事有关的国产物资与资敌物资，对茶等土货出口予以免税。同时，为弥补战时财政收入，国民政府扩大了转口税征收范围。但由于抗战后各省市各类税费对物资运输影响极大，1942年转口税和一切捐费被裁撤并开征战时消费税。战时消费税从价征收，对人民必需物品免税，适用"日用品5%、10%、15%，奢侈品25%"的四级税率。抗日战争胜利后，南京国民政府发动了全面内战，并实施了"紧急复原期内关税稽征办法"，除对洋米、汽油等原暂准免税进口的产品继续实施免税政策外，根据1934年的"国定关税"税则，恢复战前的税率。此后，国民政府又修正了进出口关税税则，自1946年9月起停止征收出口税，并对有关国计民生的必需品以及中国尚不能制造的工农业设备机器和仪器工具等商品征收较低的进口税或减免进口税，使外货源源输入，为美国的倾销创造了便利条件。

三、革命根据地关税制度简要回顾

随着中国共产党革命根据地的建立与发展，有根据地特色的关税制度也逐步建立。在井冈山革命根据地建立之后，革命根据地的关税制度开始建立和发展，各革命根据地纷纷建立了自己的关税制度并设立海关，开征关税。中华苏维埃共和国临时中央政府成立后，于1933年颁布了《关税条例》《关税税率表》《关于建立关税制度》等一系列文件，以保护苏区经济并增加财政收入。关税分为出口税、入口税和通过税三种，由各根据地因地制宜进行安排，并一律实行商业累进税，但具体实施上小额货物的关税通常还是以比例税为主，且各根据地关税税率不尽相同。土地革命时期的根据地关税显示出与国民党反动政府所征收关税完全不同的性质，实行关税制度的完全自主，保护了人民的利益，并根据时局的变化不断调整，在保护根据地正常贸易的同时，也维护了军民的需要和对敌斗争的需要。

抗日战争时期，边区政府的关税制度较之土地革命时期更为完善，实行"统一领导、分散经营"的方针，有了相对稳定的关税征收政策与原则，并在1941年后，在各省根据地内统一了关税税种。在抗战时期，由于斗争形势在不断发展和变化，关税的税率也更具机动性，变化较快，且很难统一。1943年，为体现关税政策的原则性，同时兼具灵活性，并有利于调动各根据地筹集资金的积极性，根据地实行了"统一领导、分区统筹"的管理体制，并一直沿用至解放战争初期。

1946年，解放战争爆发，解放区的关税政策也随着时局的变化不断调整，多次修改征税政策和原则。关税征收的目的由抗日战争时期的"集中财力、抗击日寇"变成"集中财力、将革命进行到底"，在解放区迅速扩大逐渐连成一片的情势下，调整为"解除封锁、放出物资"。解放战争时期的关税制度，除东北解放区外，基本延续了抗战时期的关税制度。东北解放区在中国共产党建立民主政府后，废除其苛捐杂税，重新建立较为完善的关税制度。

第三节　中华人民共和国成立至改革
开放前的关税制度简要回顾

　　1949 年，中国人民在中国共产党的领导下，经过 28 年的浴血奋战，终于推翻了帝国主义、封建主义和官僚资本主义在中国的统治，从此结束了中国一个多世纪的半殖民地半封建社会的屈辱历史，也结束了 2000 多年的封建统治。1949 年 10 月 1 日，毛泽东向全世界庄严宣告："中华人民共和国中央人民政府成立了！"中国的历史，从此开辟了一个崭新的时代。

　　中华人民共和国是在中国共产党的领导下，以工人阶级为领导的，以工农联盟为基础的人民民主专政的国家，是代表最广大人民群众最根本利益的国家。1949 年中国人民政治协商会议第一次会议上通过了具有临时宪法作用的《中国人民政治协商会议共同纲领》（以下简称《共同纲领》）。《共同纲领》规定中华人民共和国是中国人民民主专政的共和国，中华人民共和国的国家政权属于人民。中国人民民主专政是中国工人阶级、农民阶级、小资产阶级、民族资产阶级及其他爱国民主分子的人民民主统一战线的政权，以工农联盟为基础，以工人阶级为领导。中华人民共和国的经济制度是以国营经济为基础、多种经济成分同时并存的新民主主义经济，是独立自主、不受外来势力干涉的经济。这些规定都充分说明中华人民共和国的国家性质是一个崭新的代表大多数人民利益的民主政府。《共同纲领》第五十七条也明确地阐述了中华人民共和国的外交政策和外贸政策，即"中华人民共和国可在平等和互利的基础上，与各外国的政府和人民恢复并发展通商贸易关系"。以上这些不仅是新中国的国策，也是中国海关和中国关税制度建立和发展的制度思想和基本原则。

　　中华人民共和国的成立，标志着中国共产党领导的新民主主义革命取得了伟大胜利，并将稳步地向社会主义革命前进，中国人民从帝国主义手中夺回了海关的行政管理权和关税自主权，开始了我国关税制度的新篇章。关税制度作为国家经济政策的组成部分之一，对推动我国的经济建设和发展起到了重要作用。同时，为适应我国经济发展不同时期、不同阶段的政策目标，关税也处于不断调整和完善的过程中。

　　中国共产党一向重视海关的建设，毛泽东在中华人民共和国成立前夕，就发出了"改革海关制度"的号召。在 1949 年 3 月的中共中央七届二中全会上，毛泽东指出："立即统治对外贸易，改革海关制度，这些都是我们进入大城市的时候所必须首先采取的步骤。"[①] 1949 年 10 月 25 日，中央人民政府海关总署正式成立。1950 年 1 月 27 日，中央人民政府政务院公布了《关于关税政策和海关工作的决定》。1950 年 12 月 14 日发出《关于设立海关原则和调整全国海关的指示》。1951 年 4 月

---

　　① 毛泽东：《在中国共产党第七届中央委员会第二次全体会议上的报告》，引自《毛泽东选集》第 4 卷，人民出版社 1966 年版，第 1436 页。

18 日，又公布了《中华人民共和国海关法》（以下简称《海关法》）。根据这些指示和法令，海关总署调整和整顿了海关机关，缩减海关，改变了旧中国对内关卡林立、对外门户洞开的局面。中华人民共和国海关的建立具有非常重要的意义，是中国"海关独立、关税自主"的开始，也标志着中华人民共和国的海关政策与对外贸易政策已成为保护新中国工业发展的重要工具。

中华人民共和国成立之初所设立的海关，对中国经济的发展特别是对保护中国经济的发展起到了重要的作用。《海关法》规定了海关的具体职责，主要包括四项：一是监管进出境的运输工具、货物、行李物品、邮递物品和其他物品；二是征收关税和其他税、费；三是查缉走私；四是编制海关统计。其中，征收关税对保护、调控本国经济，增加财政收入有着十分重要的作用；尤其是在中华人民共和国成立之初，在帝国主义对我国进行全面经济封锁的情况下，海关成了对敌视国家进行经济斗争的有力工具。

《关于关税政策和海关工作的决定》明确规定："海关税则，必须保护国家生产，必须保护国内产品与国外产品的竞争，必须以保护国家工业化为主。"因此，中国关税制度的核心是内向型保护性关税政策，即高关税保护政策。这一关税政策是与当时特殊的国内外形势相适应的。当时，国际上以美国为首的资本主义国家仇视国际共产主义运动的发展，对我国实行了政治上的敌视、经济上的封锁政策；在国内，我们面临的是国民党留下的一片废墟，需要迅速发展国民经济，建立自己的民族工业。但当时的国内外条件不允许我们利用国际市场来发展我国经济，我国只能执行国家集中管理的保护贸易政策，只参与政府间双边贸易。同时，我国也依靠自己，自力更生，采用高关税作为有效的保护手段，加速工业化建设，建立民族企业，发展国民经济。在此思想的指导下，1951 年 5 月 4 日政务院第 83 次政务会议通过了《中华人民共和国海关进出口税则》（以下简称《进出口税则》）。这是新中国的第一部关税税则，也是我国近百年来第一次真正独立自主制定的关税税则。与此同时，政务院还通过了《中华人民共和国海关进出口税则暂行实施条例》，作为关税税则的一部分，与税则同时实施。该暂行实施条例对税率的适用原则、税则归类规则、完税价格和税收征管做了明确的规定。我国的第一部税则遵循了如下六项基本原则：

（1）国内能大量生产或将来有可能大量生产的工业品及半制成品，在进口同样商品时，关税税率应当采取高税率来保护国内民族生产。

（2）对于一些奢侈品和非必需品，制定更高的关税税率。

（3）对于国内生产很少或不能生产的生产设备、器材、工业原料、农业机械、粮食种子、肥料等，实行低税率或者免征关税。

（4）一切必需的科学图书和防治农业病虫害的物品，以及若干国内不能生产的或者国内药品所不能代替的药品的进口，免征或减征关税。

（5）关税税则使用复式税则，对进口货物实行普通税率和最低税率。

（6）为推动出口贸易，对出口货物，除国家禁止或限制出口的以外，只征低税或免税。

这六项原则是根据当时的发展水平提出的，侧重于保护国内生产，充分体现了中华人民共和国成立初期对外经济贸易的基本方针，适应了当时经济建设形势和民族工业发展水平的需要；同时也体现了关税税率制定方面所要遵循的鼓励必要的进口、实行高关税保护和反对贸易歧视等基本政策。

新中国第一部海关税则对进口货物实行两种税率：普通税率和最低税率。凡自与中华人民共和国没有贸易互利条约或协定的国家购运的进口货物，按普通税率纳税。自与中华人民共和国有贸易互利条约或协定的国家购运的进口货物，按最低税率纳税。规定进口两种税率，是中国关税史上的第一次，目的就是打破帝国主义对我国的"封锁禁运"，发展和扩大中国对外贸易往来。此外，根据封闭型高关税保护的指导思想，该税则将进口商品分为必需品、需用品、非必需品、奢侈品和保护品五类。必需品即国内不能生产或生产较少的货品，如科学仪器、国内生产较少的原料、工业机械等，适用 0 ~ 20% 的税率；需用品就是非必需，但仍需要的货品，如计算机、录音机、部分化工原料等，适用 25% ~ 40% 的税率；非必需品即国内已经大量生产或非国计民生的货品，如糖、茶、水果、咖啡等，适用的税率为 50% ~ 100%；奢侈品如烟、酒、燕窝、巧克力、毛皮、化妆品等，适用 120% ~ 400% 的高额税率，体现寓禁于征的精神；保护品税率是按国货批发市价与进口货物到岸价格之间的差额适当加高的价格核定的税率。从 1951 年到改革开放前，这部税则统一了中国的关税制度，保护了国内生产，促进了国民经济的恢复和发展，打破了帝国主义的经济侵略和经济封锁，有效地保护了国内产业的成长和壮大；同时对在平等互利的基础上发展对外贸易往来以及积累社会主义建设资金等方面，都起到了积极作用。

从 1951 年到改革开放前，中国的关税制度尽管关税税率经过近 20 次的局部调整，但一直没有发生过比较大的变化。特别是以美国为首的帝国主义国家对中国的经济封锁，中国国内实行高度集中的计划经济体制，对外贸易规模很小，中国关税的主要职能就是保护本国的工业化，整体关税水平基本没有变化，其经济调控职能微乎其微，财政筹资职能也十分有限。但我国实行保护性关税政策的目的并不是否定接受国外先进的技术和管理经验。中华人民共和国成立初期，我们还是在有限的程度上通过关税调节进口贸易，引进了一些国家经济建设所急需的先进的机器设备、交通器材和农业生产资料等。同时，这一时期的高关税保护也对我国的社会主义经济建设起到了不可忽视的作用，其财政意义不可低估。

1966 年爆发的"文化大革命"，使我国的经济处于崩溃的边缘。在这种状态下，关税不但发挥不了对经济的调节作用，其组织财政收入的作用也只能流于形式。在"文化大革命"期间，受"税收无用论"思潮的影响，停止征收关税长达十几年之久。

第四节 改革开放以来关税制度的改革情况

在新中国成立以后到改革开放前，我国的经济水平一直比较低，经济体制建立在计划经济的基础上，进出口贸易完全由国营进出口公司按照国家计划垄断经营，进口商品在国内市场按照国家"统一作价"进行调拨，国营公司的经济利润全部上缴国库，亏损由国家补贴。

改革开放为古老的中国大地注入了巨大的活力。为适应国家经济体制改革和对外开放的需要，我国在经济、政治等各个领域开始进行体制改革，关税对经济的调节作用和组织财政收入的作用重新被提到重要的位置。1978 年底，在实行对外开放政策以前，全国共设有海关 31 个、分关 18 个、支关 36 个。在实行改革开放政策以后，随着国家改革开放的不断深化，中国海关监督管理的范围日益扩大，海关机构大量增加。1980 年海关机构共有 100 个，1989 年增加到 195 个。从 1980 年 1 月 1 日起，国务院决定对外贸公司进出口货物，恢复由海关单独计征关税。从此，我国关税的财政职能得到较好的发挥，有力地支持了我国的改革开放，当年海关就征收关税 30 亿元。此后，随着我国对外贸易的不断扩大，我国的关税收入逐年增长。从 1980 年开始恢复征收关税到 1993 年对关税制度进行更深一步改革之前的 14 年间，我国共征收关税 1807 亿元。

我国从 1980 年开始酝酿改善关税制度的改革，1982 年底的第五届全国人民代表大会第五次会议批准通过的《中华人民共和国国民经济和社会发展第六个五年计划》，将关税政策的改革列入该计划之中，指出："要适时调整关税税率，以鼓励和限制某些商品的出口和进口，做到既有利于扩大对外经济技术交流，又能保护和促进国内生产的发展。"具体情况是：1980 年 9 月 25 日，将个人自用进口的电视机、收录音机和电子计算机的关税税率分别提高到了 60%、60% 和 40%；同年 11 月 1 日，进一步将这三种商品的税率都提高到 80%，以保护国内生产、平衡国内外差价。1982 年 1 月 1 日，为了适应国民经济调整，扩大对外经济贸易，积极开展加工贸易的方针政策，进行了中华人民共和国成立以来最大范围的税率调整，共调整了 149 个税号的税率，占当时海关税则 939 个税号的 16%，调整原则是降低国内不能生产和供应不足的原材料，以及机器、仪表的零部件的税率，提高某些耐用消费品和国内已能生产供应的机器设备的税率。

在对进口关税进行调整的同时，有关部门开始研究征收出口关税的问题。1982 年 6 月，国家决定对原来属于不征出口关税范围的 34 种商品开征出口关税。此次国家决定开征出口关税的主要原因有四点：一是有些商品出口盈利较大，影响国家计划的安排和调拨，有的甚至对内抬价争购，对外削价竞销，影响国内物价稳定，也影响出口外汇收入，国家需要开征出口关税来对此进行限制。二是控制不正当的进出口贸易，如砂糖等商品本来在国内就属于紧俏商品，国家大量进口，部分地区却要出口。三是有些商品国际市场容量有限，盲目出口容易在国外形成削价竞销。四是有些商品属于国内重要战略资源，大量出口对于我国长期发展不利。因此，除了从出口许可制度上加强行政管理之外，对一部分出口利润较大的商品征收一定的出口关税，用经济手段进行调节，是十分必要的。通过开征出口关税来调节出口，可以发挥税收的经济杠杆作用，有利于国家计划的贯彻实施；可以适当调节进出口价格和国内外市场的差价，有利于促进企业加强经济核算；有利于国家获得较为稳定的财政收入，有的还有利于保护国内资源。

关税政策经过一系列调整，转变为促进开放和适度保护的关税政策，服务于国家对外经贸政策和产业政策。同时，国家出台了大量关税优惠措施，促进了对外经济技术交流的扩大；税率结构进一步优化，配合国家产业政策促进产业结构的调整。这一思想的转变，集中体现在1985年对关税税则的全面修订上。中华人民共和国成立初期制定的第一部关税税则是将进出口商品按自然属性、用途、加工程度分成17类、89章、939个税号，其商品目录主要参考了旧中国税则、苏联税则和前万国联盟（League of Nations）编制的《日内瓦统一税则目录》（Geneva Nomenclature）等，结构比较简单、归类较为容易。但是1978年我国改革开放以后，国内外的很多情况发生了深刻的变化，原来的很多条例无法适应改革开放的新形势和新要求，到1985年，第一部税则已经明显不能适应形势发展的需要，存在总体关税水平过高、税率结构不合理、税率高低不能适应进出口商品结构的变化、对消费类的机电产品保护相对不足和税则的分类目录不适应对外经济、贸易和科学技术交流的需要等问题。1985年，在国务院领导和主持下，我国全面修改了1951年关税税则，制定并通过了第二部关税税则。这次税则修改的基本原则是：贯彻国家的对外开放政策；体现鼓励出口和扩大必需品的进口的原则；保护和促进国民经济的发展；保证国家的关税收入。新的关税税则采用了国际上通用的《海关合作理事会商品分类目录》（Customs Co-operation Council Nomenclature，CCCN）[①]，使商品分类更为科学。与第一部税则相比，修改重点在于大幅度地调整了进口税率，解决税率过高和税率结构不合理问题。同时，我国也以《海关合作理事会税则商品目录》为基础，制定了《中华人民共和国进出口关税条例》（以下简称《进出口关税条例》），并将进出口商品划分为21类、99章、2002个税目，也包括了关税制度的一些基础法律规定，如纳税人的义务和权利、完税价格的组成、价格审定、税率的运用、税则的修改、税款缴纳期限、外币汇率的折算、关税的减免与退补、走私逃税的处罚以及对关税的申请诉讼程序等。

根据新的税则，有约占总税目55%的1151个税目降低了税率，以1982年实际进口总值测算，税率调整后关税收入额下降约19%。下调税率的货品主要是原材料，特别是受自然条件制约、国内生产短期内不能迅速发展的原料、材料，新型材料、新技术产品、信息传输设备，国内不能生产的机械设备、仪表、仪器及其零部件以及餐料、物料、食品、热带产品等。同时，对国内已经能满足需要的产品的关税税率适当提高，以保护国内产业。1985～1992年，在我国自主大幅度降低关税以前，还做过多次小规模调整，至1992年前，关税算术平均税率为47.2%。

为了适应对外开放的政策目标，我国自1992年1月起，实施了以《商品名称及编码协调制度》（HS）为基础的进出口关税税则[②]，由此形成了新中国的第三部海关关税税则，适应了国内改革开放和对外经济贸易发展的需要。

---

① CCCN是在《日内瓦统一税则目录》基础上，由欧洲海关同盟研究组编制的，截至1987年，世界上有150多个国家或地区采用了这个目录。

② 自1988年1月起，世界上绝大多数国家或地区的海关税则先后采用海关合作理事会新编制的《商品名称及编码协调制度》（Harmonized Commodity Description and Coding System）。该制度是一部科学、系统的国际贸易商品分类体系，是国际上多个商品分类目录协调的产物，适合于与国际贸易有关的多方面的需要，如海关、统计、贸易、运输、生产等，逐渐已成为国际贸易商品分类的一种"标准语言"。

第五节　加入世界贸易组织前后关税制度的变化情况

一、"复关""入世"过程中的关税"交锋"

随着改革开放的深入，我国实施的各种政策取得巨大经济成就，我国经济与世界经济联系日益紧密。1984 年 4 月，中国取得了关税与贸易总协定观察员地位，并以观察员身份参加了《多种纤维协定》谈判，为"复关"谈判做了必要的准备。1986 年，我国政府从加快实行改革开放政策、进一步发展国民经济的需要出发，做出了以发展中国家身份和以关税减让为条件，申请恢复我国关税与贸易总协定缔约方地位的决定。同年 7 月 10 日，中国常驻日内瓦联合国代表团团长钱嘉东大使向关税与贸易总协定总干事邓克尔正式提出：作为代表全中国的唯一合法政府的中华人民共和国，申请恢复在关税与贸易总协定中的缔约方席位。1986 年 12 月 22 日，关税与贸易总协定中国工作组第一次会议在日内瓦举行。至此，中国开始了 15 年漫长而艰难的"复关—入世"谈判历程。

中国的复关谈判是以削减关税为基础的，关税减让是中国复关的核心问题。那时候的关税工作主要存在三个问题：一是关税水平偏高；二是关税减免多；三是走私、偷漏税已成公害。对国内产业进行适当的、一定时期的、局部的保护是必要的，但过高的关税刺激走私，负面作用很明显。关税减免应从严控制，把不符合国际惯例和社会主义市场经济公平赋税、平等竞争的减免规定清理掉，以利于全面实行统一的税率，更好地发挥关税的调节作用，使关税实施走上法制化的轨道。美国和欧盟（欧共体）相继对中国几千个税号的商品提出了减让要求。"入世"谈判过程中，我国对有关的工业品关税高峰问题、参加协调关税部门问题、加入信息技术协议问题、加入零关税部门问题和农产品关税减让问题等做了一定程度的让步和承诺。"入世"前，我国多次较大幅度地进行自主降税，尤其是 1992 年至加入世界贸易组织之前，我国逐步取消了进口调节税，并在 1992 年底实施了第一次自主降税，主要针对国内不能生产供应的先进技术产品，国内需要长期进口的原材料，中美市场准入谈判中承诺不迟于 1992 年底降低税率的口香糖、含可可的糖食、一次成像照相机及一次成像胶片等四种商品，以及其他我国已有较强竞争能力或大量出口的商品。上述降税商品中，除少数需要进口的先进技术产品、生产原材料和四种承诺降税的商品外，其他商品的减税幅度一般在 5% ~ 15%。此后，我国又连续进行了多次大幅度的自主降税。这次自主降税使我国的总关税水平从 1992 年底的 43.2% 降低到 2001 年初的 15.3%，总降税幅度近 60%，对我国起到了很大的积极作用，不仅有利于企业引进技术和设备，提高劳动生产率和企业的竞争能力，还能够促进消费，繁荣市场，给消费者更多的选择，并促进了我国价格体制的改革。

在大幅度降低关税的同时，自 1993 年起，我国开始清理各种关税减免优惠措施，同时加强关税征管工作，逐步向简税制、宽税基、低税率、严征管的关税制度靠拢。关税制度的改革不但是我国实行对外开放、对内改革的要求，也是中国适应世界范围内的贸易自由化趋势和全球经济一体化趋势，谋求全球多边贸易体系成员资格的要求。

最终，我国在 2001 年 12 月 11 日加入了世界贸易组织，与世界更多交流的同时，也大大开放了我们的市场，开始了履行义务大幅度降低关税的过程。

二、2002～2004 年，履行关税减让承诺，关税水平开始实质性下降

加入世界贸易组织是我国改革开放进程中具有历史意义的一件大事，也是我国主动迎接经济全球化挑战的重大战略举措。

世界贸易组织规定成员国在关税方面的义务主要有两项：一是非歧视征收关税，这是最惠国待遇的基本要求；二是降低并约束关税。我国承诺自"入世"后，将在全国范围内统一实施关税制度，即在中国全部关税领土内，包括边境贸易地区、少数民族自治区、经济特区、沿海开放城市、经济技术开发区和其他设定特殊关税、国内税和规章的地区履行降税义务。我国关税制度的改革主要表现在两个方面：一是降低名义税率的同时，辅以控制关税优惠，加强征管配套措施；二是以我国产业政策为依托，优化税率结构，实现国内产业的有效保护。

自 2002 年 1 月 1 日起，我国履行"入世"关税减让义务，大幅下调了 5332 种商品的进口关税，关税总水平由 15.3% 降低到 12%。工业品的平均税率由 14.7% 降低到 11.3%，农产品（不包括水产品）的平均税率由 18.8% 降低到 15.8%；水产品由 19.2% 降低到 14.3%；原油及成品油由 8.4% 降低到 6.1%；木材、纸及其制品由 13.2% 降低到 8.9%；纺织品和服装由 21.1% 降低到 17.6%，化工产品由 11% 降低到 7.9%；交通工具由 23.7% 降低到 17.4%；机械产品由 13.8% 降低到 9.6%；电子产品由 16.2% 降低到 10.7%。其中水产品、原油及成品油、木材、纸及其制品、化工产品、交通工具、机械产品、电子产品的降幅超过了 25%。

自 2003 年 1 月 1 日起，我国进一步降低了进口关税，关税总水平由 12% 降低至 11%，有 3000 多个税目的税率有不同程度的降低。这次降税一方面严格履行了我国加入世界贸易组织的关税减让义务，另一方面也根据国内产业发展的需要对税目、税率结构进行了必要的调整。2003 年进口税则新增 129 个税目，税目总数达 7445 个。农产品平均税率由 18.1% 降低到 16.8%，降幅为 7.2%；工业品平均税率由 11.4% 降低到 10.3%，降幅为 9.6%。其中，水产品平均税率为 12.2%，木材、纸及其制品为 7%，纺织品和服装为 15.2%，化工产品为 7.4%，交通工具为 15.9%，机械产品为 8.6%，电子产品为 9.9%。同年，我国也对 200 多种商品实行年度进口最惠国暂定税率；继续对小麦、豆油等 10 种农产品和磷酸二铵等 3 种化肥实行关税配额管理，其配额外税率比 2002 年有不同程度的降低；继续对冻鸡、啤酒、摄像机等商品实行从量税、复合税；对新闻纸实行单一的从价税税率，不再实行滑准税；对原产于韩国、斯里兰卡、孟加拉国和老挝的 757 个税目的商品实行曼谷协定税率，对原产于孟加拉国的 20 个税目的商品实行特惠税率。

2004 年，我国关税总水平由 11% 降低到 10.4%，降幅为 5.5%，共有 2400 多个税目的税率有不同程度的下调。农产品平均税率由 16.8% 降低到 15.6%，工业品的平均税率由 10.3% 降低到 9.5%。

三、2005～2007 年，关税减让承诺基本履行完毕

自 2005 年 1 月 1 日起，我国进一步降低进口关税，关税总水平由 10.4% 降低至 9.9%，涉及降税的共 900 多个税目。2005 年是我国履行加入世界贸易组织的关税减让承诺，较大幅度降税的最后一年，此后，按"入世"承诺需降税的税目数大为减少。2005 年农产品平均税率由 15.6% 降低到 15.3%；工业品平均税率由 9.5% 降低到 9%。

按照我国"入世"承诺，2006 年降低 143 个税目的最惠国税率，涉及植物油、化工原料、汽车及汽车零部件等产品，占税目总数的 1.8%，关税总水平为 9.9%，农产品平均税率由 15.3% 降低到 15.2%；工业品平均税率为 9%。将豆油、棕榈油、菜籽油等 10 个税目取消关税配额，实行 9% 的单一税率；对小麦、玉米、稻谷、大米、糖、羊毛、棉花、化肥等 45 个税目商品继续实行关税配额管理，税目、税率维持不变。对关税配额外进口一定数量的棉花继续实行滑准税，税率为 5%～40%，适当调整目标价格，由 2005 年的 12100 元/吨提高到 12950 元/吨。继续对感光胶片、冻鸡、摄像机、录像机等 55 个税目实行从量税或复合税，对 264 项商品实行进口暂定税率。

自 2007 年 1 月 1 日起，我国按照加入世界贸易组织的关税减让承诺，进一步降低鲜草莓、临时保藏的部分水果及坚果、部分发酵饮料、染料、美容品或化妆品及护肤品、液压油、制动油及防冻液、对苯二甲酸、聚乙烯、聚丙烯、聚异丁烯、聚苯乙烯、ABS 树脂、聚氯乙烯、聚酯及部分塑料板材等 44 个税目的进口关税，关税总水平由 9.9% 降低至 9.8%，其中，农产品平均税率为 15.2%，工业品平均税率为 8.95%。至此，我国绝大部分降税义务已经履行完毕。为充分发挥关税的宏观调控作用，促进经济结构调整和对外贸易增长方式转变，我国对 300 多项商品实行进口暂定税率，主要是煤炭、石料、成品油、石油焦、天然软木等资源、能源产品；光导纤维涂料、银电极浆料、环锭细纱机紧密纺装置、风力发电设备等国内不能生产或性能不能满足需要的原材料、零部件和关键设备等。

四、2008～2010 年，关税减让承诺全部履行完毕

2008 年 1 月 1 日起，我国按照加入世界贸易组织的关税减让承诺，进一步降低鲜草莓、对苯二甲酸等 45 个商品的进口关税。调整后，2008 年的关税总水平仍为 9.8%，其中，农产品平均税率为 15.2%，工业品平均税率为 8.9%。同时，对 600 多种商品实行进口暂定税率，主要包括煤炭、石料、燃料油等资源能源类产品；多晶硅、柴油发动机等重要原材料和关键设备及零部件；X 光片、人造血浆原料、家用电器等与公共卫生相关的产品及部分家居生活用品等。

2009 年 1 月 1 日起，我国继续履行加入世界贸易组织的关税减让承诺，进一步降低鲜草莓等 5 种商品的进口关税。调整后，2009 年的关税总水平仍为 9.8%，其

中，农产品平均税率为15.2%，工业品平均税率为8.9%。2009年对670多种商品实施较低的进口暂定税率。

2010年1月1日起，按照加入世界贸易组织的关税减让承诺，我国进一步降低聚酯布、黄酒等5个税目的最惠国税率。调整后，2010年我国关税总水平仍为9.8%。其中，农产品平均税率为15.2%，工业品平均税率为8.9%。至此，我国加入世界贸易组织的降税承诺全部履行完毕。此外，对600多种产品实施较低的年度进口暂定税率，继续对天然橡胶实施选择税，并适当调低从量计征的税额标准。

五、完善关税法律制度，与世界贸易组织规则接轨

2004年1月1日起，我国开始施行修订后的《进出口关税条例》，这个条例对我国履行"入世"承诺，进一步完善关税法律制度，规范进出口关税征收和缴纳行为，保障国家关税收入，维护纳税义务人的合法权益，具有十分重要的意义。新关税条例将世界贸易组织《海关估价协定》强制性、义务性要求的内容予以明确，对我国海关估价制度做了进一步调整和完善，规定了海关在什么情况下承认进口货物的成交价格，哪些费用应当计入成交价格，不承认成交价格时如何估定完税价格，以及如何确定出口货物的完税价格；同时，充分考虑了纳税义务人的权利，对纳税义务人估价方法的选择权等若干权利予以规定。这些规定充分体现了与世界贸易组织规则接轨的特点。

第六节　中国完成关税减让承诺后进出口关税的变化情况

自2010年我国全部履行完毕加入世界贸易组织的降税承诺之后，我国紧紧围绕支持高质量发展，保持关税政策的连续性和稳定性，充分运用暂定税率方式调控宏观经济，并根据国内发展需要和对外开放要求，于2018年自主降低最惠国税率。

因加入世界贸易组织的降税承诺已全部履行完毕，2011年我国最惠国税率维持不变，适当调整了少量商品的从量税税额。对600多种资源性、基础原材料和关键零部件产品实施较低的年度进口暂定税率，其中，首次实施年度进口暂定税率的包括丙烷、丁烷等资源性商品，脂肪酸、聚酰亚胺膜、钛带等基础原材料商品，高清摄像头、液晶投影仪用偏光板、电子驻车制动系统等关键零部件，同时提高或取消了碳纤维纱线、离子交换膜、轿车用增压器等商品的年度进口暂定税率。

2012年1月1日起，我国最惠国税率维持不变，对感光材料等52种商品继续实施从量税或复合税；对小麦等8类商品继续实施关税配额管理，对配额外进口的一定数量棉花继续实施滑准税形式的暂定税率，并适当调整滑准税公式，对尿素、复合肥、磷酸氢二铵三种化肥继续实施1%的暂定配额税率。同时，我国对730多种商品实施较低进口暂定税率，包括能源、资源、原材料等能源资源性产品，以及婴幼儿食品、日化产品、医疗卫生用品、厨用电器等与百姓生活密切相关生活用品。

2012 年 4 月，取消了 32 英寸及以上不含背光模组的液晶显示板的进口暂定税率，对切纸机用横切刀单元、照相机用带屈光度调节装置的目镜、其他带屈光度调节装置的目镜等商品执行较低进口暂定税率。此外，2012 年继续以暂定税率的形式对煤炭、原油、化肥、铁合金等高耗能、高污染和资源性产品征收 2% ~ 40% 不等的出口关税，对部分化肥征收特别出口关税。

2013 年 1 月 1 日起，我国继续对小麦等 8 类商品实施关税配额管理，对棉花滑准税的基准价格和公式参数进行了调整；对感光材料等 47 种商品继续实施从量税或复合税，对 5 种感光材料产品实施从价税。同时，通过进口暂定税率的方式，重点降低了能源资源性产品、重要工业原材料、先进技术设备和关键零部件、与人民群众生活密切相关生活用品等 784 种商品的进口关税。2013 年 8 月，我国对褐煤等商品进口关税税率进行调整，取消褐煤的零进口暂定税率，恢复实施 3% 的最惠国税率，并取消了空载重量在 25 吨及以上但不超过 45 吨的客运飞机的 1% 进口暂定税率，恢复实施 5% 的最惠国税率。此外，继续以暂定税率的形式对煤炭、原油、化肥、铁合金等高耗能、高污染和资源性产品征收出口关税；为稳定化肥生产，对化肥出口关税的淡旺季适用时间、征收方式等进行了调整。

2014 年 1 月 1 日起，我国调整了胶片等 5 个税目的从量税税率，以及广播级磁带录像机等 5 个税目的复合税税率，并继续通过暂定税率的方式，积极鼓励先进技术设备、关键零部件和能源原材料进口，满足国内生产和人民群众生活需要，对燃料油等 767 项进口商品实施低于最惠国税率的进口暂定税率。2014 年 7 月将“自动柜员机用出钞器”的税目名称修订为“自动柜员机用出钞器和循环出钞器”，并实施 5% 的进口暂定税率；10 月起，为支持煤炭行业脱困、促进煤炭行业健康发展，取消了无烟煤、炼焦煤等 5 个煤炭品种的零进口暂定税率，分别恢复实施 3% ~ 6% 不等的最惠国税率。出口关税则维持不变，对生铁等部分出口商品实施暂定税率。

2015 年 1 月 1 日起，我国最惠国税率基本维持不变，对激光照排片按 10% 税率从价征税，并根据产业发展和市场供需变化情况，适当上调了天然橡胶进口关税，对汽车收音机等产品不再执行暂定税率，恢复实施最惠国税率，对柴油发动机等产品适当提高暂定税率水平。为满足国内生产和人民群众生活需要，我国对 740 余项商品实施较低的进口暂定税率，主要包括先进技术设备、关键零部件以及基础性原材料、环保技术和设备、能源资源性产品，以及与百姓生活密切相关的药品、日用品等。2015 年 6 月，为扩大国内消费和满足百姓消费升级需求，我国启动了降低部分日用消费品进口关税试点工作，以暂定税率方式降低西装、毛制大衣、毛皮服装、运动鞋、护肤品、纸尿裤等 14 项日用消费品进口关税税率，平均降幅超过 50%。此外，根据国内经济产业结构的变化，继续对化肥征收出口关税，但对尿素、磷酸铵等品种不再采取季节性措施。煤炭产品的出口关税在国内煤炭市场供需关系发生逆转的情况下，由 10% 统一调降至 3%。2015 年 5 月还取消了钢铁颗粒粉末、铝加工材等的出口关税。

2016 年 1 月 1 日起，我国对 780 多项商品实施进口暂定税率，主要包括有利于提升装备制造水平的关键零部件、有利于促进节能环保的设备及材料、有利于促进产业可持续发展的能源资源类产品，并对暂定税率进行了部分调整，增加对毛制上衣等商品实施暂定税率，调整了电控柴油喷射装置及其零件等商品名称和范围，恢复实施止回阀等商品最惠国税率，提高了喷气织机等商品暂定税率水平。同时，我国继续扩大降低部分消费品进口关税的试点商品范围，对我国居民在境外消费较为集中、进口关税税率相对较高、进口需求弹性较大，同时对国内相关产业影响较小的部分商品实施降税，具体包括箱包、服装、围巾、毯子、真空保温杯、太阳镜等16项日用消费品。我国还对出口关税做出了进一步调整，取消了磷酸、氨和氨水等商品的出口关税，适当降低生铁、钢坯等商品的出口关税。

此外，我国于2016年完成了信息技术产品扩围协议国内审批工作，《中华人民共和国加入世界贸易组织关税减让表修正案》经国务院审核同意，于9月3日经十二届全国人大常委会第二十二次会议决定批准。9月15日，我国对从世界贸易组织成员进口的信息技术产品最惠国税率实施首次降税，包括信息通信产品、半导体及其生产设备、视听产品、医疗器械、仪器仪表等。

2017年1月1日起，我国对800多项商品实施低于最惠国税率的进口暂定税率，包括集成电路测试分选设备、高分辨率数字放映机零件、飞机用液压作动器等先进设备和关键零部件，热裂解炉等设备及材料，以及天然软木塞等资源类产品。根据国内产业发展和市场等变化情况，对丙烯酸钠聚合物、改性乙醇、柔性印刷版等3项产品取消进口暂定税率，恢复执行最惠国税率；对具有变流功能的半导体模块等4项商品适当提高进口暂定税率。2017年7月1日起，对281项信息技术产品的最惠国税率实施第二步降税。此外，为更好满足人民消费升级需要，2017年12月1日起，我国在2015年以来对消费品陆续降税的基础上，实施覆盖范围更广、降税力度更大的新降税方案，以暂定税率方式降低部分消费品进口关税，范围涵盖食品、保健品、药品、日化用品、衣着鞋帽、家用设备、文化娱乐、日杂百货等各类消费品，共涉及187项商品，平均税率由17.3%降至7.7%。

2017年，我国降低或取消了部分商品的出口关税，包括取消天然石墨等11种原材料，以及氮肥、磷肥等商品出口关税；适当降低磷灰石、部分铁合金、普通钢坯、合金钢坯、三元复合肥等商品的出口关税税率。2017年，我国还完成了税则转版工作，并根据国内需要对税目进行调整，税则税目增至8547个，调整主要涉及农业、化工、机电、纺织、木材等多个领域的商品。

2018年，为贯彻落实党中央、国务院关于扩大开放、主动扩大进口的决策部署，陆续出台了一系列自主降关税的新措施。主要包括：（1）5月1日起以暂定税率方式将包括抗癌药在内的所有普通药品、具有抗癌作用的生物碱类药品及有实际进口的中成药进口关税降为零。（2）7月1日起相当幅度降低218个税目的汽车整车及零部件进口关税，汽车整车税率为25%的135个税目和税率为20%的4个税目的税率降至15%，降税幅度分别为40%、25%；汽车零部件税率分别为8%、10%、15%、20%、25%的共79个税目的税率降至6%，平均降税幅度46%。降税后，我国汽车整车平均税率13.8%，零部件平均税率6%，符合我国汽车产业实际。（3）7月1日起较大范围降低日用消费品关税，涉及1449个税目，平均税率由15.7%降为6.9%，平均降幅55.9%。（4）11月1日较大范围降低部分工业品等商品关税，主要涉及纺织品，石材、陶瓷、玻璃制品，部分钢铁及贱金属制品，机电设备及零部件等，资源性商品及初级加工品等，涉及 1585 个税目，平均税率由 10.5% 降至 7.8%，平均降幅约 26%。经过连续多次自主调整，我国关税总水平由 2017 年的 9.8% 降至 2018 年 11 月 1 日的 7.5%，平均降幅达 23%，调整后的关税总水平略高于欧盟，低于大多数发展中国家。

1992 年后我国关税总水平变化如图 2-1 所示。

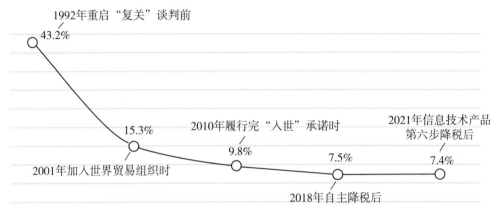

图 2-1　1992 年后我国关税总水平变化

2018 年 1 月 1 日起，我国还对 948 项进口商品实施暂定税率，降低数字化 X 射线摄影系统平板探测器、多臂机或提花机、动力电池正极材料、先进医药原料、椰糠等商品的进口关税；适当扩大汽车进口模具暂定税率的适用范围；适当提高镍锭的进口暂定税率，取消废镁砖、废钢渣、废矿渣等商品进口暂定税率，恢复执行最惠国税率；取消钢材、绿泥石等产品的出口关税，适当降低三元复合肥、磷灰石、煤焦油、木片、硅铬铁、钢坯等产品的出口关税。我国税则税目调整后总数增至 8549 个。2018 年 7 月 1 日起，对 289 项信息技术产品的最惠国税率实施第三步降税。

2019 年 1 月 1 日起，为积极扩大进口，助力供给侧结构性改革，我国对 706 项商品实施进口暂定税率，包括新增对杂粮和部分药品生产原料实施零关税，适当降低棉花滑准税和部分毛皮进口暂定税率，取消有关锰渣等 4 种固体废物的进口暂定税率，取消氯化亚砜、新能源汽车用锂离子电池单体的进口暂定税率，恢复执行最惠国税率。同时，继续对航空发动机、汽车生产线焊接机器人等先进设备、天然饲草、天然铀等资源性产品实施较低的进口暂定税率。2019 年 7 月 1 日起，对 298 项信息技术产品的最惠国税率实施第四步降税。此外，为适应出口管理制度的改革需要，促进能源资源产业的结构调整，自 2019 年 1 月 1 日起，对化肥、磷灰石、铁矿砂、矿渣、煤焦油、木浆等 94 项商品不再征收出口关税。

2020 年 1 月 1 日起，我国继续通过关税调控，积极扩大进口，对 859 项商品实施低于最惠国税率的进口暂定税率。其中，适度增加国内相对紧缺或具有国外特色的日用消费品进口，新增或降低冻猪肉等商品进口暂定税率；为降低用药成本，促进新药生产，对用于治疗哮喘的生物碱类药品及部分药品原料实施零关税；为扩大先进技术、设备和零部件进口，支持高新技术产业发展，新增或降低半导体检测分选编带机、多元件集成电路存储器等商品进口暂定税率；为鼓励国内有需求的资源性产品进口，新增或降低部分木材和纸制品进口暂定税率。为推进贸易与环境协调发展，取消两种废碎料的进口暂定税率，恢复执行最惠国税率。此外，自2020年7月1日起，对176项信息技术产品最惠国税率实施第五步降税。出口关税方面，自2020年1月1日起继续对铬铁等107项商品征收出口关税，适用出口税率或出口暂定税率，征收商品范围和税率维持不变。

2021年1月1日起，我国对883项商品实施低于最惠国税率的进口暂定税率。其中，为减轻患者经济负担，改善人民生活品质，对第二批抗癌药原料药、特殊患儿所需食品等实行零关税，降低人工心脏瓣膜等医疗器材以及乳清蛋白粉等婴儿奶粉原料的进口关税；为满足国内生产需要，降低燃料电池循环泵等新基建或高新技术产业所需部分设备、零部件、原材料的进口关税；为促进航空领域的国际技术合作，降低飞机发动机用燃油泵等航空器材的进口关税；为改善空气质量，支持环保产品生产，降低柴油发动机排气过滤及净化装置等商品的进口关税；为鼓励国内有需求的资源性产品进口，降低木材和纸制品、非合金镍等商品的进口关税，并适度降低棉花滑准税。为贯彻落实《固体废物污染环境防治法》，相应取消金属废碎料等固体废物进口暂定税率，恢复执行最惠国税率。2021年7月1日起，对176项信息技术产品的最惠国税率实施第六步降税，我国关税总水平进一步降至7.4%。2021年，为适应产业发展和科技进步需要，便利贸易管理和统计，调整部分税则税目，税则税目总数增至8580个。

2021年5月1日起，为更好保障钢铁资源供应，推动钢铁行业高质量发展，调整部分钢铁产品关税，对生铁、粗钢、再生钢铁原料、铬铁等产品实施税率为零的进口暂定税率，适当提高硅铁、铬铁、高纯生铁等产品的出口关税，调整后分别实行25%出口税率、20%出口暂定税率、15%出口暂定税率。2021年8月1日起，为推动钢铁行业转型升级和高质量发展，进一步调整部分钢铁产品出口关税，适当提高铬铁、高纯生铁的出口关税，调整后分别实行40%和20%的出口税率。

基于2021年数据，世界部分国家或地区关税总水平比较情况如图2-2所示。

2022年1月1日起，我国对954项商品实施低于最惠国税率的进口暂定税率。其中，为减轻患者经济负担，不断提升人民健康福祉，对新型抗癌药氯化镭注射液实施零关税，降低颅内取栓支架、人造关节等部分医疗产品的进口关税；为满足人民美好生活需要，顺应消费升级趋势，营造浓厚北京冬奥会氛围，降低部分消费品的进口关税，包括鲑鱼、鳕鱼等优质水产品，婴儿服装，洗碗机，滑雪用具等；适应文化消费需求，对超过100年的油画等艺术品实施零关税；为推动绿色低碳发展，保障国内资源供应，降低汽油机颗粒捕集器等部分环保产品进口关税，降低国内短缺的黄铁矿、纯氯化钾等资源产品的进口关税；助力制造业优化升级，降低高纯石墨配件、高速动车使用的高压电缆等关键零部件的进口关税，降低可可豆、植物精油、动物毛皮等制造行业所需原材料的进口关税。根据国内产业发展和供求情况变化，对部分氨基酸、铅酸蓄电池零件、明胶、猪肉、间甲酚等取消进口暂定税率，恢复执行最惠国税率。为促进相关行业转型升级和高质量发展，提高磷、粗铜的出口关税。2022年7月1日起，对62项信息技术产品的最惠国税率实施第七步降税，我国关税总水平继续维持 7.4%。2022 年，我国完成了税则转版工作，同时为适应产业发展及便利贸易监管需要，调整部分税则税目，税则税目总数增至 8930 个。

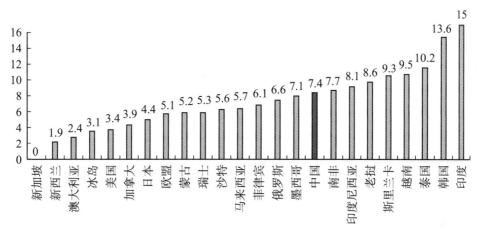

图 2-2　世界部分国家或地区关税总水平比较（基于 2021 年数据）
注：中国部分不包括中国香港、澳门、台湾地区数据。

2022 年 5 月 1 日至 2023 年 3 月 31 日，为加强能源供应保障，推进高质量发展，对所有煤炭实施税率为零的进口暂定税率。

"十四五"期间，我国将以推动加快构建新发展格局，实现更高水平对外开放为目标，通过降低进口关税和制度性成本，扩大优质消费品、先进技术、重要设备、能源资源等进口，促进进口来源多元化。

第三章 现行关税制度

加入世界贸易组织是我国改革开放进程中具有历史意义的一件大事，也是我国主动迎接经济全球化挑战的重大战略举措。目前，我国已经形成以《海关法》为基本法律依据，以《进出口关税条例》为核心，以《进出口税则》和海关税收征管规定为基础框架，具有中国特色的关税法规体系。本章较为详细地介绍了现行关税的法律体系，并介绍了进出口税则、"两反一保"、报复性关税和进境物品进口税等各项关税制度。

第一节 关税的法律体系

一、法律依据

中华人民共和国成立后，中央人民政府政务院于 1951 年 4 月和 5 月相继公布了《海关法》、《进出口税则》和《中华人民共和国海关进出口税则暂行实施条例》，成为第一批关税立法。

1985 年 3 月，国务院公布实施《进出口关税条例》，明确《进出口税则》是关税条例的组成部分，进出口税则的修改等由税则委员会负责。该条例是国务院根据《中华人民共和国宪法》（以下简称《宪法》）中"国务院可以根据宪法和法律，规定行政措施，制定行政法规，发布决定和命令"颁布的行政法规，在中国法律形式中处于低于宪法和法律，高于地方法规、部门规章、地方规章的地位，在全国范围内普遍适用。1987 年 1 月 22 日，第六届全国人民代表大会第十九次会议通过《海关法》。《海关法》和《进出口关税条例》的实施，对我国各项关税制度的建立健全起到明显的推动作用。目前，我国已经形成以《海关法》为基本法律依据，以《进出口关税条例》为核心，以《进出口税则》、《海关征税管理办法》及其他海关税收征管规定为基础框架，具有中国特色的关税法规体系。

（一）《海关法》

《海关法》是海关执法的最高法律文件，2000 年 7 月 8 日，根据第九届全国人民代表大会常务委员会第十六次会议《关于修改〈中华人民共和国海关法〉的决定》，进行了第一次较大幅度的修正。随后依次经历了 2013 年（两次修正）、2016

年、2017 年、2021 年共计六次修正。

2013 年第一次修正，将原来的免检需经发货人申请程序修改为"进口出口货物免检具体办法由海关总署制定"。由于 2013 年国家取消了海关从业资格考试，2013 年第二次修正对需获得海关从业资格的相应条款进行了删除。2016 年修订，对于暂时进出口货物免征关税的，删除了原需"经海关批准"的要求，仅需缴纳保证金或提供担保即可。2017 年重点修改了加工贸易和加工贸易转内销条款，删除了"海关批准文件"的要求，履行备案手续即可。2021 年重点修改了报关企业相关条款，明确报关企业尚未准予登记的情况下，可以办理报关纳税手续，此外对报关企业违法行为的处罚，删除了原来的"撤销注册"处罚。

2021 年修订的《海关法》分为九章一百零二条，其中第五章"关税"是专门针对关税征收的基本法律制度规定，共十三条。其中，第五十三条规定，准许进出口的货物、进出境物品，由海关依法征收关税。第五十四条至第六十四条分别对纳税义务人、完税价格、减税和免税、缴纳税款、税收保全、退税和补税、纳税复议等进行了规定。第六十五条是对海关代征的国内税款的征收问题进行的规定，具体为："进口环节海关代征税的征收管理，适用关税征收管理的规定。"从而明确了海关按照关税规定征管进口环节代征税的合法性。

（二）《进出口关税条例》

2003 年 11 月 23 日中华人民共和国国务院令第 392 号公布的《中华人民共和国进出口关税条例》，分别于 2011 年 1 月 8 日根据《国务院关于废止和修改部分行政法规的决定》第一次修订；2013 年 12 月 7 日根据《国务院关于修改部分行政法规的决定》第二次修订；2016 年 2 月 6 日根据《国务院关于修改部分行政法规的决定》第三次修订；2017 年 3 月 1 日根据《国务院关于修改和废止部分行政法规的决定》第四次修订。2013 年将延期缴纳税款的权限由"海关总署"下放为"海关"。2016 年将因不可抗力或在国家税收政策调整的情形下的延期缴纳税款，由需经"海关批准"修改为"依法提供税款担保"即可。2017 年，依据《海关法》对加工贸易和加工贸易转内销无须海关批准的修改，进行了相应条款的修改，将"暂准"修改为"暂时"。

依据 2017 年修订的《进出口关税条例》第二条规定："中华人民共和国准许进出口的货物、进境物品，除法律、行政法规另有规定的外，海关依照本条例规定征收进出口关税。"因此，目前《进出口关税条例》是唯一有关关税征收管理的具体法律文件。修订后的《进出口关税条例》共 6 章 67 条，内容涵盖税收征管的各个要素和全部流程，是对《海关法》有关规定的细化和延伸。第一章为总则，明确了进出口关税条例的制定依据、各级部门的职责和权限以及纳税人的定义；第二章为进出口货物关税税率的设置和适用办法；第三章为进出口货物完税价格的确定办法；第四章为进出口货物关税的征收规定，涉及纳税申报、归类依据、计税公式、纳税期限、税收保全、税收强制措施、关税减免，以及特殊进出口货物的关税征收、关税退税、补税以及连带责任关系的确立等；第五章为进境物品进口税的征收规定，主要是对个人自用、邮寄、携带非贸易物品进口税收的征收规定；第六章为附则，主要对纳税复议和行政处罚措施进行了规定。

党的十八届三中全会提出"落实税收法定原则",十九大提出"深化税收制度改革",十九届四中全会提出"推进国家治理体系和治理能力现代化"。制定关税法等税收法律列入全国人大常委会和国务院相关立法工作计划。根据相关立法工作安排,关税法立法工作正在稳步推进中。

二、立法机构

全国人民代表大会是我国的最高权力机关,行使国家立法权。关税事务属于中央立法事权,因此,有关关税税收制度的基本法律由全国人民代表大会制定。如1987年第六届全国人民代表大会第十九次会议通过的《海关法》,就是我国关税税收制度的基本法律依据之一。

国务院是最高国家行政机关。根据我国《宪法》规定,国务院可"根据宪法和法律,规定行政措施,制定行政法规,发布决定和命令"。行政法规作为一种法律形式,在我国法律形式中处于低于宪法、法律,高于地方法规、部门规章、地方规章的地位,在全国范围内普遍适用。《进出口关税条例》就是国务院依据《海关法》制定的,它是对《海关法》有关关税规定的进一步细化和充实,使其更具有可操作性。

为加强关税的调节、保护作用,1987年,国务院决定成立国务院关税税则委员会(以下简称"税委会")。税委会是国务院的议事协调机构,主要成员为国务院有关部委及直属机构的负责人。

税委会至今已有七届。1987年3月,根据国务院办公厅发布的《关于成立国务院关税税则委员会的通知》,成立了第一届税委会,主任由时任国务委员兼财政部部长王丙乾担任,副主任委员单位为海关总署、财政部、经贸部,委员单位有国家计委、国家经委、国务院调节办、国务院法制局、国家机械委、商业部、电子工业部、海关总署、国家物资局、国家物价局、国家统计局、财政部税务总局。

第二届税委会成立于1993年9月,主任由时任国务院副总理李岚清担任,副主任委员单位为国家经贸委、海关总署、财政部、外经贸部、国家计委,委员单位有机械部、电子部、冶金部、化工部、农业部、内贸部、国家统计局、国家税务总局、海关总署、国务院法制局、国务院特区办、轻工总会、纺织总会、国务院关税税则委员会。

第三届税委会成立于1998年11月,主任由时任中央政治局常委、国务院副总理李岚清担任,副主任委员单位为财政部、海关总署、对外贸易经济合作部,委员单位有国家发展计划委员会、国家经济贸易委员会、国家科学技术工业委员会、国土资源部、信息产业部、农业部、国家税务总局。

第四届税委会成立于2003年4月,主任由时任财政部部长金人庆担任,增设1名国务院副秘书长为税委会副主任,其他副主任委员单位为财政部、海关总署、商务部,委员单位有发展改革委、国防科工委、国土资源部、信息产业部、农业部、税务总局、院法制办。

第五届税委会成立于 2008 年 4 月，主任由时任财政部部长谢旭人担任，副主任由时任国务院副秘书长尤权担任，委员单位有发展改革委、商务部、工业和信息化部、国土资源部、农业部、海关总署、税务总局、质检总局、法制办、财政部。

第六届税委会成立于 2013 年 6 月，主任由时任财政部部长楼继伟担任，副主任由时任国务院副秘书长肖捷担任，委员单位有财政部、发展改革委、商务部、工业和信息化部、国土资源部、农业部、海关总署、税务总局、质检总局、法制办。

第七届税委会成立于 2018 年 10 月，主任由国务委员兼国务院秘书长肖捷担任，副主任由财政部部长刘昆和国务院副秘书长丁学东担任，委员单位有发展改革委、工业和信息化部、司法部、财政部、农业农村部、商务部、海关总署、税务总局。

根据《国务院办公厅关于调整国务院关税税则委员会的通知》（国办发〔2018〕105 号），目前税委会的主要职责包括以下六个方面：

（1）审议关税工作重大规划，拟定关税改革发展方案，并组织实施。

（2）负责《进出口税则》和《中华人民共和国进境物品进口税税率表》（以下简称《进境物品进口税税率表》）的税目、税率的调整和解释，报国务院批准后执行；负责编纂、发布《进出口税则》。

（3）决定实行暂定税率的货物、税率和期限。

（4）决定关税配额税率；决定征收反倾销税、反补贴税、保障措施关税、报复性关税以及决定实施其他关税措施。

（5）审议上报国务院的重大关税政策和对外关税谈判方案。

（6）决定特殊情况下税率的适用；履行国务院规定的其他职责。

税委会的日常工作由国务院关税税则委员会办公室（以下简称"税委办"）负责，税委办目前设在财政部，与财政部关税司合署办公。财政部关税司（税委办）的主要职责包括组织起草关税法律、行政法规草案及实施细则；提出关税税目税率调整建议；提出关税和进口税收政策建议；拟订关税谈判方案，承担有关关税谈判工作，提出征收特别关税的建议；承担税委会具体工作。此外，税委办的工作还包括研究和拟订提交税委会全体会议审议的各项议案，完成国务院或税委会交办的工作。

此外，财政部和海关总署可以根据法律和国务院的行政法规、决定、命令，在本部门的权限内，发布命令、指示和规章。这种规章只要不与法律、行政法规抵触，可以作为执法依据的补充。

三、工作程序

由于关税税目、税率的调整工作技术性很强，且每年都会根据国民经济发展的需要做出一些变化，国务院作为国家的最高行政机关，很难经常性地直接就有关技术性问题进行立法解释，因此，根据《进出口关税条例》的规定，关税税率、税目的调整由税委会负责，报国务院批准后执行。

关税税目、税率年度调整的具体程序为：每年首先由税委办汇总、整理有关政府部门、行业、企业以及各省市关税工作联络单位及联络员等各方面对关税调整的意见，经过周密研究、协调并征求税委会成员单位和税委会行业专家的意见后，形成关税调整方案的草案，报请税委会全体会议审议。审议通过后，报请国务院批准执行。除年度调整外，如需要在年中对部分商品关税税率进行调整的，原则上也按照上述程序进行，即由税委办经过研究、协调并征求税委会成员单位和有关行业专家的意见后形成调整方案，经税委会审议通过后，再报请国务院批准执行。年中一般不进行关税税目的调整。

重大关税政策、我国对外关税谈判方案等事项，由税委会负责审议，上报国务院批准后执行。

涉及进口环节税的有关政策，由财政部会同相关部门研究制定，报国务院批准后执行。

四、执行机构

海关是我国进出关境的监督管理机关，负责履行关税征管职责。根据《海关法》第二条的规定："海关依照本法和其他有关法律、行政法规，监管进出境的运输工具、货物、行李物品、邮递物品和其他物品，征收关税和其他税、费。"

第二节 进出口税则

税则是根据国家关税政策以及有关国际协定、以法律形式确定的、按进出口商品不同类别排列的关税税率表。主要由三部分构成：一是进出口商品分类目录的条文及相应的商品编码；二是各项分类商品的税率栏目；三是对商品分类的说明和解释，即商品分类的规则。从1992年1月1日起，我国采用世界海关组织的协调制度（harmonized system，HS）编制进出口税则。

一、税则的法律地位

（一）税则属于行政法规

《进出口关税条例》第一条、第三条分别规定"为了贯彻对外开放政策，促进对外经济贸易和国民经济发展，根据《海关法》的有关规定，制定本条例"；"国务院制定《中华人民共和国进出口税则》、《中华人民共和国进境物品进口税税率表》，规定关税的税目、税则号列和税率，作为本条例的组成部分"。由此可见，《进出口税则》和《中华人民共和国进境物品进口税税率表》（以下简称《进境物品进口税税率表》）属于国务院批准的行政法规。《海关法》是《进出口税则》的立法依据，《进出口税则》是对我国关税基本法律制度做出的比较系统和具体的规定。

（二）税则是税法体系的重要组成部分

税法是国家制定的用以调整国家和纳税人之间在征纳税方面权利和义务的法律规范的总称，其构成要素通常包括总则、纳税义务人、征税对象、税目、税率、纳税环节、纳税地点、减税免税、法则、附则等。按税法的职能和作用不同，税法可以分为税收实体法和税收程序法。

《进出口关税条例》、《中华人民共和国增值税暂行条例》（以下简称《增值税暂行条例》）、《中华人民共和国消费税暂行条例》（以下简称《消费者税暂行条件》）等均属税收实体法，主要规定了征税对象、征收范围、纳税地点等。作为《进出口关税条例》组成部分的《进出口税则》和《进境物品进口税税率表》规定了关税应税商品税目、税率，是纳税人纳税的重要法律依据。

二、税则的主要构成

《进出口税则》主要规定的是进出口商品的税目和税率。除此之外，对各税目商品的涵盖范围说明和解释也是税则的组成部分。

（一）进出口商品税目

《海关法》第五十三条规定，准许进出口的货物、进出境物品，由海关依法征收关税。在实际执行中，进出口的货物种类十分繁杂，不可能一一列名，《进出口税则》中将全部商品根据其属性、性质、规格、功能、加工深度等方面因素的不同进行了系统的分类和编排，并用简洁的文字加以描述。这些描述，即《进出口税则》中所列的"货品名称"，通常也称为"目录条文"。同时，为方便使用，对每一目录条文都按照统一的规则进行编码，这些编码，即"税则号列"。商品在进行了分类、编码后，每一目录条文及其编码成为一个项目，这就是进出口商品的税目。

（二）进出口商品税率

税率是对特定税目商品征收关税的比例或额度。《进出口税则》中各税目所对应的关税税率是根据国家关税政策、有关贸易协定设置的。我国税则采用的是多栏税率，分为最惠国税率、普通税率、协定税率、特惠税率、关税配额税率、暂定税率等[1]。

---

[1] 不同种类关税税率的适用，具体见第五章"关税的征收管理"第一节"关税的征收"部分。

（三）商品归类规则

商品归类，就是根据一定的规则，为进出口商品准确寻找对应的税目的过程，正确的商品归类是进行纳税申报、执行其他进出口监管措施的基础。《进出口税则》中对商品归类的规则进行了详细的注释。

《海关法》第四十二条规定，进出口货物的商品归类按照国家有关商品归类的规定确定。《进出口关税条例》第三十一条规定，纳税义务人应当按照《进出口税则》规定的目录条文和归类总规则、类注、章注、子目注释以及其他归类注释，对其申报的进出口货物进行商品归类，并归入相应的税则号列。由此可见，进行准确的商品归类是纳税人应尽义务之一，《进出口税则》中的各类注释是《进出口税则》的重要组成部分，是进行准确归类的法律依据。

三、商品归类的规则

（一）《商品名称及编码协调制度》简介

在国际贸易中，各主权国家对进出本国的商品征收税金，需要对商品进行分类；政府为了解进出口贸易情况，也需要借助于商品目录进行统计。因此，许多国家不同程度地开发了对进出口商品的分类和编码工作。最早的商品目录极为简单，仅是将商品名称按笔画多少或字母顺序列成表。由于各国的商品目录在商品名称、目录结构和分类方法等方面存在种种差别，给贸易商造成很大不便。同时，由此产生的统计资料的可比性很差，对贸易活动必须有系统、科学的分类，必须有国际通用性，才能适应国际贸易的发展。为此，20 世纪初期，国际上开始探索如何制定一个国际统一的商品分类目录，经过几十年的努力，制定了两套国际通用的分类编码标准。

1948 年，联合国统计委员会制定了《国际贸易标准分类》（*Standard International Trade Classification*，SITC）。欧洲经济委员会（欧洲海关同盟）于 1950 年 12 月 15 日在布鲁塞尔签订了《海关税则商品分类目录公约》，1972 年修订后改名为《海关合作理事会商品分类目录》（*Customs Co-operation Council Nomenclature*，CCCN）。SITC 和 CCCN 的产生，对简化国际贸易程序、提高工作效率起到了积极的推动作用。但两套编码同时存在，仍不能避免商品在国际贸易往来中因分类方法不同而需重新对应分类、命名和编码。这些都阻碍了信息传递，妨碍了贸易效率，增加了贸易成本，不同体系的贸易统计资料难以进行比较分析，也给利用计算机等现代化手段来处理外贸单证及信息带来很大困难。因此，从 1973 年 5 月开始，海关合作理事会成立了协调制度临时委员会，以 CCCN 和 SITC 为基础，以满足海关进出口管理、关税征收、对外贸易统计以及生产、运输、贸易等方面的需要为目的，着手编制一套国际通用的协调统一商品分类目录，约 60 多个国家和 20 多个国际组织参与了新目录的编制工作。

经过 13 年的努力，终于在 1983 年 6 月海关合作理事会第 61 届会议上通过了《商品名称及编码协调制度国际公约》及其附件《商品名称及编码协调制度》（*Harmonized Commodity Description and Coding System*，HS），以 HS 编码"协调"涵盖了 CCCN 和 SITC 两大分类编码体系，于 1988 年 1 月 1 日正式实施。这样，世界各国在国际贸易领域中所采用的商品分类和编码体系有史以来第一次得到了统一。

HS 是一部科学、系统的国际贸易商品分类体系。HS 的总体结构包括三大部分：归类规则；类、章及子目注释；按顺序编排的目与子目编码及条文。这三部分是 HS 的法律性条文，具有严格的法律效力和严密的逻辑性。HS 采用六位数编码，把全部国际贸易商品分为 21 类，97 章（其中第 77 章为保留章）。章下再分为目和子目。商品编码的前两位数代表"章"，前四位数代表"目"。五位、六位数代表"子目"。目前，最新版为 2022 年版，HS 有 5612 个六位数子目。HS 中，"类"基本上是按经济部门划分的，如食品、饮料和烟酒在第四类，化学工业及其相关工业产品在第六类，纺织原料及制品在第十一类，机电设备在第十六类，运输设备在第十七类，武器、弹药在第十九类等。

（二）商品归类的基本原则

商品归类的过程一般按以下步骤进行：一是了解需要归类的具体进出口商品的构成、材料属性、成分组成、特性、用途和功能；二是查找有关商品在税则中拟归的类、章；三是在选定的类、章中筛选合适的税号。

在归类时，应首先熟悉和掌握归类的六条总规则，分别是：

规则一：类、章及分章的标题，仅为查找方便而设；具有法律效力的归类，应按税目条文和有关类注或章注确定，如税目、类注或章注无其他规定，按以下规则确定。

规则二：（一）税目所列货品，应视为包括该项货品的不完整品或未制成品，只要在进口或出口时该项不完整品或未制成品具有完整品或制成品的基本特征；还应视为包括该项货品的完整品或制成品（或按本款可作为完整品或制成品归类的货品）在进口或出口时的未组装件或拆散件。（二）税目中所列材料或物质，应视为包括该种材料或物质与其他材料或物质混合或组合的物品。税目所列某种材料或物质构成的货品，应视为包括全部或部分由该种材料或物质构成的货品。由一种以上材料或物质构成的货品，应按规则三归类。

规则三：当货品按规则二（二）或由于其他原因看起来可归入两个或两个以上税目时，应按以下规则归类：（一）列名比较具体的税目，优先于列名一般的税目。但是，如果两个或两个以上税目都仅述及混合或组合货品所含的某部分材料或物质，或零售的成套货品中的某些货品，即使其中某个税目对该货品描述得更为全面、详细，这些货品在有关税目的列名应视为同样具体。（二）混合物、不同材料构成或不同部件组成的组合物以及零售的成套货品，如果不能按照规则三（一）归类时，在本款可适用的条件下，应按构成货品基本特征的材料或部件归类。（三）货品不能按照规则三（一）或（二）归类时，应按号列顺序归入其可归入的最末一个税目。

规则四：根据上述规则无法归类的货品，应归入与其最相类似的货品的税目。

规则五：除上述规则外，本规则适用于下列货品的归类：（一）制成特殊形状仅适用于盛装某个或某套物品并适合长期使用的照相机套、乐器盒、枪套、绘图仪器盒、项链盒及类似容器，如果与所装物品同时进口或出口，并通常与所装物品一同出售的，应与所装物品一并归类。但本款不适用于本身构成整个货品基本特征的容器。（二）除规则五（一）规定的以外，与所装货品同时进口或出口的包装材料或包装容器，如果通常是用来包装这类货品的，应与所装货品一并归类。但明显可重复使用的包装材料和包装容器可不受本款限制。

规则六：货品在某一税目项下各子目的法定归类，应按子目条文或有关的子目注释以及以上各条规则来确定，但子目的比较只能在同一数级上进行。除本税则目录条文另有规定的以外，有关的类注、章注也适用于本规则。

（三）税目的解释权限

在对《进出口税则》的实际实施和运用过程中，如发生对具体税目理解存在分歧时，根据《进出口关税条例》第四条规定，国务院设立关税税则委员会，负责《进出口税则》和《进境物品进口税税率表》的税目、税则号列和税率的调整和解释。

四、本国子目的设置与注释

从 1992 年 1 月起，我国开始实施以《商品名称及编码协调制度》（HS）为基础的进出口税则。《进出口税则》税目采用 8 位数字编码结构，其中前 6 位直接采用 HS 统一规定的商品编码，第 7、第 8 位编码是依据 HS 的分类原则和方法，根据我国关税政策、统计和贸易管理的需要而增设的，被称为本国子目。具体做法是，对于 HS 已明列货品范围的子目，如未进一步细分，在原有 HS 6 位编码的后面添加两个 0，作为 8 位编码；如对原 HS 子目商品范围进行了细分，则细分后的商品前 6 位采用 HS 编码，后 2 位根据需要设定。

HS 的商品分类比较科学，4 位品目或 6 位子目，主要是以相关商品的自然属性、用途、加工程度等特性为依据，结合相关商品全球贸易量、履行各类涉及贸易管制的协定公约需要而设置的，不能完全反映各国进出口的具体情况，也不能完全适应根据国家政策区别执行商品税率、更好执行进出口管理和统计的需要，为此，在协调制度框架下合理设置本国子目是各国的通行做法。

加入协调制度公约以来，特别是加入世界贸易组织以来，为了保证税则的科学性，我国每年都会根据产业政策、技术发展以及进出口管理等方面的需要，对本国子目进行一定调整，主要是增加新的本国子目，适当修改现有税目的描述，或者删除一些过时的本国子目。经过调整后，我国税则税目总数不断增加，截至 2022 年税目总数共计 8930 个。

本国子目调整对加强进出口管理、落实贸易政策和产业政策都具有重要意义。新增本国子目的商品首先应具备如下特性之一：

（1）代表相关行业先进技术发展方向，满足高新技术产业和先进制造业发展需要。如纯电动乘用车、喷涂机器人、三维打印机、平板电脑、无线耳机等。

（2）配合国家宏观调控，限制高耗能、高污染产品出口，鼓励节能产品、可再生原料制产品出口方面的需要。如全钒液流电池、垃圾焚烧炉、竹制品、紧凑型荧光灯、稀土类产品等。

（3）促进农业发展方面的需要。如黑茶，烤紫菜，有机—无机复混肥料，蛋类清洁、分选、分级机器等。

（4）发展公共卫生事业，保护人类健康方面的需要。如漱口剂、维生素 AD_3、辅酶 Q_{10}、海豹油胶囊、血管支架等。

（5）贸易统计方面的需要。如大西洋鲑鱼、硅胶、甘蔗糖或甜菜糖糖浆、基因测序仪、固态硬盘等。

（6）适应外交政策和经贸合作需要。如黑珍珠等。

同时，该商品还应满足具有一定的贸易量、具有统一稳定的标准（主要指高纯度产品，如化学制品、金属制品等）等条件，才能够增列本国子目。

此外，7 位、8 位子目的列目要与协调制度分类标准相协调。例如，近几年来，我国整体浴室出口量很大，行业协会要求单独对整体浴室列目。经反复研究，按 HS 归类原则，整体浴室中的陶瓷洁具归入 69 章陶瓷产品，木制或金属制柜子归入 94 章 9403 家具，水龙头等按材质归入相应的金属章节，因此，无法单独对整体浴室列目。

为保证海关工作人员在进出口环节归类的一致性，HS 除前述的六条归类总规则外，还制定了一系列类注释、章注释、品目注释和子目注释。同理，对于 8 位本国子目也需要注释，尤其是对一些通俗名称的商品、功能或属性需要明确界定的商品、纯度有具体要求的商品、有特殊原料或加工工艺要求的商品等，税则中以"部分本国子目注释"的方式给予了归类指导。截至 2022 年，《进出口税则》中包含了"起酥油""黄酒"等 162 项本国子目注释条文。

五、我国关税税率的设置

我国关税税率可以分为进口关税、出口关税两大类。进口关税设置最惠国税率、协定税率、特惠税率、普通税率、关税配额税率等税率。对进口货物在一定期限内可以实行暂定税率。出口关税设置出口税率。对出口货物在一定期限内可以实行暂定税率。

（一）最惠国税率、协定税率、特惠税率、普通税率

原产于共同适用最惠国待遇条款的世界贸易组织成员的进口货物，原产于与中华人民共和国签订含有相互给予最惠国待遇条款的双边贸易协定的国家或地区的进口货物，以及原产于中华人民共和国境内的进口货物，在我国适用最惠国税率。最

惠国税率是我国对大多数国家或地区进口货物适用的税率。

原产于与中华人民共和国签订含有关税优惠条款的区域性贸易协定的国家或者地区的进口货物，使用协定税率。在自贸协定或优惠贸易安排有效期间，未经缔约国一致同意，协定税率一般不得自行更改或废除。2022 年，我国在 19 个自贸协定或优惠贸易安排下，对原产于 29 个国家或地区的部分商品实施协定税率。

原产于与中华人民共和国签订含有特殊关税优惠条款的贸易协定的国家或者地区的进口货物，适用特惠税率。特惠税率是一种单边给惠的税率，是世界贸易组织规则允许的对最惠国待遇的例外。截至 2022 年 12 月，与我国建交的最不发达国家共 44 个。根据我国与相关国家的换文进展，阿富汗等 26 国适用 98% 税目产品零关税待遇，埃塞俄比亚联邦民主共和国等 16 国适用 97% 税目产品零关税待遇，东帝汶民主共和国、缅甸联邦共和国等 2 国适用 95% 税目产品零关税待遇。

原产于除适用最惠国税率、协定税率、特惠税率国家或地区以外的国家或者地区的进口货物，以及原产地不明的进口货物，适用普通税率。普通税率是四种税率中的最高税率，一般比优惠税率高 1~5 倍，少数商品甚至更高。目前我国仅对极少数（一般是未建交的非世界贸易组织成员）国家或地区的进口商品实行这种税率。因此，普通税率并不是普遍实施的税率。

（二）暂定税率、关税配额税率、国别关税配额税率

暂定税率，是指对进出口的部分商品在一定期限内实行的一种临时性关税税率。这是一种比较常见的自主调整关税的方式。进口暂定税率一般比最惠国税率低。我国根据国民经济发展需要等，对暂定税率实行动态调整，既可调整暂定税率，也可取消已设置的暂定税率。2022 年，我国对 954 项商品（不含关税配额商品）实施进口暂定税率，对 70 项商品实施出口暂定税率。

关税配额税率，是对实行关税配额管理的进口货物适用的税率，即在一定时期内，关税配额以内的进口货物按关税配额税率征收关税，超过配额的进口货物则按其他适用的税率征收关税。我国关税配额仅指进口关税配额，即对小麦、玉米、稻谷和大米、糖、羊毛、毛条、棉花和化肥等产品实行进口关税配额管理，上述产品在公历年度内进口时，按我国在世界贸易组织承诺的配额量，对配额量内的产品进口适用关税配额税率，对配额量外的产品进口适用相应的税率。

国别关税配额税率，在我国与新西兰和澳大利亚的自贸协定中，我国承诺分别给予新西兰的羊毛和毛条以及澳大利亚的羊毛国别关税配额，国别关税配额税率为 0。在我国与毛里求斯自贸协定中，我国承诺给予毛里求斯一定数量的食糖国别关税配额，国别关税配额税率为 15%。

（三）反倾销税、反补贴税、保障措施关税、报复性关税

在进口产品以倾销方式进入我国市场，并对国内产业造成实质损害或产生实质损害威胁或对建立国内产业造成实质阻碍的情况下，按照《中华人民共和国反倾销条例》（以下简称《反倾销条例》），依法履行必要的法律程序后，税委会可以根据

商务部建议，决定对进口产品征收反倾销税。反倾销税税率应当根据不同出口经营者的倾销幅度分别确定，不超过倾销幅度。

在进口产品存在补贴，并对国内产业造成实质损害或产生实质损害威胁，或对建立国内产业造成实质阻碍的情况下，按照《中华人民共和国反补贴条例》（以下简称《反补贴条例》），依法履行必要的法律程序后，税委会可以根据商务部建议，决定对进口产品征收反补贴税。反补贴税税率应当根据不同出口经营者的补贴金额分别确定，税额不超过补贴金额。

在进口产品数量增加，并对生产同类产品或直接竞争产品的国内产业造成严重损害或严重损害威胁的，按照《中华人民共和国保障措施条例》（以下简称《保障措施条例》），依法履行必要的法律程序后，税委会可以根据商务部建议，决定采取提高有关进口产品关税等形式，实施保障措施。保障措施应当限于防止、补救严重损害并便利调整国内产业所必要的范围内。

任何国家或者地区违反与中华人民共和国签订或者共同参加的贸易协定及相关协定，对中华人民共和国在贸易方面采取禁止、限制、加征关税或者其他影响正常贸易的措施的，对原产于该国家或者地区的进口货物可以征收报复性关税，适用报复性关税税率。

六、税则税目、税率的调整情况

1992 年，我国开始实施以 HS 为基础的《进出口税则》，实施之初，税则税目总数即由 2208 个增至 6250 个。此后，根据我国贸易发展和进出口管理的实际需要，我国每年都要对税则税目进行调整，增列一些贸易量较大或增长较快商品、技术先进商品或是有进出口管理必要商品的税目，同时删除部分税目。历次调整后，税目数逐年增加，截至 2022 年，已达 8930 个。

在进口关税税率方面，我国自 1992 年以来，先后几次较大幅度对我国关税进行自主降税，使我国关税总水平由 1992 年底的 43.2% 降低到 2001 年初的 15.3%，总降税幅度近 65%。为履行在加入世界贸易组织谈判中承诺的关税减让义务，在 2002 年，我国开始进行义务降税，截至 2010 年，我国加入世界贸易组织的降税承诺全部履行完毕，关税总水平降低至 9.8%，其中，农产品平均税率为 15.2%，工业品平均税率为 8.9%。2018 年 11 月 1 日，随我国当年多次自主降低关税，我国关税总水平降至 7.5%。2021 年 7 月 1 日，随着信息技术产品的最惠国税率实施第六步降税，我国关税总水平降至 7.4%，在世界上处于较低水平。2016 年以来我国进口关税调整情况，如图 3-1 所示。我国关税呈现两头小、中间大的税率分布，并大体形成了以原料、中间品、制成品为顺序，由低至高的较合理税率结构。2022 年，零税率和税率水平超过 20% 的税目比例分别约为 11% 和 2%，税率水平超过 5% 但不超过 10% 的税目比例约为 54%，税率水平超过 0 但不超过 5%、税率水平超过 10% 但不超过 20% 的税目比例分别约为 22% 和 11%。

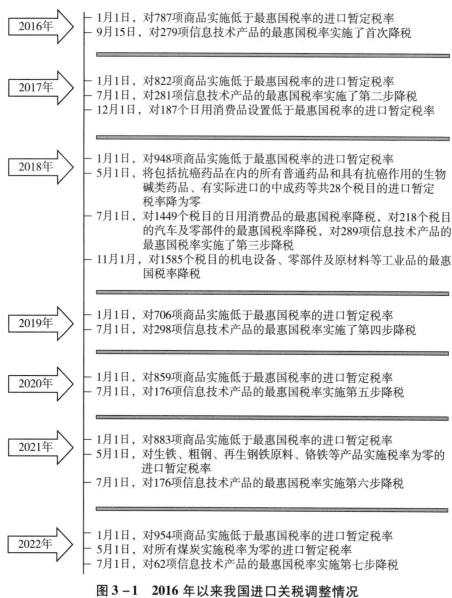

2016年
— 1月1日，对787项商品实施低于最惠国税率的进口暂定税率
— 9月15日，对279项信息技术产品的最惠国税率实施了首次降税

2017年
— 1月1日，对822项商品实施低于最惠国税率的进口暂定税率
— 7月1日，对281项信息技术产品的最惠国税率实施了第二步降税
— 12月1日，对187个日用消费品设置低于最惠国税率的进口暂定税率

2018年
— 1月1日，对948项商品实施低于最惠国税率的进口暂定税率
— 5月1日，将包括抗癌药品在内的所有普通药品和具有抗癌作用的生物碱类药品、有实际进口的中成药等共28个税目的进口暂定税率降为零
— 7月1日，对1449个税目的日用消费品的最惠国税率降税，对218个税目的汽车及零部件的最惠国税率降税，对289项信息技术产品的最惠国税率实施了第三步降税
— 11月1月，对1585个税目的机电设备、零部件及原材料等工业品的最惠国税率降税

2019年
— 1月1日，对706项商品实施低于最惠国税率的进口暂定税率
— 7月1日，对298项信息技术产品的最惠国税率实施了第四步降税

2020年
— 1月1日，对859项商品实施低于最惠国税率的进口暂定税率
— 7月1日，对176项信息技术产品的最惠国税率实施第五步降税

2021年
— 1月1日，对883项商品实施低于最惠国税率的进口暂定税率
— 5月1日，对生铁、粗钢、再生钢铁原料、铬铁等产品实施税率为零的进口暂定税率
— 7月1日，对176项信息技术产品的最惠国税率实施第六步降税

2022年
— 1月1日，对954项商品实施低于最惠国税率的进口暂定税率
— 5月1日，对所有煤炭实施税率为零的进口暂定税率
— 7月1日，对62项信息技术产品的最惠国税率实施第七步降税

图 3 - 1 2016 年以来我国进口关税调整情况

第三节 贸易救济税收制度

一、我国贸易救济措施简介

贸易救济措施是当进口产品对进口国的国内产业造成损害时，进口国政府采取的用以减轻乃至消除此类损害的措施。贸易救济措施通常包括反倾销、反补贴和保障措施三种。世界贸易组织在促进贸易自由化的宗旨下，允许成员方为维护公平竞

争的贸易秩序而采取反倾销、反补贴和保障措施，并专门制定了《反倾销协议》《补贴与反补贴协议》和《保障措施协议》来规范成员方采取上述措施时的行为。我国参照上述三个协议于 2001 年颁布实施了《反倾销条例》《反补贴条例》《保障措施条例》，并于 2004 年进行了修订。

自 1997 年发起反倾销调查以来，截至 2021 年 12 月底，我国共对全球发起 314 起贸易救济案件，其中，反倾销 295 起、反补贴 17 起、保障措施 2 起。

二、反倾销税

（一）我国反倾销税情况

反倾销税一般是指依法由税委会决定，由海关对以低于正常价格（即倾销）出口并给进口国国内产业造成损害的进口产品征收的不超过倾销幅度的税。

征收反倾销税是我国采取的最主要的贸易救济措施。在三种贸易救济措施中，反倾销税是我国最早使用的贸易救济措施（1997 年我国发起第 1 起反倾销调查，并于 1998 年开始征收反倾销税）。截至 2021 年 12 月，我国发起的贸易救济措施调查中，反倾销调查是数量最多的调查，约占总数的 93.95%。2010～2021 年我国反倾销立案的详细情况如表 3－1 所示。

表 3－1　　　　　　　2010～2021 年我国反倾销立案情况

目标国或地区	2010年	2011年	2012年	2013年	2014年	2015年	2016年	2017年	2018年	2019年	2020年	2021年	合计
韩国	1	1	1			2	1	3	2	2			13
日本			2	1	3	4	1	3	4	3			21
美国	4	2	2	3	1	2	1	5	2	4	3		29
欧盟	3	2	3	3	1	2		1	2				19
德国			1										1
澳大利亚									1		1		2
荷兰													
法国													
英国										1			1
芬兰													
比利时													
俄罗斯			1										1
中国台湾								2	1				3
印度尼西亚									1				1

续表

目标国或地区	2010年	2011年	2012年	2013年	2014年	2015年	2016年	2017年	2018年	2019年	2020年	2021年	合计
土耳其						1							1
马来西亚							1	2		2			5
泰国				1			1	2	1				5
新加坡				1				1		1			3
印度			1	2				2	2				7
加拿大				1									1
墨西哥													
乌克兰													
哈萨克斯坦													
伊朗													
巴西				1				1					2
沙特阿拉伯													
意大利													
南非													
新西兰													
合计	8	5	11	11	7	11	5	22	16	15	4	0	115

征收反倾销税直接提高了进口产品的价格，其主要作用如下：一是抑制国外恶意倾销等非正当竞争行为对国内经济的影响；二是维护涉案产品国内市场价格的稳定；三是保护和促进了国内同类产品的健康发展。因此，征收反倾销税在抵销进口倾销产品在国内市场上的价格优势，维护国内正常的贸易秩序方面具有其他符合世界贸易组织规则的措施所无可比拟的有效性。

（二）我国反倾销税制度

以我国加入世界贸易组织为界线，我国反倾销立法可以分为两个阶段。第一阶段是我国在加入世界贸易组织之前，为防止和补偿境外产品在我国国内市场倾销以及境外补贴对我国产业造成损害及损害威胁，维护公平的贸易秩序，并为我国对上述境外产品采取反倾销、反补贴措施提供法律保障，1997年我国颁布实施了《中华人民共和国反倾销和反补贴条例》（以下简称《反倾销和反补贴条例》）。这是我国第一部反倾销、反补贴法律法规，也是当时我国采取反倾销、反补贴措施的基本法律依据。

第二阶段是我国加入世界贸易组织后，参照世界贸易组织有关协议，废除了《反倾销和反补贴条例》，并对三种贸易救济措施，即反倾销、反补贴和保障措施分别立法，在反倾销措施方面制定出台了《反倾销条例》，并于2002年1月1日起实施。原外经贸部和原国家经贸委为保证反倾销调查程序顺利、有序进行，将反倾销调查程序进一步细化，规范了反倾销立案、反倾销产品范围调整、反倾销抽样调查、反倾销调查信息披露、反倾销调查公开信息查阅、反倾销价格承诺、反倾销新出口商复审、反倾销退税、反倾销实地核查、反倾销问卷调查、反倾销调查听证会、反倾销产业损害调查与裁决、出口产品反倾销应诉等操作办法。

2003 年，第十届全国人民代表大会一次会议决定不再保留外经贸部和国家经贸委，并在两部委基础上组建商务部，因此，反倾销调查机关由原外经贸部和国家经贸委改为商务部，反倾销税征收决定机关仍为税委会，征收执行机关仍为海关。

1. 《反倾销条例》的基本实体内容

《反倾销条例》基本以世界贸易组织《反倾销协议》为蓝本，结合我国具体国情制定，其显著特点就是在世界贸易组织《反倾销协议》规定的反倾销税征收的三要件基础上，还要求反倾销税的征收必须符合公共利益。我国法律的这一规定将反倾销措施的负面效果降低到最小，使反倾销措施更有利于维护公平贸易秩序。

《反倾销条例》共有六章五十九条。主要有总则、倾销与损害、反倾销调查、反倾销措施、反倾销税和价格承诺的期限与复审和附则六个方面的内容。反倾销的一些基本概念简介如下：

倾销是指正常贸易过程中进口产品以低于其正常价值的出口价格进入中华人民共和国市场。正常价值通常是指一进口产品的相同或类似产品在出口国国内正常贸易条件下供消费时的可比价格。确定正常价值的方法一般有三种：出口国市场价格、第三国市场价格和结构价格。出口价格是指正常贸易中一国向另一国出口的某一产品的价格，即出口经营者将产品出售给进口经营者的价格。

损害是指倾销对进口国已经建立的国内产业造成实质损害或者产生实质损害威胁，或者其对建立国内产业造成实质阻碍。

《反倾销条例》规定，如果经过调查某进口产品存在倾销；该倾销产品对我国相关产业造成了实质损害或者实质损害威胁，或者对该相关产业的建立造成了实质阻碍；且倾销与损害之间存在因果关系，则可以根据调查结果采取反倾销措施。

临时反倾销措施。初裁决定确定倾销成立，并因此对国内产业造成损害的，可以采取临时反倾销措施。临时反倾销措施可以采取征收临时反倾销税或者提供保证金、保函、其他形式的担保两种形式，实践中一般采用征收保证金的方式。

价格承诺。调查机关对倾销及由倾销造成的损害做出肯定性初裁决定后，倾销进口产品的出口经营者可以自愿向调查机关提出改变价格或者停止以倾销价格出口的承诺，即价格承诺。达成价格承诺后，调查机关可以中止或终止反倾销调查。但出口经营者违反其价格承诺协议的，调查机关可恢复调查，也可根据可获得的最佳信息，采取临时反倾销措施。

2. 《反倾销条例》的基本程序内容

反倾销调查程序通常包括提起调查申请、立案、调查、裁决几个阶段。

（1）申请：声称受损害的产业或其产业代表向调查机关提交发起反倾销调查的

申请，特殊情况下，没有国内产业的申请，但调查机关具备充分证据也可以主动发起反倾销调查。

（2）立案：如调查机关经过初步审查，认为申请基本合理，提供的证据可以证明倾销和损害的存在，则调查机关作出立案决定，并对外公告；相反，如果申请不合理，证据不充分，调查机关则作出不立案的决定。

（3）调查：一经立案后，调查机关即开始进行倾销和损害的调查，调查期限一般为 12 个月，特殊情况下可以延长，但最长不得超过 18 个月。

（4）初裁：经调查机关初步调查，认定倾销和损害成立，且倾销与损害之间存在因果关系，可由调查机关决定，征收现金保证金、保函、其他形式担保或由税委会决定征收临时反倾销税等临时反倾销措施；如果经调查机关初步调查，认定不存在倾销或没有对国内产业造成实质损害，则该反倾销调查终止。

（5）终裁：对于初裁认定存在倾销和损害，且倾销与损害之间有因果关系的，调查机关将进一步调查核实初裁采纳的证据，如果终裁同样认定倾销和损害存在，两者之间存在因果关系，调查机关将向税委会提交征收反倾销税的申请，如果经核实，认为倾销或损害不成立，则该反倾销调查终止。

（6）做出征税决定：经调查机关终裁，倾销和损害成立，两者存在因果关系，调查机关将向税委会提交征收反倾销税的建议，税委会依据调查机关提供的证据、调查程序建议，并综合考虑我国的公共利益，作出是否征收反倾销税的决定，并确定适用的税率。

具体调查程序如图 3-2 所示。

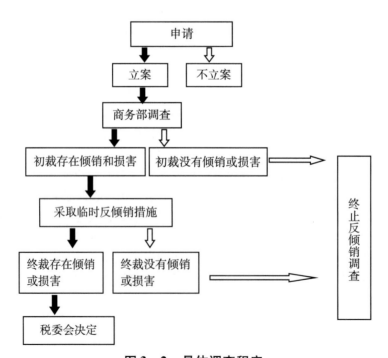

图 3-2 具体调查程序

终裁决定确定倾销成立，并由此对国内产业造成损害的，可以征收反倾销税。征收反倾销税，由商务部提出建议，税委会根据商务部的建议作出决定，并由商务部予以公告。

3. 倾销幅度的计算和反倾销税税率的确定

倾销幅度（dumping margin）是正常价值和出口价格之间的差额，倾销幅度一般用百分数的形式表现，计算公式为：

$$（正常价值-出口价格）/出口价格×100\%$$

其中，出口价格和正常价值应进行公平比较，应在相同贸易水平上进行，通常在出厂前的水平上进行，且应尽可能针对在相同时间进行的销售。反倾销税税率则应在不超过倾销幅度的基础上确定。由税委会根据商务部建议作出决定。

4. 有关部委的职能分工

商务部负责反倾销申请的受理、立案和调查工作，即调查机关；税委会为征收反倾销税的决定机关，负责反倾销税税率的确定，包括临时反倾销税税率、反倾销税税率以及反倾销复审中的税率确定工作，即征税决定机关；海关根据税委会的决定，负责反倾销措施的执行，即执行机关，如果海关在执行中遇到相关问题，可向调查机关或决定机关咨询。

依规定，调查机关将调查结论（终裁决定）及征税建议上报税委会，税委会审查后依法征税的，发文通知商务部、海关。商务部在接到文件后对外公告，海关同时开始征税。

《反倾销条例》中的相关规定：第二十九条、第三十八条、第四十六条以及第五十条明确规定税委会根据商务部的建议，作出征收临时反倾销税的决定、确定各出口商的临时反倾销税税率；征收反倾销税的决定、确定各出口商的反倾销税税率；对超出倾销幅度征收的反倾销税作出退税决定；根据商务部复审结果，作出保留、修改或取消征收反倾销税的决定。此外，第五十三条规定，有关利害关系人对税委会做出的决定不服的，可以提出行政复议申请，也可以向有管辖权的人民法院提出行政诉讼。

5. 反倾销复审

反倾销复审是指根据反倾销措施赖以存在的基础和条件发生的变化，调查机关经调查，对原措施进行修改、取消或维持的调查程序。通常，最终反倾销措施实施一段时间后，调查机关可根据变化了的情况，应利害关系方申请，或主动发起对反倾销措施的审查。反倾销复审是反倾销调查的重要环节和组成部分，是每一个反倾销案件都要涉及的一项经常性工作。

参照世界贸易组织《反倾销协议》，我国的《反倾销条例》规定复审形式主要有：期终复审、倾销及倾销幅度期间复审、新出口商复审和退税复审。

（1）期终复审，又称日落复审，是指在原反倾销措施实施期限届满前，调查机关应申请发起或主动发起的复审调查，其目的是确定若取消原反倾销措施，是否可能导致倾销和损害的继续或再度发生。简而言之就是反倾销税是否再继续征收不超过 5 年的期限。

关于期终复审，世界贸易组织《反倾销协议》第 11.3 条有如下规定，"……任何最终反倾销税应在征收之日起 5 年内的一日期终止，除非调查机关在该日期之前自行进行的复审或在该日期之前一段合理时期内由国内产业或代表国内产业提出的有充分证据请求下进行的复审确定，反倾销税的终止有可能导致倾销和损害的继续或再度发生。在此种复审的结果产生之前，可继续征税"。我国的《反倾销条例》第四十八条也做出相应规定，"反倾销税的征收期限和价格承诺的履行期限不超过 5 年；但是，经复审确定终止反倾销税有可能导致倾销和损害的继续或者再度发生的，反倾销税的征收期限可以适当延长"。

经复审，调查机关如得出肯定性结论，则可继续维持原措施；否则，应终止该措施。如果在规定时限内没有利害关系方提出日落复审申请或申请书证据不充分，调查机关也未自行发起调查，则原措施将于到期日自动终止。

期终复审中的几个概念：

申请人：任何利害关系方均可在规定时限内提出日落复审申请，但从各国实践来看，申请人一般是国内产业。国内产业应满足与原审时相同的主体资格要求。

申请时限：一般是原措施到期日两个月前提交申请。

申请书主要内容：申请书中应包括有关取消原反倾销措施后是否可能导致倾销和损害继续或再度发生的主张和证据。

复审时限：日落复审调查应在复审立案后 12 个月内结束。

复审结果：日落复审的结果有两种：一种是维持原反倾销措施，即措施继续延长；另一种是取消原反倾销措施，即措施不再执行。

（2）倾销及倾销幅度期间复审，是指反倾销措施实施一段时间（至少为一年）后，调查机关应申请，或主动发起的仅限于对涉案全部或指明的生产商（出口商）被调查产品的出口价格、正常价值进行调查，并重新计算倾销幅度的调查。

商务部依据我国《反倾销条例》的相关内容，以部令的形式发布了《倾销及倾销幅度期间复审规则》①，对期间复审的相关内容作了进一步的规范，作为目前期间复审工作的规范性文件。

关于期间复审，世界贸易组织《反倾销协议》第 11.2 条有如下规定："主管机关在有正当理由的情况下，自行复审或在最终反倾销税的征收已经过一段合理时间后，应提交证实复审必要性的肯定信息的任何利害关系方请求，复审继续征税的必要性。利害关系方有权请求主管机关复审是否需要继续征收反倾销税以抵消倾销，如取消或改变反倾销税，则损害是否有可能继续或再度发生，或同时复审两者。如作为根据本款复审的结果，主管机关确定反倾销税已无正当理由，则反倾销税应立即终止。"

我国《反倾销条例》第五十条规定，"根据复审结果，由商务部依照本条例的规定提出保留、修改或者取消反倾销税的建议，税委会根据商务部的建议做出决定，

---

① 2018 年 4 月 4 日发布，2018 年 5 月 4 日起实施。

由商务部予以公告；或者由商务部依照本条例的规定，作出保留、修改或者取消价格承诺的决定并予以公告。"

世界贸易组织《反倾销协议》第9.5条规定，"如果一种产品在某一进口成员国中被征收反倾销税，则主管机关应进行迅速审查，以便确定所涉出口国中在调查期间未向进口成员出口该产品的任何出口商或生产者的单独倾销幅度，只要这些出口商或生产者能够证明他们与出口国中该产品被征收反倾销税的任何出口商或生产商没有关联关系。"

我国《反倾销条例》第四十七条规定，"进口产品被征收反倾销税后，在调查期内未向中华人民共和国出口该产品的新出口经营者，能证明其与被征收反倾销税的出口经营者无关联的，可以向商务部申请单独确定其倾销幅度。商务部应当迅速进行审查并作出终裁决定。在审查期间，可以采取本条例第二十八条第一款第（二）项规定的措施，但不得对该产品征收反倾销税。"

（3）退税复审，是指反倾销税纳税义务人缴纳反倾销税后，按法律规定提供相关证据证明已缴纳的反倾销税税额超过倾销幅度，并申请退还超额部分税收时，调查机关发起的调查。

世界贸易组织《反倾销协议》9.3条规定，反倾销税的金额不得超过倾销幅度。

我国《反倾销条例》第四十六条规定，"倾销进口产品的进口经营者有证据证明已经缴纳的反倾销税税额超过倾销幅度的，可以向商务部提出退税申请，商务部经审查、核实并提出建议，税委会根据商务部的建议可以作出退税决定，由海关执行。"

三、反补贴税

各国为促进本国经济发展，往往会采取形式多样的补贴措施，从而增加企业和产业的福利和竞争力，增加其在世界市场的份额以推动对外贸易的发展。补贴也往往会扭曲按市场规律进行的资源配置，导致受补贴产品在进口国国内市场份额不合理上升，使进口国的相关产业遭受损害，反补贴税目的就是抵消得到补贴的进口商品的特殊优惠，使之与其他进口商品和国内产品处于同等地位，抵制其补贴活动，保护本国经济和国内市场。

从历史上来看，反补贴税制度的建立经过了漫长的时间，为了协调和规范各国的补贴与反补贴制度，创造公平有序的国际贸易环境和竞争秩序，由关税与贸易总协定建立并由世界贸易组织完善的《补贴与反补贴措施协定》（世界贸易组织《反补贴协议》）最终建立了普遍接受的国际反补贴税收法律框架，从而为各国反补贴税收法律制度提供了基本参考。我国《反补贴条例》正是参照世界贸易组织的《反补贴协议》制定的。

我国反补贴税实践起步较晚，2009年6月，我国首次对美国产取向电工钢同时发起反倾销和反补贴调查，随后，又对美国产白羽肉鸡和汽车零部件发起反倾销和反补贴调查，并于2010年对上述三个产品开始征收反补贴税。截至2021年12月，我国对美国、欧盟共发起17起反补贴调查，涉及葡萄酒、太阳能级多晶硅、马铃薯、小轿车和越野车、肉鸡、取向电工钢等产品。

（一）世界贸易组织《反补贴协议》简介

了解和掌握我国反补贴税制度，必须也同时了解和掌握世界贸易组织《补贴与反补贴措施协议》。世界贸易组织《补贴与反补贴措施协议》不仅规范了对补贴的使用，同时也规制了成员方的反补贴行为，为各国政府对其各项产业提供财政补贴、优惠以及当针对外国（地区）政府的补贴采取反补贴措施时规定了严格的纪律。《补贴与反补贴措施协议》在强调实施补贴不影响世界贸易组织其他成员方利益的同时，也要求采取反补贴措施时不能阻碍国际贸易的发展。

（二）我国反补贴税制度

《反补贴条例》是我国反补贴税制度的基本依据，第三十八条规定，终裁决定确定补贴成立，并由此对国内产业造成损害的，可以征收反补贴税。征收反补贴税应当符合公共利益。因此，反补贴税的征收必须符合三个条件：一是进口产品存在补贴；二是补贴的进口产品给国内产业造成损害；三是补贴与损害之间存在因果关系。此外，反补贴税的征收与反倾销税一样必须符合公共利益。

1. 我国《反补贴条例》中补贴的定义

关于补贴定义，参照世界贸易组织《补贴与反补贴措施协议》，我国《反补贴条例》规定，补贴是指出口国（地区）政府或者其任何公共机构提供的并为接受者带来利益的财政资助以及任何形式的收入或者价格支持。财政资助包括：（1）出口国（地区）政府以拨款、贷款、资本注入等形式直接提供资金，或者以贷款担保等形式潜在地直接转让资金或者债务；（2）出口国（地区）政府放弃或者不收缴应收收入；（3）出口国（地区）政府提供除一般基础设施以外的货物、服务，或者由出口国（地区）政府购买货物；（4）出口国（地区）政府通过向筹资机构付款，或者委托、指令私营机构履行上述职能。

2. 反补贴税征收程序

由于反倾销税与反补贴税在性质上基本相同，因此两者的法律制度框架也基本相同，反补贴调查程序与反倾销调查程序基本相同，都包括提起调查申请、立案、调查、裁决几个阶段；且都由商务部负责补贴和国内产业损害的调查工作，由税委会负责反补贴税的确定与征收。各部门的职能与分工也基本相同。

我国《反补贴条例》规定，对补贴的调查和确定，由商务部负责；对损害的调查和确定，由商务部负责，其中涉及农产品的，由商务部会同农业农村部进行；税委会负责决定反补贴税的征收，海关负责反补贴税的执行。反补贴税的征收期限不超过 5 年，但是，经复审确定如终止反补贴税的征收可能导致补贴和损害的继续或再度发生的，反补贴税的期限可以适当延长。

反补贴税收制度也设有期间复审和期终复审的制度。

3. 关于反补贴税征收标准的规定

《反补贴条例》第四十三条规定，反补贴税税额不得超过终裁决定确定的补贴金额。补贴的金额则根据补贴的形式不同，计算方式不同：（1）以无偿拨款形式提供补贴的，补贴金额以企业实际接受的金额计算；（2）以贷款形式提供补贴的，补贴金额以接受贷款的企业在正常商业贷款条件下应支付的利息与该项贷款的利息差额计算；（3）以贷款担保形式提供补贴的，补贴金额以在没有担保情况下企业应支付的利息与有担保情况下企业实际支付的利息之差计算；（4）以注入资本形式提供补贴的，补贴金额以企业实际接受的资本金额计算；（5）以提供货物或服务形式提供补贴的，补贴金额以该项货物或服务的正常市场价格与企业实际支付的价格之差计算；（6）以购买货物形式提供补贴的，补贴金额以政府实际支付价格与该项货物正常市场价格之差计算；（7）以放弃或者不收缴应收收入形式提供补贴的，补贴金额以依法应缴金额与企业实际缴纳金额之差计算。

四、保障措施关税

保障措施与反倾销和反补贴措施一样，属于世界贸易组织允许的三种贸易救济方式之一。

（一）保障措施基本概念

保障措施（safeguard measure）也称紧急保护措施（emergency action），是指当某项产品进口数量激增并造成进口成员方国内相关产业遭受严重损害或者严重损害威胁时，进口方政府可以对该产品实施的限制进口措施。"保障措施"作为一个正式的法律术语，先出现在乌拉圭回合以后的《保障措施协议》中。尽管从广义上讲世界贸易组织的协议中具有保障措施功能的条款很多，但是一般所说的保障措施就是指《关税与贸易总协定》第19条和乌拉圭回合所达成的《保障措施协议》中的措施。

保障措施与反倾销反补贴措施相比具有如下特点：针对的是公平贸易条件下的产品进口；适用的实体和程序要求更严格；基于非歧视性原则实施；实施期限和频度均有限制；需与利益受损方进行贸易补偿谈判，若谈判不成，则利益受损方有权行使实质水平对等的报复权。

（二）保障措施的由来

保障措施被规定在国际条约中与美国的国内立法实践有着密切的关系。它最初来源于美国国内立法中的例外条款（escape clause）。美国的《1934年贸易协定法》最早提出保障措施问题，而1943年生效的《美墨互惠贸易协定》首次规定了保障条款，即"免责条款"，它规定："如果，作为未预见的发展和本协议附件减让表所列举的对任何产品授予的减让的结果，该产品正以急剧增长的数量进口，并会对国内同类或者相似产品的生产商造成或者威胁造成严重损害，则任何国家的政府都有权全部或部分地撤回减让，或在防止损害所需的期限和限度内修改减让。"1947 年在美国与 21 个国家就《关税与贸易总协定》谈判时，美国总统杜鲁门签署了一项行政命令，要求所有贸易协定都应依照美国《互惠贸易协定纲领》的规定包含一项保障条款。经过对美国提出的草案建议进行了若干修改后，国际贸易组织（ITO）日内瓦会议上正式将该免责条款纳入了《关税与贸易总协定》。正是在此基础上，以后又经过多次回合的谈判，终于形成了现在世界贸易组织保障措施法律制度。因此可以说，保障措施在一定程度上反映了美国的国际贸易实践。

（三）保障措施立法的理论基础

作为世界贸易组织一项重要的现行贸易救济措施，保障措施是在特殊情况下限制公平贸易条件下的进口产品，但它与世界贸易组织通过推动自由贸易而带动经济增长的宗旨不相违背，因为世界贸易组织成员之间还有强弱、发达不发达之分，必然在贸易自由化的背后仍然存在一些事实上的不公平，保障措施就是允许世界贸易组织成员对关税承诺保持某些灵活性，以增强其不断降低关税、削减非关税壁垒的信心，由此来促进世界贸易的自由化。它是进口国经济上的一个安全阀，即当推行贸易自由化、由于进口激增对国内相关产业造成严重损害或严重损害威胁时，可以合法地采取进口限制措施，为本国产业创造一个通过产业调整来加强国际竞争力的机会，达到贸易救济的目的。从国际法原理上看，这一措施是国际法上情势变迁原则（在发生了缔结条约时不可预见的情形或者根本变化时允许条约方解除所承担的条约义务）在国际贸易关系中的具体表现，是赋予各成员的一种贸易救济权。

（四）世界贸易组织现行保障措施法律制度的主要内容

现行的保障措施法律条文主要规定在 1994 年《关税与贸易总协定》第 19 条以及乌拉圭回合所达成的《保障措施协议》（包括 14 个条款和 1 个附件）。现在通常所说的保障措施就是专指上述条文中所述之措施。《关税与贸易总协定》第 19 条的标题为"对某种产品进口的紧急措施"，其内容主要涉及实施保障措施的实体条件、程序条件、利益受影响的其他缔约方的报复权以及临时保障措施等问题。世界贸易组织《保障措施协议》对《关税与贸易总协定》第 19 条的规定做了进一步的细化，澄清和加强了第 19 条的纪律，主要内容包括：实施保障措施的条件、保障措施调查、严重损害或严重损害威胁的确定、保障措施的实施、临时保障措施、保障措施的期限和审议、补偿谈判与报复、对发展中国家成员的特殊待遇、通知与磋商、多边监督以及争端解决等。

（五）实施保障措施的要求

实施保障措施除了要遵循暂时性、最惠国待遇、要在生效期间逐步放宽、对贸易受到影响的成员给予补偿、在防止或补偿严重损害并便利调整所必需的限度内以及最惠国待遇等总的基本原则外，还应当满足法定的条件：

1. 实施保障措施的三个前提条件

协议明确规定实施保障措施的前提条件是：（1）某一产品的进口数量与国内生

产相比绝对或相对增加；（2）该进口对生产同类或直接竞争产品的国内产业造成严重损害或严重损害威胁；（3）进口增长和国内产业的损害之间存在因果关系。协议对评估这些条件特别是损害是否存在规定了详细的标准。此外，根据世界贸易组织争端解决机构对阿根廷鞋业案所作的裁决，《关税与贸易总协定》第 19 条的规定也应当是实施保障措施的前提条件之一，即保障措施所针对的产品的进口增加趋势应当是"未预见的发展的结果"，并且是成员根据《关税与贸易总协定》承担包括关税减让义务的必然后果。

2. 实施保障措施的程序要求

世界贸易组织成员要实施保障措施，必须通过发起调查证明前述条件都已满足。此外，为了保证措施的公正性和透明度，实施保障措施成员方运用保障措施时负有非常严格的通知和磋商义务，通知和磋商义务的严格性使它明显地有别于反倾销和反补贴措施。简单地说，程序上主要有以下几项：

（1）调查。调查是采取保障措施的必经步骤，而且必须按照 1994 年《关税与贸易总协定》第 10 条规定的程序进行。

（2）通知。成员方应将发起的调查、裁决结果、对采取或延长保障措施做出的决定等事项立即通知保障措施委员会。

（3）磋商。由于采取保障措施会影响有关成员方根据世界贸易组织相关协议所享有的合法利益，因此，采取保障措施的成员方应与各利害关系方进行贸易补偿谈判，就保障措施交换看法，并达成谅解。协商的结果应由有关成员方及时通知货物贸易理事会。

3. 保障措施的形式

保障措施的形式无具体规定，一般包括修改减让、提高关税、实行数量限制或关税与数量限制相结合的形式。措施期限一般为 4 年，全部期限包括延长期不超过 8 年（发展中国家为 10 年）。

4. 利益受保障措施影响的成员方的权利

根据协议规定，一成员在采取保障措施时，需与利益受影响的成员举行磋商，进行贸易补偿谈判。若 30 日内达不成补偿方案，则利益受影响的出口成员在货物贸易理事会收到关于报复的书面通知 30 日后，且在保障措施实施后 90 日内，对实施保障措施的成员采取实质对等的贸易报复措施，只要货物贸易理事会对此不反对。但报复权的行使要受到一定的限制，即不得在保障措施有效的第一个 3 年内行使，并且该保障措施是由于进口的绝对增长而采取的且符合保障措施协议的规定。

（六）我国保障措施税制度

1. 基本情况

我国保障措施税制度完全在世界贸易组织《保障措施协定》的框架下制定，其实体内容和程序要求都与世界贸易组织规则要求相符。目前，我国保障措施税收制度体系已基本成形。《保障措施条例》于 2002 年 1 月 1 日起开始施行，[①] 并规定，由商务部承担调查职能。由于保障措施可以采取提高关税和限制进口数量等做法，在采取提高关税做法时，需经税委会批准，由海关执行。

保障措施必须针对进口产品的所有来源方实施，而反倾销或反补贴税，则仅对部分造成损害的国家产品征收。

2. 具体实践

截至 2021 年 12 月，我国共发起 2 起保障措施案件。第一起是对部分钢铁进口产品保障措施案。2002 年美国根据其国内 201 钢铁保障措施调查案件的结果，于 3 月 6 日宣布自 3 月 20 日对出口至美国的钢铁产品加征最高为 30% 的关税，美国的这一决定严重震荡了世界钢铁产业，也引起了各界对保障措施的广泛关注，为了避免国际上大量过剩钢材转向我国，冲击我国市场，根据《保障措施条例》的规定，依据原外经贸部、原国家经贸委的建议，税委会决定自 2002 年 11 月 20 日起，对原外经贸部和原国家经贸委共同确定的 3 大类 5 小类 27 个税号的钢铁产品采取最终保障措施，最终保障措施采用关税配额形式，对超过关税配额的进口钢铁产品除按现行关税税率征收关税外，按不同类别加征 10.3% ~23.2% 的特别关税，实施期限为 3 年（包括临时保障措施的 180 天），同时自实施保障措施第 2 年开始，保障措施加征关税税率每年降低 8%。2003 年 12 月 4 日，由于世界贸易组织争端解决机构裁定美国措施败诉，美国宣布取消对进口钢铁的保护性关税。随后，欧盟也取消钢铁保障措施。鉴于钢铁贸易形势的变化，我国于 2003 年 12 月 26 日终止了钢铁保障措施的实施。

这是我国加入世界贸易组织后，中国钢铁产业针对全球钢铁市场出现的特殊情况运用世界贸易组织规则维护自身合法权益的一次有益尝试，是中国政府依法采取贸易救济措施的一次成功实践。

第二起是中国对进口食糖保障措施案。中国加入世界贸易组织后承诺，食糖进口配额在 2000 年 160 万吨的基础上每年递增 5%、5 年内递增至 194.48 万吨，关税降低为 15%，配额外进口关税从 76% 降低到 50%，2010 年之前，由于进口成本及原糖加工企业产能所限，进口量相对偏小。2010 年随着内外价差的扩大以及配额外进口关税的降低，国内原糖加工产能迅速扩张，截至 2013 年全年进口高达 454.60 万吨（配额外进口量 260 万吨，首度超过配额内进口量），对于产需缺口仅 200 万 ~300 万吨的国内市场的冲击十分明显。根据《保障措施条例》的规定，根据商务部建议，税委会决定自 2017 年 5 月 22 日起对进口食糖产品实施保障措施。保障措施采取对关税配额外进口食糖征收保障措施关税的方式，实施期限为 3 年，自 2017 年 5 月 22 日至 2020 年 5 月 21 日，实施期间措施逐步放宽。2017 年 5 月 22 日至 2018 年 5 月 21 日，保障措施关税税率为 45%；2018 年 5 月 22 日至 2019 年 5 月 21 日，保障措施关税税率为 40%；2019 年 5 月 22 日至 2020 年 5 月 21 日，保障措施关税税率为 35%。保障措施关税以海关审定的完税价格从价计征，计算公式为：保障措施

---

① 根据 2004 年 3 月 31 日《国务院关于修改〈中华人民共和国保障措施条例〉的决定》修订。

关税税额＝海关审定的完税价格×保障措施关税税率。进口环节增值税以海关审定的完税价格加上关税和保障措施关税作为计税价格从价计征。此外，对于来自发展中国家（地区）的产品，如其进口份额不超过3%，且这些国家（地区）进口份额总计不超过9%，不适用保障措施。由进口商需提供产品原产地证明。

进口食糖保障措施实施当年，食糖进口229.1万吨，同比下降25.4%，创2010年以来最低水平。全国糖农收入同比增加38.5亿元，制糖业扭亏为盈32亿元。保障措施的实施为我国食糖产业转型升级争取了3年缓冲期。食糖保障措施是我国2001年加入世界贸易组织以来发起的首例涉农保障措施案件，也是我国涉农产业依法、依规合理运用国际规则保护国内行业利益的一次积极尝试，基本达到了以时间换空间、促进产业转型升级的立案初衷，同时也为保障老少边穷地区4000万糖农的生计、打赢脱贫攻坚战、实现全面小康做出了积极贡献。

第四节　报复性关税

一、基本情况

报复性关税（retaliative duties）是指他国对本国输出货物有不利的或歧视性待遇时，对从该国输入的货物加以报复，加重征收的关税。报复性关税措施是保证缔约方履行条约义务的一种威慑手段。

《进出口关税条例》第十四条规定，任何国家或者地区违反与中华人民共和国签订或者共同参加的贸易协定及相关协定，对中华人民共和国在贸易方面采取禁止、限制、加征关税或者其他影响正常贸易的措施的，对原产于该国家或地区的进口货物可以征收报复性关税，适用报复性关税税率。

二、具体实践

（一）加征报复性关税

针对他国对我国采取的影响正常贸易的措施，我国可通过报复性关税手段维护国家利益。

例如，2018年4月以来，美国根据《1974年贸易法》301条款相关规定，分三轮对中国输美商品加征关税。税委会根据《进出口关税条例》，对美实施了三轮关税反制，即对原产于美国的部分进口商品加征报复性关税。第一轮，美对我涉及年进口额（下同）约500亿美元的商品分两批加征25%关税；中方对美方约500亿美元商品，亦分两批与美同步加征25%关税。第二轮，美对我约2000亿美元商品，第一次于2018年9月24日起加征10%关税，第二次宣布将提高加征税率，后多次推迟实施时间，最终于2019年5月10日起将加征税率由10%提高到25%。我相应对美约 600 亿美元商品加征关税,第一次与美同步加征 10%、5% 关税,第二次于 2019 年 6 月 1 日起提高部分商品加征税率,分四档加征 25%、20%、10%、5% 关税。第三轮,美对我约 3000 亿美元商品,分别于 2019 年 9 月 1 日(清单 A)、12 月 15 日(清单 B)起分两次加征 15% 关税。我对美约 750 亿美元商品,分两次与美同步加征 10%、5% 关税,并对此前已暂停加征第一、第二轮反制措施关税的汽车及零部件恢复加征关税。

为落实两国元首阿根廷会晤共识,我自 2019 年 1 月 1 日起,对 211 种汽车及零部件暂停加征反制措施关税 3 个月。2019 年 3 月,为给双边磋商创造良好氛围,我宣布 3 个月到期后继续暂停加征反制措施关税。

2019 年 12 月 13 日,双方宣布已就中美第一阶段经贸协议文本达成一致。2019 年 12 月 15 日,我宣布与美同步暂不实施原计划于当日生效的第三轮加征关税第二步措施。2020 年 1 月 15 日,双方签署经贸协议,我宣布自 2020 年 2 月 14 日起,与美同步调整第三轮加征关税措施,2019 年 9 月 1 日起已加征 10%、5% 关税的商品,加征税率分别调整为 5%、2.5%,实现加征关税由升到降的转变。图 3 - 3 为 2018 年以来中美经贸摩擦时间轴。

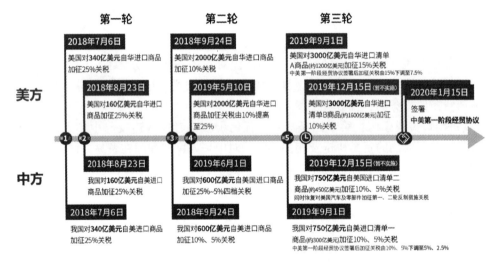

图 3 - 3　2018 年以来中美经贸摩擦时间轴

(二)开展排除工作

为缓解经贸摩擦影响等,我国可通过开展相关排除工作对报复性关税进行调整。例如,目前税委会正在开展两类对美加征关税商品排除工作。

一是第一、第二批对美加征关税商品排除工作。2019 年 5 月,为缓解企业困难,税委会发布《国务院关税税则委员会关于试行开展对美加征关税商品排除工作的公告》(税委会公告 2019 年第 2 号)。根据该公告,排除审核标准主要为以下三方面:寻求商品替代来源面临困难;加征关税对申请主体造成严重经济损害;加征关税对相关行业造成重大负面结构性影响或带来严重社会后果。2019 年 9 月以来,税委会陆续公布 4 份排除清单, 对受经贸摩擦影响较大、寻找替代来源较为困难的 166 项商品, 自排除清单实施之日起一年内, 不再加征我为反制美 301 措施所加征的关税; 具备退还税款条件的, 对已加征的关税税款予以退还。2022 年税则转版及税目调整后, 排除清单共涉及 219 项商品。

二是对美加征关税商品市场化采购排除工作。为更好满足我国消费者日益增长的需要, 加快受理企业排除申请, 2020 年 2 月, 税委会发布《国务院关税税则委员会关于开展对美加征关税商品市场化采购排除工作的公告》(税委会公告 2020 年第 2 号), 在此前排除工作基础上, 进一步开展对美加征关税商品市场化采购排除工作, 自 2020 年 3 月 2 日起, 接受相关中国境内企业申请, 并逐批次审核相关申请, 对符合条件、按市场化和商业化原则自美采购的进口商品, 在一定期限内不再加征我对美 301 措施反制关税, 核准前已加征的关税税款不予退还。对美加征关税商品排除申报系统如图 3 - 4 所示。

图 3 - 4 对美加征关税商品排除申报系统

第五节 进境物品进口税

一、进境物品进口税的定义

进境物品是相对于进口货物而言的, 具体包括进境行李物品、邮递物品和其他物品。进境物品的特点是数量零星、品种繁多, 征税验放的时间性强, 直接关系到个人切身利益, 因此政策性较强。虽然海关对入境人员携带的行李物品和个人邮递物品的征免税数额限定在个人自用合理范围内, 但积少成多, 如不以关税手段进行调节, 也会对我国国内市场和工农业生产带来影响。

《进出口关税条例》规定，进境物品的关税以及进口环节海关代征税合并为进口税，由海关依法征收。进境物品进口税是关税和进口环节海关代征税（增值税和消费税）三税合一的特殊税种，通常称为"行邮税"。

二、我国进境物品进口税率表介绍

现行《进境物品进口税率表》分为 3 个税目，3 级税率。其中，税目 1 包括的物品有：书报、刊物、教育用影视资料、计算机、视频摄录一体机、数字照相机等信息技术产品、食品、饮料、金银、家具、玩具、游戏品、节日或其他娱乐用品、药品；税目 2 包括的物品有：运动用品（不含高尔夫球及球具）、钓鱼用品、纺织品及其制成品、电视摄像机及其他电器用具、自行车以及税目 1、税目 3 未包含的其他商品；税目 3 包括的物品有：烟、酒、贵重首饰及珠宝玉石、高尔夫球及球具、高档手表、高档化妆品。目前 3 个税目的税率分别为 13%、20% 和 50%。

我国于 1961 年首次公布实施了进境物品进口税税率表，共 21 个税目，13 级税率，于 1978 年和 1985 年对税率表进行了两次修改简化。为了适应改革开放以来我国关税制度的较大变化，1994 年 5 月，税委会审议通过了《中华人民共和国海关总署关于入境旅客行李物品和个人邮递物品征收进口税办法》（以下简称《办法》），《办法》共 10 条，详尽规定了进境物品进口税的征收范围、纳税义务人、归类、计征方法等内容，进境物品进口税税率表是该办法的组成部分。此后，为配合国内消费税改革，适应部分进境物品性能价格变化以及居民消费升级等需要，我国在 2007 年、2011 年、2016 年、2018 年、2019 年又先后对进境物品进口税做了五次重要的调整。

三、进境物品进口税五次重要的调整

（一）配合消费税改革进行的调整

为适应社会经济形势发展的客观需要，合理调节消费行为和调整消费导向，经国务院批准，2006 年 3 月，财政部、国家税务总局调整了部分商品的消费税税目、税率。进境物品进口税的税率是在综合考虑关税、进口环节增值税和进口环节消费税税率基础上形成的。进境物品进口税不仅体现国家关税政策，同时也体现国家的消费导向。因此，消费税税率调整后，进境物品进口税税率必须作相应的调整。

2007 年进境物品进口税调整的原则和范围如下：

1. 调整原则

（1）消费税税率未改变的商品，进境物品进口税税率原则上不做调整。

（2）调整后进境物品税目、税率应便于征收、管理和提高通关效率，税率结构应尽量简化。

2. 调整范围

（1）进境物品进口税未随消费税调整做调整的物品包括：

①酒类产品。考虑到酒类产品的消费税税率有升有降，未做本质调整（粮食白酒和薯类白酒的比例税率由25%和15%统一为20%），因此，对该类物品的进境物品进口税未做调整。

②木制一次性筷子和实木地板。考虑到对该产品征收消费税的目的是限制我国资源的消耗，对使用国外资源生产产品的进口行为应鼓励而不应限制，因此，对该类物品的进境物品进口税也不做调整。

③汽车、摩托车。根据税委会的有关规定，个人自用汽车和摩托车及其附件、配件（包括汽车轮胎）应当按照关于进口货物的规定征收进口税，不属于进境物品进口税的范畴。

④游艇。目前，在海关实际操作中，进口游艇不属于进境自用物品，一律按货物征收进口税收。考虑到游艇与汽车一样同为高档消费品，因此，比照汽车产品的征税办法，对进口游艇继续按货物征税。

（2）随进境物品进口税消费税提高也一并提高的物品包括：

①高尔夫球及球具和高档手表。高尔夫球及球具和高档手表是本次消费税调整的新增税目。高尔夫球及球具是指从事高尔夫球运动所需的各种专用装备，包括高尔夫球、高尔夫球杆及高尔夫球包（袋）等。高档手表指销售价格（不含增值税）每只在10000元（含）以上的各类手表。高尔夫球及球具在以前执行的《进境物品进口税税率表》中没有具体列名，执行10%的税率；手表在以前执行的《进境物品进口税税率表》中不区分高档手表和其他手表，统一执行20%的税率。考虑到这两类商品价值较高，属高档消费品，故将此类物品的进境物品进口税调整为30%。

②化妆品。本次消费税调整取消了护肤护发品税目，将原属于护肤护发品征税范围的高档护肤类化妆品列入化妆品税目。据此，化妆品税目不仅包括各类美容、修饰类化妆品，也包括高档护肤类化妆品，且高档护肤类化妆品的消费税税率由17%调整为30%。本次消费税调整后，如仍按以前执行的《进境物品进口税税率表》，化妆品（包括高档护肤类化妆品）税率为20%。考虑到这一税率水平与进口化妆品当时83%～92%的货物综合税率差距较大，而且普通化妆品和高档化妆品难以区分，为便于海关现场实际操作，不再区分普通化妆品和高档化妆品，统一归入化妆品税目，执行50%的税率。

（二）适应进境物品性能价格变化以及居民消费升级需要进行的调整

随着国内居民收入和消费水平的提高以及国际消费品市场行情的变化，个人进境物品的品种和数量发生了新的变化，通过旅客携带和邮递渠道进境的新型数字产品的比重明显上升，市场价格有所下降。为适应进境物品新的变化情况，缓解通关压力，并保持进境物品税率表的简洁、稳定，使进境物品进口税税率更加合理，2011年，税委会对进境物品进口税做了相应调整。

2011 年进境物品进口税调整的原则和范围如下:

1. 调整原则

(1) 有利于保持进境物品税率与进口货物综合税率相协调,对进境物品进口税税率已低于相应进口货物综合税率的商品,其进境物品进口税税率原则上不做调整。

(2) 有利于方便办理进出境旅客通关手续,保持进境物品进口税税目简洁、税率简化的特征,方便海关征收管理,缩短通关时间,提高通关效率。

(3) 有利于进境旅客准确理解税率表中税目所包含的商品范围,减少争议。

2. 调整范围

(1) 将原归入税目 2 的计算机、视频摄录一体机等信息技术产品和照相机归入税目 1 中,税率相应地从 20% 降低到 10%。

(2) 将税目 2 中的"摄像机"更名为"电视摄像机",税率维持不变。

经以上调整,我国进境物品进口税税率档次没有变化,仍为四档(见表 3 - 2),但税率水平基本上都低于相对应的货物进口综合税率。

表 3 - 2 　　　　　2011 年调整的《进境物品进口税税率表》情况

税目	物品名称	税率(%)
1	书报、刊物、教育专用电影片、幻灯片、原版录音带、录像带、金、银及其制品、计算机、视频摄录一体机、数字照相机等信息技术产品、照相机、食品、饮料、本表税目2、税目3、税目4及备注不包含的其他商品	10
2	纺织品及其制成品、电视摄像机及其他电器用具、自行车、手表、钟表(含配件、附件)	20
3	高尔夫球及球具、高档手表	30
4	烟、酒、化妆品	50

(三) 规范税制、维护税负公平调整进境物品进口税

近年来,跨境电子商务零售进口发展迅猛。2016 年以前,个人自用、合理数量的跨境电子商务零售进口商品在实际操作中按照邮递物品征收行邮税。行邮税针对的是非贸易属性的进境物品,跨境电子商务零售进口商品虽然通过邮递渠道进境,但其交易具有贸易属性,按照邮递物品征收行邮税与国内销售的同类一般贸易进口货物和国产货物存在税负不公问题,并导致国家税收流失。为此,根据《国务院办公厅关于促进跨境电子商务健康快速发展的指导意见》(国办发〔2015〕46 号)要求,财政部会同海关总署、税务总局按照有利于拉动国内消费、公平竞争、促进发展和加强进口税收管理的原则,制定了跨境电子商务零售进口税收政策。

与此同时,我国同步调整了行邮税政策,优化了税目结构,并按照行邮税税率与同类进口货物综合税率大体一致的原则设置了税率水平。与调整前相比,部分商品的行邮税税率有所上升，形成了跨境电子商务零售进口、行邮税、一般贸易进口的"梯度"税率结构，有利于将行邮渠道进境的跨境电子商务零售进口商品逐步纳入跨境电子商务零售进口税收政策适用范围。

2016年进境物品进口税调整的原则和范围如下：

1. 调整原则

（1）规范税制、维护税负公平，营造公平竞争的市场环境，使行邮税税率水平与同类进口货物综合税率水平保持大体一致。

（2）配合跨境电商零售进口税收政策的出台，调整行邮税政策，引导快件、邮件渠道进境的跨境电商零售进口商品逐步纳入规范化的跨境电子商务零售进口税收政策范围。

（3）合理设置税目结构，通过调整，使行邮税税目结构更加合理、科学、简洁，便于旅客申报、纳税，更好提升通关效率。

2. 调整范围

税委会于2016年3月16日发布《关于调整进境物品进口税有关问题的通知》（税委会〔2016〕2号），对个人进境物品进口税税目税率进行调整。此次调整将进境物品分为三大类，税目1主要为最惠国税率为零的商品，主要包括书报、刊物、教育用影视资料，计算机、视频摄录一体机、数字照相机等信息技术产品，以及与人民群众生活息息相关的食品、饮料等；税目3为征收消费税的高档消费品，具体包括烟、酒、贵重首饰及珠宝玉石、高尔夫球及球具、高档手表、化妆品；将税目1和税目3未列明的其他商品归入税目2。税目1、税目2、税目3分别对应15%、30%和60%的税率。调整后的税率较之以往普遍有所提高，税率水平基本与跨境电商综合税率持平。自此，我国进境物品税税率档次由原来的四档变为三档（见表3-3）。

表3-3　　　　2016年调整的《进境物品进口税率表》情况

税目	物品名称	税率（%）
1	书报、刊物、教育用影视资料；计算机、视频摄录一体机、数字照相机等信息技术产品；食品、饮料；金银；家具；玩具，游戏品、节日或其他娱乐用品	15
2	运动用品（不含高尔夫球及球具）、钓鱼用品；纺织品及其制成品；电视摄像机及其他电器用具；自行车；税目1、税目3中未包含的其他商品	30
3	烟、酒；贵重首饰及珠宝玉石；高尔夫球及球具；高档手表；化妆品	60

注：税目3所列商品的具体范围与消费税征收范围一致。

（四）适应自主降税的同步调整

2018 年 11 月 1 日起，我国自主降低 1585 个税目的进口关税，我国关税总水平降至 7.5%。随着关税总水平尤其是药品、日用消费品进口关税的下调，进境物品进口相关税目税率也应同步调整。主要调整事项有：一是鉴于我国已对绝大多数药品实施了零关税，相应地将药品的进境物品进口税税率由 30% 调整为 15%。同时，对按国家规定减按 3% 征收进口环节增值税的进口抗癌药品，按照货物税率征税。二是将税目 2、税目 3 的税率分别由 30% 和 60% 调整为 25% 和 50%。规定数额以内个人自用、合理数量进境物品免税规定维持不变。税委会于 2018 年 9 月 30 日发布调整通知，于 2018 年 11 月 1 日起实施。此次调整后的税率如表 3-4 所示。

表 3-4　　　　2018 年调整的《进境物品进口税率表》情况

税目	物品名称	税率（%）
1	书报、刊物、教育用影视资料；计算机、视频摄录一体机、数字照相机等信息技术产品；食品、饮料；金银；家具；玩具、游戏品、节日或其他娱乐用品；药品 *	15
2	运动用品（不含高尔夫球及球具）、钓鱼用品；纺织品及其制成品；电视摄像机及其他电器用具；自行车；税目 1、税目 3 中未包含的其他商品	25
3 **	烟、酒；贵重首饰及珠宝玉石；高尔夫球及球具；高档手表；高档化妆品	50

注： * 对国家规定减按 3% 征收进口环节增值税的进口抗癌药品，按照货物税率征税。
** 税目 3 所列商品的具体范围与消费税征收范围一致。

（五）促进扩大进口和消费的调整

为促进扩大进口和消费，更好地体现以人民为中心的发展理念，满足人民美好生活需求，结合增值税税率下调等重大改革措施，经国务院批准，税委会决定，自 2019 年 4 月 9 日起调整进境物品进口税。此次调整包括两个方面：一是将税目 1、税目 2 的税率分别由现行 15%、25% 调降为 13%、20%；二是将税目 1"药品"的注释修改为，对国家规定减按 3% 征收进口环节增值税的进口药品（目前包括抗癌药和罕见病药），按照货物税率征税。此次调整自 2019 年 4 月 9 日起实施。调整后的进境物品进口税率如表 3-5 所示。

表 3 – 5　　　　**2019 年调整的《进境物品进口税率表》情况**

税目	物品名称	税率（%）
1	书报、刊物、教育用影视资料；计算机、视频摄录一体机、数字照相机等信息技术产品；食品、饮料；金银；家具；玩具，游戏品、节日或其他娱乐用品；药品*	13
2	运动用品（不含高尔夫球及球具）、钓鱼用品；纺织品及其制成品；电视摄像机及其他电器用具；自行车；税目 1、税目 3 中未包含的其他商品	20
3**	烟、酒；贵重首饰及珠宝玉石；高尔夫球及球具；高档手表；高档化妆品	50

注：* 对国家规定减按3%征收进口环节增值税的进口药品，按照货物税率征税。

** 税目 3 所列商品的具体范围与消费税征收范围一致。

第四章　关　税　调　控

关税政策是调控经济活动的重要政策工具，学术界也已经形成了较为成熟的关于关税的量化评估体系。从实践看，随着我国成为世界第二大经济体和第一大进出口国家，关税调控在对外经贸中发挥的作用越来越大。本章介绍了关税调控的有关理论、决定因素和调控原则等内容，并重点介绍了我国通过降低关税总水平、实施暂定税率、优化税目结构、调整出口税率等手段，开展关税调控的实践。

第一节　关税调控相关理论

一、关税调控与关税政策

政策是一个国家的政府或政党为实现一定时期的预定目标而制定的共同行动准则，是为国家利益服务的。关税政策是一个国家以关税为手段，为达到一定历史时期的预期目标而制定的行动准则。关税政策通过对进出口货物征收或减免关税等措施，调整对外经济贸易活动，具体体现国家的政策意图。它是国家财税政策的一个组成部分，与国家的贸易政策、产业政策密不可分。

从运用关税所要达到的目的或所要取得的效应角度来看，关税政策可以分为关税的财政政策、关税的保护政策、关税的自由政策和关税的社会政策。但在传统上，一般把关税政策分为财政关税政策与保护关税政策两大类，分别对应着自由贸易政策与保护贸易政策。

自由贸易政策原则上不应运用关税保护，征收关税的目的是取得财政收入，因此，财政关税政策是与自由贸易政策相适应的。从历史实践看，比较典型的自由贸易政策或财政关税政策只有 19 世纪中叶在英国曾一度出现过，但只有短短的几十年。因此，从关税政策的历史发展中看，自由贸易的财政关税政策只是暂时的、相对的，而各国的保护关税政策则是基本的、正常的政策。在 20 世纪 30 年代的世界性经济大危机中，曾出现了世界性的保护关税政策高潮。但第二次世界大战后，各国逐渐认识到贸易壁垒对世界经济贸易发展的危害，因此出现了贸易自由化的趋势，关税壁垒逐步降低。尤其是近几十年来，地区性经济一体化、贸易集团化成为主流趋势。关税同盟成员降低或取消彼此之间的关税壁垒，实行自由贸易，但对同盟以外的国家仍使用关税保护。美国是首倡贸易自由化的国家，也曾是最积极的国家，但它也广泛使用保护关税和保护措施，尤其是近几年，贸易保护已经成为美国关税政策的主导因素。

从实际效应上看，征收关税，不论税率高低都会产生财政收入效应、进出口贸易效应等。制定关税政策，就是有目的、有选择地对不同货物运用关税的征免、税率的高低等手段，使关税在某一方面的效应发挥得更突出一些，在组织财政收入、调控宏观经济、促进外贸发展等方面达到一定的预期目标。例如，在进口方面，通过税率的高低、减免来调节进口商品结构；在出口方面，通过低税、免税和退税来鼓励商品出口，通过开征出口关税、特别出口关税来控制商品出口。所以，关税政策是调控宏观经济活动的重要政策工具，在保持公开透明、总体稳定的同时，还具有调控及时、针对性强、形式灵活的特点。

关税调控与关税政策是紧密联系在一起的，关税调控贯穿于一国关税政策的制定和调整过程，核心是通过价格传导机制发挥其宏观调控作用，即在充分考虑国内外经济形势，结合国家贸易政策、产业政策及国民经济发展基本思路的基础上，国家政府通过调整和完善本国的关税水平和关税结构，以影响进出口商品流量、流向，最终实现经济增长、贸易发展、保护本国产业等宏观调控目标。

二、保护性关税理论

（一）幼稚工业保护理论

幼稚工业保护理论（infant industry argument）又称为幼稚产业保护论，是一种主张对具有潜在竞争优势和发展前途的新兴产业予以保护，以促使其逐步发展壮大的保护贸易理论，亦译为幼稚工业论。这一理论由亚历山大·汉密尔顿在其《关于制造业的报告》中提出，后来由弗·李斯特和英国经济学家约翰·斯图尔特·穆勒等加以完善。汉密尔顿和李斯特的保护关税理论主要是强调对一个国家的幼稚工业的保护，在其后的一些工业不发达的国家中产生了很大影响，一直是它们使用保护关税政策的理论依据。有些自由贸易主义者也赞成对幼稚工业加以保护。例如，自由贸易论者穆勒认为，幼稚工业保护论是保护贸易论可以成立的唯一理论，这种幼稚保护是合理的，它不但是现代发展中国家工业化和贸易的中心问题，而且也是发达国家保护新兴工业或增长产业的重要理论支柱。这也成为有些工业发达国家口头上倡导自由贸易、实际上仍在采用关税保护和其他保护措施的理由之一。

该理论认为，一国新建立的产业部门尚未发展起来，要经过一个学习、掌握生产技术和不断发展壮大逐步达到适度规模的阶段。在这个过程中，其生产成本较高，缺乏竞争性，而且产品需要一个在消费者心目中建立信誉的过程。因此，新建产业在其初创阶段无法与已经发展起来的外国同行业竞争。进口国政府应当通过关税或非关税措施加以保护，使其某个具有潜在竞争优势的工业能够在保护措施的保护下，成熟发展起来。

（二）国家安全论

国家安全论（national security argument）是一种非经济的保护论据，该保护理论的出发点是国家利益。经济与政治是分不开的,保护本国生产力的发展关系到一个国家的生存,这一点在李斯特的《政治经济学的国民体系》理论中有明确表述。英国1920年的《染料法》和1921年的《工业保护法》都是在第一次世界大战时,由于这些物资平时依赖进口,战时本国不能充分供应,遇到很大困难,得出了教训后才制定的。

一个国家是否必须具备一套完善齐备的工农业生产结构,要根据这个国家的具体情况决定。一般来说,地理面积比较小的国家很难做到这一点,它只能利用本国的比较优势来发展对本国最有利的生产,以发展本国经济。对一个人口众多的大国来说,如果自身具有丰富的自然资源,则应有一个比较齐全完备的生产结构,否则,有些生活、生产和国内必需的用品大量依赖进口,有时会陷于被动,受制于人。

从另一个安全角度来看,有些关系到国计民生的重要产业,如果受到国外的竞争,影响到人们的就业或生活,就将成为社会不安定因素。当前,很多国际贸易纠纷就是基于这个原因。例如,欧共体在世界贸易组织乌拉圭回合中坚持对农业的保护,很多发达国家使用反倾销税、反补贴税等保护措施,其解释理由就是保护本国产业不因国外竞争而遭受实质性损害,以至于造成工人的失业,影响社会安定。

(三)保护就业论

保护就业论(employment protection argument)与上述国家安全论相联系。由于廉价货物的进口会挤垮本国产品的生产,造成大批工人失业,给社会造成不安定因素,引发经济危机,所以,必须进行保护,限制外国货物进口。这是目前各发达国家使用各种保护措施的主要理由。它们从发展中国家进口的货物大多是劳动密集型产品和农产品,为了保护本国现在从事这些产品生产的工人不会因该产品的大量进口而失业,采取了各种关税和非关税保护措施。美国1930年《关税法》就是基于这种理论而制定的。

对现代经济学最有影响的凯恩斯主义,在国际贸易方面的理论被认为是新重商主义。它为发达国家实行超保护贸易政策提供了理论依据。凯恩斯最初是个自由贸易论者。20世纪30年代经济大危机后,他改变了立场,主张国家应该对经济活动进行干预,加以调控,在国际贸易方面使国家保持顺差,这样可以缓和国内危机,扩大工人就业,增加国民收入。

(四)关税收入论

关税收入论(tariff revenue argument)又称幼稚政府论,认为征收关税对发展中国家政府的财政收入有着至关重要的影响。由于发展中国家经济不发达,作为政府财政收入的其他税源相对匮乏,关税在政府财政收入中占有较大的比重,因此,发展中国家的政府通过征收关税来维持政府财政支出。

(五)贸易条件论

贸易条件论(term of trade argument)又称为改善贸易条件论。根据贸易大国的局部均衡分析,贸易大国征收进口关税可以迫使出口国降低出口货品的价格,从而改善贸易大国的贸易条件。因此，贸易条件论认为，一个贸易大国可以利用征收关税的这一效应，使本国的贸易条件得到改善。

（六）国内市场扭曲纠正论

自由贸易理论认为，对不同产品征收不同的关税会使资源配置被人为地引导到高利润行业，从而导致国内市场价格受到扭曲，降低社会福利。但保护贸易政策的倡导者们则认为，由于市场发育不完全、市场失灵等原因，经济学理论上资源合理配置的帕累托最优在现实中并不存在。当国内市场由于外部国际市场的扭曲，以及企业外部经济、工农业间的工资差别、生产要素的非移动性等扭曲的存在，使国内价格机制未能充分发生作用，而发生阻碍资源最佳利用的状态时，可以采取关税等保护措施的"扭曲"来抵消原来的"扭曲"，以提高经济福利。

（七）产业多样化论

产业多样化论（diversified industries argument）又称为经济多样化论，首先由亚历山大·汉密尔顿于1971年提出，是较早产生的一种比较系统的保护关税政策理论。他认为，一个国家的各个产业是相互联系的，某一产业获得的利益，也会使其他产业间接获得利益。如果工业受到保护获得利益，使得工资、利润增加，农业和其他产品的市场就会扩大。因此，"兼有工业和农业的国家做起买卖来，要比仅有农业的国家能更赚钱，更兴旺"。而高度专业化的经济结构在遇到国际经济、国际政治发生变故的时候，其经济就显得特别脆弱，其产品的出口愈发容易受到国际市场价格波动的影响，使本国不能有稳定收入和就业。多样化的产业结构有利于抵消这种可能发生的不利影响。但是，"兴办某种工业而取得成功的国家所具有的优势，对后来发展工业的国家来说，构成最大障碍"，只有通过政府的关税保护和其他诸如进出口限制、补贴等措施的保护才能发展起来。

（八）青年经济论

青年经济论（young economy argument）与幼稚工业保护论有某些相似之处。幼稚工业保护论的着眼点主要是发展中国家的某个产业、某个部门的保护。而青年经济论则着眼于发展中国家对整个经济的保护。该理论认为，发展中国家的新兴工业创建初期的产品之所以缺乏竞争力，并不是由于某一个产业部门的效率低下，而是由于整个国民经济总体发展水平落后于发达国家。例如，劳动力市场缺乏高素质的熟练劳动力；资本市场发育不完全，资源配置机制缺乏效率；商品市场的消费能力低下；工业品市场扩展能力有限；电力、交通等基础设施发展滞后……所以，发展中国家应当对所有产业部门都实行全面的关税保护，使各个产业部门都得到平衡发展，而不是仅仅保护某个幼稚工业。

（九）国际收支论

国际收支论（balance of payment argument）是建立在关税效用分析基础上的一种理论。根据关税的局部均衡分析，征收关税可以减少进口国的进口贸易数量，从而减少为进口而支付的外汇。在资本项目不变的条件下，进口国的国际收支状况会得到改善。

（十）衰退产业保护论

衰退产业保护论（protecting declining industry argument）是与幼稚工业保护论相对的一种理论。它主张对在国际经济竞争中处于劣势的衰落产业予以保护，避免因此而产生的经济损失。由于各国经济发展不平衡，一国原来处于领先地位的某个产业，可能会失去原来的优势，衰退成为夕阳产业、老化产业。夕阳产业的生产成本相对高于国外成本，致使进口增加，国内生产受到威胁，投入该产业的各种生产要素面临失业。为使夕阳产业能够逐步改造成为朝阳产业，或给生产要素转移到其他产业部门创造条件，必须暂时实行保护关税政策。衰退产业保护论是发达国家实行贸易保护政策的一种理论。

三、关税的保护程度分析

关税的保护程度，一般用来衡量或比较一个国家对进口商品征收关税给予该国经济的保护所达到的水平。在理论上，通常以征收关税后该国经济产生的变化量与征收关税前经济相比较的百分率来表示。由于影响经济变化的原因很多，而且经济变化量的涵盖范围很广，所以，这样的比较并不容易，也未必能反映问题。因此，通常只能从关税税率和征收关税对价格产生的影响进行分析比较。

根据对关税保护考察对象的不同，关税保护程度可以有两种表示方法。关税对一国经济整体或某一经济部门的保护程度，通常以关税水平来衡量；对某一类个别商品的保护程度，则常以保护率来衡量。

（一）关税水平

关税水平即一个国家的进口关税平均税率。一般而言，关税水平代表了进口商品征收关税后的国内市场价格比征收关税前的国际市场价格的平均提高幅度。因此，一个国家的关税水平可以反映该国征收关税对各种不同商品价格水平的影响程度，是衡量一个国家进口关税对本国经济保护程度的重要指标。计算关税水平可用简单算术平均法和加权算术平均法。

1. 简单算术平均法

简单算术平均法是一个国家关税税率的简单算术平均数，可通过税则中全部税目的税率之和除以税目总数获得。其公式为：

$$关税水平 = \frac{税则中所有税目的税率之和}{税则中所有税目总数} \times 100\%$$

简单算术平均法的最大优点是计算简单，但它没有考虑货物进口数量、进口金额等因素对关税水平的影响。此外，这种方法计算的关税水平会受税则税目结构的影响。如果将税率低的税目细分，将税率高的税目合并，那么，虽然实际上没有改变这些商品适用的税率，却降低了关税水平。

2. 加权算术平均法

加权算术平均法是以一国各种进口商品的价值在进口总值中的比重为权数，计算得到关税税率平均数的一种方法。具体计算方法有以下三种：

（1）全部商品加权平均法。

$$关税水平 = \frac{进口关税总额}{进口商品总值} \times 100\%$$

这种方法比简单算术平均法更接近实际，基本能反映一个国家的关税水平。但如果一个国家税则中税率为零的税目较多，则计算出来的数字就会偏低，仍然不能如实反映一国对国内经济的保护程度。

（2）有税商品加权平均法。

$$关税水平 = \frac{进口关税总额}{有税商品进口总值} \times 100\%$$

这种方法将税则中税率为零的商品的进口值从进口商品总值中扣除，较为科学，比较真实地反映了一国关税水平。

（3）选择性商品加权平均法。这种方法是选择一些有代表性的商品，以每种商品的进口值作为权数进行平均。公式为：

$$关税水平 = \frac{\sum_{i=1}^{n} V_i R_i}{\sum_{i=1}^{n} V_i} \times 100\%$$

其中，V_i 表示各种商品的进口值；R_i 表示各种商品的关税税率；$\sum_{i=1}^{n} V_i$ 表示 n 种商品进口值之和；$\sum_{i=1}^{n} V_i R_i$ 表示 n 种商品关税金额之和。

这种计算方法比较具体，所选择的代表性商品越多，计算就越精确。《关税与贸易总协定》在进行第六轮关税减让谈判时，为比较各国减让前的关税水平，采用了联合国贸易和发展会议（UNCTAD）选取的504种商品作为代表性商品。

（二）名义保护率

保护率是衡量一个国家保护措施对本国某一类产品保护程度的一种方法。传统的保护率在理论上是以保护措施作用下，某类商品的国内市场价格和国际市场价格之间的差额与国际市场价格的百分比来表示的，它主要是从商品的市场销售价格方面来考查保护程度。20世纪70年代以来，西方一些经济学家提出了另一种计算保护率的理论——有效保护理论。为了区别两种保护率，将传统的保护率称为名义保护率。

名义保护率（nominal rate of protection，NRP），是由于实行保护而引起的国内市场价格超过国际市场价格的部分与国际市场价格的百分比。计算公式为：

$$名义保护率 = \frac{进口商品国内市场价格 - 该进口商品国际市场价格}{该进口商品国际市场价格} \times 100\%$$

如果以 p 为进口商品的国际市场价格，p' 为进口商品的国内市场价格，上述公式可以写成数学表达式：

$$NRP = \frac{p' - p}{p} \times 100\%$$

通常，一国自国外进口商品的价格被认为就是该商品的国际市场价格。在保护措施作用下，进口商品的价格提高，而国内生产的同类商品可以以相同的价格出售，从而达到保护本国商品生产的目的。国内市场价格的提高，就是该国对该商品提供的保护。这一价格差与该商品的国际市场价格的比率，即为保护率。

在现实经济中，影响进口商品国内外价格差的因素很多，除关税外，还有进口许可证、配额等非关税壁垒，外汇汇率和外汇管制，进出口价格补贴、生产补贴，国内外消费者的消费结构、消费习惯，文化差异等。因此，名义保护率是这些保护措施或影响因素共同作用形成的对国内生产的保护率。但考虑到关税是国际贸易中传统的、主要的保护手段，因此，在进行关税理论研究时，通常假定关税是唯一的保护措施。

（三）有效保护率

1. 有效保护的概念

传统的关税保护理论是建立在产品的生产过程完全发生在一个国家内的假设前提之上的。它假定被征收关税的进口商品都是进入消费的最终产品，研究这些商品征收关税后对国内替代产品的生产和消费所产生的影响。但第二次世界大战后，世界经济发生了巨大变化，科学技术的发展和跨国公司的出现对国际分工和国际贸易商品结构产生了巨大影响，逐步形成了横向专业化分工生产和以中间产品为主的国际贸易商品结构。

在此背景下，1955 年，加拿大经济学家巴伯发表了《加拿大关税政策》一书，首次提出了有效保护的概念。他的主要思路是：一国对某一产业的实际保护程度不能单纯地从该产业产品的进口税高低来判断，因为该产业所投入的原材料也会因征收关税而导致价格上升，从而增加该产业的成本。因此，要分析一国整个关税结构对某一产业的保护效果，应综合分析该产业的产出与投入所负担的进口关税的影响，换言之，应分析关税使该产业商品增值部分提高的程度。

有效保护（effective protection）是指全部保护措施对某类产品的生产过程的净增值所给予的影响。有效保护率（effective rate of protection，ERP）是一种产品在国内外加工增值差额与其国外加工增值的百分率。计算公式为：

$$ERP = \frac{V' - V}{V} \times 100\%$$

其中，V 表示自由贸易条件下的某一生产过程的加工增值；V' 表示在各种保护措施作用下的国内加工增值。

与名义保护率相比，有效保护理论着眼于生产增值过程，考察保护措施对被保护行业的生产过程所产生的影响，而名义保护则着眼于被保护产品的市场价格。举个例子来看：

假定一辆汽车的国际市场价格为 10000 美元，而整套散件的国际市场价格为 8000 美元。在自由贸易条件下，根据充分竞争理论，如果忽略进口运输、保险等费用，则该国国内市场上的汽车和整套散件的价格应与国际市场相同。此时，国内汽车组装生产的加工装配增值为 2000 美元。

现在假定对每辆汽车征收 10% 的关税，而对整套散件依然免税进口，则汽车的国内市场价格将提高至 11000 美元，而整套散件的国内市场价格仍是 8000 美元，则装配过程增值为 3000 美元，与自由贸易时相比，增加了 1000 美元。所以有效保护率为：

$$ERP = \frac{3000 - 2000}{2000} \times 100\% = 50\%$$

而其名义保护率为：

$$NRP = \frac{11000 - 10000}{10000} \times 100\% = 10\%$$

现在假定除了对每辆汽车进口征收 10% 的关税，对整套散件也征收 6.25% 的关税，则汽车的国内市场售价为 11000 美元，整套散件的国内市场价格提高至 8500 美元。那么装配过程的增值为 11000 - 8500 = 2500（美元），其有效保护率为：

$$ERP = \frac{2500 - 2000}{2000} \times 100\% = 25\%$$

我们可以看到，虽然对汽车征收的关税没有变化，换言之，名义保护率没有变化，但由于对其整套散件实行保护，导致汽车装配过程的有效保护率降低。这就是有效保护的基本含义。

2. 有效关税保护的代数分析

假定：（1）国外市场供给具有完全弹性；（2）关税是唯一的保护措施；（3）投入产出系数不因对投入品或产出品征收关税而改变。设：

V_j = 自由贸易条件下产出品 j 的增值

V_j' = 征收关税条件下产出品 j 的增值

P_{jd} = 产出品 j 的国内市场价格

P_{jw} = 产出品 j 的国际市场价格

P_{id} = 投入品 i 的国内市场价格

P_{iw} = 投入品 i 的国际市场价格

A_{ij} = 投入品 i 在产出品 j 中所占的比例，即投入产出系数

在自由贸易条件下，根据市场充分竞争的机制，$P_{jd} = P_{jw}$，$P_{id} = P_{iw} = P_{jw} \cdot A_{ij}$，则产出品 j 的增值为：

$$V_j = P_{jw} - P_{iw} = P_{jw} - P_{jw} \cdot A_{ij} = P_{jw}(1 - A_{ij})$$

如果关税是唯一限制进口的措施，则在对产出品 j 和投入品 i 分别征收税率为 T_j 和 T_i 的关税后，产出品和投入品的国内市场价格分别为：

$$P_{jd} = P_{jw}(1 + T_j)$$

$$P_{id} = P_{iw}(1 + T_i) = P_{jw} \cdot A_{ij}(1 + T_i)$$

则征收关税条件下产出品 j 的增值为：

$$V'_j = P_{jd} - P_{id} = P_{jw}(1 + T_j) - P_{jw} \cdot A_{ij}(1 + T_i)$$
$$= P_{jw}\left[(1 + T_j) - A_{ij}(1 + T_i)\right]$$

则有效保护关税率为：

$$ERP = \frac{V'_j - V_j}{V_j} \times 100\% = \frac{T_j - A_{ij}T_i}{1 - A_{ij}} \times 100\%$$

如果 j 产品的投入品不止一种，则有效关税保护率为：

$$ERP = \frac{V'_j - V_j}{V_j} \times 100\% = \frac{T_j - \sum A_{ij}T_i}{1 - \sum A_{ij}T_i} \times 100\%$$

在通常情况下，$0 < \sum A_{ij} < 1$，所以，有效关税保护率有以下主要性质：

（1）当 $T_j > T_i$ 时，$ERP > T_j > T_i$，即如果产出品的进口关税税率高于其所用投入品的进口关税税率，产出品的有效保护率就会高于其关税税率。

（2）当 $T_j < T_i$ 时，$ERP < T_j < T_i$，即如果对投入品的进口关税税率高于产出品的进口关税税率，产出品的有效保护率就会低于其关税税率。

（3）当 $T_j = T_i$ 时，$ERP = T_j = T_i$，即如果产出品的进口关税税率恰好等于其所用投入品的进口关税税率，那么，产出品的有效保护率就等于其关税税率。

（4）当 $T_j < \sum A_{ij}T_i$ 时，$ERP < 0$，即如果对投入品的进口关税税率高于产出品的进口关税税率，且投入品价值在产出品中所占份额较大，那么，可能会出现负有效保护率，形成负保护。负保护是指一个生产过程在贸易保护措施的作用下，其加工增值额反而小于自由贸易条件下该生产过程的增值额，即关税等贸易保护措施不仅没有为本国经济提供保护，反而使本国经济受到损害。

3. 有效保护理论的政策意义

（1）有效保护与关税结构。关税结构（tariff structure）也称关税税率结构，是指一国关税税则中各类商品关税税率高低的相互关系。在实践中，各国关税结构通常呈关税升级（tariff escalate）趋势，即从初级产品、半制成品到制成品，随着加工程度的不断深化，税率不断提高。这种现象是在实践中自然形成并沿袭下来的。有效保护理论解释了这一现象，使关税升级在理论上得到论证。制成品关税税率高于其投入品的关税税率，能使有效保护率高于其关税税率。而有些国家虽然制成品关税税率并不低，但由于其投入品关税税率更高，关税不仅没有为本国产业提供足够的有效保护，甚至出现了负保护。

（2）有效保护与关税减让谈判。在按"一揽子"减税方法进行关税减让谈判中，往往涉及什么商品可以减税、减税幅度多大、如何不影响对本国加工制造业的保护而又达到减让关税总水平的目的等谈判策略问题。依据有效保护理论，大幅度削减投入品的关税税率，小幅度削减或不削减产出品的关税税率，可以在降低关税总水平的同时，少降低、不降低，甚至可能反而提高对被保护产业的有效保护。

（3）有效保护与出口商品。有些商品是既供国内消费又供出口，同时还从国际市场进口。虽然出口商品 j 和供国内消费的商品同样在国内生产，但出口商品 j 是在国际市场上销售的货品，其售价只能是国际市场价格。对进口商品 j 征收关税，虽然能提高该商品在国内的市场价格，但无法改变国际市场价格，因此，对出口产商品 j 生产过程的增值 V' 不产生任何影响，即 $T_j = 0$，而其投入品 i 却要和供国内消费的 j 产品一样，受到对投入品 i 进口关税 T_i 的影响。根据 $ERP = \dfrac{V'_j - V_j}{V_j} \times 100\% = \dfrac{T_j - A_{ij}T_i}{1 - A_{ij}} \times 100\%$，如果 $T_i \neq 0$ 时，出口商品的有效保护必然是负保护。据此，如果一国对出口商品的进口投入品实行保税，或者对加工后复出境的商品实行退还进口关税和进口环节税，可以使投入品的税率 $T_i = 0$，从而避免出现负保护。

（4）有效保护与产业政策。产业政策是与产业有关的一切国家的法令和政策。有效保护理论应用于产业政策，最主要的是根据既定的产业政策，通过制定合理的关税结构，利用市场机制调整产业结构，促进产业技术进步，促使资源配置合理化。例如，提高某个产业的有效保护率，将提高该产业生产过程的增值，意味着该产业能获得更大的利润，这必将吸引企业向该产业的投资，同时也吸引其他生产要素流入该产业。简言之，产业结构将向有效保护率高的产业倾斜。这就是有效保护结构，调节投资结构，从而调整产业结构的基本机制。

同时，也要防止有效保护措施运用不当而导致的消极影响。有效保护主要是对某一加工生产部门的保护，提高其加工增值效益。有限的生产要素流入一些生产部门的同时，会影响其他生产部门的资源配置及发展。例如，对制成品的高税率和对投入品的低税率虽然形成了对制成品的有效保护，但可能会鼓励投入品的大量进口，降低对投入品生产的有效保护。这需要全面考虑，统筹兼顾，防止顾此失彼。

需要指出的是，有效保护对资源配置的影响是相对的、有条件的。在关税的作用下，某个产业的有效保护率高于另一个产业，仅说明在关税作用下该产业的增值 V' 比自由贸易条件下的增值 V 有一个较大的增量。如果一个产业的生产过程原来的增值 V 较高，虽然有效保护率较低，增值的增量较小，但只要生产过程的总增值仍高于那些受到较高保护的生产过程的增值，资源仍然会流入这个有效保护率低的产业。资源是流向利润较高的产业，不一定是有效保护率最高的产业。

四、关税调控的主要决定因素

一个国家采用什么样的关税政策，是由一定的客观因素所决定的，主要是根据本国的社会制度和经济制度、生产发展情况、经济特点、政府管理需要、国际关系、国际经济联系及实力对比等因素决定的。不同国家在不同的历史时期，可能实施不同的关税调控。

（一）按照本国利益制订关税政策

关税政策是国家经济政策的一个组成部分，它必须贯彻一个国家总的政治、经济方针政策，并且要与国家其他具体政策（如外贸、外交、财政、产业政策等）相配合。关税不仅是一种为本国经济利益服务的经济管理手段，有时还是一种政治手段。例如，美国曾借对我国的最惠国待遇问题，企图以关税手段压服我国达到其政治目的。因此，在制定关税政策时，首先要根据本国当时的具体情况，制定出符合本国利益的关税制度和关税措施，这是最基本的原则。

（二）工农业生产发展程度

关税是一种经济管理手段，不论实施什么样的关税政策，都是为了促进本国经济的发展。一国的关税政策是由其工农业生产、科技、文化等的发展程度而决定的。经济发展阶段不同，应采取的策略也不尽相同。工业发达国家虽然目前仍在使用保护关税，但它们保护的重点是其出口产品和敏感性商品，而发展中国家使用保护关税则是为了完善本国生产结构，实施结构性保护。发达国家可以普遍降低工业产品的关税水平，尤其是对初级产品的关税可以大量降低。而发展中国家不但不能与发达国家一样降低工业产品的关税，而且由于财政需要，关税水平也不能大量地普遍降低。但近四五十年来，有些发展中国家和地区的经济和生产得到了较快的发展，经过关税与贸易总协定和世界贸易组织的几轮关税减让谈判后，这些发展中国家的关税政策也在不断调整，关税总水平不断地大幅度下降。

（三）本国的经济特点和优势

关税政策的目标是要保护和促进本国工农业的发展，因此它必须符合本国产业发展的要求。有的国家根据本国的具体经济情况和自然优势制定了产业发展计划，关税政策应该贯彻这种发展计划。有些国家不一定制定了具体的产业发展规划，但一个主权国家一般是要根据本国的自然优势和特点进行经济建设，关税政策也要受到这些自然优势和特点的制约。例如，石油国家必须用石油换回大量的生活和生产必需品，因此，在一定时期内它不需要对进口的商品加以限制；欧洲大陆国家不产石油，最初对石油及其产品的进口不加限制，但当它们建立了石油加工工业后，对一些石油加工产品的进口便加以限制了。

一个国家的经济特点和优势不是一成不变的，自然条件会变化，资源也不是永远取之不竭的，而且目前每个国家的政治、经济情况都会受到整个国际形势的影响，因此，这些因素都是有时间性的，关税政策也是有时间性的。

（四）本国在国际关系和国际贸易实力对比中的地位

英国曾在19世纪中叶放弃了已经实行一两个世纪的极严格的保护关税政策，改为自由贸易政策，但不久之后又恢复了保护政策。美国也在20世纪中叶改变了它过去长期奉行的高度保护关税政策，转而极力倡导自由贸易政策。这都是由于当时它们的经济实力已成为世界霸主，不怕与其他国家进行竞争，自由贸易对它们有利可图，因而改变了政策。而当它们实力衰退后，又不得不恢复了保护关税政策或其他保护措施。

近几十年来，由于科学技术的迅速发展，国际间社会生产结构发生了很大变化。国际间的生产大分工与大合作，使各国之间经济依存度日益提高。这个国际新形势给发展中国家带来了机遇，有些国家和地区的经济因此而得到了快速发展，它们的关税政策也逐步由严格保护向自由化方向调整，关税水平不断降低。

（五）占统治地位的阶级或阶层的利益

国家是阶级的产物，代表了统治阶级的利益，关税政策必须要符合统治阶级的利益。恩格斯曾说过："保护关税政策只是一定的经济制度和该制度的一定矛盾所造成的，这种政策反映了在国民经济中起主导作用的现实阶级的现实利益。"[①] 美国关税政策的历史正说明了这一点。汉密尔顿统一了美国各州的关税，实施保护关税政策，是通过与南方农业地主阶级斗争后才实现的，其后美国关税政策的几次修改，都与南、北方的强弱有关。直至目前，美国关税政策仍受到院外集团的压力影响。

五、实施关税调控的基本原则

（一）按照客观经济规律办事的原则

关税政策是上层建筑的组成部分，是一个国家经济基础的反映。当一个国家工农业生产已经很发达，具备与国外竞争能力时，它就不需要保护关税政策（至少不需要全面的或与世界其他国家隔离的严格保护），过度的保护反而会限制经济的进一步发展；但一个国家工农业生产比较落后、普遍缺乏国际竞争能力时，则需要实行保护政策。关税政策不能是一成不变的，它必须随着经济发展的情况作动态的变化，保护的重点或内容都要有相应的改变。因此，关税调控必须要了解本国的经济特点、发展阶段、比较优势和比较劣势等。

（二）在符合国际规则的前提下维护本国利益的原则

政策是国家政权的产物，它必须是为本国利益服务的。因此，关税调控必须为本国利益服务，这是最基本和最简单的原则。现代关税政策是在国际经济竞争广泛存在的前提下产生的，作为世界贸易组织的成员，必须履行其加入世界贸易组织承诺的义务，同时遵守世界贸易组织规则，这是各国从事世界贸易、开展公平竞争的前提。世界贸易组织新一轮的关税减让谈判，就是各国为最大限度地维护本国利益相互博弈的过程。因此，制定和调整关税政策措施，就是要在符合国际规则的前提下尽量维护本国的利益。

（三）宏观调控与微观调节相结合的原则

运用关税政策，要将调控宏观经济和调节微观经济有机地结合起来。所谓宏观调控，主要是调节进出口贸易总量、国际收支平衡、商品结构和地理方向，保护国内产业和调整产业结构。所谓微观调节，主要指调节涉外经济企业的经营方向，增

---

① 恩格斯：《普鲁士宪法 1847 年 2 月末》，引自《马克思恩格斯全集》第 4 卷，人民出版社 1958 年版，第 35 页。

强企业活力，提高企业经济效益，促进企业生产经营发展。在运用关税职能进行宏观调控的同时，应重视运用减免税手段来解决微观层面遇到的困难和问题。

（四）关税各项职能协调发挥作用的原则

在开放经济的条件下，关税职能在市场经济中能发挥多方面的作用，除了依率计征获得关税收入以外，关税还具有调节进出口贸易的数量和结构的作用，从而对国内价格和产业结构产生一定的影响，并服务于产业政策目标和国民经济宏观调控目标。在关税职能作用日益包含多元化政策目标的情况下，不宜片面强调关税某一方面的功能。

（五）与其他经济手段密切配合的原则

宏观经济手段是各种各样的，它们的作用相互联系、相互制约，有着多方面的复杂关系，国家在市场经济条件下对经贸领域进行宏观调控，除了依靠关税外，还有多种其他的经济手段，如调节出口退税率、财政补贴、信贷支持、调整本国货币汇率等。这些经济手段对对外经济的影响程度和范围各不相同，它们的相互联系中，既有相互推动的一面，运用得当可以形成合力；也有相互制约的一面，运用不当又会相互抵消政策效果。这就要求必须把各种宏观管理手段组织成一个科学的、可以自由运用的宏观调控体系。在运用关税手段实施经济调节时，应与其他调控手段确立共同的调控目标，做到既各就各位，各司其职，又相互配合，取长补短，发挥各项政策的整体效应。

第二节　中国实施关税调控的基本实践

2001 年 12 月 11 日，我国正式加入世界贸易组织，开始实行有管理的贸易自由化。加入世界贸易组织以来，我国对外开放的广度和深度进一步扩大，与世界经济的融合度进一步加深，宏观调控的任务也更加繁重。针对国内社会经济发展需要和国际经济形势变化情况，我国科学、精细地调整关税税率、税目，丰富调控手段，统筹进口和出口、上游和下游、生产和消费的关系，统筹发展与安全，有效发挥关税调控宏观经济职能，支持国内经济高质量发展，促进产业优化升级，改善人民生活品质，推动绿色低碳转型。

一、降低关税水平，全面提高对外开放水平

关税总水平作为我国货物贸易领域开放程度的重要指标之一，应与我国经济发展阶段相适应，体现时代特征。"入世"以来，我国关税总水平经历了两轮大幅度的变动。第一轮是 2002 年至 2010 年，我国履行加入世界贸易组织降税承诺，关税总水平由 2001 年的 15.3% 降至 2010 年的 9.8%。第二轮是 2018 年，我国多次自主降低关税，关税总水平进一步降至 7.5%。2021 年 7 月 1 日起，我国关税总水平降至 7.4%。

（一）2001～2010 年，履行"入世"承诺

我国于 2002 年 1 月 1 日起开始履行关税减让义务，截至 2010 年 1 月 1 日，我国"入世"关税减让承诺已经全部履行完毕，关税总水平由"入世"前的 15.3% 降至 9.8%，平均降幅 36%。其中，农产品平均税率由 18.8% 降至 15.2%，降幅 20%；非农产品（工业品和渔产品）平均税率由 14.7% 降至 8.9%，降幅达 40%。

（二）2018 年，自主降低关税

2018 年 4 月 10 日，习近平总书记在博鳌亚洲论坛 2018 年年会开幕式主旨演讲中宣布，今年我们将相当幅度降低汽车进口关税，同时降低部分其他产品进口关税，努力增加人民群众需求比较集中的特色优势产品进口[①]。李克强总理在 2018 年的政府工作报告中提出下调汽车、部分日用消费品等进口关税，并在"两会"答记者问时提出，我国商品进口税率水平在世界上处于中等水平，我们愿意以更开放的姿态继续进一步降低商品进口的总体税率水平[②]。经国务院批准，我国陆续出台了一系列自主降低关税的新措施。

一是高度重视人民健康与福祉，全面降低药品关税。2018 年 5 月 1 日以暂定税率方式将包括抗癌药在内的所有普通药品、具有抗癌作用的生物碱类药品及有实际进口的中成药进口关税降为零，同时，还较大幅度降低了抗癌药品生产、进口环节增值税税负。药品关系人民群众健康和家庭幸福，降税不仅展示了我国鼓励医药行业加快发展的决心，更是推动实施健康中国战略的具体体现。

二是以开放促发展，相当幅度降低汽车进口关税。2018 年 7 月 1 日对 218 个税目的汽车及零部件降税。降税后，我国汽车整车已低于发展中国家的平均水平，符合我国汽车产业实际。这次降税有利于推动行业结构调整和资源优化配置，加速优胜劣汰，有助于提高产品和服务的质量，在一定程度上推动汽车价格调整，让消费者得到更多实惠。

三是为满足人民美好生活需要，较大范围降低日用消费品关税。2018 年 7 月 1 日对 1449 个税目的日用消费品降税。日用消费品降税与人民的美好生活需要息息相关。此次降税不仅数量多而且力度大，平均降税幅度达 55.9%。日用消费品降税体现了以人民为中心的发展理念，直接让广大消费者受益，并促进国内产业提高竞争力。

四是为适应产业升级、降低企业成本，较大范围降低部分工业品等商品关税。2018 年 11 月 1 日对 1585 个税目的机电设备、零部件及原材料等工业品实施降税。适当降低部分国内亟须的工业品的进口关税，有利于增加国内有效供给，助力产业升级，同时有助于企业在全球范围内配置资源，降低生产成本，也有利于减少国内环境承载的压力。

---

① 《习近平出席博鳌亚洲论坛 2018 年年会开幕式并发表主旨演讲》，载于《人民日报》2018 年 4 月 11 日第 1 版。

② 《李克强总理会见中外记者》，中国政府网_2018 全国两会专题，http://www.gov.cn/zhuanti/2018lh/2018lhzljzh/zljzh.htm。

以上四次自主降税以及 2018 年 7 月 1 日根据信息技术协议扩大范围谈判成果实施的第三步降税，使我国的关税总水平由上年的 9.8% 降至 7.5%。调整后的关税总水平略高于欧盟，低于大多数发展中国家，处于中等偏低水平。2018 年 4 次降低关税涉及的政策文件，如表 4 - 1 所示。

表 4 - 1 　　　　　　　　2018 年 4 次降低关税涉及的政策文件

文件名	实施日期	税目数	降税商品
《国务院关税税则委员会关于降低药品进口关税的公告》（税委会公告〔2018〕2 号）	5 月 1 日	28	包括抗癌药在内的 28 个税号项下所有普通药品、具有抗癌作用的生物碱类药品及有实际进口的中成药
《国务院关税税则委员会关于降低汽车整车及零部件进口关税的公告》（税委会公告〔2018〕3 号）	7 月 1 日	218	汽车整车、汽车零部件
《国务院关税税则委员会关于降低日用消费品进口关税的公告》（税委会公告〔2018〕4 号）	7 月 1 日	1449	水产品、服装及纺织制品、蔬果制品、电气设备和日用杂项商品
《国务院关税税则委员会关于降低部分商品进口关税的公告》（税委会公告〔2018〕9 号）	11 月 1 日	1585	机电设备、零部件及原材料

2021 年 7 月 1 日起，对信息技术产品的最惠国税率实施第六步降税，我国关税总水平进一步降至 7.4%。

二、实施暂定税率，支持经济高质量发展

近年来，我国通过暂定税率的形式，对进口关税进行了多次集中调整，重点降低了能源资源性产品、农业生产资料、基础工业原材料、先进技术装备和关键零部件、药品及其原料、日用消费品等商品的进口税率。

（一）较低的暂定税率有力地支持国内产业发展

截至 2022 年 1 月，我国共对 954 项商品实施进口暂定税率。数据表明，实施进口暂定税率的商品一般贸易进口增长通常高于全部进口商品的平均增速。实施进口暂定关税，在满足国内经济社会发展需要、加快转变经济发展方式、促进贸易平衡、提高人民生活水平等方面发挥了重要作用。

1. 保障公共卫生事业发展，提高人民群众健康水平

2008 年 6 月，我国对可用于抗癌的部分血液及免疫类制品实施零关税。2017 年 12 月 1 日起，我国对普通抗癌药、消炎药、激素、维生素等药品，设置 2% 的进口暂定税率。2018 年 5 月 1 日起，对包括抗癌药在内的所有普通药品、具有抗癌作用的生物碱类药品及有实际进口的中成药实施了零关税。2019 年 1 月 1 日起，对国内生产治疗癌症、罕见病、糖尿病、乙肝、急性白血病等药品亟须进口的重要原料实施零关税，涉及 31 个税目项下的 63 个品种。2020 年 1 月 1 日起，对用于治疗哮喘的生物碱类药品和生产新型糖尿病治疗药品的原料实施零关税。2021 年 1 月 1 日起，对第二批抗癌药原料药、特殊患儿所需食品等实行零关税。2022 年 1 月 1 日起，对新型抗癌药氯化镭注射液实施零关税，降低颅内取栓支架、人造关节等部分医疗产品的进口关税。

2. 增进民生福祉，满足人民美好生活需求

2015～2017 年，为吸引海外消费回流，满足居民消费升级需求，我国先后四次以暂定税率方式降低"市场热销、需求集中"日用消费品进口关税。2015 年 6 月 1 日起，降低护肤品、毛制服装、鞋靴、纸尿裤等 14 项商品进口关税，降税幅度约 50%。2016 年 1 月 1 日起，降低部分箱包和服装、围巾、毯子、真空保温杯、太阳镜等 16 项商品进口关税，降税幅度约 50%。2017 年 1 月 1 日起，降低金枪鱼、北极虾、蔓越橘等特色食品和雕塑品原件等文化消费品进口关税，6 项商品平均降税幅度约 50%；2017 年 12 月 1 日起，降低食品、保健品、药品、日化用品、衣服鞋帽、家用设备、文化娱乐、日杂百货等 187 项商品进口关税，降税幅度约 55%。鉴于 2018 年 7 月 1 日起我国对 1449 个税目的日用消费品降低了最惠国税率，降税范围和幅度已经较大，2019～2021 年，我国仅对冷冻橙汁、鳄梨等少数消费品进一步实施了优惠的暂定税率。2022 年 1 月 1 日起，为满足人民美好生活需要，顺应消费升级趋势，营造浓厚北京冬奥会氛围，降低部分消费品的进口关税，包括鲑鱼、鳕鱼等优质水产品，婴儿服装，洗碗机，滑雪用具等；适应文化消费需求，对超过 100 年的油画等艺术品实施零关税。

3. 立足国内发展，助力供给侧结构性改革

为支持集成电路、汽车、通信等高新技术产业发展，2020 年 1 月 1 日起降低了半导体检测分选编带机、高压涡轮间隙控制阀门、铌铁、部分汽车自动变速箱用液力变矩器和铝阀芯、多元件集成电路存储器等商品的关税。2021 年 1 月 1 日起，我国继续坚持创新驱动发展，降低了国内亟须的高新技术设备及零部件进口关税，如降低砷烷等原材料以及铝碳化硅基板、受电弓和气囊升弓装置进口关税，支持轨道交通等新基建相关产业发展；降低取像模块、电磁干扰滤波器等产品进口关税，支持消费电子产业发展；降低部分航材的关税，促进航空领域的国际技术合作。2022 年 1 月 1 日起，降低高纯石墨配件、高速动车使用的高压电缆、燃料电池用膜电极组件和双极板等关键零部件的进口关税，支持先进制造业加快发展。

4. 建设资源节约型、环境友好型社会

一是降低部分资源类产品的进口关税。例如，2020 年 1 月 1 日起，我国新增或降低部分木材和纸制品进口暂定税率，并于 2021 年和 2022 年继续降低其中部分产品进口关税。2021 年 1 月 1 日起，我国降低碘、非合金镍、未锻轧铌、核燃料元件等 8 项资源品关税，2021 年 5 月 1 日起，对生铁、粗钢、再生钢铁原料、铬铁等实行零关税。2022 年 1 月 1 日起，降低国内短缺的黄铁矿、纯氯化钾等资源产品的进口关税。2022 年 5 月 1 日至 2023 年 3 月 31 日，对煤炭实施税率为零的进口暂定税率。二是降低部分环保产品进口关税。例如，2021 年 1 月 1 日起为改善空气质量，支持环保产品生产，降低柴油发动机排气过滤及净化装置、废气再循环阀等商品进口关税。2022 年 1 月 1 日起，为改善环境质量，推动绿色低碳发展，降低汽油机颗粒捕集器、汽车用电子节气门等部分环保产品进口关税。三是取消部分产品进口暂定税率，推进贸易与环境协调发展。例如，为落实国务院关于禁止洋垃圾入境，推进固体废物进口管理制度改革的有关精神和安排，2019 年取消"冶炼钢铁产生的锰渣"和"供拆卸的废船"的进口暂定税率，将"废铜电机""废铝电线电缆"从进口暂定税率适用范围中删除；2020 年将钨废碎料、铌废碎料两项固体废物从进口暂定税率适用范围中剔除，恢复执行最惠国税率；2021 年取消 6 项金属废碎料的进口暂定税率，并缩小 2 项商品的适用范围，不对固体废物进口适用暂定税率。

5. 支持农业和工业协调发展

为兼顾棉花上下游行业的发展需要，2019 年、2021 年，我国通过适度降低棉花配额外暂定税率（滑准税），使进口棉花滑准税后价格略高于国内棉花生产成本。2018 年下半年，非洲猪瘟爆发，为支持国内畜牧业发展，2019 年 1 月 1 日起将油菜籽粕、葵花子粕、棕榈粕等蛋白饲料关税降至 0；为弥补国内猪肉缺口，2020 年 1 月 1 日起对贸易量较大的冻猪肉实施进口暂定税率，关税税率由 12% 降至 8%；2022 年 1 月 1 日起，为稳定国内猪肉市场价格，取消冻猪肉进口暂定税率，恢复实施最惠国税率。为支持奶业振兴，提升我国乳业产业技术发展水平，2021 年下调挤奶机、自动化灌装设备等乳品加工用设备及其零部件的进口关税。2022 年 1 月 1 日起，为提升轻工制造业竞争力，降低可可豆、植物精油、动物毛皮等食品加工、日化、皮革制造行业所需原材料的进口关税。

（二）丰富暂定税率征收方式，增加关税调控的灵活性

暂定税率在征税方式上，除从价税外，还对配额外进口棉花实施滑准税，对天然橡胶进口实施选择税，对胶片进口实施从量税。丰富的关税征收方式考虑了多方利益，照顾了上下游产业的关注，综合平衡了供需关系，收到了良好的调控效果。

1. 对关税配额外进口棉花实施滑准税形式的暂定税率

滑准税是一种关税税率随进口商品价格由高到低而由低至高设置计征关税的方

法，可以使进口商品价格越高，其进口关税税率越低；进口商品的价格越低，其进口关税税率越高，从而保持滑准税商品的国内市场价格的相对稳定，尽可能减少国际市场价格波动的影响。我国自 1997 年 10 月 1 日起对进口新闻纸实施滑准税，随着中国加入世界贸易组织，2003 年取消了新闻纸的滑准税，统一按从价形式的税率计征关税。

2005 年，由于棉花减产和国内需求旺盛导致棉花供需缺口较大，为保证国内用棉的供应，从 5 月 1 日至 12 月 31 日，我国对关税配额外进口的 140 万吨棉花征收滑准税。这是我国首次在关税配额外以滑准税形式的暂定税率方式增加棉花进口。此后，税委会不断完善滑准税公式，并根据国内外棉花市场供需形势变化，及时调整税率、目标价格等参数。2022 年，我国继续对配额外进口的一定数量棉花适用滑准税形式的暂定关税，具体方式为：

（1）当进口棉花完税价格高于或等于 14.000 元/千克时，按 0.280 元/千克计征从量税；

（2）当进口棉花完税价格低于 14.000 元/千克时，暂定从价税率按 $Ri = 9.0/Pi + 2.69\% \times Pi - 1$ 计算，计算结果四舍五入保留 3 位小数。当该计算式值高于 40%，Ri 取值 40%。其中，Ri 为暂定从价税率；Pi 为关税完税价格；单位为元/千克。

我国对关税配额外进口棉花设计的滑准税在数学上具有连续性，进口棉花适用的关税税率与进口完税价格形成适当的反向关系，使棉花价格大致稳定在目标价格附近。滑准税政策实施以来效果明显，既缓解了棉花的供需矛盾，稳定了国内棉花价格，实现了国产棉花优先销售的目标，又较好地兼顾了各方利益，还促进了纺织行业产品结构的调整。

2. 对进口天然橡胶实施选择税形式的暂定税率

选择税列明从量税和从价税两种税率，企业可从低选择。从 2007 年开始，我国对进口天然橡胶实施选择税，即对进口天然橡胶在从价税和从量税两者中，从低计征关税。此后，适当降低了从量计征的税额标准。该政策自实施以来，既合理保护了我国天然橡胶产业的发展，又兼顾了下游橡胶行业的利益。2022 年，我国继续对天然橡胶的进口暂定关税执行选择税，具体税率如表 4 - 2 所示。

表 4 - 2　　　　2022 年天然橡胶的进口暂定关税执行选择税的相关情况

税则号列	商品名称	2022 年最惠国税率（%）	2022 年暂定税率
40011000	天然胶乳	20	10% 或 900 元/吨，两者从低
40012100	天然橡胶烟胶片	20	20% 或 1500 元/吨，两者从低
40012200	技术分类天然橡胶（TSNR）	20	20% 或 1500 元/吨，两者从低

3. 对胶片实施从量税形式的暂定税率

从量税以进口商品的重量、数量、容量、面积等计量单位为计税依据，以每计量单位的应征税额为关税税收。从量税计税简便，单位应税额固定，税额不受应税货物价格影响，适用于经常大宗进口、规格品种单一、同一税目商品价格相差不大和经常发生低报价格或低价倾销的商品。1996 年，税委会第十二次全体会议决定，参照世界上大多数国家的通行做法，根据我国的实际情况，改革关税征税办法，试行从量税和复合税。1997 年 7 月 1 日，我国开始对彩色胶片、啤酒、原油三种商品试行从量税，之后又逐步对部分鸡产品、印刷胶片等实施了从量税，并适当调整税率。

2022 年，我国继续对激光胶片的进口暂定税率实施从量税，具体税率如表 4 - 3 所示。

表 4 - 3　　2022 年激光胶片的进口暂定税率实施从量税的相关情况

标识	税则号列	商品名称	2022 年最惠国税率	2022 年暂定税率
	37024229	其他照相制版用未曝光无齿孔胶片，宽度 >610 毫米，长度 >200 米	1.6 元/平方米	1.0 元/平方米
ex	37024292	红色或红外激光胶片，宽度 >80 厘米，长度大于 1000 米	2.4 元/平方米	0.5 元/平方米

注："ex"表示实施暂定税率的商品应在该税号范围内，以具体商品描述为准。

三、优化税目结构，适应产业贸易发展需求

加入世界贸易组织以来，为了保证税则的科学性，我国每年都会根据产业政策、新技术的发展以及进出口管理等各方面的需要，对本国子目进行一些调整，主要包括增加新的本国子目、适当修改现有税目的描述、删除一些过时的本国子目。从 2002 年到 2022 年，《协调制度》的子目（对应 6 位编码）数量从 5224 个增加到 5612 个，我国本国子目的增长速度更快，数量由 2002 年的 7316 个，增加到 2022 年的 8930 个。

本国子目调整的基本原则是：在符合《协调制度》列目原则的前提下，充分考虑经济社会发展、科学技术进步、产业结构调整、贸易结构优化和加强进出口管理各方面的需要，根据有关部门和行业的要求，对税则税目进行科学、合理地适当调整。

本国子目调整的重点是新增本国子目。

（一）为新产品列目

随着科学技术的进步，新产品层出不穷，随之产生了贸易流，这种情况在机电

产品中最为突出。如果税则中没有这些新产品的具体子目，将不便于开展对外贸易，在一些集成度高、技术复杂的产品上也容易引起归类争议。因此，增列本国子目的一个重要方面就是新产品的列目。近年来新增子目的新产品以机电产品居多，如2013年增列了"全钒液流电池"等税目，2015年增列了"纸塑铝复合材料"等税目，2018年增列了"镍钴铝氢氧化物"等税目，2021年增列了"固态硬盘"等税目，2022年增列了"六氟化钨"等税目。

（二）促进高新技术产业和先进制造业发展

近年来，我国产业升级步伐不断加快，高新技术产业和先进制造业已经成为推动经济增长的重要引擎。税则调整中，需要对高新技术产业和先进制造业发展所需的原材料、设备、产品等增列本国子目，以便于配套实施相应的产业、税收政策。机电产品中增列的此类产品较多，例如，为满足新能源车动力电池原料需求，2018年增列了"锂镍钴铝氧化物""镍钴铝氢氧化物"等税目。2021年增列了电子元器件的核心基础材料之一的"超细铁粉（平均颗粒度小于10微米）"税目。为促进稀土行业高质量发展，2022年增列了"稀土金属钪""氧化镥"税目。

（三）促进节能减排，建立资源节约型、环境友好型社会

一方面，为配合国家宏观调控，限制"两高一资"（高耗能、高污染和资源性）产品出口，针对部分原来未具体列名的"两高一资"产品增列本国子目，如2006年增列了"一次性筷子"等税目，2007年增列了"铽""氧化镝""氧化铽""滑石混合物""铟""铌"等税目，2008年增列了"棕刚玉""氯化铽""氯化镝""氧化镁混合物"等税目。另一方面，环保产品也是增列本国子目的一个重要方面。例如，在金属制品方面，传统焊锡中铅含量高，对环境污染较大，近年发展起来的无铅焊锡属于新型高科技环保产品，为支持相关企业发展，2009年增列了"无铅焊锡"税目。

（四）促进农业和农村发展

一是直接增列农业初级产品税目。例如，为支持花卉、菌菇、水产、大豆等产业发展，2008年增列了"百合球茎"税目，2017年增列"羊肚菌"税目，2021年增列了"大西洋鲑鱼""多瑙哲罗鱼"税目，2022年增列了"非转基因大豆"税目。二是为农副加工产品增列本国子目的问题。例如，我国东南沿海地区竹资源丰富，竹子生产周期短、再生能力强，发展竹加工产业可促进生态建设和农民增收。为此，2009年增列了"竹制地板""竹制餐具"等竹制品税目；我国紫菜加工产业比较发达，2018年新增了"烤紫菜"税目。例如，黑茶主要在我国中西部省份种植和加工，为促进黑茶更好地"走出去"，2021年增列了"黑茶"税目；为支持特色农产品加工产业发展，2022年增列了"茶籽油""蒜制品""沙棘汁"税目。三是为农资产品增列本国子目。例如，2017年增列了"有机无机复混肥料""蛋类清洁、分选、分级机器"等税目。

（五）发展公共卫生事业，保护人类健康

近年来，我国医疗卫生事业发展很快，相关产品本国子目增列也成为工作重点。如为进一步加强艾滋病的预防与控制工作，2008 年、2009 年相继增列了"奈韦拉平、依发韦仑、利托那韦及它们的盐""齐多夫定、拉米夫定、司他夫定、地达诺新及它们的盐""胞嘧啶"等抗艾滋病毒药物和抗艾滋病药中间体税目。2018 年，增列了抗癌原料药"2－（3－碘－4－乙基苯基）－2－甲基丙酸"、抗抑郁原料药"安非他酮及其盐"、抗生素原料药"三苯甲基氨噻肟酸"等税目。在医疗用品方面，主要是根据实际进出口的需要，2018 年增列了"漱口剂"等税目，2021 年增列了"基因测序仪"等税目，2022 年增列了"呼吸机""口罩"税目。此外，由于一些化工产品根据用途不同分为不同等级，为加强质量监管，确保食品卫生，2008年、2009 年相继增列了"食品级磷酸""饲料级和食品级磷酸二钙""食品级三聚磷酸钠""食品级六偏磷酸钠"等税目。

此外，我国还根据完善税目结构、加强进出口贸易管理和统计、配合特定政策措施、适应外交政策和自由贸易区谈判等需要，增列本国子目。

本国子目调整对加强进出口管理、落实贸易政策和产业政策都具有重要意义。税目总数的增加有利于收集有关产品的进出口数据，从而了解掌握相关行业的全面情况，为科学制定行业发展规划提供数据支持。通过增列本国子目，对不同产品实施了有区别的关税政策和有针对性的贸易管理措施，如对高新技术产品、先进制造业需要的关键零部件等产品实施了较低的进口暂定税率等，进一步满足了国民经济发展需要，有力地促进了我国外贸结构的优化。

四、调整出口税率，促进能源资源产业升级

出口关税是出口国家的海关在本国产品输往国外时，对出口商所征收的关税。目前，大多数国家对绝大多数出口商品都不征收出口关税。

2005 年之前，按照"入世"承诺，我国仅对少量产品征收出口关税，主要包括鳗鱼苗、部分有色金属矿砂及其精矿、生锑、磷、氟钽酸钾、苯、山羊板皮、部分铁合金、钢铁废碎料、铜和铝原料及其制品、镍锭、锌锭、锑锭。同时对部分商品实施低于承诺税率的暂定税率，如对苯、大部分有色材料出口实施暂定零税率；对鳗鱼苗、硅铁、磷出口实施 10% 的暂定税率。

我国首次调整出口关税商品范围是在 2005 年。一方面，纺织品一体化后，我国面临着原设限国家和其他发展中国家共同要求限制我纺织品出口的严峻形势，为缓解矛盾，促进我国纺织品出口结构优化，我国对外衣、裙子、非针织衬衫、裤子、针织衬衫、睡衣内衣 6 类产品，开征出口暂定关税，税率为 0.2～0.5 元/计量单位。这一出口税率执行至 2005 年底。另一方面，为保证农业生产需要，2005 年对尿素开征季节性出口暂定关税。此外，还调整了黄磷、硅铁、电解铝等产品的出口关税，同时在税率方面开始采用从量税、季节税等多种方式。

2006 年 11 月开始，为保护国内资源和环境，我国逐步加大对"两高一资"产

品出口的调控力度，除了对化肥的季节性出口暂定关税在税率适用时间等方面进行了进一步完善，还调整了磷灰石等矿产品，煤炭、原油等能源类产品，铜、镍等有色金属初级产品，钢坯等钢铁初级产品，以及木地板、一次性筷子等产品的出口关税，共计五大类、110项，调整后的税率为5%～15%。

2007年和2008年上半年，我国继续扩大出口关税征收范围和提高税率，对氢氟酸、钨冶炼中间品、钼、锑、铬、不锈钢锭等部分钢材产品以及部分粮食产品等开征出口关税，提高了萤石、稀土金属等产品的出口关税税率。

2008年，为进一步控制化肥的出口，四次调整了化肥类商品的出口关税。其中，2008年2月15日起，将磷酸一铵、磷酸二铵的出口关税提高至20%～35%，并对含磷复合肥开征20%～35%的出口关税；2008年4月1日起对过磷酸钙和钾肥开征30%的出口暂定关税；2008年4月20日至9月30日，对化肥类产品及磷酸、合成氨等部分原料加征100%的特别出口关税；2008年5月20日起对磷矿石、黄磷等磷产品加征100%的特别出口关税。

2008年下半年金融危机爆发，我国逐步取消和降低部分产品出口关税。取消部分产品的出口关税或特别出口关税，主要包括冷热轧板材、带材、钢丝、大型型钢、合金钢材、焊管等钢材产品；硝酸铵、硫酸铵等化工产品；玉米、杂粮及其制粉等粮食产品。降低部分产品的出口关税或特别出口关税，主要包括部分化肥及其原料、部分铝材以及小麦、大米及其制粉等。调整尿素、磷酸一铵、磷酸二铵等化肥的淡季出口关税征收方式。此外，提高磷灰石和硅等5项产品的出口关税，新增对部分产品征收出口关税，主要包括天然硫酸钡、非纯氧化镁、滑石、棕刚玉、四氧化三钴以及氟化物等。

2009年，一方面，为有效稳定外需，先后于2008年12月、2009年1月和7月共三次取消或降低了部分商品出口关税，涉及粮食、钢材、化肥及原料、有色金属等上百种商品，调控效果显著；另一方面，继续严格限制产品出口，在2009年年中调整出口关税后，对300多项属于"两高一资"的产品征收出口关税，包括煤炭、原油、化肥、有色金属等，有效限制了高污染、高能耗等产品出口。

2010～2014年，为保持宏观调控的连续性和稳定性，保持节能减排和产业结构调整的措施力度，出口关税在总体上保持稳定，每年仅对少数商品进行了适当调整。

自2015年起，我国连续4年较大幅度地逐步降低或取消出口关税。

2015年出口关税调整分为两步：自2015年1月1日起，适当调整化肥出口关税，煤炭的出口关税由10%调降至3%。自2015年5月1日起，取消稀土、钨、钼、铝加工材、钢铁颗粒粉末、铟、个别无机化合物等产品的出口关税。

2016年进一步取消或降低部分产品出口关税。一是取消氨和氨水的出口关税。二是将16项出口税率高于20%的产品税率降至20%，包括生铁、钢坯等。

2017年取消锑、钴、铜、石墨、镍铁等产品的出口关税。降低磷灰石、铁合金、普通钢坯、硅铁等产品税率，维持钢材15%的出口关税不变。取消氮肥、磷肥出口关税，钾肥、含钾复合肥关税维持不变。

2018年取消或降低钢材、化肥、钢坯、绿泥石等产品出口关税。

2019年取消化肥、磷灰石、铁矿砂、矿渣、煤焦油、木片、木浆、硅铬铁、钢坯、铬锰系不锈钢板、原油、煤炭等产品出口关税。

2020年，继续对铬铁等100余项产品征收出口关税，征收商品范围和税率维持不变。

2021年，为进一步控制钢铁产品出口，促进钢铁钢业转型升级和高质量发展，分两步提高钢铁出口关税。其中，自2021年5月1日起，适当提高硅铁、铬铁、高纯生铁等产品的出口关税，调整后分别实行25%出口税率、20%出口暂定税率、15%出口暂定税率；自2021年8月1日起，适当提高铬铁、高纯生铁的出口关税，调整后分别实行40%和20%的出口税率。

2022年，为促进相关行业转型升级和高质量发展，将磷、粗铜的出口税率分别由10%、15%提高到20%、30%。

第五章 关税的征收管理

中华人民共和国成立后,我国逐步建立完善关税征管制度。中华人民共和国海关作为国家进出关境监督管理机关,负责关税征收管理。《海关法》和《进出口关税条例》明确规定了关税的纳税人、征税对象、适用税率等要素。为合理征收关税,需依靠原产地规则确定货物原产地,进而实施对不同国家的差别税率及贸易措施。随着我国经济发展和对外开放程度的提高,我国进出口贸易持续增长,进出口税收稳步攀升。

第一节 关税的征收

《海关法》第二条规定,中华人民共和国海关是国家的进出关境监督管理机关。海关依照本法和其他有关法律、行政法规,监管进出境的运输工具、货物、行李物品、邮递物品和其他物品,征收关税和其他税费、查缉走私,并编制海关统计和办理其他海关业务。据此规定,中华人民共和国海关是负责关税征收管理的机关,征收关税是海关的基本职能之一。《海关法》是规范关税征收管理的基本规范,是《进出口关税条例》的立法依据,《进出口关税条例》是对我国关税基本法律制度作出比较系统和具体规定的法规。

一、关税的纳税人

关税的纳税人,是指根据法律法规规定,负有缴纳关税义务的单位和个人。《海关法》第五十四条规定,进口货物的收货人、出口货物的发货人、进出境物品的所有人是关税的纳税义务人。接受委托办理有关进出口货物手续的代理人负有代纳关税义务。

对非贸易物品(进境物品)征收关税的,关税纳税人包括以下几种:

(1)携带物品进境的入境人员。

(2)进境邮递物品的收件人。

(3)以其他方式进口物品的收件人。

二、关税的征收对象

关税的征税对象是进出国境或关境的货物和物品。属于贸易性进出口的商品称为货物；属于入境旅客携带的、个人邮递的，以及用其他方式进口个人自用的非贸易性商品称为物品。关税不同于因商品交换或提供劳务取得收入而课征的流转税，也不同于因取得所得或拥有财产而课征的所得税或财产税，而是对特定货物和物品途经海关通道进出口征税。

三、关税的征收时限

《海关法》第二十四条第二款和《进出口关税条例》第二十九条、第三十七条规定，进口货物的纳税义务人应当自运输工具申报进境之日起 14 日内，出口货物的纳税义务人除海关特准的外，应当在货物运抵海关监管区后、装货的 24 小时以前，向货物的进出境地海关申报。海关审查申报材料后，签发税款缴款书。纳税人义务人应当自海关填发税款缴款书之日起 15 日内向指定银行缴纳税款。纳税义务人未按期缴纳税款的，从滞纳税款之日起，按日加收滞纳税款万分之五的滞纳金。

纳税义务人因不可抗力或者在国家税收政策调整不能按期缴纳税款的，依法提供税款担保后，可以向海关办理延期缴纳税款手续。

四、关税纳税义务人的申报义务

关税纳税义务人有如实申报的义务。《海关法》第二十四条和《进出口关税条例》第三十条规定，纳税义务人在办理进出口货物报关纳税手续时应当履行如实申报义务。纳税义务人在向海关申请办理货物通关纳税手续时，按规定的格式（进出口货物报关单）真实、准确地填报与货物有关的各项内容。如实申报和按规定提交各种单证是海关正确计征关税的基础和前提。

根据《中华人民共和国海关进出口货物征税管理办法（2018 年修正）》第六条，纳税义务人申报的内容包括：进出口货物的商品编号（税则号列）、商品名称、规格型号、价格、运保费及其他相关费用、原产地、数量等资料。此外，如果涉及反倾销、反补贴和保障措施等贸易救济措施的，还需提供相关产地和厂商证明等材料。这些资料主要有：

（1）证明进出口货物的实际情况的资料，包括进出口货物的品名、规格、用途、产地、数量、贸易方式等。

（2）有关进出口货物的合同、发票、运输单据、装箱单等商业单据。

（3）进出口所需的许可证件及随附单证。

（4）海关总署规定的其他进出口单证。

另根据《海关总署关于深入推进通关作业无纸化改革工作有关事项的公告》（海关总署公告〔2014〕25 号），对于无纸申报的，简化报关单随附单证。此外，为准确计征关税，如果报关单反映不出或情况不清楚的，海关还可以要求纳税义务人补充材料，如交易双方是否存在特殊关系、是否存在特许权使用费、是否自报自缴等。

五、关税税率的适用

（一）不同种类关税税率的适用

1. 进口货物关税税率的适用

根据《进出口关税条例》第二章的有关规定，我国进口关税分为最惠国税率、协定税率、特惠税率、普通税率、关税配额税率等。对来自不同国家或地区的进口货物适用不同税率。原产于共同适用最惠国待遇条款的世界贸易组织成员的进口货物，原产于与中华人民共和国签订含有相互给予最惠国待遇条款的双边贸易协定的国家或地区的进口货物，以及原产于中华人民共和国境内的进口货物，适用最惠国税率。原产于与中华人民共和国签订含有关税优惠条款的区域性贸易协定的国家或地区的进口货物，适用协定税率。原产于与中华人民共和国签订含有特殊关税优惠条款的贸易协定的国家或地区的进口货物，适用特惠税率。原产于其他国家或地区的进口货物，以及原产地不明的进口货物，适用普通税率。

对进口货物在一定期限内可以实行暂定税率。适用最惠国税率的进口货物有暂定税率的，应当适用暂定税率；适用协定税率、特惠税率的进口货物有暂定税率的，应当从低适用税率；适用普通税率的进口货物，不适用暂定税率。

按照国家规定实行关税配额管理的进口货物，关税配额内的，适用关税配额税率；关税配额外的，其税率的适用按照以上规定适用。

涉及反倾销、反补贴和保障措施的进口货物，按照《反倾销条例》《反补贴条例》《保障措施条例》的规定执行，在正常关税征收之外，按照税委会决定所确定的税率加征反倾销税、反补贴税或保障措施关税，并由商务部对外公告。

任何国家或地区违反与我国签订或者共同参加的贸易协定及相关协定，对我国在贸易方面采取禁止、限制、加征关税或者其他影响正常贸易的措施的，对原产于该国或地区的进口货物可以征收报复性关税，适用报复性关税税率。报复性关税适用的货物、适用的国别、税率、期限和征收办法，由税委会按程序决定并公布。

2. 出口货物关税税率的适用

征收出口关税的产品出口时，适用出口关税税率。设置出口暂定税率的，在暂定出口关税有效期内适用出口暂定关税税率。

（二）不同时间关税税率的适用

进出口货物，应当适用海关接受该货物申报进口或者出口之日实施的税率。申报是进出口货物的收发货人或其代理人，按照有关法律、行政法规和部门规章的规定，在规定的时间、地点，采用报关单电子数据或纸质报关单形式，向海关报告实际进出口货物情况，并接受海关审核的行为。海关接受申报，即确立了海关与进出口货物纳税义务人的法律关系，同时，申报单证产生了法律效力，对当事人具有约束力，进出口货物应当适用此时的税率。

进口货物到达前，经海关核准先行申报的，应当适用装载该货物的运输工具申报进境之日实施的税率。在货物到达前，其实还不具备报关条件，但为了更好地适应现实贸易情况，海关可以先行接受申报。同时，为了防止规避法律行为的发生，例如防止在以加征关税形式实施保障措施之前突击申报而影响保障措施的实施效果，因此，对先行申报的货物，仍应适用装载该货物的运输工具申报进境之日的税率。

有下列情形之一，需缴纳税款的，应当适用海关接受申报办理纳税手续之日实施的税率：

（1）保税货物经批准不复运出境的；

（2）减免税货物经批准转让或者移作他用的；

（3）暂时进境货物经批准不复运出境，以及暂时出境货物经批准不复运进境的；

（4）租赁进口货物，分期缴纳税款的；

（5）保税仓储货物转入国内市场销售的。

保税货物是指经海关批准未办理纳税手续进境，在境内储存、加工、装配后复运出境的货物；减免税货物是指根据有关法律、法规的规定或国务院的决定，海关全部或部分免除纳税义务人税款给付义务的进出口货物；暂时进出境货物是指经海关批准，暂时进境、暂时出境并且在规定的期限内复运出境、复运进境的货物；租赁进口货物是指与国外直接签订租赁合同（协议）而进口使用的货物，不包括我国经营租赁业务的企业从国外直接购进后又在国内转租的进口货物。

保税货物、减免税货物、暂时进出境货物属于海关特殊监管货物，与进入关境即可自由流通的一般进出口货物不同，当其改变海关特殊监管状态为一般进出口货物时，需向海关申报，并缴纳税款。而分期支付租金的租赁进口货物，在每次支付租金后需向海关申报纳税。海关接受纳税义务人的申报，标志着海关与纳税义务人征缴法律关系的确立，有关货物才可以改变监管状态，缴纳税款后进入国内流通环节。这些特殊监管货物，虽然在进出境时，已填写报关单并向海关申报，在改变特殊监管状态时，需再次填写报关单向海关申报办理纳税手续。因此，"申报办理纳税手续之日"是指纳税义务人再次填写报关单向海关申报办理纳税手续及其他相关手续之日。

六、关税税款的缴纳

关税缴纳是保证国家关税收入的重要环节，必须依法实施管理，要求海关依法征收，同时要求纳税义务人依法缴纳。为了保证国家关税的收入，海关在关税征收和缴纳过程中还可以依法采取一定的强制措施，《海关法》第六十条作出如下几项规定：

（1）进出口货物的纳税义务人，应当自海关填发税款缴款书之日起十五日内缴纳税款。

（2）逾期缴纳的，由海关征收滞纳金。

（3）纳税义务人、担保人超过三个月仍未缴纳的，经直属海关关长或者其授权的隶属海关关长批准，海关可以采取下列强制措施：

①书面通知其开户银行或者其他金融机构从其存款中扣缴税款；

②将应税货物依法变卖，以变卖所得抵缴税款；

③扣留并依法变卖其价值相当于应纳税款的货物或者其他财产，以变卖所得抵缴税款。

（4）海关采取强制措施时，对前述所列的纳税义务人、担保人未缴纳的滞纳金同时强制执行。

（5）进出境物品的纳税义务人，应当在物品放行前缴纳税款。

计算关税税款的一般步骤是：审核申报单证、单据齐全正确，确认单货相符；确定货物的原产地，正确归类，确定税率；审定或确定其完税价格。确定完税价格时，如货物是以外国货币计价的应按银行外汇牌价折合成人民币；然后计算出税款，填发税款缴纳证（税款缴款书）交纳税人缴纳税款。

关税应纳税额的计算公式为：

关税从价计征的，

$$应纳税额 = 完税价格 \times 关税税率$$

关税从量计征的，

$$应纳税额 = 货物数量 \times 单位税额$$

七、关税税收保全措施

税收保全措施是指税务机关或海关对可能因纳税人的行为或者某种客观原因不能保证或难以保证缴纳税款的情况，而采取的限制纳税人处理和转移商品、货物或其他财产的措施。税收保全措施是法律赋予税务机关或海关的一种强制权力。为了保证国家的关税收入，海关需要依法采取税收保全措施。《海关法》第六十一条规定了关税税收保全措施的有关内容。

（一）采取税收保全措施的对象和权限

这是指进出口货物的纳税义务人在规定的纳税期限内有明显的转移、藏匿其应税货物以及其他财产迹象的，海关可以责令纳税义务人提供担保；纳税义务人不能提供纳税担保的，经直属海关关长或者其授权的隶属海关关长批准，海关可以采取税收保全措施。

（二）税收保全措施的内容

《海关法》规定：（1）书面通知纳税义务人开户银行或者其他金融机构暂停支付纳税义务人相当于应纳税款的存款；（2）扣留纳税义务人价值相当于应纳税款的货物或者其他财产。

（三）税收保全措施的解除和税款扣缴、抵缴

在采取税收保全措施之后，纳税义务人在规定的纳税期限内缴纳税款的，海关必须立即解除税收保全措施。而纳税义务人在规定的纳税期限届满仍未缴纳税款的，经直属海关关长或者其授权的隶属海关关长批准，海关可以书面通知纳税义务人开户银行或者其他金融机构从其暂停支付的存款中扣缴税款，或者依法变卖所扣留的货物或者其他财产，以变卖所得抵缴税款。

（四）税收保全措施不当的赔偿责任

对纳税义务人采取税收保全措施应当依法进行，涉及纳税义务人的合法权益也应当依法保护。如果采取税收保全措施有不当的情况，或者纳税义务人在规定期限内已缴纳税款，海关未立即解除税收保全措施，致使纳税义务人的合法权益受到损失的，海关应当依法承担赔偿责任。

八、关税的补征、追征和退还

关税的补征、追征和退还是在关税征收过程中出现的三种特殊情况，在《海关法》第六十二条、第六十三条和《进出口关税条例》第五十一条中分别作出了规定。

（一）补征

补征指在进出口货物、进出境物品放行后，海关发现少征或者漏征税款，应当自缴纳税款或者货物、物品放行之日起一年内，向纳税义务人补征税款。

（二）追征

追征指因纳税义务人违反规定造成少征或者漏征税款的，海关可以自缴纳税款或者货物放行之日起3年内追征税款，并从缴纳税款或者货物放行之日起按日加收少征或者漏征税款万分之五的滞纳金。

海关发现海关监管货物因纳税义务人违反规定造成少征或者漏征税款的，应当自纳税义务人应缴纳税款之日起3年内追征税款，并从应缴纳税款之日起按日加收少征或者漏征税款万分之五的滞纳金。

（三）退还

退还包括多征退还和已征退还两种情况。

1. 多征退还

海关征收税款、纳税义务人缴纳税款是一项政策性强、技术难度高的经常性工作，在征纳税款的过程中，由于税则归类、原产地差错而导致税率适用错误或者高估完税价格，以及填报错误或者其他技术性错误等各种原因，都有可能出现多征税

款的情况。

海关发现多征税款，应当立即通知纳税义务人办理退还手续。

纳税义务人发现多缴税款的，自缴纳税款之日起 1 年内，可以以书面形式要求海关退还多缴的税款并加算银行同期活期存款利息；海关应当自受理退税申请之日起 30 日内查实并通知纳税义务人办理退还手续。

纳税义务人应自收到通知之日起 3 个月内办理有关退税手续。

2. 已征退还

《进出口关税条例》第五十条规定：有下列情形之一的，纳税义务人自缴纳税款之日起 1 年内，可以申请退还关税，并应当以书面形式向海关说明理由，提供原缴款凭证及相关资料：

（1）已征进口关税的货物，因品质或规格原因，原状退货复运出境的；

（2）已征出口关税的货物，因品质或规格原因，原状退货复运进境，并已重新缴纳因出口而退还的国内环节有关税收的；

（3）已征出口关税的货物，因故未装运出口，申报退关的。

九、纳税争议的解决

在关税的征收和缴纳过程中，纳税义务人同海关发生纳税争议时，《海关法》第六十四条的规定为：纳税义务人应当缴纳税款，并可以依法申请行政复议；对复议决定仍不服的，可以依法向人民法院提起诉讼。这项法律规定中所明确的行政复议，是一种海关行政复议。具体的是税务当事人，在《海关法》第六十四条中规定为纳税义务人，对海关的具体行政行为提出复查的申请，要求复议机关对其合法性和适当性进行审查并做出裁决，如果对这个复议决定不服的，纳税义务人有权提起诉讼。有关这方面的法律根据，主要为 2017 年修正的《中华人民共和国行政诉讼法》《中华人民共和国行政复议法》以及有关的行政复议的实施办法。在有关关税征收管理的行政复议、行政诉讼中，应坚持的原则是依法征收关税，制止和纠正征收管理中的违法行为、不当行为，维护纳税义务人的合法权益，维护国家的利益。

第二节 海关估价简介

海关估价（customs valuation）是一国（地区）海关为了征收关税（和其他目的），根据统一的估价标准（或称估价准则），确定某一进（出）口货物（包括物品，下同）的价格。经海关确定的价格即为该货物的完税价格，国际上通常称它为"海关价格"（customs value）。

目前，世界各国对海关估价均有单独的规定，各国海关需按本国关税法令规定的内容审查，确定或估定其完税价格。各国海关一般以如下几种作为海关估价的依据：（1）进口货物的到岸价格；（2）进口货物的离岸价格；（3）进口货物的产地价格或出口价格；（4）进口货物的进口国市场价格；（5）进口货物的进口国官定价格。海关估价是各国（地区）海关进行征税、监管、统计等工作的重要依据，一定时期内，也被用作实行贸易保护主义的一项非关税壁垒措施。

为在世界范围内实施统一的估价规定，目前已有两部有关海关估价的国际间协议和规定，一部是世界贸易组织《海关估价协议》，另一部是世界海关组织《海关商品估价公约》。

一、成交价格和完税价格

完税价格（price duty paid）是指经海关审定作为计征关税依据的价格。在按从价税征收关税时，完税价格乘以税则中规定的税率，就可得出应纳的税额。由于我国绝大多数进出口货物都是按价格标准征收关税，所以确定进出口货物的完税价格十分重要。

货物的成交价格（transaction value of goods）是指该货物出口销售至进口国时依照有关规定进行合理调整后的实付或应付价格。如将货物的成交价格作为确定完税价格的基础，该成交价格还应符合规定的有关条件，如符合世界贸易组织《海关估价协议》中规定的条件等。

根据《进出口关税条例》的规定，进口货物的完税价格由海关以该货物成交价格及运抵我国境内输入地点起卸前的运输及其相关费用、保险费为基础审查确定，但成交价格应符合《进出口关税条例》规定的条件。进口货物的成交价格，是指卖方向我国境内销售该货物时，买方为进口该货物向卖方实付、应付的，并按《进出口关税条例》规定进行调整后的价款总额，包括直接支付的价款和间接支付的价款。

《进出口关税条例》规定的成交价格应符合的条件是：

（1）对买方处置或者使用该货物不予限制，但法律、行政法规规定实施的限制、对货物转售地域的限制和对货物价格无实质性影响的限制除外；

（2）该货物的成交价格没有因搭售或者其他因素的影响而无法确定；

（3）卖方不得从买方直接或间接获得因货物进口后转售、处置或者使用而产生的任何收益，或者虽有收益，但能够按照条例有关规定进行调整；

（4）买卖双方没有特殊关系，或者虽有特殊关系但未对成交价格产生影响。

二、应计入和不计入完税价格的费用

对进口货物的完税价格中应当包括的费用，世界贸易组织《海关估价协议》将其分为两类：一类是各缔约方应当计入的费用；另一类是各缔约方可以自由选择的费用，包括进口货物运输至进口港或者进口地运输费、与运输有关的装卸费和手续费、保险费等。根据世界贸易组织上述规定，《进出口关税条例》对不同种类的费用能否计入完税价格作了明确的界定。

（一）应计入完税价格的费用

根据《进出口关税条例》的规定，下列费用应当计入完税价格：

（1）由买方负担的购货佣金以外的佣金和经纪费；

（2）由买方负担的在审查确定完税价格时与该货物视为一体的容器的费用；

（3）由买方负担的包装材料费用和包装劳务费用；

（4）与该货物的生产和向我国境内销售有关的，由买方以免费或者以低于成本的方式提供并可以按适当比例分摊的料件、工具、模具、消耗材料及类似货物的价款，以及在境外开发、设计等相关服务的费用；

（5）作为该货物向我国境内销售的条件，买方必须支付的、与该货物有关的特许权使用费；

（6）卖方直接或间接从买方获得的该货物进口后转售、处置或者使用的收益。

（二）不计入完税价格的费用

根据《进出口关税条例》的规定，进口货物在价款中列明的下列税收、费用，不计入该货物的完税价格：

（1）厂房、机械、设备等货物进口后进行建设、安装、装配、维修和技术服务的费用；

（2）进口货物运抵境内输入地点起卸后的运输及相关费用、保险费；

（3）进口关税及国内税收。

三、进口货物完税价格的估定顺序

进口货物的成交价格估价方法是海关估价方法中最重要、最基本的方法。根据《进出口关税条例》的规定，如进口成交价格不符合上文所述的规定条件，或成交价格不能确定的，海关经了解有关情况，并与纳税义务人进行价格磋商后，依次以下列价格估定该货物的完税价格：

（1）与该货物同时或者大约同时向我国境内销售的相同货物的成交价格；

（2）与该货物同时或者大约同时向我国境内销售的类似货物的成交价格；

（3）与该货物进口的同时或者大约同时，将该进口货物、相同或者类似进口货物在第一级销售环节销售给无特殊关系买方最大销售总量的单位价格，但应当扣除同等级或者同种类货物在我国境内第一级销售环节销售时通常的利润和一般费用以及通常支付的佣金，进口货物运抵境内输入地点起卸后的运输及相关费用、保险费，以及进口关税和国内税收；

（4）按照下列各项总和计算的价格：生产该货物所使用的料件成本和加工费用，向我国境内销售同等级或者同类货物通常的利润和一般费用，该货物运抵境内输入地点起卸前的运输及相关费用、保险费；

（5）以合理方法估定的价格。

纳税义务人向海关提供有关资料后，可以提出申请，颠倒前述第三项和第四项的适用顺序。

四、出口货物完税价格的估定

由于大多数国家对于大多数出口货物都不征收出口税，而且出口货物的海关估价对其他国家的出口利益不会造成影响，因此，世界贸易组织《海关估价协议》仅对进口货物的价格准则做出了规定，对出口货物没有任何约束，出口货物的价格准则可由征收出口税的国家自行规定。参考进口货物完税价格的确定方法，结合我国的出口实际，《进出口关税条例》和 2013 年 12 月 25 日海关总署令第 213 号公布的《中华人民共和国海关审定进出口货物完税价格办法》（以下简称《审价办法》）对我国出口货物完税价格的审定，作出了明确的界定。

根据《进出口关税条例》的规定，出口货物的完税价格，由海关以该货物的成交价格以及该货物运至我国境内输出地点装载前的运输及其相关费用、保险费为基础审查确定。出口货物的成交价格，是指该货物出口时卖方为出口该货物应当向买方直接收取和间接收取的价款总额。

根据《审价办法》的规定，下列税收、费用不计入出口货物的完税价格：

（1）出口关税；

（2）在货物价款中单独列明的货物运至我国境内输出地点装载后的运输及其相关费用、保险费。

根据《进出口关税条例》规定，如果出口货物的成交价格不能确定的，海关依次以下列价格估定该货物的完税价格：

（1）与该货物同时或者大约同时向同一国家或者地区出口的相同货物的成交价格；

（2）与该货物同时或者大约同时向同一国家或者地区出口的类似货物的成交价格；

（3）按照下列各项总和计算的价格：境内生产相同或者类似货物的料件成本、加工费用，通常的利润和一般费用，境内发生的运输及相关费用、保险费；

（4）以合理方法估定的价格。

第三节　原产地规则简介

进出口货物的原产地是国际贸易领域中一个比较重要的概念，鉴别进出口货物原产地的标准和方法称之为原产地规则。原产地规则是一个使用范围比较广泛的规则，只要政策上要求对货物的原产国（地区）进行判别，就需要运用原产地规则。

一、概念

（一）原产地的概念

在国际贸易中，原产地是指货物生产的地点，即货物的"国籍"。2019年修订的《中华人民共和国进出口货物原产地条例》（以下简称《原产地条例》）第二十六条对货物原产地的定义是：货物原产地（origin）是指依照本条例确定的捕捉、捕捞、搜集、收获、采掘、加工或者生产某一货物的国家（地区）。

认定货物的原产地主要出于执行国别之间差别税率和不同贸易措施的需要。由于我国实行复式税则，对原产于不同国家（地区）的产品给予不同的关税待遇，实施不同的贸易管制措施，例如实施配额、反倾销、反补贴、保障措施等货物管制措施，因此进口产品的原产地将决定该产品适用哪种关税税率。同时，出于对外贸易政策的需要，海关要对与其他国家（地区）间的进出口贸易量进行统计，因此，也必须对进出口货物的原产地加以确定。

（二）原产地规则的概念

货物原产地的认定需要以一定的标准为依据。确定进出口货物生产或制造国家（地区）的标准和方法，就是判定进出口货物原产地的规则（rules of origin）。世界贸易组织《原产地规则协议》将原产地规则定义为：一国（地区）为确定货物的原产地而实施的普遍适用的法律、法规和行政决定。

（三）原产地及原产地规则的作用

近年来，国际贸易领域的突出特点是生产的日益国际化和区域经济的日益一体化。随着区域经济一体化和生产国际化的发展，越来越多的产品由多个国家参与制造，这种方式已成为当今世界生产的潮流。这一方面使国际贸易中商品的国籍更加难以认定；另一方面又使准确认定商品的国籍变得更为重要。因为一旦确定了商品国籍，就直接确定了其依照进口国的贸易政策所适用的关税和非关税待遇。原产地的不同决定了进口商品所享受的待遇不同，因此越是多国参与加工制造的商品，进口国越是需要搞清其"国籍"，以保障关税和贸易措施的有效执行，避免其被规避或滥用。

所以，只要国际贸易中存在差别国别待遇，原产地问题就不会消失，原产地规则这个法律工具在执行多边或双边贸易协定和实施贸易管制措施中的重要作用就不会削弱。

二、优惠和非优惠原产地规则

从适用目的讲，原产地规则可以分为优惠原产地规则和非优惠原产地规则两大类。

（一）非优惠原产地规则

非优惠原产地规则（non-preferential rules of origin），是根据实施海关税则和其他贸易措施的需要而自主制定的，也称自主原产地规则。非优惠原产地规则主要适用于实施最惠国待遇、反倾销和反补贴、保障措施、原产地标记管理、国别数量限制、关税配额等非优惠性贸易措施以及进行政府采购、贸易统计等活动。

在世界贸易组织框架下，世界贸易组织成员正在就《协调非优惠原产地规则》进行谈判，其目的就是协调世界各国现有的非优惠原产地规则，一旦谈判成功，世界贸易组织各成员方应全面采用国际同意的非优惠原产地规则，以取代各国自主制定的非优惠原产地规则。

（二）优惠原产地规则

优惠原产地规则（preferential rules of origin），是为了确定货物是否有资格享受国别优惠待遇而制定的。符合优惠原产地规则的货物，可以依据双边或多边的贸易协定，适用国别优惠政策。由于优惠原产地规则中的原产地标准是通过双边、多边贸易协定制定的，因此，它也称为协定原产地规则。与自主原产地规则相比，协定原产地规则的实施可以不遵守最惠国待遇原则而在协定诸方间实施差别待遇。

优惠原产地规则又可分为两种情况：一种是由进口国单方面给予、非互惠的，例如普惠制的原产地规则；另一种是通过双边或多边区域性贸易协定规定的、互惠的，例如各个自贸协定的原产地规则。

由于优惠原产地规则是用于认定进口货物有无资格享受优惠待遇的，因此一般认为，其原产地标准比非优惠原产地规则的标准更严格。

三、原产地规则的具体标准

原产地规则的核心内容是原产地标准。货物原产地判定标准，最基本的分类有两种：一种是完全获得标准，另一种是非完全获得标准。

（一）完全获得标准

《原产地条例》第三条和第四条规定，完全在一个国家（地区）获得的货物，以该国（地区）为原产地。"完全在一个国家（地区）获得的货物"是指以下几种情形：

（1）在该国（地区）出生并饲养的活的动物；

（2）在该国（地区）野外捕捉、捕捞、搜集的动物；

（3）从该国（地区）的活的动物获得的未经加工的物品；

（4）在该国（地区）收获的植物和植物产品；

（5）在该国（地区）采掘的矿物；

（6）在该国（地区）获得的除上述第（1）项至第（5）项范围之外的其他天然生成的物品；

（7）在该国（地区）生产过程中产生的只能弃置或者回收用作材料的废碎料；

（8）在该国（地区）收集的不能修复或者修理的物品，或者从该物品中回收的零件或者材料；

（9）由合法悬挂该国旗帜的船舶从其领海以外海域获得的海洋捕捞物和其他物品；

（10）在合法悬挂该国旗帜的加工船上加工上述第（9）项所列物品获得的产品；

（11）从该国领海以外享有专有开采权的海床或者海床底土获得的物品；

（12）在该国（地区）完全从上述第（1）项至第（11）项所列物品中生产的产品。

归纳起来，第（1）~（6）项可称为领土产品（包括领空、领海），但不包括从领海以外海域捕捞所得的产品；第（9）~（11）项是从领海以外海域捕捞所得海洋产品；第（7）~（8）项的货品实际上包括了两个条件：一是不能再按物品的原使用价值进行使用或消费，否则，仍按物品的原生产国作为其原产国；二是作为原料进行再加工制造。"废碎料"是在生产性消费过程中产生的，"不能修复或修理的物品"是在消费使用过程中产生的。

根据《原产地条例》第五条的规定，在确定货物是否在一个国家（地区）完全获得时，不考虑以下微小加工或者处理，一是为运输、贮存期间保存货物而做的加工或者处理；二是为货物便于装卸而做的加工或者处理；三是为货物销售而做的包装等加工或者处理。即使货物经过了上述三种微小的加工和处理，其原产国不发生改变。

对于优惠原产地规则的完全获得标准，基本上与非优惠原产地规则的大同小异，可能在协议谈判时成员有特别关注而进行规定，例如对国际协定规定的有权开发的海域获得的货物等。

（二）非完全获得标准

《原产地条例》第三条和第六条规定，两个以上国家（地区）参与生产的货物，以最后完成实质性改变的国家（地区）为原产地。实质性改变的确定标准，以税则归类改变为基本标准；税则归类改变不能反映实质性改变的，以从价百分比、制造或者加工工序等为补充标准。《原产地条例》还规定，世界贸易组织《协调非优惠原产地规则》实施前，确定进出口货物原产地实质性改变的具体标准，由海关总署会同商务部根据实际情况制定。

海关总署在 2005 年 1 月 1 日起施行的《关于非优惠原产地规则中实质性改变标准的规定》（2018 年修订）中明确规定：

"税则归类改变"标准，是指在某一国家（地区）对非该国（地区）原产材料进行制造、加工后，所得货物在《进出口税则》中的四位数级税目归类发生了变化。

"制造、加工工序"标准，是指在某一国家（地区）进行的赋予制造、加工后所得货物基本特征的主要工序。

"从价百分比"标准，是指在某一国家（地区）对非该国（地区）原产材料进行制造、加工后的增值部分达到了所得货物价值的30%。用公式表示如下：

（工厂交货价－非该国（地区）原产材料价值工厂交货价）／非该国（地区）原产材料价值工厂交货价×100%≥30%

其中，"工厂交货价"是指支付给制造厂生产的成品的价格。"非该国（地区）原材料价值"是指直接用于制造或装配最终产品而进口原材料、零部件的价值（含原产地不明的原料、零部件），以其进口"成本、保险费加运费"价格（CIF）计算。

海关总署会同有关部门还制定了《适用制造或者加工工序及从价百分比标准的货物的清单》并规定，列入清单的货物，按清单中规定的标准来判定其是否发生了实质性的改变；未列入清单的货物，其实质性改变的标准适用税则归类改变标准。

根据《原产地条例》第七条和第十条的规定，货物在生产过程中使用的能源、厂房、设备、机器和工具的原产地，以及未构成货物物质成分或者组成部件的材料的原产地，不影响对该货物原产地的确定。对货物所进行的任何加工或者处理，如果是为了规避我国关于反倾销、反补贴和保障措施等有关规定的，海关在确定该货物的原产地时可以不考虑这类加工和处理。

优惠原产地规则对不完全获得的标准的规定也和上述标准大致相同，也是会根据谈判约定的情况而进行调整。例如，增值标准规定为40%，或者计算公式中的要素有所调整，又例如，税号改变规定为章改变等。

（三）辅助标准和程序要求

除了上述主要的原产地判定标准以外，还有一些辅助标准，例如包装材料、附件、备件、工具和介绍说明性材料等特定货物原产地的确定。

《原产地条例》第九条规定，按正常配备的种类和数量随货物进出口的附件、备件、工具和介绍说明性材料，在《进出口税则》中与该货物一并归类的，该附件、备件、工具和介绍说明性材料的原产地不影响该货物原产地的确定；对该附件、备件、工具和介绍说明性材料的原产地不再单独确定，该货物的原产地即为该附件、备件、工具和介绍说明性材料的原产地。

除了原产地判定标准以外，还有一些程序性的要求，例如出口货物原产地证书的申领、进口货物原产地的申报等。

四、原产地证书

（一）概念

原产地证书是指出口国（地区）根据原产地规则和有关要求签发的，明确指出该证中所列货物原产于某一特定国家（地区）的书面文件。原产地证书通常简称为原产地证或产地证。原产地证书中的内容除证明某货物产自某国家（地区）外，还包含了其他一些有关该货物的情况，如规格、重量、运输标记等。

（二）签发机关

原产地证书只有由第三方出具时，才具有法律效力。在国际贸易中，证明货物原产地的文件有两种，一种是由出口国（地区）政府机构或经政府授权的有关机构签发的原产地证书，另一种是由制造商或出口商自己出具的产地声明。

我国签发出口原产地证书的机构是海关、中国国际贸易促进委员会及其地方分会，出口货物的发货人可以向上述机构申请领取出口货物原产地证书，并同时提供签发原产地证书所需的资料。

（三）分类

原产地证书按用途可以分为优惠原产地证书和非优惠原产地证书两大类。上述两类原产地证书如按适用目的，又可分为普惠制原产地证书、一般原产地证书、区域性经济集团互惠原产地证书、双边或多边优惠原产地证书、专用原产地证书等。

优惠原产地证书是受惠国（地区）官方机构或其授权机构，根据相应的优惠原产地规则和有关要求出具的，是受惠国（地区）出口产品在给惠国（地区）享受优惠关税待遇的官方凭证。优惠原产地证书可以进一步细分为互惠和单向优惠原产地证书。互惠原产地证书是订有区域性贸易协定的经济集团内国家（地区）官方机构根据相应的区域性或双边优惠原产地规则签发的享受互惠关税减让的原产地证书。单向优惠原产地证书是受惠国（地区）官方及其授权机构根据给惠国（地区）优惠原产地规则和相关规定签发的可以单方面享受进口关税减免的原产地证书。普惠制原产地证书是由受惠国（地区）官方或其授权机构根据给惠国（地区）普惠制原产地规则签发的单向优惠原产地证书。

非优惠原产地证书是根据非优惠原产地规则签发的，证明货物原产于某一特定国家（地区），享受进口国正常关税（最惠国）待遇的原产地证书。非优惠原产地证书包括一般原产地证书和一些专用原产地证书，其中专用原产地证书是国际组织或国家（地区）根据政治和贸易措施的特殊需要，针对某一特殊行业的特定产品规定的原产地证书。

第四节 进出口贸易和税收基本情况

一、进出口贸易基本情况

中华人民共和国成立后，我国社会主义经济建设逐步恢复和发展，对外贸易也逐步增长，进出口货物总值比中华人民共和国成立前明显增加，特别是生产原料和工业器材的进口对支持国内经济建设发挥了重要作用。

改革开放以来，随着社会主义市场经济体制的建立和对外开放政策的推进实施，我国进出口贸易进入快速增长的崭新时期。具体来说，大致可分为三个阶段：

（1）1979～1989年。进出口贸易呈现平稳较快增长，进出口总值累计增长2.8倍，年均增长14.3%，这一时期的进口普遍高于出口，大多数年份出现贸易逆差。

（2）1990～2000年。进出口相关政策法规逐步调整完善，进出口贸易特别是出口贸易保持较快增长，进出口总值累计增长 3.1 倍，年均增长 15.2%，这一时期出口增长快于进口，除 1993 年外均实现贸易顺差。

（3）2001~2021 年。2001 年 12 月 11 日，中国正式加入世界贸易组织。加入世界贸易组织以来，我国外贸发展进入快速发展的新时期，进出口贸易在国际金融危机前持续大幅增长，2001~2008 年累计增长 4.03 倍，年均增长 26.0%。其中，在国内加工制造能力不断增强、国际市场需求稳步提高等多方面因素的共同作用下，我国贸易顺差持续增长，由 225.5 亿美元增至近 2981.3 亿美元，累计增长 12.2 倍，年均增长 44.6%。

2009 年，受国际金融危机影响，我国对外贸易进出口总额下降 13.9%，贸易顺差也下降 34.2%，但在一系列经济刺激政策的作用下，我国外贸依然完成了保市场、保份额的既定任务。2010 年和 2011 年，在国内相关政策的有效调控下，我国进出口总值稳步回升至金融危机前水平，并创历史新高，同比分别增长 34.7% 和 22.5%。此后，我国对外贸易进入稳定发展阶段，2012~2017 年累计增长 6.2%，年均增长 1.2%，贸易顺差累计增长 82.2%。

2018~2019 年，在复杂多变的国际经贸环境下，我国积极推进贸易高质量发展，进出口总额在 2018 年实现 12.5% 的增长后，在 2019 年基本保持平稳。2020 年，面对新冠肺炎疫情的严重冲击，我国多措并举做好稳外贸工作，对外贸易实现 1.5% 的逆势增长，是全球唯一实现贸易正增长的主要经济体，2021 年进一步高速增长 29.9%，体现了我国外贸的综合竞争实力和韧性，如表 5-1 和图 5-1 所示。

表 5-1　　　　　　2001 年以来进出口货物贸易情况表

年份	进出口（亿美元）	同比（%）	出口（亿美元）	同比（%）	进口（亿美元）	同比（%）
2001	5097	7.5	2661	6.8	2436	8.2
2002	6208	21.8	3256	22.4	2952	21.2
2003	8510	37.1	4382	34.6	4128	39.8
2004	11546	35.7	5933	35.4	5612	36.0
2005	14219	23.2	7620	28.4	6600	17.6
2006	17604	23.8	9690	27.2	7925	19.9
2007	21766	23.6	12205	26.0	9561	20.8
2008	25633	17.8	14307	17.3	11326	18.5
2009	22072	-13.9	12017	-16.0	10056	-11.2
2010	29728	34.7	15779	31.3	13948	38.7
2011	36419	22.5	18984	20.3	17435	25.0
2012	38671	6.2	20487	7.9	18184	4.3
2013	41590	7.5	22090	7.8	19500	7.2

续表

年份	进出口 （亿美元）	同比 （%）	出口 （亿美元）	同比 （%）	进口 （亿美元）	同比 （%）
2014	43015	3.4	23423	6.0	19592	0.5
2015	39530	−8.1	22735	−2.9	16796	−14.3
2016	36856	−6.8	20976	−7.7	15879	−5.5
2017	41071	11.4	22633	7.9	18438	16.1
2018	46224	12.5	24867	9.9	21357	15.8
2019	45779	−1.0	24995	0.5	20784	−2.7
2020	46559	1.7	25900	3.6	20660	−0.6
2021	60502	29.9	33630	29.8	26871	30.1

资料来源：2011～2019年数据来源于历年《中国统计年鉴》；2020年、2021年数据来自海关统计月报《进出口商品总值表（美元值）A：年度表》，中华人民共和国海关总署网站，http://www.customs.gov.cn/customs/302249/zfxxgk/2799825/302274/302277/302276/4635822/index.html。

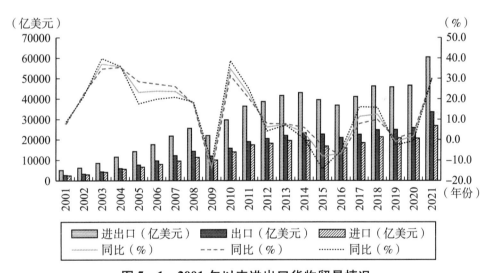

图5－1 2001年以来进出口货物贸易情况

总体看来，改革开放40多年来，我国进出口贸易持续较快增长，成为拉动我国经济发展的重要动力。1979～2021年，我国进出口总值由293.3亿美元增至60502亿美元，累计增长205倍，年均增长13.5%；其中进口由156.8亿美元增至26871亿美元，累计增长170倍，年均增长13.0%；出口由136.6亿美元增至33630亿美元，累计增长245倍，年均增长14.0%；净出口由1979年的20.2亿美元的贸易逆差，转变为2021年的6759亿美元的贸易顺差。目前，我国已成为世界第一大出口国和第二大进口国。

二、进出口税收基本情况

关税是进出口贸易的重要调控工具，也是国家财政收入的重要来源。中华人民共和国成立初期，我国经过战争创伤亟待恢复，国家财政支出巨大。关税收入的迅速增长，无疑是对国家财政的巨大支持，对新中国的社会主义经济建设也起到了重要推动作用。资料显示，从中华人民共和国成立初期到1979年，关税收入占全国税收的平均比重约为4%。

改革开放后，自1980年1月1日起，国务院决定对外贸公司进出口货物，恢复由海关单独计征关税。从此，关税的财政职能得到更好的发挥，有力地支持了改革开放的发展。1980~1990年，我国关税收入累计增长3.7倍，年均增长16.9%，其间共征收关税1287亿元。

自1991年起，中央财政正式向海关下达年度税收计划，并于次年由全国人民代表大会审议通过，执行情况向全国人民代表大会报告。同时，对进口货物征收的进口环节增值税、消费税也正式纳入海关统计中。1991~2000年，随着对外贸易快速增长，我国关税和进口环节税（合称进出口税收）也保持快速增收，进出口税收由336亿元增至2242亿元，累计增长5.7倍，年均增长23.5%。

加入世界贸易组织之后，尽管我国逐年下调进口关税，但随着对外贸易的快速增长，进出口税收仍保持稳步攀升。2001~2021年，我国进出口税收由2492亿元增至20126亿元，累计增长7.1倍，年均增长11.0%，对中央财政收入贡献始终保持在20%以上，是最稳定的中央税收来源之一，如表5-2和图5-2所示。

表5-2　　　　2001年以来进出口税收占中央财政收入比重表

年份	关税收入（亿元）	同比（%）	进口环节税收入（亿元）	同比（%）	中央财政收入（亿元）	进出口税收占中央财政收入比重（%）
2001	840.6	12.0	1651.7	10.7	8582.7	29.0
2002	705.0	-16.1	1885.6	14.2	10388.6	24.9
2003	922.8	30.9	2788.5	47.9	11865.3	31.3
2004	1043.7	13.1	3700.3	32.7	14503.1	32.7
2005	1066.6	2.2	4211.7	13.8	16548.5	31.9
2006	1141.7	7.0	4962.5	17.8	20456.6	29.8
2007	1432.5	25.5	6152.1	24.0	28612.0	26.5
2008	1770.0	23.6	7391.1	20.1	32672.0	28.0
2009	1483.6	-16.2	7729.2	4.6	35896.1	25.7
2010	2027.5	36.7	10487.5	35.7	42470.5	29.5
2011	2559.1	26.2	13560.4	29.3	51327.3	31.4

续表

年份	关税收入（亿元）	同比（%）	进口环节税收入（亿元）	同比（%）	中央财政收入（亿元）	进出口税收占中央财政收入比重（%）
2012	2783.9	8.8	14802.2	9.2	56175.2	31.3
2013	2630.6	− 5.5	14004.6	− 5.4	60198.5	27.6
2014	2843.4	8.1	14425.3	3.0	64493.5	26.8
2015	2560.8	− 9.9	12533.4	− 13.1	69267.2	21.8
2016	2603.8	1.7	12784.6	2.0	72365.6	21.3
2017	2997.9	15.1	15970.7	24.9	81123.4	23.4
2018	2847.8	− 5.0	16879.0	5.7	85456.5	23.1
2019	2889.1	1.5	15812.3	− 6.3	89309.5	20.9
2020	2564.3	− 11.2	14535.5	− 8.1	82770.7	20.7
2021	2806.1	9.4	17320.2	19.2	91470.4	22.0

资料来源：2017 年前数据来自历年《中国统计年鉴》；2017～2021 年数据来自各年《中央一般公共预算收入决算表》；2020 年数据来自财政部《2020 年财政收支情况》预算值，未来有待决算更新；《2017 年中央一般公共预算收入决算表》，中华人民共和国财政部网站，http：//yss. mof. gov. cn/qgczjs/201807/t20180712_2959587. htm；《2018 年中央一般公共预算收入决算表》，中华人民共和国财政部网站，http：//yss. mof. gov. cn/2018czjs/201907/t20190718_3303119. htm；《2019 年中央一般公共预算收入决算表》，中华人民共和国财政部网站，http：//yss. mof. gov. cn/2019qgczjs/202007/t20200706_3544354. htm；《2020 年中央一般公共预算收入决算表》，中华人民共和国财政部网站，http：//yss. mof. gov. cn/2020zyjs/202106/t20210629_3727024. htm；《2021 年中央一般公共预算收入决算表》，中华人民共和国财政部网站，http：//yss. mof. gov. cn/2021zyjs/202207/t20220712_3826610. htm。

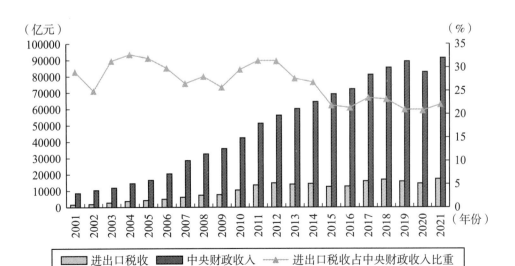

图 5 - 2　2001 年以来进出口税收占中央财政收入比重

第六章　进口环节税和进口税收政策

除进口关税外，进口环节税还包括进口环节增值税和进口环节消费税。进口环节增值税、进口环节消费税的征收范围和税率原则上与国内生产、销售环节保持一致，与世界贸易组织国民待遇原则相符。根据国际惯例或适应国民经济和社会发展等需要，通过法律法规规定或制定出台有关进口税收政策，我国对符合条件的进出口货物减征或免征关税、进口环节增值税、进口环节消费税，在支持科技创新、产业发展、农业发展、能源资源、社会事业、消费升级、区域发展等方面发挥了重要作用。

第一节　进口环节增值税

一、相关法律规定

1993 年 12 月 13 日，国务院发布了《增值税暂行条例》，12 月 25 日，财政部制发了《中华人民共和国增值税暂行条例实施细则》（以下简称《增值税实施细则》），自 1994 年 1 月 1 日起施行。2008 年 11 月 10 日，国务院公布了修改后的《增值税暂行条例》，12 月 15 日，财政部、税务总局制发了修改后的《增值税实施细则》，新修订的暂行条例及其实施细则自 2009 年 1 月 1 日起施行。2011 年 10 月 8 日，财政部、税务总局再次修改了《增值税实施细则》。① 2016 年 2 月 6 日的《国务院关于修改部分行政法规的决定》修订了《增值税暂行条例》。② 2017 年 11 月 19 日的《国务院关于废止〈中华人民共和国营业税暂行条例〉和修改〈中华人民共和国增值税暂行条例〉的决定》再次对《增值税暂行条例》进行了修订。③

根据《增值税暂行条例》第一条，在中华人民共和国境内销售货物或者提供加工、修理修配劳务，销售服务、无形资产、不动产以及进口货物的单位和个人，为

---

① 参见财政部、税务总局令第 65 号，中国政府网，http：//www. gov. cn/gongbao/content/2012/content_2121706. htm。

② 参见国务院令第 666 号，中国政府网，http：//www. gov. cn/zhengce/content/2016 - 03/01/content_5047740. htm。

③ 参见国务院令第 691 号，中国政府网，http：//www. gov. cn/zhengce/content/2017 - 12/01/content_5243734. htm。

增值税的纳税义务人，应当依照该条例缴纳增值税。

《增值税暂行条例》第十四条规定，进口货物缴纳进口环节增值税的组成计税价格＝关税完税价格＋关税＋消费税，应纳税额＝组成计税价格×税率。

《增值税暂行条例》第十九条规定，对进口货物，增值税纳税义务发生的时间为报关进口的当天。

《增值税暂行条例》第二十条规定，进口货物的增值税由海关代征。

上述规定是海关征收进口环节增值税的法律依据。

二、进口环节增值税税目

进口环节增值税税目与进口商品关税税目一致。

三、进口环节增值税征税范围和税率

进口环节增值税税率原则上与国内生产、销售环节一致。

根据《增值税暂行条例》第二条，纳税人进口粮食等农产品、食用植物油、食用盐、自来水、暖气、冷气、热水、煤气、石油液化气、天然气、二甲醚、沼气、居民用煤炭制品、图书、报纸、杂志、音像制品、电子出版物、饲料、化肥、农药、农机、农膜增值税税率为11%；进口其他货物，税率为17%。2018年4月4日，财政部、税务总局发布的《关于调整增值税税率的通知》（财税〔2018〕32号），规定进口货物原适用17%和11%税率的，税率分别调整为16%、10%。[1] 2019年3月20日，财政部、税务总局、海关总署联合发布的《关于深化增值税改革有关政策的公告》（财政部 税务总局 海关总署公告2019年第39号），规定进口货物原适用16%和10%税率的，税率分别调整为13%、9%。

根据1993年12月25日《国家税务总局关于印发〈增值税部分货物征税范围注释〉的通知》（国税发〔1993〕151号）、1995年6月15日《财政部 税务总局关于印发〈农产品征税范围注释〉的通知》（财税字〔1995〕52号）和2017年4月28日财政部 税务总局《关于简并增值税税率有关政策的通知》（财税〔2017〕3号），税率为9%的产品范围包括：

（1）粮食，是指各种主食食科植物果实的总称。本货物的征税范围包括小麦、稻谷、玉米、高粱、谷子和其他杂粮（如大麦、燕麦等），以及经碾磨、脱壳等工艺加工后的粮食（如面粉、米、玉米面、玉米渣等）。切面、饺子皮、馄饨皮、面皮、米粉等粮食复制品。

以粮食为原料加工的速冻食品、方便面、副食品和各种熟食品，不属于本货物的征税范围。

（2）蔬菜，是指可作副食的草本、木本植物的总称。本货物的征税范围包括各

---

① 参见《财政部 税务总局关于调整增值税税率的通知》，国家税务总局网站，http：//www. china-tax. gov. cn/n810341/n810755/c3377945/content. html。

种蔬菜、菌类植物和少数可作副食的木科植物。经晾晒、冷藏、冷冻、包装、脱水等工序加工的蔬菜，腌菜、咸菜、酱菜和盐渍蔬菜等，也属于本货物的征税范围。

各种蔬菜罐头（罐头是指以金属罐、玻璃罐和其他材料包装，经排气密封的各种食品）不属于本货物的征税范围。

（3）烟叶，是指各种烟草的叶片和经过简单加工的叶片。包括晒烟叶、晾烟叶和初烤烟叶。

①晒烟叶，是指利用太阳能露天晒制的烟叶。

②晾烟叶，是指在晾房内自然干燥的烟叶。

③初烤烟叶，是指烟草种植者直接烤制的烟叶。不包括专业复烤厂烤制的复烤烟叶。

（4）茶叶，是指从茶树上采摘下来的鲜叶和嫩芽（即茶青），以及经吹干、揉拌、发酵、烘干等工序初制的茶。本货物的征税范围包括各种毛茶（如红毛茶、绿毛茶、乌龙毛茶、白毛茶、黑毛茶等）。

精致茶、边销茶及掺兑各种药物的茶和茶饮料不属于本货物的征税范围。

（5）园艺植物，是指可供食用的果实，如水果、果干（如荔枝干、桂圆干、葡萄干等）、干果、果仁、果用瓜（如甜瓜、西瓜、哈密瓜等），以及胡椒、花椒、大料、咖啡豆等。经冷冻、冷藏、包装等工序加工的园艺植物，也属于本货物的征税范围。

各种水果罐头，果脯，蜜饯，炒制的果仁，坚果，碾磨后的园艺植物（如胡椒粉、花椒粉等），不属于本货物的征税范围。

（6）药用植物，是指用作中药原料的各种植物的根、茎、皮、叶、花、果实等。利用上述药用植物加工制成的片、丝、块、段等中药饮片，也属于本货物的征税范围。

中成药不属于本货物的征税范围。

（7）油料植物，是指用作榨取油脂的各种植物的根、茎、皮、叶、果实、花或者胚芽组织等初级产品，如菜籽（包括芥菜籽）、花生、大豆、葵花籽、蓖麻子、芝麻子、胡麻子、茶子、桐子、橄榄仁、棕榈仁、棉籽等。

提取芳香油料植物也属于本货物的征税范围。

（8）纤维植物，是指利用其纤维作纺织、造纸原料或者绳索的植物，如棉（包括棉籽、皮棉、絮棉）、大麻、黄麻、槿麻、苎麻、亚麻、罗布麻、焦麻、剑麻等。

棉短绒和麻纤维经脱胶后的精干（洗）麻，也属于本货物的征税范围。

（9）糖料植物，是指用主要用作制糖的各种植物，如甘蔗、甜菜等。

（10）林业产品，是指乔木、灌木和竹类植物，以及天然树脂、天然橡胶。包括：

①原木，是指砍伐倒的乔木去其枝丫、梢头或者皮的乔木、灌木，以及锯成一定长度的木段。

锯材不属于本货物的征税范围。

②原竹，是指砍伐倒的竹去其枝丫、梢头或者叶的竹类植物，以及锯成一定长度的竹段。

③天然树脂，是指木科植物的分泌物，包括生漆、树脂和树胶，如松脂、桃胶、樱胶、阿拉伯胶、古巴胶和天然橡胶（包括乳胶和干胶）等。

④其他林业产品，是指除上述列举林业产品以外的其他各种林业产品，如竹笋、笋干、棕竹、棕榈衣、树枝、树叶、树皮、藤条等。

盐水竹笋也属于本货物的征税范围。

竹笋罐头不属于本货物的征税范围。

（11）其他植物，是指除上述列举植物以外的其他各种人工种植和野生的植物，如树苗、花卉、植物种子、植物叶子、草、麦秸、豆类、薯类、藻类植物等。

干草、干花、薯干、干制的藻类植物，农业产品的下脚料等，也属于本货物的征税范围。

（12）水产品，是指人工放养和人工捕捞的鱼、虾、蟹、鳖、贝类、棘皮类、软体类、腔肠类、海兽类、鱼苗（卵）、虾贝、蟹苗、贝苗（秧），以及经冷冻、冷藏、盐渍等防腐处理和包装的水产品。

干制的鱼、虾、蟹、贝类、棘皮类、软体类、腔肠类，如干鱼、干虾、干虾仁、干贝等，以及未加工成工艺品的贝壳、珍珠，也属于本货物的征税范围。

熟制的水产品和各类水产品的罐头，不属于本货物的征税范围。

（13）牧产品，是指人工饲养、繁殖取得和捕获的各种畜禽，包括：

①兽类、禽类和爬行类动物，如牛、马、猪、羊、鸡、鸭等。

②兽类、禽类和爬行类动物的肉产品，包括整块或者分割的鲜肉、冷藏或者冷冻肉、盐渍肉，兽类、禽类和爬行类动物的内脏、头、尾、蹄等组织。

各种兽类、禽类和爬行类动物的肉类生制品，如腊肉、腌肉、熏肉等，也属于本货物的征税范围。

各种肉类罐头、肉类熟制品，不属于本货物的征税范围。

③蛋类产品，是指各种禽类动物和爬行类动物的卵，包括鲜蛋、冷藏蛋。

经加工的咸蛋、松花蛋、腌制的蛋等，也属于本货物的征税范围。

④鲜奶，是指各种哺乳类动物的乳汁和经净化、杀菌等加工工序生产的乳汁。

用鲜奶加工的各种奶制品，如酸奶、奶酪、奶油等，不属于本货物的征税范围。

（14）动物皮张，指从各种动物（兽类、禽类和爬行类动物）身上直接剥取的，未经鞣制的生皮、生皮张。生皮、生皮张用清水、盐水或者防腐药水浸泡、刮里、脱毛、晒干或者熏干，未经鞣制的，也属于本货物的征税范围。

（15）动物毛绒，是指未经洗净的各种动物的毛发、绒毛和羽毛。

洗净毛、洗净绒等，不属于本货物的征税范围。

（16）其他动物组织，指上述列举以外的兽类、禽类、爬行类动物的其他组织，以及昆虫类动物。

①蚕茧，包括鲜茧和干茧以及蚕蛹。

②天然蜂蜜，是指采集的未加工的天然蜂蜜、鲜蜂王浆等。

③动物树脂，如虫胶等。

④其他动物组织，如动物骨、壳、兽角、动物血液、动物分泌物、蚕种等。

（17）食用植物油，指从植物根、茎、叶、果实、花或胚芽组织中加工提取的食用油脂。包括芝麻油、花生油、豆油、菜籽油、米糠油、葵花子油、棉籽油、玉米胚芽油、茶油、胡麻油，以及上述油为原料生产的混合油。

（18）食用盐，是指符合《食用盐》（GB/T 5461—2016）和《食用盐卫生标准》（GB 2721—2003）两项国家标准的食用盐。

（19）自来水，是指自来水公司及工矿企业经抽取、过滤、沉淀、消毒等工序加工后，通过供水系统向用户供应的水。不包括农业灌溉用水、引水工程输送的水。

（20）暖气、热水，是指利用各种燃料（如煤、石油、其他各种气体或固体、液体燃料）和电能将水加热，使之生成的气体和热水，以及开发自然热能，如开发地热资源或用太阳能生产地暖气、热气、热水。包括利用工业余热生产、回收的暖气、热气和热水。

（21）冷气，指为了调节室内温度，利用制冷设备生产的，并通过供风系统向用户提供的低温气体。

（22）煤气，指由煤、焦炭、半焦和重油等经过干馏或汽化等生产过程所得气体产物的总称。包括：

①焦炉煤气，指煤在炼焦炉中进行干馏所产生的煤气。

②发生炉煤气，指用空气（或氧气）和少量的蒸气，将煤或焦炭、半焦，在煤气发生炉中进行汽化所产生的煤气、混合煤气、水煤气、单水煤气、双水煤气等。

③液化煤气，指压缩成液体的煤气。

（23）石油液化气，指由石油加工过程所产生的低分子量的烃类炼厂气经压缩成的液体。主要成分是丙烷、丁烷、丁烯等。

（24）天然气，指蕴藏在地层内的碳氢化合物可燃气体。主要含有甲烷、乙烷等低分子烷烃和丙烷、丁烷、戊烷及其他重质气态烃类。包括气田天然气、油田天然气、煤矿天然气和其他天然气。

（25）二甲醚，是指化学分子式为 CH_3OCH_3，常温常压下为具有轻微醚香味，易燃、无毒、无腐蚀性的气体。

（26）沼气，主要成分为甲烷，由植物残体在与空气隔绝的条件下经自然分解而成，沼气主要作燃料。包括天然沼气和人工生产的沼气。

（27）居民用煤炭制品，指煤球、煤饼、蜂窝煤和引火炭。

（28）图书、报纸、杂志，是采用印刷工艺，按照文字、图画和线条原稿印刷成的纸制品。包括：

①图书，是指由国家新闻出版社署批准的出版单位出版，采用国际标准书号编序的书籍以及图片。

②报纸，是指经国家新闻出版社署批准，在各省、自治区、直辖市新闻出版部门登记，具有国内统一刊号（CN）的报纸。

③杂志，是指经国家新闻出版署批准，在省、自治区、直辖市新闻出版管理部门登记，具有国内统一刊号（CN）的刊物。

（29）音像制品，是指正式出版的录有内容的录音带、录像带、唱片、激光唱盘和激光视盘。

（30）电子出版物，是指以数字代码方式，使用计算机应用程序，将图文声像等内容信息编辑加工后存储在具有确定的物理形态的磁、光、电等介质上，通过内嵌在计算机、手机、电子阅读设备、电子显示设备、数字音/视频播放设备、电子游戏机、导航仪及其他具有类似功能的设备上读取使用，具有交互功能，用以表达思想、普及知识和积累文化的大众传播媒体。载体形态和格式主要包括只读光盘（CD只读光盘 CD – ROM、交互式光盘 CD – I、照片光盘 Photo – CD、高密度只读光盘 DVD – ROM、蓝光只读光盘 HD – DVD ROM 和 BD ROM）、一次写入式光盘（一次写入 CD 光盘 CD – R、一次写入高密度光盘 DVD – R、一次写入蓝光光盘 HD – DVD/R，BD – R）、可擦写光盘（可擦写 CD 光盘 CD – RW、可擦写高密度光盘 DVD – RW、可擦写蓝光光盘 HDDVD – RW 和 BD – RW、磁光盘 MO）、软磁盘（FD）、硬磁盘（HD）、集成电路卡（CF 卡、MD 卡、SM 卡、MMC 卡、RR – MMC 卡、MS 卡、SD 卡、XD 卡、T – Flash 卡、记忆棒）和各种存储芯片。

（31）饲料，指用于动物饲养的产品或其加工品。包括：

①单一饲料，指作饲料的某一种动物、植物、微生物产品或其加工品。

②混合饲料，是指采用简单方法，将两种以上的单一饲料混合到一起的饲料。

③配合饲料，是指根据不同的饲料对象、饲养对象的不同生长发育阶段对各种营养成分的不同需要量，采用科学的方法，将不同的饲料按一定的比例配合到一起，并均匀地搅拌，制成一定料型的饲料。

不包括直接用于动物饲养的粮食、饲料添加剂。

（32）化肥，是指经化学和机械加工制成的各种化学肥料。包括：

①化学氮肥，主要品种有尿素和硫酸铵、硝酸铵、碳酸氢铵、氯化铵、石灰铵、氨水等。

②磷肥，主要品种有磷矿粉、过磷酸钙（包括普通过磷酸钙和重过磷酸钙两种）、钙镁磷肥、氯化钾等。

③钾肥，主要品种有硫酸钾、氯化钾等。

④复合肥料，是用化学方法合成或混合配制成含有氮、磷、钾中的两种或两种以上的营养元素的肥料。含有两种的称二元复合肥料，含有三种的称三元复合肥料，也有含有三种元素和某些其他元素的叫多元复合肥料。主要产品有硝酸磷肥、硝酸铵肥、磷酸二氢钾肥、钙镁磷钾肥、磷酸一铵、磷酸二铵肥、氮磷钾复合肥等。

⑤微量元素肥，是指含有一种或多种植物生长所必需的，但需要量又极少的营养元素的肥料，如硼肥、锰肥、锌肥、铜肥、钼肥等。

⑥其他肥，是指上述列举以外的其他化学肥料。

（33）农药，指用于农林业防治病虫害、除草及调节植物生长的药剂。包括农药原药和农药制剂。如杀虫剂、杀菌剂、除草剂、植物生长调节剂、植物性农药、微生物农药、卫生用药、其他农药原药、制剂，等等。

（34）农膜，是指用于农业生产的各种地膜、大棚膜。

（35）农机，是指用于农业生产（包括林业、牧业、副业、渔业）的各种机器和机械化和半机械化农具，以及小农具。

农机的范围：

①拖拉机，是以内燃机为驱动牵引机具从事作业和运载物资的机械。包括轮拖拉机、履带拖拉机、手扶拖拉机、机耕船。

②土壤耕整机械。是对土壤进行耕翻整理的机械。包括机引犁、机引耙、旋耕

机、镇压器、联合整地器、合壤器、其他土壤耕整机械。

③农田基本建设机械，是指从事农田基本建设的专用机械。包括开沟筑埂机、开沟铺管机、铲抛机、平地机、其他农田基本建设机械。

④种植机械，是指将农作物种子或秧苗移植到适于作物生长的苗床机械。包括播作机、水稻插秧机、栽植机、地膜覆盖机、复式播种机、秧苗准备机械。

⑤植物保护和管理机械，是指农作物在生长过程中的管理、施肥、防治病虫害的机械。包括机动喷粉机、喷雾机（器）、迷雾喷粉机、修剪机、中耕除草机、播种中耕机、培土机具、施肥机。

⑥收获机械，是指收获各种农作物的机械。包括粮谷、棉花、薯类、甜菜、甘蔗、茶叶、油料等收获机。

⑦场上作业机械，是指对粮食作物进行脱粒、清选、烘干的机械设备。包括各种脱粒机、清选机、粮谷干燥机、种子精选机。

⑧排灌机械，是指用于农牧业排水、灌溉的各种机械设备。包括喷灌机、办机械化提水机具、打井机。

⑨农副产品加工机械，是指对农副产品进行初加工，加工后的产品仍属农副产品的机械。包括茶叶机械、剥壳机械、棉花加工机械（包括棉花打包机）、食用菌机械（培养木耳、蘑菇等）、小型粮谷机械。

以农副产品为原料加工工业产品的机械，不属于本货物的征税范围。

⑩农业运输机械，是指农业生产过程中所需的各种运输机械。包括人力车（不包括三轮运货车）、畜力车和拖拉机挂车。

农用汽车，不属于本货物的征税范围。

⑪畜牧业机械，是指畜牧业生产中所需的各种机械。包括草原建设机械、牧业收获机械、饲料加工机械、畜禽饲养机械、畜产品采集机械。

⑫渔业机械，是指捕捞、养殖水产品所用的机械。包括捕捞机械、增氧机、饵料机。

机动渔船，不属于本货物的征税范围。

⑬林业机械，是指用于林业的种植、育林的机械。包括清理机械、育林机械、树苗栽植机械。

森林砍伐机械、集材机械，不属于本货物的征税范围。

⑭小农具。包括畜力犁、畜力耙、锄头和镰刀等农具。

农机零部件，不属于本货物的征税范围。

第二节　进口环节消费税

一、相关法律依据

根据《消费税暂行条例》第一条的规定，在中华人民共和国境内生产、委托加工和进口本条例规定的消费品（以下简称"应税消费品"）的单位和个人，为消费税的纳税人，应当依照本条例缴纳消费税。第四条规定，进口的应税消费品，于报关进口时纳税。第十二条规定，消费税由税务机关征收，进口的应税消费品的消费税由海关代征。第十三条规定，进口的应税消费品，由纳税人（进口人或其代理人）向当地海关申报纳税。上述规定是海关征收进口环节消费税的法律依据。

征收进口环节消费税的程序法律依据是《海关法》《进出口关税条例》及关税征收管理方面的规定。

二、进口环节消费税征收范围和税率

进口环节消费税征收范围和税率原则上同国内消费税保持一致。根据《消费税暂行条例》，消费税征税范围为：烟、酒和酒精、鞭炮和烟火、化妆品、护肤护发品、汽油、柴油、贵重首饰及珠宝玉石、汽车轮胎、摩托车、小汽车 11 种商品。1995 年 1 月 1 日起，根据财政部、国家税务总局《关于调整金银首饰消费税纳税环节有关问题的通知》（财税字〔1994〕95 号），进口金银首饰消费税的征收由进口环节改为零售环节，即进口环节不再征收。

2006 年，为适应社会经济形势的客观发展需要，进一步完善消费税制，消费税税目、税率及相关政策进行了调整，新增高尔夫球及球具、高档手表、游艇、木制一次性筷子、实木地板税目。取消汽油、柴油税目，增列成品油税目，汽油、柴油改为成品油税目下的子目（税率不变），另外新增石脑油、溶剂油、润滑油、燃料油、航空煤油五个子目。取消护肤护发品税目，将原属于护肤护发品征税范围的高档护肤类化妆品列入化妆品税目。调整小汽车税目税率，取消小汽车税目下的小轿车、越野车、小客车子目，在小汽车税目下分设乘用车、中轻型商用客车子目。

2014 年 12 月 1 日起，取消气缸容量 250 毫升（不含）以下的小排量摩托车消费税。取消汽车轮胎税目。取消车用含铅汽油消费税，汽油税目不再划分二级子目，统一按照无铅汽油税率征收消费税。取消酒精消费税。

2015 年 2 月 1 日起，将电池、涂料列入消费税征收范围，在生产、委托加工和进口环节征收。

2016 年 10 月 1 日起，取消对普通美容、修饰类化妆品征收消费税，将"化妆品"税目名称更名为"高档化妆品"。征收范围包括高档美容、修饰类化妆品、高档护肤类化妆品和成套化妆品。

2021 年 6 月 12 日起，对部分成品油视同石脑油或燃料油征收进口环节消费税。

2022 年 11 月 1 日起，将电子烟纳入消费税征收范围，在烟税目下增设电子烟子目。

目前，消费税征税范围为：烟、酒、鞭炮和烟火、高档化妆品、成品油、贵重首饰及珠宝玉石、摩托车、小汽车、高尔夫球及球具、木制一次性筷子、实木地板、高档手表、游艇、电池、涂料 15 类商品。详细的消费税税目税率表如表 6-1 所示。

表 6 - 1   消费税税目税率表

税目	税率		
	生产（进口）环节	批发环节	零售环节
一、烟			
1. 卷烟			
（1）甲类卷烟	56% 加 0.003 元/支	11% 加 0.005 元/支	
（2）乙类卷烟	36% 加 0.003 元/支		
2. 雪茄烟	36%		
3. 烟丝	30%		
4. 电子烟	36%	11%	
二、酒			
1. 白酒	20% 加 0.5 元/500 克（或者 500 毫升）		
2. 黄酒	240 元/吨		
3. 啤酒			
（1）甲类啤酒	250 元/吨		
（2）乙类啤酒	220 元/吨		
4. 其他酒	10%		
三、高档化妆品	15%		
四、贵重首饰及珠宝玉石			
1. 金银首饰、铂金首饰和钻石及钻石饰品			5%
2. 其他贵重首饰和珠宝玉石	10%		
五、鞭炮焰火	15%		
六、成品油			
1. 汽油	1.52 元/升		
2. 柴油	1.20 元/升		
3. 航空煤油	1.20 元/升		
4. 石脑油	1.52 元/升		
5. 溶剂油	1.52 元/升		
6. 润滑油	1.52 元/升		
7. 燃料油	1.20 元/升		

续表

税目	税率		
	生产（进口）环节	批发环节	零售环节
七、摩托车			
1. 气缸容量 250 毫升	3%		
2. 气缸容量在 250 毫升（不含）以上	10%		
八、小汽车			
1. 乘用车			
（1）气缸容量（排气量，下同）在 1.0 升（含 1.0 升）以下	1%		
（2）气缸容量在 1.0 升以上至 1.5 升（含 1.5 升）	3%		
（3）气缸容量在 1.5 升以上至 2.0 升（含 2.0 升）	5%		
（4）气缸容量在 2.0 升以上至 2.5 升（含 2.5 升）	9%		
（5）气缸容量在 2.5 升以上至 3.0 升（含 3.0 升）	12%		
（6）气缸容量在 3.0 升以上至 4.0 升（含 4.0 升）	25%		
（7）气缸容量在 4.0 升以上	40%		
2. 中轻型商用客车	5%		
3. 超豪华小汽车	按子税目 1 和子税目 2 的规定征收		10%
九、高尔夫球及球具	10%		
十、高档手表	20%		
十一、游艇	10%		
十二、木制一次性筷子	5%		
十三、实木地板	5%		
十四、电池	4%		
十五、涂料	4%		

注：截至 2022 年 11 月 1 日。

三、进口环节消费税的应纳税额

进口环节消费税按照从价定率、从量定额两种方法计算应纳税额。

（1）进口的应税消费品，实行从价定率办法计算应纳税额的，按照组成计税价格计算纳税。组成计税价格计算公式为：

$$组成计税价格 = （关税完税价格 + 关税）/（1 - 消费税税率）$$

$$应纳税额 = 组成计税价格 × 消费税税率$$

（2）实行从量定额征收进口环节消费税的应税消费品，其应纳税额的计算公式为：

$$应纳税额 = 应征消费税消费品数量 × 单位税额$$

（3）实行从价定率和从量定额两种办法结合征收进口环节消费税的应税消费品，其应纳税额的计算公式为：

$$应纳税额 = 应征消费税消费品数量 × 单位税额 + 组成计税价格 × 消费税税率$$

第三节 进口税收政策概述

一、法律地位

目前，我国已经形成以《海关法》为基本法律依据，以《进出口关税条例》为核心，以《进出口税则》《增值税暂行条例》《消费税暂行条例》及其他海关税收征管规定为基础框架，具有中国特色的进口税收法规体系。

（一）《海关法》

根据 2021 年修订的《海关法》第五十三条，准许进出口的货物、进出境物品，由海关依法征收关税，明确了海关按照关税规定征管进口环节代征税的合法性。第五十八条规定，本法第五十六条、第五十七条第一款规定范围以外的临时减征或者免征关税，由国务院决定。

（二）《进出口关税条例》

根据 2017 年修订的《进出口关税条例》第四十六条，特定地区、特定企业或者有特定用途的进出口货物减征或者免征关税，以及临时减征或者免征关税，按照国务院的有关规定执行。

根据第四十七条，进口货物减征或者免征进口环节海关代征税，按照有关法律、行政法规的规定执行。

（三）《增值税暂行条例》

根据《增值税暂行条例》第一条，在中华人民共和国境内进口货物的单位和个人，为增值税纳税人，应当依照本条例缴纳增值税。根据第二十条，进口货物的增值税由海关代征。

第十五条规定了免征增值税的进口货物，包括：直接用于科学研究、科学试验和教学的进口仪器、设备；外国政府、国际组织无偿援助的进口物资和设备；由残疾人的组织直接进口供残疾人专用的物品。此外，除前款关于具体项目免征增值税规定外，增值税的免税、减税项目由国务院规定。任何地区、部门均不得规定免税、减税项目。

（四）《消费税暂行条例》

2008 年 11 月 5 日修订的《消费税暂行条例》第二条规定，消费税的税目、税率，依照本条例所附的《消费税税目税率表》执行。消费税税目、税率的调整，由国务院决定。

二、历史沿革

中华人民共和国成立之初到改革开放前，我国经济水平较低，经济体制建立在计划经济基础上，对外交往少，实行的是高关税保护政策，寓禁于征。在这种状况下，进口税收调节经济的作用基本没有发挥，组织财政收入的职能也基本流于形式。我国最早的进口税收优惠形成于 20 世纪 50 年代，当时主要是对进口科教用品、国家建设项目引进的技术设备免征关税。不过当时的进口税收优惠面很窄，减免税与应税面相比所占比重也不大。

（一）改革开放初期，进口税收优惠政策的形成阶段（1979 年至 20 世纪 90 年代初）

我国的进口税收优惠政策是随着经济体制改革和对外开放的深入逐步形成的。1979 年以后，我国的经济体制开始进入全面改革时期，由产品经济转为商品经济，由计划调节为主逐步改变为以市场调节为主，这为发挥进口税收的调节作用创造了客观条件。与一系列改革开放政策相配合，为促进进出口商品和科学技术的交流，引进外资、繁荣经济，加快经济特区、经济技术开发区等特定经济区域的建设，国家制定了针对外商投资企业的优惠政策，并在引进国外先进技术、促进国内企业技术改造、发展"三来一补"贸易以及扶持经济特区等方面出台了一系列进口税收优惠政策①。这些政策的实施，对促进地区经济、行业的发展起到了重要的推动作用。据统计，从 1979 年至 1992 年期间，我国共制定了 50 项进口税收优惠措施，涉及

---

① "三来一补"指来料加工、来样加工、来件装配和补偿贸易，是中国改革开放初期尝试性创立的一种企业贸易形式。

157 项优惠规定，平均每年出台 11 项优惠规定。1979 年，为了鼓励来料加工、进料加工、补偿贸易在我国的发展，国务院决定对来料加工、进料加工、补偿贸易（加工贸易）实行进口税收优惠政策。20 世纪 80 年代初，为了鼓励国际金融组织贷款和外国政府贷款的利用，我国决定对国际金融组织贷款和外国政府贷款项下的进口货物实行进口税收优惠政策；不久，国务院决定在广东和福建建立经济特区，此后，又在海南建立了经济特区，并制定了免征进口关税和工商统一税的优惠政策；80 年代中期，我国设立了 14 个沿海开放城市，也制定了同经济特区类似的进口关税和工商统一税的优惠政策。1983 年，为了鼓励外商来华投资，我国决定对外资投资进口的机器设备和物资免征进口关税和工商统一税。在"七五"计划和"八五"计划期间，为了配合国家的产业政策，我国对企业引进技术设备实行进口税收优惠。1991 年和 1992 年，国务院分别批准了边贸优惠和从独联体、东欧国家易货贸易的关税优惠。1992 年邓小平同志南方谈话后，我国改革开放进一步深化，形成一个实施进口优惠政策的高潮。1992 年 3 月至 7 月间，国务院决定对部分沿边、沿江和内陆省会城市实行进口税收优惠政策。

在上述进口税收优惠政策中，区域进口税收优惠政策和引进先进技术设备的优惠政策需要重点予以说明。

（1）区域进口税收优惠政策。在制定区域进口税收优惠政策时，国家相关部门认真贯彻了党中央、国务院关于地区发展战略和我国对外开放格局的部署。在过去 12 类区域优惠政策中，地区分布体现出明显的层次，从经济特区、经济技术开发区、沿海开放地区和内陆开放城市，政策既有所区别，也注意相互协调。同时，各类区域优惠政策还注意体现国家经济政策和产业政策，例如为促进我国工业发展对沿海开放城市的技术改造项目，为加大对农业的支持对沿海开放地区的农业项目，为鼓励扩大出口和引进技术对出口型和技术先进型的外商投资企业，为加速我国科学技术进步对高新技术产业开发区等，都给予了特别的优惠。从经济特区优惠措施正式开始实施到 1995 年底，在区域进口税收优惠项下减免关税数百亿元，极大地促进了这些地区的对外开放，从而促进了全国的经济发展。

1996 年，国家进行对外税制改革，取消了所有的区域进口税收优惠，这是新形势下深化关税改革的需要。但这并不表示我国的地区开放政策已经结束，也不意味着我国对外开放格局将不复存在，相反，此后我国的地区开放政策仍在继续扩大，对外开放格局在调整的基础上更加合理。在 1996 年全国人民代表大会第八届四次会议通过的《中华人民共和国国民经济和社会发展"九五"计划和 2010 年远景目标纲要》中提出：要"按照市场经济规律和经济内在联系以及地理自然特点，突破行政区划界线，在已有经济布局的基础上，以中心城市和交通要道为依托，逐步形成 7 个跨省区市的经济区域"。这是我国地区协调发展的战略目标，也是我国进口税收政策应当服务的目标。

（2）引进先进技术设备的进口税收优惠政策。改革开放以来，对企业有重点、有步骤地进行技术改造成为发展我国国民经济的迫切任务。1982 年，国务院做出决定，改变过去以新建企业作为扩大再生产主要手段的方针，从我国技术改造的迫切需要出发，积极利用外资，引进适合我国情况的先进技术和自己不能生产的某些关键设备、仪器仪表，包括少量局部生产过程的配套设备。但全国范围大规模企业技术改造需要大量的资金，国家在财政上有困难，企业技术改造大多靠企业、地方和部门的自有资金、银行贷款或利用外资，在这种情况下，企业技术改造引进的机器设备如果全额交纳关税和进口环节税，会给企业增加更多的负担。因此，为促进企业技术改造，国务院决定对企业技术改造引进的机器设备，给予税收优惠。这是改革开放后我国进口税收优惠政策中一项重大措施，对推进我国工业水平提高、促进技术进口具有重要意义。

为了贯彻国务院关于企业技术改造的决定，1982 年，财政部会同海关总署制定了《关于企业技术改造引进设备减免关税和工商税的规定》。此后，随着企业技术改造不断发展，又在此基础上补充了许多优惠规定，从而形成了一整套鼓励引进技术、消化吸收和实现国产化的进口税收优惠政策体系。

据海关统计，1982 年至 1995 年，海关为企业技术改造引进设备减免关税达数百亿元，支持完成重点引进技术项目近千项，我国全民所有制企业共实施更新改造项目十多万个。进口税收优惠政策有力地促进了我国企业技术水平的提高，加快了我国社会主义现代化建设的步伐。

（二）适应社会主义市场经济体制，清理进口税收优惠政策（1993～1996 年）

为了适应社会主义市场经济体制建设和国际惯例的需要，同时也使进口税收政策更好地配合和扶持国内产业发展的需要，自 1993 年起，我国政府进行了以"降低关税水平、调整关税结构、清理关税减免、扩大关税税基、实行国民待遇"为主要内容的关税制度改革，同时对进口税收优惠政策开始进行清理和调整。

清理和调整进口税收优惠政策的主要原因：随着改革开放的不断深入和社会主义市场经济体制的逐步建立，这些政策规定与国际通行规则和市场经济公平竞争原则的矛盾日益显现。一方面，我国进口关税总水平不断下调；另一方面，名目繁多的减免税造成地区间、企业间的不公平竞争，不利于国有企业转换经济机制和地区间经济协调发展。

减免税清理的对象主要是政策性特定减免。1993 年 12 月，《国务院转批关税税则委员会关于清理政策性关税减免文件意见的通知》（国发〔1993〕88 号），正式拉开了清理减免税政策的序幕。当时确立了清理减免税政策的几条原则：（1）对不违反国际惯例而对我国经济发展、对外开放有较好促进作用的减免税政策予以保留，继续执行；（2）对不符合国际惯例和社会主义市场经济要求，不利于平等竞争或明显不合理的减免税政策应尽快调整或废止；（3）对有时间限制或数额限制的减免税政策，一般到期或额满为止，不再延长时间或增加数额；（4）具体可采取"一次清理，分步到位"的做法，并与降低关税水平相配合，逐步缩小减免税的范围，以免引起太大的震动；（5）考虑到目前进口关税税率调整尚未到位，以及将要实施外汇汇率并轨等因素，对部分税率高而又必须给予扶持的部门和行业的产品（限于原材料和基础元器件），通过统一规定"暂定税率"解决，个别带有政府采购性质的可采取财政补贴解决。此次清理减免税优惠政策共涉及 157 个文件，其中对 98 个明显不符合社会主义市场经济要求和国际惯例的文件需要尽快分步取消，1993 年底废止的文件共 27 个，并对 9 个减免税规定进行了调整。

1994 年 12 月，国务院批转了关税税则委员会、财政部、国家税务总局《关于第二步清理关税和进口环节税减免规定的意见的通知》（国发〔1994〕64 号），决定从 1995 年 1 月 1 日起，（1）停止对利用国外贷款进口的货物、办公用品、广播电视宣传专用设备和器材、为推动技术引进和结构优化的进口物资、国内电视台进口的电视节目录像制品五大类进口商品的关税和进口环节税减免优惠；（2）调整边境贸易和易货贸易、进口体育用品、外币免税店三类进口减免税政策；（3）调整一些针对特定企业、特定项目的政策性减免；（4）对国内已经引进技术并大量生产，能够满足国内需要的，或国家已大量投资，需要适当保护其正常发展的，以及进口税率已基本合理的电视机、摄像机等 20 种商品进口一律依照法定税率照章征税；（5）确定对经济特区等特定区域减免税进口货物实行额度管理。

1995 年 12 月，《国务院关于改革和调整进口税收政策的通知》（国发〔1995〕34 号）规定，自 1996 年 4 月 1 日起，我国进口关税总水平降至 23%，同时取消一大批进口税收优惠政策，主要包括：新设立的外商投资企业进口的设备和原材料、新批准的技术改造项目进口的设备、国务院批准的重大项目进口设备，不再享受减免进口关税和进口环节税的优惠；全国各类特定区域，包括经济特区、经济技术开发区、高新技术产业开发区、沿海开放城市、沿海经济开放区、边境对外开放城市、边境经济合作区、享受沿海开放城市的沿江开放城市和内陆城市、国家旅游度假区、上海浦东新区及其他各类开发区等进口各类物资一律按法定税率征收关税和进口环节税，不再享受进口税收减免政策；对经济特区和上海浦东新区、苏州工业园区（均不包括外商投资企业）进口的自用物资，按国家核定的额度，实行关税和进口环节税先征后返、5 年（1996 年至 2000 年）过渡、逐年递减的管理办法；取消对周边国家易货贸易和经济技术合作项下进口货物减免关税和进口环节税的规定；取消对加工贸易、补偿贸易项目进口加工设备免征关税和进口环节税的规定。

经过三步政策清理后，仅保留了外国政府、国际组织无偿捐赠物资免税，与小轿车和摄录一体机国产化率挂钩的进口差别税率，特定地域石油、天然气勘探进口设备材料免税，民航进口飞机减征进口环节增值税，驻外人员以及留学人员进口个人物品免税，出境口岸免税店以及《进出口关税条例》中规定的进口减免税等 7 项政策。

（三）应对亚洲金融危机，及时调整进口税收优惠政策（1997～1999 年）

1997 年，亚洲金融危机爆发。在全面清理减免税政策的基础上，为进一步扩大利用外资，引进国外的先进技术和设备，促进产业结构调整和技术进步，保持国民经济持续、快速、健康发展，1997 年 12 月，国务院发布了《关于调整进口设备税收政策的通知》（国发〔1997〕37 号），决定自 1998 年 1 月 1 日起，对国家鼓励发展的国内投资项目和外商投资项目进口设备在规定的范围内，免征进口关税和进口环节增值税。1999 年 8 月，国务院办公厅印发了《国务院办公厅转发外经贸部等部门关于当前进一步鼓励外商投资意见的通知》（国办发〔1999〕73 号），对已设立的鼓励类和限制乙类外商投资企业、外商投资研究中心、先进技术型和产品出口型外商投资企业和外商投资设立的研究开发中心进口设备在规定的范围内，免征进口关税和进口环节增值税，并鼓励外商向中西部地区投资。

（四）加入世界贸易组织前后，清理和规范进口税收优惠政策（2000～2002年）

2001年12月，我国加入世界贸易组织。"入世"前后，根据国务院有关精神，对进口税收政策进行了进一步全面清理和规范。主要包括：

（1）2000年，财政部、国家税务总局、海关总署对2000年底到期的13项进口税收优惠政策进行了清理，报经国务院批准，对若干进口税收优惠政策进行了调整，有的到期停止执行，有的经调整后予以保留，还有一些完全保留。

（2）根据国内的经济情况及进口的实际情况，2000年，财政部、国家计委、国家经贸委、外经贸部、海关总署对1997年《国务院关于调整进口设备税收政策的通知》（国发〔1997〕37号）所附的《国内投资项目不予免税的进口商品目录》进行了修订，通过提高进口商品技术指标、技术规格和增列不予免税的商品数量，扩大了不予免税的商品范围，相应缩小了国内投资项目进口设备免税范围。

（3）为规范加工贸易的管理，根据《国务院办公厅关于进行设立出口加工区试点的复函》（国办函〔2000〕37号）的精神，在全国15个地区设立了出口加工区。从境外进入加工区的货物，其进口关税和进口环节税，除法律、法规另有规定外，予以免税或保税。

（4）针对"入世"后的新形势，从2002年10月1日起，我国对部分进口税收优惠政策进行了调整，财政部、国家计委、国家经贸委、外经贸部、海关总署、国家税务总局发布了《关于调整部分进口税收优惠政策的通知》（财税〔2002〕146号），主要内容包括：一是1996年3月31日前批准的技术改造项目、重大建设项目、外商投资企业项目进口设备或原材料，不再沿用《国务院关于改革和调整进口税收政策的通知》（国发〔1995〕34号）和《海关总署关于对1996年3月31日前批准的外商投资企业进口税收政策的通知》（署税〔1995〕970号）规定的减免税政策，统一执行现行的进口设备税收政策。二是《外商投资产业指导目录》中"产品全部直接出口的允许类外商投资项目"项下进口设备，一律先按法定税率征收进口关税和进口环节增值税，经核查"产品全部出口"情况属实的，在5年内每年返还纳税额的20%，5年内全部返还。如发生产品内销，追缴已返还的税款，并给予必要的惩罚。三是明确规定，今后一般不再受理和审批个案减免进口税项目。确需减免进口税的，由财政部会同有关部门研究提出意见后报国务院批准。

（五）配合增值税改革，调整进口税收优惠政策（2008～2009年）

2008年底，为配合全国增值税转型改革，规范税制，经国务院批准，对部分进口税收优惠政策进行相应调整：自2009年1月1日起，对《国务院关于调整进口设备税收政策的通知》（国发〔1997〕37号）中国家鼓励发展的国内投资项目和外商投资项目进口的自用设备、外国政府贷款和国际金融组织贷款项目进口设备、加工贸易外商提供的不作价进口设备以及按照合同随上述设备进口的技术及配套件、备件，恢复征收进口环节增值税，在原规定范围内继续免征关税。对2008年11月10日以前获得《国家鼓励发展的内外资项目确认书》，并且于2009年6月30日及以前申报进口的设备及其配套技术、配件、备件，按原规定继续执行免征关税和进口环节增值税的政策；2009年7月1日及以后申报进口的，一律恢复征收进口环节增值税，符合原免税规定的，继续免征关税。增值税转型改革后，针对外资研发中心、国际金融组织和外国贷款项目进口设备无法抵扣增值税进项税额等新的矛盾和问题，相应出台了一些专项政策，这些政策的实施为顺利推进增值税改革奠定了基础。

（六）应对国际金融危机，加快落实重点产业调整和振兴规划，调整装备制造业等相关产业的进口税收政策（2009~2010年）

为应对国际金融危机对我国实体经济的影响，2009年，国务院相继出台了装备制造业、电子信息等10个重点产业调整和振兴规划。这次制定和实施重点产业振兴规划的一条主线，是加快结构调整，增强发展后劲，实现产业升级。

面对我国经济发展水平以及国内外投资环境发生的显著变化，为落实国务院加快振兴装备制造业的政策精神，我国早在2007年就出台了振兴装备制造业的进口税收优惠政策，在国务院确定的16个重大技术装备关键领域，将原来仅对进口整机设备免税的政策调整为对国内生产企业为开发、制造重大技术装备而进口的关键零部件和原材料所交纳的进口税款予以返还，并转为国家资本金，专项用于研发。2009年，根据《装备制造业调整和振兴规划》，将重大技术装备进口税收政策的上述优惠方式调整为直接免税，并实行"清单＋额度"的免税管理方式。到2010年，已出台新型纺机、全断面隧道掘进机等10多个专项税收政策，有200多家装备制造业企业申请享受该政策。这16个重大技术装备关键领域对促进国民经济可持续发展有显著效果，对结构调整、产业升级、企业创新有积极带动作用。振兴装备制造业专项政策为国产装备提供了一个与进口装备开展公平竞争的环境，对促进国内企业自主研发、自主创新、提高企业核心竞争力起到了积极有效的作用。

以平板显示为主的新型显示器件产业在电子信息产业中具有核心基础和战略地位。从2008年第三季度起，受全球金融和实体经济危机的影响，平板显示企业普遍面临巨大困难，产能严重滑坡，特别是一些刚起步的企业迫切期待国家给予一定的政策支持。2009年国务院发布《电子信息产业调整和振兴规划》后，财政部会同有关部门制定了《关于扶持新型显示器件产业发展有关进口税收政策的通知》（财关税〔2009〕32号），对液晶面板生产企业的进口税收优惠政策延期至2011年底，根据产业发展的实际需求相应调整了进口商品免税清单，并将进口税收优惠政策的适用范围进一步扩大至等离子和有机发光二极管（OLED）显示面板等其他新型显示器件。

（七）支持经济社会发展，优化完善进口税收政策体系（2011~2021年）

为充分发挥进口税收政策宏观调控作用，支持经济社会健康发展，推动产业优化升级，2011 年、2016 年、2021 年，经国务院批准，财政部会同有关部门分别对"十一五"末到期、"十二五"末到期、"十三五"末到期的进口税收政策进行了优化调整，对政策目标已经达到或环境已发生明显变化而无继续存在必要的政策予以取消，对仍具有积极促进作用的政策进行保留或进一步优化完善，更好发挥政策效用，形成了支持科技创新、制造业升级、农业发展、能源资源、社会事业、区域发展、消费升级、开放平台的进口税收政策体系。

以支持科技创新进口税收政策为例，"十二五"期间，为支持科学研究、技术开发和教学事业发展，对科研机构、学校等单位进口科技开发用品、科教用品实施了免征进口税收的 6 项政策，有力地支持了我国科技开发和自主创新，但也存在免税进口科研仪器设备利用效率不高、部分大型科研仪器重复购置、向社会开放程度有限等问题，政策碎片化不利于科研设施开放共享、合理布局。2016 年，为贯彻落实《中共中央 国务院关于深化体制机制改革加快实施创新驱动发展战略的若干意见》和《国务院关于国家重大科研基础设施和大型科研仪器向社会开放的意见》（国发〔2014〕70 号），对"十二五"期间的 6 项政策进行整合优化，建立支持科技创新进口税收政策平台，财政部、海关总署、国家税务总局印发了《关于"十三五"期间支持科技创新进口税收政策的通知》（财关税〔2016〕70 号）。2021 年，为贯彻落实党的十九届五中全会精神，支持科技自立自强，加快建设科技强国，继续实施支持科技创新进口税收政策，财政部、海关部署、税务总局印发了《关于"十四五"期间支持科技创新进口税收政策的通知》（财关税〔2021〕23 号），新增国家实验室、国家产业创新中心、国家技术创新中心、国家制造业创新中心、国家临床医学研究中心、县级及以上党校、地市级及以上公共图书馆等多种免税主体，扩大科研院所、学校、科技类民办非企业单位、出版物进口单位等免税主体的范围，进一步加大了政策支持力度。

第四节　进口税收政策简介

一、支持科技创新的政策

（一）在科学研究、技术开发和教学领域实施的政策

为推进实施科教兴国战略、可持续发展战略，促进科教事业发展和技术进步，我国在科学研究、技术开发和教学领域实施了进口税收优惠政策。1997 年，经国务院批准，海关总署公布实施了《科学研究和教学用品免征进口税收暂行规定》（海关总署令第 61 号）。2007 年，经国务院批准，财政部、海关总署、国家税务总局公布实施了《科学研究和教学用品免征进口税收规定》（财政部 海关总署 国家税务总局令第 45 号）和《科技开发用品免征进口税收暂行规定》（财政部 海关总署 国家税务总局令第 44 号），对符合条件的科学研究机构、学校和技术开发机构进口科

研和教学用品以及科技开发用品免征进口关税和进口环节增值税、消费税，《科学研究和教学用品免征进口税收暂行规定》（海关总署令第61号）同时停止执行。

科技开发用品进口税收政策《科技开发用品免征进口税收暂行规定》（财政部 海关总署 国家税务总局令第44号）于2010年12月31日到期。鉴于科技开发用品免税政策在改善科研机构的设备条件、提升创新能力、促进科技进步方面的重要作用，经国务院批准，2011年财政部、海关总署、国家税务总局发布了《关于修改〈科技开发用品免征进口税收暂行规定〉和〈科学研究和教学用品免征进口税收规定〉的决定》（财政部 海关总署 国家税务总局令第63号），一方面，将科技开发用品进口税收政策延长至"十二五"末，即2015年12月31日；另一方面，为明确实验设备的科研用途，修改了财政部、海关总署、国家税务总局令第44号和第45号附件免税进口商品清单中关于实验设备的表述，规定进口用于中试和生产的设备不能免税。

在"十三五"时期，为了深入实施创新驱动发展战略，发挥科技创新在全面创新中的引领作用，在对"十二五"时期科技开发用品进口税收政策等6项进口税收政策优化整合的基础上，2016年财政部会同有关部门印发了《关于"十三五"期间支持科技创新进口税收政策的通知》（财关税〔2016〕70号）、《关于"十三五"期间支持科技创新进口税收政策管理办法的通知》（财关税〔2016〕71号），规定对科学研究机构、技术开发机构、学校等单位进口国内不能生产或者性能不能满足需要的科学研究、科技开发和教学用品，免征进口关税和进口环节增值税、消费税；对出版物进口单位为科研院所、学校进口用于科研、教学的图书、资料等，免征进口环节增值税。该政策自2016年1月1日至2020年12月31日实施。

进入"十四五"时期，为贯彻落实党的十九届五中全会精神，加快建设科技强国，2021年，财政部会同有关部门印发了《关于"十四五"期间支持科技创新进口税收政策的通知》（财关税〔2021〕23号）、《关于"十四五"期间支持科技创新进口税收政策管理办法的通知》（财关税〔2021〕24号），明确了"十四五"期间支持科技创新进口税收政策和政策管理办法，总体上仍是对以往政策的延续。

"十四五"期间支持科技创新进口税收政策的内容为：自2021年1月1日至2025年12月31日，对科学研究机构、技术开发机构、学校、党校（行政学院）、图书馆进口国内不能生产或性能不能满足需求的科学研究、科技开发和教学用品，免征进口关税和进口环节增值税、消费税；对出版物进口单位为科研院所、学校、党校（行政学院）、图书馆进口用于科研、教学的图书、资料等，免征进口环节增值税。其中，科学研究机构、技术开发机构、学校、党校（行政学院）、图书馆是指：（1）从事科学研究工作的中央级、省级、地市级科研院所（含其具有独立法人资格的图书馆、研究生院）；（2）国家实验室，国家重点实验室，企业国家重点实验室，国家产业创新中心，国家技术创新中心，国家制造业创新中心，国家临床医学研究中心，国家工程研究中心，国家工程技术研究中心，国家企业技术中心，国家中小企业公共服务示范平台（技术类）；（3）科技体制改革过程中转制为企业和进入企业的主要从事科学研究和技术开发工作的机构；（4）科技部会同民政部核定或者省级科技主管部门会同省级民政、财政、税务部门和社会研发机构所在地直属海关核定的科技类民办非企业单位性质的社会研发机构；省级科技主管部门会同省级财政、税务部门和社会研发机构所在地直属海关核定的事业单位性质的社会研发机构；（5）省级商务主管部门会同省级财政、税务部门和外资研发中心所在地直属海关核定的外资研发中心；（6）国家承认学历的实施专科及以上高等学历教育的高等学校及其具有独立法人资格的分校、异地办学机构；（7）县级及以上党校（行政学院）；（8）地市级及以上公共图书馆。出版物进口单位是指中央宣传部核定的具有出版物进口许可的出版物进口单位。

与"十三五"支持科技创新进口税收政策相比，"十四五"政策进一步加大了支持力度。一是新增了国家实验室、国家产业创新中心、国家技术创新中心、国家制造业创新中心、国家临床医学研究中心、县级及以上党校（行政学院）、地市级及以上公共图书馆等多种免税主体。二是在原有免税主体基础上扩大范围，由从事科学研究工作的省级及以上政府系统科研院所扩大为从事科学研究工作的中央级、省级、地市级科研院所（含其具有独立法人资格的图书馆、研究生院）；由科技类民办非企业单位扩大为科技类民办非企业单位性质的社会研发机构、事业单位性质的社会研发机构；出版物进口单位由6家扩大为中央宣传部核定的具有出版物进口许可的所有出版物进口单位。三是在免税进口大中型医疗检测、分析仪器用于高等学校、科研机构附属、所属医院的临床活动的规定方面，新政策将"十三五"期间每所医院每5年每种1台，调整为"每所医院每3年每种1台"。

（二）支持科普事业发展的政策

为支持科普事业发展，2003年，经国务院批准，财政部、国家税务总局、海关总署、科技部、新闻出版总署联合印发了《关于鼓励科普事业发展税收政策问题的通知》（财税〔2003〕55号），规定在2005年底前，对科技馆、自然博物馆、对公众开放的天文馆（站、台）和气象台（站）、地震台（站）、高校和科研机构对外开放的科普基地，从境外购买自用科普影视作品播映权而进口的拷贝、工作带，免征进口关税，不征进口环节增值税；对上述科普单位以其他形式进口的自用影视作品，免征关税和进口环节增值税。上述政策自2003年6月1日起执行。

此后，我国多次对该政策进行延期和优化调整。现行有效的政策是2021年4月发布的《财政部 海关总署 税务总局关于"十四五"期间支持科普事业发展进口税收政策的通知》（财关税〔2021〕26号），自2021年1月1日至2025年12月31日，对公众开放的科技馆、自然博物馆、天文馆（站、台）、气象台（站）、地震台（站），以及高校和科研机构所属对外开放的科普基地，进口以下商品免征进口关税和进口环节增值税："（一）为从境外购买自用科普影视作品播映权而进口的拷贝、工作带、硬盘，以及以其他形式进口自用的承载科普影视作品的拷贝、工作带、硬盘。（二）国内不能生产或性能不能满足需求的自用科普仪器设备、科普展品、科普专用软件等科普用品。"为规范政策管理，同时财政部等七部门联合印发了《关于"十四五"期间支持科普事业发展进口税收政策管理办法的通知》（财关税〔2021〕27号）。

二、支持鼓励类项目、装备、电子等产业发展的政策

（一）国家鼓励内外资项目进口设备政策

1997 年 12 月，为应对亚洲金融危机对我国经济造成的冲击，鼓励境内外资金投向有利于经济社会发展的领域，我国出台了《国务院关于调整进口设备税收政策的通知》（国发〔1997〕37 号），对国家鼓励发展的国内投资项目和外商投资项目进口的先进设备，在规定范围内，免征关税和进口环节增值税。

《国内投资项目不予免税的进口商品目录》是该政策执行的重要依据之一。调整该目录的主要目的是在积极鼓励引进国内不能生产的先进技术设备的同时，对国内已能生产的技术设备进行适当保护，统筹对外开放和国内发展，促进先进技术引进和企业自主创新。调整目录遵循的主要原则是：一是支持企业引进国内不能生产的先进技术设备，推动产业升级和技术进步；二是鼓励企业在同等条件下优先购置国产设备，促进装备制造自主化；三是尽量兼顾装备使用部门和装备制造部门的利益诉求。

2006 年，财政部会同发展改革委、海关总署、税务总局共同修订了该目录，新修订的目录于 2007 年 2 月以财政部 2007 年第 2 号公告的方式对外公布，并于 2007 年 3 月 1 日起执行。此次修订后，《国内投资项目不予免税的进口商品目录》总计 804 个条目，其中新增 192 条，修订 207 条，删除或合并 36 条。新增的 192 条，主要是通用机械、冶金、矿山机械、食品、包装、环保、仪器仪表和电子等国内已具备制造能力、技术水平已能满足要求的设备，以及部分市场容量较大、国内有可能在短期内形成制造能力的设备。修订的 207 条，主要是技术规格提高或设备名称力求精确，便于企业和海关执行。

2008 年，财政部会同发展改革委、海关总署、税务总局再次修订了该目录，新目录于 2008 年 12 月 9 日以财政部 2008 年第 39 号公告的方式对外公布，并于 2008 年 12 月 15 日起开始执行。此次修订涉及 276 个条目，约占条目总数的 1/3。修订后的《国内投资项目不予免税的进口商品目录》总计 842 个条目，其中新增 36 个，税号调整 167 个，设备名称变更 41 个，技术规格调整 79 个。新增的 36 个条目主要包括两部分设备：一是农业机械、石化、煤炭综采、输变电设备等国内已能生产的重大技术装备；二是国内已能满足需要的其他设备，如港口机械、飞机装载设备、测量仪器、数控装备等。此次提高不予免税技术规格的商品，主要是近年来国内技术水平取得突破性进展的装备，涉及工程机械、矿山机械、纺织机械、化工机械等行业。同时，根据国内用户部门对先进制造装备的需求，对部分条目进行了拆分，并在此基础上对部分国内不能满足要求的设备技术规格进行了适当下调，涉及汽车生产设备、塑料加工设备、棉花检测仪器、乳品生产设备等。新目录中部分条目的税号、设备名称进行了调整和修正，使政策范围更加清晰，减少商品归类争议，便于行政部门、报关企业和纳税义务人操作使用。

2008 年 12 月，为配合全国增值税转型改革，规范税制，经国务院批准，财政

部、海关总署、国家税务总局发布了 2008 年第 43 号公告，对部分进口税收优惠政策进行了相应的调整。该公告规定，自 2009 年 1 月 1 日起，对《国务院关于调整进口设备税收政策的通知》（国发〔1997〕37 号）文件中国家鼓励发展的国内投资项目和外商投资项目进口的自用设备，以及按照合同随设备进口的技术及配套件、备件，恢复征收进口环节增值税，在原规定范围内继续免征关税。为使政策调整平稳过渡，对 2008 年 11 月 10 日以前获得《国家鼓励发展的内外资项目确认书》的项目，设置了半年的过渡期，即在 2009 年 6 月 30 日及以前申报进口的设备及其配套技术、配件、备件，按原规定继续执行免征关税和进口环节增值税的政策；2009 年 7 月 1 日及以后申报进口的，一律恢复征收进口环节增值税，符合原免税规定的，继续免征关税。

2012 年 12 月，根据国内装备制造水平和相关产业发展的变化，财政部、国家发展改革委、海关总署、国家税务总局发布了关于调整《国内投资项目不予免税的进口商品目录》的公告（2012 年第 83 号公告），对 2008 年目录中部分条目所列技术规格进行了相关调整，形成了《国内投资项目不予免税的进口商品目录（2012 年调整）》。此次调整后的目录条目总数为 944 条，调整的条目共涉及 454 个，约占条目总数的 48%。其中新增 130 条，删除合并 11 条，税号调整 87 条，设备名称调整 62 条，技术规格调整 227 条。此次新增条目主要包括两个部分：一是此前在相关专项政策项下已恢复征税的部分重大技术装备，包括大型铁路养护机械、天然气管道输送设备等；二是近年来国内已具备生产制造能力且技术性能已满足国内需要的设备，以及国内将在短期内形成相当制造能力的设备，包括机场专用地面设备、包装机械、船用设备、太阳能电池生产设备等。此次调整条目，针对近年来国内技术水平取得突破性进展的装备，提高进口免税设备的技术规格，涉及数控机床、冲压设备、电子仪表、印刷机械、环保机械、食品加工设备、冶金机械、发电设备等行业。同时，对部分国内不能满足要求的设备降低了技术规格门槛，包括核电专用设备、乘用车模具、医药生产设备等。此次修改还对一些设备条目的名称和税号进行了调整，其主要目的是适应税则转版的需要，便于行政部门、报关企业和纳税义务人操作使用。

（二）进一步鼓励外商投资的政策

1999 年，根据国务院指示精神，为了鼓励外商投资，决定进一步扩大对外商投资企业的进口税收优惠政策，海关总署商外经贸部、国家经贸委、财政部印发了《关于进一步鼓励外商投资有关进口税收政策的通知》（署税〔1999〕791 号）。2008 年 12 月，为配合全国增值税转型改革，财政部、海关总署、国家税务总局 2008 年第 43 号公告规定，自 2009 年 1 月 1 日起，《关于进一步鼓励外商投资有关进口税收政策的通知》（署税〔1999〕791 号）中规定的外商投资企业和外商投资设立的研究开发中进行技术改造以及按《中西部地区外商投资优势产业目录》批准的外商投资项目进口的自用设备及其配套技术、配件、备件，恢复征收进口环节增值税，在原规定范围内继续免征关税。

（三） 振兴重大装备制造业政策

2007 年，财政部会同发展改革委、海关总署、国家税务总局出台了《关于落实国务院加快振兴装备制造业的若干意见有关进口税收政策的通知》（财关税〔2007〕11 号），规定对国内企业开发制造重大技术装备进口国内不能生产的关键零部件、原材料所缴纳的进口关税和进口环节增值税实行先征后返政策，所退税款一般作为国家投资处理，转作国家资本金，主要用于企业新产品的研制生产以及自主创新能力建设。国务院确定的重大技术装备关键领域涉及能源、交通、工程、农业、纺织等 16 个方面。2007 ~ 2008 年，国内数十家重大装备企业享受了该进口税收优惠政策。

2009 年，为应对国际金融危机，国务院发布了《装备制造业调整和振兴规划》。根据该规划的要求，2009 年 8 月，财政部会同发展改革委、工业和信息化部、海关总署、税务总局、能源局联合印发了《关于调整重大技术装备进口税收政策的通知》（财关税〔2009〕55 号），在废止《财政部 国家发展改革委 海关总署 国家税务总局关于落实国务院加快振兴装备制造业的若干意见有关税收政策的通知》（财关税〔2007〕11 号）的同时，对国家支持发展的重大技术装备和产品范围进一步细化和明确，制定并出台各重大技术装备和产品确有必要进口的关键零部件及原材料免税清单，将税收优惠方式由原来的先征后返改为直接免税，实行"清单 + 额度"的免税管理方式，并出台了《重大技术装备进口税收政策暂行规定》，对申请企业的具体条件、相关部门受理审核程序、政策执行方式、监管要求及绩效评价都作了具体规定。调整以后，税收政策更加规范，企业办理减免税也更加便捷。

具体来说，该政策主要包括三个部分内容：（1）自 2009 年 7 月 1 日起，对国内企业为生产国家支持发展的重大技术装备和产品而确有必要进口的关键零部件及原材料免征进口关税和进口环节增值税。（2）取消相应整机和成套设备的进口免税政策。对国产装备尚不能完全满足需求仍需进口的，作为过渡措施，经严格审核，以逐步降低优惠幅度、缩小免税范围的方式，在一定期限内继续给予进口优惠政策。（3）实行"清单 + 额度"的免税管理方式。"清单"是指由有关部门和行业专家共同研究制定制造重大技术装备不可或缺、而国内又不能生产或性能质量无法满足要求、确有必要进口的关键零部件、原材料清单；实行免税额度管理既确保企业在政策规定的范围内享受税收优惠，能有效对免税进口的零部件、原材料进行总量控制，又将对提高装备自主化产生内在的促进作用。从国家财政角度而言，按照科学化精细化管理的要求，能够合理控制减免税规模和结构，及时进行绩效评估。

2014 年，经国务院批准，财政部会同相关部门调整了政策管理办法。此次调整进一步完善了政策有关规定，公开了有关部门对政策执行管理、操作流程及依据等方面的信息，并简化了企业申请手续，新申请享受政策的制造企业申请时间由每年 3 月变更为 11 月，企业申请文件不需要再抄送财政、海关、税务等部门，有利于引导企业有效利用税收优惠政策，提高政策执行效率。

根据我国相关产业的发展情况，该政策的产品清单随之适时调整修订。《关于调整重大技术装备进口税收政策的通知》（财关税〔2009〕55 号）在 2014 年被废止，但清单管理制度依然被后续出台的政策文件沿用。2019 年修订的《国家支持发展的重大技术装备和产品目录》以及《重大技术装备和产品进口关键零部件及原材料商品目录》，自 2020 年 1 月 1 日起实施，新增了太阳能发电设备、潜水系统、智能医药成套设备、电子元器件生产设备、材料基因设备等内容。对符合规定条件的国内企业为生产《国家支持发展的重大技术装备和产品目录（2019 年修订）》所列装备或产品而确有必要进口《重大技术装备和产品进口关键零部件、原材料商品目录（2019 年修订）》所列商品，免征关税和进口环节增值税。

2020 年 1 月 8 日，为进一步助力企业适应国际国内市场波动，经请示国务院批准，财政部会同工业和信息化部、海关总署、税务总局、能源局制定了新的《重大技术装备进口税收政策管理办法》。与修订前的管理办法相比，取消了免税额度管理；同时将政策管理牵头部门调整为工业和信息化部，简化了政策管理流程。

（四）支持集成电路产业和软件产业发展的政策

进入 21 世纪，以信息技术为代表的高新技术突飞猛进，以信息产业发展水平为主要特征的综合国力竞争日趋激烈。软件产业和集成电路产业作为信息产业的核心和国民经济信息化的基础，越来越受到世界各国的高度重视。2000 年，国务院印发了《鼓励软件产业和集成电路产业发展的若干政策》（国发〔2000〕18 号）。根据该文件的规定，2002 年，财政部先后印发了《关于部分集成电路生产企业进口自用生产性原材料 消耗品税收政策的通知》（财税〔2002〕136 号）、《关于部分集成电路生产企业进口净化室专用建筑材料等物资税收政策问题的通知》（财税〔2002〕152 号），并会同国家税务总局联合印发了《关于部分国内设计国外流片加工的集成电路产品进口税收政策的通知》（财税〔2002〕140 号）。

2004 年 8 月，为适应我国加入世界贸易组织以后的新形势，经国务院批准，财政部、国家税务总局联合印发了《关于停止执行国内设计国外流片加工集成电路产品进口环节增值税退税政策的通知》（财关税〔2004〕40 号）。2004 年 10 月，经国务院批准，财政部、海关总署、国家税务总局、信息产业部联合印发了《关于线宽小于 0.8 微米（含）集成电路企业进口自用生产性原材料 消耗品享受税收优惠政策的通知》（财关税〔2004〕45 号）。

为进一步支持国内集成电路产业的发展，促进集成电路行业相关企业的研发创新和转型升级，2015 年 11 月，财政部、发展改革委、工业和信息化部、海关总署、国家税务总局联合印发了《关于调整集成电路生产企业进口自用生产性原材料 消耗品免税商品清单的通知》（财关税〔2015〕46 号），调整了《关于线宽小于 0.8 微米（含）集成电路企业进口自用生产性原材料 消耗品享受税收优惠政策的通知》（财关税〔2004〕45 号）文件进口税收政策适用企业的范围，将集成电路生产企业的标准由线宽小于 0.8 微米（含）提高到线宽小于 0.5 微米（含），对《关于部分集成电路生产企业进口自用生产性原材料 消耗品税收政策的通知》（财税〔2002〕136 号）和《关于线宽小于 0.8 微米（含）集成电路企业进口自用生产性原材料 消耗品享受税收优惠政策的通知》（财关税〔2004〕45 号）文件规定的进口原材料、消耗品商品清单进行调整，并规定集成电路生产企业免税进口的原材料、消耗品可用于研发阶段。

为进一步优化集成电路产业和软件产业发展环境，深化产业国际合作，2020 年 7 月，国务院印发了《关于印发新时期促进集成电路产业和软件产业高质量发展若干政策的通知》（国发〔2020〕8 号）。为贯彻落实此文件，2021 年 3 月，财政部会同海关总署、税务总局出台了《关于支持集成电路产业和软件产业发展进口税收政策的通知》（财关税〔2021〕4 号），会同国家发展改革委、工业和信息化部、海关总署、国家税务总局出台了《关于支持集成电路产业和软件产业发展进口税收政策管理办法的通知》（财关税〔2021〕5 号），明确了自 2020 年 7 月 27 日至 2030 年 12 月 31 日期间支持集成电路产业和软件产业发展的进口税收政策和政策管理办法。《关于支持集成电路产业和软件产业发展进口税收政策的通知》（财关税〔2021〕4 号）和《关于支持集成电路产业和软件产业发展进口税收政策管理办法的通知》（财关税〔2021〕5 号）出台后，《关于部分集成电路生产企业进口自用生产性原材料 消耗品税收政策的通知》（财税〔2002〕136 号）、《关于部分集成电路生产企业进口净化室专用建筑材料等物资税收政策问题的通知》（财税〔2002〕152 号）、《关于线宽小于 0.8 微米（含）集成电路企业进口自用生产性原材料 消耗品享受税收优惠政策的通知》（财关税〔2004〕45 号）、《关于调整集成电路生产企业进口自用生产性原材料 消耗品免税商品清单的通知》（财关税〔2015〕46 号）从 2021 年 4 月 1 日起废止。新政策进一步调整了企业线宽标准，更加注重提升企业的创新能力和发展质量，主要内容包括：

（1）针对集成电路产业和软件产业，以下 5 种情形可免征进口关税。一是集成电路线宽小于 65 纳米（含，下同）的逻辑电路、存储器生产企业，以及线宽小于 0.25 微米的特色工艺（即模拟、数模混合、高压、射频、功率、光电集成、图像传感、微机电系统、绝缘体上硅工艺）集成电路生产企业，进口国内不能生产或性能不能满足需求的自用生产性（含研发用，下同）原材料、消耗品，净化室专用建筑材料、配套系统和集成电路生产设备（包括进口设备和国产设备）零配件。二是集成电路线宽小于 0.5 微米的化合物集成电路生产企业和先进封装测试企业，进口国内不能生产或性能不能满足需求的自用生产性原材料、消耗品。三是集成电路产业的关键原材料、零配件（即靶材、光刻胶、掩模版、封装载板、抛光垫、抛光液、8 英寸及以上硅单晶、8 英寸及以上硅片）生产企业，进口国内不能生产或性能不能满足需求的自用生产性原材料、消耗品。四是集成电路用光刻胶、掩模版、8 英寸及以上硅片生产企业，进口国内不能生产或性能不能满足需求的净化室专用建筑材料、配套系统和生产设备（包括进口设备和国产设备）零配件。五是国家鼓励的重点集成电路设计企业和软件企业，以及符合第一、第二项的企业（集成电路生产企业和先进封装测试企业）进口自用设备，及按照合同随设备进口的技术（含软件）及配套件、备件，但《国内投资项目不予免税的进口商品目录》《外商投资项目不予免税的进口商品目录》和《进口不予免税的重大技术装备和产品目录》所列商品除外。

（2）除对上述 5 种情形免征进口关税外，对承建集成电路重大项目的企业进口新设备，给予 6 年期限内分期缴纳进口环节增值税的税收优惠，即每年依次缴纳进口环节增值税总额的 0% 、20% 、20% 、20% 、20% 、20% 。

（五）支持新型显示产业发展的政策

新型显示产业是电子信息产业的核心和基础，也是国家重点发展的战略性产业。该产业的发展不仅能推动微电子、光电子、材料、装备、半导体等技术的进步，对进一步推动我国电子信息产业升级也具有重要意义。2005 年，经国务院批准，财政部和国家税务总局联合印发了《关于扶持薄膜晶体管显示器产业发展税收优惠政策的通知》（财税〔2005〕15 号），规定薄膜晶体管液晶显示器件（以下简称"膜晶显"）生产企业于 2003 年 11 月 1 日至 2008 年 12 月 31 日期间，进口国内不能生产的净化室专用建筑材料、配套系统以及生产设备零配件，免征进口关税和进口环节增值税；进口国内不能生产的自用生产性原材料和消耗品，免征进口关税。

从 2008 年第三季度起，受全球金融和实体经济危机的影响，新型显示器件企业面临巨大困难，产量严重滑坡，特别是一些刚刚起步的企业迫切期待国家继续给予税收政策的支持。2009 年 4 月，国务院发布了《电子信息产业调整和振兴规划》，该规划把"突破新型显示产业发展瓶颈"作为实现电子信息产业调整和振兴的重要途径之一，提出"以面板生产为重点，完善新型显示产业体系"，"膜晶显"等离子等成熟技术的产业化与有机发光二极管（OLED）等前瞻性技术研究开发并举，逐步掌握显示产业发展主动权的战略部署，并提出"适当延长并进一步完善液晶等新型显示器件优惠政策"。为尽快贯彻落实国务院发布的《电子信息产业调整和振兴规划》，提高企业自主创新能力和加快产业结构调整，鼓励和促进平板显示产业的发展，2009 年 5 月，财政部印发了《关于扶持新型显示器件产业发展有关进口税收优惠政策的通知》（财关税〔2009〕32 号），将《财政部关于薄膜晶体管液晶显示器件生产企业进口物资税收政策的通知》（财关税〔2006〕4 号）的执行期限延长 3 年，同时将进口税收优惠政策范围扩大至等离子显示面板（PDP）和有机发光二极管显示面板（OLED）生产企业，自 2009 年 1 月 1 日至 2011 年 12 月 31 日，对从事薄膜晶体管液晶显示器件（TFT－LCD）、等离子显示面板（PDP）和有机发光二极管显示面板（OLED）的生产企业进口国内不能生产的净化室专用建筑材料、配套系统，免征进口关税和进口环节增值税；对其进口国内不能生产的生产设备零配件，免征进口关税和进口环节增值税；对其进口国内不能生产的自用生产性（含研发用）原材料和消耗品，免征进口关税，照章征收进口环节增值税。

《财政部关于扶持新型显示器件产业发展有关进口税收优惠政策的通知》（财关税〔2009〕32 号）在 2011 年 12 月 31 日到期。2012 年 4 月为进一步鼓励和促进我国新型显示器件产业的发展，财政部会同海关总署、国家税务总局联合印发了《关于进一步扶持新型显示器件产业发展有关税收优惠政策的通知》（财关税〔2012〕16 号），将《财政部关于扶持新型显示器件产业发展有关进口税收优惠政策的通知》（财关税〔2009〕32 号）文件的执行期限延长至 2015 年 12 月 31 日，并将进口国内不能生产的自用生产性原材料、消耗品免征进口关税的优惠政策扩大到符合国内产业自主化发展规划的彩色滤光膜、偏光片等属于新型显示器件产业上游的关键原材料、零部件的生产企业。2016 年 12 月，经国务院批准，为继续推动我国新型显示器件产业的发展，支持产业升级优化，"十三五"期间继续实施新型显示器件以及上游原材料、零部件生产企业进口物资的税收政策，财政部会同海关总署、国家税务总局联合印发了《关于扶持新型显示器件产业发展有关进口税收政策的通知》（财关税〔2016〕62号）。

此外，由于新型显示器件项目投资规模巨大，采购进口设备多，进口设备进口环节增值税在短时间内难以抵扣，给企业带来资金占压问题。为解决企业资金困难，经国务院批准，2012年3月财政部会同有关部门出台了新型显示器件重大项目进口设备进口环节增值税分期纳税政策，对承建有关液晶面板项目和有机发光二极管显示面板项目的企业自2011年进口的关键新设备，准予自申请享受政策的首台设备进口之后的6年期限内分期缴纳进口环节增值税，6年内各年度依次至少缴纳进口设备增值税总额的0%、20%、20%、20%、20%、20%。2016年、2019年，经国务院批准，财政部会同海关总署、国家税务总局联合印发了《关于新型显示器件项目进口设备增值税分期纳税政策的通知》（财关税〔2016〕30号）、《关于有源矩阵有机发光二极管显示器件项目进口设备增值税分期纳税政策的通知》（财关税〔2019〕47号），对有关新型显示器件项目分别延续实施了进口设备增值税分期纳税政策。

为加快壮大新一代信息技术，支持新型显示产业发展，2021年3月，经国务院批准，财政部会同海关总署、税务总局联合印发了《关于2021—2030年支持新型显示产业发展进口税收政策的通知》（财关税〔2021〕19号），延续实施对新型显示产业的免征进口关税和进口环节增值税分期纳税政策：

（1）自2021年1月1日至2030年12月31日，对新型显示器件（即薄膜晶体管液晶显示器件、有源矩阵有机发光二极管显示器件、Micro-LED显示器件）生产企业进口国内不能生产或性能不能满足需求的自用生产性（含研发用，下同）原材料、消耗品和净化室配套系统、生产设备（包括进口设备和国产设备）零配件，对新型显示产业的关键原材料、零配件（即靶材、光刻胶、掩模版、偏光片、彩色滤光膜）生产企业进口国内不能生产或性能不能满足需求的自用生产性原材料、消耗品，免征进口关税。根据国内产业发展、技术进步等情况，财政部、海关总署、税务总局将会同国家发展改革委、工业和信息化部对上述关键原材料、零配件类型适时调整。

（2）承建新型显示器件重大项目的企业自2021年1月1日至2030年12月31日期间进口新设备，除《国内投资项目不予免税的进口商品目录》《外商投资项目不予免税的进口商品目录》和《进口不予免税的重大技术装备和产品目录》所列商品外，对未缴纳的税款提供海关认可的税款担保，准予在首台设备进口之后的6年（连续72个月）期限内分期缴纳进口环节增值税，6年内每年（连续12个月）依次缴纳进口环节增值税总额的0%、20%、20%、20%、20%、20%，自首台设备进口之日起已经缴纳的税款不予退还。在分期纳税期间，海关对准予分期缴纳的税款不予征收滞纳金。

（六）支持国内航空运输业发展的进口税收政策

1. 关于进口飞机税收政策

为支持航空运输业发展，2001 年，财政部、国家税务总局印发了《关于民航总局及地方航空公司进口飞机有关增值税问题的通知》（财税〔2001〕64 号），从 2001 年 1 月 1 日起，对民航总局所辖航空公司进口空载重量 25 吨以上的客货运飞机减按 6% 征收进口环节增值税。2004 年，为应对"非典"疫情对我国航空运输的严重影响，支持航空公司渡过难关，财政部、国家税务总局从我国民航业发展长远考虑，印发了《关于调整国内航空公司进口飞机有关增值税政策的通知》（财关税〔2004〕43 号），决定自 2004 年 10 月 1 日起，对国内航空公司进口空载重量在 25 吨以上的客货运飞机，减按 4% 征收进口环节增值税。2013 年，财政部、国家税务总局联合印发《关于调整进口飞机有关增值税政策的通知》（财关税〔2013〕53 号），自 2013 年 8 月 30 日起，对按此前规定所有减按 4% 征收进口环节增值税的空载重量在 25 吨以上的进口飞机，调整为按 5% 征收进口环节增值税，同时，停止执行《财政部　国家税务总局关于调整国内航空公司进口飞机有关增值税政策的通知》（财关税〔2004〕43 号）。2014 年 5 月，财政部、海关总署、国家税务总局联合印发《关于租赁企业进口飞机有关税收政策的通知》（财关税〔2014〕16 号），自 2014 年 1 月 1 日起，租赁企业一般贸易项下进口飞机并租给国内航空公司使用的，享受与国内航空公司进口飞机同等税收优惠政策，即进口空载重量在 25 吨以上的飞机减按 5% 征收进口环节增值税。

2. 关于进口维修用航空器材进口税收政策

为确保国内航空公司能够与外国航空公司在国际航线上开展公平竞争，经国务院批准，2004 年财政部发布了《关于营运国际航线和港澳地区航线的国内航空公司进口维修用航空器材进口税收的暂行规定》，对国内航空公司用于国际航线和港澳航线飞机、发动机维修的进口航空器材（包括送境外维修的零部件）免征进口关税和进口环节增值税。该规定设置了一套严密科学的实施办法，并且在几年间的实际操作中日趋成熟完善。

支线航空运输对于完善航空运输网络、促进干线运输的规模经济性、建设民航强国以及促进区域经济协调发展等方面都具有重要的意义。近十年来，在国家政策的支持下，支线运输不断发展，但支线运输与干线运输的比例仍严重失衡，支线运输总体发展仍处于滞后状态。目前，我国投入支线运输的飞机，除少量国产飞机外，大部分为进口飞机，从飞机的飞行安全考虑，用于维修飞机的航材，都要求使用原飞机生产厂家或配套生产厂家的产品，所以国内航空公司每年需要进口大量维修运营支线航线飞机的航材，在支线运输经营成本中占有相当大的比重。给予运营支线航线飞机维修用航材进口税收优惠政策，对于减轻国内支线航空运营成本，加快国内支线航空运输发展，具有积极意义。报经国务院批准，2010 年 12 月，财政部、海关总署、国家税务总局联合发布了《关于营运支线航线的国内航空公司维修用航空器材进口税收问题的通知》（财关税〔2010〕58号）。

上述政策规定"十二五"期间，对国内航空公司用于国际航线、港澳地区航线、支线航线飞机、发动机维修的进口航空器材（包括送境外维修的零部件）免征进口关税和进口环节增值税；除国内航空公司直接进口的用于国际航线、港澳地区航线、支线航线飞机、发动机维修的航材外，考虑到为国内飞机、发动机维修公司创造与国外同行公平竞争的环境，政策涵盖范围也包括国内相关飞机、发动机维修公司用于维修享受优惠政策的国内航空公司飞机、发动机而产生的航材进口税。具体操作办法是将营运支线航线维修用进口航材的减税比例，与国内航空公司营运国际航线和港澳航线维修用进口航材的减税比例合并计算和执行（即以某航空公司每年飞行国际航线和港澳航线、国内支线航线里程之和占该公司全年飞行总里程的比例作为基础，计算该公司进口航材的减税比例），以便于海关管理和操作。支线航材进口税收优惠政策中支线的标准和范围，参照民航局《支线航空补贴管理暂行办法》中的相关规定确定。

进入"十四五"时期，为加快壮大航空产业，促进我国民用航空运输、维修等产业发展，财政部联合海关总署出台了《关于2021-2030年支持民用航空维修用航空器材进口税收政策的通知》（财关税〔2021〕15号）。根据该政策，自2021年1月1日至2030年12月31日，对民用飞机整机设计制造企业、国内航空公司、维修单位、航空器材分销商进口国内不能生产或性能不能满足需求的维修用航空器材，免征进口关税。其中，民用飞机整机设计制造企业、国内航空公司、维修单位、航空器材分销商是指：（1）从事民用飞机整机设计制造的企业及其所属单位，且其生产产品的相关型号已取得中国民航局批准的型号合格证（TC）；（2）中国民航局批准的国内航空公司；（3）持有中国民用航空维修许可证的维修单位；（4）符合中国民航局管理要求的航空器材分销商。维修用航空器材是指：专门用于维修民用飞机、民用飞机部件的器材，包括动力装置（发动机、辅助动力装置）、起落架等部件，以及标准件、原材料等消耗器材。范围仅限定于飞机的机载设备及其零部件、原材料，不包括地勤系统所使用的设备及其零部件。

三、支持农业发展的政策

进口种子（苗）种畜（禽）鱼种（苗）和种用野生动植物种源税收优惠政策，最早从1994年8月15日开始执行。1994年，我国实施税制改革。实行新税制前，种子（苗）、种畜（禽）、鱼种（苗）进口一直享受免征增值税的优惠。税制改革后，经国务院批准，对进口种子（苗）种畜（禽）鱼种（苗）免征进口环节增值税。根据《关于进口种子（苗）、种畜（禽）和鱼种（苗）免征进口环节增值税的通知》（〔94〕财税字第053号），具体免税品规定在与农业生产密切相关的范围内，对公安、军队等部门进口所需的工作犬也予以免税。

经过数次扩大免税产品范围，这项政策对农林业的支持力度不断加大。1996年，考虑到作为种源进口的野生动植物与进口种子等具有同样性质，将特定野生动植物纳入免税政策范围。免税货品清单从1994年的49个八位子目，扩展到包括种子（苗）、种畜（禽）、鱼种（苗）、种用野生动植物在内的共四大类 159 项产品。2006 年，军队、武警、公安、安全部门（含缉私警察）进口的、繁育用的工作犬精液及胚胎也纳入免税政策范围。

根据《关于"十三五"期间进口种子种源税收政策管理办法的通知》（财关税〔2016〕64 号），2016 年 1 月 1 日至 2020 年 12 月 31 日，继续对进口种子（苗）、种畜（禽）、鱼种（苗）和种用野生动植物种源免征进口环节增值税。免税范围包括：（1）与农、林业生产密切相关的，并直接用于或服务于农林业生产的进口种子（苗）、种畜（禽）和鱼种（苗），以及具备种植和培育各种农作物和林木的种子（苗）、用于饲养以获得各种畜禽产品的种畜（禽）、用于培育和养殖的水产种（苗）、用于农林业科学研究与试验的种子（苗）、种畜（禽）和水产种（苗）；（2）野生动植物种源；（3）警用工作犬及其精液和胚胎。

"十四五"期间继续对农林业进口种子种源免征进口环节增值税。考虑到进口种子种源均由农、林产业主管部门先行审批，进口后进入国内流通环节，不限定免税主体和进口商品用途，海关可不再按特定减免税货物进行后续监管。对需继续限定免税主体的种用野生动植物种源和军警用工作犬，可单列进口税收政策。鉴于此，两项政策在"十四五"时期分开出台。

2021 年 4 月印发的《财政部　海关总署　税务总局关于"十四五"期间种子种源进口税收政策的通知》（财关税〔2021〕29 号）规定，为提高农业质量效益和竞争力，对符合《进口种子种源免征增值税商品清单》的进口种子种源免征进口环节增值税。《进口种子种源免征增值税商品清单》由农业农村部会同财政部、海关总署、税务总局、林草局另行制定印发，并根据农林业发展情况动态调整。

2021 年 4 月印发的《财政部　海关总署　税务总局关于"十四五"期间种用野生动植物种源和军警用工作犬进口税收政策的通知》（财关税〔2021〕28 号）规定，自 2021 年 1 月 1 日至 2025 年 12 月 31 日，对具备研究和培育繁殖条件的动植物科研院所、动物园、植物园、专业动植物保护单位、养殖场、种植园进口的用于科研、育种、繁殖的野生动植物种源，以及军队、公安、安全部门（含缉私警察）进口的军警用工作犬、工作犬精液及胚胎，免征进口环节增值税。《进口种用野生动植物种源免税商品清单》由林草局会同财政部、海关总署、税务总局另行制定印发，并适时动态调整。

四、支持能源资源开发利用的政策

（一）支持石油、天然气勘探开发的政策

改革开放以来，我国石油（天然气）资源的开发过程几乎一直伴随着进口税收优惠政策的支持，最早可追溯到 20 世纪 80 年代初。初期，主要允许外国企业参与石油资源的合作开采。1982 年 1 月，国务院发布了《中华人民共和国对外合作开采海洋石油资源条例》，"为执行石油合同所进口的设备和材料，按照国家规定给予减税、免税，或者给以税收方面的其他优惠"。海关总署和财政部随即公布了《中外

合作开采海洋石油进出口货物征免关税和工商统一税的规定》（〔82〕署税字第192号），对开采所需的进口物资确定了免税的范围，包括机器、设备、备件和材料等。免税条件主要是依据该文件所附的《中外合作开采海洋石油进口物资免税清单》，清单中的物资是否需要从国外购进由石油工业部负责审批。此举促进了国外一些著名石油公司进入中国开展海上石油勘探和开发，有利于引进技术、资金，有力地推动了海上石油（天然气）资源的开采。

1986年，国际油价暴跌，外商来华合作开发投资相应减少，国内资金短缺，海洋石油的勘探和开发工作面临很大困难，为支持我国石油工业的发展，对为开发海上石油所需进口的国内不能生产供应的设备、材料，在税收上要给予优惠。为此，海关总署发布了《关于我国自营勘探开发海上石油所需进口物资税收问题的通知》（〔86〕署税字第865号），规定对自营勘探开发海上石油所需进口物资，可以享受与中外合作开采海洋石油同样的税收优惠，即按照《中外合作开采海洋石油进出口货物征免关税和工商统一税的规定》（〔82〕署税字第192号）文件执行。

1993年，为了保障石油工业的继续发展，国务院又公布了《中华人民共和国对外合作开采陆上石油资源条例》。此后，随着石油工业的发展，石油（天然气）进口税收支持政策经历了几次重大调整。

第一次政策调整是在"九五"期间。1997年4月8日，财政部联合国家税务总局、海关总署发布了《关于印发〈关于在我国海洋开采石油（天然气）进口物资免征进口税收的暂行规定〉和〈关于在我国陆上特定地区开采石油（天然气）进口物资免征进口税收的暂行规定〉的通知》（财税字〔1997〕42号）。其调整主要表现在三个方面：（1）享受政策的地域范围方面，海洋范围由原来的5米以上水深延伸至浅海滩涂，覆盖了整个海洋范围。（2）免税进口物资方面，将国务院规定不得免征进口税的商品排除在外。（3）对1995年之前签订合同的海上老项目继续按照以前的免税清单执行。

"十五"期间，进行了石油（天然气）政策第二次调整，石油（天然气）进口税收优惠政策在报请国务院批准后继续保留，但财政部会同海关总署和税务总局对《关于在我国海洋开采石油（天然气）进口物资免征进口税收的暂行规定》和《关于在我国陆上特定地区开采石油（天然气）进口物资免征进口税收的暂行规定》进行了适当调整：（1）取消了对进口原材料的免税政策。（2）进一步明确租赁进口的物资，符合通知所附清单范围的准予按本文规定免税，租赁进口清单以外的物资应按规定照章征税。（3）改进了免税清单格式，采用物资与税则号对应方式，由对进口免税物资审批改为进口单位在当地海关直接办理进口免税手续。（4）调整了个别陆上特定地区面积和位置。

"十一五"期间进行了第三次调整，主要是在免税方式和管理方法方面作了重要调整，采用税式支出年度免税金额与免税商品清单相结合的方式控制免税规模，并采取了企业自律与财政部检查相结合的监管方式，改变了过去只限定免税商品目录的管理方式，较大幅度地压缩了免税规模。

"十二五"期间，保留海上开采石油（天然气）的进口物资税收政策，并调整陆上特定地区开采石油（天然气）进口物资税收政策："对特定地区（沙漠、戈壁荒漠）自营项目仅免关税，恢复征收进口环节增值税；对陆上中外合作油气田开采项目继续免征关税和进口环节增值税。"同时，在上述政策延续期间，免税商品清单和各年度的减免税规模继续由财政部会同有关部门确定。

"十三五"以来，在进口税收政策普遍取消免税额度的大趋势下，财政部会同海关总署、税务总局联合发布《关于取消陆上特定地区石油（天然气）开采项目免税进口额度管理的通知》（财关税〔2020〕6号）及《关于取消海洋石油（天然气）开采项目免税进口额度管理的通知》（财关税〔2020〕5号），取消了两项政策中针对免税进口物资的额度限制。

除了前述制度性调整外，我国每五年对石油（天然气）的免税物资清单进行调整，海上开采石油（天然气）免税进口物资清单从"十一五"时期的753项精简至"十二五"期间398项、"十三五"期间的297项，陆上特定地区开采石油（天然气）免税进口物资清单从"十一五"时期的548项精简至"十二五"期间的186项、"十三五"期间的101项，调整后的清单基本能够满足石油（天然气）开采所需重要物资的进口需求。

支持石油、天然气勘探开发的进口税收优惠政策为保障国家石油安全发挥了积极作用。通过引进国外先进勘探、开发设备，国内石油、天然气企业陆上特定地区的勘探开发能力得到了较大的提升。例如中国海上油气产量也由2005年约3879万吨油当量上升到2020年的6500万吨油当量，为进军深海油气田的勘探开发打下了坚实的基础[①]。

（二）支持引进液化天然气的政策

天然气是一种清洁、高效能源，增加天然气进口对保护国内资源和环境、实现能源供给多样化、保障能源安全和解决我国经济发展中能源瓶颈问题具有重要意义。1998年，国务院批准在广东、福建建设液化天然气进口项目，拉开了我国天然气引进工作的序幕。在国家对天然气及其下游的电力产品实施限价的背景下，为使有关项目在经济上具有可行性，财政部先后印发了《关于广东、福建液化天然气项目税收优惠政策的通知》（财关税〔2004〕14号）和《关于上海液化天然气项目进口税收优惠政策的通知》（财关税〔2008〕34号），规定在2010年底前对广东、福建和上海项目进口的液化天然气实施进口环节增值税先征后返政策，该优惠政策于2010年底到期。2011年，财政部、海关总署和国家税务总局联合印发了《关于对2011-2020年期间进口天然气及2010年底前"中亚气"项目进口天然气按比例返还进口环节增值税有关问题的通知》（财关税〔2011〕39号），明确在2011年1月1日至2020年12月31日期间对天然气进口继续实施优惠政策，并对前期政策进行了完善。具体规定为：在国家准许的进口天然气项目进口天然气价格高于国家天然气销售定价的情况下，将该项目进口天然气的进口环节增值税按价格倒挂比例予以返还。

---

① 《2020年我国海上油气产量突破6500万吨》，新华网，http://www.xinhuanet.com/2020-12/23/c_1126898616.htm。

在有关政策的支持下，经过多年发展，我国天然气进口已初具规模，进口量逐年增加，陆地和海上进口齐头并进。目前，在通过管道输送进口管道天然气方面，从土库曼斯坦等中亚国家进口管道天然气项目已在运营中，从俄罗斯进口管道天然气项目已在执行中，2019年中缅油气管道天然气进口量突破50亿立方米①；在通过海上运输进口液化天然气方面，目前在运营中的有广东、福建、上海、天津、浙江、广西几个项目。根据中国海关数据显示，2020年全年，中国天然气进口已达10166.1万吨，累计增长5.3%②。

（三）支持煤层气勘探开发的政策

"十五"期间，财政部、国家税务总局和海关总署联合出台了《关于在我国陆上特定地区开采石油（天然气）进口物资免征进口税收的暂行规定》（财税〔2001〕186号），规定中联煤层气有限责任公司勘探、开发煤层气项目所需进口物资比照该规定免征进口关税和进口环节增值税。由于煤层气和勘探、开发和陆上石油（天然气）还有较大的区别，对进口物资的需求存在较大差异，根据免税单位的实际需要和国内相关制造企业的生产发展水平，财政部联合国家税务总局和海关总署制定了国内不能生产或性能暂不能满足要求的免税物资清单，其物资专用于或主要用于煤层气开采，并于2002年出台了专门针对煤层气的进口税收扶持政策，对中联煤层气有限公司及其合作者作为项目单位在我国境内进行煤层气勘探开发作业的项目，按规定进口的物资予以免征关税和进口环节增值税。

考虑到进口煤层气勘探开发专用设备对煤矿瓦斯的治理和救险同样有积极作用，"十一五"期间，我国继续执行支持煤层气勘探开发的进口税收政策，并扩大了享受免税的单位范围，即本着公平的原则，中联煤层气有限公司以外的其他国内煤矿生产企业提出进口申请，经批准后也可享受进口免税待遇。同时，根据"十五"期间政策的执行经验，考虑到以往企业和新增企业的实际要求和相关国产设备情况，对免税商品清单作了相应调整。

经国务院批准，"十二五"期间，我国继续执行在我国境内进行煤层气勘探开发项目进口物资免征进口税收的政策。为了加强政策的执行和监管力度，还出台了配套的《关于煤层气勘探开发项目进口物资免征进口税收的管理规定》，对免税对象的申报规程、免税物资清单的调整以及政策执行监管等方面都进行了详细的规定。此外，财政部会同海关总署、税务总局对进口免税物资清单进行了相应的调整，从"十一五"期间的300项削减到89项，并可根据企业"十二五"期间的实际需求适时进行调整。

作为新兴能源产业，我国煤层气的勘探开发利用起步较晚，且大部分项目尚在风险勘探期。进口税收优惠政策一方面有效降低了煤层气的勘探成本，鼓励相关企业开展煤层气的勘探和利用工作，另一方面通过引进多分支水平井等先进技术设备，

---

① 《2019年中缅油气管道天然气进口量突破50亿立方米》，中石油新闻中心，http://news. cnpc. com. cn/system/2020/01/21/001760833. shtml。

② 《2020年中国天然气进口数量稳步增长 进口源呈多元化》，中华人民共和国商务部，http://www. mofcom. gov. cn/article/i/jyjl/e/202101/20210103034972. shtml。

大大提高了我国煤层气的开采效率，有利于煤层气的推广与应用。此外，煤层气的充分开采利用对治理煤矿瓦斯爆炸事故也具有积极作用。

（四）"十四五"能源资源勘探开发利用政策

"十四五"期间，为完善能源产供储销体系，加强国内油气勘探开发，支持天然气进口利用，调整整合"十三五"海上石油（天然气）、陆上石油（天然气）、煤层气勘探开发和鼓励天然气进口4项政策，2021年4月，财政部等相关部门出台《关于"十四五"期间能源资源勘探开发利用进口税收政策的通知》（财关税〔2021〕17号）、《关于"十四五"期间能源资源勘探开发利用进口税收政策管理办法的通知》（财关税〔2021〕18号）。

支持能源资源勘探开发利用进口税收政策规定：（1）对在我国陆上特定地区进行石油（天然气）勘探开发作业的自营项目，进口相关物资（指国内不能生产或性能不能满足需求的，并直接用于勘探开发作业的设备（包括按照合同随设备进口的技术资料）、仪器、零附件、专用工具）免征进口关税；在经国家批准的陆上石油（天然气）中标区块（对外谈判的合作区块视为中标区块）内进行石油（天然气）勘探开发作业的中外合作项目，进口相关物资，免征进口关税和进口环节增值税。（2）对在我国海洋（指我国内海、领海、大陆架及其他海洋资源管辖海域，包括浅海滩涂）进行石油（天然气）勘探开发作业的项目（包括1994年12月31日之前批准的对外合作"老项目"），以及海上油气管道应急救援项目，进口相关物资，免征进口关税和进口环节增值税。（3）对在我国境内进行煤层气勘探开发作业的项目，进口相关物资，免征进口关税和进口环节增值税。（4）对经国家发展改革委核（批）准建设的跨境天然气管道和进口液化天然气接收储运装置项目，以及经省级政府核准的进口液化天然气接收储运装置扩建项目进口的天然气（包括管道天然气和液化天然气，下同），按一定比例返还进口环节增值税。具体返还比例如下：属于2014年底前签订且经国家发展改革委确定的长贸气合同项下的进口天然气，进口环节增值税按70%的比例予以返还；对其他天然气，在进口价格高于参考基准值的情况下，进口环节增值税按该项目进口价格和参考基准值的倒挂比例予以返还，计算公式为：倒挂比例=（进口价格－参考基准值）/进口价格×100%，相关计算以一个季度为一周期。政策有效期为2021年1月1日至2025年12月31日。

上述第（1）、第（2）、第（3）项中的免税进口商品清单，由工业和信息化部会同财政部、海关总署、税务总局、能源局联合印发。第（4）项中天然气项目清单及相应的项目主管单位名单、长贸气合同清单、参考基准值，由国家发展改革委、能源局确定并函告财政部等部门。支持能源资源勘探开发利用进口税收政策将有利于增强我国油气勘探开发能力和应急救援水平，促进天然气资源引进利用，为保障国家能源安全发挥重要作用。

五、支持社会事业的政策

（一）慈善捐赠政策

《国务院关于改革和调整进口税收政策的通知》（国发〔1995〕34 号）中规定：从 1996 年 4 月 1 日起，除外国政府、国际金融组织捐赠的物资以及 1998 年国务院批准的救灾捐赠物资可以享受免税进口外，其他捐赠进口的物资一律照章纳税。这一政策执行后取得了比较好的效果，有效抑制了过去大量存在的假捐赠骗取进口税收优惠的现象。但是，一些合法的公益捐赠也受到了限制。一些地区、部门来函，许多人大代表、政协委员也反映意见，要求适当调整对捐赠物资进口免税的规定。

1999 年 9 月 1 日，《中华人民共和国公益事业捐赠法》颁布实施，其中第二十六条规定："境外向公益性社会团体和公益性非营利的事业单位捐赠的用于公益事业的物资，依照法律、行政法规的规定减征或免征进口关税和进口环节增值税"。为了鼓励合法捐赠，保护捐赠人的积极性，财政部会同民政部、海关总署、国家税务总局、卫生部、中国残联、中国红十字会、中华慈善总会、全国妇联、国务院港澳办等有关部门对接受境外捐赠物资进口免税问题进行了研究，各部门均认为在严格控制的前提下，可以对以扶困济贫、慈善救助为目的的捐赠进口物资给予免税政策。据此，财政部会同有关部门制定了《扶贫、慈善性捐赠物资免征进口税收暂行办法》（财税〔2000〕152 号），报经国务院批准，该办法于 2000 年 1 月 15 日正式实施。该办法主要从三个方面对政策适用范围进行了界定：一是捐赠物资的主要用途是直接用于扶贫济困、慈善救助等社会慈善和福利事业；二是受赠人应是经国务院主管部门依法批准成立的，经财政部、国家税务总局、海关总署确认的，以发展扶贫、慈善事业为宗旨的全国性社会团体，以及国务院有关部门，各省、自治区、直辖市人民政府；三是严格界定了接受捐赠的物资的免税范围，对直接用于扶贫济困、慈善救助的衣物、食品、医疗药品和医疗器械、教学仪器、教材、图书、资料和一般学习用品等可以享受免税进口，国务院停止减免税的 20 种商品、汽车、限制进口的二手设备、生产性原材料及半成品不列入免税范围。这一办法进一步规范了捐赠进口物资的管理，体现了国家对扶贫、慈善事业的大力支持。

此后，为了进一步促进教育事业的发展，经国务院批准，2003 年 3 月，财政部印发了《关于扶贫、慈善性捐赠物资用于学校教育税收优惠政策有关问题的通知》（财税〔2003〕51 号），将《扶贫、慈善性捐赠物资免征进口税收暂行办法》（财税〔2000〕152 号）中第六条第四款进口物资范围规定"直接用于公共图书馆、公共博物馆、中等专科学校、高中（包括职业高中）、初中、小学、幼儿园教育的教学仪器、器材、图书、资料和一般学习用品"调整为"直接用于公共图书馆、公共博物馆、各类职业学校、高中、初中、小学、幼儿园教育的教学仪器、器材、图书、资料和一般学习用品"。

为进一步促进慈善事业的健康发展，支持慈善事业发挥扶贫济困积极作用，规范对慈善事业捐赠物资的进口管理，2015 年 12 月，经国务院批准，财政部、海关总署、国家税务总局公布《慈善捐赠物资免征进口税收暂行办法》（财政部 海关总署 国家税务总局公告 2015 年第 102 号），自 2016 年 4 月 1 日起实施，《财政部 国家税务总局 海关总署关于发布〈扶贫、慈善性捐赠物资免征进口税收暂行办法〉的通知》（财税〔2000〕152 号）同时废止。新政策主要做了下列修订：（1）规范表述进口捐赠物资性质。《国务院关于促进慈善事业健康发展的指导意见》（国发〔2014〕61 号）指出"扶贫济困是慈善事业的重要领域"，因慈善的概念中已包括扶贫含义，为规范表述进口捐赠物资性质，新政策中删除了"扶贫"字样，不再与"慈善"字样并列。（2）适当扩大受赠人范围。为进一步支持慈善事业发展，在《中华人民共和国公益事业捐赠法》规定的受赠人基础上，在加强管理和适度控制的前提下，将受赠人范围适当扩大到在民政部或省级民政部门登记注册且被评定为 5A 级的以人道救助和发展慈善事业为宗旨的社会团体或基金会。（3）调整并明确免税进口捐赠物资范围。将医疗类免税进口捐赠物资范围调整为医疗药品、医疗器械、医疗书籍和资料。进一步明确和细化教学仪器和环境保护专用仪器等产品范围。（4）对医疗药品和医疗器械捐赠进口加强管理。为保障人民安全，加强行业监管，对医疗药品和医疗器械捐赠进口明确按照相关部门有关规定执行。

（二）救灾捐赠政策

我国是一个灾情较多的国家，《国务院关于改革和调整进口税收政策的通知》（国发〔1995〕34 号）出台后，使一部分国外民间团体、爱国华侨和友好人士真正捐赠给国内受灾地区抗震救灾物资的进口受到影响，很多国外团体和爱国华侨、港澳同胞对此反映强烈。为了支持灾区紧急救援，规范捐赠物资的进口管理，1998 年，根据国务院领导的指示精神，财政部、税委会、海关总署会同国家税务总局、民政部、卫生部、国务院侨办、全国妇联等部门，研究起草了《关于救灾捐赠物资免征进口税收的暂行办法》，经国务院批准后，于 1998 年由财政部发布执行。

该办法规定，对外国民间团体、企业、友好人士和华侨、香港同胞和台湾、澳门同胞无偿向我境内受灾地区捐赠的直接用于救灾的物资，在合理数量范围内，免征进口关税和进口环节增值税、消费税。享受救灾捐赠物资进口免税的区域限于新华社对外发布和民政部《中国灾情信息》公布的受灾地区。免税进口的救灾捐赠物资限于：（1）食品类（不包括调味品、水产品、水果、饮料、酒等）；（2）新的服装、被褥、鞋帽、帐篷、手套、睡袋、毛毯及其他维持基本生活的必需用品等；（3）药品类（包括治疗、消毒、抗菌等）、疫苗、白蛋白、急救用医疗器械、消杀灭药械等；（4）抢救工具（包括担架、橡皮艇、救生衣等）；（5）经国务院批准的其他直接用于灾区救援的物资。

（三）抗击疫情政策

1. 防控新型冠状病毒感染的肺炎疫情进口物资免税政策

2020 年 1 月下旬，因疫情防控所需，境外捐赠逐渐踊跃。当时有效政策是 2015 年财政部、海关总署、国家税务总局联合发布的《慈善捐赠物资免征进口税收暂行办法》，明确对境外捐赠人无偿向受赠人捐赠的直接用于慈善事业的物资免征进口关税和进口环节增值税。此外，根据《中华人民共和国进出口关税条例》《中华人民共和国增值税暂行条例》及《中华人民共和国消费税暂行条例》有关规定，对外国政府、国际组织无偿赠送的物资免征进口关税和进口环节增值税、消费税。以上规定可满足我国日常接受境外捐赠所需，但在疫情防控涉及面广、日益严峻的形势下，存在免税主体、免税物资范围较窄的问题，例如捐赠进口的防护用品、消毒物品、救护车等无法享受免税进口。

为进一步支持疫情防控工作，结合慈善捐赠、无偿赠送有关规定，参考 2003 年非典型肺炎、2008 年汶川地震期间有关进口税收政策，经国务院批准，2020 年 2 月 1 日，财政部、海关总署、税务总局联合印发了《关于防控新型冠状病毒感染的肺炎疫情进口物资免税政策的公告》（财政部 海关总署 税务总局公告 2020 年第 6 号），自 2020 年 1 月 1 日至 3 月 31 日，实行更优惠的进口税收政策：一是在《慈善捐赠物资免征进口税收暂行办法》基础上，适度扩大规定的免税进口物资范围、免税主体范围等，对捐赠用于疫情防控的进口物资免征进口关税和进口环节增值税、消费税。二是对卫生健康主管部门组织进口的直接用于防控疫情物资免征进口关税。三是免税进口物资已征收的应免税款予以退还。四是免税进口物资可先登记放行，再按规定补办相关手续。

防控新型冠状病毒感染的肺炎疫情进口物资免税政策出台后，有力地支持了进口物资捐赠，卫生健康主管部门利用进口捐赠物资积极组织开展疫情防控工作。

2. 因新冠肺炎疫情不可抗力出口退运货物税收规定

2020 年，受新冠肺炎疫情蔓延影响，部分企业出口的货物退运复进口。为缓解企业困难，经国务院批准，2020 年 11 月 2 日，财政部、海关总署、税务总局联合印发《关于因新冠肺炎疫情不可抗力出口退运货物税收规定的公告》（财政税 海关总署 税务总局公告 2020 年第 41 号），明确了因新冠肺炎疫情不可抗力出口退运货物的税收规定，对自 2020 年 1 月 1 日起至 2020 年 12 月 31 日申报出口，因新冠肺炎疫情不可抗力原因，自出口之日起 1 年内原状复运进境的货物，不征收进口关税和进口环节增值税、消费税；出口时已征收出口关税的，退还出口关税；出口时已办理出口退税的，按现行规定补缴已退（免）增值税、消费税税款。同时，公告也明确了税收规定实施中有关手续要求等。

该税收规定明确这些退运货物可享受相关税收优惠，帮助受疫情影响的有关企业降低了资金成本，有力地缓解了企业困难。

（四）国有公益性收藏单位进口藏品政策

2002 年 6 月，财政部、国家税务总局、海关总署联合印发了《国有文物收藏单位接受境外捐赠、归还和从境外追索的中国文物进口免税暂行办法》（财税〔2002〕81 号），对国有文物收藏单位以接受境外机构、个人捐赠、归还和从境外追索等方式进口的中国文物，免征进口关税和进口环节增值税、消费税，同时对依据该政策免税进口的"中国文物"的概念做了严格规定：限于 1949 年以前的中国文物和

1949 年以后我国已故近、现代著名艺术家的作品，以及原产于中国的古化石等。

这项政策对促进流失境外文物的回归发挥了非常重要的作用。但是，随着国际艺术交流日益广泛和频繁，制定政策的时代背景发生了很大的变化，国内收藏单位免税进口藏品的需求品种大大超出了《国有文物收藏单位接受境外捐赠、归还和从境外追索的中国文物进口免税暂行办法》（财税〔2002〕81 号）文件规定的范围，产生了一些无法解决的新问题。例如全国妇联反映香港、澳门特区政府妇女事务部为正在筹建的中国妇女儿童博物馆征集了相当数量的文物，但由于这些文物多属1949 年以后制作或生产的，需要按现行政策缴纳进口税，致使文物长期未能进关。类似情况的发生，既造成了国家经济和文化方面的损失，也影响了部分海外人士对华捐赠艺术品的积极性。

为了使进口税收政策更好地服务于公共文化，进一步提高民族文化软实力，2009 年，经国务院批准，财政部、海关总署、国家税务总局联合发布了《国有公益性收藏单位进口藏品免税暂行规定》（财政部　海关总署　国家税务总局公告 2009 年第 2 号）。该政策规定，国有公益性收藏单位以从事永久收藏、展示和研究等公益性活动为目的，以接受境外捐赠、归还、追索和购买等方式进口的藏品，免征进口关税和进口环节增值税、消费税。

与 2002 年施行的暂行办法相比，《国有公益性收藏单位进口藏品免税暂行规定》在免税进口方式、免税进口主体以及免税进口藏品的范围等方面都做了较大的调整：（1）在免税进口方式方面，鉴于我国国力的不断增强和政府对文化事业的投入逐年增加，除了捐赠、归还和追索，还增加了"购买"的进口方式。（2）在免税进口主体方面，此前采取的是文物进口单位在文物入境前向有关部门报批的管理模式，一事一报，手续比较烦琐。新的暂行规定采取公开列名的方式，将享受进口免税待遇的公益性收藏单位扩大到国家有关部门和省、自治区、直辖市、计划单列市相关部门所属的国有公益性图书馆、博物馆、纪念馆及美术馆，由文化部和国家文物局提供申请享受优惠政策单位的名单及相关证明材料，财政部会同海关总署和国家税务总局对名单进行核定后，以公告的形式适时发布。（3）在免税进口藏品范围方面，扩大到一切具有收藏价值的藏品，比原暂行办法所规定的"中国文物"范围有所扩大。（4）为加强对免税进口藏品的管理，还明确规定国有公益性收藏单位应严格依照《中华人民共和国文物保护法》《中华人民共和国文物保护法实施条例》《博物馆管理办法》中有关藏品登记备案制度进行管理，并列为海关监管货物，对擅自将免税进口藏品转让或移作他用的，除取消相关单位享受优惠政策的资格外，由海关依照国家有关法律、行政法规的规定予以处罚；构成犯罪的，依法追究刑事责任。

（五）残疾人专用品政策

为了支持残疾人康复事业，鼓励残疾人专用品进口，1997 年，经国务院批准，海关总署发布了《残疾人专用品免征进口税收暂行规定》。一是对进口残疾人专用品，免征进口关税和进口环节增值税、消费税。残疾人专用品范围包括：（1）肢残者用的支辅具，假肢及其零部件，假眼，假鼻，内脏托带，矫形器，矫形鞋，非机动助行器，代步工具（不包括汽车、摩托车），生活自助具，特殊卫生用品；（2）视力残疾者用的盲杖，导盲镜，助视器，盲人阅读器；（3）语言、听力残疾者用的语言训练器；（4）智力残疾者用的行为训练器，生活能力训练用品。二是对民政部和中国残疾人联合会系统有关单位进口下列残疾人专用设备，经批准也可免征进口关税和进口环节增值税、消费税：（1）残疾人康复及专用设备，包括床旁监护设备、中心监护设备，生化分析仪和超声诊断仪；（2）残疾人特殊教育设备和职业教育设备；（3）残疾人职业能力估计测试设备；（4）残疾人专用劳动设备和劳动保护设备；（5）残疾人文体活动专用设备；（6）假肢专用生产、装配、检测设备，包括假肢专用铣磨机、假肢专用真成型机、假肢专用平板加热器和假肢综合检测仪；（7）听力残疾者用的助听器。

残疾人个人用专用品可由纳税人直接在海关办理免税手续；福利、康复单位进口的国内不能生产的残疾人专用品，按隶属关系经民政部或者中国残疾人联合会批准，并报海关总署审核后办理免税手续。

（六）抗艾滋病病毒药物政策

我国艾滋病感染主要集中发生于 20 世纪 90 年代，大部分感染者已相继进入发病期，需要抗病毒治疗。国家于 2002 年推出了免费为农村及城市贫困人口中艾滋病患者提供抗艾滋病病毒药物的政策，这一政策的落实有效控制了艾滋病病人的死亡率。为满足全国免费艾滋病治疗工作的用药需求，从 2002 年开始，财政部对卫生部委托进口的、一定额度内的抗艾滋病病毒药物免征进口关税和进口环节增值税。该政策此后多次被延续，"十四五"开局第一年，财政部会同海关总署、税务总局印发了《关于 2021－2030 年抗艾滋病病毒药物进口税收政策的通知》（财关税〔2021〕13 号），明确自 2021 年 1 月 1 日至 2030 年 12 月 31 日，对卫生健康委委托进口的抗艾滋病病毒药物，免征进口关税和进口环节增值税；享受免税政策的抗艾滋病病毒药物名录及委托进口单位由卫生健康委确定，并送财政部、海关总署、税务总局。

随着我国艾滋病防治工作力度不断加大，抗病毒治疗工作覆盖面进一步扩大。实施进口抗艾滋病病毒药物免税政策，有效地降低了进口药物的采购费用，保障了"四免一关怀"政策的落实，提高了病毒抑制率，有力地保障了人民健康，维护了社会稳定。

六、支持消费升级的政策

（一）支持跨境电子商务零售进口政策

随着跨境电商的快速发展，为营造公平竞争的市场环境，促进跨境电商健康发展，在"鼓励创新、包容审慎"的监管指导原则下，我国跨境电商零售进口政策不断优化完善。

一是实行跨境电商零售进口税收政策。2016 年 3 月，财政部联合海关总署、国家税务总局印发《关于跨境电子商务零售进口税收政策的通知》（财关税〔2016〕18 号），对《跨境电子商务零售进口商品清单》[①] 内商品，在交易限值内（单次交易限值 2000 元，个人年度交易限值 20000 元）的进口关税税率暂定为 0%，进口环节增值税、消费税取消免征税额，暂按法定应纳税额的 70% 征收；限额外的按照一般货物贸易征税。

二是完善优化跨境电商零售进口税收政策。（1）提高限值额度，2018 年 11 月 29 日，财政部、海关总署、税务总局联合发布《关于完善跨境电子商务零售进口税收政策的通知》（财关税〔2018〕49 号），提高免征进口关税的限额，将跨境电商零售进口商品的单次交易限值由 2000 元提高至 5000 元，年度交易限值由 20000 元提高至 26000 元。（2）为顺应消费升级趋势扩大适用商品清单范围。2018 年 11 月 20 日，财政部联合多个部委发布《关于调整跨境电商零售进口商品清单的公告》，将部分消费需求比较旺盛的商品纳入清单商品范围，增加了葡萄汽酒、麦芽酿造的啤酒、健身器材等 63 个税目商品。2019 年 12 月 24 日，财政部联合多个部委发布《关于调整扩大跨境电子商务零售进口商品清单的公告》，再次扩大跨境电商商品清单范围，增加了冷冻水产品、酒类等 92 个税目商品，同时对清单备注和尾注中的监管要求进行了规范。（3）2022 年 2 月 21 日，财政部等八部门发布《关于调整跨境电子商务零售进口商品清单的公告》，自 3 月 1 日起，优化调整跨境电子商务零售进口商品清单，增加番茄汁等 29 项商品，删除刀剑 1 项商品；根据近年来税目转版和调整，对相关税目进行技术性调整；履行相关国际公约，加强进口监督管理，调整部分商品备注。

三是扩大跨境电商试点城市范围。为做好跨境电商零售进口监管过渡期后政策衔接，促进跨境电商零售进口健康发展，2018 年 11 月，商务部、发展改革委、财政部、海关总署、税务总局、市场监管总局发布《关于完善跨境电子商务零售进口监管有关工作的通知》（商财发〔2018〕486 号），2019 年 1 月 1 日起，对试点城市（37 个城市）内跨境电商零售进口商品按个人自用进境物品监管，不执行有关商品首次进口许可批件、注册或备案要求。2020 年 1 月 17 日，商务部、发展改革委、财政部、海关总署、税务总局、市场监管总局联合发布《关于扩大跨境电商零售进口试点的通知》（商财发〔2020〕15 号），将石家庄等 50 个城市（地区）和海南全岛纳入跨境电商零售进口试点范围。2021 年 3 月 18 日，商务部、发展改革委、财政部、海关总署、税务总局、市场监管总局联合发布《关于扩大跨境电商零售进口试点严格落实监管要求的通知》（商财发〔2021〕39 号），将跨境电商零售进口试点扩大至所有自贸试验区、跨境电商综试区、综合保税区、进口贸易促进创新示范区、保税物流中心（B 型）所在城市（及区域）。

在相关政策推动下，跨境电商呈现蓬勃发展态势，业务规模持续扩大，发展质量显著提升，综合试验区加速扩围。跨境电商政策的有效实施，丰富了国民的购买渠道及消费品类，有利于吸引境外消费回流、对国内消费市场起到补充作用。

---

① 《跨境电子商务零售进口商品清单》，中国政府网，http：//www.gov.cn/xinwen/2016 – 04/09/5062650/files/41c5ca9283d343e9964bb77a6092bdcf.pdf。

（二）免税店政策

免税店是设立在对外开放的机场、港口、车站和陆路边境口岸，以及在出境飞机、火车、轮船上和市内特定区域，向出境、进境旅客等特定人群销售免税商品的商店。免税店所销售的免税商品包括按规定免征关税、进口环节增值税和消费税的进口商品和实行退（免）增值税、消费税进入免税店销售的国产商品。

目前，我国免税店类型主要包括口岸出境免税店、口岸进境免税店、海南离岛免税店、市内免税店和运输工具免税店，还包括外汇商品免税店、外交人员免税店和供船免税店。

口岸出境免税店，是设立在对外开放的机场、港口、车站和陆路出境口岸，向出境旅客销售免税商品的商店。销售对象为已办妥出境手续，即将登机、上船、乘车前往境外及出境交通工具上的旅客，不设限购数量和金额。主要政策文件为《口岸出境免税店管理暂行办法》（财关税〔2019〕15 号）。

口岸进境免税店，是设立在对外开放的机场、水运和陆路口岸隔离区域，按规定向进境旅客销售免税商品的商店。口岸进境免税店的适用对象是尚未办理海关进境手续的旅客，具体商品品类和限购数量以口岸进境免税店的政策公告为准，限购金额为连同境外免税购物额总计不超过 8000 元人民币。主要政策文件为《财政部 商务部 海关总署 国家税务总局 国家旅游局关于口岸进境免税店政策的公告》（财政部公告 2016 年第 19 号）、《口岸进境免税店管理暂行办法》（财关税〔2016〕8 号）以及《口岸进境免税店管理暂行办法补充规定》（财关税〔2018〕4 号）。

市内免税店，是设立在市内特定区域，向即将出境的国际旅客销售免税商品的商店。现有的市内免税店位于北京、上海、厦门、大连和青岛等城市，由国务院于 1988 年、1999 年批准设立。主要政策文件为《关于印发〈关于进一步加强免税业务集中统一管理的请示〉的通知》（财外字〔2000〕1 号）。

外汇商品免税店，是设立在市内特定区域，向 16 周岁以上、持中国护照进境 6 个月以内的中国籍旅客销售免税商品的商店。现有的外汇商品免税店位于北京、上海、哈尔滨、大连、青岛、南京、杭州、郑州、重庆、合肥、南昌、昆明等城市，由国务院于 1980 年后陆续批准设立。

关于离岛免税店政策详见本章第五节"二、海南自由贸易港"部分内容。

七、支持开放平台的政策

（一）中国国际进口博览会税收政策

2017 年 5 月，习近平总书记在"一带一路"国际合作高峰论坛上宣布"中国将从 2018 年起举办中国国际进口博览会"[①]。中国国际进口博览会（以下简称"进博

---

① 习近平：《中国将从明年起举办国际进口博览会》，新华网，http://www.xinhuanet.com/world/2017－05/14/c_129604268.htm。

会")不是一般性的会展，是我们主动开放市场的重大政策宣示和行动。2018 年，为支持进博会顺利举办，提升进博会影响力，经国务院批准，财政部印发《关于首届中国国际进口博览会展期内销售的进口展品税收优惠政策的通知》（财关税〔2018〕43 号），对进博会展期内销售的合理数量的进口展品免征进口关税，进口环节增值税、消费税按应纳税额的 70% 征收。对清单所列参展企业，以清单确定的展品销售额度享受优惠，其他参展企业享受税收优惠的销售额度不超过 2 万美元。2019 年第二届进博会延续了首届进博会的税收优惠政策。

2020 年，为支持进博会越办越好，稳定政策预期，经国务院批准，财政部会同海关总署、税务总局印发《关于中国国际进口博览会展期内销售的进口展品税收优惠政策的通知》（财关税〔2020〕38 号），对进博会展期内销售的合理数量的进口展品免征进口关税、进口环节增值税和消费税。对享受税收优惠的展品采用正面清单管理，其中机械类展品不超过 12 件、牵引车类不超过 2 件、船舶类不超过 3 件、医疗设备类不超过 5 件、艺术品类不超过 5 件，其余类别展品采用额度控制，每个展商免税销售额度为 2 万美元。

该政策相较于此前进博会政策进一步优化完善。一是将支持政策常态化，稳定举办方和参展方的预期；二是将列名展商和展品享受税收优惠销售额度的清单管理方式，调整为分类别明确每个展商享受税收优惠展品数量的方式，未列名展品每个展商享受税收优惠销售额度仍维持 2 万美元；三是加大支持力度，在继续免征进口关税的基础上，将进口环节增值税和消费税按应纳税额的 70% 征收，调整为免征进口环节增值税、消费税。完善后的政策，有利于进一步吸引和鼓励企业和客商参展，更好地发挥进博会扩大进口、优化进口结构的平台作用，推动进博会高质量发展。

（二）中国国际服务贸易交易会税收政策

为增强我国服务业和服务贸易的国际竞争力，充分发挥其在加快转变经济发展方式中的重要作用，经国务院批准，自 2012 年起由商务部和北京市人民政府共同举办中国（北京）国际服务贸易交易会。2019 年，更名为中国国际服务贸易交易会（以下简称"服贸会"）。为支持 2020 年服贸会顺利举办，经国务院批准，财政部会同海关总署、税务总局印发《关于 2020 年中国国际服务贸易交易会展期内销售的进口展品税收优惠政策的通知》（财关税〔2020〕36 号），对 2020 年服贸会展期内销售的限额内的进口展品免征进口关税、进口环节增值税和消费税，并实施正面清单管理。清单包括参展企业名称、展品名称、享受税收优惠的销售额度，其他未列名参展企业享受税收优惠的销售额度不超过 2 万美元。享受税收优惠的商品不包括国家禁止进口商品、濒危动植物及其产品、烟、酒和汽车。

2021 年，为继续支持办好服贸会，经国务院批准，财政部会同海关总署、税务总局印发《关于中国国际服务贸易交易会展期内销售的进口展品税收政策的通知》（财关税〔2021〕42 号），对 2021 年至 2023 年期间举办的服贸会，在展期内销售的规定数量或金额以内的进口展品免征进口关税、进口环节增值税和消费税。享受税收政策的展品不包括烟、酒、汽车、列入《进口不予免税的重大技术装备和产品目录》的商品、濒危动植物及其产品，以及国家禁止进口商品。该政策的出台，有利于扩大服贸会国际影响力，稳定展商政策预期，吸引更多国际优秀企业参展，推进全球服务贸易共赢发展。

（三） 中西部地区国际性展会税收政策

为促进中西部地区会展经济发展，根据《财政部关于"十三五"期间中西部地区国际性展会留购展品免征进口关税的通知》（财关税〔2016〕21号），"十三五"期间，对中国—东盟博览会、中国—吉林·东北亚投资贸易博览会、中国—俄罗斯博览会、中国—阿拉伯国家博览会、中国—南亚博览会暨中国昆明进出口商品交易会、中国（青海）藏毯国际展览会、中国（湖南）国际矿物宝石博览会7个展会，在展期内销售的合理数量的进口展品（国家禁止进口商品、濒危动植物及其产品、国家规定不予减免税的20种商品及汽车除外）免征进口关税，进口环节增值税和消费税照章征收。

2021年，为进一步促进中西部地区会展经济发展，经国务院同意，财政部会同海关总署、税务总局印发《关于"十四五"期间中西部地区国际性展会展期内销售的进口展品税收优惠政策的通知》（财关税〔2021〕21号），明确"十四五"期间，对中国—东盟博览会、中国—东北亚博览会、中国—俄罗斯博览会、中国—阿拉伯国家博览会、中国—南亚博览会暨中国昆明进出口商品交易会、中国（青海）藏毯国际展览会、中国—亚欧博览会、中国—蒙古国博览会、中国—非洲经贸博览会9个展会，在展期内销售的免税额度内的进口展品免征进口关税和进口环节增值税、消费税。享受税收优惠的展品不包括国家禁止进口商品，濒危动植物及其产品，烟、酒、汽车以及列入《进口不予免税的重大技术装备和产品目录》的商品。

与"十三五"时期政策相比，此次调整主要体现在：一是扩大了受惠主体，展会数量由7个调整为9个；二是简化清单管理模式，清单由对每类展品按不同单价限定销售数量、销售总额，调整为仅限定展商销售总额的模式；三是加大支持力度，免税税种继续保留进口关税，并增加进口环节增值税、消费税。完善后的政策，有利于提升展会吸引力，更好发挥展会平台作用，带动中西部地区进出口贸易及相关产业发展。

第五节　区域性税收政策简介

一、海关特殊监管区域

（一） 发展历史

海关特殊监管区域（以下简称"特殊区域"）是经国务院批准，设立在中华人民共和国境内，实施视同"境内关外"的进出口税收政策，由海关实行封闭监管的经济区域。为适应我国不同时期对外开放和经济发展的需要，国务院先后批准设立了保税区、出口加工区、保税物流园区、跨境工业区、保税港区、综合保税区 6 类特殊区域。各类特殊区域的产生都有其特殊的历史背景，都与当时的经济形势和加工贸易的发展状况密切相关。如出口加工区主要功能是服务加工制造，保税物流园区主要功能是便利国际物流，跨境工业区主要服务粤澳两地经济融合，保税港区主要依托国际开放港口，整合了原保税区、保税物流园区、出口加工区等功能的特殊区域。

截至 2022 年 5 月底，我国共有 168 个特殊区域，其中综合保税区 156 个，全国 31 个省（自治区、直辖市）均已有布局。

（二）发展方向

特殊区域在承接国际产业转移、推进加工贸易转型升级、扩大对外贸易和促进就业等方面发挥了积极作用，但是近年来也反映出种类过多、部分类型功能单一等问题，为此，近年来国务院发布了一系列文件，为特殊区域科学发展指明了方向。

2012 年《国务院关于促进海关特殊监管区域科学发展的指导意见》（国发〔2012〕58 号）提出，特殊区域实行总量控制，坚持按需设立，适度控制增量，整合优化存量。健全退出机制，明确特殊区域首期验收土地面积比例和验收期限，超过验收期限尚未验收或验收后土地利用率低、运行效益差的，由海关总署责令整改。在规定期限尚未完成整改任务的，由海关总署报请国务院批准予以撤销或核减规划面积。逐步将现有各种类型的特殊区域整合为综合保税区。新设立的特殊区域，统一命名为"综合保税区"。

2015 年《国务院办公厅关于印发加快海关特殊监管区域整合优化方案的通知》（国办发〔2015〕66 号）进一步明确整合、优化方向是：整合类型、整合功能、整合政策、整合管理；优化产业结构、优化业务形态、优化贸易方式、优化监管服务。

2019 年《国务院关于促进综合保税区高水平开放高质量发展的若干意见》（国发〔2019〕3 号）明确综合保税区的发展目标为，建设成为具有全国影响力和竞争力的加工制造中心、研发设计中心、物流分拨中心、检测维修中心、销售服务中心。

（三）综合保税区功能及税收政策

综合保税区的功能可以简单地归纳为保税加工、保税物流和保税服务。具体包括存储进出口货物和其他未办结海关手续的货物；国际转口贸易；国际采购、分销和配送；国际中转；检测和售后服务维修；商品展示；研发、加工、制造；港口作业；经批准的其他业务。

综合保税区与区外之间已形成一定的税收政策落差，享有"保税、免税、退税"等政策。具体税收政策如下：

1. 境外与区域之间货物的税收政策

（1）除法律、法规和现行政策另有规定外，下列货物从境外入区，免征进口关税和进口环节税：区内生产性的基础设施建设项目所需的机器、设备和建设生产厂房、仓储设施所需的基建物资；区内企业开展加工制造，研发设计，物流分拨，检测维修、再制造，销售服务、展示交易，口岸作业，中转集拼，以及经海关批准的其他业务等所需的机器、设备、模具及其维修用零配件；区内企业和行政管理机构自用合理数量的办公用品。自国务院批准设立综合保税区之日起，对入区企业进口自用的机器设备等，在确保海关有效监管的前提下，可按现行规定享受综合保税区税收政策。

（2）从境外入区，供区内企业和行政管理机构自用的交通运输工具、生活消费用品，按照有关规定征收进口关税和进口环节税。

（3）除法律、法规和现行政策另有规定外，从境外入区的其他货物予以保税。

2. 区域与境内区外之间货物的税收政策

（1）区内与境内区外之间进出的货物，原则上按照进出口货物有关规定办理相关手续，需要征税的，除另有规定外，按照货物进出区时的实际状态缴纳税款。区内企业生产、加工销往境内区外的货物，根据企业申请，按其对应进口料件或实际报验状态征收关税，进口环节税照章征收。企业选择按进口料件征收关税时，应一并补征关税税款缓税利息。

（2）境内区外货物入区视同出口，实行退税。

3. 区内货物流转的税收政策

区内企业之间的货物交易免征增值税和消费税。

其他几种类型的特殊区域税收政策与综合保税区税收政策基本相同。

（四）增值税一般纳税人试点相关税收政策

为支持区内企业统筹利用国内国际两个市场、两种资源，培育和提升国际竞争新优势，税务总局、财政部、海关总署三部门联合发布《关于在综合保税区推广增值税一般纳税人资格试点的公告》（国家税务总局公告2019年第29号），决定在全国综合保税区推广增值税一般纳税人资格试点。符合条件的综合保税区，由所在地省级税务、财政部门和直属海关将一般纳税人资格试点实施方案向税务总局、财政部和海关总署备案后，可以开展一般纳税人资格试点。

试点企业自增值税一般纳税人资格生效之日起，适用以下税收政策：

（1）试点企业进口自用设备（包括机器设备、基建物资和办公用品）时，暂免征收进口关税和进口环节增值税、消费税。暂免进口税收按照该进口自用设备海关监管年限平均分摊到各个年度，每年年终对本年暂免的进口税收按照当年内外销比例进行划分，对外销比例部分执行试点企业所在特殊区域的税收政策，对内销比例部分比照执行区外税收政策补征税款。

（2）除进口自用设备外，从境外购买并进入试点区域的货物、从特殊区域（试点区域除外）或海关保税监管场所购买并进入试点区域的保税货物、从试点区域内非试点企业购买的保税货物，以及从试点区域内其他试点企业购买的未经加工的保税货物，适用保税政策。

（3）向境内区外销售的货物，向保税区、不具备退税功能的保税监管场所销售的货物（未经加工的保税货物除外），以及向试点区域内其他试点企业销售的货物（未经加工的保税货物除外），向主管税务机关申报缴纳增值税、消费税。试点企业销售上述货物中含有保税货物的，按照保税货物进入特殊区域时的状态向海关申报缴纳进口税收，并按照规定补缴缓税利息。

（4）向特殊区域或者海关保税监管场所销售的未经加工的保税货物，继续适用保税政策。

（5）离境出口的货物（未经加工的保税货物除外）、向特殊区域（试点区域、保税区除外）或海关保税监管场所（不具备退税功能的保税监管场所除外）销售的货物（未经加工的保税货物除外），以及向试点区域内非试点企业销售的货物（未经加工的保税货物除外），适用出口退（免）税政策，主管税务机关凭海关提供的与之对应的出口货物报关单电子数据审核办理试点企业申报的出口退（免）税。

（6）未经加工的保税货物离境出口实行增值税、消费税免税政策。

（7）除财政部、海关总署、税务总局另有规定外，试点企业适用区外关税、增值税、消费税的法律、法规等现行规定。

赋予区内企业增值税一般纳税人资格能够更好地满足企业需要，加快形成国内经济大循环为主体、国内国际双循环相互促进的新发展格局。

（五）洋山特殊综合保税区

2019 年国务院发布的《中国（上海）自贸试验区临港新片区总体方案》中提出，在新片区内设立物理围网区域，建立洋山特殊综合保税区，在全面实施综合保税区政策的基础上，取消不必要的贸易监管、许可和程序要求，实施更高水平的贸易自由化便利化政策和制度。对境外抵离物理围网区域的货物，探索实施以安全监管为主、体现更高水平贸易自由化便利化的监管模式，增强国际中转集拼枢纽功能。

洋山特殊综合保税区是目前我国唯一一个特殊综合保税区。2020 年 5 月，一期14.27 平方公里正式验收投入使用；2021 年 9 月，二期 8.09 平方公里正式验收投入使用。从税收政策上看，目前洋山特殊综合保税区与通常意义上的综合保税区没有区别。特殊综合保税区的特殊体现在以下两个方面：一是规划面积大，可以承载更大范围、更多领域的试验作用，作为对标国际公认、竞争力最强的自由贸易园区的重要载体，一般的综合保税区面积都在 3 ~ 5 平方公里，最大的天津东疆综合保税区也只有 10.29 平方公里，洋山特殊综合保税区规划面积为 25.31 平方公里，是一般综合保税区的 5 ~ 8 倍。二是特殊的地理位置和区位优势。洋山特殊综合保税区依托洋山港设立，在全面实施综合保税区政策的基础上，进口货物自境外运进我国关境时，可取消不必要的贸易监管、许可和程序要求，实施更高水平的贸易自由化便利化改革和制度。海关对区内企业取消账册管理，免于手册核销、单耗管理等海关常规监管，海关不干预企业正常经营活动。

二、海南自由贸易港

自由贸易港（以下简称"自贸港"）是设在一国（地区）境内关外、货物资金人员进出自由、绝大多数商品免征关税的特定区域，是目前全球开放水平最高的特殊经济功能区。国际自贸港主要有三种模式，分别为：

一是全域实施自由港政策的中国香港模式。香港不单设海关特殊监管区域，实行自由通航、自由贸易，允许境外货物、资金自由进出，对绝大多数货物免征关税，对个人及企业相关税负水平较低，离岸金融服务发达，是集外贸、金融、运输等多功能为一体的自由港城市。

二是设立多个自由贸易园区、全域实施类自由港的新加坡模式。新加坡毗邻主要港口和机场区域设立9个自由贸易园区，主要提供货物储存、分拣、包装、简单处理和运输等服务，区内货物免征关税、消费税、货物和劳务税。同时，全境实行高标准、高水平的投资、贸易、财税、金融、外汇、检验检疫及出入境管理等政策制度安排。

三是设立多个功能型自由贸易园区的迪拜模式。迪拜共设立20多个功能型自由贸易园区，由政府直属，并通过法律明确规定为"离岸法区"，全面接轨国际通行的法律体系。各自由区功能细分、主题明确，实行不同的行业政策，最大限度发挥其功能效应。

海南是我国最大的经济特区，地理位置独特，拥有全国最好的生态环境，同时又是相对独立的地理单元和完整的闭合空间，具有成为全国改革开放试验田的独特优势。支持海南逐步探索、稳步推进中国特色自贸港建设，分步骤、分阶段建立自贸港制度体系，是重大国家战略。2020年6月1日，《海南自由贸易港建设总体方案》（以下简称《总体方案》）发布，海南自贸港建设正式拉开序幕。

《总体方案》明确，海南自贸港税收制度以"零关税、低税率、简税制"为基本特征。其中"零关税"指，在全岛封关运作前，对部分进口商品免征进口关税、进口环节增值税和消费税；全岛封关运作、简并税制后，除对进口征税商品目录以外，允许海南自贸港进口商品，免征进口关税。"低税率"指对在海南自贸港实质经营的企业，实行企业所得税优惠税率；对符合条件的个人，实行个人所得税优惠税率。"简税制"指结合我国税制改革方向，探索推进简化税制，改革税种制度，降低间接税比例，实现税种结构简单科学、税制要素充分优化、税负水平明显降低、收入归属清晰、财政收支大体均衡。"零关税、低税率、简税制"是海南自贸港最为特殊的地方，也是我国历史上第一次在同一个关境内实施两套不同税制安排的重大探索。

和国际上其他自贸港相比，海南自贸港不以转口贸易和加工制造为重点，而以旅游业、现代服务业和高新技术产业为主导，体现了中国特色，更符合海南全面深化改革开放试验区、国家生态文明试验区、国际旅游消费中心和国家重大战略服务保障区"三区一中心"的定位。同时，海南自贸港最突出的特点是制度创新。《总体方案》将自贸港建设分为2025年和2035年两个时间节点。2025年前，通过实行部分进口商品"零关税"政策、优化税收政策安排、加大中央财政支持力度等政策措施，形成早期收获。2035年前，进一步优化完善开放政策和相关制度安排，推进财税制度改革，全面实现贸易自由便利。目前，国家有关部门制定了一系列具体的政策措施，以落实《总体方案》各项建设要求，已出台的关税政策如下：

（一）离岛旅客免税购物政策

离岛旅客免税购物政策是指对乘飞机、火车、轮船离岛（不包括离境）旅客实行限值、限量、限品种免进口税购物，在实施离岛免税政策的免税商店（以下简称"离岛免税店"）内或经批准的网上销售窗口付款，在机场、火车站、港口码头指定区域提货离岛，或采用邮寄送达、返岛提取方式提货的税收优惠政策。该政策的核心在于将免税购物的适用对象由出入境旅客调整为包括本国公民在内的离岛、不出境旅客，实现不出国也可以购买国外免税品的目的。

在国际上，离岛免税这种做法最早由日本、韩国政府于 2002 年在冲绳岛、济州岛实施。目前，全世界仅有日本冲绳、韩国济州，我国台湾澎湖、金门及马祖地区以及海南省实施。可以看出，离岛免税是一种极为特殊的做法，针对的都是距离本土市场较为偏远、经济结构单一、产业发展受限的岛屿经济。

海南离岛免税政策于 2011 年 4 月开始实施。为加快推进海南国际旅游岛的建设发展，打造具有国际竞争力的旅游胜地，2009 年 12 月 31 日，国务院印发了《关于推进海南国际旅游岛建设发展的若干意见》（国发〔2009〕44 号，以下简称《若干意见》），明确"由财政部牵头抓紧研究在海南试行离岛旅客免税购物政策的可行性，另行上报国务院"。为贯彻落实《若干意见》，财政部会同商务部、海关总署、税务总局认真研究，出台了《关于开展海南离岛旅客免税购物政策试点的公告》（财政部公告 2011 年第 14 号），海南离岛免税政策开始实施。

此后，为适应海南国际旅游岛建设、海南全面深化改革开放以及海南自贸港建设的需要，离岛免税政策不断调整、完善。自 2011 年离岛免税政策实施以来，经国务院批准，国家主管部门于 2012 年、2015 年、2016 年、2017 年、2018 年、2020 年和 2021 年对离岛免税政策进行了 7 次调整。调整内容涉及适用对象、免税限额、免税商品种类、离岛方式等多个方面。尤其是 2020 年，为落实《总体方案》要求，政策调整力度最大，大幅改善了消费者购物体验，释放了政策红利，提升了群众获得感。几次政策调整的主要内容为：

（1）适用对象及离岛方式。由年满 18 周岁乘飞机离岛但不离境的国内外旅客（包括海南省内居民）扩展至年满 16 周岁，乘飞机、火车、轮船（交通工具全覆盖）离开海南本岛但不离境的国内外旅客（包括海南省内居民）。

（2）免税限额。将离岛旅客每人每次免税购物限额 5000 元，非岛内居民每年享受 2 次（岛内居民 1 次），调整为每人每年累计免税购物限额 10 万元，不限次，并取消了单件商品的免税限额。超出免税限额、限量的部分，征收进境物品进口税。

（3）免税商品种类和数量限制。由最初 18 种扩展到 45 种商品，包括手表、香水、化妆品、服装服饰、鞋帽、玩具、婴儿配方奶粉、保健食品、家用医疗器械等。除化妆品、手机和酒类商品外，不再保留单次购买数量限制。

（4）免税店布局及购买方式。由最初三亚离境市内免税店 1 家提供离岛免税购物服务（后转至海棠湾），增设至 10 家，分别为：海口 5 家（美兰机场免税店［一期］、美兰机场免税店［二期］、日月广场免税店、海控全球精品免税城、深免观澜湖免税购物城）、琼海 1 家（博鳌免税店）和三亚 4 家（海棠湾免税店、海旅免税城、中服国际免税购物公园、凤凰机场免税店）。旅客除在线下实体店购买外，也可在其网上平台购买免税商品。

（5）提货方式。在机场、火车站或港口内提货点提货携运离岛的基础上，增加邮寄送达、返岛提取两种提货方式。

（6）免税税种。离岛免税政策免税税种为关税、进口环节增值税和消费税。

（7）加强事中事后监管。明确参与倒卖、走私的个人、企业、离岛免税店将承担的法律责任。

在海南实施离岛免税政策，有利于改善海南旅游环境、扩大旅客购物的规模、提高旅游购物的档次，促进游客数量和消费增长，带动以旅游业为龙头的现代服务业发展；有利于保持和发挥海南的生态资源优势，支持海南绿色和可持续发展；有利于提升海南旅游业的国际竞争力，切实推进海南国际旅游消费中心建设。

（二）部分进口商品"零关税"政策

《总体方案》明确，全岛封关运作前，实行部分进口商品"零关税"政策。对实行"零关税"清单管理的商品，免征进口关税、进口环节增值税和消费税。

1. 原辅料"零关税"政策

经国务院同意，2020年11月、2021年12月，财政部会同海关总署、税务总局先后印发《关于海南自由贸易港原辅料"零关税"政策的通知》（财关税〔2020〕42号），《关于调整海南自由贸易港原辅料"零关税"政策的通知》（财关税〔2021〕49号）主要内容为：

（1）适用主体。在海南自贸港注册登记并具有独立法人资格的企业。

（2）免税条件。对符合规定的企业进口用于生产自用、以"两头在外"模式进行生产加工活动或以"两头在外"模式进行服务贸易过程中所消耗的原辅料。

（3）"零关税"清单。原辅料实行正面清单管理，包括椰子等农产品、煤炭等资源性产品、氯乙烯二甲苯等化工品及光导纤维预制棒等原辅料，以及飞机、其他航空器和船舶维修零部件共356项8位税目商品。

（4）制成品销售税收政策。以"零关税"原辅料加工制造的货物，在岛内销售或销往内地的，需补缴其对应进口原辅料的关税、进口环节增值税和消费税。

2. 交通工具及游艇"零关税"政策

经国务院同意，2020年12月，财政部会同海关总署、税务总局印发《关于海南自由贸易港交通工具及游艇"零关税"政策的通知》（财关税〔2020〕54号），主要内容为：

（1）适用主体。在海南自贸港注册登记并具有独立法人资格，从事交通运输、旅游业的企业，其中航空企业须以海南自贸港为主营运基地。

（2）免税条件。符合政策条件企业进口的用于交通运输、旅游业的船舶、航空器、车辆等营运用交通工具及游艇。

（3）"零关税"清单。交通工具及游艇实行正面清单管理。包括客、货运机动车，挂车及半挂车，飞机及其他航空器，船舶等100项8位税目商品。

（4）使用要求。"零关税"交通工具及游艇仅限海南自贸港符合条件的企业自用。确需转让的，转让前应经海关批准，按规定办理相关手续。转让给不符合条件主体的，应补缴进口相关税款。

（5）管理方式。"零关税"交通工具及游艇应在海南自贸港登记入籍，接受相关部门监管。航空器、船舶应航行自海南自贸港始发或经停海南自贸港的国内外航线。游艇营运范围为海南省。车辆可从事往来内地运输作业，始发地及目的地至少一端在海南省内，在内地停留时间每年累计不超过120天，其中从海南到内地"点对点""即往即返"的客、货车不受天数限制。

3. 自用生产设备"零关税"政策

经国务院同意，2021年2月、2022年2月，财政部会同海关总署、税务总局先后印发《关于海南自由贸易港自用生产设备"零关税"政策的通知》（财关税〔2021〕7号）、《关于调整海南自由贸易港自用生产设备"零关税"政策的通知》（财关税〔2022〕4号），主要内容为：

（1）适用主体。在海南自贸港注册登记并具有独立法人资格的企业和事业单位。

（2）免税条件。符合政策规定的企业进口的自用生产设备，不包括法律法规和相关规定明确不予免税、国家规定禁止进口和负面清单所列设备。

（3）生产设备界定。生产设备是指基础设施建设、加工制造、研发设计、检测维修、物流仓储、医疗服务、文体旅游等生产经营活动所需的设备，包括《进出口税则》相关章节中除家用电器及设备零件、部件、附件、元器件外的其他商品以及游乐场娱乐设备。

（4）"零关税"清单。自用生产设备实行负面清单管理。以《海南省产业准入禁止限制目录（2019年版）》为基础，将从事煤炭开采和洗选业、金属采选业、金属冶炼和压延业、铅蓄电池制造业、煤制品制造业、核辐射加工业、小水电业、燃煤电力和热力生产供应业等企业进口的生产设备纳入负面清单。

同时，在风险可控的基础上，为加大对海南自贸港的支持力度，明确《进口不予免税的重大技术装备和产品目录》《外商投资项目不予免税的进口商品目录》以及《国内投资项目不予免税的进口商品目录》，暂不适用于海南自贸港自用生产设备"零关税"政策。符合本政策规定条件的企业，进口上述三个目录内的设备，可免征关税、进口环节增值税和消费税。

（5）使用要求。"零关税"自用生产设备限海南自贸港符合条件的企业自用。确需转让的，转让前应经海关批准，按规定办理相关手续。转让给不符合条件主体的，应补缴进口相关税款。

进口商品"零关税"政策的出台，有助于降低企业生产成本，引导更多的人流、物流、资金流向海南集聚，夯实海南实体经济基础，促进产业发展，推进自贸港建设。

（三）中国国际消费品博览会政策

2021年4月，经国务院同意，财政部会同海关总署、税务总局印发《关于中国国际消费品博览会展期内销售的进口展品税收优惠政策的通知》（财关税〔2021〕32 号），明确在全岛封关运作前，对中国国际消费品博览会展期内销售的规定数量和金额以内的进口展品免征进口关税、进口环节增值税和消费税。享受税收政策的展品不包括国家禁止进口商品、濒危动植物及其产品、烟、酒和汽车。

（四）内外贸同船运输境内船舶加注保税油政策

2021 年 4 月，财政部会同交通运输部、商务部、海关总署、税务总局印发《关于海南自由贸易港内外贸同船运输境内船舶加注保税油和本地生产燃料油政策的通知》（财税〔2021〕2 号），明确在全岛封关运作前，对以洋浦港作为中转港从事内外贸同船运输的境内船舶，允许其在洋浦港加注本航次所需的保税油。

（五）进出海南岛航班加注保税航油政策

2021 年 7 月，财政部会同海关总署、税务总局、民航局印发《关于海南自由贸易港进出岛航班加注保税航油政策的通知》（财关税〔2021〕34 号），明确在全岛封关运作前，允许海南进出岛航班在岛内国家正式对外开放航空口岸加注保税航油，对其加注的保税航油免征关税、增值税和消费税。

三、自由贸易试验区

（一）总体情况

建立自由贸易试验区（以下简称"自贸试验区"）是党中央、国务院在新时代推进改革开放的一项战略举措。党中央、国务院对自由贸易试验区定位是以制度创新为核心，为全面深化改革和扩大开放探索新途径、积累新经验。要求赋予自贸试验区更大改革自主权，建设对外开放新高地，围绕试行高水平对外开放，充分运用国际国内两个市场、两种资源，对标高标准国际经贸规则，积极推动制度创新，努力建成具有国际影响力和竞争力的自由贸易园区，发挥好改革开放排头兵的示范引领作用。自 2013 年 9 月中国（上海）自贸试验区挂牌成立以来，党中央、国务院已先后批准六批共 21 个自贸试验区，形成了"1＋3＋7＋1＋6＋3"且覆盖东西南北中的全面开放新格局。这标志着我国在深化改革、扩大对外开放方面又迈出了新的一步，开始了新的尝试。

2013 年以来，自贸试验区开展了近 3400 项改革试点，累计向全国复制推广 278 项制度创新成果，打造了以开放促改革、促发展的生动样板。一是投资管理体制实现历史性变革。率先实施外资准入前国民待遇加负面清单管理模式，推动外商投资管理方式"逐案审批"向信息报告制的重大变革。自贸试验区外资准入负面清单由最初的 190 项压减到 2021 年版的 27 项，开放度、透明度大幅提升。二是贸易便利化水平全面领先。2014 年上线全国首个"单一窗口"，逐步覆盖海关、税务等 20 多个部门，已推广至全国。货物状态分类监管、原产地自主声明等一系列便利化举措大幅度提高了通关效率。三是金融开放创新有效服务实体经济。创设本外币一体化账户，有效打通了企业境外融资通道。跨境双向人民币资金池业务等举措向全国推广，企业融资更加便利、渠道更宽、成本更低。四是"放管服"改革始终走在前列。"证照分离"改革率先在自贸试验区启动，累计向自贸试验区下放近4000项省级管理权限，初步建立以信用为基础的事中事后监管体系，推进"互联网＋政务"等，政府服务效能不断提升。五是差别化探索推进国家战略深入实施。各自贸试验区围绕战略定位和区位优势，推进产业、技术、人才、管理创新，加强开放通道创新，有力促进了"一带一路"建设、粤港澳大湾区建设、京津冀协同发展、长三角区域一体化发展等国家战略深入实施。据统计，2021年全年，21个自贸试验区实际利用外资2130亿元，进出口总额6.8万亿元，以不到全国4‰的国土面积，实现了占全国18.5%的外商投资和17.3%的进出口，为稳外贸、稳外资作出了积极贡献。

（二）支持自贸试验区先行先试的进口税收政策

党中央、国务院做出建设自贸试验区的重大决策，目的是对标高标准国际经贸规则，选择部分地区先行先试，以制度创新为核心，使之成为推进改革和提高开放型经济水平的"试验田"。自贸试验区不是税收洼地，也不是政策洼地，而是改革开放新高地。围绕制度创新，结合各自贸试验区战略定位，支持自贸试验区先行先试的关税政策主要包括以下几个方面：

（1）统筹国际国内两个市场、两种资源。按照管得住、成本和风险可控原则，规范政策，创新监管模式，研究赋予海关特殊监管区域内企业增值税一般纳税人资格，在海关特殊监管区域全面实施货物状态分类监管。

（2）支持贸易新业态新模式发展。融资租赁方面，支持在海关特殊监管区域内开展飞机融资租赁；完善船舶、海洋工程结构物融资租赁标的物海关异地委托监管制度。跨境电商方面，推动自贸试验区内综合保税区依法依规全面适用跨境电商零售进口政策。艺术品贸易方面，支持在海关特殊监管区域设立国际文化艺术品交易场所，依法合规开展面向全球的保税文化艺术品展示、拍卖、交易业务。

（3）支持贸易转型升级。推进企业依托海关特殊监管区域开展面向国内外市场的高技术、高附加值的检测维修等保税服务业务。在综合保税区内开展高技术、高附加值、符合环保要求的保税检测和全球维修业务。对自贸试验区内海关特殊监管区域外有条件企业开展高附加值、高技术含量、符合环保要求的"两头在外"检测、维修和再制造业态实行保税监管。

（4）做大做强大宗商品贸易。对照国际通行税收政策，增强国际竞争力，探索研究推动油品全产业链发展的政策措施。在符合监管条件的前提下，允许注册在自贸试验区内的企业开展不同税号下保税油品混兑调和。支持参照保税船用燃料油供应管理模式，允许液化天然气（LNG）作为国际航行船舶燃料享受保税政策。支持开展橡胶等大宗商品现货离岸交易和保税交割业务。

（5）创新特殊区域发展模式。例如，在上海临港新片区内设立物理围网区域，建立洋山特殊综合保税区，作为对标国际公认、竞争力最强自由贸易园区的重要载体，在全面实施综合保税区政策的基础上，取消不必要的贸易监管、许可和程序要求，实施更高水平的贸易自由化便利化政策和制度。再如，支持北京天竺综合保税区打造具有服务贸易特色的综合保税区。

四、加工贸易

加工贸易是指经营企业进口全部或者部分原辅材料、零部件、元器件、包装物料等，经加工企业加工或者装配后，将制成品复出口的经营活动。根据经营企业是否拥有进口料件所有权以及是否负责销售，加工贸易分为来料加工和进料加工两种类型。其中，来料加工是指进口料件由境外企业提供，经营企业不需要付汇进口，按照境外企业的要求进行加工或者装配，只收取加工费，制成品由境外企业销售的加工贸易。进料加工是指进口料件由经营企业付汇进口，制成品由经营企业外销出口的加工贸易。

改革开放以来，为鼓励加工贸易发展，我国对加工贸易实施较为优惠的税收政策：一是根据《海关法》《进出口关税条例》及其他国务院相关规定，我国对加工贸易进口料件绝大部分实施保税政策，待加工成品出口后，海关根据核定的实际加工复出口的数量予以核销。个别情况下，为满足宏观调控或监管需要，也可对加工贸易进口料件所涉税款实行先征后退，待加工成品出口后，海关根据核定的实际加工复出口的数量退还已征收的税款。实际执行中，先征后退的情况较少。二是根据《国务院关于调整进口设备税收政策的通知》（国发〔1997〕37号）的规定，外商提供的加工贸易不作价设备，除《国内投资项目不予免税的进口商品目录》外，可免征关税。三是加工贸易进口料件应在规定期限内复出口，如不能按规定出口、转为内销的，需对保税进口料件依法征收税款并加征缓税利息。

为适应国家产业政策要求，促进加工贸易向高技术含量、高附加值方向发展，我国按商品将加工贸易分为禁止类、限制类和允许类。对列入禁止类的加工贸易，取消其进口保税的政策。对限制类则需提交一定形式的保证金。

五、其他类型区域

我国幅员辽阔、人口众多，各地区自然资源禀赋差异之大在世界上少有，统筹区域发展从来都是一个重大问题。处于不同发展水平的地区发展的目标、在国家发展战略中承载的任务是不同的，因此有必要针对不同地区的发展定位，研究制定相应的政策措施，支持区域协调发展。

（一）横琴粤澳深度合作区

为推动澳门经济适度多元发展，2009年，国务院批准《横琴总体发展规划》。为贯彻落实《国务院关于横琴开发有关政策的批复》（国函〔2011〕85号），2013年财政部会同海关总署、国家税务总局印发了《关于横琴开发有关进口税收政策的通知》（财关税〔2013〕17号）和《关于从境外经"一线"进入横琴和经"二线"进入内地的旅客携带行李物品的具体规定的通知》（财关税〔2013〕30号），明确了横琴开发有关进口税收优惠政策，具体包括：

（1）对从境外进入横琴与生产有关的下列货物实行备案管理，给予免税：横琴区内（以下简称"区内"）生产性的基础设施建设项目所需的机器、设备和建设生产厂房、仓储设施所需的基建物资；区内生产企业运营所需的机器、设备、模具及其维修用零配件；区内从事研发设计、检测维修、物流、服务外包等企业进口所需的机器、设备等货物；同时明确了在"一线"不予免税的货物清单。

（2）对从境外进入横琴与生产有关的下列货物实行备案管理，给予保税：区内企业为加工出口产品所需的原材料、零部件、元器件、包装物料及消耗性材料；区内物流企业进口用于流转的货物；同时明确了在"一线"不予保税的货物清单。

（3）货物从横琴进入内地按有关规定办理进口报关手续，按实际报验状态征税，在"一线"已完税的生活消费类等货物除外。

（4）横琴企业将免税、保税的货物（包括用免税、保税的料件生产的货物）销售给个人的，应按进口货物的有关规定补齐相应的进口税款。

（5）对设在横琴的企业生产、加工并经"二线"销往内地的货物照章征收进口环节增值税、消费税。根据企业申请，对该内销货物按其对应进口料件或按实际报验状态征收关税。

（6）对从境外经"一线"进入横琴的旅客携带的行李物品按进境物品进口税的相关规定管理；对经"二线"进入内地的旅客携带的行李物品实行便捷通关。

2019年12月，习近平总书记出席庆祝澳门回归祖国20周年大会并发表重要讲话指出："当前，特别要做好珠澳合作开发横琴这篇文章，为澳门长远发展开辟广阔空间、注入新动力。"[①] 为构建与澳门一体化高水平开放的新体系，2021年9月，中共中央、国务院印发《横琴粤澳深度合作区建设总体方案》明确在横琴实行货物"一线"放开、"二线"管住的分线管理模式，同时对人员进出实施高度便利。

（1）货物方面。"一线"放开方面，对合作区与澳门之间经"一线"进出的货物（过境合作区货物除外）继续实施备案管理，进一步简化申报程序和要素。研究调整横琴不予免（保）税货物清单政策，除国家法律、行政法规明确规定不予免（保）税的货物及物品外，其他货物及物品免（保）税进入。"二线"管住方面，从合作区经"二线"进入内地免（保）税货物，按照进口货物有关规定办理海关手续，征收关税和进口环节税。对合作区内企业生产的不含进口料件或者含进口料件在合作区加工增值超过30%的货物，经"二线"进入内地免征进口关税。从内地经"二线"进入合作区的有关货物视同出口，按现行税收政策规定实行增值税和消费税退税，涉及出口关税应税商品的征收出口关税，并根据需要办理海关手续。研究调整适用退税政策的货物范围，实行负面清单管理。

（2）人员进出高度便利。"二线"对人员进出不做限制，对合作区经"二线"进入内地的物品，研究制定相适应的税收政策，按规定进行监管。

（二）平潭综合实验区

平潭是"综合实验区""自贸试验区"和"国际旅游岛"三区合一的特殊区

---

① 《习近平在庆祝澳门回归祖国二十周年大会暨澳门特别行政区第五届政府就职典礼上的讲话》，载于《人民日报》2019年12月21日第2版。

域，是两岸交流合作、和平发展的重要前沿平台。2011 年 11 月，国务院批复同意《平潭综合实验区总体发展规划》（国函〔2011〕142 号）。

2013 年 9 月，为贯彻落实《平潭综合实验区总体发展规划》，财政部会同海关总署、国家税务总局印发了《关于平潭综合实验区有关进口税收政策的通知》（财关税〔2013〕62 号），明确了平潭综合实验区相关的进口税收优惠政策，主要包括：对从境外经"一线"进入平潭的基建物资及与生产有关的进口设备、模具等，予以免税；对从境外经"一线"进入平潭的生产资料，予以保税；免（保）税货物从平潭进入内地按有关规定办理进口报关手续，按实际报验状态征税；平潭企业将免（保）税货物销售给个人的，按进口货物有关规定补齐进口税款；企业生产、加工并经"二线"销往内地的货物照章征收进口环节增值税、消费税，根据企业申请，试行对该内销货物按其对应进口料件或按实际报验状态征收关税政策。同时，还明确了在"一线"不予免税和保税的货物清单。

根据《关于从境外经"一线"进入平潭和经"二线"进入内地的旅客携带行李物品的具体规定的通知》（财关税〔2013〕47 号），对从境外经"一线"进入平潭的旅客携带的行李物品按现行进境物品进口税的相关规定进行管理，对经"二线"进入内地的旅客携带的行李物品实行便捷通关。2014 年 7 月，平潭实现封关运作，开始实施"一线放宽、二线管住、人货分离、分类管理"的监管模式。

（三）边境贸易

根据国务院 1996 年发布的《关于边境贸易有关问题的通知》（国发〔1996〕2 号）规定，我国对边境贸易按边境小额贸易（边境地区外贸企业对企业）和边民互市贸易（边民对边民）两种形式进行管理。

（1）边境小额贸易，指沿陆地边境线经国家批准对外开放的边境县（旗）、边境城市辖区内经批准有边境小额贸易经营权的企业，通过国家指定的陆地边境口岸，与毗邻国家边境地区的企业或其他贸易机构之间进行的贸易活动。1996 年，海南提出申请适用边境贸易政策。经请示国务院，原对外贸易经济合作部、海关总署联合印发《关于进一步发展边境贸易的补充规定的通知》（外经贸政发〔1998〕第 844号）规定，"海南省对越小额贸易进出口商品及税收等项政策，参照本补充规定办理，但不得超过本补充规定"。

《关于边境贸易有关问题的通知》（国发〔1996〕2 号）规定，边境小额贸易企业进口原产于毗邻国家的商品，除烟、酒、化妆品以及国家规定必须照章征税的其他商品外，进口关税和进口环节增值税按法定税率减半征收（以下简称"双减半"）。因"双减半"政策涉嫌违反世界贸易组织非歧视规则，2008 年《国务院关于促进边境地区经济贸易发展问题的批复》（国函〔2008〕92 号），决定停止"双减半"政策，改为采取专项转移支付的办法替代"双减半"政策。自此，边境小额贸易与一般贸易税收政策趋同。

（2）边民互市贸易，指边民在边境线 20 公里以内、经政府批准的开放点或指定的集市上，在规定的金额或数量范围内进行的商品交换活动。边民每人每天免税进口额度从 1991 年的 300 元提高到 1996 年的 1000 元，1998 年进一步提高至 3000

元，2008 年通过《国务院关于促进边境地区经济贸易发展问题的批复》（国函〔2008〕92 号）文件进一步提高至 8000 元。

为贯彻落实《国务院关于促进边境地区经济贸易发展问题的批复》（国函〔2008〕92 号）文件中提出的"研究制定边民互市进出口商品不予免税的清单"的精神，2010 年，财政部、海关总署和国家税务总局联合下发了《关于边民互市进出口商品不予免税清单的通知》（财关税〔2010〕18 号），自 2010 年 5 月 1 日起，在生活用品的范畴内，除国家禁止进口的商品不得通过边民互市免税进口外，将烟、酒、化妆品、实施关税配额管理的生活用品、对国内农业发展影响重大的部分商品、成品油等商品列入边民互市进口商品不予免税清单；除国家禁止出口的商品不得通过边民互市免税出口外，将应征收出口关税的商品列入边民互市出口商品不予免税清单。同时，为满足边民的日常生活需要，允许边民每人每日可通过互市贸易免税进口一定数量的小麦、玉米、稻谷和大米、糖、棉花、豆油、菜籽油、棕榈油等商品。

（四）中哈霍尔果斯国际边境合作中心

中哈霍尔果斯国际边境合作中心是中哈两国合作的元首工程，是我国与其他国家建立的首个跨境经济合作区。根据我国与哈萨克斯坦签署的双边合作协议，在霍尔果斯中哈边界设立了中哈霍尔果斯国际边境合作中心。中哈霍尔果斯国际边境合作中心总面积 5.6 平方公里，其中中方区域 3.43 平方公里，哈方 2.17 平方公里，2012 年 4 月正式封关运营。2006 年，国务院印发《关于中国—哈萨克斯坦霍尔果斯国际边境合作中心有关问题的批复》（国函〔2006〕15 号），明确了中哈霍尔果斯边境合作中心的主要政策，包括：从中方进入中心的基础设施建设物资和中心内企业自用设备，予以退税；企业从哈方进口基础设施物资和区内自用设备进入中心中方区域，免征关税及进口环节增值税；旅客从中心进入中方境内的，每人每日一次可携带 8000 元人民币的免税物品。

第七章 世界贸易组织关税谈判

世界贸易组织是唯一的进行国际贸易规则制定的全球性国际组织。世界贸易组织的核心是由各成员方磋商签署并经立法机构确认的世界贸易组织各项协议，旨在促进国际贸易顺畅、可预期和自由地流动。本章重点回顾了世界贸易组织框架下多边、诸边关税减让谈判及相关领域的进展及成果，介绍了中国参与情况及所做贡献，并针对电子商务和碳边境调节机制等关税相关的新兴领域进行了介绍，旨在使读者对世界贸易组织本身、中国所发挥的作用以及如何在国际经贸领域发挥全球性治理机制作用有全面的理解和认识。

第一节 世界贸易组织简介

一、关税与贸易总协定

世界贸易组织成立之前，关税与贸易总协定是协调、处理国家间关税与贸易政策的主要多边协定。其宗旨是，通过互惠互利安排，实质性削减关税及其他贸易壁垒，消除国际贸易中的歧视待遇，以充分利用世界资源，扩大商品生产和交换，保证充分就业，增加实际收入和有效需求，提高生活水平。

（一）产生背景

20 世纪 30 年代世界经济危机中，资本主义国家间爆发了关税战。美国国会通过了《1930 年霍利—斯穆特关税法》，将关税提高到历史最高水平，造成国际贸易额大幅度萎缩。为扭转困境，扩大国际市场，1934 年，美国国会通过立法，授权总统签署互惠贸易协议。随后，美国与 21 个国家签署了一系列双边贸易协定，将关税水平降低了 30%～50%，并根据最惠国待遇原则，把这些待遇扩展到其他国家。这一举措对于缓解当时的经济危机起到了重要作用。

第二次世界大战期间，许多国家经济衰退，黄金和外汇储备短缺。为了在战后扩大世界市场份额，美国试图从金融、投资、贸易三个方面重建国际经济秩序。1944 年 7 月，在美国提议下召开了联合国货币与金融会议，分别成立了国际货币基金组织和世界银行；同时，倡导组建国际贸易组织，以便在多边基础上，通过逐步削减关税及其他贸易壁垒，促进国际贸易发展。

1946 年 2 月，联合国经济及社会理事会成立了筹备委员会，着手筹建国际贸易组织，同年 10 月在伦敦召开了第一次筹委会会议，讨论美国提出的《国际贸易组织宪章》草案，并决定成立宪章起草委员会修改草案。1947 年 1 月至 2 月，宪章起草委员会在纽约召开专门会议，会议在《国际贸易组织宪章》草案贸易规则部分的基础上起草了《关税与贸易总协定》。

1947 年 4 月至 8 月，美国、英国、法国、中国等 23 个国家在日内瓦召开了第二次筹委会会议。会议期间，参加方就具体产品的关税减让进行了谈判并达成了协议。此次谈判后来被称为关税与贸易总协定第一轮多边贸易谈判。

1947 年 11 月至 1948 年 3 月，在哈瓦那举行的联合国贸易和就业会议审议并通过了《国际贸易组织宪章》，又称为《哈瓦那宪章》。《哈瓦那宪章》的目标是，建立一个全面处理国际贸易和经济合作事宜的国际组织。该宪章包括 9 个章节和 1 个附件，主要内容有：宗旨与目标，就业和经济活动，经济发展与重建，一般商业政策，限制性贸易措施，政府间商品协定，国际贸易组织的建立，争端解决，一般规定等。

美国国会认为《哈瓦那宪章》的部分规定限制了美国的立法主权，不符合美国的利益，因而不批准《哈瓦那宪章》。受其影响，在 56 个《哈瓦那宪章》签字国中，只有个别国家批准了《哈瓦那宪章》，建立国际贸易组织的计划因此夭折。

（二）近半个世纪"临时适用"的协议

第二次世界大战给世界经济造成了很多困难，多数国家希望尽快消除战争时期的贸易障碍，尽早实施 1947 年关税谈判的成果。因此，在联合国贸易与就业会议期间，美国联合英国、法国、比利时、荷兰、卢森堡、澳大利亚和加拿大，于 1947 年 11 月 15 日签署了关税与贸易协定《临时适用议定书》，同意从 1948 年 1 月 1 日起实施《关税与贸易总协定》。1948 年，又有 15 国家签署了该议定书，签署国达到 23 个。这 23 个国家成为关税与贸易总协定创始缔约方，它们是：澳大利亚、比利时、巴西、缅甸、加拿大、锡兰（现斯里兰卡）、智利、中国、古巴、捷克斯洛伐克、法国、印度、黎巴嫩、卢森堡、荷兰、新西兰、挪威、巴基斯坦、南罗得西亚（现津巴布韦）、叙利亚、南非、英国、美国。各缔约方同意，《哈瓦那宪章》生效后，以宪章的贸易规则部分取代《关税与贸易总协定》的有关条款。

由于绝大多数国家最终没有批准《哈瓦那宪章》，关税与贸易总协定一直以临时适用的多边协议形式存在。从 1948 年 1 月 1 日开始实施，到 1995 年 1 月 1 日世界贸易组织正式运行，关税与贸易总协定共存续了 47 年。截至 1994 年底，关税与贸易总协定共有 128 个缔约方。

二、世界贸易组织的成立

（一）建立世界贸易组织的背景

建立世界贸易组织是关税与贸易总协定乌拉圭回合谈判的重要成果之一。1986

年乌拉圭回合谈判启动时，谈判议题没有涉及建立世界贸易组织问题，只设立了一个关于完善关税与贸易总协定体制职能的谈判小组。谈判涉及服务贸易和与贸易有关的知识产权等非货物贸易领域的新议题。这些重大议题的谈判成果，难以在关税与贸易总协定的框架内付诸实施，创立一个正式的国际贸易组织的必要性日益凸显。因此，欧洲共同体于1990年初首先提出建立一个多边贸易组织的倡议，这个倡议后来得到了美国、加拿大等国家的支持。

1990年12月，布鲁塞尔贸易部长会议同意就建立多边贸易组织进行协商。经过一年的紧张谈判，1991年12月形成了一份关于建立多边贸易组织协定的草案。时任关税与贸易总协定总干事阿瑟·邓克尔汇总了该草案和其他议题内容，形成"邓克尔最后案文（草案）"。这一案文成为进一步谈判的基础。1993年12月，根据美国的动议，把"多边贸易组织"改为"世界贸易组织"。

1994年4月15日，乌拉圭回合参加方在摩洛哥马拉喀什通过了《建立世界贸易组织马拉喀什协定》（以下简称《建立世界贸易组织协定》）。该协定规定，任何国家或在处理其对外贸易关系等事项方面拥有完全自主权利的单独关税区，都可以加入世界贸易组织。

通常而言，关税与贸易总协定有两个含义，一个是多边贸易国际协定，规范各成员方的国际贸易管理行为，另一个则是临时性的国际组织，用于支持前述意义上的国际协定，并举行贸易谈判，因此也被称为世界贸易组织的"前身"。1995年1月1日世界贸易组织正式运行后，关税与贸易总协定原有的临时性国际组织功能不复存在，但作为一项多边贸易协定依然存续，在修改之后成为《马拉喀什建立世界贸易组织协定》的一部分。《马拉喀什建立世界贸易组织协定》包括4个附件，附件1中的附件1A为《货物贸易多边协定》，包括修改后的《关税与贸易总协定》，通常称为《1994年关税与贸易总协定》（GATT 1994），其中包括《关税与贸易总协定》原先的文本，称为《1947年关税与贸易总协定》（GATT 1947）。

（二）世界贸易组织的宗旨和职能

世界贸易组织继承了关税与贸易总协定的宗旨，并增加了扩大服务的生产与贸易、可持续发展目标等内容。根据《马拉喀什建立世界贸易组织协定》第3条规定，世界贸易组织的职能主要包括：

（1）便利多边贸易协定的实施、管理和运作，促进世界贸易组织目标的实现，同时为诸边贸易协议提供实施、管理和运作的体制。

（2）为各成员就多边贸易关系进行多边和贸易部长会议提供场所，并提供实施谈判结果的体制。

（3）通过争端解决机制，解决成员间的贸易争端。

（4）管理贸易政策审议机制，定期审议成员的贸易政策及其对多边贸易体制运行所产生的影响。

（5）通过与其他国际经济组织（国际货币基金组织、世界银行及其附属机构等）的合作和政策协调，实现全球经济决策的更大一致性。

（6）对发展中国家和最不发达国家提供技术援助和培训。

三、世界贸易组织的基本原则

世界贸易组织的基本原则贯穿于世界贸易组织的各个协定和协议中，构成了多边贸易体制的基础。这些基本原则是非歧视原则、透明度原则、自由贸易原则和公平竞争原则。其中，非歧视原则包括最惠国待遇原则和国民待遇原则。

（一）最惠国待遇原则

1. 最惠国待遇的含义

最惠国待遇指一成员方将在货物贸易、服务贸易和知识产权领域给予其他任何国家（无论是否世界贸易组织成员）的优惠待遇，立即和无条件地给予其他各成员方。

2. 最惠国待遇原则在各领域的具体体现

（1）货物贸易领域。在货物贸易领域，成员方给予任何其他国家产品的关税优惠，或者其他与产品优惠有关的优惠、优待、特权或豁免，均应立即且无条件地给予其他成员方的相同产品。该原则的适用对象是产品，但其适用范围不仅是产品的关税税率，还适用于与进出口有关的任何其他费用（如海关手续费）、征收关税和其他费用的方式、与进出口有关的规则和程序、国内税和其他国内费用，以及有关影响产品销售、运输、分销和使用的政府规章和要求。

（2）服务贸易和知识产权领域。在服务贸易领域，成员方给予任何其他国家的服务或服务提供者的优惠，应立即和无条件地给予任何其他成员方的相同服务和服务提供者。该原则既适用于服务，也适用于服务提供者；既适用于中央政府采取的影响服务贸易的措施，也适用于地方政府采取的影响服务贸易的措施。不管成员方是否就某个具体的服务部门做出承诺，最惠国待遇原则仍适用于该部门。但服务贸易领域的最惠国待遇有其独特之处。它允许各成员将不符合最惠国待遇原则的措施列入最惠国待遇例外清单，附在各自承诺表之后。但这种例外不应超过10年。若一个成员方日后要求增加新的不符合最惠国待遇原则的措施，需得到世界贸易组织至少3/4成员方的同意。

在知识产权领域，成员方给予任何其他国家的国民有关知识产权保护的任何优惠、优待、特权或豁免，应立即和无条件地给予来自任何其他任何成员方的国民。

3. 最惠国待遇原则的例外

主要有四种情形：一是以关税同盟和自由贸易区等形式出现的区域经济安排，在这些区域内部实行的是一种比最惠国待遇还要优惠的"优惠制"，区域外世界贸易组织成员无权享受；二是对发展中成员实行的特殊和差别待遇（如普遍优惠制）；三是在边境贸易中，可对毗邻国家给予更多的贸易便利；四是在知识产权领域，允许成员方在一般司法协助国际协定规定的权利等方面保留一些例外。

（1）区域贸易安排。区域贸易安排可以分为双边形式和区域形式。双边形式，如中国和东盟国家签订的自由贸易协定；区域形式，如区域全面经济伙伴关系协定（RCEP）。世界贸易组织成员可参加此类区域经济一体化安排，对相互间的货物贸易或服务贸易实质上取消所有限制，而区域外的世界贸易组织成员则不能享受这些优惠。当然，区域内部的成员不能对区域外成员设立高于其参加一体化安排之前的贸易限制。

（2）发展中成员的特殊和差别待遇。在关税与贸易总协定中，发展中缔约方虽然形式上享受了与发达缔约方平等的最惠国待遇，但由于力量悬殊，其产品仍难以进入发达缔约方市场，同时还要承担与其经济发展水平不相适应的义务，导致发展中缔约方和发达缔约方实质上的不平等。

为解决上述问题，缔约方于 1955 年修改了《1947 年关税与贸易总协定》第 18 条"政府对经济发展的资助"，放宽了对发展中缔约方的要求，允许发展中缔约方因国际收支原因或为建立特定工业而实施贸易限制，第一次引入了对发展中缔约方的差别待遇。

1965 年，《1947 年关税与贸易总协定》中又增加了"贸易与发展"部分，呼吁发达缔约方努力改善对发展中缔约方有特殊出口利益的市场准入条件，并在贸易谈判中不期望发展中缔约方做出对等的减让。1979 年，"东京回合"通过了《关于发展中国家的差别和更优惠待遇、互惠和更充分参与的协定》，通称"授权条款"。

根据授权，发达国家可以通过制定"普遍优惠方案"，对发展中国家出口的制成品、半制成品和某些初级产品，提供普遍的、非互惠的、比最惠国待遇更为优惠的关税待遇；发展中国家之间可以订立区域性或全球性贸易协议，相互给予关税优惠，或取消非关税措施；发展中国家在履行多边达成的非关税措施方面，可以享受差别和更为优惠的待遇。

（3）边境贸易。边境贸易一般指毗邻两国边境区的居民和企业，在距边境线两边各 15 公里以内地带从事的贸易活动，目的是方便边境线两边的居民互通有无。世界贸易组织成员方为便利边境贸易而只对毗邻国家给予优惠。由于现实情况不一，如在边境线 15 公里以内无人居住，边境贸易并不严格局限于 15 公里范围。

（4）知识产权领域的例外。在知识产权领域，成员方给予任何其他成员方的知识产权所有者和持有者的下述一些权利，可不适用最惠国待遇原则：在一般司法协助的国际协定中享有的权利；《与贸易有关的知识产权协定》未作规定的有关表演者、录音制品制作者和广播组织的权利；在世界贸易组织正式运行前已经生效的国际知识产权保护公约中规定的权利。

（二）国民待遇

1. 国民待遇的含义

国民待遇指对其他成员方的产品、服务或服务提供者及知识产权所有者和持有者所提供的待遇，不低于本国同类产品、服务或服务提供者及知识产权所有者和持有者所提供的待遇。

国民待遇原则包含三个要点：

（1）国民待遇原则适用的对象是产品、服务或服务提供者及知识产权所有者和持有者，但因产品、服务和知识产权领域具体受惠对象不同，国民待遇条款的适用范围、具体规定和重要性有所不同。

（2）国民待遇原则只涉及其他成员方的产品、服务或服务提供者及知识产权所有者和持有者，在进口成员方境内所享有的待遇。

（3）国民待遇定义中"不低于"一词的含义是，其他成员方的产品、服务或服务提供者及知识产权所有者和持有者，应与进口成员方同类产品、相同服务或服务提供者及知识产权所有者和持有者享有同等待遇，但进口成员方也可以给予前者更高的待遇。

2. 货物贸易领域的国民待遇原则

（1）不对进口产品征收超出对本国同类产品所征收的国内税或其他国内费用。国内税费包括对产品征收的中央税费和地方税费。

（2）在影响产品国内销售、购买、运输、分配与使用的所有法律、法规、规章与要求，包括影响进口产品在国内销售、分配与使用的投资管理措施等方面，进口产品所享受的待遇不得低于本国同类产品。

（3）成员方对产品的混合、加工或使用实施国内数量管理（即产品混合使用要求）时，不能强制要求生产者必须使用特定数量或比例的国内产品。

在货物贸易领域，国民待遇原则是普遍适用的，但也有某些例外：第一个例外是政府采购；第二个例外是只给予某些产品的国内生产者补贴；第三个例外是有关外国电影片放映数量的规定。

3. 服务贸易领域的国民待遇原则

在服务贸易领域，成员方给予外国服务或服务提供者的待遇，不应低于本国服务或服务提供者享受的待遇，但以该成员在服务承诺表中所列的条件或限制为准，并且在成员方没有作出开放承诺的服务部门，外国服务或服务提供者不享受这种待遇。因此，在服务贸易领域，与最惠国待遇不同，国民待遇不是世界贸易组织成员承担的"一般义务"，而是成员方通过谈判确定的，且对不同服务部门有不同的规定。

4. 知识产权领域的国民待遇原则

在知识产权保护方面，成员方给予其他成员方国民的待遇不得低于本国国民享有的待遇，但以该成员方在现行知识产权协定中承担的义务为前提。对表演者、录音制品制作者和广播组织而言，国民待遇仅适用于《与贸易有关的知识产权协定》所规定的权利。

（三）透明度原则

1. 透明度原则的含义

透明度原则是指，成员方应公布所制定和实施的贸易措施及其变化情况，不公布的不得实施，同时还应将这些贸易措施及其变化情况通报世界贸易组织。成员方所参加的有关影响国际贸易政策的国际协议，也在公布和通报之列。透明度原则的主要内容，包括贸易措施的公布和贸易措施的通报两个方面。

2. 贸易措施的公布

公布的具体内容包括以下方面：成员方有效实施的关于海关对产品的分类或估价；海关征收的关税税率、国内税税率和其他税费；对产品进出口所设立的禁止或限制等措施；对进出口支付转账所设立的禁止或限制等措施；影响进出口产品的销售、分销、运输、保险、仓储、检验、展览、加工、与国产品混合使用或其他用途要求；有关服务贸易的法律法规、政策和措施；有关知识产权的法律、法规、司法判决和行政裁定，以及与世界贸易组织成员签署的其他影响国际贸易政策的协议等。世界贸易组织规定，成员方应迅速公布和公开有关贸易的法律、法规、政策、措施、司法判决和行政裁定，最迟应在生效之时公布或公开，使世界贸易组织其他成员和贸易商及时得以知晓。

3. 贸易措施的通报

世界贸易组织对成员方需要通报的事项和程序都作了规定，以保证其他成员能够及时获得有关成员在贸易措施方面的信息。

世界贸易组织关于通报的规定是在实践中不断完善的。"东京回合"通过了《关于通报、磋商、争端解决和监督的谅解》，要求缔约方最大可能地通报所采取的贸易措施。"乌拉圭回合"通过了《关于通报程序的部长决定》，进一步强化了世界贸易组织成员方承担的通报义务，通报的范围从货物贸易扩大到服务贸易和知识产权领域，成立了由世界贸易组织秘书处负责的通报登记中心，负责记录收到的所有通报，向成员方提供有关通报内容，并提醒成员履行通报义务。

《关于通报程序的部长决定》附件列出了一份示例性清单，包括需要通报的19项具体措施和有关多边协议规定的措施，基本上涵盖了所有货物贸易协议规定的通报内容，它们是：关税；关税配额和附加税；数量限制；许可程序和国产化要求等其他非关税措施，以及征收差价税情况；海关估价；原产地规则；政府采购；技术贸易壁垒；保障措施；反倾销措施；反补贴措施；出口税；出口补贴、免税和出口优惠融资；自由贸易区的情况，包括保税货物的生产情况；出口限制，包括农产品等产品的出口限制，世界贸易组织限期取消的资源出口限制和有序销售安排等；其他政府援助（包括补贴和免税）；国营贸易企业作用；与进出口有关的外汇管制；政府授权进行的对销贸易。

（四）自由贸易原则

在世界贸易组织框架下，自由贸易原则指通过多边贸易谈判，实质性削减关税和减少其他贸易壁垒，扩大成员方之间的货物和服务贸易，包含五个要点：

（1）以共同规则为基础。成员方根据达成的协议，有规则地实行贸易自由化。

（2）以多边贸易为手段。成员方通过参加多边贸易谈判，并根据在谈判中作出的承诺，逐步推进贸易自由化。在货物贸易方面，体现为逐步削减关税和减少非关税壁垒；在服务贸易方面，体现为不断增加开放的服务部门，减少对服务提供方式的限制。

（3）以争端解决为保障。世界贸易组织的争端解决机制具有强制性，如某成员被诉违反承诺，经争端解决机制裁决败诉，该成员方就应执行有关裁决，否则，世界贸易组织可以授权申诉方采取贸易报复措施。

（4）以贸易救济措施为"安全阀"。成员方可以通过援用有关例外条款或采取保障措施等贸易救济措施，取消或减轻贸易自由化带来的负面影响。

（5）以过渡期方式体现差别待遇。世界贸易组织承认不同成员之间经济发展水平的差异，通常允许发展中成员履行义务有更长的过渡期。

（五）公平竞争原则

在世界贸易组织框架下，公平竞争原则是指成员方应避免采取扭曲市场竞争的措施，纠正不公平贸易行为，在货物贸易、服务贸易和与贸易有关的知识产权领域，创造和维护公开、公平、公正的市场环境。公平竞争原则包含三个要点：

（1）公平竞争原则体现在货物贸易、服务贸易和与贸易有关的知识产权领域。

（2）公平竞争原则既涉及成员方的政府行为，也涉及成员方的企业行为。

（3）公平竞争原则要求成员维护产品、服务或服务提供者在本国市场的公平竞争，不论它们来自本国或其他任何成员方。

四、关税谈判简介

（一）关税谈判及其基础

组织关税谈判是关税与贸易总协定和世界贸易组织的重要职责。关税谈判是谈判各方通过不同的谈判形式，削减和约束进出口关税的过程，谈判结果汇总形成关税减让表，从而达到消除贸易壁垒、提高国际贸易的稳定性和可预见性的目的。

关税谈判有两个基础，一是商品分类基础，二是税率基础。

关税谈判的商品分类基础是各方的进出口税则。各国海关根据世界海关组织的《商品名称及编码协调制度》制定进出口税则。该协调制度对不同的商品采用6位数字编码，各方在6位数字编码的基础上，再细化为8位或10位等更细的编码。因此，各方的进出口税则在6位编码的商品范围内是基本一致的，这使谈判在一定程度上有共同"语言"。

税率基础是关税减让的起点。每一次谈判的税率基础是不同的，由谈判方谈判确定，一般是以上一次谈判确定的约束税率作为进一步谈判的基础；对于没有约束税率的商品，谈判方要首先议定一个确定基础税率的方案。

（二）关税谈判的类型及谈判程序

关税谈判主要有四种类型：（1）多边关税谈判，即多边贸易谈判回合中的关税减让谈判，关税和贸易总协定自 1947 年以来已完成的八个回合关税谈判以及世界贸易组织 2001 年启动的多哈回合谈判均属于此类谈判；（2）加入谈判，即申请方为加入关税和贸易总协定或世界贸易组织而与现存缔约方/成员之间进行的关税减让谈判，这种谈判通常是双边谈判，谈判结果多边化后成为该成员加入多边组织的最终谈判结果；（3）修改各成员减让表中约束税率的关税谈判，这种谈判主要是与那些对具体需要修改关税税率的产品拥有最初谈判权或主要供应利益的成员重新进行谈判；（4）发展中国家在根据 1979 年"授权条款"而订立的优惠协议基础上进行的谈判，达成的关税减让项目纳入特别关税表。《关税与贸易总协定》第Ⅱ条、第Ⅷ条及其附则对进行多边关税谈判的程序、方式作了原则规定，关税谈判的目的是大幅度降低关税和进出口其他费用的一般水平，特别是降低进口关税和非关税壁垒，以促进国际贸易的发展。

1. 多边关税谈判

多边关税谈判是指由所有关税与贸易总协定缔约方或世界贸易组织成员参加的，为削减贸易壁垒而进行的关税谈判。多边关税谈判可邀请非缔约方或成员参加。

多边关税谈判的程序是：（1）由全体缔约方或成员协商一致发起，并确定关税削减的最终目标；（2）成立谈判委员会等谈判机构，根据关税削减的最终目标确定谈判方式，一般采用部门减让或者公式减让与具体产品减让相结合的方式；（3）将谈判结果汇总为多边贸易谈判的一部分，参加方签字后生效。

多边关税谈判是相互的，任何缔约方或成员，均有权向其他缔约方或成员要价，也有义务对其他缔约方或成员的要价做出还价，并根据确定的规则做出对等的关税减让承诺。

2. 加入谈判

任何一个加入申请方都要与成员方进行关税谈判，谈判的目的是削减并约束申请方的关税水平，作为加入后享受多边利益的补偿。

加入谈判的程序是：（1）由申请方向成员方发出关税谈判邀请；（2）各成员根据其产品在申请方市场的情况，提出各自的关税要价单，一般采用产品对产品的谈判方式；（3）申请方根据对方的要价，并考虑本国产业情况进行出价，谈判双方进行讨价还价；（4）双方签订双边关税减让表一式三份，谈判双方各执一份，交世界贸易组织秘书处一份；（5）将所有双边谈判的减让表汇总形成加入方的关税减让表，作为加入议定书的附件。

加入时的关税谈判资格，一般不以是否有主要供应利益或实质供应利益来确定。任何成员均有权向成员方提出关税减让要求，是否与申请方进行谈判，由各成员自行决定；要求谈判的成员也可对某些产品要求最初谈判权，申请方不得拒绝。

3. 修改或撤回减让表谈判

修改或撤回减让表谈判指就成员修改或撤回已作出承诺的关税减让，包括约束税率的调整或者改变有关税则归类，而与受影响的其他成员进行的谈判。这种谈判以双边方式进行。谈判程序是：（1）通知世界贸易组织货物贸易理事会，要求修改或撤回某项产品的减让，理事会授权该成员启动关税谈判；（2）与有关成员进行谈判，确定修改或撤回的减让幅度，给予补偿的产品及关税减让的水平等，一般来说，补偿的水平应与撤回的水平大体相同；（3）谈判达成一致后，应将谈判的结果载入减让表；（4）若谈判未能达成一致，申请方可以单方采取行动，撤回减让；但其他有谈判权的成员可以采取相应的报复行动，撤回各自减让表中对申请方有利益的减让。有资格参加修改或撤回减让的关税谈判或磋商的成员，包括拥有最初谈判权的成员、拥有主要供应利益或实质供应利益的成员。

（三）关税谈判方式

关税谈判的方式主要有三种，即产品对产品谈判、公式减让谈判、部门减让谈判。

1. 产品对产品谈判

产品对产品谈判亦称"逐个商品减让法"。这种方法在申请加入世界贸易组织的谈判和建立双边优惠贸易协定的谈判中经常使用。以申请加入世界贸易组织时为例，通常对选择出的产品，先由该项产品的主要供应成员方提出关税减让要求，与进口成员在双边基础上进行讨价还价的谈判，达成双边协议。然后，这一双边关税减让协议的结果通过最惠国条款实施于所有世界贸易组织成员。通过这种方法，各成员方不仅从它参加的双边谈判中获得直接利益，还可以从其他谈判方之间达成的减让中获得间接利益。各方在提供减让时，只有在权衡了减让可能带来的直接利益和间接利益之后，才能做出与本国经济利益相适应的减让。

产品对产品谈判方式是早期多边关税谈判的重要方式之一。在关税与贸易总协定前五轮谈判①中，根据《关税与贸易总协定》第 28 条规定，均采取这种谈判方式。

2. 公式减让谈判

公式减让谈判是通过议定的削减规则在原有关税税率（基础税率）基础上确定新的约束税率的谈判。确定削减规则是公式减让谈判的核心，也是各方讨价还价的焦点。

公式减让谈判是在产品对产品谈判方式基础上发展出来的，也是近几轮多边谈判广泛使用的谈判方式之一。早期多边关税谈判主要采取产品对产品的谈判方式。1957 年关税与贸易总协定缔约方修改了《关税与贸易总协定》第 28 条，增加了 B 部分。B 部分第 2 款（a）规定，多边谈判可以在有选择的产品对产品的基础上进行，或通过使用有关缔约方可接受的多边程序进行。这为以后的谈判使用"公式减让谈判"方式提供了法律基础。1964 年肯尼迪回合谈判利用了上述条款，首次采取了公式减让方式——"实质性线性减让"。1973 年东京回合亦采用公式减让方式。

---

① 前五轮谈判分别为：第一轮——1947 年日内瓦；第二轮——1949 年法国安纳西；第三轮——1950 年英国托奎；第四轮——1956 年日内瓦；第五轮——1960 年"狄龙回合"。

在多哈回合农业和非农产品市场准入谈判中，世界贸易组织成员同意分别采取分层削减公式和瑞士公式对农产品和非农产品关税进行削减。

减让公式是成员方谈判确定的削减关税的规则，该规则确定了关税削减的基础税率（T_0）与削减后新约束税率（T_1）之间的关系，通常以函数形式表示。常见的关税减让公式包括两类。一是直接以关税削减的基础税率（T_0）与削减后新约束税率（T_1）作为函数自变量和因变量的削减公式，表示为 $T_1 = f(T_0)$，其中 f 为不增函数。根据削减幅度与基础税率间的关系，该类减让公式还可以进一步分为线性和非线性两种减让公式。二是以关税削减的基础税率（T_0）和削减后新约束税率（T_1）的特定统计量作为函数参数的削减公式，例如乌拉圭回合农业市场准入谈判达成的削减规则是，发达国家农产品税目税率平均削减36%，最低削减15%，该削减规则

用公式可表示为 $\dfrac{\overline{T}_0 - \overline{T}_1}{\overline{T}_0} = 36\%$ 且 $\min\left(\dfrac{T_0 - T_1}{T_0}\right) \geq 15\%$，其中，$\overline{T}_1$ 指削减后新约束税

率的简单算术平均税率，$\overline{T}_0$ 指基础税率（削减前税率）的简单算术平均税率。

3. 部门减让谈判

部门减让谈判是把部分成员特定范围的产品关税按议定规则约束在一定水平的谈判，也是关税谈判方式中的三种方式之一。如果约束水平为零，称为部门自由化；如果约束水平不为零，称为部门协调。部门减让成员（缔约方）的参加方式（例如自愿或强制）、产品范围、关税削减规则等，是部门减让谈判的核心要素。

部门减让谈判也是在产品对产品谈判方式基础上发展出来的。《1957年关税与贸易总协定》第28条B部分第2款（a）规定，多边谈判可以在有选择的产品对产品基础上进行，或通过使用有关缔约方可接受的多边程序进行，这也为以后谈判使用"部门减让谈判"提供了法律基础。乌拉圭回合谈判提出了农业机械、建筑机械、蒸馏酒、家具、医疗设备、纸及纸制品、药品、玩具、钢材、啤酒10类产品的部门自由化。1996年，美国、日本、欧盟、韩国等成员签署了《信息技术协议》，旨在将信息技术产品的关税削减至零。中国在"入世"谈判中参加了该协议，还参加了啤酒、家具、部分纸制品和玩具的部门自由化，并部分参加了化工品部门协调。

第二节　多边贸易谈判

一、多哈回合之前的八轮多边贸易谈判

1947～1994年，关税与贸易总协定共进行了八轮多边贸易谈判，缔约方之间的关税水平大幅度下降，非关税措施受到了约束。

（一）第一轮多边贸易谈判

1947年4月至10月，关税与贸易总协定第一轮多边贸易谈判在瑞士日内瓦举

行，其主要成果是削减了缔约方的关税。23 个缔约方在 7 个月的谈判中，就 123 项双边关税减让达成了协议，关税水平平均降低了 35%。在双边基础上达成的关税减让，无条件地、自动地适用于全体缔约方。

（二）第二轮多边贸易谈判

1949 年 4 月至 10 月，关税与贸易总协定第二轮多边贸易谈判在法国安纳西举行。谈判的目的是，给处于创始阶段的欧洲经济合作组织成员提供进入多边贸易体制的机会，促使这些国家为承担各成员之间的关税减让做出努力。这轮谈判除了在原 23 个缔约方之间进行之外，又与丹麦、多米尼加、芬兰、希腊、海地、意大利、利比里亚、尼加拉瓜、瑞典和乌拉圭 10 个国家进行了加入谈判。这轮谈判总计达成 147 项关税减让协议，关税水平平均降低 35%。

（三）第三轮多边贸易谈判

1950 年 9 月至 1951 年 4 月，关税与贸易总协定第三轮多边贸易谈判在英国托奎举行。这轮谈判的一个重要议题是，讨论奥地利、联邦德国、韩国、秘鲁、菲律宾和土耳其的加入问题。由于缔约方的增加，关税与贸易总协定缔约方之间的贸易额已超过当时世界贸易总额的 80%。在关税减让方面，美国与英联邦国家（主要指英国、澳大利亚和新西兰）谈判进展缓慢。英联邦国家不愿在美国未做出对等减让的条件下，放弃彼此间的贸易优惠，使美国与英国、澳大利亚和新西兰未能达成关税减让协议。39 个国家参加了这轮谈判，达成了 150 项关税减让协议，关税平均水平降低 26%。

（四）第四轮多边贸易谈判

1956 年 1 月至 5 月，关税与贸易总协定第四轮多边贸易谈判在瑞士日内瓦举行，28 个国家参加。美国国会认为，前几轮谈判中，美国的关税减让幅度明显大于其他缔约方，因此对美国政府代表团的谈判权限进行了限制。在这轮谈判中，美国对进口只给予了 9 亿美元的关税减让，而其所享受的关税减让约 4 亿美元。英国的关税减让幅度较大。这轮谈判使关税水平平均降低 15%。

（五）第五轮多边贸易谈判——狄龙回合

1960 年 9 月至 1962 年 7 月，关税与贸易总协定第五轮多边贸易谈判在日内瓦举行，共有 45 个参加方。这轮谈判由时任美国副国务卿的道格拉斯·狄龙倡议，后称为"狄龙回合"。谈判分为两个阶段：第一阶段从 1960 年 9 月至 12 月，着重就欧洲共同体建立所引出的关税同盟等问题，与有关缔约方进行谈判。第二阶段于 1961 年 1 月开始，就缔约方进一步减让关税进行谈判。这轮谈判使关税水平平均降低了 20%，但农产品和一些敏感性商品被排除在协议之外。欧洲共同体六国统一对外关税也达成减让，关税水平平均降低 6.5%。

（六）第六轮多边贸易谈判——肯尼迪回合

1964 年 5 月至 1967 年 6 月，关税与贸易总协定第六轮多边贸易谈判在日内瓦举行，共有 54 个缔约方参加。这轮谈判又称为"肯尼迪回合"。美国提出缔约方各自减让关税 50% 的建议，而欧洲共同体则提出"削平"方案，即高关税缔约方多减，低关税缔约方少减，以缩小关税水平差距。这轮谈判使关税平均水平降低 35%。从 1968 年起的五年内，美国工业品关税平均降低了 37%，欧洲共同体关税平均水平降低了 35%。

这轮谈判首次涉及非关税壁垒。虽然《关税与贸易总协定》第六条规定了倾销的定义、征收反倾销税的条件和幅度，但各国为了保护本国产业，滥用反倾销措施的情况时有发生。这轮谈判中，美国、英国、日本等 21 个缔约方签署了第一个实施《关税与贸易总协定》第六条有关反倾销的协议，该协议于 1968 年 7 月 1 日生效。

为使发展中国家承担与其经济发展水平相适应的义务，在这轮谈判期间，《关税与贸易总协定》中新增"贸易与发展"条款，规定了对发展中缔约方的特殊优惠待遇，明确发达缔约方不应期望发展中缔约方做出对等的减让承诺。这轮谈判还吸收波兰参加，开创了"中央计划经济国家"参加关税与贸易总协定的先例。

(七) 第七轮多边贸易谈判——东京回合

1973 年 9 月至 1979 年 4 月，关税与贸易总协定第七轮多边贸易谈判在日内瓦举行。因发动这轮谈判的贸易部长会议在日本东京举行，故称"东京回合"。"东京回合"共有 73 个缔约方和 29 个非缔约方参加了谈判。启动这轮谈判的背景是，"肯尼迪回合"结束后，总体关税水平大幅度下降，但非关税贸易壁垒彰显。

这轮谈判历时 5 年多，取得的主要成果有：（1）开始按瑞士公式削减关税，关税越高，减让幅度越大。从 1980 年起的 8 年内，关税削减幅度为 33%，减税范围除工业品外，还包括部分农产品。这轮谈判最终关税减让和约束涉及 3000 多亿美元的贸易额。（2）产生了只对签字方生效的一系列非关税措施协议，包括补贴与反补贴措施、技术性贸易壁垒、进口许可程序、政府采购、海关估价、反倾销、牛肉协议、国际奶制品协议、民用航空器贸易协议等。（3）通过了对发展中缔约方的授权条款，允许发达缔约方给予发展中缔约方普遍优惠制待遇，发展中缔约方可以在实施非关税措施协议方面享有差别和优惠待遇，发展中缔约方之间可以签订区域性或全球性贸易协议，相互减让关税，减少或取消非关税措施，而不必给予非协议参加方这种待遇。

(八) 第八轮多边贸易谈判——乌拉圭回合

1986 年 9 月 25 日在乌拉圭埃斯特角城启动谈判，1993 年 12 月 15 日在日内瓦结束谈判，1994 年 4 月 15 日成员国部长在摩洛哥马拉喀什签署一揽子协议，共历时 8 年。因发动这轮谈判的贸易部长会议在乌拉圭举行，故称"乌拉圭回合"。参加谈判的国家，最初为 103 个，结束时有 123 个。乌拉圭回合是关税与贸易总协定框架下第八轮多边贸易谈判，也是关税与贸易总协定框架下的最后一轮谈判。

1. 乌拉圭回合启动的背景、目标、议题

进入 20 世纪 80 年代，以政府补贴、双边数量限制、市场瓜分等非关税措施为

特征的贸易保护主义重新抬头，世界贸易额下降。为了遏制贸易保护主义，避免全面贸易战的发生，力争建立一个更加开放、持久的多边贸易体制，美国、欧洲共同体、日本等共同倡导发起了这轮谈判。1986 年 9 月，各缔约方和一些观察员的贸易部长们在乌拉圭埃斯特角城，经过激烈争论，最终同意启动这轮谈判。

在启动"乌拉圭回合"的部长宣言中，明确了这轮谈判的主要目标：一是通过减少或取消关税、数量限制和其他非关税措施，改善市场准入条件，进一步扩大世界贸易；二是完善多边贸易体制，将更大范围的世界贸易置于统一的、有效的多边规则之下；三是强化多边贸易体制对世界经济环境变化的适应能力；四是促进国际合作，强化关税与贸易总协定同有关国际组织的联系，加强贸易政策和其他经济政策之间的协调。

乌拉圭回合的谈判内容包括多边贸易谈判的传统议题和新议题。传统议题涉及关税、非关税措施、热带产品、自然资源产品、纺织品服装、农产品、保障条款、补贴和反补贴措施、争端解决等。新议题涉及服务贸易、与贸易有关的投资措施、与贸易有关的知识产权以及关税与贸易总协定体系的运作等。每个议题谈判分别由不同的谈判组负责。由于发展中国家不同意把服务纳入谈判范围，因而，关于服务贸易的谈判与其他内容谈判分开进行。谈判计划在 4 年之内完成，但实际上历时七年半，这使乌拉圭回合成为关税与贸易总协定框架下历时最长的谈判。

2. 乌拉圭回合主要成果

乌拉圭回合经过 8 年谈判，取得了一系列重大成果：贸易体制的法律框架更加明确，争端解决机制更加有效可靠；进一步降低关税，达成了内容更广泛的货物贸易市场开放协议，改善了市场准入条件；就服务贸易和与贸易有关的知识产权达成协议；在农产品和纺织品服装方面，加强了多边纪律约束；成立了世界贸易组织，取代了临时的关税与贸易总协定。

（1）货物贸易方面。乌拉圭回合有关货物贸易谈判的内容，包括两个方面：

① 关税减让。发达成员承诺总体关税削减幅度在 37% 左右，对工业品的关税削减幅度达 40%，加权平均税率从 6.3% 降至 3.8%。发达成员承诺关税减让的税目占其总税目的 93%，涉及约 84% 的贸易额。其中，承诺减让到零关税的税目占全部税目的比例，由乌拉圭回合前的 21% 提高到 32%，涉及的贸易额从 20% 上升至 44%；税率在 15% 以上的高峰税率占全部税目的比例，由 23% 降低为 12%，涉及贸易额约 5%，主要是纺织品和鞋类等。从约束范围看，发达成员承诺关税约束的税目占其全部税目的比例，由 78% 提升到 99%，涉及贸易额由 94% 增加到 99%。

发展中成员承诺总体关税削减幅度在 24% 左右。工业品的关税削减水平低于发达成员，加权平均税率由 20.5% 降至 14.4%；约束税目比例由 21% 上升至 73%，涉及贸易额由 13% 提高到 61%。

关于削减关税的实施期，工业品从 1995 年 1 月 1 日起 5 年内结束，减让表中另有规定的除外。无论发达成员还是发展中成员，均全面约束了农产品关税，并承诺进一步减让。农产品关税削减从 1995 年 1 月 1 日开始，发达成员的实施期为 6 年，发展中成员的实施期一般为 10 年，也有部分发展中成员承诺 6 年的实施期。

②规则制定。乌拉圭回合制定的规则可以归纳为四组。

第一组是《1994 年关税与贸易总协定》，它包括《1947 年关税与贸易总协定》的各项实体条款，1995 年 1 月 1 日以前根据《1947 年关税与贸易总协定》作出的有关豁免、加入等决定，乌拉圭回合中就有关条款达成的 6 个谅解，以及《1994 年关税与贸易总协定马拉喀什议定书》。

第二组是两项具体部门协议，即《农业协议》和《纺织品与服装协议》。

第三组包括《技术性贸易壁垒协议》《海关估价协议》《装运前检验协议》《原产地规则协议》《进口许可证程序协议》《实施卫生与植物卫生措施协议》《与贸易有关的投资措施协议》7 项协议。

第四组包括《保障措施协议》《反倾销协议》《补贴与反补贴措施协议》3 项贸易救济措施协议。

（2）服务贸易方面。乌拉圭回合之前，关税与贸易总协定谈判只涉及货物贸易领域。随着服务贸易不断扩大，服务贸易在国际贸易中的重要性日益增强，但许多国家在服务贸易领域采取了不少保护措施，明显制约了国际服务贸易的发展。为推动服务贸易的自由化，在乌拉圭回合中，发达国家提出，将服务业市场准入问题作为谈判的重点。经过 8 年的讨价还价，最后达成了《服务贸易总协定》，并于 1995 年 1 月 1 日正式生效。

《服务贸易总协定》将服务贸易分为跨境交付、境外消费、商业存在、自然人流动 4 种形式，包括最惠国待遇、透明度原则、发展中国家更多地参与、国际收支限制、一般例外、安全例外、市场准入、国民待遇、逐步自由化承诺等主要内容。《服务贸易总协定》还承认发达成员和发展中成员发展水平的差距，允许发展中成员在开放服务业方面享有更多的灵活性。

（3）在与贸易有关的知识产权方面。知识产权是一种无形资产，包括专利权、商标权、版权和商业秘密等。随着世界经济的发展，国际贸易范围的不断扩大以及技术发展的突飞猛进，知识产权与国际经济贸易的关系日益密切，但已有的国际知识产权保护制度缺乏强制性和争端解决机制，对知识产权未能实行有效保护。在发达国家强烈要求下，关税与贸易总协定将与贸易有关的知识产权纳入了乌拉圭回合谈判中。

乌拉圭回合达成了《与贸易有关知识产权协定》。该协定明确知识产权国际法律保护的目的；扩大知识产权保护范围，加强相关的保护措施，强化了对仿冒和盗版的防止和处罚；强调限制垄断等不正当行为，减少对国际贸易的扭曲和阻碍；做出了对发展中国家提供特殊待遇的过渡期安排；规定了与贸易有关的知识产权机构的职责，以及与其他国际知识产权组织之间的合作事宜。

二、多哈发展议程

（一）多哈回合谈判启动

2001 年 11 月在卡塔尔多哈举行的世界贸易组织第四届部长级会议通过了《多

哈部长宣言》，决定启动新一轮多边贸易谈判，并着手处理与实施目前协议有关的问题和关注。这一揽子计划被称为多哈发展议程。

《多哈部长宣言》提出了 19 个或 21 个议题，包括实施问题与关注、农业、服务、非农产品市场准入、与贸易有关的知识产权、贸易与投资的关系、贸易与竞争政策的相互作用、政府采购透明度、贸易便利化、世界贸易组织规则（反倾销、补贴、区域安排规则）澄清、争端解决、贸易与环境、电子商务、小经济体、贸易与债务和金融、贸易及技术转让、技术合作和能力建设、最不发达国家、特殊和差别待遇等。具体议题数目取决于如何计算涉及规则谈判的 3 个子议题。规则谈判若视为 1 个议题，则议题总数有 19 个；若视为 3 个议题，则议题总数为 21 个。这些议题多数涉及谈判，还有一部分纳入"与实施有关的问题和关注"。

（二）部分谈判议题简介

1. 与实施有关的问题和关注

该议题主要解决发展中成员在实施乌拉圭回合世界贸易组织协议过程中面临的问题和困难。在多哈部长级会议之前，发展中成员提出了 100 多个实施问题和困难，其中 40 多个在多哈部长级会议之前得到了解决并立即付诸实施，其余 60 多个列入谈判议题。列入谈判的问题和困难涉及《1994 年关税与贸易总协定》《农业协议》《实施卫生与植物卫生措施协议》《纺织品与服装协议》《技术性贸易壁垒协议》《与贸易有关的投资措施协议》《关于实施 1994 年关税与贸易总协定第 6 条的协定》《关于实施 1994 年关税与贸易总协定第 7 条的协议》《原产地规则协议》《补贴与反补贴措施协议》《与贸易有关的知识产权协议》等多个有关协议。

2. 农业

根据世界贸易组织的《农业协议》第 20 条规定，农业谈判于 2000 年初开始。在多哈部长会议前，121 个成员政府已提交了大量的谈判建议。《多哈部长宣言》以农业谈判工作已取得的进展为基础，肯定并细化了谈判目标，确定了新的谈判授权和谈判时间表。《多哈部长宣言》重申了关税与贸易总协定和世界贸易组织在农业领域的长期目标，即"通过根本性改革计划，建立一个公平的、以市场为导向的农产品贸易体制；该计划包括更有力的规则以及关于农业支持和保护的具体承诺，以纠正和防止世界农产品市场的限制和扭曲"。宣言细化了作为"一揽子"协议一部分的农业谈判的具体目标，即实质性改善市场准入，削减所有形式的出口补贴并最终取消出口补贴，实质性削减扭曲贸易的国内支持措施。宣言第 14 段设定了谈判时间表："2003 年 3 月 31 日前达成模式协议。第五次部长级会议前，各成员提交以模式协议为基础制定的综合减让表。在多哈发展议程结束谈判之日完成相关的法律文本等。"

农业谈判由农业委员会特别会议组织进行。

3. 服务

世界贸易组织《服务贸易总协定》第 19 条规定，世界贸易组织成员应不迟于

《世界贸易组织协定》生效之日起 5 年内开始，并在此后定期进行连续回合的谈判，以期逐步实现更高的自由化水平。据此，世界贸易组织服务贸易理事会于 2000 年初开始组织正式的服务贸易谈判。2001 年 3 月 28 日，服务贸易理事会通过了《谈判指导原则和程序》。谈判主要通过双边方式进行，分为要价和出价两个阶段。《多哈部长宣言》肯定了谈判所取得的进展，确认了谈判达成的指导原则和程序，提出了具体时间表，要求谈判参与方应在 2002 年 6 月 30 日之前提交具体承诺的最初要价，在 2003 年 3 月 31 日之前提交最初出价。2005 年香港部长级会议就服务谈判的过程和实质问题又制定了指导规则，其时间表要求还未提交初始要价的成员应尽快提交，第二轮修订要价应在 2006 年 7 月 31 日之前提交，承诺的最后时间表草案应在 2006 年 10 月 31 日之前提交。2006 年，多哈回合谈判暂停，次年恢复谈判后，因农业和非农产品谈判未达成一致，谈判总体放缓。2011 年第八次部长级会议通过了一项豁免，允许世界贸易组织成员向最不发达国家的服务和服务供应商提供优惠待遇。此后，虽然成员都有意致力于推动服务谈判，但未取得新的进展。

服务谈判在服务理事会特别会议以及服务理事会的附属机构和工作组的相关会议展开。

4. 非农产品市场准入

《多哈部长宣言》同意就非农产品发起新的市场准入谈判，目标是削减或酌情取消关税，包括削减或取消关税高峰、高关税、关税升级以及非关税壁垒，特别是对发展中国家具有出口利益的产品，谈判应充分考虑发展中国家和最不发达国家参加方的特殊需要和利益，包括通过在削减承诺方面的非完全互惠。成员首先需就如何进行关税削减（即"减让模式"）达成一致。减让模式应包括适当的研究和能力建设措施，以帮助最不发达国家有效参与谈判。在日内瓦谈判中，成员决定应于 2003 年 5 月 1 日前就减让模式达成一致。当该期限错过后，2004 年 8 月 1 日，成员设定了新的时限，即 2005 年 12 月的香港部长级会议。在这一期限又被错过后，成员再没有提出新的时间表。

非农市场准入谈判在市场准入谈判组会议展开。

5. 与贸易有关的知识产权

与贸易有关的知识产权谈判包括三个方面的内容。

（1）《与贸易有关的知识产权协议》（TRIPS 协议）与公众健康关系。《多哈部长宣言》强调，应以支持公众健康的方式实施和解释《与贸易有关的知识产权协议》。在多哈发展议程中，主要任务是由与贸易有关的知识产权理事会，就没有药品生产能力的国家如何使用强制许可这一问题提出解决方案。宣言延长了最不发达国家实施药品专利条款的期限。

（2）地理标志。该子议题涉及两个方面：地理标志多边注册制度，以及把对地理标志的保护扩大到葡萄酒与烈酒以外的产品。

（3）审议《与贸易有关的知识产权协议》。与贸易有关的知识产权理事会应以《与贸易有关的知识产权协议》第 7 条和第 8 条提出的目标和原则为指导，审查

《与贸易有关的知识产权协定》与《生物多样性公约》之间的关系，审查对传统知识和民俗的保护等。

6. 贸易与投资的关系

1996 年新加坡部长级会议建立了一个工作组开始研究该议题，是"新加坡议题"之一。贸易与投资关系工作小组工作集中于澄清：范围和定义；透明度；非歧视；基于 GATS 类型的、肯定列表式的预先制定的承诺模式；发展条款；例外和国际收支保护；以及成员间争端的磋商和解决。宣言要求，任何框架均应以平衡的方式反映本国和东道国的利益，并适当考虑东道国政府的发展政策和目标，以及它们对公共利益的管理权。2004 年 8 月 1 日，成员决定在多哈发展议程中舍去该议题。

7. 贸易与竞争政策的相互作用

这是第 2 个"新加坡议题"。贸易与竞争政策相互关系工作小组工作集中于澄清核心原则，包括透明度、非歧视和程序公正性，及关于核心卡特尔的规定；自愿合作的模式；以及对通过能力建设逐步加强发展中国家中的竞争机构的支持。宣言要求，对发展中国家和最不发达国家参加方的需要给予充分考虑，并给予适当的灵活性以满足这些需要。2004 年 8 月 1 日，成员决定在多哈发展议程中舍去该议题。

8. 政府采购透明度

这是第 3 个"新加坡议题"。宣言要求，谈判应仅限于透明度方面，将不限制各国给予本国供应和供应商优惠的范围。宣言还强调了发展中成员的关注、技术援助和能力建设等内容。2004 年 8 月 1 日，成员决定在多哈发展议程中舍去该议题。

9. 贸易便利化

这是第 4 个"新加坡议题"，也是唯一一个最后纳入多哈一揽子协议的"新加坡议题"。2013 年 12 月世界贸易组织第九次部长级会议通过了《贸易便利化协定》，2014 年 11 月世界贸易组织总理事会通过了《修正〈马拉喀什建立世界贸易组织协定〉议定书》，将该协定作为附件纳入了《马拉喀什建立世界贸易组织协定》。在得到世界贸易组织 2/3 成员的批准后，该协定于 2017 年 2 月 22 日生效。《贸易便利化协定》分为三大部分，共计 24 个条款，包括加快货物（包括过境货物）的流动、放行和清关，成员间海关在贸易便利化和海关守法问题上的合作措施以及技术援助和能力建设等规定。

10. 世界贸易组织规则

根据《多哈部长宣言》，规则谈判包括三个方面内容：一是在保留反倾销协议和反补贴协议的基本概念、原则和有效性并考虑发展中国家和最不发达国家参加方需要的情况下，澄清和改进《关于实施 1994 年关税与贸易总协定第 6 条的协定》和《补贴与反补贴措施协议》项下的纪律，包括渔业补贴问题；二是澄清和改进关于区域贸易协定的相关纪律；三是改进和澄清《争端解决谅解》相关问题。

渔业补贴谈判有望在 2021 年底举行的第十二次部长级会议上取得积极成果。在 2017 年布宜诺斯艾利斯部长级会议上，部长们的目标是在下届部长级会议上通过一项渔业补贴协定，实现可持续发展。① 2020 年 6 月 25 日，渔业补贴规则谈判小组主席圣地亚哥·威尔斯大使向世界贸易组织代表团介绍了一份综合性合并文本草案（RD/TN/RL/126），各成员以该文本草案为基础开始了新的谈判工作。目前，谈判主要围绕三大类补贴，即非法、未报告、无管制（illegal, unreported and unregulated, IUU）补贴，导致捕捞能力过剩和过度捕捞的补贴以及对过度捕捞鱼类种群产生不利影响的补贴，争议点集中在 IUU 捕捞活动的确认以及相应程序、哪些补贴会导致捕捞能力过剩、对自给/手工或小规模捕鱼补贴的可能豁免、发展中国家特殊和差别待遇以及世界贸易组织争端解决机制如何适用等问题上。截至 2021 年 10 月，渔业补贴谈判正在规则谈判小组定期进行的会议中持续推进。②

三、多哈回合谈判进程简述

（一）2003 年坎昆会议失败

2003 年 9 月 10 日至 14 日，世界贸易组织第五次贸易部长会议——坎昆会议在墨西哥坎昆召开。多哈回合谈判启动后，谈判进展缓慢，成员分歧较大，谈判进程一波三折。会议期间，各成员讨论了农业、非农产品市场准入、发展、新加坡议题、棉花动议以及其他议题。9 月 14 日，坎昆会议发表部长声明，承认多哈回合谈判陷入僵局，提出谈判要取得进展，需要在突出问题上继续工作。

新加坡议题是坎昆会议失败的直接导火索。发展中成员普遍认为，乌拉圭回合所确立的规则整体上不利于其经济发展。全球贫困化问题不仅没有随着世界贸易组织的产生而得到缓解，反而有继续恶化的趋势。在发达成员没有完全兑现原有承诺的条件下，开展新问题的谈判将会加剧它们在国际经济中的不平等地位。发达成员认为，为了进一步打开全球市场，尤其是发展中成员市场，在新加坡议题上取得进展将有重大意义。在讨论中出现三种主要意见：多数发展中成员表示，各方未一致同意在多哈发展议程中就新加坡议题展开谈判；部分发展中成员和发达成员表示，该议题是多哈议程不可或缺的部分，应展开积极谈判；少部分发展中成员建议将议题中的四个问题单列分开，支持先对贸易便利化和政府采购透明度这两个不太敏感和相对比较成熟的问题展开谈判。三种意见最终没能调和。

农业问题是坎昆会议失败的重要因素。矛盾焦点首先集中在发达成员间。一方是以美国、加拿大、澳大利亚等为首的农产品出口国，另一方是以欧盟、日本、韩国等为主体的农产品进口国。坎昆会议前夕，美国和欧盟就农产品问题达成了妥协

---

① "Negotiations on fisheries subsidies", World Trade Organization, https://www.wto.org/english/tratop_e/rulesneg_e/fish_e/fish_e.htm.

② "Fishing subsidies negotiations chair introduces new text in run-up to July ministerial", World Trade Organization, https://www.wto.org/english/news_e/news21_e/fish_11may21_e.htm.

方案。矛盾焦点从美欧对立转化为发达成员与发展中成员的对立。美欧妥协方案没有考虑发展中成员的立场，这为会议失败埋下了伏笔。

从积极的方面看，坎昆会议提升了发展中成员的谈判能力。在坎昆会议前期，发展中成员组成了 20 国集团（G20）、33 国集团（G33）。20 国集团包括印度、中国、南非、阿根廷等主要的发展中成员，在出口竞争、国内支持、市场准入三大子议题中积极争取发展中成员的利益。33 国集团以印度尼西亚为首，提出了发展中成员关注的特殊产品和特殊保障措施机制的概念。

（二）2004 年总理事会通过《多哈工作计划总理事会决定》

坎昆会议无果而终，对多边贸易体制和世界经济的复苏产生了消极的影响。各成员反思立场，加强接触，继续就各项技术性问题展开谈判。为完成坎昆会议没有解决的问题，以便于为多哈发展议程下一步工作确定指导原则和基本内容，2004 年 7 月 16 日，世界贸易组织散发了"七月框架"初稿作为各成员谈判的基础，同时宣布 2004 年 7 月 20 日至 31 日在日内瓦举行总理事会。经过艰苦的马拉松式谈判，在对"七月框架"初稿做了两次重大修改后，世界贸易组织成员终于在 8 月 1 日当地时间凌晨一点达成了框架性协议。框架协议主要在三个方面取得了重要进展。

1. 农业

在国内支持方面，框架协议确立了以高支持、多减让为原则，两个分层削减相结合的机制，在对扭曲贸易的"黄箱""蓝箱"措施和微量允许分别削减的基础上，对三者总量也要进行削减，并在第一年至少削减 20% 的总量；对微量允许削减进行谈判，同时考虑给予发展中成员特殊和差别待遇；对"蓝箱"封顶，以农业平均总产值的 5% 作为"蓝箱"措施上限，审议"蓝箱"标准，引入"新蓝箱"概念，并通过谈判确定其标准；在确保"绿箱"的基本原则不变的前提下，审议和澄清"绿箱"标准，以保证不扭曲农产品贸易。

在出口竞争方面，确定出口补贴将在一定期限内最终取消，同步取消出口信贷、出口国营贸易和粮食援助措施中的补贴成分和贸易扭曲成分。在给予发展中成员特殊和差别待遇的前提下，就国营贸易企业今后使用出口垄断权进行谈判；为粮食援助议定特殊情况下的商业出口信贷和优惠国际融资工具。

在市场准入方面，规定使用单一、分层公式削减关税，高税多减，解决关税升级问题；给予敏感产品一定灵活性，同时要求通过削减关税与扩大关税配额相结合改善其市场准入水平；发展中成员自行确定一些与粮食安全、生计、农村发展需要有关的特殊产品，具体待遇通过谈判确定；为发展中成员建立特殊保障机制。

2. 非农产品市场准入

非农产品市场准入框架在基本援引坎昆案文的基础上添加了一段文字，肯定坎昆案文包含的内容作为今后谈判的初步要素，但同时说明有关减让公式、部门减让、关税约束、特殊和差别待遇、发展中成员参加方灵活性以及优惠等要素的细节需要进一步谈判，以期达成一致。

3. 新加坡议题

框架协议决定设立贸易便利化谈判组，正式启动贸易便利化谈判，澄清和改进世界贸易组织相关条款的内容，以进一步加速货物的流动、放行和清关，要求发达成员应给予发展中成员技术援助和能力建设支持。另外3个"新加坡议题"，即贸易与投资关系、贸易与竞争政策的相互作用、政府采购透明度，遭到以毛里求斯等非洲集团为代表的发展中成员的强烈反对，被排除在多哈回合谈判工作计划之外。

（三）2005年第六次贸易部长级会议通过《香港部长宣言》

2005年12月13日至18日，世界贸易组织第六届部长级会议在香港举行。149个世界贸易组织成员的400余位部长，共5800余名代表出席会议。经过成员通宵达旦的磋商谈判，会议最终通过了《香港部长宣言》，在6个方面取得了重要的进展。

1. 农业

发达成员同意在2013年以前取消所有形式的农产品出口补贴，并在多哈回合谈判最终结果所确定的实施期的前半段取消大部分的出口补贴。发达成员必须于2006年底前取消对棉花的出口补贴，并在多哈回合谈判最终结果实施之日起就给予最不发达成员的棉花免关税和免配额待遇。对棉花的国内支持的削减幅度必须大于其他产品，削减的时间也必须早于其他产品。

2. 非农产品市场准入

同意采取多个系数的瑞士公式作为关税削减公式，承认发展中成员所享受的灵活性将作为谈判的有机组成部分。

3. 与贸易有关的知识产权协议修改

一致通过了《关于修改〈与贸易有关的知识产权协议〉的决议》，该决议允许缺乏药品生产能力的成员（主要是最不发达成员）从其他成员进口在强制许可条件下生产的专利药品，以帮助最不发达成员在流行病肆虐时获得药品供应。

4. 最不发达国家免关税免配额待遇

最不发达成员享受到多哈回合以发展为宗旨的"早期收获"，即：发达成员必须于2008年以前在至少占全部税号数97%的产品上给予最不发达成员免关税和免配额待遇，并在2008年后进一步扩大这一比例。

5. 发展新成员

接受汤加作为世界贸易组织第150个成员加入世界贸易组织。

6. 新的谈判时间表

香港会议还为全面完成多哈回合谈判制定了更详细的时间表：即于2006年4月

底前结束所有模式谈判，6 月底前提交减让表，年底前结束所有谈判。

（四）2006 年谈判中止与逐步恢复

2006 年 7 月 23 日，世界贸易组织在日内瓦举行了欧盟、美国、印度、巴西、日本、澳大利亚六方（G6）磋商。由于缺乏政治意愿，主要谈判方立场分歧巨大，未能就农业和非农谈判模式达成一致，谈判已陷入危机，无法实现 2006 年底结束谈判的目标。7 月 24 日，世界贸易组织总干事拉米主持召开贸易谈判委员会非正式会议，建议无限期中止所有议题的谈判，在谈判中止期间，各方应认真反思各自谈判立场，待时机成熟时再考虑恢复谈判。7 月 27 日至 28 日，世界贸易组织总理事会同意拉米建议，中止多哈谈判。

2006 年 11 月 10 日，世界贸易组织总干事拉米在日内瓦召开了绿屋会议，就多哈回合谈判进行非正式磋商。美国、欧盟、巴西、印度、日本、澳大利亚、中国等近 30 个成员参加。会上，多数成员认为如不启动谈判，到 2007 年 3 月前不会有任何成果，因此应逐步恢复多哈回合谈判。拉米最后表示，恢复谈判的条件还不完全具备，但考虑到成员为避免谈判彻底失败，普遍要求恢复谈判，因此，建议各个谈判机构逐步恢复正常进程。此后，全体成员参加的非正式谈判委员会议决定继续多哈谈判进程。

（五）2008 年世界贸易组织小型部长会议失败

2008 年 7 月 21 日，世界贸易组织总干事拉米在日内瓦召集了 35 个主要成员国部长参加的小型部长级会议，旨在通过高层密集谈判达成一揽子协议，明确各成员在农业、非农产品市场准入和服务等领域的减让原则和具体实施办法（亦称"减让模式"），以便于成员据此做出新的减让承诺，完成多哈回合谈判。

经过 9 天大范围、多层次的艰难谈判，虽然各方在众多议题上立场差距明显缩小，但由于谈判基础脆弱，深层次矛盾难以化解，以致在农产品特殊保障机制（SSM）、非农产品部门减让等问题上凸显严重分歧，致使谈判最终未果。7 月 29 日，拉米宣布 7 月小型部长会议谈判失败，使多哈回合谈判继 2003 年坎昆会议之后又一次遭受了重大挫折。

2009 年至 2010 年，多哈回合谈判进展缓慢。2011 年，谈判陷入彻底失败的危险境地。4 月，世界贸易组织总干事拉米为推进谈判进程推出了多哈回合谈判一揽子案文，但成员分歧依旧。为避免谈判完全失败，拉米提出先谈"早期收获"，再谈"一揽子协议"的"两步走"方案。

（六）2011 年第八次部长级会议未取得突破

2011 年 12 月，世界贸易组织在日内瓦举行第八次部长级会议。由于各成员在一些谈判领域存在较大分歧，此次会议在多哈回合遗留问题的谈判上没有取得进展。此次会议最引人注目的是在发展新成员方面，接受了俄罗斯、萨摩亚、黑山加入世界贸易组织。会议的其他成果主要包括，在服务贸易方面与最不发达国家有关的最惠国待遇豁免；在电子商务方面，延长 2009 年决议，对电子传输免征关税；与知识产权有关的决议包括延长最不发达国家过渡期以及暂不得提起非违反之诉的延期，以及推进弱小经济体工作项目、最不发达国家的加入、贸易政策审议机制、改善政府采购规则及市场准入等。①

（七）2013 年第九次部长级会议达成了《巴厘部长宣言及决定》

2013 年 12 月，在印度尼西亚巴厘岛召开的世界贸易组织第九次部长级会议，就多哈回合谈判"早期收获"达成一致，通过了《巴厘部长宣言及决定》，这是多哈回合谈判启动 12 年以来首次取得具体谈判成果。在多哈发展议程部分，《巴厘部长宣言及决定》包括贸易便利化、农业、棉花以及发展与最不发达国家问题 4 个议题。

1. 贸易便利化

巴厘岛会议结束了关于《贸易便利化协定》的谈判，形成协定文本并对所有成员开放签署。该协定包括三大部分共 24 条：第一部分为"贸易便利化"的相关措施与义务（共 12 条）；第二部分为针对发展中成员和最不发达成员的特殊和差别待遇；第三部分为"机构安排和最终条款"。2017 年 2 月 22 日《贸易便利化协定》正式生效。②

2. 农业

农业议题是"早期收获"的核心和焦点，主要包括关税配额（TRQ）管理、粮食安全和出口竞争三项决定。

关税配额（TRQ）管理方面，为回应成员的诉求，巴厘岛会议《关于〈农业协议〉第 2 条所定义农产品的关税配额管理规定的谅解》［WT/MIN(13)/39］对《农业协议》第 2 条的关税管理配额规定做出了更详细的释义，详见本节农业谈判部分。

粮食安全方面，《用于粮食安全为目的的公共储备》［WT/MIN(13)/38］建立起了支持发展中国家为粮食安全目的实施的超过限额的储备行为的临时机制，要求"为实施用于粮食安全目的的公共储备项目而对传统主粮作物供的且符合《农业协议》附件 2 第 3 款、脚注 5 及脚注 5&6 的支持，各成员应克制通过世界贸易组织争端解决机制对发展中成员是否遵守其在《农业协议》第 6.3 款和 7.2（b）项下的义务提出质疑。"

出口竞争项下的出口补贴问题是巴厘岛会议的谈判焦点，《出口竞争》［WT/MIN(13)/40］第 10 条是具有约束性的承诺规定，要求"承诺针对各种形式的出口补贴和所有具有同等效力的出口措施，增强透明度并改善监督，以支持改革进程。"其他内容多是宣誓性的规定。

---

① "Eighth WTO Ministerial Conference", World Trade Organization, https://www.wto.org/english/thewto_e/minist_e/min11_e/min11_e.htm.

② 《世贸组织〈贸易便利化协定〉正式生效助力全球贸易与经济增长》，中华人民共和国商务部网站，http://www.mofcom.gov.cn/article/ae/ai/201702/20170202521961.shtml。

3. 棉花

巴厘岛会议关于棉花的部长决定［WT/MIN(13)/41］，对未实现 2005 年《香港部长宣言》中与贸易有关的内容表示遗憾，承诺加强棉花问题与贸易有关方面的透明度和监督，并同意在农业委员会特别会议下每两年举行一次专题讨论，以审查与棉花相关的市场准入、国内支持和出口竞争三大支柱中与贸易有关的进展情况，最后重申了棉花问题发展援助的重要性。

4. 发展与最不发达国家问题

《巴厘部长宣言及决定》针对发展与最不发达国家问题，作出了《最不发达国家优惠原产地规则》［WT/MIN(13)/42］、《给予最不发达国家服务和服务提供者优惠待遇豁免的实施问题》［WT/MIN(13)/43］、《最不发达国家"免关税和免配额"市场准入》［WT/MIN(13)/44］、《特殊和差别待遇监督机制》［WT/MIN(13)/45］四项决定。《最不发达国家"免关税和免配额"市场准入》要求，发达成员应该对最不发达国家成员至少 97% 以上税目的产品提供免关税待遇，没有做到的发达成员应改进其免关税及免配额待遇政策，应努力改进其现行对此类产品的免关税和免配额范围，以便在下届部长级会议前，向最不发达国家提供逐步增加的市场准入；有能力这样做的发展中成员应努力向源自最不发达国家的产品提供免关税和免配额市场准入，或应努力改进其现行对此类产品的免关税和免配额范围，以便在下届部长级会议前，向最不发达国家提供逐步增加的市场准入。

(八) 2015 年第十次部长级会议通过了"内罗毕一揽子协定"

2015 年 12 月 15 日至 19 日，世界贸易组织第十次部长级会议在肯尼亚内罗毕举行。会议最终通过了"内罗毕一揽子协定"，包括有关农业、棉花和与最不发达国家有关问题的 6 项部长级决定。其中，承诺取消对农产品的出口补贴，被时任世界贸易组织总干事罗伯特·阿泽维多称赞为世界贸易组织 20 年历史上"农业方面最重要的成果"。

1. 农业

农业决定包括发展中国家成员的特殊保障机制、用于粮食安全目的的公共储备、出口竞争以及与棉花有关的措施。

"内罗毕一揽子协定"的核心内容是《关于出口竞争的部长级决定》［WT/MIN(15)/45］，该决定根据各成员的不同发展程度，在取消出口补贴上实施特殊和差别待遇，比如规定发达成员自决定获得通过之日起立即取消其减让表所列明的剩余的出口补贴，发展中成员应在 2018 年底取消其使用的出口补贴。

《关于棉花的部长级决定》［WT/MIN(15)/46］对市场准入、国内支持、出口竞争进行了相应规定，重点是在市场准入方面，该决定规定："发达成员和宣布自己有能力的发展中成员，在各自惠及最不发达成员的优惠贸易安排所规定的范围内，自 2016 年 1 月 1 日起，对最不发达成员生产和出口的棉花提供免关税、免配额的市场准入。"

2. 最不发达国家议题

会议就服务领域对最不发达国家的优惠待遇以及确定最不发达国家出口产品能否从贸易优惠中受益的原产地规则做出了决定。

（九）2017 年第十一次部长级会议未取得重要成果

2017 年 12 月 10 日至 13 日，世界贸易组织在阿根廷布宜诺斯艾利斯举行了第十一次部长级会议，来自 164 个世界贸易成员的代表就农业、渔业、贸易便利化、电子商务、中小企业发展等议题展开激烈谈判，会议达成了渔业补贴部长决定、电子商务工作计划部长决定、小经济体工作计划部长决定、知识产权非违反和情势之诉部长决定 4 项部长级决定，[①] 但为期 4 天的会议没有在粮食安全公共储备、农业国内支持、出口竞争、棉花、服务业国内规制等主要议题上取得突破。

（十）2022 年第十二次部长级会议取得"1 + 4"成果

受新冠肺炎疫情影响，原定于 2020 年 6 月在哈萨克斯坦努尔苏丹举行的世界贸易组织第十二次部长级会议延至 2022 年 6 月 12 ~ 17 日在瑞士日内瓦举行。会期由原定的 4 天延长至 6 天，经过多轮密集磋商和成员各方激烈交锋，最终取得"1 + 4"重要成果，就世界贸易组织改革、疫情应对、粮食安全、渔业补贴、电子商务等议题达成"一揽子"协议。会议的成功，标志着多边主义一次关键而重要的胜利，有力提振了国际社会对多边贸易体制的信心。

四、农业谈判

在关税与贸易总协定历史上的多次关税谈判中，乌拉圭回合谈判第一次把农产品的关税、非关税措施、对国际贸易造成扭曲的国内补贴等内容全面纳入多边谈判框架中，最终落实为乌拉圭回合法律文本《农业协议》。该协定对农产品的范围进行了界定。各成员从出口竞争、国内支持和市场准入三个方面进行承诺，为推动贸易自由化做出贡献。出口竞争、国内支持、市场准入也被通称为农业谈判三大支柱（见图 7 - 1）。

（一）市场准入问题的谈判现状及遗留问题

1. 市场准入的有关概念

农业谈判方面的市场准入主要涉及成员的关税税率问题。乌拉圭回合谈判的重要成果之一是实现了农产品进口关税化，也就是除关税税率外，各成员不得维持、

---

① "Ministerial Conferences Documents", World Trade Organization, https://www.wto.org/english/thewto_e/minist_e/mc11_e/documents_e.htm.

出口竞争	·概念：出口竞争包括鼓励和支持农产品出口、提高出口产品竞争力的政府措施。 ·谈判目的：对政府为促进或限制农产品出口而投入的资金或实物进行规范和约束。 ·表现形式：出口补贴、出口信贷等。
国内支持	·概念：政府对国内农产品生产、农民收入等给予的支持措施，也可以理解为对农产品的国内补贴措施。 ·谈判目的：对政府影响国内农产品生产和农产品价格的措施进行规范和约束。 ·表现形式：一类是贸易限制和扭曲性程度为0或者很小的"绿箱"措施，成员使用时免除削减承诺，例如一般服务、粮食安全公共储备、自然灾害救济支付等；另一类是影响农产品贸易或生产的非"绿箱"措施，成员使用有资金限制并应逐步削减。
市场准入	·概念：乌拉圭回合谈判的重要成果之一是实现了农产品进口关税化，也就是除了关税税率外，各成员不得维持、采取或重新使用已被要求转换为普通关税的任何非关税措施。关税配额（tariff quota）是市场准入支柱的重要概念。 ·谈判目的：对政府在农产品进口的关税措施上进行规范和约束。 ·表现形式：成员对农产品进口的管制，关税税率、关税配额、特殊保障措施。

图 7 - 1　农业谈判的三大支柱

采取或重新使用已被要求转换为普通关税的任何非关税措施，例如进口数量限制、进口差价税、最低进口价格等。各成员使用统一的计算方式，将原来对一项农产品所采取的保护政策按照国际市场价格和国内价格的差价换算成一定的关税税率。

从关税税率的法律地位看，世界贸易组织的关税税率通常分为约束税率和实施税率。约束税率是指各成员在乌拉圭回合谈判结束时签署的法律文件中承诺的最高税率水平，这是具有法定效力的税率水平。实施税率是指各成员在实际执行中的税率水平。为了满足国内进口需求，有些成员在实际执行中执行低于约束税率的税率水平。实施税率是各成员的自由选择，既可以降低也可以升高，但不得超过约束税率。

关税配额（tariff quota）是市场准入支柱的重要内容之一。乌拉圭回合谈判的"保证最低市场准入"内容明确规定：（1）属于必须进行关税化的农产品，当基期（即 1986～1988 年）的进口不足国内消费量的 5%（发展中成员为 3%）时，该成员应承诺建立最低进口准入机会。在实施期的第一年，发达成员应给予的进口准入机会为基期国内消费量的 3%，在实施期限结束时，应扩大到 5%。（2）最低市场准入的实施要通过关税配额来进行，也就是为确保最低市场准入量的农产品能进入本国市场，各方应保证所承诺的最低进口数量能享受较低的或最低的关税，但对超过规定关税配额量的任何进口则可对其征收高关税。从历史来看，最低市场准入是由于一些成员在实施关税化方面存在困难而规定的。关税配额产品同时有配额内税率和配额外税率，配额外税率也就是正常的约束税率或实施税率。

特殊保障措施（special safeguard，SSG）是对国内市场的一种保护机制。《农业协议》第 5 条规定了特殊保障措施的具体使用条件和内容。简单而言，当进口产品的数量激增或进口价格剧跌时，进口商品对国内市场的稳定造成一定威胁，允许使用 SSG 的成员将根据议定的计算方法征收附加关税。数量激增或进口价格剧跌而引发特殊保障措施的使用，这种情况通常被称为数量触发或价格触发。需要注意的是，并不是所有的成员都有权利使用 SSG，也并不是所有的产品都能够使用 SSG，只有在乌拉圭回合结束时各成员做出承诺的法律文件中标注"SSG"的产品才能够使用此机制。

2. 谈判现状及遗留问题

在市场准入方面，成员主要围绕谈判农产品约束税率、敏感产品及特殊产品的关税待遇、关税简化、特殊保障机制（SSM）、关税配额管理、透明度和监管、对最不发达成员的棉花提供市场准入优惠等事项进行，成员普遍认为很难就市场准入问题达成一致意见，但从透明度监督、简化关税等方面提出了建议，以供磋商。目前各成员方仅在关税削减公式、敏感产品指定、关税简化等相关问题上达成了共识，但多数尚未达成决议。

（1）按分层公式对农产品约束税率进行削减。

从早期的谈判共识和 2011 年农业谈判主席发布的农业案文看，除了给予不同成员的特殊待遇外，所有成员的农产品约束税率按分层公式进行削减。分层削减公式对发达成员和发展中成员适用不同的税率范围和削减比例。

目前关于分层削减公式的谈判文本还未更新，以 2011 年农业谈判案文为例，发达成员适用的分层削减公式为：

税率或 AVE① 大于 0 且小于等于 20% 的，削减幅度为 50%；

税率或 AVE 大于 20% 且小于等于 50% 的，削减幅度为 57%；

税率或 AVE 大于 50% 且小于等于 75% 的，削减幅度为 64%；

税率或 AVE 大于 75% 的，削减幅度为 70%。

发达成员使用各种灵活性条款后，削减幅度平均不得低于 54%；如果削减幅度平均低于 54%，该成员应按比例对各层进行额外削减，以达到 54% 的要求。

发展中成员适用的分层削减公式为：

税率或 AVE 大于 0 且小于等于 30% 的，削减幅度为发达成员第一层削减幅度的 2/3；

税率或 AVE 大于 30% 且小于等于 80% 的，削减幅度为发达成员第二层削减幅度的 2/3；

税率或 AVE 大于 80% 且小于等于 130% 的，削减幅度为发达成员第三层削减幅度的 2/3；

税率或 AVE 大于 130% 的，削减幅度为发达成员第四层削减幅度的 2/3。

发展中成员使用各种灵活性条款后，削减幅度平均不高于 36%；如果削减幅度平均高于 36%，该成员可按比例对各层少削减，以达到低于 36% 的要求。

弱小经济体每层削减幅度还可进一步降低 10 个百分点。

新加入成员每一层可以少削减 8 个百分点；约束税率 10% 及以下产品免于削减；实施期比发展中成员增加 2 年。低收入转型为新成员，以及新近加入的新成员（包括沙特阿拉伯、多美尼亚、越南、汤加和乌克兰）免于减让。对其他新成员仍

---

① AVE 是指非从价税折算形成的等值从价税率。

在执行加入承诺关税减让的产品，加入承诺关税减让结束后，才进行新的减让。

（2）敏感产品。

在敏感产品方面，包括敏感产品指定和敏感产品待遇两方面的问题。

①敏感产品指定。发达成员可以指定4%税目产品为敏感产品；对于超过30%的税目在最高层的成员，可以额外指定2个百分点的税目产品作为敏感产品。发展中成员可以较发达成员多指定1/3的税目作为敏感产品。

敏感产品指定问题上，大部分成员已基本同意上述方案，谈判遗留的焦点问题包括两个：一是敏感产品数量问题，日本和加拿大仍认为敏感产品数量太少，不能解决其关注，无法接受上述方案；二是能否把多哈回合之前非配额产品指定为敏感产品的问题，有成员认为，只能把多哈回合之前已使用关税配额的产品指定为敏感产品，还有成员认为，任何产品都可以指定为敏感产品。

②敏感产品待遇。发达成员的敏感产品关税削减幅度可比公式削减幅度少（也称为"偏离"）1/3、1/2或2/3三档，并通过增加不同数量的关税配额进行补偿。敏感产品少削减2/3，应增加配额量为国内消费量的4%；少削减1/2，应增加配额量为国内消费量的3.5%；少削减1/3，应增加配额量为国内消费量的3%。对于发达成员额外指定2个百分点的敏感产品，应增加配额量比其他敏感产品应增加配额量多国内消费量的0.5%。

在敏感产品待遇问题上，谈判遗留的焦点问题是国内消费量的计算及其在不同税目之间的分配问题。由于成员国内消费量统计的产品范围与进出口税则的税目范围不同，存在国内消费量如何分配到不同税目的问题。

（3）特殊产品。

关于特殊产品，2011年谈判组主席的建议是，每个发展中成员都有权自主指定12%的农产品税目为"特殊产品"，以确保食品安全、生计安全和农村发展，其中5%的税目免于减让，全部特殊产品削减幅度平均应达到11%。新成员特殊产品税目比例上限为13%，全部特殊产品削减幅度平均为10%。特殊产品数量和待遇问题，是发达成员和发展中国家协调组（G33）争议的焦点，双方未能达成一致。

（4）关税简化。

关税简化是把农产品税率约束形式简化，以从价税形式进行约束。成员普遍共识是，任何税目关税都不能以比现有方式更复杂的形式进行约束。但由于复杂关税对国内生产的保护程度往往更高且更具隐蔽性，因此，取消复杂关税问题成为高关税保护成员（以欧盟为代表）和其他成员特别是农产品出口成员之间争议的焦点。成员主要有两种意见，一种意见要求成员所有税目税率都应以从价税形式进行约束；另一种意见认为，最多只能有90%的税目以从价税形式进行约束。

（5）特殊保障机制（SSM）。

特殊保障机制问题复杂，涉及主要贸易成员的利益，是造成2008年小型部长级会议失败的焦点问题。G33及其支持者认为，特殊保障机制是保护贫穷和脆弱农民利益的工具，国际市场农产品价格受发达成员补贴打压，发展中成员利益容易受冲击，因此 SSM 应该自由使用、容易使用。美国、凯恩斯集团①成员等认为，SSM 的使用应与市场开放力度挂钩，贸易自由化程度越高，才需要使用 SSM，要防止 SSM 成为阻碍贸易自由化的工具，因此应严格限制 SSM 使用，正常价格波动和正常数量增长不应触发 SSM，且在触发 SSM 时，额外征收后的关税水平不应该超过多哈回合前的水平。

2015 年在内罗毕举行的部长级会议再次讨论了该机制，但没有实质性的进步，决定仅提及发展中成员有权使用《香港部长宣言》第 7 段中所设想的 SSM 机制［WT/MIN（15）/43］。但正如第 7 段中所说，目前的 SSM 设想还有许多细节有待明晰，需要进一步磋商确定。会议表示，此后将由农业委员会的专门会议继续就 SSM 机制进行谈判。

（6）关税配额。

关税配额是市场准入支柱的重要内容，与关税配额相关的规定早在乌拉圭回合中就已经得到确认，在 2013 年巴厘岛会议中再次提上议程，主要是因为一些成员（尤其是发展中国家）担心进口国政府在关税配额管理的过程中会造成新的贸易壁垒，例如出现"配额未被完全使用"或者"配额使用率低"的情况。它们呼吁提高关税配额管理的透明度，以防止政府在进口商之间分配配额、设置贸易壁垒。为回应成员的诉求，2013 年巴厘岛会议对《农业协议》第 2 条的关税配额管理规定作出了更详细的释义，具体内容如下。②

①定义"关税配额管理"适用的基础文件。

对列入减让表的关税配额实施的关税配额管理应视为乌拉圭回合《进口许可程序协议》含义内的一种"进口许可程序"，因此在符合《农业协议》的前提下，信息公开、申请者申请、申请处理期限、许可证发放等方面应全面适用《进口许可程序协议》。

②确定未完全使用配额时的再分配机制。

2013 年巴厘岛会议对确定未完全使用配额时的再分配机制下的两种方法进行了详细释义，其一是协商采取具体措施修改关税配额管理方法，其二是进口国提供无障碍准入。在决定实施两项选择中的一项时，进口成员将与感兴趣的出口成员进行磋商。进口成员应维持所选方法至少 2 年。在 2 年后（在及时提交 2 年通报前提下），将此事项记入秘书处查询记录，并注明"结案"。

发展中国家成员可选择其他关税配额管理方法或维持现行方法。选择其他关税配额管理方法应根据本机制条款向农业委员会通报。所选方法应至少实施 2 年，之后，如完成率增长达到"3（b）项"所述年度增量的 2/3，则此事项将记入秘书处查询记录，并注明"结案"。

---

① 凯恩斯集团（Cairns Group）：由 15 个农产品出口国组成的非正式联合体，1986 年成立于澳大利亚凯恩斯。在乌拉圭回合多边贸易谈判中，凯恩斯集团是一个坚强的联合体，它要求撤销贸易壁垒并稳定削减影响农业贸易的补贴。其成员包括阿根廷、澳大利亚、巴西、加拿大、智利、哥伦比亚、斐济、印度尼西亚、马来西亚、新西兰、巴拉圭、菲律宾、南非、泰国和乌拉圭。

② 见 2013 年巴厘岛会议关于《〈农业协议〉第 2 条所定义农产品的关税配额管理规定的谅解》［WT/MIN（13）/39］。

③安排关税配额管理的后续改进计划。

2013 年巴厘岛会议认为，本次会议中形成的决定仍需时间的检验和经验的积累。因此，将在决定通过 4 年后启动对本决定的再次审议。另外，总理事会应向第十二次部长级会议提出建议，决定是否以及如何重申或修改附件 A 第 4 款中的"无障碍准入许可规定"。

（7）对最不发达成员的棉花提供市场准入优惠。

2015 年第十次部长级会议形成了对最不发达国家棉花及相关产业提供免关税、免配额等决定，成员按照自身发展程度及能力予以一定承诺［WT/MIN（15）/46］。

主要内容包括：①发达成员和宣布自己有能力的发展中成员，在各自惠及最不发达成员的优惠贸易安排所规定的范围内，自 2016 年 1 月 1 日起，对最不发达成员生产和出口的棉花提供免关税、免配额的市场准入。②宣布自己没有能力对最不发达国家生产和出口的棉花提供免关税、免配额市场准入的发展中成员，应自 2016 年 1 月 1 日起，考虑为最不发达国家棉花增加进口机会的可能。③发达成员和宣布自己有能力的发展中成员，在各自惠及最不发达成员的优惠贸易安排所规定的范围内，自 2016 年 1 月 1 日起，对最不发达成员生产和出口的、本决定所附清单所包含的、且为《农业协议》附件 1 所涵盖的棉花相关产品提供免关税、免配额的市场准入。

市场准入的谈判情况，如图 7 - 2 所示。

取得的共识	遗留的问题
·所有成员的农产品约束税率按分层公式进行削减 ·提高关税配额管理的透明度 ·对最不发达国家棉花及相关产业提供免关税、免配额等决定	·敏感产品数量和待遇问题 ·特殊产品数量和待遇问题 ·关税简化问题 ·特殊保障机制问题

图 7 - 2　市场准入的谈判情况

（二）国内支持问题的谈判现状及遗留问题

1. 国内支持的有关概念

国内支持是指政府对国内农产品生产、农民收入等给予的支持措施，也可以理解为对农产品的国内补贴措施。出口竞争侧重于农产品出口的措施，国内支持则侧重于影响国内农产品生产和农产品价格的措施。

《农业协议》将所有有利于农业生产者的措施分为"绿箱"措施和"非绿箱"措施两大类。"绿箱"措施是《农业协议》附件 2 所列的免除削减承诺的国内支持措施。这类措施没有贸易扭曲作用和生产扭曲作用，或者此类作用非常小，因此允许各成员政府使用，对投入的资金金额没有上限。"非绿箱"措施由《农业协议》第 6 条和第 7 条规定，这类措施影响农产品贸易或生产，包括农业农村发展援助措施（通常被称为"发展箱"）、微量允许（de minimis）、限产计划下的直接支付（通常被称为"蓝箱")、其他"非绿箱"措施(通常被称为"黄箱")等。发展中成员使用"发展箱"不需要做出削减承诺;除此之外的微量允许、"蓝箱"措施、"黄箱"措施等,都要对投入的资金有限制,并进行削减,逐年降低投入水平。

用表 7 – 1 表示国内支持措施之间的关系。

表 7 – 1 　　　　　　　　　　国内支持措施之间的关系

大类	细类	综合支持量（AMS）*	综合支持总量 （Total AMS）**（黄箱）
绿箱		—	—
非绿箱	蓝箱	√	—
	发展箱	√	—
	微量允许	√（若在 5% 或 10% 的上限内）	
		√（若超过 5% 或 10% 的上限）	√
	其他未列明的非绿箱措施	√	√

注:　*综合支持量是指以货币形式表示的对农产品提供的年度支持水平,它包括特定农产品综合支持量和非特定农产品综合支持量。《农业协议》附件 3 规定了综合支持量的计算方式。

　　**综合支持总量是在综合支持量和支持等值基础上的有条件的汇总,必须注意,它并不是综合支持量和支持等值的完全总和,也就是说它并不包括所有的"非绿箱"措施。"发展箱"、微量允许和"蓝箱"措施的综合支持量或支持等值不计入综合支持总量。

2. 谈判现状及遗留问题

农业谈判在国内支持这一问题上的重点主要包括对扭曲贸易的国内支持的削减或封顶、用于粮食安全的公共储备、一般服务清单范围、棉花补贴等问题,经过多年谈判,成员在大多数问题上依然存在分歧。

(1) 对扭曲贸易的国内支持同时采取三个层次、两种方法的削减或封顶。

根据多哈回合谈判已达成的文本以及 2011 年农业谈判主席散发的农业案文草案,成员同意对扭曲贸易的国内支持同时采取三个层次、两种方法的削减或封顶。三个层次中的第一个层次是分别对"黄箱"措施、微量允许和"蓝箱"措施进行削减或限制;第二个层次是对给予具体产品的支持(即"特定产品支持")进行限制;第三个层次是在前两个层次基础上对扭曲贸易的支持总量的规模进行削减。两种方法是分层公式削减和封顶限制。

在分层削减和封顶问题上,成员经过艰苦谈判,但仍在数值确定方面存在分歧,没有取得进展。2017 年第十一次部长级会议上,巴西、欧盟、哥伦比亚、秘鲁和乌拉圭的提案(JOB/AG/99)建议"发达成员提供的扭曲贸易的国内支持不得超过截至 [2018] 农业生产总值的 [X%],而发展中成员提供的扭曲贸易的国内支持不得超过截至 [2022] 农业生产总值的 [X + 2%]。本款不适用于最不发达成员。"其中,具体数值仍待谈判。

此外,棉花补贴也是国内支持方面遗留的主要问题。棉花补贴问题是非洲国家的核心关注之一，大量出口棉花的非洲四国要求美国等棉花补贴大国大幅削减棉花补贴，而美国以种种理由拒绝非洲国家的要求。在 2017 年第十一次部长级会议上，成员建议将向棉花提供的所有扭曲贸易的国内支持的总额限定在棉花生产价值的一定比例，但具体的数值也未达成共识。

（2）用于粮食安全目的的公共储备。

"公共储备计划"是指政府以一定的价格（称为"支持价格"）从农民手中收购粮食以增加库存储备的计划。这种行为有影响市场价格和数量之嫌，可能导致贸易扭曲，因此被《农业协议》排除于"绿箱"措施之外，受到微量允许（de mini-mis）的限制，即大多数发展中成员只能在年份生产总值的 10% 以内进行公共储备。

在 2013 年巴厘岛会议中，关于是否要因"公共储备计划"而修改《农业协议》的争议仍然比较激烈，无法达成一致。于是，会议的磋商文件形成了一个折中方案，该条款也称为和平条款（peace clause）或者适当克制（due restraint）条款："对通过之日已存在的，用于粮食安全目的，对传统主粮作物提供的，且符合《农业协议》附件 2 第 3 款、脚注 5 及脚注 5&6 的公共储备项目予以支持。各成员应克制通过世界贸易组织争端解决机制对发展中成员是否遵守其在《农业协议》第 6.3 款和第 7.2 款（b）项下的义务提出质疑……受此条款保护的成员必须避免扭曲贸易或者影响其他国家的粮食安全，并提供信息予以证明"［WT/MIN(13)/38］。

该条款支持了发展中国家为粮食安全目的实施的超过限额的储备行为。同时，巴厘岛会议商定，将在 2017 年第十一次部长级会议之前找到永久解决方案。在此之前，"和平条款"将一直有效。在 2013 年巴厘岛会议结束一年多之后，2014 年 11 月 27 日的部长级会议再次提及了"公共储备计划"这一问题。会议以更加坚定的描述确认了"和平条款"，并指出：在达成永久解决方案之前，"和平条款"将一直有效。这就意味着"和平条款"的有效期突破了原定于 2017 年的最后期限，[1] 但仍待实质性地解决。

（3）一般服务清单范围。

2013 年巴厘岛会议通过了扩大一般服务清单范围的决议。一般服务清单的设立初衷包括了推动农村建设、减少贫困等目的，这对于发展中成员的意义尤为深远。成员提供的"土地改革和农村生计安全（land reform and rural livelihood security）"服务有利于推动上述目标的实现。因此，在不违反《农业协议》附件 2 相关规定的前提下，土地改革和农村生计安排服务也应纳入一般服务清单，作为绿箱措施允许成员使用。具体包括"土地复垦、土壤保持和资源管理、干旱管理和洪水控制、农村就业项目、产权证发放、农民安置项目"等［WT/MIN(13)/37］。

国内支持的谈判情况，如图 7-3 所示。

---

[1] "The Bali decision on stockholding for food security in developing countries", World Trade Organization, https：//www. wto. org/english/tratop_e/agric_e/factsheet_agng_e. htm.

取得的共识	遗留的问题
· 扩大了一般服务清单范围 · 暂时允许发展中成员进行"公共储备计划"	· 用于粮食安全的公共储备 · 棉花补贴 · 扭曲贸易的国内支持

图 7 - 3　国内支持的谈判情况

(三) 出口竞争问题的谈判现状及遗留问题

1. 出口竞争的有关概念

出口竞争包括鼓励和支持农产品出口、提高出口产品竞争力的政府措施。出口竞争谈判目的是对政府为促进或限制农产品出口而投入的资金或实物进行规范和约束。

《农业协议》第 8～12 条对出口竞争的有关概念进行了规定，包括出口补贴、出口信贷、出口信贷担保或保险计划、国际粮食援助、出口禁止、出口限制方面的内容。

2. 谈判现状及遗留问题

(1) 全面取消农产品出口补贴。

相对于农业谈判的另两大支柱，出口竞争谈判方面取得的进展较大。其中一项历史性突破是在 2015 年第十次部长级会议上，162 个成员首次承诺全面取消农产品出口补贴，并将限制农产品出口信贷。各成员根据发展程度不同，在取消出口补贴上实施特殊和差别待遇。具体内容包括：

发达成员自决定获得通过之日起立即取消其减让表中所列明的剩余的出口补贴。

发展中成员应在 2018 年底取消其使用的出口补贴。

发展中成员在 2023 年底前 (即取消各种形式的出口补贴的截止日期后 5 年内)，可继续根据《农业协议》第 9.4 条的规定获益。最不发达成员和 G/AG/5/Rev.10 号文件所列粮食净进口发展中成员在 2030 年底前可继续自《农业协议》第 9.4 条的规定获益。

此外，成员共识还包括加强对出口信贷、出口信用担保、保险计划和农业出口国营贸易企业和国际粮食援助的纪律约束。

(2) 提高出口竞争的透明度和监管。

出口竞争透明化及监管是成员关注的又一重点，2013 年巴厘岛部长级会议表示将在每年的农业委员会中举行专门会议，以审查成员在出口竞争领域的进展情况。会议附件《增强出口竞争透明度的要素》中载明了审查的要点，例如成员须提供出口补贴措施操作变更情况的信息，以及出口信贷、出口信贷担保及保险计划的相关信息等。

虽然取消农产品出口补贴得到了成员的承诺，但围绕这一承诺还有许多工作要进行，在 2017 年第十一次部长级会议上，成员就出口竞争问题发表了意见，一项由加拿大、智利和瑞士于 2017 年 11 月 10 日散发的提案建议设立第十一次部长级会议后的工作方案，在内罗毕《关于出口竞争的部长级决定》结果的基础上进一步加强这一领域的纪律，该议案得到了成员的广泛支持。[①]

出口竞争的谈判情况，如图7-4所示。

取得的共识	遗留的问题
·承诺全面取消农产品出口补贴 ·在取消出口补贴上实施特殊和差别待遇 ·限制农产品出口信贷 ·加强对出口信用担保、保险计划和农业出口国营贸易企业和国际粮食援助的纪律约束	·透明度和监管 ·免除世界粮食计划署（粮食计划署）人道主义粮食采购的出口限制

图7-4　出口竞争的谈判情况

五、非农产品市场准入谈判

由于农产品和非农产品的敏感程度、谈判历史不同，世界贸易组织成员在农业和非农产品两个领域分别展开谈判。在非农产品谈判中，成员提出了三种制订新税率的谈判方式。一是公式减让，即通过一定的规则在原有税率（基础税率）基础上确定新的约束税率；二是部门减让（协调），即把部分成员特定范围的产品关税约束在一定水平，如果这一水平不为零，亦称为部门协调；三是出价要价方式，即两个成员互相要价、出价，最终汇总后形成成员的新的约束税率。根据多哈谈判已达成的一致，公式减让是谈判的核心模式；部门减让是在公式减让基础上的进一步削减；而出价要价方式将在前两者的基础上展开。

（一）非农产品市场准入谈判进展

非农产品市场准入谈判的主要议题是减让公式以及授权部分成员少减让或免于减让的灵活性。此外，还有一些相关的议题，如部门自由化、新成员问题、弱小经济体和最不发达国家待遇（包括最不发达国家的市场准入）、非关税壁垒、优惠侵蚀等问题。历经多年谈判，非农产品市场准入谈判的总体框架已基本形成，目前，遗留的主要问题是部门减让，以及授权个别成员少减让的灵活性。

1. 关于减让公式及其系数

谈判确定9个发达成员和包括中国在内的32个发展中成员的非农产品关税采用双系数瑞士公式进行关税削减。

瑞士公式形式为 $T_1 = (A \times T_0)/(A + T_0)$，其中 A = 成员议定的系数；T_0 = 减让

① "Agriculture issues", World Trade Organization, https://www.wto.org/english/thewto_e/minist_e/mc11_e/briefing_notes_e/bfagric_e.htm.

前税率；T_1 = 减让后的约束税率。

发达成员的系数为 8，发展中成员可在 20、22 和 25 三个系数中根据自身情况进行选择。不同的系数适用不同的灵活性。

根据世界贸易组织秘书处测算，适用公式后，美国的削减幅度达 40%，欧盟的削减幅度达 38%，日本的削减幅度达 42%。发展中国家的约束关税水平削减 55%，平均关税由 30% 左右削减至 12% 左右。其中，巴西的削减幅度为 53%，印度的削减幅度为 60% 左右。我国的削减幅度为 30%，平均税率将由 8.9% 降为 6.2%，62% 的进口产品的税率将进一步下降。

2. 发展中成员的灵活性

非农产品市场准入谈判中发展中成员的灵活性可分为以下三种类型：一是适用于公式的发展中成员的灵活性；二是低约束水平发展中成员的灵活性；三是其他成员的灵活性，如弱小经济体、新加入成员的灵活性等。为限制适用公式的发展中成员的灵活性，发达成员还将"反集中条款"纳入其中，即不得将灵活性用于排除税则的整章产品。

适用于公式的发展中成员，可根据自身情况选择不同的公式系数，从而适用不同的灵活性：

（1）瑞士系数选择 20，可选择的灵活性是：税目数不超过总税目数 14% 且进口额不能超过非农产品总进口额的 16% 的商品少减让，减让幅度为按瑞士公式测算的减让幅度的一半，或者税目数不超过总税目数 6.5% 且进口额不能超过非农产品总进口额的 7.5% 的商品免于减让。

（2）瑞士系数选择 22，可选择的灵活性是：税目数不超过总税目数 10% 且进口额不能超过非农产品总进口额的 10% 的商品少减让，减让幅度为按瑞士公式测算的减让幅度的一半，或者税目数不超过总税目数 5% 且进口额不能超过非农产品总进口额的 5% 的商品免于减让。

（3）瑞士系数选择 25，没有灵活性。

3. 低约束水平发展中成员的灵活性

约束水平低于 35% 的成员可不适用公式削减关税，但作为本轮谈判的贡献，应提高约束水平。约束水平低于 15% 的应约束 75% 的非农税目；约束水平等于或高于 15% 的应约束 80% 的非农税目。每一成员应将关税约束在不超过 30% 的约束水平。

4. 弱小经济体

除发达成员外，在世界非农产品贸易中所占份额不足 0.1% 的成员，即为弱小经济体。弱小经济体可适用特殊的减让方式。如一成员非农关税税目平均约束值在 50% 以上（包括 50%），则应将全部的非农关税税目约束在不超过 30% 的水平上；如一成员非农关税税目平均约束值大于等于 30% 且小于 50%，则应将全部的非农关税税目约束在不超过 27% 的水平上；如一成员非农关税税目平均约束值大于等于 20% 且小于 30%，则应将全部的非农关税税目约束在不超过 18% 的水平上；如一成员非农关税税目平均约束值低于20%，则95%以上的非农税目应逐个税目做最少5%的削减，或将总体水平约束在逐个税目均削减的总体平均水平上。

5. 最不发达国家

最不发达国家免于削减关税，但是作为对本轮谈判的贡献，可增加约束水平。为促进最不发达国家更多地参与国际贸易，发达成员应对最不发达成员97%的税目提供免关税、免配额（duty-free and quota-free）待遇。

6. 新加入成员

对于适用公式的新成员，应在正常的实施期基础上增加3次均等税率削减的延长实施期（即延长实施期2年），以实施其承诺。

7. 优惠侵蚀

多哈谈判所产生的最惠国税率进一步降低，将使有限数量的关税税目项下的非互惠性优惠受到侵蚀，这对于非互惠性优惠的受惠国的出口至关重要。为给这些成员更多时间进行调整，这些税目的最惠国税率削减应由有关给惠发达成员实施9次均等税率削减。

（二）现阶段谈判矛盾和焦点

现阶段非农产品市场准入谈判的主要症结在于部门减让。

目前，成员共提出了14个部门的自由化倡议，主要涉及汽车及零部件、自行车及零部件、化工品、电子电器产品、渔产品、林产品、珠宝首饰、手工工具、工业机械、药品和医疗器械、原材料、体育运动用品、玩具以及纺织品、服装和鞋。目前，成员仍未就任何一个部门的产品范围、削减模式、特殊和差别待遇、临界标准等内容达成一致。

部门减让一直没有取得进展的主要原因，在于发达成员与发展中成员在此问题上立场的严重对立。发达成员（主要是美国）认为，由公式进行的关税削减不能满足其特定利益部门的要求，声称包括中国、印度、巴西在内的新兴市场必须参与一些部门的自由化，否则无法结束谈判。

第三节　诸边谈判

一、《信息技术协定》谈判

（一）协定简介及主要成果

1. 简介

《信息技术协定》（*Information Technology Agreement*，ITA）于1996年12月13

日达成，1997 年 4 月 1 日正式生效①。任何世界贸易组织成员和申请加入世界贸易组织的国家或单独关税区均可参加该协议，但需要提交关税减让表、产品清单等文件，并获得协定已有参加方的审议通过。协定包括参加方名单、序言、4 项声明及一份附件。其中，4 项声明指出各缔约方的贸易制度应致力于加强信息技术产品市场准入机会，要求各缔约方根据宣言附件所列约束，取消关税和其他任何税费，并强调与会部长对本宣言附件所列产品的覆盖范围表示满意，希望世界贸易组织其他成员和正在入世的国家或单独关税区积极参加技术讨论，并充分参加扩大世界信息技术产品贸易。附件共包含 3 个文件，"模式及产品范围"文件包括 10 项条款，涵盖关于协定生效要求、关税及其他税费减让的文件提交要求、关税减让实施期及产品扩围和非关税壁垒的下一轮谈判时间等内容的具体规定。

2. 宗旨

《关于信息技术产品贸易的部长级会议宣言》的序言中明确了 ITA 的 5 项宗旨：（1）将信息技术产品贸易在信息产业发展和世界经济蓬勃发展中的关键作用纳入考虑；（2）认识到提高生活水平、扩大货物生产和贸易的目标；（3）希望实现信息技术产品世界贸易的最大自由；（4）希望鼓励在世界范围内继续发展信息技术产业的技术；（5）铭记信息技术对全球经济增长和福利的积极贡献。

3. 基本原则

（1）关税减让必须涵盖协定列举的所有清单产品；（2）所有清单产品必须将关税减至零，对于敏感产品可以延长降税实施期，但也必须削减至零关税；（3）所有其他税费必须取消；（4）参加方应将关税减让及其他税费削减措施纳入《1994 年关税与贸易总协定》所附各自减让表中，协定中关于免征关税的承诺适用于所有拥有最惠国地位的成员。这意味着，无论世界贸易组织成员是否加入 ITA 协定，其企业在出口 ITA 清单产品时均可享受免税待遇。因此，其他尚未参加该协议的世界贸易组织成员可以只享受权利而不承担义务。

4. 产品覆盖范围

ITA 的附件包含 2 个附表，涵盖 203 项产品。其中"附表 A 协调制度税则号清单"分两节列出 190 项按协调制度 1996 年版本 6 位税号进行划分的产品清单，第一节包括计算器、电信设备及磁带等，第二节包括半导体生产和测试设备及零部件等，其中有 42 项产品可归入"附表 B"所列产品。"附表 B 产品清单"则列出 13 项按功能划分的新产品清单（无论其是否包含在附表 A 中），包括计算机、印刷电路组件、光盘存储设备等。

由于 ITA 附件"模式及产品范围"规定参加者应"从附表 B 规定的产品开始，审议其在对信息技术产品进行分类方面的任何分歧"，因此参加方于 1997 年 9 月 18 日

---

① "Ministerial Declaration on Trade In Information Technology Products". World Trade Organization，https：//www. wto. org/english/docs_e/legal_e/itadec_e. htm.

开始对附表 A 及附表 B 中共 55 项附表 B 相关产品的分类进行讨论，并分别于 2011 年 4 月 8 日及 2016 年 5 月 17 日公布其中的 18 项及 15 项产品按协调制度 2007 版本划分的 6 位税号。

5. 降税实施期

ITA 规定，参加方自 1997 年 7 月 1 日起对附件所列信息技术产品进行降税，并在 1997~2000 年分四阶段均等削减关税至零，每一阶段削减现行关税的 25%。除非另有约定，参加方均应遵守上述执行期进行关税减让。印度、马来西亚和印度尼西亚等发展中国家参加方可以延长关税减让实施期，但不得晚于 2005 年 1 月 1 日必须削减关税至零。

6. 参加方

1996 年 12 月 9 日至 13 日，世界贸易组织在新加坡召开第一次部长级会议，29 个参加方在会上签署了《关于信息技术产品贸易的部长级会议宣言》。目前信息技术协定共有 53 个参加方，涵盖 82 个世界贸易组织成员和正在加入世界贸易组织的国家或单独关税区，约占世界信息技术产品贸易的 97%[①]。

7. 成果

截至 2012 年底，ITA 所有参加方的信息技术产品在加入 ITA 前一年的平均适用关税税率为 6% 左右（详见图 7-5）。其中，印度的信息技术产品在加入 ITA 前一年的平均适用关税水平税率最高，达 36.5%。毛里求斯共和国排名第二，平均适用关税税率超过 30%，对某些电信设备征收的进口关税税率更高达 80% 水平。在发达经济体中，欧盟的信息技术产品在 1996 年的平均适用关税税率最高，为 4.1%，而日本的平均适用关税税率最低，为 0.1%。中国在入世前一年信息技术产品的平均适用关税税率为 4.5%，平均约束税率为 6.9%。ITA 要求参加方在加入协定后将所有指定信息技术产品的关税削减至零，对参加方实现信息技术产品贸易自由化发挥了实质性的推动作用。

（二）实施情况

截至 2017 年底，除哥伦比亚、塔吉克斯坦及阿富汗以外的所有参加方都已经完成对清单产品的降税承诺。其中，中国在 2001 年加入世界贸易组织的同时加入《信息技术协定》，从 2002 年初开始严格履行承诺调整相应信息技术产品关税，并在 2005 年取消中国减让表所列所有信息技术产品的关税。此外，中国自加入世界贸易组织时起取消 ITA 产品的所有其他税费[②]。

---

① "STATUS OF IMPLEMENTATION"，World Trade Organization，https：//docs. wto. org/dol2fe/Pages/SS/directdoc. aspx? filename = q：/G/IT/1R58. pdf&Open = True.

② 《中国入世承诺》，中华人民共和国商务部，http：//www. mofcom. gov. cn/aarticle/Nocategory/200612/20061204000376. html.

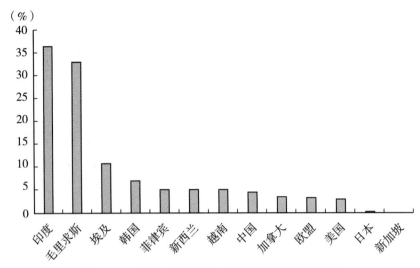

图 7－5 加入 ITA 前各参加方平均适用税率

资料来源：WTO，15 Years of the Information Technology Agreement Trade，Innovation and Global Production Networks，2012.

　　ITA 达成后，ITA 产品的全球贸易额快速增长。ITA 产品的全球进口额和出口额分别从 1996 年的 5500 亿美元和 5490 亿美元增加到 2015 年的 1.8 万亿美元和 1.7 万亿美元，年均增长分别达到 7% 和 6%。从产品类别来看，虽然部分产品类别的市场份额在 1996～2015 年间出现下降，但所有产品类别的出口额和进口额都有所增加。其中，"电信设备"的平均年增长率最高，出口增长 11.0%，进口增长 11.7%。其次是"半导体制造设备"，进、出口增幅均达 10.6%。

　　从国别（地区）来看，发展中经济体的进出口增长尤为显著，在全球 ITA 产品进口和出口中所占份额分别从 1996 年的 24% 和 26% 增加到 2015 年的 51% 和 63%。中国的 ITA 产品对外贸易均取得了显著的增长。1996～2015 年，中国自全球进口 ITA 产品从 129 亿美元扩大至 4128 亿美元，占全球 ITA 产品进口比重也从 2.3% 上升至 22.5%。中国向全球出口 ITA 产品则从 113 亿美元扩大至 5505 亿美元，占全球 ITA 产品出口比重从 2.1% 上升至 33.3%。2015 年，中国已经是全球最大的 ITA 产品进口和出口经济体。其中，中国进口"半导体""半导体制造设备""零部件"的市场份额在 2015 年均排名第一，分别达 42%、24%、27%。中国在 2015 年出口市场份额最高的类别分别为"电脑和计算机""电信设备""半导体""零部件"，占比分别达 46%、48%、20%、35%。1996 年及 2015 年各经济体占全球 ITA 产品进出口比重，如图 7－6 和图 7－7 所示。

　　ITA 是世界贸易组织自 1995 年成立以来谈判达成的第一个关税自由化协定，也是最重要的一个协定。协定生效后，其涵盖的产品可以在免征关税的情况下自由跨境移动，显著降低信息技术行业的贸易成本，有利于该行业提高规模经济效应，推动信息技术产业的全球生产网络进一步发展深化。

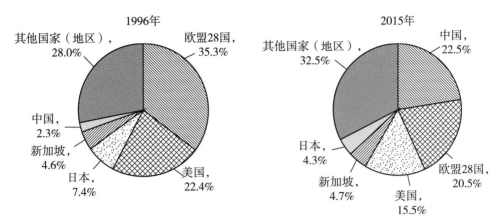

图 7 - 6　1996 年及 2015 年各经济体占全球 ITA 产品进口比重

资料来源：根据世界贸易组织报告：20 Years of the Information Technology Agreement Trade, Boosting Trade, Innovation and Digital Connectivity, 第 41 页附表 2. 1 数据整理所得。

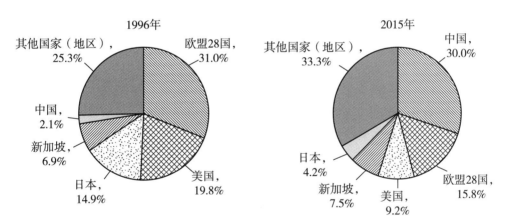

图 7 - 7　1996 年及 2015 年各经济体占全球 ITA 产品出口比重

资料来源：根据世界贸易组织报告：20 Years of the Information Technology Agreement Trade, Boosting Trade, Innovation and Digital Connectivity, 第 42 页附表 2. 2 数据整理所得。

二、《信息技术协定》扩围谈判

（一）协定简介及主要成果

1. 简介

世界贸易组织于 2015 年 12 月 16 日在肯尼亚内罗毕结束《信息技术协定》扩围谈判（即"ITA Ⅱ"谈判），达成的《ITA 扩围协议》于 2016 年 7 月 1 日正式生效。《ITA 扩围协议》虽然建立在 1996 年《信息技术协定》的基础之上，但仍然作为一项单独协定独立存在。这是因为 ITA 扩围是经 1996 年《信息技术协定》的部分参与者协商和同意形成，ITA 委员会没有参与谈判过程。然而，根据 1996 年《关于信息技术产品贸易的部长宣言》附件规定，ITA 扩围的参加方须在"产品覆盖率审查"议程项目下定期向 ITA 委员会报告。ITA 扩围对所有 ITA 参加方和其他希望加入的世界贸易组织成员开放。《关于扩大信息技术产品贸易的部长宣言》包括参加方名单、序言、12 项声明及一份附件。其中，12 项声明对各缔约方实施关税减让的期限、减让表的格式、非关税壁垒的磋商等内容作出详细规定。

2. 基本原则

（1）关税减让必须涵盖协定列举的所有清单产品；（2）所有清单产品必须将关税减至零，对于敏感产品可以延长降税实施期，但也必须削减至零关税；（3）所有其他税费必须取消；（4）参加方应将关税减让及其他税费削减措施纳入《1994 年关税与贸易总协定》所附各自减让表中，协定中关于免征关税的承诺适用于所有拥有最惠国地位的成员。

3. 产品覆盖范围

《ITA 扩围协议》的附件包含 2 个附表，涵盖 201 项产品。其中，"附表 A"列出 191 项按协调制度 2007 年版本 6 位税号进行划分的产品清单，包括半导体及其生产设备、视听产品、医疗设备及仪器仪表等产品，税号主要集中在协调制度 2007 年版本的第 84 章、第 85 章和第 90 章，个别产品在第 35 章、第 37 章、第 39 章和第 95 章。"附表 B"则列出 10 项按功能划分的新产品清单（无论其是否包含在附表 A 中），包括多元件集成电路（MCO）、发光二极管（LED）照明设备、触屏控制装置等。

4. 降税实施期

《ITA 扩围协议》规定，参加方自 2016 年 7 月 1 日起对附件所列信息技术产品进行降税，并在 2016 年至 2019 年分四个阶段均等削减关税至零，每一阶段削减现行关税的 25%。个别参加方在得到其他参加方同意的情况下可以在 5 年内逐步取消敏感产品（如液晶显示屏和机床等）的关税，在特殊情况下，对于高度敏感的产品将在 7 年内逐步取消关税。此外，《ITA 扩围协议》还鼓励参加方在协定生效后对关税相对较低的产品加速实施关税减让。

5. 参加方

2015 年 12 月 16 日，包括美国、中国、欧盟、日本及韩国在内的 24 名参加方，代表 53 个发达和发展中世界贸易组织成员，就扩大《信息技术协定》产品范围达成协议，按照最惠国待遇原则，逐步取消部分信息技术扩围产品的进口关税。此后，格鲁吉亚和中国澳门也先后加入该协定。截至 2019 年 6 月，《ITA 扩围协议》共有 26 个参加方，涵盖 55 个世界贸易组织成员方和正在加入世界贸易组织的国家或单独关税区。

6. 敏感产品

ITA 扩围谈判的核心议题之一是敏感产品的确定。由于在谈判过程中列入讨论的部分产品拥有多种用途，可以被归入信息和通信技术以外的其他部门，而且这些产品是否纳入最终清单关系到各参加方的利益平衡，因此这些产品是否应当被纳入清单或延长其降税实施期成为谈判的焦点。谈判过程中涉及的敏感产品包括电视机、视听设备、印刷油墨、化学品、电器、液晶显示器（LCD）面板、机床、光纤、多芯片集成电路（MCP），多元件集成电路（MCO）和发光二极管（LED）照明设备等。中国在最终产品清单中的敏感产品包括部分打印机、玻璃制造机、电声或视觉信号装置、电器及光学元件等。《ITA 扩围协议》允许参加方在获得其他参加方同意的情况下将敏感产品的降税实施期延长至 5 年，对最敏感的产品可延长至 7 年。

7. 成果

在《ITA 扩围协议》生效前，参加方的所有清单产品平均基本关税税率为 9% 左右。2016 年 7 月 1 日《ITA 扩围协议》生效后，协定涵盖的产品中，65.3% 以上的关税细目产品（占总进口额的 88%）将立即取消关税，大部分参加方都会在此时开始执行第一次关税减让，平均基本关税税率立刻下降至 6% 水平。2019 年，关税税目中 88.8% 的产品（占总进口额的 95.4%）都会实施关税削减，平均基本关税税率仅略高于 1%。2023 年，所有产品的关税都将削减至零。《ITA 扩围协议》对随着科技进步而诞生的新信息技术产品实施有力的关税减让，扩大了 ITA 的影响范围。

（二）实施情况

截至 2021 年 5 月，日本、新加坡及中国香港等在协议生效时立即取消所有产品的关税，美国、加拿大等于 2019 年履行完毕对扩围产品的降税承诺，欧盟、韩国及中国（内地）等将于 2023 年完成全部降税。其中，我国已经先后于 2016 年 9 月、2017 年 7 月、2018 年 7 月、2019 年 7 月、2020 年 7 月和 2021 年 7 月对信息技术协定扩围产品实施了六步降税。

2015 年，全球 ITA 扩围清单产品出口额达 1.28 万亿美元，占世界货物贸易比重达 10% 左右。从产品类别来看，多元件芯片、电话及视听多媒体是 2015 年 ITA 扩围产品中出口份额最高的三类产品，占比分别达 31.4%、14.6% 及 12.6%（见图 7-8）。

从国别（地区）来看，中国、美国和欧盟是 ITA 扩围产品出口最高的三大经济体，占全球该类产品出口份额分别达 24%、13% 和 13%。2012~2015 年，中国的市场份额增长最快，上升 1.6 个百分点，而日本的市场份额减少最为显著，下降 2.8 个百分点。

2015 年《ITA 扩围协议》主要参加方占全球出口比重，如图 7-9 所示。

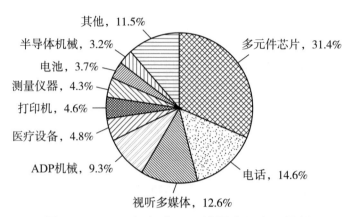

图 7 - 8 2015 年全球 ITA 扩围产品出口份额

资料来源：WTO, 20 Years of the Information Technology Agreement Trade, Boosting Trade, Innovation and Digital Connectivity, 2017.

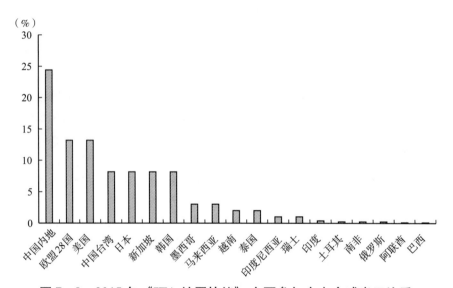

图 7 - 9 2015 年《ITA 扩围协议》主要参加方占全球出口比重

资料来源：WTO, 20 Years of the Information Technology Agreement Trade, Boosting Trade, Innovation and Digital Connectivity, 2017.

　　《ITA 扩围协议》扩大了 1996 年 ITA 对信息技术产品实施关税减让的覆盖范围，有利于参加方降低信息技术产品的贸易成本，进一步提高此类产品在制造业和服务业的竞争力。该协定使 ITA 在 21 世纪的信息化时代中紧跟时代进步的趋势，继续为推动信息技术领域贸易自由化发挥实质作用。

三、环境产品谈判

（一）谈判背景和目标

世界贸易组织于 2001 年 11 月 14 日公布的《多哈部长宣言》第 31 条指出，世界贸易组织成员同意就"减少或酌情消除对环境产品和服务的关税和非关税壁垒"进行谈判[1]。在此背景下，美国、欧盟、加拿大等 9 个成员以"环境商品之友"小组的名义于 2009 年共同向世界贸易组织提交包括 153 项环境产品的清单[2]。世界贸易组织部分其他成员对这一清单表示反对，并建议提出其他产品清单作为谈判的基础，多哈回合环境产品谈判由此陷入僵局。然而，这一讨论过程仍然表明有相当多的成员愿意在世界贸易组织框架下就环境产品的贸易自由化达成一项有效的协议[3]。

2012 年 9 月 9 日，亚太经济合作组织（Asia Pacific Economic Cooperation, APEC）第二十次领导人非正式会议通过 APEC 环境产品清单，APEC 各成员将在 2015 年底之前将 54 项环境产品的实施关税降至 5% 或以下。此后，世界贸易组织开始对如何再次开展环境产品的关税减让谈判产生兴趣。2014 年 1 月 24 日，在达沃斯举行的世界经济论坛上，美国、欧盟、中国等世界贸易组织成员承诺启动全球环境产品贸易自由化谈判，针对环境产品的关税减让进行全面磋商。2014 年 7 月 8 日，包括澳大利亚、加拿大、中国、哥斯达黎加、欧盟、日本、新西兰、挪威、新加坡、韩国和美国以及中国台湾、中国香港在内的 14 个世界贸易组织成员正式启动《环境产品协定》（*Environment Goods Agreement*，EGA）谈判，这些成员的环境产品贸易占全球环境产品贸易比重达 86%[4]。此后，以色列、土耳其、冰岛及列支敦士登也加入谈判。截至 2021 年 5 月，共有 18 个参加方参与 EGA 谈判进程。

EGA 旨在巩固 APEC 领导人于 2012 年达成的共识，即在 2015 年底前降低 54 种环境产品的关税[5]，并将在此基础上进一步扩大环境产品清单，吸收更多世界贸易组织成员参与，共同将环境产品的关税进一步削减至零，实现更广范围的环境产品贸易自由化。与 APEC 的承诺不同，EGA 一旦生效将具有法律约束力，并可通过世界贸易组织争端解决程序强制执行[6]。如果协定成功达成，协定中关于免征关税的

---

① "Ministerial declaration", World Trade Organization, https：//www.wto.org/english/thewto_e/minist_e/min01_e/mindecl_e.htm.

② "Trade Sustainability Impact Assessment on the Environmental Goods Agreement", European Commission, http：//trade.ec.europa.eu/doclib/docs/2016/june/tradoc_154619.pdf.

③ "Consultations on a Plurilateral Environmental Goods Agreement", Global Affairs Canada, https：//www.international.gc.ca/trade-agreements-accords-commerciaux/consultations/eg-consult-be.aspx? lang=eng.

④ "Azevêdo Welcomes Launch of Plurilateral Environmental Goods Negotiations", World Trade Organization, https：//www.wto.org/english/news_e/news14_e/envir_08jul14_e.htm.

⑤ "Environmental Goods Agreement", The Office of the United States Trade Representative, https：//ustr.gov/trade-agreements/other-initiatives/environmental-goods-agreement.

⑥ "Consultations on a Plurilateral Environmental Goods Agreement", The Office of the United States Trade Representative, https：//www.international.gc.ca/trade-agreements-accords-commerciaux/consultations/eg-consult-be.aspx? lang=eng.

承诺可能适用于所有拥有最惠国待遇的成员，从而使世界贸易组织所有成员受益。

EGA 基于 APEC 于 2012 年公布的 54 项环境产品展开谈判。这些环境产品涉及空气污染控制、清洁和可再生能源、能源效率、环境监测分析与评估、环境补救和清理、环保产品、噪声和振动消除、资源效率、固体和危险废物管理及废水管理和水处理产品共 10 种类别。

EGA 致力于降低各参加方环境产品的贸易壁垒，为参加方创造新市场，鼓励参加方企业开发新产品以保护环境，增加参加方获得各类环境产品的机会。如果 EGA 谈判可以取得成功，长期来看有助于其参加方增加能源供应，缓解气候恶化趋势，通过全球化供应链传播环境技术①，创造贸易和环境的双赢局面，有力推动世界贸易组织成员加快实现绿色增长及可持续发展目标。

（二）谈判进程②

继 2014 年 7 月 8 日 EGA 谈判成功启动至 2016 年，共举行了 18 轮较为密集的谈判。尽管各方进行了建设性的会谈并取得了进展，但仍无法弥合现有的差距。各方部长和高级官员承认，有必要开展进一步的工作，并重申他们共同致力于缔结平等协议。谈判面临的主要困境在于两个方面：一方面，各方都想将自己的优势产品列入 EGA 产品清单，从而扩大产品出口，并同时减少他国优势产品进入贸易清单，维护自身的贸易利益。另一方面，与 ITA 相似，如果 EGA 成功达成，则协定生效后参加方可能需要给予所有拥有最惠国待遇的成员免关税待遇，从而惠及所有世界贸易组织成员。部分参加方对此类"搭便车"行为产生了较大的顾虑，提出的"撤回条款③"方案也没有得到广泛支持。最终，EGA 谈判长期进入中止状态。EGA 各轮谈判参见表 7 - 2。

表 7 - 2　　　　　　　　　　EGA 各轮谈判一览

轮次	时间	成员数	内容与成果
1	2014 年 7 月 9 日至 10 日	14	确定谈判基于 APEC 提出的 54 项环境产品；欢迎新成员，突出包容性
2	2014 年 9 月 22 日至 26 日	14	谈论用于空气污染控制技术及固体和危险废物处理技术的产品提名
3	2014 年 12 月 1 日至 5 日	14	重点讨论废水处理技术、环境修复和清理以及噪声和振动消除产品

---

① "Trade Sustainability Impact Assessment on the Environmental Goods Agreement", European Commission, http：//trade. ec. europa. eu/doclib/docs/2016/june/tradoc_154619. pdf.

② "WTO Environmental Goods Agreement（EGA）", Global Affairs Canada, https：//www. international. gc. ca/trade – agreements – accords – commerciaux/topics – domaines/env/plurilateral. aspx？ lang = eng.

③ A "snap-back" clause, 即参加方可以对不公平地受益于最惠国待遇的成员恢复对环境产品加征关税。

续表

轮次	时间	成员数	内容与成果
4	2015 年 1 月 26 日至 30 日	15	讨论了各参加方提名的清洁能源、可再生能源和能效产品； 外部专家介绍能源部门的经济趋势以及减少全球能源生产的碳密集度的各种技术
5	2015 年 3 月 16 日至 20 日	17	聚焦于环境监测分析与评估产品、环保产品和资源效率产品的提名，以及对过去的提名进行更新
6	2015 年 5 月 4 日至 8 日	17	审查此前制定的实质性产品提名清单； 就产品提名的可信性及海关执行关税减让的可行性展开了技术讨论
7	2015 年 6 月 15 日至 22 日	17	继续讨论此前提出的环境产品提名清单（约 650 个世界海关组织协调制度下的子目产品）； 共同遵守基本原则，确保最终的 EGA 产品清单具有公信力，便于各参加方海关实施关税减让，且对消费者和生产者都具有足够意义
8	2015 年 7 月 27 日至 31 日	17	对所有产品提名进行最后的详细审查，努力确定各参加方均感兴趣的产品； 初步讨论 EGA 的草案文本
9	2015 年 9 月 16 日至 22 日	17	为确定重点产品清单提供支持（该清单涵盖了协调制度的大约 450 个子目产品）； 就 EGA 草案文本开展进一步讨论
10	2015 年 10 月 29 日至 11 月 4 日	17	各方就 EGA 最终清单的产品表明立场，并探讨敏感产品的处理方法； 外部专家对某些提名产品所用的具体用语作出描述； 计划在下一轮谈判之前分发一份更明确的产品清单
11	2015 年 11 月 30 日至 12 月 4 日	17	努力就最终清单达成共识，修订环境产品清单； 开展帮助海关工作人员识别 EGA 产品的技术性工作； 在 2016 年重新召开会议继续谈判
12	2016 年 3 月 2 日至 4 日	17	制定了 2016 年的关键路径，讨论实施方式的建议； 海关工作人员、技术专家继续就修订后的环境产品清单中具体产品的描述问题开展工作

轮次	时间	成员数	内容与成果
13	2016 年 4 月 18 日 至 22 日	17	各方交换他们认为在最终协议中可以接受的货物清单； 试图列出所有可以被多方接受的环境产品提名； 讨论了实施方式等其他问题
14	2016 年 6 月 20 日 至 24 日	17	就最终环境产品清单达成一致
15	2016 年 7 月 24 日 至 29 日	17	努力为 EGA 建立"登陆区"； EGA 谈判主席分发了一份重点更为突出的产品清单，为 2016 年底结束谈判的进一步讨论提供基础； 讨论了 EGA 的草案文本
16	2016 年 9 月 19 日 至 23 日	17	致力于缩小环境产品清单上的分歧； 就环境商品协议草案进行讨论
17	2016 年 10 月 16 日 至 20 日	17	集中讨论最敏感的产品
18	2016 年 11 月 26 日 至 12 月 2 日	17	在对最敏感的产品进行了全面审查之后，EGA 谈判主席将产品分为两类：有可能获得广泛同意的产品和仍然存在最大分歧的产品，从而重新确定了着陆区清单

第四节　中国加入世界贸易组织的简要回顾

一、中国加入世界贸易组织的历史必然性

世界贸易组织是世界上最大的多边贸易组织，中国是在世界经济贸易中日益发挥重要作用的最大发展中国家。世界贸易组织与中国是相互需要的关系，对于世界贸易组织而言，没有中国的参加，世界贸易组织是不完整的，甚至不能称为世界性的贸易组织。对中国来说，加入世界贸易组织是自身的需要，是改革开放的需要，是经济发展的需要。

（1）世界贸易组织在世界经济贸易中发挥着重要作用，其成员间的贸易量占全球贸易的95％以上，加入世界贸易组织有利于为我国发展创造良好的国际经济贸易环境。

世界贸易组织与国际货币基金组织、世界银行并称世界经济的"三大支柱"。它是当今世界唯一处理成员政府间贸易关系的国际组织，对世界经济和贸易的发展

发挥着重要的作用。

中国长期努力加入世界贸易组织，目的就是要获得作为其成员的权利，享受多边谈判成果，利用多边规则，并享受多边机制的保护。在过去的半个多世纪中，世界贸易组织成员以推动贸易投资自由化为目标取得了很多进展，达成了很多协议，制定了很多规则。我国加入世界贸易组织之后，世界贸易组织成员已经做出的所有承诺，其他成员在乌拉圭回合协议中的所有义务，都成为我国可以享受的权利。当然，为了实现这些权利，我国也需要承担相应的义务，需要在加入世界贸易组织谈判中，就我国市场开放的领域和开放的力度、速度与世界贸易组织成员进行谈判，并达成协议，作为我国加入世界贸易组织的"入门费"，以便获得世界贸易组织成员资格，享受相应的权利。

经过 20 多年的改革开放，2001 年，我国国民经济和对外贸易已跃居世界第六位。毫无疑问，加入世界贸易组织这个世界上最大的多边贸易体制，是我国改善国际经贸环境，进一步加强与世界各国、各地区经济贸易关系的必然选择。

（2）世界贸易组织的基本原则和规则有利于推进我国的改革开放进程，有利于促进我国社会主义市场经济体制的建立和完善。

世界贸易组织是以规则为基础的国际组织，它的一些基本原则，如非歧视、透明度、公平竞争、自由贸易等，都是建立在市场经济基础之上的。根据这些原则，通过谈判又制定了许多具体规则。这些一般原则和具体规则，很多都是我国在建立和完善社会主义市场经济法律体系过程中需要采纳或借鉴的。

世界贸易组织的规则本身也在随着世界经济的发展而不断调整和变化。我国加入世界贸易组织后，将直接参与国际贸易规则的制定，充分发挥我国在国际经贸事务中的作用，使多边贸易体制和规则更加公正、平衡，体现和维护我国的正当权益，对我国的改革开放和现代化建设起到积极的促进作用。

（3）加入世界贸易组织是我国深入参与经济全球化的需要。经济全球化是当今世界经济发展的一个重要特征，世界贸易组织是经济全球化的重要载体。经济全球化趋势增强的主要表现就是贸易、投资自由化不断加深，而世界贸易组织的重要功能之一就是大力推进贸易投资自由化与便利化，这就决定了世界贸易组织在经济全球化发展进程中将发挥不可替代的重要作用。因此，加入世界贸易组织，就意味着我国将以更加积极的姿态参与经济全球化进程。

当今的世界是开放的世界。我国和其他国家的实践都证明，关起门来搞建设是不能成功的。要适应经济全球化趋势和科技进步的飞跃发展，中国必须扩大开放，充分利用国外的资金、技术、资源、市场和先进的管理经验，为促进经济和社会发展服务。

加入世界贸易组织，是我国深入参与经济全球化的重要体现和重大契机。作为世界上最大的发展中国家，我国只有加入世界贸易组织，才能积极参与经济全球化，才能在参与的过程中抓住发展机遇，迎接各种挑战，更好地实现经济和社会发展目标。

二、中国加入世界贸易组织的谈判历程

中国恢复关税与贸易总协定缔约方地位和加入世界贸易组织的谈判经过了艰难而曲折的历程。总体上讲，这一谈判可大致分为三个阶段：

第一个阶段是酝酿准备阶段，时间从 20 世纪 80 年代初至 1986 年 7 月。这一阶段的特点是，党的十一届三中全会确立了改革开放的基本国策，为我国申请恢复关税与贸易总协定缔约方地位提供了思想和理论基础。改革开放以来，随着我国对外经济贸易活动日益增多，对外经贸工作在国民经济中的作用不断增强，迫切需要一个稳定的国际环境。国内经济体制改革也不断向市场化发展，使我国初步具备了加入多边贸易体制的条件。1982 年 12 月，当时的对外经济贸易部会同有关部门联合向国务院提出建议，为维护我国的正当权益，我国应当申请恢复关税与贸易总协定的席位。1983 年 1 月，国务院批复同意。由于关税与贸易总协定是一个复杂的法律体系，同时，进入关税与贸易总协定需要通过谈判具体确定权利义务关系，需要一段时间做好准备。经过几年的酝酿和准备，1986 年 7 月 10 日，我国正式提出了恢复关税与贸易总协定缔约方地位的申请。可以说，没有党的十一届三中全会所确立的改革开放方针，就不会有复关谈判，同时，复关谈判也是我国参与世界经济的开端。

第二个阶段是贸易制度审议阶段，时间从 1987 年 2 月至 1992 年 10 月。由于关税与贸易总协定是建立在市场经济基础上的，因此，申请加入方需要全面系统地介绍其经济贸易体制，供缔约方审议其经济贸易体制是否符合市场经济要求。审议中的一个核心问题就是中国的经济体制到底是市场经济还是计划经济。

进入 20 世纪 80 年代以来，中国经济的改革始终是朝着市场化的方向发展的，但在很长一个时期，甚至到 1991 年，市场经济的概念还是一个禁区。我国使用过"计划经济和市场调节相结合"的概念，还使用过"有计划的商品经济"的概念。1992 年初，邓小平同志在南方谈话中提出，在社会主义条件下也可以搞市场经济。1992 年 10 月，党的十四大提出，我国经济体制改革的最终目标是建立社会主义市场经济体制，我国复关谈判审议阶段的核心问题随之迎刃而解。1992 年 10 月召开的关税与贸易总协定中国工作组第 11 次会议作出决定，结束对中国贸易制度的审议。如果没有邓小平同志的南方谈话和党的十四大在理论上的突破，关税与贸易总协定对我国的审议就不可能通过。复关和加入世界贸易组织的谈判取得的每一步重要进展，都与我国改革开放不断深化密不可分。正是由于社会主义市场经济体制目标的确立，使谈判迈出了关键性的步伐。

第三个阶段是多双边谈判阶段，即实质性谈判阶段，时间从 1992 年 10 月至 2001 年 9 月。这一阶段有两种谈判：一种是围绕市场准入问题的双边谈判；另一种是围绕起草中国加入世界贸易组织法律文件的多边谈判。

双边谈判就是关于市场开放问题的谈判，主要解决关税逐步降低、进口限制逐步取消、服务贸易逐步开放这三个问题。对我国而言，双边谈判的关键是如何在进一步开放市场的同时，确保开放的步骤、力度和速度与我国作为发展中国家的经济

发展水平相适应，与我国改革开放的进程相适应，与维护国家经济安全的需要相适应。改革开放是我国的基本国策。为了获得先进技术、资金、管理经验，我国愿意开放自己的市场；而世界贸易组织成员的目标，无非是想要进一步进入中国的市场。双方在开放市场这个大目标上是一致的，主要分歧在于如何开放市场以及开放的时间和程度。根据世界贸易组织的有关规定，发展中国家在一些方面可以享受不同于发达国家的特殊和差别待遇，特别是过渡期。发展中国家的过渡期对于减缓市场开放的压力，赢得调整和发展的时间是非常重要的。因此，我国必须以发展中国家的条件加入世界贸易组织。我国在谈判中为获得发展中国家的权利经过了艰苦斗争。少数发达国家开始不承认我国是发展中国家，经过长期的斗争，最后不得不同意"以灵活务实的态度解决中国的发展中国家地位问题"。经过多年的艰苦谈判，我方最终与所有世界贸易组织成员就我国加入世界贸易组织后若干年内市场开放的领域、时间和程度等达成了协议。

在双边谈判中，共有 37 个成员要求与我国进行谈判，其中最主要的谈判对手是美国，其次是欧盟。我国和美国的谈判范围广、内容多、难度大。谈判还不断受到各种因素的干扰。1996 年下半年起，特别是 1998 年 6 月之后，美国出于自身利益的考虑，特别是考虑到美国工商界对进入中国市场的巨大期待，逐渐调整谈判策略，不再采取阻挠的策略，但是，美国的一些要价仍然超过了我国的经济承受能力。1999 年 11 月，在党中央、国务院有相关领导同志的领导和指挥下，经过连续 6 天 6 夜的艰苦谈判，中美最终达成双边协议，为我国加入世界贸易组织扫清了一个最大的障碍。中美谈判结束后，双边谈判的重点转向欧盟。欧盟也是我国重要的经济贸易伙伴。中美签署协议后，中欧又进行了 5 个月的谈判。2000 年 5 月，欧盟与我国正式签署双边协议。

2000 年 7 月以后，我国先后与其他成员达成双边协议，双边市场准入谈判基本完成，谈判的重点由双边谈判转入多边谈判。多边谈判的主要工作是起草中国加入世界贸易组织的法律文件：一个是中国加入世界贸易组织议定书及其附件，规定了中国加入世界贸易组织后所享有的权利和义务；另一个是中国加入世界贸易组织工作组报告书，是中国加入世界贸易组织谈判的记录和说明，包括中国和世界贸易组织成员各自的意见和评论，以及中国做出的具体承诺。

三、加入世界贸易组织谈判中关税减让谈判概况

中国复关和加入世界贸易组织的关税减让谈判基本以双边方式进行，任何世界贸易组织成员均可就其感兴趣的商品向我方提出减让要求并进行谈判。谈判包括五个方面内容，即减让产品的税目范围，每个税目加入时的约束税率、最终约束税率、减让实施期和初谈权。具有初谈权的意义在于，如我方想修改某一商品的减让承诺，首先要与具有该产品初谈权的成员进行磋商，并对修改减让造成的利益减损给予相应补偿。理论上讲，双边谈判的情况是不公开的，但最终结果则在非歧视原则下多边化。

我国于 1992 年向各缔约方发出关税减让谈判邀请时，曾以工作组主席声明的形

式提出过一个缔约方提交关税减让产品要价清单的期限，但实际上不少国家在期限之后，又提出了新的要价单，特别是世界贸易组织成立之后，一些中美洲国家成为世界贸易组织成员后，即向我提出关税要价，如哥斯达黎加。

有30多个世界贸易组织成员与中国进行双边谈判，主要包括：匈牙利、新西兰、韩国、捷克、斯洛伐克、巴基斯坦、土耳其、新加坡、印度尼西亚、日本、澳大利亚、智利、美国、加拿大、古巴、委内瑞拉、斯里兰卡、巴西、乌拉圭、秘鲁、挪威、冰岛、菲律宾、印度、哥伦比亚、阿根廷、泰国、波兰、吉尔吉斯斯坦、拉脱维亚、欧盟、危地马拉、哥斯达黎加、厄瓜多尔和瑞士等。作为中国的主要贸易伙伴，美国和日本的要价产品最多，韩国、欧盟、加拿大、澳大利亚等次之。

除中美、中欧双边协议涉及有关中国加入世界贸易组织议定书的内容外，其他双边协议的内容大多限于货物贸易的市场准入，有一些涉及了服务贸易领域的开放。

四、中国对多边贸易体制的贡献

（一）中国在加入世界贸易组织谈判中做出了广泛承诺

在加入世界贸易组织谈判中，中国做出了广泛承诺，这些承诺不仅仅超过其他成员在乌拉圭回合谈判所做出的贡献、超过多数成员在两轮谈判（乌拉圭回合和多哈回合）可能做出的承诺，甚至超出了世界贸易组织目前的框架范围。

1. 世界贸易组织传统框架下的巨大贡献

（1）关税。在乌拉圭回合以及中国加入世界贸易组织承诺中，中国承诺将农产品关税由乌拉圭回合谈判54%的基础税率，降低到15%左右，平均削减幅度高达72%，不仅高于乌拉圭回合谈判中发展中成员平均削减24%的要求，也将远远超过绝大部分世界贸易组织成员在两轮谈判中可能做出的贡献。退一步说，即使不考虑中国在乌拉圭回合的贡献，中国加入承诺的关税削减（略超60%）也已大大高于其他成员在乌拉圭回合的关税削减（发达成员36%，发展中成员24%），而且如果多哈回合关税削减幅度不超过48%，中国加入时的削减幅度已经超过其他成员在两个回合削减幅度的总和。工业品关税情况也做了大幅减让。

（2）农业国内支持。在加入世界贸易组织谈判中，中国不仅承诺取消所有黄箱支持措施，而且所保留的最低限度国内支持（称为"微量允许"），也低于发展中国家应享有的10%农业生产总值的支持水平。

（3）农业出口补贴。在加入世界贸易组织谈判中，中国承诺不对农产品出口进行补贴。而取消农业出口补贴被视为多哈回合谈判发达国家做出的巨大牺牲和贡献。

2. 非世界贸易组织传统框架下史无前例的贡献

中国在加入承诺中的三个"不利条款"，即非市场经济条款、纺织品出口的自我控制条款、特定产品特殊保障机制条款，在多边体制下增强了其他成员信心。此外，中国还为建设多边体制、提高自身透明度做出了大胆尝试，包括：只针对中国的过渡性审议，这是世界贸易组织史无前例的措施，提高了中国政策的透明度；承诺把给予国有企业的补贴作为专向性补贴，免去了其他世界贸易组织成员在实施反补贴措施中论证"专向性"的要求，使其他世界贸易组织成员专门针对中国产品实施反补贴措施更加方便，这在关税与贸易总协定和世界贸易组织史上尚无先例。

（二）中国在世界贸易组织谈判中的贡献

作为世界贸易组织新加入成员，中国积极参与和影响游戏规则的制定，为多哈回合等多边、诸边谈判做出了多方面、多层次的建设性贡献。

1. 争取新加入成员待遇

在多哈回合谈判中，一些发展中新加入成员（阿尔巴尼亚、克罗地亚、格鲁吉亚、约旦、立陶宛、摩尔多瓦和阿曼等）与中国一样，约束税率与实施税率基本一致，而不像其他发展中国家约束税率与实施税率之间有较大"水分"，因此，对新加入成员关税的任何削减都是实质性的削减。如果没有其他灵活性安排，和中国一样，其他新加入成员必须在加入世界贸易组织谈判中已做广泛市场承诺的基础上，继续做出比其他发展中成员，甚至一些发达成员更多的贡献。这样大幅连续的减让将危及这些经济体中脆弱产业的发展和生存。为了解决中国和这些成员面临的共同问题，中国在多哈回合谈判伊始首创性地提出了"新加入成员待遇"的概念。经过新加入成员的共同努力，"新加入成员待遇"的概念得到了广泛的认同，成为指导多哈回合谈判的重要原则之一，是中国对多哈回合谈判的重要贡献。多哈谈判启动后成员已达成的法律文本清晰地展现了中国在新成员问题上取得的成果：

《多哈工作计划总理事会2004年7月31日决定》（称为"七月框架"）：附件A制定农业模式的框架第47段：新加入成员的特别关注将通过特定灵活性条款予以有效处理。附件B制定非农产品市场准入模式的框架第11段：我们认识到新加入成员应适用关税减让的特殊规定，以便考虑它们作为加入一部分而承担的广泛的市场准入承诺以及在许多情况下分阶段关税削减仍在实施的情况。我们指示谈判组进一步详述此类规定。

2005年底《香港宣言》正文第58段：我们认识到在加入时作出广泛市场准入承诺的新加入成员的特殊情况。这一情况将在谈判中加以考虑。

这意味着，在多哈回合将来的谈判中要对包括中国在内的新成员所享受的特殊和差别待遇做出具体规定，以减轻新成员在新一轮市场开放中的压力。

2. 开拓性提出市场准入关税削减方案

关税削减公式是农产品和非农产品（包括工业品和渔产品）市场准入关税谈判的核心内容。中国在两个领域均提出了富有建设性的建议。

在非农产品市场准入关税谈判领域，考虑到发展中成员关税普遍高于发达成员关税，为维护包括中国在内的发展中成员利益，中国提出了适用非农产品关税削减的"中国公式"。"中国公式"创造性地把平均税率这一核心因素引入了关税削减公式领域，成功地解决了不同关税结构成员适用同一减让公式的公平性问题。"中国公式"一经推出立即得到了众多国际组织和发展中成员的充分肯定。世界贸易组织非农产品市场准入谈判组在深入研究"中国公式"的基础上，提出了吉拉德主席公式。吉拉德公式继承了"中国公式"的核心和创新因素。从此，"平均税率"这一有利于发展中国家的概念深入人心。尽管多哈谈判几经波折，非农产品关税削减公式几经变化，但"平均税率"始终是发展中国家据理力争的强有力武器，闪现在发展中国家赞成的公式或系数中。

在农业市场准入关税谈判领域，中国推出了分层混合公式。该公式在分层基础上巧妙地把乌拉圭回合减让方式和瑞士减让公式结合起来。其创造性得到了一些成员的肯定，公式的基本内核，即单一方式、分层、协调等三因素已成为截至目前各方一致认可的农业市场准入减让公式的核心内容，纳入了《香港宣言》第7段内容。

3. 关键时刻成立 G20

为了更好地维护包括中国在内的发展中成员的利益，在多哈回合坎昆会议期间，中国和巴西、印度、南非等二十几个发展中成员宣布成立农业谈判20国协调组（G20），巴西、印度、中国、南非等成为该协调组的核心成员。在此后的谈判中，发展中成员还成立了以印度尼西亚为首的33国协调组（G33）。该协调组积极主张对发展中成员的"特殊产品"免于减让。作为G20成员以及G33观察员，我国不仅维护了中国在农业方面的利益，也显著提高了G20、G33的话语权，最大限度地为发展中成员争取了利益。

《香港宣言》体现了G20、G33为发展中成员所做出的贡献：

农业国内支持领域。尽管面临欧美等发达成员以及凯恩斯集团成员的反对，中国在农业国内支持谈判中始终坚持给予发展中成员最低限度的农业支持，即"微量允许"，免于削减。最终《香港宣言》第5段规定，没有"综合支持总量"（AMS）的发展中成员的"微量允许"可以免于削减。由于中国以及许多发展中成员的AMS承诺为零，这意味着中国和这些成员在多哈谈判中不需要对农业的国内支持做任何削减。

农业市场准入领域。《香港宣言》第7段规定，发展中国家可以自主指定一定数量的农产品作为"特殊产品"（SP），并有权使用"特殊保障机制"（SSM）。这样，中国和其他发展中成员的一些弱势农产品就可以得到一定程度的保护，免于减让或少做减让。

农业出口竞争。由于发展中国家往往无力补贴农产品出口，但发达国家特别是欧盟对农产品出口的巨额补贴压低了农产品价格，冲击了发展中国家农产品的生产，挤压了发展中国家农产品的出口市场。几经努力，发达成员终于同意取消出口补贴。《香港宣言》第6段规定，发达成员"保证在2013年底前完成所有形式的出口补贴的平行取消并规范所有具有同等效力的出口措施"。

4. 积极参与并推动形成谈判成果

（1）取消农产品出口补贴。世界贸易组织第十届部长级会议2015年12月在肯尼亚首都内罗毕召开。中国在会议谈判中促谈、促成、促和，提出贸易包容性发展主张，得到各方积极响应，起到了良好的引导作用，为大会最终通过关于农业出口竞争的《内罗毕部长宣言》做出了积极贡献。作为《内罗毕部长宣言》重要成果之一，世界贸易组织成员首次承诺全面取消农产品出口补贴，并就出口融资支持、棉花、国际粮食援助等方面达成了新的多边纪律。该协议达成对农业贸易自由化起到了非常重要的作用，对提高发展中国家农民收入具有重大意义。

（2）《信息技术协定》（ITA）扩围协议。2015年12月，在内罗毕召开的世界贸易组织第十届部长级会议上，中国认真履行"入世"承诺，准确预判形势，积极参加谈判，通过与各方多轮磋商，最终推动各成员方通过了《关于扩大信息技术产品贸易的部长宣言》，ITA扩围协议覆盖医疗、IT等较高技术水平产品201个，涉及贸易额1.3万亿美元，占全球贸易额的8%左右。扩围谈判结果体现了各参加方的大体利益平衡，参加方通过谈判达成的对信息技术产品取消关税的承诺，对所有世界贸易组织成员适用。我国作为全球信息技术产品的第一大贸易国，通过数十轮多边和双边艰苦谈判，将部分敏感产品排除在降税范围之外，为部分产品争取到了更长的降税期，有利于构建优进优出的贸易环境。

（3）环境产品协定（EGA）谈判。2014年7月，环境产品协定（EGA）谈判工作正式启动，中、美、欧、日等18个世界贸易组织成员参加。到2016年底经过18轮谈判，美欧和中国在涡轮压缩机、自行车等敏感产品上的分歧较大，最终未达成共识。特朗普政府时期，美国在环境保护等议题上的立场倒退，EGA谈判陷入停滞。

（4）《贸易便利化协定》。2013年12月，世界贸易组织第九届部长级会议上，中国积极推动促进WTO成立以来首份多边贸易协定《贸易便利化协定》达成。2014年11月底，世界贸易组织通过有关议定书，交由各成员履行国内核准程序。经国务院批准，我国于2015年9月4日向世界贸易组织提交批准书。2017年2月，协定正式生效。《贸易便利化协定》是我国加入WTO参与谈判达成的首个多边货物贸易协定，是我国参与国际经贸规则制定取得的重要成果，《贸易便利化协定》的全面实施将使全球贸易成本降低14%左右，有利于提高跨境贸易的效率，创造就业，并提升全球贸易额。

第五节　国际经贸领域发展动向

一、跨境电子商务税收问题

（一）世界贸易组织电子商务谈判概述

自20世纪90年代以来，电子商务随着通信技术改进获得发展，在全球贸易中所扮演的角色愈发重要，无形中轻易跨越地理边界进行交易并覆盖货物、服务、知识产权等多个领域，给世界贸易组织成员的边境概念和管辖权带来了很大挑战。因此，世界贸易组织在1998年通过了《电子商务工作计划（1998年）》，列出世界贸易组织不同理事会需要讨论的电子商务问题，但由于在关键领域长期缺乏共识，除了达成电子传输免征关税并延期以外，没有取得实质成果。2013年巴厘部长级会议要求《电子商务工作计划（1998年）》考察网络互连、信息获取、移动通信、电子传输软件、云计算等电子商务领域新问题，[①] 同样未能取得实际进展。

随着电子商务在全球范围内的迅猛发展，电子商务领域日益增长的治理需求和多边规则的滞后现状，电子商务条款被越来越多地纳入各项区域贸易协定，不断涌现的区域性电子商务规则在帮助填补多边规则空白的同时，也不可避免地加剧了全球数字贸易治理的碎片化现象，导致监管冲突。世界贸易组织作为全球最核心的多边贸易机制，面对多重压力，于2017年12月召开的布宜诺斯艾利斯部长级会议除了沿袭往届做法通过了《电子商务工作计划（1998年）》外，开创性地发布了《电子商务联合声明》，号召参加方展开针对世界贸易组织与贸易有关的电子商务谈判，结束了世界贸易组织以探讨问题为导向的旧模式，开启了以规则谈判为目标的新时代，成为世界贸易组织项下电子商务谈判的重要转折点。2019年1月，包括中国在内的76个成员签署了第二份《联合声明》，正式启动世界贸易组织电子商务法律文本谈判。

1. 电子商务问题探讨阶段：《电子商务工作计划（1998年）》

1998年9月，世界贸易组织总理事会制定了《电子商务工作计划（1998年）》，[②] 列出成员在不同理事会需要讨论的电子商务相关具体问题，详见表7－3。从1998年启动《电子商务工作计划（1998年）》到2015年内罗毕部长级会议，由于多哈议程整体缺乏进展，理事会对电子商务的讨论并没有取得重大进展，但在以下两个方面有所成就：（1）不断延长电子传输免征关税的期限。1998年2月，美国商务部向世界贸易组织提交了提案，提议为了规范全球电子商务和建立电子商务的法律框架应该实行零关税，世界贸易组织于1998年5月29日通过了《关于全球电子商务宣言》，要求"各成员方维持现有做法，不对电子传输（electronic transmission）征收关税"，并要求在下次总理事会上对本次宣言进行再审查，以协商一致的方式决定是否继续延长免关税做法。在此后的每一届世界贸易组织部长级会议上，对电子传输暂免关税的期限均被延长到下一届部长级会议。[③]（2）确立了与贸易相关的电子商务问题，包括透明度、国内监管、竞争、关税、发展中国家利益、消费者隐私保护、中小企业、市场准入、基础设施和知识产权等传统问题。[④]

---

① See WTO, Work Programme on Electrononic Commerce, Ministerial Decision of 7 December 2013, WT/MIN (13)/32, 11 December 2013, P. 1.

② 该方案将电子商务定义为"以电子手段生存、分销、营销、销售或交付货物或服务"。https：//www. WTO. org/english/tratop_e/ecom_e/ecom_e. htm。

③ 值得注意的是，2017年12月的第十一届部长级会议，延长暂停征收关税的期限是在会议的最后几个小时才达成的。

④ 根据世界贸易组织相关理事会报告和秘书处背景说明材料整理。

表 7 – 3　　世界贸易组织《电子商务工作计划（1998 年）》授权各理事会讨论事项

总理事会	持续审查电子商务工作计划	
	考虑任何与贸易有关的问题	
服务理事会	保护隐私和公共道德以及防止欺诈	最惠国待遇
	市场准入承诺	透明度
	国民待遇	增加发展中国家的参与
	电信附件	国内规制
	关税	竞争
	分类问题	
货物理事会	电子商务相关产品的市场准入和使用权	分类问题
	电子商务相关标准	关税和其他税费
	海关估价	原产地规则
	进口许可证	
知识产权理事会	版权及相关权利的保护和执行	
	商标的保护和执行	
	新技术和获得技术的机会	
贸易与发展理事会	对发展中成员贸易和经济前景的影响，特别是中小企业	
	加强发展中国家的参与方法	
	发展中国家利用信息技术融入多边贸易体系	
	对传统的实物商品销售手段可能产生的影响	
	对发展中成员金融的影响	

　　2015～2017 年布宜诺斯艾利斯部长级会议召开之前，《电子商务工作计划（1998 年）》下的讨论有所加强，日本、新加坡、俄罗斯和欧盟等一些成员就可能的讨论发表了声明和建议，包括数据流动、数据保护、市场准入、基础设施和贸易便利化。[①]

2. 电子商务规则谈判探讨阶段：2017 年《联合声明》

　　随着 2015 年《内罗毕宣言》之后各成员方对电子商务讨论的加强，2017 年 12 月 13 日在布宜诺斯艾利斯举行的第十一届部长级会议上，71 个世界贸易组织成员

---

① 根据世界贸易组织相关理事会报告和秘书处背景说明材料整理。

发布了第一份《联合声明》，① 计划"启动世界贸易组织框架下与贸易相关的电子商务议题的谈判探索工作"，并确定和商定谈判阶段的议程。各成员就框架内新增加的议题提出建议，包括：电子商务基础设施、开放的贸易环境、电子支付和无纸化贸易、关税、国内监管、知识产权和源代码、隐私保护、在线安全、数据本地化、发展中国家和最不发达国家的利益、中小微企业和妇女。

3. 电子商务规则正式谈判阶段：合并文本

第一份《联合声明》发布后，经过一年多的讨论，包括中美欧等成员在内、代表世界贸易 90% 份额的 76 个世界贸易组织成员在达沃斯发布了第二份《联合声明》，启动了世界贸易组织电子商务诸边谈判。② 2020 年 12 月 14 日形成"世界贸易组织电子商务谈判合并文本（合并文本）"，③ 并计划在 2021 年第十二届部长级会议前取得"重大进展"。正式参与世界贸易组织电子商务诸边谈判的有 86 个世界贸易组织成员，至少提交了 50 多份议案，但从合并文本来看，实际在谈判中积极提出提案的只有 18 个成员，内容不仅包括电子传输关税在内的传统电子商务问题，还涉及跨境数据流动、计算设施本地化、源代码、网络安全等新数字贸易问题。

（二）世界贸易组织电子商务谈判关税议题

电子传输是电子商务议题中的一个重要部分，随着电子商务的不断发展，国际间电子传输的数量和频率也大大增加。从贸易规则视角来看，是否对电子传输征收关税直接影响数字贸易的收益分配。1998 年《电子商务工作计划（1998 年）》宣布对电子传输不予征收关税加之其后的一系列延期宣言，产生了电子传输暂免关税及其延期问题。电子传输暂免关税及延期长时间内并没有引发争议，近年来随着跨境电子商务贸易规模迅速扩大，世界贸易组织各成员根据自己的利益需求对电子传输豁免永久化问题选择不同的态度，税收问题成为世界贸易组织争议焦点，有成员（印度和南非）指出数字产品关税应视为政府潜在收入来源，1998 年暂免关税的背景已经发生显著变化，随着数字贸易迅速增长，物理产品的贸易份额相应下降，免关税严重侵蚀成员财产收入。④

根据谈判成员提交的议案，⑤ 多数议案原则上同意对电子传输免征关税，但就免征的具体问题存在分歧，体现在以下几个方面：

（1）关于免征方式，美国是最彻底的支持者，即免关税永久化，无须再通过部长会议延期。欧盟支持对免关税永久化，但援引文化多样性理由，对视听产品不做承诺。中国则指出应将免关税延至下届部长级会议召开。

---

① 此时的签署国包括发达国家、转型经济体、发展中国家，以及柬埔寨和缅甸两个最不发达国家。

② WTO, Joint Statement on Electronic Statement, WT/L/1056, 25 January 2019.

③ "WTO plurilateral ecommerce draft consolidated text", https://www.bilaterals.org/? wto – plurilateral – ecommerce – draft&lang = en.

④ WTO, Work Program on Electronic Commerce – The E – Commerce Moratorium and Implications for Developing Countries – Communication from India and South Africa, WT/GC/W/774；WT/GC/W/747, 4 June 2019.

⑤ 以 2021 年 2 月公布的世界贸易组织电子商务合并文本为研究依据。

（2）免关税及延期对成员所产生的收入影响。争议点在于是应基于物理贸易额，还是基于数字化产品的在线贸易额为计算依据。因为基于不同计算方法和依据，免关税对成员关税收入影响的结果差别很大。联合国贸易与发展会议（UNCTAD）基于在线贸易额计算，发展中国家和最不发达国家的关税损失累计是发达成员的50倍。[1] 经济合作与发展组织（OECD）以物理贸易额的计算指出，免关税对关税收入影响的机会成本很低。[2]

（3）电子传输的范围和界定。分歧在于电子传输仅指电子商务的传输媒介，还是包括传输内容，即被传的产品或服务。美国、欧盟、日本、新加坡、巴西、加拿大认为电子传输应包括被传输内容，否则免关税就没有意义，印度、南非、印度尼西亚则认为电子传输不应包括传输内容，否则会影响税收损失计算。

（4）对电子传输征收关税的技术可行性。美、欧等成员认为对电子传输征收关税不具有技术可操作性，一些发展中国家指出目前已有成员对进口数字产品和服务征收国内税，表明对电子传输征收关税在技术上可行，否则主张免关税并无意义。

（5）大部分成员主张电子传输免关税不得妨碍成员对电子传输和"数字贸易产生的收入和利润"加征国内税，而美国只提及不妨碍对电子传输征收国内税，没有提及"数字贸易产生的收入和利润"的国内税问题。[3]

（三）世界贸易组织电子商务谈判其他议题

从合并文本来看，除传统议题以及电子传输免征关税及其延期问题外，其他争议较大的核心议题包括以下几个方面：

（1）电子支付服务。电子支付条款由中国独立提出，要求各成员应为来自其他成员的电子支付服务和服务提供商提供国民待遇和最惠国待遇，应允许来自其他成员的电子支付服务提供商在本国建立或扩大商业存在，应允许其接入本国的支付和清算系统。[4]

（2）跨境数据流动。美国作为数字经济大国，实现数据的自由流动是美国近年来关注的重点，美国提案指出，作为一般原则，主张成员不应禁止或限制企业或个人为"商业目的"或"消费者接触、分发、使用服务和应用"之目的通过电子方式进行信息的跨境转移。欧盟提案通过明确列举的方式列出了4种成员不得实施的限制跨境数据流动的做法，包括要求使用本国计算设施处理数据，要求数据存储和处理本地化、禁止在其他成员境内存储或处理数据以及将使用本国计算设施或数据本地化作为允许数据流动的条件等。关于数据跨境流动的例外，欧盟提案只对个人信息和隐私提供例外，且只要限制数据流动的成员认为合适即可例外。

———————————

① See Rushmi Banga, Growing Trade in Electronic Transmissions: Implications for the South, UNCTAD Research Paper No. 29, Table3, UNCTAD/SER. RP/2019/1, February 2019.

② OECD, Electronic Transmissions and International Trade – Shedding New Light on the Moratorium, OECD Trade Policy Paper No. 233, 2019.

③ B. 3. Customs Duties on Electronic Transmissions, WTO Electronic Commerce Negotiations Consolidated Negotiating Text – December 2020, INF/ECOM/62/Rev. 1.

④ A. 1. (5) Customs Duties on Electronic Transmissions, WTO Electronic Commerce Negotiations Consolidated Negotiating Text – December 2020, INF/ECOM/62/Rev. 1.

（3）计算机设施本地化。主要成员提案规定不应要求企业或个人使用本国境内的计算设施或将计算设施位于本国境内作为在该国从事业务的条件。美国提案最为彻底，没有任何例外情形，只是针对金融业的数据存储进行了特定规定。欧盟则提出"公共政策"例外。

（4）源代码及加密 ICT 产品的信息披露问题。成员提案这一条款原则上要求成员不得强制披露、转让或获取源代码，但属于规则约束范围的软件仅限于大规模使用的商业软件。该条款争议集中于各成员提交的例外上，韩国引入了事后立法规制例外，欧盟和英国提出一般例外、安全例外、金融审慎监管例外，美国、日本、加拿大等提出应对执法调查给予例外。中国没有就该条款提出提案。

二、碳边境调节机制

气候议题是联合国环境与发展大会关注的领域，订立于 1992 年的《联合国气候变化框架公约》（以下简称《公约》）是全球第一个关于气候变化的国际公约。《公约》确立了应对气候变化的最终目标，即"将大气中的温室气体浓度控制在能够防止人类活动对气候体系产生危险性干扰的水平"。但《公约》主要是自愿性条款，缺乏强制性的实施机制。针对这种情况，《公约》第三次缔约方大会在 1997 年通过了《京都议定书》并于 2005 年 2 月生效。《京都议定书》为部分缔约方限制或减少温室气体排放设置了强制性义务，即在 2008 年至 2012 年的第一个承诺期内，附件一所列缔约方需使其温室气体排放量总体上与 1990 年相比平均减少 5%。

附件一的缔约方包括欧盟及其大多数成员国、日本、美国、加拿大、澳大利亚、英国、土耳其等。为了履行减排义务，欧盟于 2005 年启动了全球最大规模的碳排放交易体系（emissions trading system）。日本于 2005 年提出建立自愿碳排放交易计划，2008 年基于碳信用抵销模式的核证减排计划正式启动。虽然美国政府在 2001 年退出了《京都议定书》，但美国加州于 2013 年开始执行碳排放权交易机制。

在实行碳排放交易机制下，关于采取碳边境调节措施的讨论开始出现。原因在于，一些观点认为实施国在强制减排时会造成其生产成本提高，由此导致温室气体排放量在其他国家的实质增加，如果其他主要排放国没有承担强制性减排责任，实施国的减排行动会使其企业的竞争力下降，从而产生"碳泄漏"和"竞争力"两个问题。法国于 2006 年开始提出与碳排放有关的关税问题。美国奥巴马政府时期，对美国的气候变化政策进行了大幅度的调整，2009 年美国众议院通过的《清洁能源与安全法案》提出，从 2020 年起，美国将对那些未采取减排行动国家的某些产品进行边境调节。这一时期，学界和政界对碳边境调节措施进行了广泛的讨论，但这些提议（法案）并没有被政府采纳而进入政策实施层面。

碳边境调节机制把气候变化与国际贸易两个领域关联起来，国际社会围绕着贸易政策能否用于解决气候变化问题进行讨论，但由于该机制的复杂性和争议性，十多年来一直未形成具体落地实施的方案。

（一）气候议程与贸易挂钩

近几年美欧开始把气候危机提高到外交政策和国家安全考虑的中心地位，气候议程将成为美欧推动全球贸易规则重构及重塑全球供应链和生产布局的新工具。美欧认为，低成本高排放国的碳密集型产品通过"碳泄漏"和"碳转移"获得不公平的出口竞争力，使得美欧本土生产者处于不利的竞争地位。因此，美欧意图利用"碳泄漏"和"碳转移"等概念将气候议程与"公平贸易"挂钩。

2020 年 12 月 17 日美国在世界贸易组织总理事会上提出《通过贸易规则推进可持续发展目标以达成公平竞争环境》部长决议草案。该决议草案提出了基于公平贸易理由将环境与贸易公平竞争挂钩。该草案主张"若未能适用、维持、实施和有效执行达到或超过基本标准门槛的环境保护法律和法规，可视为世界贸易组织《补贴与反补贴措施协定》下的'可诉补贴'"，同时，"若某一产业不成比例地受益于污染控制或其他低于基本标准门槛的环境措施，则其他成员可以在该产业商品进入成员关税领土时征收与该产业所获得的收益相等的反补贴税。"随着拜登政府上台，气候变化问题重新得到重点关注。在外交政策层面，拜登政府将贸易政策与气候挂钩，拜登的《清洁能源革命与环境正义计划》指出"不能再将贸易政策与气候目标区分开"，不允许包括中国在内的其他国家通过成为污染者的目的地，来破坏美国的气候努力，拜登政府将计划对来自未能履行气候和环境义务的国家的碳密集产品征收碳调节费或配额，后又在《2021 年贸易议程》中提出，将与盟友联手应对气候变化，包括酌情考虑碳边境调节。此外，拜登政府还提出将根据合作伙伴对提高其巴黎气候目标的承诺来制定未来的贸易协议。

欧盟委员会在 2020 年 12 月 2 日公布的《应对全球变化的欧美新议程》报告中提出了与美国达成跨大西洋绿色贸易议程的构想，指出欧美应与盟国一起，共同致力于打造一个绿色、循环、包容的世界经济，因此，欧美需要就碳排放交易、碳排放定价以及碳排放征税加强紧密合作，并指出欧盟碳边境调节机制可以作为实现上述措施的全球模板。

（二）欧盟碳边境调节机制

为应对"碳泄漏"风险，维护产业竞争力，欧盟于 2006 年开始探讨碳关税制度。2008 年 1 月，欧盟委员会公布了一份修改欧盟 2003 年第 87 号指令的提案，以改善并扩大欧盟温室气体排放配额交易制度，其中提到了碳排放交易体系运行产生的"碳泄漏"问题。2009 年的哥本哈根气候谈判中，以法国为首的部分发达国家要求对所谓"减排程度不足"的中国、印度等国家能源密集型产品的进口征收关税。哥本哈根气候变化大会之后，法国总统萨科齐多次在各种会议中游说欧盟各国同意在欧盟碳排放交易体系第三阶段（2013～2020 年）的实施方案中采取碳边境调节措施。这一提议遭到了德国、瑞典等反对，他们认为此时提出对发展中国家出口产品征收"碳关税"会给国际气候变化谈判增加更多难题，也会被认为是当前金融危机背景下一种新形式的"生态帝国主义"。2010 年 4 月 15 日，法国总统萨科齐与意大利总理贝卢斯科尼联名致信欧盟委员会主席，呼吁对欧盟外生产的不符合其碳排放标准的产品在进入欧盟时收取补偿金。可见，尽管存在分歧，欧盟在如何应对"碳泄漏"及竞争力减损问题上有持续的关注和讨论。

近年来，随着中国、印度等新兴国家的崛起，欧盟认为绿色工业革命是未来发展的必然趋势，在 2019 年 12 月联合国气候变化大会（COP25）召开之际，欧盟委员会发布了《欧洲绿色协议》，这一方面是欧盟对环境和气候问题长期关注的延续，另一方面也是欧盟维持和强化其在这些领域科技实力的一项长期战略。[①]《欧洲绿色协议》提高了欧盟 2030 年和 2050 年的气候目标，计划到 2030 年，欧盟在 1990 年水平的基础上将减排目标从 40% 提高至 50%～55%，并在 2050 年实现碳中和。同时，欧盟提出建立碳边境调节机制。

2021 年 7 月，欧盟委员会提出提案，首次公布碳边境调节机制详细内容：

1. 实施方式

欧盟选择将境内实施的碳排放交易体系向边境延伸，使进口产品与境内产品承担一样的减排成本。进口商按照欧盟碳排放交易体系配额价格，根据进口产品所含碳排放购买许可证。许可证每年结算一次，进口商要提交与其进口产品排放总量相当的许可证，否则需补缴并面临处罚。行政机关按原价回购结算后剩余的许可证，回购数量不超过上年购买总数的一定比例，回购后剩余许可证作废。

2. 覆盖范围

欧盟考虑将碳边境调节机制覆盖全部 50 个碳泄漏风险行业。综合考虑技术、经济、行政成本等方面的可行性，此次提案选择了部分行业率先实施，即水泥、电力、化肥、钢铁和铝。

3. 主要要素计算方法

碳边境调节的力度主要涉及三项要素。一是进口产品碳排放总量，基于进口产品的实际排放计算，无法核实时使用默认的排放强度，即欧盟同行业中排放强度较高的企业水平。二是应缴许可证总量，以进口产品碳排放总量为基础，扣减欧盟同类企业在碳排放交易体系中获得的免费配额，扣减进口产品在其生产国通过碳税、碳排放交易两种形式实际支付的碳价。三是许可证价格，根据欧盟碳排放配额拍卖价格确定，进口商并不实际参与欧盟碳排放交易，无法直接影响欧盟境内碳价。

4. 实施时间

为实现平稳过渡，减少对贸易的影响，碳边境调节机制计划于 2023 年 1 月 1 日正式实施，有三年过渡期。过渡期内只收集数据，进口商需提交碳排放数据和欧盟外已支付碳价的情况，无须缴纳许可证。

---

① 庄贵阳、朱仙丽：《〈欧洲绿色协议〉：内涵、影响与借鉴意义》，载于《国际经济评论》2021 年第 1 期，第 7、116～133 页。

第八章 自由贸易协定等关税
谈判与实施

　　自由贸易区通常指两个及以上的国家或地区，通过签订自由贸易协定，相互取消绝大部分货物的关税和非关税壁垒，取消相关服务部门的市场准入限制，开放投资，从而促进商品、服务和资本等在自由贸易区内的自由流动，实现自由贸易协定各方间的优势互补，共同发展。自由贸易区是世界贸易组织认可的最惠国待遇原则的重要例外形式。本章主要以取消和降低货物贸易关税壁垒为主线，介绍我国近年来已商签并实施的区域、双边自由贸易协定，以及给予最不发达国家的特惠待遇等，同时对当前世界上其他重要的自由贸易区进行了介绍，旨在使读者对全球自由贸易区形成全景式的认识。

第一节 全球区域贸易协定概览

一、区域贸易协定背景

　　区域贸易协定由来已久[①]。在世界近现代史上，随着经济的发展、民族国家的形成和国际政治格局的变迁，为促进区域贸易，签订贸易或关税协议常被作为有效的政治经济措施在各国或各地区广泛应用。

　　早在 1547 ~ 1548 年，大不列颠政府倡议在英格兰和苏格兰之间建立同盟，《1703 年联盟法》为苏格兰与英格兰之间建立政治经济联盟奠定了法律基础，为大不列颠的统一铺平了道路。1850 年，加拿大的安大略、魁北克、诺瓦斯科底亚和新布朗斯威克四省达成了有关食品和原材料的自由贸易协议。四省作为一个贸易联盟，于 1854 年与美国签署了消除自然资源产品全部进口关税的"互惠条约"。1813 ~ 1815 年，日耳曼各分裂州各自不同的关税措施制约了相互之间的贸易流动，1818 ~ 1848 年，普鲁士州通过一系列双边和多边条约逐步取消了各州之间的关税，建立了 3 个关税同盟，即沃顿伯格—巴伐利亚、普鲁士—汉萨—德姆

---

　　① 根据世界贸易组织的定义，区域贸易协定（regional trade agreements）是指两个或多个伙伴之间实现关税和服务自由化的互惠贸易协定，包括自由贸易区和关税同盟，以及服务的经济一体化协定。原文为：In the WTO, these refer to reciprocal trade agreements between two or more partners to liberalize tariffs and services. They include free trade areas and customs unions and economic integration agreements on services.

斯达特、中部日耳曼。三大关税同盟有力地促进了相互之间的贸易，带动了经济繁荣。在欧洲其他地区，关税同盟的实例也屡见不鲜。1775～1879 年，奥地利与其邻国建立了 5 个关税同盟。1874～1875 年，瑞典与挪威建立了关税同盟。1921年，比利时与卢森堡建立了关税同盟。1944 年，比利时、卢森堡和荷兰签署了比荷卢关税同盟协议。

对经济利益和政治利益的追求是达成区域贸易协定的动因。早期区域贸易协定多从地缘政治的因素出发，相邻国家或地区之间消除贸易壁垒，促进商品流通，简化管理措施，通过促进商业的繁荣，逐步实现周边地区的和平和稳定。基于经济利益之上的政治联盟，则考虑了更多的军事安全因素，其间也伴随着民族国家的兴衰。从经济学角度看，区域贸易协定也是比较优势理论的必然结果之一。由于各国或各地区自然禀赋存在先天差异，相互输出具有比较优势的产品能在很大程度上缓解自然资源对经济发展的限制作用。各国或各地区之间的自发贸易发展到一定程度，势必推动政府当局着手考虑区域贸易协定，以便以更低成本开拓更大的市场。随着工业化和全球化进程的加速，一方面专业分工越来越精细，另一方面全球商品流通呈几何级数增长，再加上交通和信息业的迅猛发展，世界经济全球化的趋势越来越明显。1947 年关税与贸易总协定（GATT）成立后，多边贸易协定和区域贸易协定并行发展。

区域贸易协定一般包括如下几种形式：优惠贸易安排（preferential trade arrangement，PTA），即成员间就一项或多项商品贸易相互给予特殊优惠关税待遇，以带动相关产业的发展。这是区域贸易协定中最低级和最松散的形式。自由贸易区（free trade area，FTA），即成员间相互降低关税，消除贸易壁垒，但各成员对外仍执行既有的关税政策和贸易措施。关税同盟（customs union），即成员间相互取消关税，消除贸易壁垒，实现区内商品的完全自由流动，协调各自的贸易措施，执行统一的对外关税政策和贸易政策。关税同盟强调以整体的力量参与国际市场竞争，实际上是将关税的制定权让渡给区域经济一体化组织。关税同盟对成员的约束力比自由贸易区大，已经具有一定的超国家性质。共同市场（common market），即成员在废除内部关税和非关税措施以及统一实施共同对外关税政策外，还允许所有的生产要素自由流动，包括资本、劳动力、服务业与技术等要素。经济同盟（economic union），即各成员在共同市场的基础之上，执行某些共同的经济政策和社会政策，统一政治纲领，形成一个庞大的经济实体。经济同盟的主要特征是各成员进一步协调它们之间的财政政策、货币政策和汇率政策，一些超国家机构，例如议会和中央银行开始发挥作用。

二、世界贸易组织中对区域贸易协定的定位

从 1947 年关税与贸易总协定到 1995 年世界贸易组织，区域贸易协定一直都是多边贸易体制中最惠国待遇的例外。

最惠国待遇（即 1947 年的《关税与贸易总协定》第一条"普遍最惠国待遇"）的核心内容，是要求任何缔约方对来自或运往任何其他国家任何产品的利益、优惠、

特权或豁免，应立即无条件地给予来自或运往所有其他缔约方领土的同类产品。对不同来源的进口产品给予同等的待遇，有利于资源在世界范围内的合理配置并实现真正的自由贸易，有利于使势单力薄的中小贸易国享受公平的非歧视待遇，有利于稳定所有缔约方之间的经贸关系。

最惠国待遇条款的第二款在《关税与贸易总协定》生效时就免除了某些区域集团优惠安排的最惠国待遇多边义务，即通称的"祖父条款"。这是基于历史和现实的考虑。由于区域贸易协定有着悠久的历史渊源，如果不排除已经存在的区域集团优惠安排，当年谈判签订《关税与贸易总协定》时，许多贸易大国，例如英国、法国、加拿大和美国等，就难以接受总协定。"祖父条款"下涵盖的优惠安排包括：英联邦帝国特惠制，法盟优惠安排，比荷卢关税同盟，美国及其附属领土、菲律宾之间的优惠安排，美国与古巴优惠安排，智利与领国的优惠安排，黎巴嫩—叙利亚关税同盟与巴基斯坦、外约旦之间的优惠安排等。这些优惠安排中有关成员相互给予的关税优惠可以不用按照最惠国待遇原则给予其他关税与贸易总协定缔约方，但这些优惠安排的水平不能发生变化，即维持在 1947 年的水平。

《关税与贸易总协定》第 24 条"适用领土—边境贸易—关税同盟和自由贸易区"是有关货物经济一体化的规定，承认作为经济一体化的形式，即关税同盟和自由贸易区为最惠国待遇的例外。由于真正意义上的关税同盟和自由贸易区能够促进自由贸易，减少贸易壁垒，与多边贸易协定追求的目标一致，能够成为多边贸易体制的有益补充，因此，关税同盟和自由贸易区在多边贸易框架中得到了明确认同。自由贸易区作为区域经济一体化的较为初级的形式，首先考虑了实现关税同盟非一日之功，体现了一体化过程中的逐步过渡，其次，更适合广大发展中成员的现实经济贸易水平和政策能力。

第 24 条第 2 款对缔结关税同盟和自由贸易区的主体进行了定位，主体"应理解为一对与其他领土之间贸易的实质部分保留单独关税或其他贸易法规的任何领土"。第 4 款对关税同盟和自由贸易区的定义和特征做了规定，要求关税同盟和自由贸易区的成员必须取消实质上所有贸易的关税和其他限制商业管理措施。其他有关条款还规定了其余的限制条件或义务，例如建立关税同盟或自由贸易区后，不得对非成员的其他缔约方提高现有的关税水平；任何缔约方建立或加入关税同盟或自由贸易区时应及时通知全体缔约方，履行透明度义务等。

关税与贸易总协定关于发展中国家缔约方区域贸易协定的规定主要体现在总协定文本第四部分"非互惠原则"（non-reciprocity）和"东京回合"通过的、1979 年生效的"授权条款"。《关税与贸易总协定》文本第四部分"贸易和发展"是在 1964 年通过、1966 年生效的，包括三个条款，即第三十六条、第三十七条和第三十八条。其中第三十六条规定了一条重要原则：发达成员对发展中成员所承诺的削减或消除关税和非关税壁垒的义务，不得要求得到对等回报。这条原则通称为"非互惠原则"。"授权条款"是东京回合各缔约方形成的"关于发展中国家差别更优惠待遇、互惠和较全面参与"的决定。由于发展中国家经济发展水平有限，难以建立整合程度较高的关税同盟或自由贸易区，发展中国家要求在关税与贸易总协定框架内为相互之间的优惠贸易安排获得法律支持。此外，发达国家给予发展中国家的普遍优惠制待遇等也需要进一步在总协定中明确法律地位。"授权条款"对这两方面的问题都进行了明确规定,授权发达国家向发展中国家提供普惠制,授权发展中国家之间建立分区域或者全球关税和非关税措施减让优惠安排,这些优惠安排都免除了最惠国待遇原则,即最惠国待遇原则可以只适用于有限的总协定缔约方,而不必适用于全体缔约方。

三、区域贸易协定对世界贸易组织的影响

区域贸易协定与世界贸易组织所建立的多边贸易体制相伴相生,互为补充。结合区域贸易协定的悠久历史和世界贸易组织的多年实践看,区域贸易协定对世界贸易组织既有积极的促进作用,也会产生一定的遏制作用。

从关税与贸易总协定的创建到世界贸易组织多边贸易体制的形成都离不开成员国的谈判和努力,历史上各类区域贸易协定的实践为多边贸易规则的谈判积累了丰富经验。以促进自由贸易和商品流通为目标,以关税削减、降低非关税壁垒等措施,区域贸易协定的一些实践、理念和规则在多边框架中放大和发展。

区域贸易协定的达成,有助于促进成员国政府充分认识国际经济的相互依赖和多边协调的重要性,认识到接受国际规则和纪律的必要性。由于国内政策对贸易的直接和间接作用日益增大,为开拓国际市场,成员国必须承担改革国内的政策法规的义务,体现权利和义务的平衡。多边贸易体制的形成和运作,实质上受到各成员国内部贸易保护主义势力和自由贸易势力相互制衡的影响。区域贸易协定的达成往往在有限的区域市场中展示自由贸易对经济的促进作用和对政治的协调作用,从而为多边框架下自由贸易势力的胜出提供论据。对于发展中国家而言尤为如此,通过参加区域贸易协定,利用协议的要求和规定来推动和巩固国内改革,例如墨西哥加入北美自由贸易协定(以下简称"北美自贸协定")的重要目的之一就是利用所承担的北美自贸协定义务和美加的压力来巩固萨利纳斯总统当政以来所取得的改革开放成就。

区域贸易协定能为敏感政策领域多边贸易自由化提供借鉴。多边贸易体制的运作涉及各成员国国家主权的适当让渡。在一些敏感政策领域,例如产业竞争政策、技术标准、商品检验检疫标准以及司法判决等方面,各成员国让渡国家主权十分谨慎,区域贸易协定中的一些先例为后期的其他区域贸易协定以至于多边贸易协定提供了借鉴。历史上,美国和加拿大在自由贸易协定谈判过程中,就如何制定争端解决程序意见不一。已有的欧共体争端解决机制中,超国家色彩过于浓烈。美加经过摸索建立了符合两国情况的区域争端解决机制,在提高两国各自执法力度的同时,两国政府和司法当局保留其判决主权,但受制于独立的审议程序。这一机制后来由北美自贸协定完全继承,对当时多边贸易体制中乌拉圭回合有关改善争端解决程序的谈判产生了深远影响。世界贸易组织新争端解决机制中的"上诉复议机构"的建立就参照了美加协定的做法。

区域贸易协定对多边贸易体制的不利影响，主要源于区域贸易协定在贸易待遇上区别对待域外国家。由于大多数区域贸易协定成员均为多边贸易体制成员，如何协调各成员的关系成为多边贸易体制法律体系的难点问题之一。1957 年欧共体签署《罗马条约》，这一基于政治考虑为主、经济考虑为辅的区域贸易协定对关税与贸易总协定产生了不利影响。以欧共体 6 个成员国为一方，以欧共体的主要贸易伙伴为另一方，双方在欧共体造成的关税补偿性调整方面无法达成共识。欧共体成员国于 1957 年 1 月 1 日开始实施简单未加权平均关税税率，区域外的成员认为这种关税调整方式将大幅度提高原来的关税水平，严重影响其对欧共体出口的重要利益产品。关税与贸易总协定在此后几年内试图协调与欧共体的关系，但都无果而终，弱化了关税与贸易总协定关于区域集团有关规定的权威和法律约束力。

此外，区域贸易协定的加速发展在某些方面会抵消区域贸易协定成员国，尤其是经贸大国，对多边贸易体制建设的积极性。同样以欧共体为例，其成立初期，为应对已扩大到 6 个成员方市场内的工业品零关税自由贸易制度，各成员之间（主要是德国和法国之间）同意欧共体保护农产品的生产和出口，采取了共同农业政策（the common agricultural policy，CAP）。欧共体的农产品市场出现区域化，致使关税与贸易总协定内部农产品贸易的自由化长期得不到发展。

随着世界贸易组织成员方规模的不断扩大、多边贸易规则的更新和多边谈判日益复杂，各成员国利益协调的工作越来越艰难。相比较世界贸易组织成员方的庞大规模，区域贸易协定参与方少，容易就某些利益交换达成一致。发达国家中的一些贸易大国在多边贸易体制中一旦发现难以拿到预期的利益，就会通过区域贸易协定的方式逐一获得市场，而在多边谈判中保持强硬立场。这种趋势势必将有损贸易小国、弱国和发展中国家的利益，最终也将损害多边贸易体制的存在和运行。

四、全球重要区域贸易协定简介[①]

截至 2021 年 5 月，各成员国向世界贸易组织通报的区域贸易协定总计约 565[②] 个（包括货物贸易下的通报和服务贸易下的通报），其中约 349 个协定正在实施（见图 8 - 1）。

关税与贸易总协定存在的 48 年时间内，即 1947 年至 1994 年，各成员通报的区域贸易协定总计 102 个，平均每年签订 2～3 个。自 1995 年世界贸易组织成立以来，26 年左右的时间内，各成员通报的区域贸易协定约 463 个，平均每年签订 17～18 个。1995 年以来区域贸易协定加速增加，一部分原因是经济全球化推动了各国的贸易发展，一部分原因是服务贸易被纳入多边贸易体制中，服务贸易领域的区域协定也在快速增长。

---

① 根据世界贸易组织 RTA 数据库整理所得。
② 数据中不包括已失效的区域贸易协定。

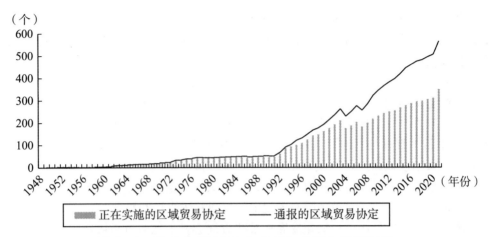

**图 8 - 1　1948 年至 2021 年 5 月各成员向世界贸易
组织通报和正式实施的区域贸易协定**

资料来源：世界贸易组织 RTA 数据库。

　　根据世界贸易组织统计，截至 2021 年 5 月全球共计约 219 个国家或地区（包括世界贸易组织成员和非世界贸易组织成员）就货物贸易领域新建区域贸易协定共计通报了 2629 次（若一项区域贸易协定包括多个成员，按多次通报计算），如图 8 - 2 所示。由于欧洲一体化进程，欧盟各成员名下的通报次数普遍较多，最多达 44 次。欧洲其余成员，尤其是欧洲自由贸易联盟（european free trade association，EFTA）的成员，由于 EFTA 与阿尔巴尼亚、加拿大、智利等众多成员签署了自由贸易区，因此 EFTA 成员国名下的通报次数也普遍较多。从其余主要贸易大国和强国看，智利通报 30 次，墨西哥通报 22 次，印度通报 16 次，韩国通报 19 次，日本通报 18 次，澳大利亚通报 17 次，加拿大和我国各通报 15 次，美国通报 14 次。全球共计约 219 个国家或地区就服务贸易领域新建区域贸易协定共计通报了 1251 次。其中，欧盟各成员国总体最靠前，通报了 24 次至 26 次，新加坡通报 24 次，智利通报 22 次，日本和韩国各通报 17 次，中国、巴拿马、秘鲁和英国各通报 16 次，澳大利亚通报 15 次，冰岛通报 14 次，美国通报 13 次，加拿大通报 9 次。从以上数据可以看出，欧洲经济一体化进程为区域贸易协定的发展做出了巨大贡献，美国、英国、日本、澳大利亚等传统贸易大国和强国也高度重视区域贸易。我国虽然参与区域贸易协定的商签较晚，但速度较快，对推动区域贸易的发展做出了贡献。

　　从区域贸易协定类型看，自由贸易协定是目前占主流的区域贸易协定类型。565 个通报的区域贸易协定中①，自由贸易协定总计 321 个（含新建自由贸易区和加入已有自由贸易区的协定），约占 56.81%。其余各类区域贸易协定中，经济一体化协定总计 186 个（含新建经济一体化区域和加入已有的经济一体化区域的协定），关税同盟总计 30 个（含新建关税同盟和加入已有的关税同盟），优惠贸易安排 28 个

---

　　①　根据世界贸易组织 RTA 数据库（http：//rtais. WTO. org/UI/publicsummarytable. aspx）整理所得。

（含新建优惠贸易安排和加入已有的优惠贸易安排）。

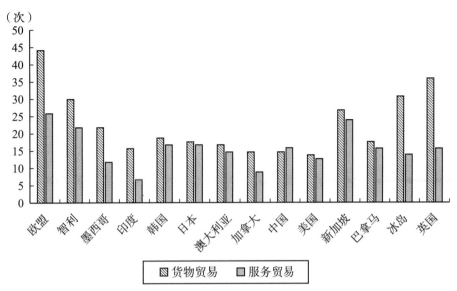

图 8-2　部分成员通报货物贸易和服务贸易领域新建区域贸易协定数量
资料来源：世界贸易组织 RTA 数据库。

事实上，近年来，随着多边贸易体制下贸易谈判进程未取得实质性进展，全球主要贸易经济体纷纷通过双边或者区域贸易协定在降低市场准入门槛和新议题上不断进行探索，《美国—韩国自由贸易协定》《欧盟—韩国自由贸易协定》《欧盟—日本自由贸易协定》《中国—韩国自由贸易协定》《中国—澳大利亚自由贸易协定等双边贸易协定》，以及一些区域贸易协定，例如《全面与进步跨太平洋伙伴关系协定》（CPTPP）、《区域全面经济伙伴关系协定》（RCEP）相继达成。

根据世界贸易组织和剑桥出版社于 2016 年联合出版的《区域贸易协定和多边贸易体制》一书，近年来全球区域贸易协定发展呈现如下特点：一是区域贸易协定的地理分布正在发生变化，跨区域协定和发达国家与发展中国家之间的协定不断增长，协定（包括正在进行的谈判）也由原本美欧主导向亚洲和欧洲地区集中；二是随着时间推移，密集的区域贸易协定网络使得相同贸易伙伴间存在相互重叠的协定，产生"意大利面碗"现象，当然，这一问题有可能随着 CPTPP、RCEP 等区域贸易协定的出现得到缓解；三是区域贸易协定所涵盖的内容和范围愈加广泛复杂，不仅涉及货物贸易自由化，还包括服务、投资和其他"边境后"事项，还越来越多地包含竞争、环境、劳工和电子商务等世界贸易组织规则并未涉及的问题；四是自贸协定中，部分条款与现有世界贸易组织规则承诺水平相当，但也有部分设置了新的规则和更高的标准，对协定成员和第三方给予更为显著的差异化待遇。

第二节 中国自由贸易协定关税谈判及实施情况概述

一、我国自由贸易协定关税谈判情况

截至 2022 年 12 月，我国已与相关国家或地区正式签署并实施了 19 项自由贸易协定或优惠贸易安排，包括中国—东盟、中国—智利、中国—巴基斯坦、中国—新西兰、中国—新加坡、中国—秘鲁、中国—哥斯达黎加、中国—冰岛、中国—瑞士、中国—韩国、中国—澳大利亚、中国—格鲁吉亚、中国—毛里求斯、中国—柬埔寨自由贸易协定，以及《亚太贸易协定》《内地与香港更紧密经贸关系的安排》《内地与澳门关于建立更紧密经贸关系的安排》《海峡两岸经济合作框架协议》早期收获安排和《区域全面经济伙伴关系协定》（RCEP）。

此外，中国—挪威、中国—斯里兰卡、中国—海湾合作委员会、中国—以色列等 12 个自由贸易协定谈判（含中国—韩国自由贸易协定第二阶段和中国—秘鲁自由贸易协定升级）正在进行中。10 项自由贸易协定可行性研究工作（含中国—瑞士自由贸易协定升级）正有序开展。

二、我国自由贸易协定关税减让实施情况

（一）中国—东盟自由贸易协定

中国—东盟自由贸易区是中国对外建立的第一个自由贸易区。2002 年 5 月，中国与东盟正式启动中国—东盟自由贸易区谈判。2002 年 11 月 4 日，双方签署了《中国—东盟全面经济合作框架协议》，总体确定了中国—东盟自由贸易区的基本框架，正式启动自由贸易区建设进程。2004 年 1 月 1 日，自由贸易区的先期成果——"早期收获计划"顺利实施，自由贸易区进入实质性降税阶段。2004 年 11 月，双方签署《中国—东盟全面经济合作框架协议货物贸易协议》，并于 2005 年 7 月开始相互实施全面降税。经过 2005 年、2007 年、2009 年和 2010 年四次全面降税，双方超过 90% 以上的产品实现零关税。2010 年 1 月 1 日，中国—东盟自由贸易区如期建成。2014 年 8 月，中国与东盟启动自由贸易区升级谈判。经过 4 轮谈判，双方于 2015 年 11 月 25 日签署自由贸易区升级议定书，但未涉及关税减让。升级议定书于 2016 年 7 月 1 日率先在中国和越南间生效，2019 年 10 月 22 日，对所有协定成员全面生效。

根据"早期收获计划"，600 多种农产品先行削减关税税率，中国与东盟 6 国自 2004 年开始降税，2006 年降为零；越南及老挝、柬埔寨、缅甸三国，自 2004 年开始降税，2010 年降为零。作为"早期收获"安排的附加，根据双方签署的协议，中国和泰国于 2003 年 10 月 1 日起对蔬菜、水果（《进出口税则》第 7、第 8 章产品）

实施零关税。至 2010 年，中国—东盟自由贸易区"早期收获"降税安排全部完成。

根据《货物贸易协议》，除已有降税安排的早期收获产品外，中国与东盟的降税产品分为正常产品和敏感产品两大类。其中，正常产品最终将实现零关税，分为一轨正常产品和二轨正常产品两类，一轨正常产品约占全部正常产品的 90% 以上。中国和东盟老成员①的一轨正常产品自 2005 年 7 月开始降税，至 2010 年 1 月 1 日全部实现零关税。东盟新成员从 2005 年 7 月起开始降税，至 2015 年 1 月 1 日将关税削减为零，共进行 8 次降税，其中越南的降税进程略快于老挝、柬埔寨、缅甸三国。二轨正常产品是比一轨正常产品较晚实现零关税的正常产品。根据《货物贸易协议》规定，中国和东盟老成员保留 150 个六位税目，东盟新成员可保留 250 个六位税目列为二轨正常产品，对中国和东盟老成员来说，这些产品自 2012 年 1 月 1 日起实现零关税；东盟新成员可以自 2018 年 1 月 1 日起实现零关税。

敏感产品是中国与东盟各国要求获得一定保护的产品，最终不需要实现零关税。对中国和东盟老成员来说，敏感产品的数目不超过 400 个六位税目，进口额不超过进口总额的 10%；对东盟新成员来说，敏感产品的数目不超过 500 个六位税目，不设进口额上限。按照敏感程度的不同，敏感产品又分为一般敏感产品和高度敏感产品。对于一般敏感产品，中国和东盟老成员应不迟于 2012 年 1 月 1 日将其关税削减至 20% 以下，2018 年 1 月 1 日进一步削减至 5% 以下；东盟新成员应不迟于 2015 年 1 月 1 日将其关税削减至 20% 以下，2020 年 1 月 1 日进一步削减至 5% 以下。对于高度敏感产品，中国与东盟六国应不迟于 2015 年 1 月 1 日将其关税削减至 50% 以下，东盟新成员则不迟于 2018 年 1 月 1 日将其关税削减至 50% 以下。至 2021 年，中国和东盟《货物贸易协议》项下产品降税安排已全部完成。

（二）中国—智利自由贸易协定

2004 年 11 月，中国和智利启动自由贸易协定谈判。2005 年 11 月，在经过五轮谈判后，双方正式签署《中华人民共和国政府和智利共和国政府自由贸易协定》，该协定是中国第一个双边自由贸易协定，2006 年 10 月 1 日协定正式生效，实施第一步降税。

根据协定，中智两国将相互给予关税优惠，在 10 年内将 97% 税目的对方产品进口关税削减为零。其中，中方立即降税产品占税目总数的 37.3%，主要包括金属及非金属矿产品、大部分有色金属初级产品等；在协定生效第 2 年、第 5 年和第 10 年降为零（每年等幅下调）的税目占比分别为 25.8%、12.8% 和 21.3%，主要包括部分机织物、蔬菜、胶片、建材产品、葡萄酒、部分药品及日用轻工产品等。此外，中方还有占税目总数 2.8% 的产品不参加关税减让，包括木材和纸制品、食用植物油、关税配额产品和碘。智方的降税模式中，立即降税产品和例外产品分别占税目总数的 74.5% 和 1.9%，其余产品的进口关税等幅降低，最终在协定生效的第五年和第十年的年初降为零。第一次智方降税后，蔬菜、水果、部分机械、电机产品等中国对智利出口的大宗商品进口关税已一步调整为零。

---

① 东盟老成员指东盟六国，包括文莱、印度尼西亚、马来西亚、菲律宾、新加坡、泰国。

为进一步加强两国经贸合作，2016 年 11 月，中智双方宣布启动升级谈判。经过三轮升级谈判，2017 年 11 月 11 日，双方正式签署了《中华人民共和国政府与智利共和国政府关于修订〈自由贸易协定〉及〈自由贸易协定关于服务贸易的补充协定〉的议定书》，并于 2019 年 3 月 1 日正式生效实施。根据升级议定书，中智两国进一步对 54 个产品实施零关税（其中中方 30 个、智方 24 个），总体零关税产品税目数比例达到约 98%。

（三）中国—巴基斯坦自由贸易协定

中巴两国于 2005 年初启动自由贸易协定"早期收获"谈判，并于 2005 年 4 月签署中国—巴基斯坦关于自由贸易协定早期收获计划的协议和中国—巴基斯坦关于自由贸易协定及其他贸易问题的谅解备忘录，2006 年 1 月 1 日起正式实施。2006 年 11 月 18 日，双方正式签署《中华人民共和国政府和巴基斯坦伊斯兰共和国政府自由贸易协定》，2007 年 7 月 1 日开始实施降税，并于 2012 年 1 月 1 日全部完成。在此期间，双方还于 2008 年 10 月签署补充议定书，对巴方境内"海尔—鲁巴经济区"等中巴投资区生产的货物及双方有出口兴趣的货物，优先考虑削减或免除关税。

根据早期收获协议，产品降税安排涵盖零关税产品和优惠关税产品降税安排，零关税产品从 2006 年 1 月 1 日开始实施降税，分 3 次在 2008 年 1 月 1 日前全部降税为零关税；优惠关税产品的降税安排则比照《曼谷协定》（现称为《亚太贸易协定》）第三轮谈判结果中国与印度之间的具体安排，互相提供优惠关税待遇，但不要求将这些产品的关税在早期收获阶段降至零。具体而言，零关税产品的降税安排包括双方共同降税和各自单方面降税两部分，在贸易利益上兼顾了双方利益。中巴双方共同降税的产品主要是中方有出口优势的大蒜、巴方有出口优势的芒果，以及柑橘、石料等产品，共涉及中方 123 个 8 位税目。除共同降税产品外，中方承诺对 52 个 4 位税目产品进行单方面降税，主要包括植物胶、棉机织物、化纤纺织原料及制成品、针织物、大理石制成品、体育用品、医疗器材等。巴方承诺对 51 个 4 位税目产品进行单方面降税，主要包括有机化工产品和机械类产品。

根据双方签署的自由贸易协定，中巴两国于 2007 年 7 月 1 日起对全部货物产品分两个阶段实施降税。第一阶段在自由贸易协定生效后 5 年内，双方对占各自税目数比例 85% 的产品按照不同的降税幅度实施降税，约 36% 的税目产品关税将在 3 年内降至零。中方降税产品主要包括畜产品、水产品、蔬菜、矿产品、纺织品等，多为根据早期收获协议对巴方协定税率或 2006 年最惠国税率均不超过 5.5% 的产品；巴方降税产品主要包括牛羊肉、化工产品、机电产品等。其余降税产品将在 5 年完成不同幅度的降税：税率降至 5% 或以下，或削减 50% 或 20% 的关税。第二阶段从自由贸易协定生效第 6 年开始，双方将在对以往情况进行审评的基础上，对各自产品进一步实施降税，目标是在不太长的时间内，在照顾双方各自关注的基础上，使各自零关税产品占税目数和进口额的比例均达到 90%。第一阶段的降税已于 2012 年 1 月 1 日全部完成。

2011 年 3 月，中巴双方启动了自由贸易协定第二阶段谈判，共举行了 11 次会议，于2019年4月结束谈判并签署升级议定书，2020年1月1日起正式实施。双方在原自由贸易协定基础上，大幅降低两国间关税水平，中巴两国将占各自税目数比例80%的产品纳入关税减让，相互实施零关税产品的税目数比例从此前的35%逐步增加至75%，自由化水平提高1倍以上。其中，中方对45%的税目在协定生效后立即取消关税，并对30%的税目分别在5年内和10年内逐步取消关税。巴方同样对45%的税目在协定生效后立即取消关税，并对30%的税目分别在7年内和15年内逐步取消关税。此外，双方还对占各自税目数比例5%的其他产品实施20%的部分降税。

（四）中国—新西兰自由贸易协定

2004年11月，中新两国启动自由贸易协定谈判，经过3年、15轮的艰苦谈判，双方于2008年4月7日正式签署《中华人民共和国政府和新西兰政府自由贸易协定》，新西兰成为第一个与中国签署自由贸易协定的发达国家。2008年10月1日，协定正式生效并开始实施第一步降税。

根据协定，中方自协定生效之日起12年内，取消占税目数比例97.2%的原产于新方进口产品的关税。按照2007年税则，税率在5%及以下的1848个税目立即取消关税，占税目数比例24.2%，主要包括部分水产品、石材、化工产品、纺织纱线、金属制品、机械零件、仪器仪表等；税率在5%～20%的5104个税目，税率每年等幅下调并最终于协定生效的第五年降为零，占比66.8%，主要包括蔬菜水果、食品饮料、化工产品、塑料制品、橡胶制品、皮革、纺织品、金属制品、机械设备、车辆等；税率在20%以上的437个税目，自协定生效之日起税率立即降为20%，协定生效的第二年起每年等幅下调并最终于协定生效的第六年降为零，占比5.7%，主要包括部分水果、干果、罐头食品、轮胎、服装、车辆等。

除以上商品外，中方还对部分敏感商品设置了9～12年的长降税期。其中，牛羊肉、杂碎、橙及橙汁、羊皮、挤奶机等32个税目，税率每年等比下调并最终于协定生效的第9年降为零；液态奶、黄油、奶酪等7个乳制品税目，税率每年等比下调并最终于协定生效的第10年降为零；奶粉等4个乳制品税目，税率每年等比下调并最终于协定生效的第12年降为零。在降税期间及其后5年内，中方可对自新方进口的上述乳制品采取以进口量为触发机制的特殊保障措施，在协定生效后的第6年，双方对新方进口奶粉降税影响进行评估，如果认定其对中方奶业造成了不利影响，可停止奶粉降税1年，降税期相应延长1年。

此外，中方为新方增设羊毛和毛条零关税国别配额，初始配额量分别为2.5万吨和450吨，协定生效后前9年配额量每年增长5%，同时保持羊毛和毛条全球配额管理体制不变。协定还规定了214个税目作为例外商品不参加关税减让，占税目总数2.8%，主要是关税配额商品（除羊毛、毛条外）、部分食用油、木材和纸制品。

根据新方的降税安排，自协定生效之日起9年内，对原产于中国的所有进口产品取消关税。按照2007年税则，税率在5%及以下的4607个税目立即取消关税，占税目数比例63.6%，主要包括农产品、化工产品、部分纺织品、金属制品、机电产品等；税率在5%～12%的1968个税目，用5年时间取消关税，占比27.2%，主要包括部分食品、橡胶制品、钢材、机械工具、车辆等；对税率在12%以上的86个税目，用6年时间取消关税，占比1.2%，主要包括部分纺织品、车辆等。皮衣、毛织物、服装、鞋等近600个税目，在7～9年内取消关税，占比8%。

2016年11月，中新两国启动自由贸易协定升级谈判，并于2021年1月26日正式签署《中华人民共和国政府和新西兰政府关于开议〈中华人民共和国政府和新西兰政府自由贸易协定〉的议定书》。2022年4月7日，升级议定书生效实施，中方将对自新方进口的部分木材纸制品实施优惠协定税率，主要包括木纤维板、餐巾纸、书写纸、牛皮纸、胶粘纸、纸板及纸制标签等。

（五）中国—新加坡自由贸易协定

中国—新加坡自由贸易协定谈判启动于2006年8月。经过8轮磋商，双方于2008年9月结束谈判，并于10月23日正式签署了《中华人民共和国政府和新加坡共和国政府自由贸易协定》，成为中新两国在中国—东盟自由贸易协定基础上进一步加快双边贸易自由化进程的成果。由于新方对外奉行自由贸易，除6个产品保留关税以外，其余产品均已实施零关税，因此，根据协定，新方在2009年1月1日取消了全部自中国进口产品关税；中方则承诺在2010年1月1日前对进口额占比97.1%的自新方进口产品实现零关税。具体而言，中方在中国—东盟自由贸易区关税减让基础上，承诺正常产品对新方加速降税，敏感产品降税进程与中国—东盟自由贸易区保持一致。其中，中方对自新方进口的近3000种产品分两年（2009年和2010年）将关税税率降为零。与中国—东盟自由贸易区相比，中方对自新方进口的约500项一轨正常产品提前1年于2009年实现零关税，对二轨正常产品也分两批分别于2009年和2010年提前2～3年实现零关税。

中新自由贸易协定升级谈判于2015年11月正式启动，2018年11月5日结束谈判签署升级议定书。升级议定书于2019年10月16日生效，但未涉及关税减让。

（六）中国—秘鲁自由贸易协定

2007年9月，中国—秘鲁自贸协定谈判启动，经过8轮谈判和1次工作组会议，于2009年4月28日签署《中华人民共和国政府与秘鲁政府自由贸易协定》，成为继中国—智利自由贸易协定之后中国与拉美国家达成的第二个自由贸易协定。自2010年3月1日起，协定正式实施第一步降税。中方将自协定实施起逐步取消94.6%的从秘方进口产品的关税，其中，61.19%的税目产品将自协定生效之日起立即取消关税，主要包括纺织品、服装、鞋、家用电器、蔬菜等；11.7%的税目产品将在5年内降为零，主要包括部分蔬菜、塑料制品、毛皮、棉纱线、照相机光学元件、大功率发电机组等；20.68%的税目产品将在10年内降为零，主要包括猪肉、部分渔产品、乳制品、部分水果、轮胎、液晶和等离子显示屏及模块、柴油货车、汽车零部件及摩托车等。除以上产品外，0.99%的税目产品设置了8～17年过渡期降税。另有税目占比5.44%的产品将不参加降税安排，主要包括关税配额商品、木材和纸制品、部分食用植物油、烟草、精对苯二甲酸等。

秘方将自协定实施起逐步取消 92% 的从中方进口产品的关税，其中 62.7% 的税目产品将自协定生效之日起立即取消关税，主要包括牛肉、大蒜、咖啡等农产品，部分药品和化工产品，纸制品，部分纺织品，钢铁及其制品等；12.9% 的税目产品将在 5 年内降为零，主要包括苹果、可可脂等部分农产品，谷氨酸、硫化橡胶等部分化工品以及电池、铜、铅等；14.4% 的税目产品将在 10 年内降为零，主要包括部分农产品，硼酸等部分化工品，聚丙烯腈长丝等部分纺织品，铜丝等部分金属制品以及越野车等车辆。第五类产品将分别在 8 年、12 年、15 年、16 年、17 年内逐步取消关税，分别约占中方、秘方税目总数的 0.99% 和 1.95%。除以上产品外，2% 的产品设置了 8~17 年的长降税期。另有 8.0% 的税目产品不参与降税，主要包括部分纺织品、鞋等轻工产品。

2018 年 11 月，中秘双方启动自贸协定升级谈判。截至 2021 年 5 月，已举行了 3 轮谈判，取得积极进展。

（七）中国—哥斯达黎加自由贸易协定

2008 年 11 月，中哥两国启动自由贸易协定谈判。经过 6 轮谈判，双方于 2010 年 2 月达成协定，并于 2010 年 4 月 8 日签署《中国—哥斯达黎加自由贸易协定》。2011 年 8 月 1 日协定正式生效，双方开始实施降税，60% 以上的税目产品立即享受零关税待遇，另有 30% 左右的税目产品将在 5~15 年内逐步享受零关税待遇。2021 年 1 月 1 日，双方实施进一步降税。

中方自协定生效之日起 15 年内，将取消 96.7% 自哥方进口产品关税。其中，税目占比 65.3% 的产品立即实施零关税，主要包括服装、电子产品、化工产品等；28.7% 的税目产品将在 5 年内降为零，主要包括部分动物产品、部分水产品、蔬菜、温带水果、轮胎、部分纺织品、部分电子产品和汽车等；1.8% 的税目产品将在 10 年内降为零，主要包括水产品、烟草、罐头和毛皮；0.9% 的税目产品将在 15 年内降为零，主要包括牛羊肉、乳制品、热带水果、柑橘加工品、菠萝汁和菠萝罐头等。此外，中方税目占比 3.3% 的产品将不参加关税减让，主要包括关税配额产品、部分食用植物油、木材和纸制品、平板电视、液晶模组、数字彩电及其关键件等。

哥方自协定生效之日起 15 年内，将取消 90.9% 的自中国进口产品关税。其中，62.9% 的税目产品立即取消关税，主要包括猪肉、金属制品、部分化工产品、矿产品、部分机电产品等；4% 的税目产品将在 5 年内降为零，主要包括蔬菜、橡胶、杂项化学产品、木制品、帽类产品、钻石、汽车零部件、钟表零件等；21.5% 的税目产品将在 10 年内降为零，主要有马肉、椰子、药品、轮胎、汽车、船舶等；2.5% 的税目产品将在 15 年内降为零，主要有黄油、谷物粉、椰枣、可可豆、毛皮等。同时，哥方每年将给予自中方进口黑芸豆和冻猪肉零关税国别配额，配额量分别为 10000 吨和 250 吨。此外，哥方税目数占比 8.9% 的产品将不参加关税减让，主要有牛肉、水产品、乳制品、花卉、蔬菜、干果、咖啡、茶叶、纺织品、服装等。

（八）中国—冰岛自由贸易协定

2006 年 12 月，中冰两国启动自由贸易区谈判，经过 6 轮谈判，双方于 2013

年 4 月签署《中华人民共和国政府和冰岛政府自由贸易协定》，并于 2014 年 7 月起正式实施。该协定是中国与欧洲国家签署的第一个自贸协定。协定生效后，冰方对从中方进口的所有工业品和水产品实施零关税，中方对从冰方进口的 7830 个税目产品实施零关税，涉及进口额占中方自冰方进口总额的 81.56%，其中包括冰岛盛产的水产品。双方最终实现零关税的产品，按税目数占比均接近 96%，进口额占比接近 100%。

（九）中国—瑞士自由贸易协定

2011 年 1 月，中瑞自由贸易协定谈判启动，经过 9 轮谈判，双方于 2013 年 5 月签署关于完成中瑞自由贸易区谈判的谅解备忘录，7 月正式签署《中华人民共和国和瑞士联邦自由贸易协定》，并于 2014 年 7 月 1 日正式生效。该协定是中国与欧洲大陆国家签署的第一个"一揽子"自由贸易协定。

根据协定，中方对税目占比 84.2% 的瑞方进口产品最终实施零关税，瑞方对 99.7% 的中方进口产品立即实施零关税。若加上部分降税的产品，中方参与降税的产品进口额比例为 96.5%，瑞方为 99.99%。其中，中方自协定生效之日起，对 1803 项产品立即实施零关税，对 5495 项产品经 5 年、10 年或更长时间实施零关税，对 168 项产品经 10 年过渡期降税 60%，尤其对其中 165 项产品从协定生效之日起先降税 18%，然后在此后 9 年内匀速降税，仅 457 项产品作为例外不予降税。

瑞方从协定生效之日起，对 6958 项产品立即实施零关税，对 619 项产品实施部分降税，降幅从 10% 到 50% 不等，仅 254 项产品作为例外不予降税。其中，所有工业品从协定生效之日起全部实施零关税，降税较大的产品有纺织品、服装、鞋帽、汽车零部件和金属制品等中方主要出口产品；对 403 项农产品实施部分降税，对 216 项加工农产品取消工业成分的关税，尤其对其中 23 项加工农产品在取消工业成分关税的同时，将农业成分的关税削减 40%，涵盖了几乎中方对瑞方主要出口的所有加工农产品，包括口香糖、甜食、糕点、意粉等，平均降税幅度高达 71%。2021 年 7 月 1 日，中瑞双方实施进一步降税。

2017 年 1 月 16 日，中瑞双方共同签署《关于中国—瑞士自由贸易协定升级的谅解备忘录》，宣布启动中瑞自贸协定升级联合研究。

（十）中国—韩国自由贸易协定

2012 年 5 月，中韩两国正式启动自由贸易协定谈判。经过 14 轮正式谈判，双方于 2014 年 11 月 10 日结束实质性谈判，于 2015 年 6 月 1 日签署《中华人民共和国政府和大韩民国政府自由贸易协定》，2015 年 12 月 20 日正式生效实施。

根据协定，中韩双方绝大多数产品和贸易将实现零关税。经过最长 20 年过渡期后，中方 91% 的税目产品将对韩方实现零关税，覆盖自韩方进口总额的 85%；如再加上部分降税产品，中方参与降税的产品将达到税目数比例 92%，覆盖自韩方进口总额的 91%。同时，韩方 92% 的税目产品将对中方实现零关税，覆盖自中方进口总额的 91%；如再加上部分降税和关税配额等产品，韩方参与降税的产品将达到税目占比 93%，覆盖自中方进口总额的 95%。中韩双方大多数零关税产品将在 10 年内取消关税，其中，中方 71% 的税目产品将在 10 年内取消关税，覆盖中方自韩方进口总额的 66%；韩方 79% 的税目产品将在 10 年内取消关税，覆盖韩方自中方进口总额的 77%。此外，中韩双方的部分降税产品基本均在 5 年内完成协定规定的降税，关税配额产品的配额内税率将在协定生效后立即降为零。中韩双方都各有一些高度敏感产品，在确保利益大体平衡的原则下，双方针对各自不同敏感度的产品，通过过渡期、部分降税、关税配额、例外等方式，进行了有区别的处理，有效解决了双方高度敏感产品问题，主要涉及中方的汽车、机械、化工、钢铁、电子等制造业领域的一些中高端产品，以及韩方的农水、纺织、汽车等领域产品。

2017 年 12 月，中韩两国启动自贸协定第二阶段谈判。2019 年 4 月，双方在北京举行了第 4 轮谈判。

（十一）中国—澳大利亚自由贸易协定

2005 年，中澳两国启动自由贸易协定谈判。经历 21 轮谈判和数十次小范围磋商后，2014 年 11 月 17 日双方实质性结束了谈判。2015 年 6 月 17 日，双方正式签署《中华人民共和国政府和澳大利亚政府自由贸易协定》，并于 2015 年 12 月 20 日正式生效，实施第一步降税。

中澳自由贸易协定在货物领域达到了很高的自由化水平。中方 96.8% 的税目产品将最终实现零关税，均采用线性降税方式。协定生效时，占税目数比例 29.2% 的产品关税将立即降为零，占自澳方总进口额比例的 85.3%；67.6% 的税目产品将在最长 15 年的降税期内实现零关税，进口占比 8.7%；牛肉、奶粉等相关税目产品则在过渡期降为零关税的同时，附加特殊保障措施。此外，中方对羊毛相关税目产品设置了国别关税配额，另有 3.1% 的税目产品不参与关税减让。

澳方则将对原产于中方的所有进口产品最终实现零关税，即零关税水平达到 100%。其中，立即零关税、3 年过渡期和 5 年过渡期降至零等三种降税类别所涉税目数占澳方总税目数的比例分别为 91.6%、6.9% 和 1.5%，占自中方进口总额的比例分别为 81.5%、16.9% 和 1.6%。[①]

2019 年，澳方已完成全部降税安排。中方于 2022 年 1 月 1 日实施了进一步降税。

（十二）中国—格鲁吉亚自由贸易协定

2015 年 12 月，中格双方正式启动自贸协定谈判。经过 3 轮正式谈判和 3 次非正式磋商，双方于 2016 年 10 月完成谈判，并于 2017 年 5 月签署《中华人民共和国政府和格鲁吉亚政府自由贸易协定》，2018 年 1 月 1 日协定正式生效，实施第一步降税。

根据协定，中方对格方 93.9% 的税目产品实施零关税，覆盖中方自格方进口总

---

① 《中澳自贸协定第五轮商品降税释放利好 1 月份河南外贸企业对澳出口节省关税 780 万元》，中华人民共和国商务部—中国自由贸易区服务网，http://fta.mofcom.gov.cn/article/chinaaustralia/chinaaustraliagfguandian/201902/39819_1.html。

额的 93.8%，其中 90.9% 的税目产品立即实施零关税，覆盖中方自格方进口总额的 42.7%；其余 3% 的税目产品降税过渡期为 5 年，覆盖中方自格方进口总额的 51.1%。格方则对中方 96.5% 的税目产品立即实施零关税，覆盖格方自中方进口总额 99.6%。

（十三） 中国—毛里求斯自由贸易协定

2017 年 12 月，中毛两国宣布正式启动自贸协定谈判。2018 年 9 月谈判结束，并于 2019 年 10 月正式签署《中华人民共和国政府和毛里求斯共和国政府自由贸易协定》。该协定是中国与非洲国家签署的第一份自由贸易协定。协定于 2021 年 1 月 1 日正式生效并实施第一步降税。

根据协定安排，中方和毛方将最终实现零关税的税目产品比例分别达到 96.3% 和 94.2%，占对方进口总额的比例均为 92.8%。其中，中方的最长降税过渡期为 7 年，毛方的最长降税过渡期为 5 年，降税过渡期结束后，毛方绝大多数产品的关税最高将不超过 15%。

（十四） 中国—柬埔寨自由贸易协定

中柬两国于 2020 年 1 月启动了自由贸易协定谈判。历经 7 个月 3 轮正式谈判和多次首席谈判代表层面的磋商，2020 年 7 月 20 日，两国共同宣布完成谈判，并于 2020 年 10 月 12 日正式签署《中国—柬埔寨自由贸易协定》。该协定是我国与最不发达国家商签的第一个自由贸易协定。

在货物贸易方面，中柬自贸协定实现了高水平关税减让。中方最终实现零关税的产品达到全部税目数的 97.53%，其中 97.4% 的产品将在协定生效后立即实现零关税，加上部分降税产品，中方参与降税产品比例达到 97.8%，柬方重点关注的服装、鞋类、皮革橡胶制品、机电零部件、农产品等产品都纳入了关税减让。柬方最终实现零关税的产品达到全部税目数的 90%，其中 87.5% 的产品将在协定生效后立即实现零关税，加上部分降税产品，柬方参与降税产品比例达到 90.3%，中方重点关注的纺织材料及制品、机电产品、杂项制品、金属制品、交通工具等产品均纳入了关税减让。

（十五） 亚太贸易协定

《亚太贸易协定》是亚太区域中唯一由发展中国家组成的关税互惠组织，前身为 1975 年 7 月由孟加拉国、印度、韩国、斯里兰卡、老挝、菲律宾和泰国七个国家共同在泰国首都曼谷签订的《亚太经社会发展中成员国之间贸易谈判第一协定》（以下简称《曼谷协定》）。其中，菲律宾和泰国后因国会未批准而没有正式加入。2005 年 11 月，《曼谷协定》第一届部长级理事会通过部长宣言，宣布《曼谷协定》正式更名为《亚太贸易协定》，并签署了新的协定文本，于 2006 年 9 月 1 日起实施。《亚太贸易协定》进行过四轮关税减让谈判，截至 2021 年 1 月，共有中国、孟加拉国、印度、老挝、韩国、斯里兰卡和蒙古国七个成员国，此外，巴基斯坦、缅甸等国家正在申请或考虑加入。我国于 2001 年 5 月正式加入协定，并参加了第三、第四轮关税减让谈判。蒙古国于 2020 年 9 月 29 日正式加入，并作为观察员国参与第四轮谈判。

《亚太贸易协定》的关税减让是在最惠国税率基础上以固定优惠幅度实现的。我国于 2002 年 1 月 1 日起正式执行《曼谷协定》的协定税率。根据承诺，我国对原产于孟加拉国、老挝、韩国和斯里兰卡的 739 种商品，以及原产于孟加拉国的 18 种商品实行《曼谷协定》特惠税率。

2006 年 9 月 1 日，《亚太贸易协定》关税减让正式实施。为配合《亚太贸易协定》的实施，各方商定以各国 2005 年税则为基础，将《曼谷协定》以往的关税优惠减让清单与第三轮谈判结果合并成为统一的清单。由于我国 2006 年版税则进行了修订，因此，按照 2006 年税则计，我国实际共对原产于韩国、印度、斯里兰卡、孟加拉国和老挝五国的 1717 个税目的商品实行亚太贸易协定优惠税率，这些税目的平均税率为 8.3%，相对于最惠国税率，平均优惠幅度为 24%，主要包括农产品、药品、化学品、塑料、纺织品、金属、机电产品等。我国还对原产于孟加拉国和老挝两个最不发达国家的 162 个税目的商品实行特惠税率，平均特惠税率为 3.3%。

2018 年 7 月 1 日，《亚太贸易协定》第四轮关税减让谈判结果开始实施，六个成员国——中国、印度、韩国、斯里兰卡、孟加拉国和老挝对共计 10312 个税目的产品削减关税，适用于所有成员，称为一般减让，降税数目总数较第三轮谈判扩大 2.5 倍，平均降税税目比例超过 28%，平均降税幅度为 33%。此外，中国、韩国、印度、斯里兰卡四国还给予协定内最不发达国家孟加拉国共 1259 个产品特惠税率安排，给予老挝 1251 个产品特惠税率安排，平均降税幅度分别为 86.4% 和 86.2%。其中，按 2012 年版税则计，我国一般减让清单包括 2191 个税目产品，主要包括鱼类、蔬菜、茶叶、化工制品、纺织服装、鞋类、钢铁制品、机动车零部件、机械电子及仪器仪表等产品。特殊减让清单包括给予孟加拉国和老挝的 181 个特惠税率产品。

在第四轮谈判过程中，蒙古国作为观察员国提交了第四轮谈判出价清单，并与各方达成一致。2020 年 9 月 29 日，蒙古国正式加入《亚太贸易协定》。2021 年 1 月 1 日起，各成员与蒙古国相互实施在《亚太贸易协定》项下的关税减让安排。根据安排，蒙古国一般减让清单包括 366 个税目产品，主要包括渔水产品、蔬菜水果、动植物油、矿产品、化学制品、木材、棉纱、化学纤维、机械产品、运输设备等，平均降税幅度为 24.2%。同时，蒙古国可享受中国等其他成员现有关税减让安排。

（十六）区域全面经济伙伴关系协定

《区域全面经济伙伴关系协定》（*Regional Comprehensive Economic Partnership*，RCEP）由东盟在 2012 年发起，历经 4 次领导人会议、23 次部长级会议、31 轮正式谈判，协定于 2020 年 11 月 15 日正式签署。RCEP 成员包括东盟十国、中国、日本、韩国、澳大利亚和新西兰（印度于协定签署之前宣布退出），是世界上参与人口最多、成员结构最多元、发展潜力最大的自由贸易区。截至 2021 年 10 月，中国、日本、新加坡、文莱、柬埔寨、老挝六个国家完成了协定核准程序。

RCEP 成员间采用双边两两出价的方式对货物贸易自由化做出安排，协定生效后区域内 90% 以上的货物贸易将最终实现零关税，且主要是立即零关税和 10 年内降税到零，使 RCEP 有望在较短时间兑现所有货物贸易自由化承诺。

在 RCEP 中，中国和日本是首次达成双边关税减让安排。根据协定安排，中国对日本 25% 的税目产品在协定生效时立即实施零关税，在过渡期满后 86% 的税目产品将实现零关税，还对 0.4% 的税目产品实施部分降税；而日本将对中国 57% 的税目产品立即给予零关税待遇，88% 的税目产品的关税将在过渡期满后降为零。

在原已与中国签订自由贸易协定的国家中，各国在 RCEP 中均包含了超出原有双边自由贸易协定优惠待遇的产品。推动《区域全面经济伙伴关系协定》签署，如图 8-3 所示。

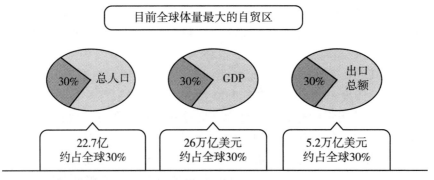

图 8-3　推动《区域全面经济伙伴关系协定》签署

（十七）内地与香港、内地与澳门紧密经贸关系安排

内地与香港、澳门关于建立更紧密经贸关系（CEPA）安排的磋商工作分别于 2002 年 1 月 25 日和 2003 年 6 月 20 日正式启动。经过多轮磋商，分别于 2003 年 6 月和 10 月签署《内地与香港更紧密经贸关系安排》和《内地与澳门更紧密经贸关系安排》的协议文本和六个附件，之后继续谈判签署补充协议，截至 2021 年 5 月已经签署补充协议 10 个。

根据协议，中国香港、澳门地区对原产于内地的所有进口货物实行零关税；

内地则在首批 273 个零关税产品的基础上，不断扩大零关税产品范围，自 2006 年 1 月 1 日起，内地对所有原产于港澳地区的进口货物实施零关税（内地明令禁止进口和履行国际公约禁止进口的货物、内地在有关国际协议中做出特殊承诺的产品除外）。

（十八）海峡两岸经济合作框架协议

海峡两岸经济合作框架协议于 2010 年 1 月 26 日正式启动商签工作。经过 10 次内部沟通和 3 次专家工作商谈，两岸就协议文本及其 5 个附件达成一致，并于 6 月 29 日正式签署《海峡两岸经济合作框架协议》（以下简称"ECFA"）文本及其五个附件，9 月 12 日正式生效。

根据 ECFA 货物贸易早期收获计划，大陆对 539 项（按 2009 年税则计）原产于台湾的产品实施降税，包括农产品、化工产品、机械产品、电子产品、汽车零部件、纺织产品、轻工产品、冶金产品、仪器仪表产品及医疗产品十类。台湾对 267 项原产于大陆的产品实施降税，主要包括石化产品、机械产品、纺织产品及其他产品四类。双方在早期收获计划实施后在两年内分 3 步对早期收获产品实现零关税。目前双方已完成全部降税。

三、我国自由贸易协定战略演进及关税谈判前景

我国自 2001 年加入世界贸易组织以来，除了严格履行多边贸易协定下的义务、积极支持多边贸易体制的发展外，还十分重视和加速推进区域贸易协定的各项工作。

各项区域贸易协定的有序实施，拓宽了我国利用两个市场、两种资源的领域，有力地推动了我国与相关国家（地区）的经济贸易合作，使双方产业结构互补的优势得以充分发挥，实现了互利共赢、共同发展。区域贸易协定在政治、外交方面带来的重大意义也日益彰显，有利于营造和平稳定、平等互信、合作共赢的地区环境，为我国的长期稳定发展创造条件。

为适应经济全球化新形势，党的十八大提出"必须实行更加积极主动的开放战略"，"加快实施自由贸易区战略"。十八大报告将实施自由贸易区战略作为"全面提高开放型经济水平"的重要举措，明确"统筹双边、多边、区域次区域开放合作""推动同周边国家互联互通"及"提高抵御国际经济风险能力"的自由贸易区战略目标。党的十八届三中全会则进一步提出要"以周边为基础加快实施自由贸易区战略，形成面向全球的高标准自由贸易区网络"的目标，凸显了实施自由贸易区战略对我国新一轮对外开放的重要作用。

党的十九大报告对推动形成全面开放新格局提出了要求和部署，明确指出在积极促进"一带一路"国际合作，坚持"引进来和走出去并重"，形成"陆海内外联动、东西双向互济的开放格局"的同时，通过稳步推进自由贸易区建设，逐步构筑起立足周边、辐射"一带一路"、面向全球的高标准自由贸易区网络。

"十四五"时期是我国构建以国内大循环为主体、国内国际双循环相互促进的新发展格局的重要时期，面对全球区域经济加速调整的新形势，"实行高水平

对外开放，开拓合作共赢新局面"是中国新一轮对外开放的重要举措。"十四五"规划纲要提出"实施自由贸易区提升战略，构建面向全球的高标准自由贸易区网络"的目标，坚持实施更大范围、更宽领域、更深层次对外开放，依托我国大市场优势，促进国际合作，实现互利共赢，使自由贸易区成为联通双循环的重要纽带和载体。

在工作思路方面，宜坚持"互利共赢"的原则。这不仅是自由贸易区建设自身规律所决定的，也是我国自由贸易区谈判实践中得出的宝贵经验。自由贸易区建设中对"利"的考虑，既不能是简单考虑我国利益最大化、置贸易伙伴于不利地位，也不能单纯从政治目的高于一切出发，以地大物博自居，以让利让益为功。自由贸易区谈判始终要把握一定的尺度，既要着眼将来，也要顾及眼下对国内产业和重点产品的利弊影响。"十四五"时期，根据中央推动实施自由贸易区提升战略的部署，适应全球经贸规则和格局加速变革，以及我国构建新发展格局的新形势，一方面继续严格履行协定承诺、积极维护谈判成果，做好 RCEP 生效实施准备以及年度协定降税等工作。另一方面稳妥推进双边、区域贸易谈判，积极推动加入 CPTPP，加快中日韩自贸谈判进程，推进与挪威、海合会、以色列等自贸谈判。此外，做好与厄瓜多尔、乌拉圭等自贸协定和与瑞士自贸协定升级的可行性研究及后续工作。

在选择潜在自由贸易区谈判对象时，宜把与我国产业结构互补性强的国家作为首选。对产业结构的规划和把握是自由贸易区谈判工作的出发点之一。自由贸易区谈判需要扎扎实实做好前期摸底工作，知己知彼，既要掌握我国产业结构现状和未来的发展规划，也要了解谈判对象的有关情况。各国的产业结构不可能是千篇一律，做好比较和分析工作，找出与我国产业结构互补性较强的国家，这将为成功建设自由贸易区奠定坚实的基础。

第三节　关税与亚太经济合作组织

一、亚太经济合作组织简介

亚太经济合作组织（APEC）是亚太地区层级最高、领域最广、最具影响力的经济合作机制，旨在支持亚太区域经济可持续增长和繁荣，建设活力和谐的亚太大家庭，捍卫自由开放的贸易和投资，加速区域经济一体化进程，鼓励经济技术合作，保障人民安全，促进建设良好和可持续的商业环境。1989 年 11 月 5 日至 7 日，澳大利亚、美国、日本、韩国、新西兰、加拿大及当时的东盟六国在澳大利亚首都堪培拉举行 APEC 首届部长级会议，标志着 APEC 正式成立。

1. 成员和观察员

APEC 现有 21 个成员，分别是澳大利亚、文莱、加拿大、智利、中国、中国香港、印度尼西亚、日本、韩国、墨西哥、马来西亚、新西兰、巴布亚新几内亚、秘鲁、菲律宾、俄罗斯、新加坡、中国台北、泰国、美国和越南。此外，APEC还有3个观察员，分别是东盟秘书处、太平洋经济合作理事会、太平洋岛国论坛秘书处。

2. 主要议题

作为区域经济合作论坛，APEC主要讨论与全球和区域经济有关的议题，如贸易和投资自由化便利化、区域经济一体化、互联互通、经济结构改革和创新发展、全球多边贸易体系、经济技术合作和能力建设等。

3. 合作方式

APEC采取自主自愿和协商一致的合作方式。所作决定须经各成员一致同意。会议成果文件不具法律约束力，但各成员在政治上和道义上有责任尽力予以实施。

4. 组织结构

APEC共有5个层次的运作机制：

（1）领导人非正式会议：1993年11月，首次APEC领导人非正式会议在美国西雅图召开，之后每年召开一次。自1993年来共举行了28次，分别在美国西雅图、印尼茂物、日本大阪、菲律宾苏比克、加拿大温哥华、马来西亚吉隆坡、新西兰奥克兰、文莱斯里巴加湾、中国上海、墨西哥洛斯卡沃斯、泰国曼谷、智利圣地亚哥、韩国釜山、越南河内、澳大利亚悉尼、秘鲁利马、新加坡、日本横滨、美国夏威夷、俄罗斯符拉迪沃斯托克、印尼巴厘岛、中国北京、菲律宾马尼拉、秘鲁利马、越南岘港、巴布亚新几内亚莫尔斯比港举行。2020～2021年，受新冠肺炎疫情影响，马来西亚、泰国以视频方式分别举行APEC第二十七次、第二十八次领导人非正式会议。

（2）部长级会议：包括年度双部长会议以及专业部长会议。双部长会议每年在领导人会议前举行一次。专业部长会议定期或不定期举行，包括贸易部长会、财长会、中小企业部长会、能源部长会、海洋部长会、矿业部长会、电信部长会、旅游部长会、粮食安全部长会、林业部长会、结构改革部长会、交通部长会、人力资源部长会、妇女与经济高级别会议等。

（3）高官会：每年一般举行4～5次会议，由各成员指定的高官（一般为副部级或司局级官员）组成。高官会的主要任务是负责执行领导人和部长会议的决定，审议各委员会、工作组和秘书处的活动，筹备部长级会议、领导人非正式会议及协调实施会议后续行动等事宜。

（4）委员会和工作组：高官会下设4个委员会，即：贸易和投资委员会（CTI）、经济委员会（EC）、经济技术合作高官指导委员会（SCE）和预算和管理委员会（BMC）。CTI负责贸易和投资自由化方面高官会交办的工作，EC负责研究本地区经济发展趋势和问题，并协调经济结构改革工作，SCE负责指导和协调经济技术合作，BMC负责预算和行政管理等方面的问题。各委员会下设多个工作组、专家小组和分委会等机制，从事专业活动和合作。

（5）秘书处：1993 年 1 月在新加坡设立，为 APEC 各层次的活动提供支持与服务。秘书处负责人为执行主任，2010 年起设固定任期，任期 3 年。

二、中国关税与 APEC 有关情况

1991 年 11 月，在"一个中国"和"区别主权国家和地区经济"的原则基础上，中国、中国台北及中国香港一起正式加入 APEC。此后，中国一直积极、深入参与 APEC 各领域合作，为推进 APEC 合作进程发挥了重要建设性作用。

1994 年印度尼西亚茂物会议确立了 APEC 实现贸易和投资自由化的目标，即茂物目标，提出发达成员于 2010 年前、发展中成员于 2020 年前实现这一目标的两个时间表。

1995 年日本大阪会议通过了大阪行动议程，确定将贸易和投资自由化便利化、经济技术合作作为 APEC 合作的两个轮子，要求 APEC 成员制定推进区域贸易投资自由化的单边行动计划和集体行动计划。其中，单边行动计划包括每年的关税税率水平和分类产品的关税结构等相关内容。会上，中国宣布将从 1996 年起大幅度降低进口关税税率。1996 年 4 月 1 日起，中国关税总水平由 35.9% 降至 23%。这对推动区域合作、实现亚太贸易投资自由化产生积极的影响。

1996 年菲律宾苏比克会议确立了以自主自愿、协商一致为特点的 APEC 合作方式。会上，中国宣布到 2000 年争取将进口商品的平均关税税率降到 15% 左右。1997 年 10 月 1 日起，中国关税总水平由 23% 降低到 17%。

1997 年加拿大温哥华会议承诺逐年改进和完善单边行动计划。会上，中国宣布到 2005 年，将工业品的平均关税税率降至 10%。同时，中国决定加入《信息技术协议》，并就有关事宜开始谈判。1999 年 1 月 1 日起，中国关税总水平降低到 16.7%。2000 年 1 月 1 日起，中国关税总水平降至 16.4%。2001 年 1 月 1 日起，中国关税总水平降低至 15.3%。2001 年 12 月 11 日，中国正式加入世界贸易组织，自此，中国严格履行加入世界贸易组织承诺，逐年降低关税。2010 年中国入世关税减让承诺履行完毕，关税总水平降至 9.8%。

2011 年美国檀香山会议以"紧密联系的区域经济"为主题，重点围绕亚太经济增长、规制合作、能源安全等议题展开讨论。会议提出，将在 2012 年列出一份环境产品清单，这些产品可直接或间接促进绿色成长以及可持续发展目标，并在 2015 年底之前将实施关税降至 5% 或以下。

2012 年俄罗斯符拉迪沃斯托克会议重点讨论了贸易投资自由化和区域经济一体化等议题，并达成共识，各方在自愿的基础上，在 2015 年底前将 54 项环境产品的实施关税降到 5% 或以下，从 2016 年 1 月 1 日起实施。APEC 环境产品清单涵盖可再生能源、环境监测分析和评估设备、大气污染控制、固体和危险废物管理以及废水管理和水处理等多种类别。其中部分产品还需要进一步开展技术磋商以明确具体的产品范围。

2015 年菲律宾马尼拉会议重点讨论了区域经济一体化等议题，中国在此次会议上提交了 APEC 环境产品清单的降税实施工作计划，为后续降税实施打下了良好的

技术基础，体现了中国严格遵守承诺、积极负责的态度。

2016 年 1 月 1 日起，中国按期将 APEC 的 54 项环境产品清单内商品的实施关税降至 5% 或以下，包括污泥干燥机、垃圾焚烧炉、太阳能热水器、风力发电机组等。中国积极推动 APEC 各方达成环境产品降税共识，彰显了我推动贸易自由化、反对贸易保护主义的决心，也对促进亚太区域绿色增长、可持续发展及应对气候变化作出了积极贡献。

加入 APEC 的 30 多年来，中国不断融入亚太和全球的产业链、供应链，不断加速对外开放步伐，按 APEC 成员共识，积极实施环境产品降税，并多次通过 APEC 平台宣布自主降税，中国的关税总水平下降到 2022 年的 7.4%，积极推动贸易投资自由化便利化，向国际社会展现了开放和充满活力的中国形象。

第四节　与我国建交的最不发达国家的特惠税率安排

我国始终把加强同发展中国家的团结与合作作为对外关系的一个基本立足点。在经济上，努力向一些发展中国家，特别是最不发达国家提供不遗余力的援助，包括减免债务、提供优惠贷款和增加援助等诸多举措。其中，对与我国建交的最不发达国家实施特惠税率是一项重要政策。

2002 年 1 月 1 日，我国对原产于孟加拉国的 18 种商品实行《曼谷协定》特惠税率，开始给予与我国建交的最不发达国家特惠税率。

2001 年 11 月，在第五次中国—东盟领导人会议上，我国宣布将向老挝、柬埔寨、缅甸三个最不发达国家的部分产品提供特殊优惠关税待遇。自 2004 年 1 月 1 日起，对上述三国特惠产品的关税税率一步降为 0。自此，我国开始陆续给予与我国建交的最不发达国家特惠税率，且特惠税率主要采取零关税的形式。

2003 年，中非合作论坛第二届部长级会议通过了《中非合作论坛——亚的斯亚贝巴行动计划（2004—2006）》。我国将给予非洲最不发达国家进入中国市场的部分产品免关税待遇，并从 2004 开始与有关国家就免关税产品清单及原产地规则进行谈判。2004 年 4 月，税委会审议通过了给予非洲最不发达国家的部分产品免关税给惠清单，经国务院批准，商务部按此清单与有关国家进行磋商。自 2005 年 1 月 1 日起，我国正式对完成政府换文手续的 25 个非洲最不发达国家 190 个税目产品实施零关税待遇。

为进一步加强国际发展合作，缩小南北差距，促进普遍发展，实现共同繁荣，2005 年 9 月，在联合国成立 60 周年首脑会议发展筹资高级别会议上，我国宣布将采取五项新措施支持和帮助其他发展中国家加快发展，其中包括给予所有同我国建交的最不发达国家部分产品零关税待遇。经国务院批准，自 2006 年 7 月 1 日起，对与我国建交的阿富汗、东帝汶、马尔代夫、尼泊尔、萨摩亚、瓦努阿图、也门等最不发达国家的 278 个税目产品实施零关税待遇。2006 年 11 月，中非合作论坛第三届部长级会议在北京召开，我国宣布进一步开放市场，扩大非洲最不发达国家对华出口零关税待遇产品的范围。自 2007 年 7 月 1 日起，我国对完成换文协议的 26 个非洲最不发达国家 442 个税目产品实施零关税待遇。

2008 年 9 月，在联合国千年发展目标高级别会议上，我国承诺将给予与我国建交的所有最不发达国家 95% 税目产品零关税待遇，分两个阶段实施，第一阶段达到 60%，第二阶段达到 95%。2011 年 11 月，我国在二十国集团领导人第六次峰会上宣布，中方愿在南南合作框架内，对同中国建交的最不发达国家 97% 税目产品给予零关税待遇。2013 年 3 月，习近平主席在南非德班举行的金砖国家领导人同非洲国家领导人对话会上宣布，中方将给予同中国建交的最不发达国家 97% 税目产品零关税待遇，相关措施在 2015 年落实到位。

2021 年 11 月 29 日，习近平主席在中非合作论坛第八届部长级会议开幕式上的主旨演讲中，提出《中非合作 2035 年愿景》的首个三年规划——中国将同非洲国家密切配合，共同实施"九项工程"①。其中，贸易促进工程部分包括"进一步扩大同中国建交的最不发达国家输华零关税待遇的产品范围"。2021 年 12 月 13 日，税委会发布公告，扩大同我国建交的最不发达国家输华零关税待遇的产品范围，给予最不发达国家 98% 税目产品零关税待遇。适用国家和实施时间将根据我国与相关国家换文的进展，由税委会另行公布。此次调整将零关税产品范围扩大到 98%。

按此，2022 年 7 月 22 日、2022 年 11 月 2 日，税务会发布公告，自 2022 年 9 月 1 日、2022 年 12 月 1 日起，我国分别给予多哥共和国等 16 国、阿富汗等 10 国 98% 税目产品零关税待遇。

截至 2022 年 12 月，我国给予 44 个与我国建交的最不发达国家部分产品零关税待遇。根据我国与相关国家的换文进展，26 国适用 98% 税目产品零关税待遇，分别为阿富汗、贝宁共和国、布基纳法索、多哥共和国、厄立特里亚国、基里巴斯共和国、吉布提共和国、几内亚比绍共和国、几内亚共和国、柬埔寨王国、莱索托王国、老挝人民民主共和国、卢旺达共和国、马拉维共和国、孟加拉人民共和国、莫桑比克共和国、尼泊尔、圣多美和普林西比民主共和国、苏丹共和国、所罗门群岛、坦桑尼亚联合共和国、瓦努阿图共和国、乌干达共和国、赞比亚共和国、乍得共和国、中非共和国；16 国适用 97% 税目产品零关税待遇，分别为埃塞俄比亚联邦民主共和国、安哥拉共和国、布隆迪共和国、冈比亚共和国、刚果民主共和国、科摩罗联盟、利比里亚共和国、马达加斯加共和国、马里共和国、毛里塔尼亚伊斯兰共和国、南苏丹共和国、尼日尔共和国、塞拉利昂共和国、塞内加尔共和国、索马里联邦共和国、也门共和国；东帝汶民主共和国、缅甸联邦共和国等 2 国适用 95% 税目产品零关税待遇。

尽管我国仍是一个发展中国家，但一如既往地为最不发达国家的发展提供帮助，是迄今为止向最不发达国家实际开放市场、作出明确承诺达到很高水平的发展中国家。零关税特惠税率的顺利实施，有力促进了最不发达国家对华出口，有利于我国进一步同最不发达国家共享市场机遇，践行互利共赢。

---

① 《习近平出席中非合作论坛第八届部长级会议开幕式并发表主旨演讲》，载于《人民日报》2021 年 11 月 30 日 01 版。

第五节　国际经贸协定发展动态

一、《全面与进步跨太平洋伙伴关系协定》

（一）协定背景

《全面与进步跨太平洋伙伴关系协定》（*Comprehensive and Progressive Agreement for Trans-Pacific Partnership*，CPTPP）成员国共 11 个，包括日本、澳大利亚、文莱、加拿大、智利、马来西亚、墨西哥、新西兰、秘鲁、新加坡和越南，覆盖约 5 亿人口，占全球经济总量 14%。[①]

CPTPP 协定的前身是《跨太平洋伙伴关系协定》（*Trans-Pacific Partnership agreement*，TPP）。TPP 作为以美国为核心并主导谈判的高标准 21 世纪贸易协定之一，其内容除了货物贸易、服务贸易和投资领域的传统议题外，还涉及包括竞争政策、知识产权、政府采购以及绿色增长和劳工保护在内的多个新兴议题。在历经 5 年谈判后，TPP 谈判的 12 个成员国于 2015 年 10 月 4 日在美国亚特兰大举行的部长级会议上达成了基本协议，并于 2016 年 2 月 4 日在新西兰奥克兰正式签约。但在大多数成员尚处于国内核准程序时，2017 年 1 月，美国时任总统特朗普宣布退出 TPP。

此后，在日本的推动下，11 个原 TPP 成员国重启谈判，并于 2018 年 1 月 23 日在日本东京举行的会议上完成了 CPTPP 协定谈判。2018 年 3 月 8 日，CPTPP 的 11 个成员国部长和高级官员在智利圣地亚哥签署了该协定。2018 年 12 月 30 日，CPTPP 协定在澳大利亚、加拿大、日本、墨西哥、新西兰和新加坡之间生效，这六个初始成员国实施了第一轮关税减让。2019 年 1 月 14 日，CPTPP 在越南生效，越南与六个初始成员国间实施了两次关税减让。[②] 对其余签署国（文莱、智利、马来西亚和秘鲁），CPTPP 将在该国家批准该协议后 60 天生效。自 2021 年 1 月起，澳大利亚、加拿大、墨西哥、新西兰、新加坡和越南实施了第四轮关税减让（日本则提出申请在 4 月 1 日实施第四轮关税减让）。此外，2021 年 2 月 1 日，英国正式申请加入 CPTPP。

（二）协定的基本内容

CPTPP 由序言、30 章、双边换文、各章附件和协定附件组成。各章内容包括：

---

① "CPTPP explained"，Gouvernement du Canada，https：//www. international. gc. ca/trade - commerce/trade - agreements - accords - commerciaux/agr - acc/cptpp - ptpgp/cptpp_explained - ptpgp_apercu. aspx? lang = eng.

② "About tariff elimination under the CPTPP"，Gouvernement du Canada，https：//www. international. gc. ca/trade - commerce/trade - agreements - accords - commerciaux/agr - acc/cptpp - ptpgp/tariff - elimination - droits_de_douane. aspx? lang = eng.

初始条款和一般定义、货物的国民待遇和市场准入、原产地规则和原产地程序、纺织品和服装、海关管理和贸易便利化、贸易救济、卫生和植物卫生措施、技术性贸易壁垒、投资、跨境服务贸易、金融服务、商务人员临时入境、电信、电子商务、政府采购、竞争政策、国有企业和指定垄断、知识产权、劳工、环境、合作和能力建设、竞争力和商务便利化、发展、中小企业、监管一致性、透明度和反腐败、管理和机构条款、争端解决、例外和总则、最终条款。

CPTPP几乎涵盖了所有部门和贸易领域，以消除或减少壁垒。协定建立了明确的规则，以帮助在各成员国市场创建一致、透明和公平的环境。CPTPP还包括有关保护环境和劳工的章节，以确保成员国在扩大贸易或投资时，其在这些领域的承诺不受影响。CPTPP还包括CPTPP成员国之间与贸易有关的技术合作，包括与中小企业、监管一致性和经济发展有关的技术合作。

与TPP相比，CPTPP虽然基本沿用原有协定结构和承诺范围，但对其中22项条款予以冻结，这些条款涉及投资者—东道国争端解决机制、金融服务的最低标准待遇问题、版权著作权的保护期限、新药品的数据和市场保护问题、专利权的范围、专利期的延长、政府采购问题、权利管理信息的保护范围、卫星播送、电信监管争端解决、珍稀动植物贸易保护、速运货物关税监管和审核、邮政垄断监管等内容。

（三）协定关税减让情况介绍

CPTPP取消了成员国间98%的关税，成员国采用"统一减让"和"国别减让"两种方式减让关税。其中，澳大利亚、文莱、马来西亚、新西兰、秘鲁、新加坡和越南采用"统一减让"方式，即同一产品对所有成员国适用同一种降税模式；日本、加拿大、墨西哥和智利的大部分产品也采取"统一减让"，但有小部分产品采用对不同国家适用不同降税类别的"国别减让"方式。

从降税类别看，日本和越南的降税过程最为复杂，降税类别种类较多，分别有63种和38种，这两个国家的过渡期也最长，为21年。过渡期结束后，日本、墨西哥、智利、澳大利亚、秘鲁和越南仍将有部分产品未实现完全自由化（部分降税或例外）。

在CPTPP已经生效的成员国中，部分成员国的重点产品将享受下列关税优惠：

新西兰：除新西兰向日本出口的牛肉，以及向日本、加拿大和墨西哥出口的部分乳制品之外，新西兰向CPTPP成员方出口的其余所有产品都将最终被免除关税。其中，出口日本的牛肉的关税将在16年内从38.5%降至9%。

加拿大：加拿大3/4以上的农产品将享受协定生效后立即零关税待遇。加拿大的鱼和海产品的出口也将享受最终零关税，其中绝大部分将享受立即零关税待遇，剩余的关税将在15年内被逐步取消。加拿大出口的林产品和增值木产品的关税将被取消。此外，加拿大出口的所有工业品和消费品也将最终免税进入CPTPP国家，大部分工业品的关税在协定生效后将立即取消，其余则大部分将在10年内取消关税。

澳大利亚：澳大利亚出口日本的牛肉关税将降至9%，出口日本的加工肉制品和大部分内脏产品的关税，以及出口加拿大牛肉的关税将被取消；出口其他 CPTPP 成员的羊肉、生羊毛、棉花、海鲜、园艺、葡萄酒和所有工业产品（制成品）的关税都将被取消。澳大利亚出口日本的部分乳制品的关税将有所下降，并获得日本、加拿大和墨西哥进口部分乳制品的配额。

新加坡：协定生效起，约 94% 的新加坡出口产品将享受零关税待遇，其中，加拿大和墨西哥将分别取消 99% 和 88% 自新加坡进口产品的关税。

日本：各成员国将立即取消占税目数 86.6%、贸易额 87.2% 的日本原产工业品进口关税，并最终取消占税目数 99.9% 的日本原产工业品的关税。

越南：各成员对于越南的鞋类、鱼产品、大米、咖啡和茶、木制家具等重点出口商品，都给予了关税减免承诺。协定生效后，越南出口加拿大 78% 鞋类的关税将降为零或较现行税率降低 75%；日本也首次承诺在 16 年过渡期后取消皮鞋进口关税。越南出口加拿大和日本的鱼产品将享受立即零关税待遇，出口加拿大的大米、出口到秘鲁和加拿大的木制户外家具在该协定生效时关税降为零。[①]

（四）原产地规则介绍[②]

CPTPP 的原产地规则规定，原产地产品包括：在一个或一个以上缔约方领土完全获得或生产的产品；完全在一个或一个以上缔约方领土内生产，仅使用原产材料的产品；以及完全在一个或一个以上缔约方领土内生产，使用非原产材料，但符合产品特定原产地规则的产品。对于区域价值成分，CPTPP 提供了四种区域价值成分的计算方法，包括价格法、扣减法、增值法和净成本法（仅限于汽车产品）。

CPTPP 的原产地规则还包括累积规则，即在任何 CPTPP 国家生产的符合原产资格的材料，当这些材料用于在另一个 CPTPP 成员国生产某一商品时，将被视为原产。此外，在 CPTPP 成员国进行的任何非原产材料的生产都可以计入随后用该材料生产的货物的原产状态。对于纺织品和车辆及车辆零部件，CPTPP 还分别在具体附件中规定了产品特定原产地规则。

此外，在原产地程序方面，CPTPP 允许进口商、出口商或生产商来选择完成原产地证书，且原产地证书可以放在任何文件上，包括发票，不需要遵循规定的格式，但必须包含原产地程序中规定的最低数据要求。

（五）协定实施效果和意义

CPTPP 是包含了亚太 11 个经济体的高标准区域贸易协定，涵盖了货物贸易、服务贸易和投资领域等传统议题，也包括竞争政策、知识产权、政府采购、绿色增长和劳工保护在内的多个新兴议题。协定致力于加强各缔约经济体之间的互利联系，

---

① "CPTPP：Viet Nam's commitments in some key areas" http：//cptpp. moit. gov. vn/data/e0593b3b – 82bf – 4956 – 9721 – 88e51bd099e6/userfiles/files/2 _% 20CPTPP% 20Viet% 20Nam% E2% 80% 99s% 20commitments% 20in% 20some% 20key% 20areas% 20 – % 20EN% 20（2）. pdf.

② "How to read the Comprehensive and Progressive Agreement for Trans – Pacific Partnership（CPTPP）", Gouvernement du Canada, https：//www. international. gc. ca/trade – commerce/trade – agreements – accords – commerciaux/agr – acc/cptpp – ptpgp/chapter_summaries – sommaires_chapitres. aspx? lang = eng.

促进亚太地区的贸易、投资和经济增长，使商品、服务和投资更加无缝流动，并为企业、消费者、家庭、农民和工人创造新的机会。2020 年，CPTPP 各缔约方间贸易总额（已实施的 7 国间相互进口贸易额之和）达 2492 亿美元。[①]

2020 年 11 月 20 日，在 APEC 领导人非正式会议上中方表示将积极考虑加入 CPTPP，再次申明了中国坚持多边主义和自由贸易，促进经济全球化的一贯立场。2021 年 9 月 16 日，中国商务部部长向 CPTPP 保存方新西兰贸易与出口增长部部长提交了中国正式申请加入 CPTPP 的书面信函。

二、美国—墨西哥—加拿大协定

（一）协定背景

《美国—墨西哥—加拿大协定》（*United States – Mexico – Canada Agreement*，USMCA）前身为 1994 年美国、墨西哥和加拿大签署的《北美自由贸易协定》（*North American Free Trade Agreement*，NAFTA）。NAFTA 创造了当时世界上最大的自由贸易区，并为三个成员国的人民带来了经济增长和生活水平的提高。2017 年，三边商品贸易总额（每个国家彼此的进口总额）达到近 1.1 万亿美元。[②]

然而，NAFTA 实施后，美国对加、墨贸易逆差显著增长，大量劳动密集型行业向墨西哥转移，导致美国工人就业受到冲击。为此，美国时任总统特朗普在正式就任总统后的第三天，表示将在同加拿大和墨西哥领导人会面时商讨重新谈判事宜。2017 年 8 月，特朗普拒绝续签 NAFTA 协议，并启动了首轮重新谈判，表示将在知识产权、规制措施、海关程序、中小企业等方面改进协议。2018 年 11 月，在布宜诺斯艾利斯举行的 G20 领导人峰会期间，美国、加拿大和墨西哥三国签署 USMCA。随后，在 2019 年 12 月 10 日，三国同意更新 USMCA 的某些内容，以改善最终结果并为在三个国家批准和实施该协议做好准备。2020 年 7 月 1 日，USMCA 正式生效。

（二）协定的基本内容[③]

USMCA 由序言、34 章（包括：初始条款和一般定义、货物的国民待遇和市场准入、农业、原产地规则、原产地程序、纺织品和服装、海关管理和贸易便利化、承认墨西哥碳氢化合物所有权、卫生和植物卫生措施、贸易救济、技术性贸易壁垒、部门附件、政府采购、投资、跨境服务贸易、临时入境、金融服务、电信、数字贸

---

① 澳大利亚、加拿大、日本、墨西哥、新西兰和新加坡进口使用 IHS Markit Global Trade Atlas 数据库数据，越南进口使用越南海关总署数据（https：//www. customs. gov. vn）。

② "A new Canada – United States – Mexico Agreement"，Gouvernement du Canada，https：//www. international. gc. ca/trade – commerce/trade – agreements – accords – commerciaux/agr – acc/cusma – aceum/index. aspx？ lang = eng.

③ "Agreement between the United States of America，the United Mexican States，and Canada 7/1/20 Text"，The Office of the United States Trade Representative，https：//ustr. gov/trade – agreements/free – trade – agreements/united – states – mexico – canada – agreement/agreement – between.

易、知识产权、竞争政策、国有企业、劳工、环境、中小企业、竞争力、反腐败、良好的监管实践、出版与管理、管理和机构条款、争端解决、例外和总则、宏观经济政策与汇率问题、最终条款）、4 个协定附件（包括：2 个投资和服务不符措施、金融服务不符措施、国有企业不符活动）和 16 封换文组成。

USMCA 与 NAFTA 的区别主要体现在：改进了汽车、卡车及其他产品的原产地规则以及有关货币操纵的规定；现代化和加强北美的粮食和农业贸易；保护知识产权；以及新增了数字贸易、反腐败、良好的监管实践和中小企业章节。

USMCA 第 32 章例外和总则中还有一项"毒丸条款"。协定第 32.10 条中规定，协定中任一缔约方若有意向与非市场经济国家谈判自由贸易协定，应当至少在谈判前 3 个月通知其他缔约方，并应尽早且不迟于签署日期前 30 日，给其他缔约方提供机会审查协定的全文。若该缔约方正式与非市场经济国家签订自由贸易协定，应允许其他缔约方在 6 个月通知后终止本协定，并以（新）双边协定取代原三方自由贸易协定。该条款具有显著的"排他性"，限制了加拿大和墨西哥签订自由贸易协定的权利。

（三）协定关税减让情况介绍

USMCA 对 NAFTA 的更改与贸易规则有关，不涉及具体关税减让。事实上，NAFTA 已经取消了美国、墨西哥和加拿大间进出口贸易的几乎所有关税。

（四）原产地规则介绍

USMCA 中原产地规则的变动集中在汽车和纺织业。

对于乘用车、轻型卡车和汽车零部件产品的原产地规则，USMCA 要求约 75% 的汽车配件必须在北美生产以满足零关税待遇（其中核心部件 75%、主要部件 70%、补充部件 65%），比 NAFTA 规定的 62.5% 大幅提高，并要求用于制造乘用车和轻型卡车的钢铁和铝须有 70% 原产自北美，且 40% ~ 45% 的汽车零部件由时薪不低于 16 美元的工人制造。

纺织方面，保持"从纱线开始"的原产地规则，同时放宽对来自成员方以外的植物纤维纱线和织物的限制，并将用于上游产品生产的非原产纤维或纱线的微小含量标准从产品重量的 7% 放宽至 10%。取消了关于可见衬里必须从成员方采购的要求，但要求缝纫线、口袋布料、窄弹性带和涂有塑料的织物（对部分 HTS 63 章制成品）在服装和其他成品中使用时，必须在成员方生产。此外，还新增了纺织品贸易章节。

（五）协定实施效果和意义

《美墨加协定》将拥有 25 年历史的《北美自由贸易协定》现代化为 21 世纪的高标准协议，美国、墨西哥、加拿大三国在汽车制造的原产地规则、农业、劳工、知识产权、文化和争端解决等多个关键领域达成共识。

三、美国—韩国自由贸易协定

（一）协定背景

经过两年的筹备，《美国—韩国自由贸易协定》（以下简称"美韩自贸协定"）于 2006 年 6 月 5 日开启首次正式谈判，经过 7 轮正式谈判、1 轮高层谈判后，2007 年 4 月 2 日美韩双方在韩国首尔举行的美韩自贸协定贸易部长会议上正式宣布谈判结束。美韩自贸协定于 2007 年 6 月 30 日在美国华盛顿特区正式签署，并于 2012 年 3 月 15 日正式生效。

协定生效以来，美国与韩国间的贸易逆差不断扩大，为应对美韩贸易失衡，美国提出修订美韩自贸协定。2018 年 1 月 5 日，美韩双方正式举行第一次美韩自贸协定修订谈判，经过 3 轮谈判后，美韩自由贸易协定修订议定书于 2018 年 9 月正式签署，并自 2019 年 1 月 1 日起实施。

美韩双方经贸往来密切，韩国是美国的第六大贸易伙伴，而美国是韩国仅次于中国的第二大贸易伙伴。美国从韩国进口的商品主要包括车辆、机械设备、电机产品、矿物燃料和塑料。美国向韩国的出口以矿物燃料、机械设备、电机产品、光学和医疗仪器以及飞行器为主。

（二）协定的基本内容

美韩自贸协定由序言、24 章（包括：初始条款和一般定义、货物的国民待遇和市场准入、农业、纺织品和服装、药品和医疗器械、原产地规则和原产地程序、海关管理和贸易便利化、卫生和植物卫生措施、技术性贸易壁垒、贸易救济、投资、跨境服务贸易、金融服务、电信、电子商务、竞争相关事项、政府采购、知识产权、劳工、环境、透明度、机构条款和争端解决、例外、最终条款）、3 个协定附件（包括：2 个投资和服务不符措施、金融服务不符措施）、附录和双边换文组成。

（三）协定关税减让情况介绍

在关税减让方面，协定生效后，除韩国的"大米"外，两国所有商品的关税全部取消或降低。协定生效后 5 年内，两国取消大部分产品的关税。其中，韩国在 3 年内取消 94% 产品的关税，在 5 年内取消 96.1% 产品的关税；美国在 3 年内取消 92% 产品的关税，在 5 年内取消 94.9% 产品的关税。

自贸协定修订后，韩国就美国大米的市场准入达成协议，每年为美国提供 132304 吨的大米配额。同时，修订后的协定降低了美国汽车准入韩国市场的门槛，每家美国车企按照美国安全标准制造的汽车每年对韩出口配额从 2.5 万辆提高至 5 万辆。协定修订了原有美国对自韩国进口卡车关税在 2021 年逐步降为零，改为维持美国进口卡车 25% 的关税，到 2041 年将降至零。

（四）原产地规则介绍

美韩自贸协定的第 6 章介绍了原产地规则。协议规定了原产地确定的一般原则，例如安全生产标准、实质性改变标准和直接运输等，附件中规定了每个税目的单独原产地确定标准。附件中规定的每个税目的产品特定原产地规则反映了大约 5000 个 6 位税目的生产过程、贸易模式和全球外包环境，促进了两国间的交易，并提高了贸易的便利性。同时，协定对域外加工设置单独的附件，以便在开城工业园区和朝鲜生产的产品可以获得与在韩国生产的产品相同的优惠关税。

此外，通过引入原产国的自我认证系统，协定允许进口商、出口商和生产商自主签发原产地证书，增强了灵活性。

（五）协定实施效果和意义

美韩两国互为重要的盟友和贸易伙伴，美韩自由贸易协定的签署降低了市场准入门槛，扩大了双边贸易，也创造了更多就业。自协定生效以来，除 2017 年外，韩国对美国贸易的增长率持续优于对世界贸易的增长水平，2020 年贸易额为 1335 亿美元（两国间相互进口贸易额之和）[①]。协定的修订通过重新平衡贸易和减少贸易赤字来改善美韩贸易，进一步加强了双方的经济和国家安全关系。

四、欧盟—韩国自由贸易协定

（一）协定背景

《欧盟—韩国自由贸易协定》（以下简称"欧韩自贸协定"）于 2007 年 5 月 6 日正式启动谈判，经过 8 轮谈判后，于 2010 年 10 月 6 日在韩国总统访问布鲁塞尔参加第 8 届亚欧首脑会议期间正式签署。欧韩自贸协定于 2011 年 7 月 1 日起临时生效，并自 2015 年 12 月 13 日起全部生效。

欧盟和韩国互为重要贸易伙伴，韩国是欧盟的第八大商品出口目的地，欧盟是韩国的第三大出口市场。欧盟向韩国出口的最主要的商品是机械设备、运输设备和化学产品，欧盟从韩国进口的主要产品包括机械设备、运输设备和塑料等。

（二）协定的基本内容

欧韩自贸协定由序言、15 章（包括：目标和一般定义、货物的国民待遇和市场准入、贸易救济、技术性贸易壁垒、卫生和植物卫生措施、海关和贸易便利化、服务贸易、机构和电子商务、支付和资本流动、政府采购、知识产权、竞争、透明度、贸易和可持续发展、争端解决、机构、一般和条款）、3 个附件（包括：关于"原产地"的定义和管理合作方法的议定书、海关管理互助议定书、文化合作议定书）组成。

（三）协定关税减让情况介绍

根据协定降税安排，欧盟和韩国将分别对 100% 和 99.6% 税目数的产品实现最

---

① 根据 IHS Markit Global Trade Atlas 数据库相关资料整理所得。

终零关税，其中 99.6% 和 93.6% 的关税在 5 年内分别取消。从工业品来看，双方取消所有工业品的关税，其中欧盟在 5 年内将关税降至零，韩国对医疗电子设备、建筑、重型设备、纯羊毛和胶合板等部分商品设置 7 年的过渡期。在农产品方面，欧盟在 5 年内取消占税目数 98.1% 的农产品关税；韩国则在 5 年内取消 62.5% 农产品的关税，过渡期结束后，共有占税目数 97.2% 的农产品将实现完全自由化。

（四）原产地规则介绍

欧韩自贸协定的原产地规则在《关于"原产地"的定义和管理合作方法的议定书》进行规定，包括"原产产品"的定义、领土要求、关税退税、原产地证明、管理合作安排。可享受关税优惠的原产产品必须在欧盟或韩国完全获得，又或是满足在双方"充分加工"，充分加工的标准在议定书的产品特定原产地规则附件中规定，包括税目转变、区域价值成分、工序要求和上述规则的组合等。

（五）协定实施效果和意义

《欧盟—韩国自由贸易协定》是欧盟与亚洲国家商签的第一个自贸协定。除了市场开放承诺外，它还为关键领域的监管合作提供了基础，并为可持续发展的实质性章节提供了有力的约束和坚持，促进了社会和环境标准。自 2011 年协定临时实施 10 年来，为欧盟与韩国的双边贸易和投资提供了良好的制度框架，支持了双方的经济发展。根据 2019 年 3 月欧盟发布对欧韩自贸协定的评估，欧盟经济通过自贸协定增加了 44 亿欧元，韩国经济增加了 49 亿欧元。[1] 2020 年，欧韩双边贸易额为 1052 亿美元（以欧盟和韩国双边进口额计）。[2] 此外，随着协定的实施，欧盟对韩国出口的优惠利用率也逐步提高，2019 年达到 80% 以上，在整个实施期间呈现积极增长趋势。[3]

五、欧盟—加拿大综合经济与贸易协定

（一）协定背景

2007 年 6 月，在德国柏林举行的欧盟—加拿大峰会上，欧盟和加拿大领导人同意进行联合研究，以研究寻求更紧密经济伙伴关系的成本和收益，并于 2008 年 10 月发布联合研究报告。2009 年 5 月，加拿大和欧盟在捷克布拉格举行的加拿大—欧盟峰会上宣布启动贸易谈判，谈判于 2014 年 8 月正式结束，并于 2016 年 10 月 30 日在欧盟—加拿大峰会期间正式签署《欧盟—加拿大综合经济与贸易协定》（以下简称"欧加经贸协定"）。自 2017 年 9 月 21 日起，经欧洲议会和加拿大方批准，欧加经贸协定临时生效，这意味着协议的大部分内容开始适用，该协议将在所有欧盟

---

① "Individual reports and info sheets on implementation of EU Free Trade Agreements", European Commission, https：//trade. ec. europa. eu/doclib/docs/2020/november/tradoc_159048. pdf.

②③ 根据 IHS Markit Global Trade Atlas 数据库相关资料整理所得。

成员国正式批准后全面生效。①

欧盟和加拿大经贸关系紧密，互为最亲密的伙伴之一，其中，欧盟是加拿大第三大贸易伙伴，仅次于美国和中国。两国相互出口的前三类产品分别是：机械产品、化学和医药产品以及运输设备。②

（二）协定的基本内容

欧加经贸协定由序言、30 章（包括：一般定义和初始条款，货物的国民待遇和市场准入，贸易救济，技术性贸易壁垒，卫生和植物卫生措施，海关和贸易便利化，补贴，投资，跨境服务贸易，临时入境和自然人因商业目的逗留，职业资格互认，国内监管，金融服务，国际海运服务，电信，电子商务，竞争政策，国有企业、垄断企业和被授予特殊权利或特权的企业，政府采购，知识产权，监管合作，贸易和可持续发展，贸易和劳工，贸易和环境，双边合作和对话，管理和机构条款，透明度，例外，争端解决，最终条款）、3 份议定书（原产地规则和原产地程序议定书、关于相互接受合格评定结果的议定书、关于药品良好生产规范合规性和执行计划互认的议定书）和 3 个附件组成。③

（三）协定关税减让情况介绍

根据协定，欧盟和加拿大双方在协定生效后，将立即或在 3 年、5 年、7 年的过渡期中，逐步取消对原产于欧盟及加拿大的进口货物的关税。最终，加拿大和欧盟几乎 99% 的关税将被取消。分产品来看，双方同意取消 100% 工业产品的关税，其中占欧盟 99.4%、加拿大 99.6% 税目的产品关税将在协定生效后立即降为零。在农产品、加工食品和饮料方面，大部分关税将被取消，仅欧盟对牛肉、猪肉和甜玉米以及加拿大授予奶酪等少数敏感产品实施关税配额管理。此外，双方将全面取消所有鱼产品关税，其中加拿大立即取消所有鱼产品关税，欧盟立即取消 95.5% 鱼产品的关税，剩余 4.5% 鱼产品的关税在 3~7 年的过渡期内逐步取消。④

（四）原产地规则介绍

原产地规则确保了欧加经贸协定优惠关税税率有利于欧盟和加拿大的生产。协定下，三种产品被认定为原产于欧盟或加拿大，包括：完全在欧盟或加拿大获得、完全由原产材料生产和生产材料非完全原产但在欧盟或加拿大充分加工。《原产地规则和原产地程序议定书》的附件 5 给出了充分加工的标准，并辅以列出产品特定

---

① "Global Affairs CanadaTradeTrade and investment agreements European Union View the timeline", Gouvernement du Canada, https：//www. international. gc. ca/trade－commerce/trade－agreements－accords－commerciaux/agr－acc/ceta－aecg/view_timeline－consultez_chronologie. aspx? lang＝eng.

② "Trade Policy Countries and regions Canada", European Commission, https：//ec. europa. eu/trade/policy/countries－and－regions/countries/canada/.

③ "Trade Policy Countries and regions Negotiations and agreements Comprehensive Economic and Trade Agreement（CETA）", European Commission, https：//ec. europa. eu/trade/policy/in－focus/ceta/ceta－chapter－by－chapter/.

④ "Guide to the Comprehensive Economic and Trade Agreement（CETA）", European Commission, https：//trade. ec. europa. eu/doclib/docs/2017/september/tradoc_156062. pdf.

原产地规则的附件。[①] 欧加经贸协定的产品原产地评估标准一般以税则归类改变为主，并包括多种产品的重点价值产品特定原产地规则，因此在确定成品的原产地状况时，只需考虑特定的关键非原产成分的价值，与常用的区域价值含量法不同。[②]

（五）协定实施效果和意义

欧加经贸协定强调了对基于价值观的自由和公平贸易的承诺，帮助欧加双方建立全球化和管理全球商业的规则[③]，它还是欧盟与加拿大之间政治、贸易和经济伙伴关系的中心支柱[④]，并进一步促进了欧加商品和服务贸易，促进大西洋两岸就业和经济增长。[⑤]与自由贸易协定实施之前的数据相比，2019 年欧盟与加拿大的贸易增长了 25%。即使考虑到新冠肺炎疫情对国际贸易的空前影响，2020 年欧盟与加拿大的贸易仍比协定临时生效之前高出 15%[⑥]。同时，欧加经贸协定向世界其他地区发出了两个发达经济体致力于开放贸易的信号，有利于共同塑造全球化，实现区域和世界经济一体化，寻找更多志同道合的伙伴合作[⑦]。

六、欧盟—日本经济伙伴关系协定

（一）协定背景

2013 年 3 月 25 日，《欧盟—日本经济伙伴关系协定》（以下简称"日欧 EPA"）谈判正式启动。[⑧] 在 19 轮技术和政治层面的谈判以及多次会议之后，2017 年 7 月 6 日，日欧双方在布鲁塞尔举行的欧盟—日本峰会期间达成框架协议。2017 年 12 月 8 日，日欧 EPA 谈判正式结束，并于 2018 年 7 月 17 日在东京举行的欧盟—日本峰会上正式签署。日欧 EPA 于 2019 年 2 月 1 日起正式生效。

日欧双方经贸往来密切。日本是欧盟在亚洲的第二大贸易伙伴，仅次于中国，也是欧盟在全球的第七大贸易伙伴。欧盟是日本的第三大贸易伙伴。欧盟从日本进口的商品主要是机械、汽车、化学药品、光学和医疗仪器以及塑料。欧盟向日本的出口以化学制品、汽车、机械、光学和医疗仪器以及食品和饮料为主。

①⑤ "Guide to the Comprehensive Economic and Trade Agreement（CETA）", European Commission, https：//trade. ec. europa. eu/doclib/docs/2017/september/tradoc_156062. pdf.

② "Global Affairs CanadaTradeTrade and investment agreementsEuropean Union Chapter Summaries", Gouverne-ment du Canada, https：//www. international. gc. ca/trade – commerce/trade – agreements – accords – commerciaux/agr – acc/ceta – aecg/chapter_summary – resume_chapitre. aspx？ lang = eng#a2_1.

③ "EU – Canada trade agreement enters into force", European Commission, https：//trade. ec. europa. eu/doclib/press/index. cfm？ id = 1723&title = EU – Canada – trade – agreement – enters – into – force.

④⑥ "CETA to support EU – Canada pandemic recovery", European Commission, https：//trade. ec. europa. eu/doclib/press/index. cfm？ id = 2259&title = CETA – to – support – EU – Canada – pandemic – recovery.

⑦ "The strategic benefits of CETA：Working together tohelp shape globalisation", European Commission, https：//trade. ec. europa. eu/doclib/docs/2017/september/tradoc_156059. pdf.

⑧ "Trade Policy Countries and regions Japan", European Commission, https：//ec. europa. eu/trade/policy/countries – and – regions/countries/japan/.

（二）协定的基本内容

日欧 EPA 由序言、23 章（包括：一般条款，货物贸易，原产地规则和原产地程序，海关事务和贸易便利化，贸易救济，卫生和植物卫生措施，技术性贸易壁垒，服务贸易投资自由化和电子商务，资本流动支付和转移以及临时保障措施，政府采购，竞争政策，补贴，国有企业、被授予特殊权利或特权的企业和指定的垄断者，知识产权，公司治理，贸易和可持续发展，透明度，良好的监管实践和监管合作，农业领域合作，中小企业，争端解决，机构条款，最终条款）和章节附件组成。

（三）协定关税减让情况介绍

协议生效后，欧盟将对占日本 99% 税目产品取消关税。其中，工业品关税全部降为零。轿车的税率将由 10% 线性下降，在第八年降至零，九成以上汽车零部件的税率将立即降为零。在农林水产品方面，包括牛肉、茶、水产品等日本向欧盟重点出口产品在内的几乎所有产品的关税将全部取消，并立即取消所有酒类产品的关税。

根据日本的承诺，日本将取消约占欧盟 94% 税目数产品的关税，其中农林水产品和工业品的零关税比例分别为 82% 和 100%。在农林水产品中，牛肉的关税分 16 年降至 9%，猪肉的关税分 9 年削减，扩大了软奶酪的关税配额，大米被排除在关税削减产品之外。

（四）原产地规则介绍

日欧 EPA 的原产地规则和原产地程序章共有 29 个条款，为贸易商和日欧双方确定一种商品是否有权根据协定获得优惠关税待遇提供了依据。根据协定，三类产品可以视为原产货物，享受协定规定的优惠待遇。一是在一方境内完全获得或生产的；二是在一方或双方境内，完全由原产材料生产的；三是在一方或双方境内生产的，所使用的非原产材料符合产品特定原产地规则规定的规则归类改变、区域价值成分、工序要求或其他要求。

（五）协定实施效果和意义

日欧 EPA 是全球规模最大的双边贸易协定之一，双方占世界 GDP 的约 1/4，对欧盟、日本以及全球经贸产生重要影响。日欧 EPA 进一步消除了日本和欧盟间的关税和贸易壁垒，扩大了日欧间的贸易合作，也使日欧的消费者和企业从中受益。在当前的国际环境下，欧盟和日本签署的《经济伙伴关系协定》也向世界其他国家发出一个强有力的信号，表明这两大经济体正在抵制保护主义，推动建立基于规则的国际体系，表明开放贸易和投资仍然是驾驭全球化、创造更多经济增长和就业的最佳工具之一。2020 年，日欧双边贸易额（欧盟和日本彼此间进口）1349.3 亿美元。

七、欧盟—越南自由贸易协定

（一）协定背景

《欧盟—越南自由贸易协定》（以下简称"欧越自贸协定"）于 2012 年 6 月正式启动谈判，经过 14 轮的紧张谈判，欧盟和越南于 2015 年 8 月 4 日就所有实质性问题达成一致并在 2015 年 12 月 2 日正式结束谈判。2018 年 6 月 25 日在布鲁塞尔举行的会议上，双方还结束了关于《越欧投资保护协定》的讨论。2019 年 6 月 20 日，欧盟和越南在河内正式签署了欧越自贸协定和投资协定，其中，欧越自贸协定于 2020 年 8 月 1 日起正式生效，投资协定将在欧盟所有成员国批准后生效。截至 2021 年 2 月，已获得 6 个欧盟成员国批准。

欧盟和越南长期保持良好的贸易关系。2020 年，越南是欧盟第 15 位货物贸易伙伴，也是欧盟在东盟最大的贸易伙伴，而欧盟是越南的第五大贸易伙伴。欧盟对越南的主要出口产品是高科技产品，包括电机和设备、飞机、车辆和医药产品等。越南对欧盟的主要出口产品则为电话机、电子产品、鞋类、纺织品和服装、咖啡、大米、海鲜和家具。

（二）协定的基本内容

欧越自贸协定由序言、17 章（包括：目标和一般定义，货物的国民待遇和市场准入，贸易救济，海关和贸易便利化，技术性贸易壁垒，卫生和植物卫生措施，可再生能源发电贸易和投资的非关税壁垒，投资、服务贸易和电子商务的自由化，政府采购，竞争政策，国有企业、被授予特殊权利或特权的企业和指定垄断企业，知识产权，贸易和可持续发展，透明度，争端解决，合作和能力建设，机构、一般和最终条款）、2 份议定书（关于"原产产品"概念的定义和管理合作方法及其附件，关于海关事务中的管理互助）、2 份谅解协议和 3 份联合声明组成。[①]

（三）协定关税减让情况介绍

改善市场准入是任何贸易协定的关键目标之一。欧越自贸协定包括取消 99% 以上的关税，并通过有限的零关税配额部分取消其余关税。[②] 欧盟在协定生效后立即免除 71% 的越南进口产品的关税，最长 7 年的过渡期后，99% 税目数的产品将享受零关税待遇。对部分敏感农产品，欧盟实施关税配额，包括大米、甜玉米、大蒜、蘑菇、鸡蛋和糖等。越南方面立即对欧盟 65% 的产品关税降为零，考虑到越南是一个发展中国家，除少数产品外，其余产品将在 10 年内实现完全自由化。此外，越南还取消了大部分与欧盟双边贸易中现有的出口关税，并同意不增加少数例外产品的

---

① EU – Vietnam trade and investment agreements, European Commission, https：//trade. ec. europa. eu/doclib/press/index. cfm？id = 1437.

② EU – Vietnam Trade Agreement – MEMO, European Commission, https：//trade. ec. europa. eu/doclib/press/index. cfm？id = 1922.

出口关税。①

（四）原产地规则介绍

欧越自贸协定在《关于"原产产品"概念的定义和管理合作方法议定书及其附件》中明确了其原产地规则，并遵循欧盟的做法。议定书规定，在一缔约方完全获得的产品，以及生产材料非完全原产但在一缔约方进行了充分加工的产品被认为是原产产品。② 议定书中还包括其他用于确定产品原产地的条款，如累积、非实质性变更等条款。产品的特定原产地规则在议定书的附件中进行了具体规定。

（五）协定实施效果和意义

欧盟—越南自贸协定是继新加坡后，欧盟与东南亚国家签订的第二个自由贸易协定，是欧盟与该地区加强接触的基石③，也是欧盟与发展中国家达成的最全面的贸易协定④。该贸易协定将取消欧越双方几乎所有贸易商品的关税，并进一步推动双方经济发展，加强越南与欧盟之间的贸易和投资关系，从而深化合作并加强长期关系⑤。该协定还包括对可持续发展具有法律约束力的承诺，包括尊重人权、劳工权利、环境保护和应对气候变化等，并明确提及《巴黎协定》，是高标准的自由贸易协定⑥。

---

①② Guide To The eu – Vietnam Trade and Investment，European Commission，AGREEMENTS https：//trade. ec. europa. eu/doclib/docs/2016/june/tradoc_154622. pdf.

③ Countries and regions：Vietnam，European Commission，https：//ec. europa. eu/trade/policy/countries – and – regions/countries/vietnam/.

④ EU – Vietnam trade agreement enters into force，European Commission，https：//trade. ec. europa. eu/doclib/press/index. cfm？id = 2175&title = EU – Vietnam – trade – agreement – enters – into – force.

⑤ EU – Viet Nam free trade agreement – Joint press statement by Commissioner Malmström and Minister Tran Tuan Anh，European Commission，https：//trade. ec. europa. eu/doclib/press/index. cfm？id = 2041.

⑥ Commission presents EU – Vietnam trade and investment agreements for signature and conclusion，European Commission，http：//trade. ec. europa. eu/doclib/press/index. cfm？id = 1921.

第二篇
进出口税收法规政策汇编

一、法　规　类

中华人民共和国海关法

　　(1987年1月22日第六届全国人民代表大会常务委员会第十九次会议通过　根据2000年7月8日第九届全国人民代表大会常务委员会第十六次会议《关于修改〈中华人民共和国海关法〉的决定》第一次修正　根据2013年6月29日第十二届全国人民代表大会常务委员会第三次会议《关于修改〈中华人民共和国文物保护法〉等十二部法律的决定》第二次修正　根据2013年12月28日第十二届全国人民代表大会常务委员会第六次会议《关于修改〈中华人民共和国海洋环境保护法〉等七部法律的决定》第三次修正　根据2016年11月7日第十二届全国人民代表大会常务委员会第二十四次会议《关于修改〈中华人民共和国对外贸易法〉等十二部法律的决定》第四次修正　根据2017年11月4日第十二届全国人民代表大会常务委员会第三十次会议《关于修改〈中华人民共和国会计法〉等十一部法律的决定》第五次修正　根据2021年4月29日第十三届全国人民代表大会常务委员会第二十八次会议《关于修改〈中华人民共和国道路交通安全法〉等八部法律的决定》第六次修正)

第一章　总　　则

　　第一条　为了维护国家的主权和利益，加强海关监督管理，促进对外经济贸易和科技文化交往，保障社会主义现代化建设，特制定本法。

　　第二条　中华人民共和国海关是国家的进出关境（以下简称进出境）监督管理机关。海关依照本法和其他有关法律、行政法规，监管进出境的运输工具、货物、行李物品、邮递物品和其他物品（以下简称进出境运输工具、货物、物品），征收关税和其他税、费，查缉走私，并编制海关统计和办理其他海关业务。

　　第三条　国务院设立海关总署，统一管理全国海关。

　　国家在对外开放的口岸和海关监管业务集中的地点设立海关。海关的隶属关系，不受行政区划的限制。

　　海关依法独立行使职权，向海关总署负责。

　　第四条　国家在海关总署设立专门侦查走私犯罪的公安机构，配备专职缉私警察，负责对其管辖的走私犯罪案件的侦查、拘留、执行逮捕、预审。

海关侦查走私犯罪公安机构履行侦查、拘留、执行逮捕、预审职责，应当按照《中华人民共和国刑事诉讼法》的规定办理。

海关侦查走私犯罪公安机构根据国家有关规定，可以设立分支机构。各分支机构办理其管辖的走私犯罪案件，应当依法向有管辖权的人民检察院移送起诉。

地方各级公安机关应当配合海关侦查走私犯罪公安机构依法履行职责。

第五条 国家实行联合缉私、统一处理、综合治理的缉私体制。海关负责组织、协调、管理查缉走私工作。有关规定由国务院另行制定。

各有关行政执法部门查获的走私案件，应当给予行政处罚的，移送海关依法处理；涉嫌犯罪的，应当移送海关侦查走私犯罪公安机构、地方公安机关依据案件管辖分工和法定程序办理。

第六条 海关可以行使下列权力：

（一）检查进出境运输工具，查验进出境货物、物品；对违反本法或者其他有关法律、行政法规的，可以扣留。

（二）查阅进出境人员的证件；查问违反本法或者其他有关法律、行政法规的嫌疑人，调查其违法行为。

（三）查阅、复制与进出境运输工具、货物、物品有关的合同、发票、账册、单据、记录、文件、业务函电、录音录像制品和其他资料；对其中与违反本法或者其他有关法律、行政法规的进出境运输工具、货物、物品有牵连的，可以扣留。

（四）在海关监管区和海关附近沿海沿边规定地区，检查有走私嫌疑的运输工具和有藏匿走私货物、物品嫌疑的场所，检查走私嫌疑人的身体；对有走私嫌疑的运输工具、货物、物品和走私犯罪嫌疑人，经直属海关关长或者其授权的隶属海关关长批准，可以扣留；对走私犯罪嫌疑人，扣留时间不超过二十四小时，在特殊情况下可以延长至四十八小时。

在海关监管区和海关附近沿海沿边规定地区以外，海关在调查走私案件时，对有走私嫌疑的运输工具和除公民住处以外的有藏匿走私货物、物品嫌疑的场所，经直属海关关长或者其授权的隶属海关关长批准，可以进行检查，有关当事人应当到场；当事人未到场的，在有见证人在场的情况下，可以径行检查；对其中有证据证明有走私嫌疑的运输工具、货物、物品，可以扣留。

海关附近沿海沿边规定地区的范围，由海关总署和国务院公安部门会同有关省级人民政府确定。

（五）在调查走私案件时，经直属海关关长或者其授权的隶属海关关长批准，可以查询案件涉嫌单位和涉嫌人员在金融机构、邮政企业的存款、汇款。

（六）进出境运输工具或者个人违抗海关监管逃逸的，海关可以连续追至海关监管区和海关附近沿海沿边规定地区以外，将其带回处理。

（七）海关为履行职责，可以配备武器。海关工作人员佩带和使用武器的规则，由海关总署会同国务院公安部门制定，报国务院批准。

（八）法律、行政法规规定由海关行使的其他权力。

第七条 各地方、各部门应当支持海关依法行使职权，不得非法干预海关的执法活动。

第八条　进出境运输工具、货物、物品，必须通过设立海关的地点进境或者出境。在特殊情况下，需要经过未设立海关的地点临时进境或者出境的，必须经国务院或者国务院授权的机关批准，并依照本法规定办理海关手续。

第九条　进出口货物，除另有规定的外，可以由进出口货物收发货人自行办理报关纳税手续，也可以由进出口货物收发货人委托报关企业办理报关纳税手续。

进出境物品的所有人可以自行办理报关纳税手续，也可以委托他人办理报关纳税手续。

第十条　报关企业接受进出口货物收发货人的委托，以委托人的名义办理报关手续的，应当向海关提交由委托人签署的授权委托书，遵守本法对委托人的各项规定。

报关企业接受进出口货物收发货人的委托，以自己的名义办理报关手续的，应当承担与收发货人相同的法律责任。

委托人委托报关企业办理报关手续的，应当向报关企业提供所委托报关事项的真实情况；报关企业接受委托人的委托办理报关手续的，应当对委托人所提供情况的真实性进行合理审查。

第十一条　进出口货物收发货人、报关企业办理报关手续，应当依法向海关备案。

报关企业和报关人员不得非法代理他人报关。

第十二条　海关依法执行职务，有关单位和个人应当如实回答询问，并予以配合，任何单位和个人不得阻挠。

海关执行职务受到暴力抗拒时，执行有关任务的公安机关和人民武装警察部队应当予以协助。

第十三条　海关建立对违反本法规定逃避海关监管行为的举报制度。

任何单位和个人均有权对违反本法规定逃避海关监管的行为进行举报。

海关对举报或者协助查获违反本法案件的有功单位和个人，应当给予精神的或者物质的奖励。

海关应当为举报人保密。

第二章　进出境运输工具

第十四条　进出境运输工具到达或者驶离设立海关的地点时，运输工具负责人应当向海关如实申报，交验单证，并接受海关监管和检查。

停留在设立海关的地点的进出境运输工具，未经海关同意，不得擅自驶离。

进出境运输工具从一个设立海关的地点驶往另一个设立海关的地点的，应当符合海关监管要求，办理海关手续，未办结海关手续的，不得改驶境外。

第十五条　进境运输工具在进境以后向海关申报以前，出境运输工具在办结海关手续以后出境以前，应当按照交通主管机关规定的路线行进；交通主管机关没有规定的，由海关指定。

第十六条　进出境船舶、火车、航空器到达和驶离时间、停留地点、停留期间更换地点以及装卸货物、物品时间，运输工具负责人或者有关交通运输部门应当事先通知海关。

第十七条 运输工具装卸进出境货物、物品或者上下进出境旅客，应当接受海关监管。

货物、物品装卸完毕，运输工具负责人应当向海关递交反映实际装卸情况的交接单据和记录。

上下进出境运输工具的人员携带物品的，应当向海关如实申报，并接受海关检查。

第十八条 海关检查进出境运输工具时，运输工具负责人应当到场，并根据海关的要求开启舱室、房间、车门；有走私嫌疑的，并应当开拆可能藏匿走私货物、物品的部位，搬移货物、物料。

海关根据工作需要，可以派员随运输工具执行职务，运输工具负责人应当提供方便。

第十九条 进境的境外运输工具和出境的境内运输工具，未向海关办理手续并缴纳关税，不得转让或者移作他用。

第二十条 进出境船舶和航空器兼营境内客、货运输，应当符合海关监管要求。

进出境运输工具改营境内运输，需向海关办理手续。

第二十一条 沿海运输船舶、渔船和从事海上作业的特种船舶，未经海关同意，不得载运或者换取、买卖、转让进出境货物、物品。

第二十二条 进出境船舶和航空器，由于不可抗力的原因，被迫在未设立海关的地点停泊、降落或者抛掷、起卸货物、物品，运输工具负责人应当立即报告附近海关。

第三章　进出境货物

第二十三条 进口货物自进境起到办结海关手续止，出口货物自向海关申报起到出境止，过境、转运和通运货物自进境起到出境止，应当接受海关监管。

第二十四条 进口货物的收货人、出口货物的发货人应当向海关如实申报，交验进出口许可证件和有关单证。国家限制进出口的货物，没有进出口许可证件的，不予放行，具体处理办法由国务院规定。

进口货物的收货人应当自运输工具申报进境之日起十四日内，出口货物的发货人除海关特准的外应当在货物运抵海关监管区后、装货的二十四小时以前，向海关申报。

进口货物的收货人超过前款规定期限向海关申报的，由海关征收滞报金。

第二十五条 办理进出口货物的海关申报手续，应当采用纸质报关单和电子数据报关单的形式。

第二十六条 海关接受申报后，报关单证及其内容不得修改或者撤销，但符合海关规定情形的除外。

第二十七条 进口货物的收货人经海关同意，可以在申报前查看货物或者提取货样。需要依法检疫的货物，应当在检疫合格后提取货样。

第二十八条　进出口货物应当接受海关查验。海关查验货物时，进口货物的收货人、出口货物的发货人应当到场，并负责搬移货物，开拆和重封货物的包装。海关认为必要时，可以径行开验、复验或者提取货样。

海关在特殊情况下对进出口货物予以免验，具体办法由海关总署制定。

第二十九条　除海关特准的外，进出口货物在收发货人缴清税款或者提供担保后，由海关签印放行。

第三十条　进口货物的收货人自运输工具申报进境之日起超过三个月未向海关申报的，其进口货物由海关提取依法变卖处理，所得价款在扣除运输、装卸、储存等费用和税款后，尚有余款的，自货物依法变卖之日起一年内，经收货人申请，予以发还；其中属于国家对进口有限制性规定，应当提交许可证件而不能提供的，不予发还。逾期无人申请或者不予发还的，上缴国库。

确属误卸或者溢卸的进境货物，经海关审定，由原运输工具负责人或者货物的收发货人自该运输工具卸货之日起三个月内，办理退运或者进口手续；必要时，经海关批准，可以延期三个月。逾期未办手续的，由海关按前款规定处理。

前两款所列货物不宜长期保存的，海关可以根据实际情况提前处理。

收货人或者货物所有人声明放弃的进口货物，由海关提取依法变卖处理；所得价款在扣除运输、装卸、储存等费用后，上缴国库。

第三十一条　按照法律、行政法规、国务院或者海关总署规定暂时进口或者暂时出口的货物，应当在六个月内复运出境或者复运进境；需要延长复运出境或者复运进境期限的，应当根据海关总署的规定办理延期手续。

第三十二条　经营保税货物的储存、加工、装配、展示、运输、寄售业务和经营免税商店，应当符合海关监管要求，经海关批准，并办理注册手续。

保税货物的转让、转移以及进出保税场所，应当向海关办理有关手续，接受海关监管和查验。

第三十三条　企业从事加工贸易，应当按照海关总署的规定向海关备案。加工贸易制成品单位耗料量由海关按照有关规定核定。

加工贸易制成品应当在规定的期限内复出口。其中使用的进口料件，属于国家规定准予保税的，应当向海关办理核销手续；属于先征收税款的，依法向海关办理退税手续。

加工贸易保税进口料件或者制成品内销的，海关对保税的进口料件依法征税；属于国家对进口有限制性规定的，还应当向海关提交进口许可证件。

第三十四条　经国务院批准在中华人民共和国境内设立的保税区等海关特殊监管区域，由海关按照国家有关规定实施监管。

第三十五条　进口货物应当由收货人在货物的进境地海关办理海关手续，出口货物应当由发货人在货物的出境地海关办理海关手续。

经收发货人申请，海关同意，进口货物的收货人可以在设有海关的指运地、出口货物的发货人可以在设有海关的启运地办理海关手续。上述货物的转关运输，应当符合海关监管要求；必要时，海关可以派员押运。

经电缆、管道或者其他特殊方式输送进出境的货物，经营单位应当定期向指定的海关申报和办理海关手续。

第三十六条 过境、转运和通运货物，运输工具负责人应当向进境地海关如实申报，并应当在规定期限内运输出境。

海关认为必要时，可以查验过境、转运和通运货物。

第三十七条 海关监管货物，未经海关许可，不得开拆、提取、交付、发运、调换、改装、抵押、质押、留置、转让、更换标记、移作他用或者进行其他处置。

海关加施的封志，任何人不得擅自开启或者损毁。

人民法院判决、裁定或者有关行政执法部门决定处理海关监管货物的，应当责令当事人办结海关手续。

第三十八条 经营海关监管货物仓储业务的企业，应当经海关注册，并按照海关规定，办理收存、交付手续。

在海关监管区外存放海关监管货物，应当经海关同意，并接受海关监管。

违反前两款规定或者在保管海关监管货物期间造成海关监管货物损毁或者灭失的，除不可抗力外，对海关监管货物负有保管义务的人应当承担相应的纳税义务和法律责任。

第三十九条 进出境集装箱的监管办法、打捞进出境货物和沉船的监管办法、边境小额贸易进出口货物的监管办法，以及本法未具体列明的其他进出境货物的监管办法，由海关总署或者由海关总署会同国务院有关部门另行制定。

第四十条 国家对进出境货物、物品有禁止性或者限制性规定的，海关依据法律、行政法规、国务院的规定或者国务院有关部门依据法律、行政法规的授权作出的规定实施监管。具体监管办法由海关总署制定。

第四十一条 进出口货物的原产地按照国家有关原产地规则的规定确定。

第四十二条 进出口货物的商品归类按照国家有关商品归类的规定确定。

海关可以要求进出口货物的收发货人提供确定商品归类所需的有关资料；必要时，海关可以组织化验、检验，并将海关认定的化验、检验结果作为商品归类的依据。

第四十三条 海关可以根据对外贸易经营者提出的书面申请，对拟作进口或者出口的货物预先作出商品归类等行政裁定。

进口或者出口相同货物，应当适用相同的商品归类行政裁定。

海关对所作出的商品归类等行政裁定，应当予以公布。

第四十四条 海关依照法律、行政法规的规定，对与进出境货物有关的知识产权实施保护。

需要向海关申报知识产权状况的，进出口货物收发货人及其代理人应当按照国家规定向海关如实申报有关知识产权状况，并提交合法使用有关知识产权的证明文件。

第四十五条 自进出口货物放行之日起三年内或者在保税货物、减免税进口货物的海关监管期限内及其后的三年内，海关可以对与进出口货物直接有关的企业、单位的会计账簿、会计凭证、报关单证以及其他有关资料和有关进出口货物实施稽查。具体办法由国务院规定。

第四章　进出境物品

第四十六条　个人携带进出境的行李物品、邮寄进出境的物品，应当以自用、合理数量为限，并接受海关监管。

第四十七条　进出境物品的所有人应当向海关如实申报，并接受海关查验。

海关加施的封志，任何人不得擅自开启或者损毁。

第四十八条　进出境邮袋的装卸、转运和过境，应当接受海关监管。邮政企业应当向海关递交邮件路单。

邮政企业应当将开拆及封发国际邮袋的时间事先通知海关，海关应当按时派员到场监管查验。

第四十九条　邮运进出境的物品，经海关查验放行后，有关经营单位方可投递或者交付。

第五十条　经海关登记准予暂时免税进境或者暂时免税出境的物品，应当由本人复带出境或者复带进境。

过境人员未经海关批准，不得将其所带物品留在境内。

第五十一条　进出境物品所有人声明放弃的物品、在海关规定期限内未办理海关手续或者无人认领的物品，以及无法投递又无法退回的进境邮递物品，由海关依照本法第三十条的规定处理。

第五十二条　享有外交特权和豁免的外国机构或者人员的公务用品或者自用物品进出境，依照有关法律、行政法规的规定办理。

第五章　关　　税

第五十三条　准许进出口的货物、进出境物品，由海关依法征收关税。

第五十四条　进口货物的收货人、出口货物的发货人、进出境物品的所有人，是关税的纳税义务人。

第五十五条　进出口货物的完税价格，由海关以该货物的成交价格为基础审查确定。成交价格不能确定时，完税价格由海关依法估定。

进口货物的完税价格包括货物的货价、货物运抵中华人民共和国境内输入地点起卸前的运输及其相关费用、保险费；出口货物的完税价格包括货物的货价、货物运至中华人民共和国境内输出地点装载前的运输及其相关费用、保险费，但是其中包含的出口关税税额，应当予以扣除。

进出境物品的完税价格，由海关依法确定。

第五十六条　下列进出口货物、进出境物品，减征或者免征关税：

（一）无商业价值的广告品和货样；

（二）外国政府、国际组织无偿赠送的物资；

（三）在海关放行前遭受损坏或者损失的货物；

（四）规定数额以内的物品；

（五）法律规定减征、免征关税的其他货物、物品；

（六）中华人民共和国缔结或者参加的国际条约规定减征、免征关税的货物、物品。

第五十七条 特定地区、特定企业或者有特定用途的进出口货物，可以减征或者免征关税。特定减税或者免税的范围和办法由国务院规定。

依照前款规定减征或者免征关税进口的货物，只能用于特定地区、特定企业或者特定用途，未经海关核准并补缴关税，不得移作他用。

第五十八条 本法第五十六条、第五十七条第一款规定范围以外的临时减征或者免征关税，由国务院决定。

第五十九条 暂时进口或者暂时出口的货物，以及特准进口的保税货物，在货物收发货人向海关缴纳相当于税款的保证金或者提供担保后，准予暂时免纳关税。

第六十条 进出口货物的纳税义务人，应当自海关填发税款缴款书之日起十五日内缴纳税款；逾期缴纳的，由海关征收滞纳金。纳税义务人、担保人超过三个月仍未缴纳的，经直属海关关长或者其授权的隶属海关关长批准，海关可以采取下列强制措施：

（一）书面通知其开户银行或者其他金融机构从其存款中扣缴税款；

（二）将应税货物依法变卖，以变卖所得抵缴税款；

（三）扣留并依法变卖其价值相当于应纳税款的货物或者其他财产，以变卖所得抵缴税款。

海关采取强制措施时，对前款所列纳税义务人、担保人未缴纳的滞纳金同时强制执行。

进出境物品的纳税义务人，应当在物品放行前缴纳税款。

第六十一条 进出口货物的纳税义务人在规定的纳税期限内有明显的转移、藏匿其应税货物以及其他财产迹象的，海关可以责令纳税义务人提供担保；纳税义务人不能提供纳税担保的，经直属海关关长或者其授权的隶属海关关长批准，海关可以采取下列税收保全措施：

（一）书面通知纳税义务人开户银行或者其他金融机构暂停支付纳税义务人相当于应纳税款的存款；

（二）扣留纳税义务人价值相当于应纳税款的货物或者其他财产。

纳税义务人在规定的纳税期限内缴纳税款的，海关必须立即解除税收保全措施；期限届满仍未缴纳税款的，经直属海关关长或者其授权的隶属海关关长批准，海关可以书面通知纳税义务人开户银行或者其他金融机构从其暂停支付的存款中扣缴税款，或者依法变卖所扣留的货物或者其他财产，以变卖所得抵缴税款。

采取税收保全措施不当，或者纳税义务人在规定期限内已缴纳税款，海关未立即解除税收保全措施，致使纳税义务人的合法权益受到损失的，海关应当依法承担赔偿责任。

第六十二条 进出口货物、进出境物品放行后，海关发现少征或者漏征税款，应当自缴纳税款或者货物、物品放行之日起一年内，向纳税义务人补征。因纳税义务人违反规定而造成的少征或者漏征，海关在三年以内可以追征。

第六十三条　海关多征的税款，海关发现后应当立即退还；纳税义务人自缴纳税款之日起一年内，可以要求海关退还。

第六十四条　纳税义务人同海关发生纳税争议时，应当缴纳税款，并可以依法申请行政复议；对复议决定仍不服的，可以依法向人民法院提起诉讼。

第六十五条　进口环节海关代征税的征收管理，适用关税征收管理的规定。

第六章　海关事务担保

第六十六条　在确定货物的商品归类、估价和提供有效报关单证或者办结其他海关手续前，收发货人要求放行货物的，海关应当在其提供与其依法应当履行的法律义务相适应的担保后放行。法律、行政法规规定可以免除担保的除外。

法律、行政法规对履行海关义务的担保另有规定的，从其规定。

国家对进出境货物、物品有限制性规定，应当提供许可证件而不能提供的，以及法律、行政法规规定不得担保的其他情形，海关不得办理担保放行。

第六十七条　具有履行海关事务担保能力的法人、其他组织或者公民，可以成为担保人。法律规定不得为担保人的除外。

第六十八条　担保人可以以下列财产、权利提供担保：

（一）人民币、可自由兑换货币；

（二）汇票、本票、支票、债券、存单；

（三）银行或者非银行金融机构的保函；

（四）海关依法认可的其他财产、权利。

第六十九条　担保人应当在担保期限内承担担保责任。担保人履行担保责任的，不免除被担保人应当办理有关海关手续的义务。

第七十条　海关事务担保管理办法，由国务院规定。

第七章　执法监督

第七十一条　海关履行职责，必须遵守法律，维护国家利益，依照法定职权和法定程序严格执法，接受监督。

第七十二条　海关工作人员必须秉公执法，廉洁自律，忠于职守，文明服务，不得有下列行为：

（一）包庇、纵容走私或者与他人串通进行走私；

（二）非法限制他人人身自由，非法检查他人身体、住所或者场所，非法检查、扣留进出境运输工具、货物、物品；

（三）利用职权为自己或者他人谋取私利；

（四）索取、收受贿赂；

（五）泄露国家秘密、商业秘密和海关工作秘密；

（六）滥用职权，故意刁难，拖延监管、查验；

（七）购买、私分、占用没收的走私货物、物品；

（八）参与或者变相参与营利性经营活动；

（九）违反法定程序或者超越权限执行职务；

（十）其他违法行为。

第七十三条 海关应当根据依法履行职责的需要，加强队伍建设，使海关工作人员具有良好的政治、业务素质。

海关专业人员应当具有法律和相关专业知识，符合海关规定的专业岗位任职要求。

海关招收工作人员应当按照国家规定，公开考试，严格考核，择优录用。

海关应当有计划地对其工作人员进行政治思想、法制、海关业务培训和考核。海关工作人员必须定期接受培训和考核，经考核不合格的，不得继续上岗执行职务。

第七十四条 海关总署应当实行海关关长定期交流制度。

海关关长定期向上一级海关述职，如实陈述其执行职务情况。海关总署应当定期对直属海关关长进行考核，直属海关应当定期对隶属海关关长进行考核。

第七十五条 海关及其工作人员的行政执法活动，依法接受监察机关的监督；缉私警察进行侦查活动，依法接受人民检察院的监督。

第七十六条 审计机关依法对海关的财政收支进行审计监督，对海关办理的与国家财政收支有关的事项，有权进行专项审计调查。

第七十七条 上级海关应当对下级海关的执法活动依法进行监督。上级海关认为下级海关作出的处理或者决定不适当的，可以依法予以变更或者撤销。

第七十八条 海关应当依照本法和其他有关法律、行政法规的规定，建立健全内部监督制度，对其工作人员执行法律、行政法规和遵守纪律的情况，进行监督检查。

第七十九条 海关内部负责审单、查验、放行、稽查和调查等主要岗位的职责权限应当明确，并相互分离、相互制约。

第八十条 任何单位和个人均有权对海关及其工作人员的违法、违纪行为进行控告、检举。收到控告、检举的机关有权处理的，应当依法按照职责分工及时查处。收到控告、检举的机关和负责查处的机关应当为控告人、检举人保密。

第八十一条 海关工作人员在调查处理违法案件时，遇有下列情形之一的，应当回避：

（一）是本案的当事人或者是当事人的近亲属；

（二）本人或者其近亲属与本案有利害关系；

（三）与本案当事人有其他关系，可能影响案件公正处理的。

第八章 法律责任

第八十二条 违反本法及有关法律、行政法规，逃避海关监管，偷逃应纳税款、逃避国家有关进出境的禁止性或者限制性管理，有下列情形之一的，是走私行为：

（一）运输、携带、邮寄国家禁止或者限制进出境货物、物品或者依法应当缴纳税款的货物、物品进出境的；

（二）未经海关许可并且未缴纳应纳税款、交验有关许可证件，擅自将保税货物、特定减免税货物以及其他海关监管货物、物品、进境的境外运输工具，在境内销售的；

（三）有逃避海关监管，构成走私的其他行为的。

有前款所列行为之一，尚不构成犯罪的，由海关没收走私货物、物品及违法所得，可以并处罚款；专门或者多次用于掩护走私的货物、物品，专门或者多次用于走私的运输工具，予以没收，藏匿走私货物、物品的特制设备，责令拆毁或者没收。

有第一款所列行为之一，构成犯罪的，依法追究刑事责任。

第八十三条　有下列行为之一的，按走私行为论处，依照本法第八十二条的规定处罚：

（一）直接向走私人非法收购走私进口的货物、物品的；

（二）在内海、领海、界河、界湖，船舶及所载人员运输、收购、贩卖国家禁止或者限制进出境的货物、物品，或者运输、收购、贩卖依法应当缴纳税款的货物，没有合法证明的。

第八十四条　伪造、变造、买卖海关单证，与走私人通谋为走私人提供贷款、资金、账号、发票、证明、海关单证，与走私人通谋为走私人提供运输、保管、邮寄或者其他方便，构成犯罪的，依法追究刑事责任；尚不构成犯罪的，由海关没收违法所得，并处罚款。

第八十五条　个人携带、邮寄超过合理数量的自用物品进出境，未依法向海关申报的，责令补缴关税，可以处以罚款。

第八十六条　违反本法规定有下列行为之一的，可以处以罚款，有违法所得的，没收违法所得：

（一）运输工具不经设立海关的地点进出境的；

（二）不将进出境运输工具到达的时间、停留的地点或者更换的地点通知海关的；

（三）进出口货物、物品或者过境、转运、通运货物向海关申报不实的；

（四）不按照规定接受海关对进出境运输工具、货物、物品进行检查、查验的；

（五）进出境运输工具未经海关同意，擅自装卸进出境货物、物品或者上下进出境旅客的；

（六）在设立海关的地点停留的进出境运输工具未经海关同意，擅自驶离的；

（七）进出境运输工具从一个设立海关的地点驶往另一个设立海关的地点，尚未办结海关手续又未经海关批准，中途擅自改驶境外或者境内未设立海关的地点的；

（八）进出境运输工具，不符合海关监管要求或者未向海关办理手续，擅自兼营或者改营境内运输的；

（九）由于不可抗力的原因，进出境船舶和航空器被迫在未设立海关的地点停泊、降落或者在境内抛掷、起卸货物、物品，无正当理由，不向附近海关报告的；

（十）未经海关许可，擅自将海关监管货物开拆、提取、交付、发运、调换、改装、抵押、质押、留置、转让、更换标记、移作他用或者进行其他处置的；

（十一）擅自开启或者损毁海关封志的；

（十二）经营海关监管货物的运输、储存、加工等业务，有关货物灭失或者有关记录不真实，不能提供正当理由的；

（十三）有违反海关监管规定的其他行为的。

第八十七条 海关准予从事有关业务的企业，违反本法有关规定的，由海关责令改正，可以给予警告，暂停其从事有关业务，直至撤销注册。

第八十八条 未向海关备案从事报关业务的，海关可以处以罚款。

第八十九条 报关企业非法代理他人报关的，由海关责令改正，处以罚款；情节严重的，禁止其从事报关活动。

报关人员非法代理他人报关的，由海关责令改正，处以罚款。

第九十条 进出口货物收发货人、报关企业向海关工作人员行贿的，由海关禁止其从事报关活动，并处以罚款；构成犯罪的，依法追究刑事责任。

报关人员向海关工作人员行贿的，处以罚款；构成犯罪的，依法追究刑事责任。

第九十一条 违反本法规定进出口侵犯中华人民共和国法律、行政法规保护的知识产权的货物的，由海关依法没收侵权货物，并处以罚款；构成犯罪的，依法追究刑事责任。

第九十二条 海关依法扣留的货物、物品、运输工具，在人民法院判决或者海关处罚决定作出之前，不得处理。但是，危险品或者鲜活、易腐、易失效等不宜长期保存的货物、物品以及所有人申请先行变卖的货物、物品、运输工具，经直属海关关长或者其授权的隶属海关关长批准，可以先行依法变卖，变卖所得价款由海关保存，并通知其所有人。

人民法院判决没收或者海关决定没收的走私货物、物品、违法所得、走私运输工具、特制设备，由海关依法统一处理，所得价款和海关决定处以的罚款，全部上缴中央国库。

第九十三条 当事人逾期不履行海关的处罚决定又不申请复议或者向人民法院提起诉讼的，作出处罚决定的海关可以将其保证金抵缴或者将其被扣留的货物、物品、运输工具依法变价抵缴，也可以申请人民法院强制执行。

第九十四条 海关在查验进出境货物、物品时，损坏被查验的货物、物品的，应当赔偿实际损失。

第九十五条 海关违法扣留货物、物品、运输工具，致使当事人的合法权益受到损失的，应当依法承担赔偿责任。

第九十六条 海关工作人员有本法第七十二条所列行为之一的，依法给予行政处分；有违法所得的，依法没收违法所得；构成犯罪的，依法追究刑事责任。

第九十七条 海关的财政收支违反法律、行政法规规定的，由审计机关以及有关部门依照法律、行政法规的规定作出处理；对直接负责的主管人员和其他直接责任人员，依法给予行政处分；构成犯罪的，依法追究刑事责任。

第九十八条 未按照本法规定为控告人、检举人、举报人保密的，对直接负责的主管人员和其他直接责任人员，由所在单位或者有关单位依法给予行政处分。

第九十九条 海关工作人员在调查处理违法案件时，未按照本法规定进行回避的，对直接负责的主管人员和其他直接责任人员，依法给予行政处分。

第九章　附　则

第一百条　本法下列用语的含义：

直属海关，是指直接由海关总署领导，负责管理一定区域范围内的海关业务的海关；隶属海关，是指由直属海关领导，负责办理具体海关业务的海关。

进出境运输工具，是指用以载运人员、货物、物品进出境的各种船舶、车辆、航空器和驮畜。

过境、转运和通运货物，是指由境外启运、通过中国境内继续运往境外的货物。其中，通过境内陆路运输的，称过境货物；在境内设立海关的地点换装运输工具，而不通过境内陆路运输的，称转运货物；由船舶、航空器载运进境并由原装运输工具载运出境的，称通运货物。

海关监管货物，是指本法第二十三条所列的进出口货物，过境、转运、通运货物，特定减免税货物，以及暂时进出口货物、保税货物和其他尚未办结海关手续的进出境货物。

保税货物，是指经海关批准未办理纳税手续进境，在境内储存、加工、装配后复运出境的货物。

海关监管区，是指设立海关的港口、车站、机场、国界孔道、国际邮件互换局（交换站）和其他有海关监管业务的场所，以及虽未设立海关，但是经国务院批准的进出境地点。

第一百零一条　经济特区等特定地区同境内其他地区之间往来的运输工具、货物、物品的监管办法，由国务院另行规定。

第一百零二条　本法自 1987 年 7 月 1 日起施行。1951 年 4 月 18 日中央人民政府公布的《中华人民共和国暂行海关法》同时废止。

中华人民共和国对外贸易法

(1994 年 5 月 12 日第八届全国人民代表大会常务委员会第七次会议通过 2004 年 4 月 6 日第十届全国人民代表大会常务委员会第八次会议修订根据 2016 年 11 月 7 日第十二届全国人民代表大会常务委员会第二十四次会议《关于修改〈中华人民共和国对外贸易法〉等十二部法律的决定》修正)

第一章 总 则

第一条 为了扩大对外开放，发展对外贸易，维护对外贸易秩序，保护对外贸易经营者的合法权益，促进社会主义市场经济的健康发展，制定本法。

第二条 本法适用于对外贸易以及与对外贸易有关的知识产权保护。

本法所称对外贸易，是指货物进出口、技术进出口和国际服务贸易。

第三条 国务院对外贸易主管部门依照本法主管全国对外贸易工作。

第四条 国家实行统一的对外贸易制度，鼓励发展对外贸易，维护公平、自由的对外贸易秩序。

第五条 中华人民共和国根据平等互利的原则，促进和发展同其他国家和地区的贸易关系，缔结或者参加关税同盟协定、自由贸易区协定等区域经济贸易协定，参加区域经济组织。

第六条 中华人民共和国在对外贸易方面根据所缔结或者参加的国际条约、协定，给予其他缔约方、参加方最惠国待遇、国民待遇等待遇，或者根据互惠、对等原则给予对方最惠国待遇、国民待遇等待遇。

第七条 任何国家或者地区在贸易方面对中华人民共和国采取歧视性的禁止、限制或者其他类似措施的，中华人民共和国可以根据实际情况对该国家或者该地区采取相应的措施。

第二章 对外贸易经营者

第八条 本法所称对外贸易经营者，是指依法办理工商登记或者其他执业手续，依照本法和其他有关法律、行政法规的规定从事对外贸易经营活动的法人、其他组织或者个人。

第九条 从事货物进出口或者技术进出口的对外贸易经营者，应当向国务院对外贸易主管部门或者其委托的机构办理备案登记；但是，法律、行政法规和国务院对外贸易主管部门规定不需要备案登记的除外。备案登记的具体办法由国务院对外贸易主管部门规定。

对外贸易经营者未按照规定办理备案登记的，海关不予办理进出口货物的报关验放手续。

第十条 从事国际服务贸易，应当遵守本法和其他有关法律、行政法规的规定。从事对外劳务合作的单位，应当具备相应的资质。具体办法由国务院规定。

第十一条 国家可以对部分货物的进出口实行国营贸易管理。实行国营贸易管理货物的进出口业务只能由经授权的企业经营；但是，国家允许部分数量的国营贸易管理货物的进出口业务由非授权企业经营的除外。

实行国营贸易管理的货物和经授权经营企业的目录，由国务院对外贸易主管部门会同国务院其他有关部门确定、调整并公布。

违反本条第一款规定，擅自进出口实行国营贸易管理的货物的，海关不予放行。

第十二条 对外贸易经营者可以接受他人的委托，在经营范围内代为办理对外贸易业务。

第十三条 对外贸易经营者应当按照国务院对外贸易主管部门或者国务院其他有关部门依法作出的规定，向有关部门提交与其对外贸易经营活动有关的文件及资料。有关部门应当为提供者保守商业秘密。

第三章　货物进出口与技术进出口

第十四条 国家准许货物与技术的自由进出口。但是，法律、行政法规另有规定的除外。

第十五条 国务院对外贸易主管部门基于监测进出口情况的需要，可以对部分自由进出口的货物实行进出口自动许可并公布其目录。

实行自动许可的进出口货物，收货人、发货人在办理海关报关手续前提出自动许可申请的，国务院对外贸易主管部门或者其委托的机构应当予以许可；未办理自动许可手续的，海关不予放行。

进出口属于自由进出口的技术，应当向国务院对外贸易主管部门或者其委托的机构办理合同备案登记。

第十六条 国家基于下列原因，可以限制或者禁止有关货物、技术的进口或者出口：

（一）为维护国家安全、社会公共利益或者公共道德，需要限制或者禁止进口或者出口的；

（二）为保护人的健康或者安全，保护动物、植物的生命或者健康，保护环境，需要限制或者禁止进口或者出口的；

（三）为实施与黄金或者白银进出口有关的措施，需要限制或者禁止进口或者出口的；

（四）国内供应短缺或者为有效保护可能用竭的自然资源，需要限制或者禁止出口的；

（五）输往国家或者地区的市场容量有限，需要限制出口的；

（六）出口经营秩序出现严重混乱，需要限制出口的；

（七）为建立或者加快建立国内特定产业，需要限制进口的；

（八）对任何形式的农业、牧业、渔业产品有必要限制进口的；

（九）为保障国家国际金融地位和国际收支平衡，需要限制进口的；

（十）依照法律、行政法规的规定，其他需要限制或者禁止进口或者出口的；

（十一）根据我国缔结或者参加的国际条约、协定的规定，其他需要限制或者禁止进口或者出口的。

第十七条 国家对与裂变、聚变物质或者衍生此类物质的物质有关的货物、技术进出口，以及与武器、弹药或者其他军用物资有关的进出口，可以采取任何必要的措施，维护国家安全。

在战时或者为维护国际和平与安全，国家在货物、技术进出口方面可以采取任何必要的措施。

第十八条 国务院对外贸易主管部门会同国务院其他有关部门，依照本法第十六条和第十七条的规定，制定、调整并公布限制或者禁止进出口的货物、技术目录。

国务院对外贸易主管部门或者由其会同国务院其他有关部门，经国务院批准，可以在本法第十六条和第十七条规定的范围内，临时决定限制或者禁止前款规定目录以外的特定货物、技术的进口或者出口。

第十九条 国家对限制进口或者出口的货物，实行配额、许可证等方式管理；对限制进口或者出口的技术，实行许可证管理。

实行配额、许可证管理的货物、技术，应当按照国务院规定经国务院对外贸易主管部门或者经其会同国务院其他有关部门许可，方可进口或者出口。

国家对部分进口货物可以实行关税配额管理。

第二十条 进出口货物配额、关税配额，由国务院对外贸易主管部门或者国务院其他有关部门在各自的职责范围内，按照公开、公平、公正和效益的原则进行分配。具体办法由国务院规定。

第二十一条 国家实行统一的商品合格评定制度，根据有关法律、行政法规的规定，对进出口商品进行认证、检验、检疫。

第二十二条 国家对进出口货物进行原产地管理。具体办法由国务院规定。

第二十三条 对文物和野生动物、植物及其产品等，其他法律、行政法规有禁止或者限制进出口规定的，依照有关法律、行政法规的规定执行。

第四章　国际服务贸易

第二十四条 中华人民共和国在国际服务贸易方面根据所缔结或者参加的国际条约、协定中所作的承诺，给予其他缔约方、参加方市场准入和国民待遇。

第二十五条 国务院对外贸易主管部门和国务院其他有关部门，依照本法和其他有关法律、行政法规的规定，对国际服务贸易进行管理。

第二十六条　国家基于下列原因，可以限制或者禁止有关的国际服务贸易：

（一）为维护国家安全、社会公共利益或者公共道德，需要限制或者禁止的；

（二）为保护人的健康或者安全，保护动物、植物的生命或者健康，保护环境，需要限制或者禁止的；

（三）为建立或者加快建立国内特定服务产业，需要限制的；

（四）为保障国家外汇收支平衡，需要限制的；

（五）依照法律、行政法规的规定，其他需要限制或者禁止的；

（六）根据我国缔结或者参加的国际条约、协定的规定，其他需要限制或者禁止的。

第二十七条　国家对与军事有关的国际服务贸易，以及与裂变、聚变物质或者衍生此类物质的物质有关的国际服务贸易，可以采取任何必要的措施，维护国家安全。

在战时或者为维护国际和平与安全，国家在国际服务贸易方面可以采取任何必要的措施。

第二十八条　国务院对外贸易主管部门会同国务院其他有关部门，依照本法第二十六条、第二十七条和其他有关法律、行政法规的规定，制定、调整并公布国际服务贸易市场准入目录。

第五章　与对外贸易有关的知识产权保护

第二十九条　国家依照有关知识产权的法律、行政法规，保护与对外贸易有关的知识产权。

进口货物侵犯知识产权，并危害对外贸易秩序的，国务院对外贸易主管部门可以采取在一定期限内禁止侵权人生产、销售的有关货物进口等措施。

第三十条　知识产权权利人有阻止被许可人对许可合同中的知识产权的有效性提出质疑、进行强制性一揽子许可、在许可合同中规定排他性返授条件等行为之一，并危害对外贸易公平竞争秩序的，国务院对外贸易主管部门可以采取必要的措施消除危害。

第三十一条　其他国家或者地区在知识产权保护方面未给予中华人民共和国的法人、其他组织或者个人国民待遇，或者不能对来源于中华人民共和国的货物、技术或者服务提供充分有效的知识产权保护的，国务院对外贸易主管部门可以依照本法和其他有关法律、行政法规的规定，并根据中华人民共和国缔结或者参加的国际条约、协定，对与该国家或者该地区的贸易采取必要的措施。

第六章　对外贸易秩序

第三十二条　在对外贸易经营活动中，不得违反有关反垄断的法律、行政法规的规定实施垄断行为。

在对外贸易经营活动中实施垄断行为，危害市场公平竞争的，依照有关反垄断的法律、行政法规的规定处理。

有前款违法行为，并危害对外贸易秩序的，国务院对外贸易主管部门可以采取必要的措施消除危害。

第三十三条 在对外贸易经营活动中，不得实施以不正当的低价销售商品、串通投标、发布虚假广告、进行商业贿赂等不正当竞争行为。

在对外贸易经营活动中实施不正当竞争行为的，依照有关反不正当竞争的法律、行政法规的规定处理。

有前款违法行为，并危害对外贸易秩序的，国务院对外贸易主管部门可以采取禁止该经营者有关货物、技术进出口等措施消除危害。

第三十四条 在对外贸易活动中，不得有下列行为：

（一）伪造、变造进出口货物原产地标记，伪造、变造或者买卖进出口货物原产地证书、进出口许可证、进出口配额证明或者其他进出口证明文件；

（二）骗取出口退税；

（三）走私；

（四）逃避法律、行政法规规定的认证、检验、检疫；

（五）违反法律、行政法规规定的其他行为。

第三十五条 对外贸易经营者在对外贸易经营活动中，应当遵守国家有关外汇管理的规定。

第三十六条 违反本法规定，危害对外贸易秩序的，国务院对外贸易主管部门可以向社会公告。

第七章　对外贸易调查

第三十七条 为了维护对外贸易秩序，国务院对外贸易主管部门可以自行或者会同国务院其他有关部门，依照法律、行政法规的规定对下列事项进行调查：

（一）货物进出口、技术进出口、国际服务贸易对国内产业及其竞争力的影响；

（二）有关国家或者地区的贸易壁垒；

（三）为确定是否应当依法采取反倾销、反补贴或者保障措施等对外贸易救济措施，需要调查的事项；

（四）规避对外贸易救济措施的行为；

（五）对外贸易中有关国家安全利益的事项；

（六）为执行本法第七条、第二十九条第二款、第三十条、第三十一条、第三十二条第三款、第三十三条第三款的规定，需要调查的事项；

（七）其他影响对外贸易秩序，需要调查的事项。

第三十八条 启动对外贸易调查，由国务院对外贸易主管部门发布公告。

调查可以采取书面问卷、召开听证会、实地调查、委托调查等方式进行。

国务院对外贸易主管部门根据调查结果，提出调查报告或者作出处理裁定，并发布公告。

第三十九条 有关单位和个人应当对对外贸易调查给予配合、协助。

国务院对外贸易主管部门和国务院其他有关部门及其工作人员进行对外贸易调查，对知悉的国家秘密和商业秘密负有保密义务。

第八章　对外贸易救济

第四十条　国家根据对外贸易调查结果，可以采取适当的对外贸易救济措施。

第四十一条　其他国家或者地区的产品以低于正常价值的倾销方式进入我国市场，对已建立的国内产业造成实质损害或者产生实质损害威胁，或者对建立国内产业造成实质阻碍的，国家可以采取反倾销措施，消除或者减轻这种损害或者损害的威胁或者阻碍。

第四十二条　其他国家或者地区的产品以低于正常价值出口至第三国市场，对我国已建立的国内产业造成实质损害或者产生实质损害威胁，或者对我国建立国内产业造成实质阻碍的，应国内产业的申请，国务院对外贸易主管部门可以与该第三国政府进行磋商，要求其采取适当的措施。

第四十三条　进口的产品直接或者间接地接受出口国家或者地区给予的任何形式的专向性补贴，对已建立的国内产业造成实质损害或者产生实质损害威胁，或者对建立国内产业造成实质阻碍的，国家可以采取反补贴措施，消除或者减轻这种损害或者损害的威胁或者阻碍。

第四十四条　因进口产品数量大量增加，对生产同类产品或者与其直接竞争的产品的国内产业造成严重损害或者严重损害威胁的，国家可以采取必要的保障措施，消除或者减轻这种损害或者损害的威胁，并可以对该产业提供必要的支持。

第四十五条　因其他国家或者地区的服务提供者向我国提供的服务增加，对提供同类服务或者与其直接竞争的服务的国内产业造成损害或者产生损害威胁的，国家可以采取必要的救济措施，消除或者减轻这种损害或者损害的威胁。

第四十六条　因第三国限制进口而导致某种产品进入我国市场的数量大量增加，对已建立的国内产业造成损害或者产生损害威胁，或者对建立国内产业造成阻碍的，国家可以采取必要的救济措施，限制该产品进口。

第四十七条　与中华人民共和国缔结或者共同参加经济贸易条约、协定的国家或者地区，违反条约、协定的规定，使中华人民共和国根据该条约、协定享有的利益丧失或者受损，或者阻碍条约、协定目标实现的，中华人民共和国政府有权要求有关国家或者地区政府采取适当的补救措施，并可以根据有关条约、协定中止或者终止履行相关义务。

第四十八条　国务院对外贸易主管部门依照本法和其他有关法律的规定，进行对外贸易的双边或者多边磋商、谈判和争端的解决。

第四十九条　国务院对外贸易主管部门和国务院其他有关部门应当建立货物进出口、技术进出口和国际服务贸易的预警应急机制，应对对外贸易中的突发和异常情况，维护国家经济安全。

第五十条　国家对规避本法规定的对外贸易救济措施的行为，可以采取必要的反规避措施。

第九章　对外贸易促进

第五十一条　国家制定对外贸易发展战略，建立和完善对外贸易促进机制。

第五十二条　国家根据对外贸易发展的需要，建立和完善为对外贸易服务的金融机构，设立对外贸易发展基金、风险基金。

第五十三条　国家通过进出口信贷、出口信用保险、出口退税及其他促进对外贸易的方式，发展对外贸易。

第五十四条　国家建立对外贸易公共信息服务体系，向对外贸易经营者和其他社会公众提供信息服务。

第五十五条　国家采取措施鼓励对外贸易经营者开拓国际市场，采取对外投资、对外工程承包和对外劳务合作等多种形式，发展对外贸易。

第五十六条　对外贸易经营者可以依法成立和参加有关协会、商会。

有关协会、商会应当遵守法律、行政法规，按照章程对其成员提供与对外贸易有关的生产、营销、信息、培训等方面的服务，发挥协调和自律作用，依法提出有关对外贸易救济措施的申请，维护成员和行业的利益，向政府有关部门反映成员有关对外贸易的建议，开展对外贸易促进活动。

第五十七条　中国国际贸易促进组织按照章程开展对外联系，举办展览，提供信息、咨询服务和其他对外贸易促进活动。

第五十八条　国家扶持和促进中小企业开展对外贸易。

第五十九条　国家扶持和促进民族自治地方和经济不发达地区发展对外贸易。

第十章　法 律 责 任

第六十条　违反本法第十一条规定，未经授权擅自进出口实行国营贸易管理的货物的，国务院对外贸易主管部门或者国务院其他有关部门可以处五万元以下罚款；情节严重的，可以自行政处罚决定生效之日起三年内，不受理违法行为人从事国营贸易管理货物进出口业务的申请，或者撤销已给予其从事其他国营贸易管理货物进出口的授权。

第六十一条　进出口属于禁止进出口的货物的，或者未经许可擅自进出口属于限制进出口的货物的，由海关依照有关法律、行政法规的规定处理、处罚；构成犯罪的，依法追究刑事责任。

进出口属于禁止进出口的技术的，或者未经许可擅自进出口属于限制进出口的技术的，依照有关法律、行政法规的规定处理、处罚；法律、行政法规没有规定的，由国务院对外贸易主管部门责令改正，没收违法所得，并处违法所得一倍以上五倍以下罚款，没有违法所得或者违法所得不足一万元的，处一万元以上五万元以下罚款；构成犯罪的，依法追究刑事责任。

自前两款规定的行政处罚决定生效之日或者刑事处罚判决生效之日起，国务院对外贸易主管部门或者国务院其他有关部门可以在三年内不受理违法行为人提出的进出口配额或者许可证的申请，或者禁止违法行为人在一年以上三年以下的期限内从事有关货物或者技术的进出口经营活动。

第六十二条　从事属于禁止的国际服务贸易的，或者未经许可擅自从事属于限制的国际服务贸易的，依照有关法律、行政法规的规定处罚；法律、行政法规没有规定的，由国务院对外贸易主管部门责令改正，没收违法所得，并处违法所得一倍以上五倍以下罚款，没有违法所得或者违法所得不足一万元的，处一万元以上五万元以下罚款；构成犯罪的，依法追究刑事责任。

国务院对外贸易主管部门可以禁止违法行为人自前款规定的行政处罚决定生效之日或者刑事处罚判决生效之日起一年以上三年以下的期限内从事有关的国际服务贸易经营活动。

第六十三条　违反本法第三十四条规定，依照有关法律、行政法规的规定处罚；构成犯罪的，依法追究刑事责任。

国务院对外贸易主管部门可以禁止违法行为人自前款规定的行政处罚决定生效之日或者刑事处罚判决生效之日起一年以上三年以下的期限内从事有关的对外贸易经营活动。

第六十四条　依照本法第六十一条至第六十三条规定被禁止从事有关对外贸易经营活动的，在禁止期限内，海关根据国务院对外贸易主管部门依法作出的禁止决定，对该对外贸易经营者的有关进出口货物不予办理报关验放手续，外汇管理部门或者外汇指定银行不予办理有关结汇、售汇手续。

第六十五条　依照本法负责对外贸易管理工作的部门的工作人员玩忽职守、徇私舞弊或者滥用职权，构成犯罪的，依法追究刑事责任；尚不构成犯罪的，依法给予行政处分。

依照本法负责对外贸易管理工作的部门的工作人员利用职务上的便利，索取他人财物，或者非法收受他人财物为他人谋取利益，构成犯罪的，依法追究刑事责任；尚不构成犯罪的，依法给予行政处分。

第六十六条　对外贸易经营活动当事人对依照本法负责对外贸易管理工作的部门作出的具体行政行为不服的，可以依法申请行政复议或者向人民法院提起行政诉讼。

第十一章　附　　则

第六十七条　与军品、裂变和聚变物质或者衍生此类物质的物质有关的对外贸易管理以及文化产品的进出口管理，法律、行政法规另有规定的，依照其规定。

第六十八条　国家对边境地区与接壤国家边境地区之间的贸易以及边民互市贸易，采取灵活措施，给予优惠和便利。具体办法由国务院规定。

第六十九条　中华人民共和国的单独关税区不适用本法。

第七十条　本法自 2004 年 7 月 1 日起施行。

中华人民共和国进出口关税条例

（2003 年 11 月 23 日中华人民共和国国务院令第 392 号公布　根据 2011 年 1 月 8 日《国务院关于废止和修改部分行政法规的决定》第一次修订　根据 2013 年 12 月 7 日《国务院关于修改部分行政法规的决定》第二次修订　根据 2016 年 2 月 6 日《国务院关于修改部分行政法规的决定》第三次修订　根据 2017 年 3 月 1 日《国务院关于修改和废止部分行政法规的决定》第四次修订）

第一章　总　　则

第一条　为了贯彻对外开放政策，促进对外经济贸易和国民经济的发展，根据《中华人民共和国海关法》（以下简称《海关法》）的有关规定，制定本条例。

第二条　中华人民共和国准许进出口的货物、进境物品，除法律、行政法规另有规定外，海关依照本条例规定征收进出口关税。

第三条　国务院制定《中华人民共和国进出口税则》（以下简称《税则》）、《中华人民共和国进境物品进口税税率表》（以下简称《进境物品进口税税率表》），规定关税的税目、税则号列和税率，作为本条例的组成部分。

第四条　国务院设立关税税则委员会，负责《税则》和《进境物品进口税税率表》的税目、税则号列和税率的调整和解释，报国务院批准后执行；决定实行暂定税率的货物、税率和期限；决定关税配额税率；决定征收反倾销税、反补贴税、保障措施关税、报复性关税以及决定实施其他关税措施；决定特殊情况下税率的适用，以及履行国务院规定的其他职责。

第五条　进口货物的收货人、出口货物的发货人、进境物品的所有人，是关税的纳税义务人。

第六条　海关及其工作人员应当依照法定职权和法定程序履行关税征管职责，维护国家利益，保护纳税人合法权益，依法接受监督。

第七条　纳税义务人有权要求海关对其商业秘密予以保密，海关应当依法为纳税义务人保密。

第八条　海关对检举或者协助查获违反本条例行为的单位和个人，应当按照规定给予奖励，并负责保密。

第二章　进出口货物关税税率的设置和适用

第九条　进口关税设置最惠国税率、协定税率、特惠税率、普通税率、关税配额税率等税率。对进口货物在一定期限内可以实行暂定税率。

出口关税设置出口税率。对出口货物在一定期限内可以实行暂定税率。

第十条　原产于共同适用最惠国待遇条款的世界贸易组织成员的进口货物，原产于与中华人民共和国签订含有相互给予最惠国待遇条款的双边贸易协定的国家或者地区的进口货物，以及原产于中华人民共和国境内的进口货物，适用最惠国税率。

原产于与中华人民共和国签订含有关税优惠条款的区域性贸易协定的国家或者地区的进口货物，适用协定税率。

原产于与中华人民共和国签订含有特殊关税优惠条款的贸易协定的国家或者地区的进口货物，适用特惠税率。

原产于本条第一款、第二款和第三款所列以外国家或者地区的进口货物，以及原产地不明的进口货物，适用普通税率。

第十一条　适用最惠国税率的进口货物有暂定税率的，应当适用暂定税率；适用协定税率、特惠税率的进口货物有暂定税率的，应当从低适用税率；适用普通税率的进口货物，不适用暂定税率。

适用出口税率的出口货物有暂定税率的，应当适用暂定税率。

第十二条　按照国家规定实行关税配额管理的进口货物，关税配额内的，适用关税配额税率；关税配额外的，其税率的适用按照本条例第十条、第十一条的规定执行。

第十三条　按照有关法律、行政法规的规定对进口货物采取反倾销、反补贴、保障措施的，其税率的适用按照《中华人民共和国反倾销条例》、《中华人民共和国反补贴条例》和《中华人民共和国保障措施条例》的有关规定执行。

第十四条　任何国家或者地区违反与中华人民共和国签订或者共同参加的贸易协定及相关协定，对中华人民共和国在贸易方面采取禁止、限制、加征关税或者其他影响正常贸易的措施的，对原产于该国家或者地区的进口货物可以征收报复性关税，适用报复性关税税率。

征收报复性关税的货物、适用国别、税率、期限和征收办法，由国务院关税税则委员会决定并公布。

第十五条　进出口货物，应当适用海关接受该货物申报进口或者出口之日实施的税率。

进口货物到达前，经海关核准先行申报的，应当适用装载该货物的运输工具申报进境之日实施的税率。

转关运输货物税率的适用日期，由海关总署另行规定。

第十六条　有下列情形之一，需缴纳税款的，应当适用海关接受申报办理纳税手续之日实施的税率：

（一）保税货物经批准不复运出境的；

（二）减免税货物经批准转让或者移作他用的；

（三）暂时进境货物经批准不复运出境，以及暂时出境货物经批准不复运进境的；

（四）租赁进口货物，分期缴纳税款的。

第十七条 补征和退还进出口货物关税，应当按照本条例第十五条或者第十六条的规定确定适用的税率。

因纳税义务人违反规定需要追征税款的，应当适用该行为发生之日实施的税率；行为发生之日不能确定的，适用海关发现该行为之日实施的税率。

第三章　进出口货物完税价格的确定

第十八条 进口货物的完税价格由海关以符合本条第三款所列条件的成交价格以及该货物运抵中华人民共和国境内输入地点起卸前的运输及其相关费用、保险费为基础审查确定。

进口货物的成交价格，是指卖方向中华人民共和国境内销售该货物时买方为进口该货物向卖方实付、应付的，并按照本条例第十九条、第二十条规定调整后的价款总额，包括直接支付的价款和间接支付的价款。

进口货物的成交价格应当符合下列条件：

（一）对买方处置或者使用该货物不予限制，但法律、行政法规规定实施的限制、对货物转售地域的限制和对货物价格无实质性影响的限制除外；

（二）该货物的成交价格没有因搭售或者其他因素的影响而无法确定；

（三）卖方不得从买方直接或者间接获得因该货物进口后转售、处置或者使用而产生的任何收益，或者虽有收益但能够按照本条例第十九条、第二十条的规定进行调整；

（四）买卖双方没有特殊关系，或者虽有特殊关系但未对成交价格产生影响。

第十九条 进口货物的下列费用应当计入完税价格：

（一）由买方负担的购货佣金以外的佣金和经纪费；

（二）由买方负担的在审查确定完税价格时与该货物视为一体的容器的费用；

（三）由买方负担的包装材料费用和包装劳务费用；

（四）与该货物的生产和向中华人民共和国境内销售有关的，由买方以免费或者以低于成本的方式提供并可以按适当比例分摊的料件、工具、模具、消耗材料及类似货物的价款，以及在境外开发、设计等相关服务的费用；

（五）作为该货物向中华人民共和国境内销售的条件，买方必须支付的、与该货物有关的特许权使用费；

（六）卖方直接或者间接从买方获得的该货物进口后转售、处置或者使用的收益。

第二十条 进口时在货物的价款中列明的下列税收、费用，不计入该货物的完税价格：

（一）厂房、机械、设备等货物进口后进行建设、安装、装配、维修和技术服务的费用；

（二）进口货物运抵境内输入地点起卸后的运输及其相关费用、保险费；

（三）进口关税及国内税收。

第二十一条 进口货物的成交价格不符合本条例第十八条第三款规定条件的，

或者成交价格不能确定的，海关经了解有关情况，并与纳税义务人进行价格磋商后，依次以下列价格估定该货物的完税价格：

（一）与该货物同时或者大约同时向中华人民共和国境内销售的相同货物的成交价格。

（二）与该货物同时或者大约同时向中华人民共和国境内销售的类似货物的成交价格。

（三）与该货物进口的同时或者大约同时，将该进口货物、相同或者类似进口货物在第一级销售环节销售给无特殊关系买方最大销售总量的单位价格，但应当扣除本条例第二十二条规定的项目。

（四）按照下列各项总和计算的价格：生产该货物所使用的料件成本和加工费用，向中华人民共和国境内销售同等级或者同种类货物通常的利润和一般费用，该货物运抵境内输入地点起卸前的运输及其相关费用、保险费。

（五）以合理方法估定的价格。

纳税义务人向海关提供有关资料后，可以提出申请，颠倒前款第（三）项和第（四）项的适用次序。

第二十二条　按照本条例第二十一条第一款第（三）项规定估定完税价格，应当扣除的项目是指：

（一）同等级或者同种类货物在中华人民共和国境内第一级销售环节销售时通常的利润和一般费用以及通常支付的佣金；

（二）进口货物运抵境内输入地点起卸后的运输及其相关费用、保险费；

（三）进口关税及国内税收。

第二十三条　以租赁方式进口的货物，以海关审查确定的该货物的租金作为完税价格。

纳税义务人要求一次性缴纳税款的，纳税义务人可以选择按照本条例第二十一条的规定估定完税价格，或者按照海关审查确定的租金总额作为完税价格。

第二十四条　运往境外加工的货物，出境时已向海关报明并在海关规定的期限内复运进境的，应当以境外加工费和料件费以及复运进境的运输及其相关费用和保险费审查确定完税价格。

第二十五条　运往境外修理的机械器具、运输工具或者其他货物，出境时已向海关报明并在海关规定的期限内复运进境的，应当以境外修理费和料件费审查确定完税价格。

第二十六条　出口货物的完税价格由海关以该货物的成交价格以及该货物运至中华人民共和国境内输出地点装载前的运输及其相关费用、保险费为基础审查确定。

出口货物的成交价格，是指该货物出口时卖方为出口该货物应当向买方直接收取和间接收取的价款总额。

出口关税不计入完税价格。

第二十七条　出口货物的成交价格不能确定的，海关经了解有关情况，并与纳税义务人进行价格磋商后，依次以下列价格估定该货物的完税价格：

（一）与该货物同时或者大约同时向同一国家或者地区出口的相同货物的成交

价格。

（二）与该货物同时或者大约同时向同一国家或者地区出口的类似货物的成交价格。

（三）按照下列各项总和计算的价格：境内生产相同或者类似货物的料件成本、加工费用，通常的利润和一般费用，境内发生的运输及其相关费用、保险费。

（四）以合理方法估定的价格。

第二十八条 按照本条例规定计入或者不计入完税价格的成本、费用、税收，应当以客观、可量化的数据为依据。

第四章 进出口货物关税的征收

第二十九条 进口货物的纳税义务人应当自运输工具申报进境之日起 14 日内，出口货物的纳税义务人除海关特准的外，应当在货物运抵海关监管区后、装货的 24 小时以前，向货物的进出境地海关申报。进出口货物转关运输的，按照海关总署的规定执行。

进口货物到达前，纳税义务人经海关核准可以先行申报。具体办法由海关总署另行规定。

第三十条 纳税义务人应当依法如实向海关申报，并按照海关的规定提供有关确定完税价格、进行商品归类、确定原产地以及采取反倾销、反补贴或者保障措施等所需的资料；必要时，海关可以要求纳税义务人补充申报。

第三十一条 纳税义务人应当按照《税则》规定的目录条文和归类总规则、类注、章注、子目注释以及其他归类注释，对其申报的进出口货物进行商品归类，并归入相应的税则号列；海关应当依法审核确定该货物的商品归类。

第三十二条 海关可以要求纳税义务人提供确定商品归类所需的有关资料；必要时，海关可以组织化验、检验，并将海关认定的化验、检验结果作为商品归类的依据。

第三十三条 海关为审查申报价格的真实性和准确性，可以查阅、复制与进出口货物有关的合同、发票、账册、结付汇凭证、单据、业务函电、录音录像制品和其他反映买卖双方关系及交易活动的资料。

海关对纳税义务人申报的价格有怀疑并且所涉关税数额较大的，经直属海关关长或者其授权的隶属海关关长批准，凭海关总署统一格式的协助查询账户通知书及有关工作人员的工作证件，可以查询纳税义务人在银行或者其他金融机构开立的单位账户的资金往来情况，并向银行业监督管理机构通报有关情况。

第三十四条 海关对纳税义务人申报的价格有怀疑的，应当将怀疑的理由书面告知纳税义务人，要求其在规定的期限内书面作出说明、提供有关资料。

纳税义务人在规定的期限内未作说明、未提供有关资料的，或者海关仍有理由怀疑申报价格的真实性和准确性的，海关可以不接受纳税义务人申报的价格，并按照本条例第三章的规定估定完税价格。

第三十五条 海关审查确定进出口货物的完税价格后，纳税义务人可以以书面形式要求海关就如何确定其进出口货物的完税价格作出书面说明，海关应当向纳税义务人作出书面说明。

第三十六条 进出口货物关税，以从价计征、从量计征或者国家规定的其他方式征收。

从价计征的计算公式为：应纳税额 = 完税价格 × 关税税率

从量计征的计算公式为：应纳税额 = 货物数量 × 单位税额

第三十七条 纳税义务人应当自海关填发税款缴款书之日起 15 日内向指定银行缴纳税款。纳税义务人未按期缴纳税款的，从滞纳税款之日起，按日加收滞纳税款万分之五的滞纳金。

海关可以对纳税义务人欠缴税款的情况予以公告。

海关征收关税、滞纳金等，应当制发缴款凭证，缴款凭证格式由海关总署规定。

第三十八条 海关征收关税、滞纳金等，应当按人民币计征。

进出口货物的成交价格以及有关费用以外币计价的，以中国人民银行公布的基准汇率折合为人民币计算完税价格；以基准汇率币种以外的外币计价的，按照国家有关规定套算为人民币计算完税价格。适用汇率的日期由海关总署规定。

第三十九条 纳税义务人因不可抗力或者在国家税收政策调整的情形下，不能按期缴纳税款的，经依法提供税款担保后，可以延期缴纳税款，但是最长不得超过 6 个月。

第四十条 进出口货物的纳税义务人在规定的纳税期限内有明显的转移、藏匿其应税货物以及其他财产迹象的，海关可以责令纳税义务人提供担保；纳税义务人不能提供担保的，海关可以按照《海关法》第六十一条的规定采取税收保全措施。

纳税义务人、担保人自缴纳税款期限届满之日起超过 3 个月仍未缴纳税款的，海关可以按照《海关法》第六十条的规定采取强制措施。

第四十一条 加工贸易的进口料件按照国家规定保税进口的，其制成品或者进口料件未在规定的期限内出口的，海关按照规定征收进口关税。

加工贸易的进口料件进境时按照国家规定征收进口关税的，其制成品或者进口料件在规定的期限内出口的，海关按照有关规定退还进境时已征收的关税税款。

第四十二条 暂时进境或者暂时出境的下列货物，在进境或者出境时纳税义务人向海关缴纳相当于应纳税款的保证金或者提供其他担保的，可以暂不缴纳关税，并应当自进境或者出境之日起 6 个月内复运出境或者复运进境；需要延长复运出境或者复运进境期限的，纳税义务人应当根据海关总署的规定向海关办理延期手续：

（一）在展览会、交易会、会议及类似活动中展示或者使用的货物；

（二）文化、体育交流活动中使用的表演、比赛用品；

（三）进行新闻报道或者摄制电影、电视节目使用的仪器、设备及用品；

（四）开展科研、教学、医疗活动使用的仪器、设备及用品；

（五）在本款第（一）项至第（四）项所列活动中使用的交通工具及特种车辆；

（六）货样；

（七）供安装、调试、检测设备时使用的仪器、工具；

（八）盛装货物的容器；

（九）其他用于非商业目的的货物。

第一款所列暂时进境货物在规定的期限内未复运出境的，或者暂时出境货物在规定的期限内未复运进境的，海关应当依法征收关税。

第一款所列可以暂时免征关税范围以外的其他暂时进境货物，应当按照该货物的完税价格和其在境内滞留时间与折旧时间的比例计算征收进口关税。具体办法由海关总署规定。

第四十三条　因品质或者规格原因，出口货物自出口之日起 1 年内原状复运进境的，不征收进口关税。

因品质或者规格原因，进口货物自进口之日起 1 年内原状复运出境的，不征收出口关税。

第四十四条　因残损、短少、品质不良或者规格不符原因，由进出口货物的发货人、承运人或者保险公司免费补偿或者更换的相同货物，进出口时不征收关税。被免费更换的原进口货物不退运出境或者原出口货物不退运进境的，海关应当对原进出口货物重新按照规定征收关税。

第四十五条　下列进出口货物，免征关税：

（一）关税税额在人民币 50 元以下的一票货物；

（二）无商业价值的广告品和货样；

（三）外国政府、国际组织无偿赠送的物资；

（四）在海关放行前损失的货物；

（五）进出境运输工具装载的途中必需的燃料、物料和饮食用品。

在海关放行前遭受损坏的货物，可以根据海关认定的受损程度减征关税。

法律规定的其他免征或者减征关税的货物，海关根据规定予以免征或者减征。

第四十六条　特定地区、特定企业或者有特定用途的进出口货物减征或者免征关税，以及临时减征或者免征关税，按照国务院的有关规定执行。

第四十七条　进口货物减征或者免征进口环节海关代征税，按照有关法律、行政法规的规定执行。

第四十八条　纳税义务人进出口减免税货物的，除另有规定外，应当在进出口该货物之前，按照规定持有关文件向海关办理减免税审批手续。经海关审查符合规定的，予以减征或者免征关税。

第四十九条　需由海关监管使用的减免税进口货物，在监管年限内转让或者移作他用需要补税的，海关应当根据该货物进口时间折旧估价，补征进口关税。

特定减免税进口货物的监管年限由海关总署规定。

第五十条　有下列情形之一的，纳税义务人自缴纳税款之日起 1 年内，可以申请退还关税，并应当以书面形式向海关说明理由，提供原缴款凭证及相关资料：

（一）已征进口关税的货物，因品质或者规格原因，原状退货复运出境的；

（二）已征出口关税的货物，因品质或者规格原因，原状退货复运进境，并已重新缴纳因出口而退还的国内环节有关税收的；

（三）已征出口关税的货物，因故未装运出口，申报退关的。

海关应当自受理退税申请之日起 30 日内查实并通知纳税义务人办理退还手续。纳税义务人应当自收到通知之日起 3 个月内办理有关退税手续。

按照其他有关法律、行政法规规定应当退还关税的，海关应当按照有关法律、行政法规的规定退税。

第五十一条　进出口货物放行后，海关发现少征或者漏征税款的，应当自缴纳税款或者货物放行之日起 1 年内，向纳税义务人补征税款。但因纳税义务人违反规定造成少征或者漏征税款的，海关可以自缴纳税款或者货物放行之日起 3 年内追征税款，并从缴纳税款或者货物放行之日起按日加收少征或者漏征税款万分之五的滞纳金。

海关发现海关监管货物因纳税义务人违反规定造成少征或者漏征税款的，应当自纳税义务人应缴纳税款之日起 3 年内追征税款，并从应缴纳税款之日起按日加收少征或者漏征税款万分之五的滞纳金。

第五十二条　海关发现多征税款的，应当立即通知纳税义务人办理退还手续。

纳税义务人发现多缴税款的，自缴纳税款之日起 1 年内，可以以书面形式要求海关退还多缴的税款并加算银行同期活期存款利息；海关应当自受理退税申请之日起 30 日内查实并通知纳税义务人办理退还手续。

纳税义务人应当自收到通知之日起 3 个月内办理有关退税手续。

第五十三条　按照本条例第五十条、第五十二条的规定退还税款、利息涉及从国库中退库的，按照法律、行政法规有关国库管理的规定执行。

第五十四条　报关企业接受纳税义务人的委托，以纳税义务人的名义办理报关纳税手续，因报关企业违反规定而造成海关少征、漏征税款的，报关企业对少征或者漏征的税款、滞纳金与纳税义务人承担纳税的连带责任。

报关企业接受纳税义务人的委托，以报关企业的名义办理报关纳税手续的，报关企业与纳税义务人承担纳税的连带责任。

除不可抗力外，在保管海关监管货物期间，海关监管货物损毁或者灭失的，对海关监管货物负有保管义务的人应当承担相应的纳税责任。

第五十五条　欠税的纳税义务人，有合并、分立情形的，在合并、分立前，应当向海关报告，依法缴清税款。纳税义务人合并时未缴清税款的，由合并后的法人或者其他组织继续履行未履行的纳税义务；纳税义务人分立时未缴清税款的，分立后的法人或者其他组织对未履行的纳税义务承担连带责任。

纳税义务人在减免税货物、保税货物监管期间，有合并、分立或者其他资产重组情形的，应当向海关报告。按照规定需要缴税的，应当依法缴清税款；按照规定可以继续享受减免税、保税待遇的，应当到海关办理变更纳税义务人的手续。

纳税义务人欠税或者在减免税货物、保税货物监管期间，有撤销、解散、破产或者其他依法终止经营情形的，应当在清算前向海关报告。海关应当依法对纳税义务人的应缴税款予以清缴。

第五章　进境物品进口税的征收

第五十六条　进境物品的关税以及进口环节海关代征税合并为进口税，由海关依法征收。

第五十七条　海关总署规定数额以内的个人自用进境物品，免征进口税。

超过海关总署规定数额但仍在合理数量以内的个人自用进境物品，由进境物品的纳税义务人在进境物品放行前按照规定缴纳进口税。

超过合理、自用数量的进境物品应当按照进口货物依法办理相关手续。

国务院关税税则委员会规定按货物征税的进境物品，按照本条例第二章至第四章的规定征收关税。

第五十八条　进境物品的纳税义务人是指，携带物品进境的入境人员、进境邮递物品的收件人以及以其他方式进口物品的收件人。

第五十九条　进境物品的纳税义务人可以自行办理纳税手续，也可以委托他人办理纳税手续。接受委托的人应当遵守本章对纳税义务人的各项规定。

第六十条　进口税从价计征。

进口税的计算公式为：进口税税额 = 完税价格 × 进口税税率

第六十一条　海关应当按照《进境物品进口税税率表》及海关总署制定的《中华人民共和国进境物品归类表》、《中华人民共和国进境物品完税价格表》对进境物品进行归类、确定完税价格和确定适用税率。

第六十二条　进境物品，适用海关填发税款缴款书之日实施的税率和完税价格。

第六十三条　进口税的减征、免征、补征、追征、退还以及对暂准进境物品征收进口税参照本条例对货物征收进口关税的有关规定执行。

第六章　附　　则

第六十四条　纳税义务人、担保人对海关确定纳税义务人、确定完税价格、商品归类、确定原产地、适用税率或者汇率、减征或者免征税款、补税、退税、征收滞纳金、确定计征方式以及确定纳税地点有异议的，应当缴纳税款，并可以依法向上一级海关申请复议。对复议决定不服的，可以依法向人民法院提起诉讼。

第六十五条　进口环节海关代征税的征收管理，适用关税征收管理的规定。

第六十六条　有违反本条例规定行为的，按照《海关法》、《中华人民共和国海关行政处罚实施条例》和其他有关法律、行政法规的规定处罚。

第六十七条　本条例自 2004 年 1 月 1 日起施行。1992 年 3 月 18 日国务院修订发布的《中华人民共和国进出口关税条例》同时废止。

中华人民共和国反倾销条例

(2001 年 11 月 26 日中华人民共和国国务院令第 328 号公布　根据 2004 年 3 月 31 日《国务院关于修改〈中华人民共和国反倾销条例〉的决定》修订)

第一章　总　　则

第一条　为了维护对外贸易秩序和公平竞争，根据《中华人民共和国对外贸易法》的有关规定，制定本条例。

第二条　进口产品以倾销方式进入中华人民共和国市场，并对已经建立的国内产业造成实质损害或者产生实质损害威胁，或者对建立国内产业造成实质阻碍的，依照本条例的规定进行调查，采取反倾销措施。

第二章　倾销与损害

第三条　倾销，是指在正常贸易过程中进口产品以低于其正常价值的出口价格进入中华人民共和国市场。

对倾销的调查和确定，由商务部负责。

第四条　进口产品的正常价值，应当区别不同情况，按照下列方法确定：

（一）进口产品的同类产品，在出口国（地区）国内市场的正常贸易过程中有可比价格的，以该可比价格为正常价值；

（二）进口产品的同类产品，在出口国（地区）国内市场的正常贸易过程中没有销售的，或者该同类产品的价格、数量不能据以进行公平比较的，以该同类产品出口到一个适当第三国（地区）的可比价格或者以该同类产品在原产国（地区）的生产成本加合理费用、利润，为正常价值。

进口产品不直接来自原产国（地区）的，按照前款第（一）项规定确定正常价值；但是，在产品仅通过出口国（地区）转运、产品在出口国（地区）无生产或者在出口国（地区）中不存在可比价格等情形下，可以以该同类产品在原产国（地区）的价格为正常价值。

第五条　进口产品的出口价格，应当区别不同情况，按照下列方法确定；

（一）进口产品有实际支付或者应当支付的价格的，以该价格为出口价格；

（二）进口产品没有出口价格或者其价格不可靠的，以根据该进口产品首次转售给独立购买人的价格推定的价格为出口价格；但是，该进口产品未转售给独立购买人或者未按进口时的状态转售的，可以以商务部根据合理基础推定的价格为出口价格。

第六条 进口产品的出口价格低于其正常价值的幅度，为倾销幅度。

对进口产品的出口价格和正常价值，应当考虑影响价格的各种可比性因素，按照公平、合理的方式进行比较。

倾销幅度的确定，应当将加权平均正常价值与全部可比出口交易的加权平均价格进行比较，或者将正常价值与出口价格在逐笔交易的基础上进行比较。

出口价格在不同的购买人、地区、时期之间存在很大差异，按照前款规定的方法难以比较的，可以将加权平均正常价值与单一出口交易的价格进行比较。

第七条 损害，是指倾销对已经建立的国内产业造成实质损害或者产生实质损害威胁，或者对建立国内产业造成实质阻碍。

对损害的调查和确定，由商务部负责；其中，涉及农产品的反倾销国内产业损害调查，由商务部会同农业部进行。

第八条 在确定倾销对国内产业造成的损害时，应当审查下列事项：

（一）倾销进口产品的数量，包括倾销进口产品的绝对数量或者相对于国内同类产品生产或者消费的数量是否大量增加，或者倾销进口产品大量增加的可能性；

（二）倾销进口产品的价格，包括倾销进口产品的价格削减或者对国内同类产品的价格产生大幅度抑制、压低等影响；

（三）倾销进口产品对国内产业的相关经济因素和指标的影响；

（四）倾销进口产品的出口国（地区）、原产国（地区）的生产能力、出口能力，被调查产品的库存情况；

（五）造成国内产业损害的其他因素。

对实质损害威胁的确定，应当依据事实，不得仅依据指控、推测或者极小的可能性。

在确定倾销对国内产业造成的损害时，应当依据肯定性证据，不得将造成损害的非倾销因素归因于倾销。

第九条 倾销进口产品来自两个以上国家（地区），并且同时满足下列条件的，可以就倾销进口产品对国内产业造成的影响进行累积评估：

（一）来自每一国家（地区）的倾销进口产品的倾销幅度不小于2%，并且其进口量不属于可忽略不计的；

（二）根据倾销进口产品之间以及倾销进口产品与国内同类产品之间的竞争条件，进行累积评估是适当的。

可忽略不计，是指来自一个国家（地区）的倾销进口产品的数量占同类产品总进口量的比例低于3%；但是，低于3%的若干国家（地区）的总进口量超过同类产品总进口量7%的除外。

第十条 评估倾销进口产品的影响，应当针对国内同类产品的生产进行单独确定；不能针对国内同类产品的生产进行单独确定的，应当审查包括国内同类产品在内的最窄产品组或者范围的生产。

第十一条 国内产业，是指中华人民共和国国内同类产品的全部生产者，或者其总产量占国内同类产品全部总产量的主要部分的生产者；但是，国内生产者与出口经营者或者进口经营者有关联的，或者其本身为倾销进口产品的进口经营者的，可以排除在国内产业之外。

在特殊情形下，国内一个区域市场中的生产者，在该市场中销售其全部或者几乎全部的同类产品，并且该市场中同类产品的需求主要不是由国内其他地方的生产者供给的，可以视为一个单独产业。

第十二条　同类产品，是指与倾销进口产品相同的产品；没有相同产品的，以与倾销进口产品的特性最相似的产品为同类产品。

第三章　反倾销调查

第十三条　国内产业或者代表国内产业的自然人、法人或者有关组织（以下统称申请人），可以依照本条例的规定向商务部提出反倾销调查的书面申请。

第十四条　申请书应当包括下列内容：

（一）申请人的名称、地址及有关情况；

（二）对申请调查的进口产品的完整说明，包括产品名称、所涉及的出口国（地区）或者原产国（地区）、已知的出口经营者或者生产者、产品在出口国（地区）或者原产国（地区）国内市场消费时的价格信息、出口价格信息等；

（三）对国内同类产品生产的数量和价值的说明；

（四）申请调查进口产品的数量和价格对国内产业的影响；

（五）申请人认为需要说明的其他内容。

第十五条　申请书应当附具下列证据：

（一）申请调查的进口产品存在倾销；

（二）对国内产业的损害；

（三）倾销与损害之间存在因果关系。

第十六条　商务部应当自收到申请人提交的申请书及有关证据之日起60天内，对申请是否由国内产业或者代表国内产业提出、申请书内容及所附具的证据等进行审查，并决定立案调查或者不立案调查。

在决定立案调查前，应当通知有关出口国（地区）政府。

第十七条　在表示支持申请或者反对申请的国内产业中，支持者的产量占支持者和反对者的总产量的50%以上的，应当认定申请是由国内产业或者代表国内产业提出，可以启动反倾销调查；但是，表示支持申请的国内生产者的产量不足国内同类产品总产量的25%的，不得启动反倾销调查。

第十八条　在特殊情形下，商务部没有收到反倾销调查的书面申请，但有充分证据认为存在倾销和损害以及二者之间有因果关系的，可以决定立案调查。

第十九条　立案调查的决定，由商务部予以公告，并通知申请人、已知的出口经营者和进口经营者、出口国（地区）政府以及其他有利害关系的组织、个人（以下统称利害关系方）。

立案调查的决定一经公告，商务部应当将申请书文本提供给已知的出口经营者和出口国（地区）政府。

第二十条 商务部可以采用问卷、抽样、听证会、现场核查等方式向利害关系方了解情况，进行调查。

商务部应当为有关利害关系方提供陈述意见和论据的机会。

商务部认为必要时，可以派出工作人员赴有关国家（地区）进行调查；但是，有关国家（地区）提出异议的除外。

第二十一条 商务部进行调查时，利害关系方应当如实反映情况，提供有关资料。利害关系方不如实反映情况、提供有关资料的，或者没有在合理时间内提供必要信息的，或者以其他方式严重妨碍调查的，商务部可以根据已经获得的事实和可获得的最佳信息作出裁定。

第二十二条 利害关系方认为其提供的资料泄露后将产生严重不利影响的，可以向商务部申请对该资料按保密资料处理。

商务部认为保密申请有正当理由的，应当对利害关系方提供的资料按保密资料处理，同时要求利害关系方提供一份非保密的该资料概要。

按保密资料处理的资料，未经提供资料的利害关系方同意，不得泄露。

第二十三条 商务部应当允许申请人和利害关系方查阅本案有关资料；但是，属于按保密资料处理的除外。

第二十四条 商务部根据调查结果，就倾销、损害和二者之间的因果关系是否成立作出初裁决定，并予以公告。

第二十五条 初裁决定确定倾销、损害以及二者之间的因果关系成立的，商务部应当对倾销及倾销幅度、损害及损害程度继续进行调查，并根据调查结果作出终裁决定，予以公告。

在作出终裁决定前，应当由商务部将终裁决定所依据的基本事实通知所有已知的利害关系方。

第二十六条 反倾销调查，应当自立案调查决定公告之日起 12 个月内结束；特殊情况下可以延长，但延长期不得超过 6 个月。

第二十七条 有下列情形之一的，反倾销调查应当终止，并由商务部予以公告：

（一）申请人撤销申请的；

（二）没有足够证据证明存在倾销、损害或者二者之间有因果关系的；

（三）倾销幅度低于 2% 的；

（四）倾销进口产品实际或者潜在的进口量或者损害属于可忽略不计的；

（五）商务部认为不适宜继续进行反倾销调查的。

来自一个或者部分国家（地区）的被调查产品有前款第（二）、（三）、（四）项所列情形之一的，针对所涉产品的反倾销调查应当终止。

第四章 反倾销措施

第一节 临时反倾销措施

第二十八条 初裁决定确定倾销成立，并由此对国内产业造成损害的，可以采取下列临时反倾销措施：

（一）征收临时反倾销税；

（二）要求提供保证金、保函或者其他形式的担保。

临时反倾销税税额或者提供的保证金、保函或者其他形式担保的金额，应当不超过初裁决定确定的倾销幅度。

第二十九条　征收临时反倾销税，由商务部提出建议，国务院关税税则委员会根据商务部的建议作出决定，由商务部予以公告。要求提供保证金、保函或者其他形式的担保，由商务部作出决定并予以公告。海关自公告规定实施之日起执行。

第三十条　临时反倾销措施实施的期限，自临时反倾销措施决定公告规定实施之日起，不超过 4 个月；在特殊情形下，可以延长至 9 个月。

自反倾销立案调查决定公告之日起 60 天内，不得采取临时反倾销措施。

第二节　价　格　承　诺

第三十一条　倾销进口产品的出口经营者在反倾销调查期间，可以向商务部作出改变价格或者停止以倾销价格出口的价格承诺。

商务部可以向出口经营者提出价格承诺的建议。

商务部不得强迫出口经营者作出价格承诺。

第三十二条　出口经营者不作出价格承诺或者不接受价格承诺的建议的，不妨碍对反倾销案件的调查和确定。出口经营者继续倾销进口产品的，商务部有权确定损害威胁更有可能出现。

第三十三条　商务部认为出口经营者作出的价格承诺能够接受并符合公共利益的，可以决定中止或者终止反倾销调查，不采取临时反倾销措施或者征收反倾销税。中止或者终止反倾销调查的决定由商务部予以公告。

商务部不接受价格承诺的，应当向有关出口经营者说明理由。

商务部对倾销以及由倾销造成的损害作出肯定的初裁决定前，不得寻求或者接受价格承诺。

第三十四条　依照本条例第三十三条第一款规定中止或者终止反倾销调查后，应出口经营者请求，商务部应当对倾销和损害继续进行调查；或者商务部认为有必要的，可以对倾销和损害继续进行调查。

根据前款调查结果，作出倾销或者损害的否定裁定的，价格承诺自动失效；作出倾销和损害的肯定裁定的，价格承诺继续有效。

第三十五条　商务部可以要求出口经营者定期提供履行其价格承诺的有关情况、资料，并予以核实。

第三十六条　出口经营者违反其价格承诺的，商务部依照本条例的规定，可以立即决定恢复反倾销调查；根据可获得的最佳信息，可以决定采取临时反倾销措施，并可以对实施临时反倾销措施前 90 天内进口的产品追溯征收反倾销税，但违反价格承诺前进口的产品除外。

第三节　反　倾　销　税

第三十七条　终裁决定确定倾销成立，并由此对国内产业造成损害的，可以征收反倾销税。征收反倾销税应当符合公共利益。

第三十八条 征收反倾销税，由商务部提出建议，国务院关税税则委员会根据商务部的建议作出决定，由商务部予以公告。海关自公告规定实施之日起执行。

第三十九条 反倾销税适用于终裁决定公告之日后进口的产品，但属于本条例第三十六条、第四十三条、第四十四条规定的情形除外。

第四十条 反倾销税的纳税人为倾销进口产品的进口经营者。

第四十一条 反倾销税应当根据不同出口经营者的倾销幅度，分别确定。对未包括在审查范围内的出口经营者的倾销进口产品，需要征收反倾销税的，应当按照合理的方式确定对其适用的反倾销税。

第四十二条 反倾销税税额不超过终裁决定确定的倾销幅度。

第四十三条 终裁决定确定存在实质损害，并在此前已经采取临时反倾销措施的，反倾销税可以对已经实施临时反倾销措施的期间追溯征收。

终裁决定确定存在实质损害威胁，在先前不采取临时反倾销措施将会导致后来作出实质损害裁定的情况下已经采取临时反倾销措施的，反倾销税可以对已经实施临时反倾销措施的期间追溯征收。

终裁决定确定的反倾销税，高于已付或者应付的临时反倾销税或者为担保目的而估计的金额的，差额部分不予收取；低于已付或者应付的临时反倾销税或者为担保目的而估计的金额的，差额部分应当根据具体情况予以退还或者重新计算税额。

第四十四条 下列两种情形并存的，可以对实施临时反倾销措施之日前90天内进口的产品追溯征收反倾销税，但立案调查前进口的产品除外：

（一）倾销进口产品有对国内产业造成损害的倾销历史，或者该产品的进口经营者知道或者应当知道出口经营者实施倾销并且倾销对国内产业将造成损害的；

（二）倾销进口产品在短期内大量进口，并且可能会严重破坏即将实施的反倾销税的补救效果的。

商务部发起调查后，有充分证据证明前款所列两种情形并存的，可以对有关进口产品采取进口登记等必要措施，以便追溯征收反倾销税。

第四十五条 终裁决定确定不征收反倾销税的，或者终裁决定未确定追溯征收反倾销税的，已征收的临时反倾销税、已收取的保证金应当予以退还，保函或者其他形式的担保应当予以解除。

第四十六条 倾销进口产品的进口经营者有证据证明已经缴纳的反倾销税税额超过倾销幅度的，可以向商务部提出退税申请；商务部经审查、核实并提出建议，国务院关税税则委员会根据商务部的建议可以作出退税决定，由海关执行。

第四十七条 进口产品被征收反倾销税后，在调查期内未向中华人民共和国出口该产品的新出口经营者，能证明其与被征收反倾销税的出口经营者无关联的，可以向商务部申请单独确定其倾销幅度。商务部应当迅速进行审查并作出终裁决定。在审查期间，可以采取本条例第二十八条第一款第（二）项规定的措施，但不得对该产品征收反倾销税。

第五章　反倾销税和价格承诺的期限与复审

第四十八条　反倾销税的征收期限和价格承诺的履行期限不超过 5 年；但是，经复审确定终止征收反倾销税有可能导致倾销和损害的继续或者再度发生的，反倾销税的征收期限可以适当延长。

第四十九条　反倾销税生效后，商务部可以在有正当理由的情况下，决定对继续征收反倾销税的必要性进行复审；也可以在经过一段合理时间，应利害关系方的请求并对利害关系方提供的相应证据进行审查后，决定对继续征收反倾销税的必要性进行复审。

价格承诺生效后，商务部可以在有正当理由的情况下，决定对继续履行价格承诺的必要性进行复审；也可以在经过一段合理时间，应利害关系方的请求并对利害关系方提供的相应证据进行审查后，决定对继续履行价格承诺的必要性进行复审。

第五十条　根据复审结果，由商务部依照本条例的规定提出保留、修改或者取消反倾销税的建议，国务院关税税则委员会根据商务部的建议作出决定，由商务部予以公告；或者由商务部依照本条例的规定，作出保留、修改或者取消价格承诺的决定并予以公告。

第五十一条　复审程序参照本条例关于反倾销调查的有关规定执行。

复审期限自决定复审开始之日起，不超过 12 个月。

第五十二条　在复审期间，复审程序不妨碍反倾销措施的实施。

第六章　附　　则

第五十三条　对依照本条例第二十五条作出的终裁决定不服的，对依照本条例第四章作出的是否征收反倾销税的决定以及追溯征收、退税、对新出口经营者征税的决定不服的，或者对依照本条例第五章作出的复审决定不服的，可以依法申请行政复议，也可以依法向人民法院提起诉讼。

第五十四条　依照本条例作出的公告，应当载明重要的情况、事实、理由、依据、结果和结论等内容。

第五十五条　商务部可以采取适当措施，防止规避反倾销措施的行为。

第五十六条　任何国家（地区）对中华人民共和国的出口产品采取歧视性反倾销措施的，中华人民共和国可以根据实际情况对该国家（地区）采取相应的措施。

第五十七条　商务部负责与反倾销有关的对外磋商、通知和争端解决事宜。

第五十八条　商务部可以根据本条例制定有关具体实施办法。

第五十九条　本条例自 2002 年 1 月 1 日起施行。1997 年 3 月 25 日国务院发布的《中华人民共和国反倾销和反补贴条例》中关于反倾销的规定同时废止。

中华人民共和国反补贴条例

（2001 年 11 月 26 日中华人民共和国国务院令第 329 号公布　根据 2004 年 3 月 31 日《国务院关于修改〈中华人民共和国反补贴条例〉的决定》修订）

第一章　总　　则

第一条　为了维护对外贸易秩序和公平竞争，根据《中华人民共和国对外贸易法》的有关规定，制定本条例。

第二条　进口产品存在补贴，并对已经建立的国内产业造成实质损害或者产生实质损害威胁，或者对建立国内产业造成实质阻碍的，依照本条例的规定进行调查，采取反补贴措施。

第二章　补贴与损害

第三条　补贴，是指出口国（地区）政府或者其任何公共机构提供的并为接受者带来利益的财政资助以及任何形式的收入或者价格支持。

出口国（地区）政府或者其任何公共机构，以下统称出口国（地区）政府。

本条第一款所称财政资助，包括：

（一）出口国（地区）政府以拨款、贷款、资本注入等形式直接提供资金，或者以贷款担保等形式潜在地直接转让资金或者债务；

（二）出口国（地区）政府放弃或者不收缴应收收入；

（三）出口国（地区）政府提供除一般基础设施以外的货物、服务，或者由出口国（地区）政府购买货物；

（四）出口国（地区）政府通过向筹资机构付款，或者委托、指令私营机构履行上述职能。

第四条　依照本条例进行调查、采取反补贴措施的补贴，必须具有专向性。

具有下列情形之一的补贴，具有专向性：

（一）由出口国（地区）政府明确确定的某些企业、产业获得的补贴；

（二）由出口国（地区）法律、法规明确规定的某些企业、产业获得的补贴；

（三）指定特定区域内的企业、产业获得的补贴；

（四）以出口实绩为条件获得的补贴，包括本条例所附出口补贴清单列举的各项补贴；

（五）以使用本国（地区）产品替代进口产品为条件获得的补贴。

在确定补贴专向性时，还应当考虑受补贴企业的数量和企业受补贴的数额、比例、时间以及给与补贴的方式等因素。

第五条　对补贴的调查和确定，由商务部负责。

第六条　进口产品的补贴金额，应当区别不同情况，按照下列方式计算：

（一）以无偿拨款形式提供补贴的，补贴金额以企业实际接受的金额计算；

（二）以贷款形式提供补贴的，补贴金额以接受贷款的企业在正常商业贷款条件下应支付的利息与该项贷款的利息差额计算；

（三）以贷款担保形式提供补贴的，补贴金额以在没有担保情况下企业应支付的利息与有担保情况下企业实际支付的利息之差计算；

（四）以注入资本形式提供补贴的，补贴金额以企业实际接受的资本金额计算；

（五）以提供货物或者服务形式提供补贴的，补贴金额以该项货物或者服务的正常市场价格与企业实际支付的价格之差计算；

（六）以购买货物形式提供补贴的，补贴金额以政府实际支付价格与该项货物正常市场价格之差计算；

（七）以放弃或者不收缴应收收入形式提供补贴的，补贴金额以依法应缴金额与企业实际缴纳金额之差计算。

对前款所列形式以外的其他补贴，按照公平，合理的方式确定补贴金额。

第七条　损害，是指补贴对已经建立的国内产业造成实质损害或者产生实质损害威胁，或者对建立国内产业造成实质阻碍。

对损害的调查和确定，由商务部负责；其中，涉及农产品的反补贴国内产业损害调查，由商务部会同农业部进行。

第八条　在确定补贴对国内产业造成的损害时，应当审查下列事项：

（一）补贴可能对贸易造成的影响；

（二）补贴进口产品的数量，包括补贴进口产品的绝对数量或者相对于国内同类产品生产或者消费的数量是否大量增加，或者补贴进口产品大量增加的可能性；

（三）补贴进口产品的价格，包括补贴进口产品的价格削减或者对国内同类产品的价格产生大幅度抑制、压低等影响；

（四）补贴进口产品对国内产业的相关经济因素和指标的影响；

（五）补贴进口产品出口国（地区）、原产国（地区）的生产能力、出口能力，被调查产品的库存情况；

（六）造成国内产业损害的其他因素。

对实质损害威胁的确定，应当依据事实，不得仅依据指控、推测或者极小的可能性。

在确定补贴对国内产业造成的损害时，应当依据肯定性证据，不得将造成损害的非补贴因素归因于补贴。

第九条　补贴进口产品来自两个以上国家（地区），并且同时满足下列条件的，可以就补贴进口产品对国内产业造成的影响进行累积评估：

（一）来自每一国家（地区）的补贴进口产品的补贴金额不属于微量补贴，并且其进口量不属于可忽略不计的；

（二）根据补贴进口产品之间的竞争条件以及补贴进口产品与国内同类产品之间的竞争条件，进行累积评估是适当的。

微量补贴，是指补贴金额不足产品价值1%的补贴；但是，来自发展中国家（地区）的补贴进口产品的微量补贴，是指补贴金额不足产品价值2%的补贴。

第十条 评估补贴进口产品的影响，应当对国内同类产品的生产进行单独确定。不能对国内同类产品的生产进行单独确定的，应当审查包括国内同类产品在内的最窄产品组或者范围的生产。

第十一条 国内产业，是指中华人民共和国国内同类产品的全部生产者，或者其总产量占国内同类产品全部总产量的主要部分的生产者；但是，国内生产者与出口经营者或者进口经营者有关联的，或者其本身为补贴产品或者同类产品的进口经营者的，应当除外。

在特殊情形下，国内一个区域市场中的生产者，在该市场中销售其全部或者几乎全部的同类产品，并且该市场中同类产品的需求主要不是由国内其他地方的生产者供给的，可以视为一个单独产业。

第十二条 同类产品，是指与补贴进口产品相同的产品；没有相同产品的，以与补贴进口产品的特性最相似的产品为同类产品。

第三章　反补贴调查

第十三条 国内产业或者代表国内产业的自然人、法人或者有关组织（以下统称申请人），可以依照本条例的规定向商务部提出反补贴调查的书面申请。

第十四条 申请书应当包括下列内容：

（一）申请人的名称、地址及有关情况；

（二）对申请调查的进口产品的完整说明，包括产品名称、所涉及的出口国（地区）或者原产国（地区）、已知的出口经营者或者生产者等；

（三）对国内同类产品生产的数量和价值的说明；

（四）申请调查进口产品的数量和价格对国内产业的影响；

（五）申请人认为需要说明的其他内容。

第十五条 申请书应当附具下列证据：

（一）申请调查的进口产品存在补贴；

（二）对国内产业的损害；

（三）补贴与损害之间存在因果关系。

第十六条 商务部应当自收到申请人提交的申请书及有关证据之日起60天内，对申请是否由国内产业或者代表国内产业提出、申请书内容及所附具的证据等进行审查，并决定立案调查或者不立案调查。在特殊情形下，可以适当延长审查期限。

在决定立案调查前，应当就有关补贴事项向产品可能被调查的国家（地区）政府发出进行磋商的邀请。

第十七条　在表示支持申请或者反对申请的国内产业中，支持者的产量占支持者和反对者的总产量的 50% 以上的，应当认定申请是由国内产业或者代表国内产业提出，可以启动反补贴调查；但是，表示支持申请的国内生产者的产量不足国内同类产品总产量的 25% 的，不得启动反补贴调查。

第十八条　在特殊情形下，商务部没有收到反补贴调查的书面申请，但有充分证据认为存在补贴和损害以及二者之间有因果关系的，可以决定立案调查。

第十九条　立案调查的决定，由商务部予以公告，并通知申请人、已知的出口经营者、进口经营者以及其他有利害关系的组织、个人（以下统称利害关系方）和出口国（地区）政府。

立案调查的决定一经公告，商务部应当将申请书文本提供给已知的出口经营者和出口国（地区）政府。

第二十条　商务部可以采用问卷、抽样、听证会、现场核查等方式向利害关系方了解情况，进行调查。

商务部应当为有关利害关系方、利害关系国（地区）政府提供陈述意见和论据的机会。

商务部认为必要时，可以派出工作人员赴有关国家（地区）进行调查；但是，有关国家（地区）提出异议的除外。

第二十一条　商务部进行调查时，利害关系方、利害关系国（地区）政府应当如实反映情况，提供有关资料。利害关系方、利害关系国（地区）政府不如实反映情况、提供有关资料的，或者没有在合理时间内提供必要信息的，或者以其他方式严重妨碍调查的，商务部可以根据可获得的事实作出裁定。

第二十二条　利害关系方、利害关系国（地区）政府认为其提供的资料泄露后将产生严重不利影响的，可以向商务部申请对该资料按保密资料处理。

商务部认为保密申请有正当理由的，应当对利害关系方、利害关系国（地区）政府提供的资料按保密资料处理，同时要求利害关系方、利害关系国（地区）政府提供一份非保密的该资料概要。

按保密资料处理的资料，未经提供资料的利害关系方、利害关系国（地区）政府同意，不得泄露。

第二十三条　商务部应当允许申请人、利害关系方和利害关系国（地区）政府查阅本案有关资料；但是，属于按保密资料处理的除外。

第二十四条　在反补贴调查期间，应当给予产品被调查的国家（地区）政府继续进行磋商的合理机会。磋商不妨碍商务部根据本条例的规定进行调查，并采取反补贴措施。

第二十五条　商务部根据调查结果，就补贴、损害和二者之间的因果关系是否成立作出初裁决定，并予以公告。

第二十六条　初裁决定确定补贴、损害以及二者之间的因果关系成立的，商务部应当对补贴及补贴金额、损害及损害程度继续进行调查，并根据调查结果作出终裁决定，予以公告。

在作出终裁决定前，应当由商务部将终裁决定所依据的基本事实通知所有已知的利害关系方、利害关系国（地区）政府。

第二十七条　反补贴调查，应当自立案调查决定公告之日起 12 个月内结束；特殊情况下可以延长，但延长期不得超过 6 个月。

第二十八条　有下列情形之一的，反补贴调查应当终止，并由商务部予以公告：

（一）申请人撤销申请的；

（二）没有足够证据证明存在补贴、损害或者二者之间有因果关系的；

（三）补贴金额为微量补贴的；

（四）补贴进口产品实际或者潜在的进口量或者损害属于可忽略不计的；

（五）通过与有关国家（地区）政府磋商达成协议，不需要继续进行反补贴调查的；

（六）商务部认为不适宜继续进行反补贴调查的。

来自一个或者部分国家（地区）的被调查产品有前款第（二）、（三）、（四）、（五）项所列情形之一的，针对所涉产品的反补贴调查应当终止。

第四章　反补贴措施

第一节　临时措施

第二十九条　初裁决定确定补贴成立，并由此对国内产业造成损害的，可以采取临时反补贴措施。

临时反补贴措施采取以保证金或者保函作为担保的征收临时反补贴税的形式。

第三十条　采取临时反补贴措施，由商务部提出建议，国务院关税税则委员会根据商务部的建议作出决定，由商务部予以公告。海关自公告规定实施之日起执行。

第三十一条　临时反补贴措施实施的期限，自临时反补贴措施决定公告规定实施之日起，不超过 4 个月。

自反补贴立案调查决定公告之日起 60 天内，不得采取临时反补贴措施。

第二节　承诺

第三十二条　在反补贴调查期间，出口国（地区）政府提出取消、限制补贴或者其他有关措施的承诺，或者出口经营者提出修改价格的承诺的，商务部应当予以充分考虑。

商务部可以向出口经营者或者出口国（地区）政府提出有关价格承诺的建议。

商务部不得强迫出口经营者作出承诺。

第三十三条　出口经营者、出口国（地区）政府不作出承诺或者不接受有关价格承诺的建议的，不妨碍对反补贴案件的调查和确定。出口经营者继续补贴进口产品的，商务部有权确定损害威胁更有可能出现。

第三十四条　商务部认为承诺能够接受并符合公共利益的，可以决定中止或者终止反补贴调查，不采取临时反补贴措施或者征收反补贴税。中止或者终止反补贴调查的决定由商务部予以公告。

商务部不接受承诺的，应当向有关出口经营者说明理由。

商务部对补贴以及由补贴造成的损害作出肯定的初裁决定前，不得寻求或者接受承诺。在出口经营者作出承诺的情况下，未经其本国（地区）政府同意的，商务部不得寻求或者接受承诺。

第三十五条　依照本条例第三十四条第一款规定中止或者终止调查后，应出口国（地区）政府请求，商务部应当对补贴和损害继续进行调查；或者商务部认为有必要的，可以对补贴和损害继续进行调查。

根据调查结果，作出补贴或者损害的否定裁定的，承诺自动失效；作出补贴和损害的肯定裁定的，承诺继续有效。

第三十六条　商务部可以要求承诺已被接受的出口经营者或者出口国（地区）政府定期提供履行其承诺的有关情况、资料，并予以核实。

第三十七条　对违反承诺的，商务部依照本条例的规定，可以立即决定恢复反补贴调查；根据可获得的最佳信息，可以决定采取临时反补贴措施，并可以对实施临时反补贴措施前 90 天内进口的产品追溯征收反补贴税，但违反承诺前进口的产品除外。

第三节　反 补 贴 税

第三十八条　在为完成磋商的努力没有取得效果的情况下，终裁决定确定补贴成立，并由此对国内产业造成损害的，可以征收反补贴税。征收反补贴税应当符合公共利益。

第三十九条　征收反补贴税，由商务部提出建议，国务院关税税则委员会根据商务部的建议作出决定，由商务部予以公告。海关自公告规定实施之日起执行。

第四十条　反补贴税适用于终裁决定公告之日后进口的产品，但属于本条例第三十七条、第四十四条、第四十五条规定的情形除外。

第四十一条　反补贴税的纳税人为补贴进口产品的进口经营者。

第四十二条　反补贴税应当根据不同出口经营者的补贴金额，分别确定。对实际上未被调查的出口经营者的补贴进口产品，需要征收反补贴税的，应当迅速审查，按照合理的方式确定对其适用的反补贴税。

第四十三条　反补贴税税额不得超过终裁决定确定的补贴金额。

第四十四条　终裁决定确定存在实质损害，并在此前已经采取临时反补贴措施的，反补贴税可以对已经实施临时反补贴措施的期间追溯征收。

终裁决定确定存在实质损害威胁，在先前不采取临时反补贴措施将会导致后来作出实质损害裁定的情况下已经采取临时反补贴措施的，反补贴税可以对已经实施临时反补贴措施的期间追溯征收。

终裁决定确定的反补贴税，高于保证金或者保函所担保的金额的，差额部分不予收取；低于保证金或者保函所担保的金额的，差额部分应当予以退还。

第四十五条　下列三种情形并存的，必要时可以对实施临时反补贴措施之日前 90 天内进口的产品追溯征收反补贴税：

（一）补贴进口产品在较短的时间内大量增加；

（二）此种增加对国内产业造成难以补救的损害；

（三）此种产品得益于补贴。

第四十六条　终裁决定确定不征收反补贴税的，或者终裁决定未确定追溯征收反补贴税的，对实施临时反补贴措施期间已收取的保证金应当予以退还，保函应当予以解除。

第五章　反补贴税和承诺的期限与复审

第四十七条　反补贴税的征收期限和承诺的履行期限不超过 5 年；但是，经复审确定终止征收反补贴税有可能导致补贴和损害的继续或者再度发生的，反补贴税的征收期限可以适当延长。

第四十八条　反补贴税生效后，商务部可以在有正当理由的情况下，决定对继续征收反补贴税的必要性进行复审；也可以在经过一段合理时间，应利害关系方的请求并对利害关系方提供的相应证据进行审查后，决定对继续征收反补贴税的必要性进行复审。

承诺生效后，商务部可以在有正当理由的情况下，决定对继续履行承诺的必要性进行复审；也可以在经过一段合理时间，应利害关系方的请求并对利害关系方提供的相应证据进行审查后，决定对继续履行承诺的必要性进行复审。

第四十九条　根据复审结果，由商务部依照本条例的规定提出保留、修改或者取消反补贴税的建议，国务院关税税则委员会根据商务部的建议作出决定，由商务部予以公告；或者由商务部依照本条例的规定，作出保留、修改或者取消承诺的决定并予以公告。

第五十条　复审程序参照本条例关于反补贴调查的有关规定执行。

复审期限自决定复审开始之日起，不超过 12 个月。

第五十一条　在复审期间，复审程序不妨碍反补贴措施的实施。

第六章　附　　则

第五十二条　对依照本条例第二十六条作出的终裁决定不服的，对依照本条例第四章作出的是否征收反补贴税的决定以及追溯征收的决定不服的，或者对依照本条例第五章作出的复审决定不服的，可以依法申请行政复议，也可以依法向人民法院提起诉讼。

第五十三条　依照本条例作出的公告，应当载明重要的情况、事实、理由、依据、结果和结论等内容。

第五十四条　商务部可以采取适当措施，防止规避反补贴措施的行为。

第五十五条　任何国家（地区）对中华人民共和国的出口产品采取歧视性反补贴措施的，中华人民共和国可以根据实际情况对该国家（地区）采取相应的措施。

第五十六条　商务部负责与反补贴有关的对外磋商、通知和争端解决事宜。

第五十七条　商务部可以根据本条例制定有关具体实施办法。

第五十八条　本条例自 2002 年 1 月 1 日起施行。1997 年 3 月 25 日国务院发布的《中华人民共和国反倾销和反补贴条例》中关于反补贴的规定同时废止。

附：

出口补贴清单

1. 出口国（地区）政府根据出口实绩对企业、产业提供的直接补贴。

2. 与出口奖励有关的外汇留成或者类似做法。

3. 出口国（地区）政府规定或者经出口国（地区）政府批准对出口货物提供的国内运输或者运费条件优于对国内货物提供的条件。

4. 出口国（地区）政府直接或者间接地为生产出口产品提供产品或者服务的条件，优于其为生产国内产品提供的相关产品或者服务的条件，但特殊情形除外。

5. 对企业已付或者应付的与出口产品特别有关的直接税或者社会福利费，实行全部或者部分的减免或者延迟缴纳。

6. 在计算直接税征税基数时，直接与出口产品或者出口实绩相关的扣除优于国内产品的扣除。

7. 对与出口产品的生产和流通有关的间接税的减免或者退还，超过对国内同类产品所征收的间接税。

8. 对用于生产出口产品的货物或者服务所征收的先期累积间接税的减免、退还或者延迟缴纳，优于对用于生产国内同类产品的货物或者服务所征收的先期累积间接税的减免、退还或者延迟缴纳，但特殊情形除外。

9. 对与生产出口产品有关的进口投入物减免或者退还进口费用，超过对此类投入物在进口时所收取的费用，但特殊情形除外。

10. 出口国（地区）政府以不足以弥补长期营业成本和亏损的费率，提供的出口信贷担保或者保险，或者针对出口产品成本增加或者外汇风险提供保险或者担保。

11. 出口国（地区）政府给予出口信贷的利率低于使用该项资金实际支付的利率，或者为出口商或者其他金融机构支付为获得贷款所产生的全部或者部分费用，使其在出口信贷方面获得优势，但特殊情形除外。

12. 由公共账户支出的构成出口补贴的其他费用。

中华人民共和国保障措施条例

（2001 年 11 月 26 日中华人民共和国国务院令第 330 号公布　根据 2004 年 3 月 31 日《国务院关于修改〈中华人民共和国保障措施条例〉的决定》修订）

第一章　总　　则

第一条　为了促进对外贸易健康发展，根据《中华人民共和国对外贸易法》的有关规定，制定本条例。

第二条　进口产品数量增加，并对生产同类产品或者直接竞争产品的国内产业造成严重损害或者严重损害威胁（以下除特别指明外，统称损害）的，依照本条例的规定进行调查，采取保障措施。

第二章　调　　查

第三条　与国内产业有关的自然人、法人或者其他组织（以下统称申请人），可以依照本条例的规定，向商务部提出采取保障措施的书面申请。

商务部应当及时对申请人的申请进行审查，决定立案调查或者不立案调查。

第四条　商务部没有收到采取保障措施的书面申请，但有充分证据认为国内产业因进口产品数量增加而受到损害的，可以决定立案调查。

第五条　立案调查的决定，由商务部予以公告。

商务部应当将立案调查的决定及时通知世界贸易组织保障措施委员会（以下简称保障措施委员会）。

第六条　对进口产品数量增加及损害的调查和确定，由商务部负责；其中，涉及农产品的保障措施国内产业损害调查，由商务部会同农业部进行。

第七条　进口产品数量增加，是指进口产品数量的绝对增加或者与国内生产相比的相对增加。

第八条　在确定进口产品数量增加对国内产业造成的损害时，应当审查下列相关因素：

（一）进口产品的绝对和相对增长率与增长量；

（二）增加的进口产品在国内市场中所占的份额；

（三）进口产品对国内产业的影响，包括对国内产业在产量、销售水平、市场份额、生产率、设备利用率、利润与亏损、就业等方面的影响；

（四）造成国内产业损害的其他因素。

对严重损害威胁的确定，应当依据事实，不能仅依据指控、推测或者极小的可能性。

在确定进口产品数量增加对国内产业造成的损害时，不得将进口增加以外的因素对国内产业造成的损害归因于进口增加。

第九条　在调查期间，商务部应当及时公布对案情的详细分析和审查的相关因素等。

第十条　国内产业，是指中华人民共和国国内同类产品或者直接竞争产品的全部生产者，或者其总产量占国内同类产品或者直接竞争产品全部总产量的主要部分的生产者。

第十一条　商务部应当根据客观的事实和证据，确定进口产品数量增加与国内产业的损害之间是否存在因果关系。

第十二条　商务部应当为进口经营者、出口经营者和其他利害关系方提供陈述意见和论据的机会。

调查可以采用调查问卷的方式，也可以采用听证会或者其他方式。

第十三条　调查中获得的有关资料，资料提供方认为需要保密的，商务部可以按保密资料处理。

保密申请有理由的，应当对资料提供方提供的资料按保密资料处理，同时要求资料提供方提供一份非保密的该资料概要。

按保密资料处理的资料，未经资料提供方同意，不得泄露。

第十四条　进口产品数量增加、损害的调查结果及其理由的说明，由商务部予以公布。

商务部应当将调查结果及有关情况及时通知保障措施委员会。

第十五条　商务部根据调查结果，可以作出初裁决定，也可以直接作出终裁决定，并予以公告。

第三章　保障措施

第十六条　有明确证据表明进口产品数量增加，在不采取临时保障措施将对国内产业造成难以补救的损害的紧急情况下，可以作出初裁决定，并采取临时保障措施。

临时保障措施采取提高关税的形式。

第十七条　采取临时保障措施，由商务部提出建议，国务院关税税则委员会根据商务部的建议作出决定，由商务部予以公告。海关自公告规定实施之日起执行。

在采取临时保障措施前，商务部应当将有关情况通知保障措施委员会。

第十八条　临时保障措施的实施期限，自临时保障措施决定公告规定实施之日起，不超过200天。

第十九条　终裁决定确定进口产品数量增加，并由此对国内产业造成损害的，可以采取保障措施。实施保障措施应当符合公共利益。

保障措施可以采取提高关税、数量限制等形式。

第二十条 保障措施采取提高关税形式的，由商务部提出建议，国务院关税税则委员会根据商务部的建议作出决定，由商务部予以公告；采取数量限制形式的，由商务部作出决定并予以公告。海关自公告规定实施之日起执行。

商务部应当将采取保障措施的决定及有关情况及时通知保障措施委员会。

第二十一条 采取数量限制措施的，限制后的进口量不得低于最近3个有代表性年度的平均进口量；但是，有正当理由表明为防止或者补救严重损害而有必要采取不同水平的数量限制措施的除外。

采取数量限制措施，需要在有关出口国（地区）或者原产国（地区）之间进行数量分配的，商务部可以与有关出口国（地区）或者原产国（地区）就数量的分配进行磋商。

第二十二条 保障措施应当针对正在进口的产品实施，不区分产品来源国（地区）。

第二十三条 采取保障措施应当限于防止、补救严重损害并便利调整国内产业所必要的范围内。

第二十四条 在采取保障措施前，商务部应当为与有关产品的出口经营者有实质利益的国家（地区）政府提供磋商的充分机会。

第二十五条 终裁决定确定不采取保障措施的，已征收的临时关税应当予以退还。

第四章 保障措施的期限与复审

第二十六条 保障措施的实施期限不超过4年。

符合下列条件的，保障措施的实施期限可以适当延长：

（一）按照本条例规定的程序确定保障措施对于防止或者补救严重损害仍然有必要；

（二）有证据表明相关国内产业正在进行调整；

（三）已经履行有关对外通知、磋商的义务；

（四）延长后的措施不严于延长前的措施。

一项保障措施的实施期限及其延长期限，最长不超过10年。

第二十七条 保障措施实施期限超过1年的，应当在实施期间内按固定时间间隔逐步放宽。

第二十八条 保障措施实施期限超过3年的，商务部应当在实施期间内对该项措施进行中期复审。

复审的内容包括保障措施对国内产业的影响、国内产业的调整情况等。

第二十九条 保障措施属于提高关税的，商务部应当根据复审结果，依照本条例的规定，提出保留、取消或者加快放宽提高关税措施的建议，国务院关税税则委员会根据商务部的建议作出决定，由商务部予以公告；保障措施属于数量限制或者其他形式的，商务部应当根据复审结果，依照本条例的规定，作出保留、取消或者加快放宽数量限制措施的决定并予以公告。

第三十条　对同一进口产品再次采取保障措施的，与前次采取保障措施的时间间隔应当不短于前次采取保障措施的实施期限，并且至少为 2 年。

符合下列条件的，对一产品实施的期限为 180 天或者少于 180 天的保障措施，不受前款限制：

（一）自对该进口产品实施保障措施之日起，已经超过 1 年；

（二）自实施该保障措施之日起 5 年内，未对同一产品实施 2 次以上保障措施。

第五章　附　　则

第三十一条　任何国家（地区）对中华人民共和国的出口产品采取歧视性保障措施的，中华人民共和国可以根据实际情况对该国家（地区）采取相应的措施。

第三十二条　商务部负责与保障措施有关的对外磋商、通知和争端解决事宜。

第三十三条　商务部可以根据本条例制定具体实施办法。

第三十四条　本条例自 2002 年 1 月 1 日起施行。

二、进口税收政策

（一）科技创新

财政部 海关总署 税务总局关于 "十四五"期间支持科技创新 进口税收政策的通知

财关税〔2021〕23 号

各省、自治区、直辖市、计划单列市财政厅（局）、新疆生产建设兵团财政局，海关总署广东分署、各直属海关，国家税务总局各省、自治区、直辖市、计划单列市税务局，财政部各地监管局，国家税务总局驻各地特派员办事处：

为深入实施科教兴国战略、创新驱动发展战略，支持科技创新，现将有关进口税收政策通知如下：

一、对科学研究机构、技术开发机构、学校、党校（行政学院）、图书馆进口国内不能生产或性能不能满足需求的科学研究、科技开发和教学用品，免征进口关税和进口环节增值税、消费税。

二、对出版物进口单位为科研院所、学校、党校（行政学院）、图书馆进口用于科研、教学的图书、资料等，免征进口环节增值税。

三、本通知第一、二条所称科学研究机构、技术开发机构、学校、党校（行政学院）、图书馆是指：

（一）从事科学研究工作的中央级、省级、地市级科研院所（含其具有独立法人资格的图书馆、研究生院）。

（二）国家实验室，国家重点实验室，企业国家重点实验室，国家产业创新中心，国家技术创新中心，国家制造业创新中心，国家临床医学研究中心，国家工程研究中心，国家工程技术研究中心，国家企业技术中心，国家中小企业公共服务示范平台（技术类）。

（三）科技体制改革过程中转制为企业和进入企业的主要从事科学研究和技术开发工作的机构。

（四）科技部会同民政部核定或者省级科技主管部门会同省级民政、财政、税务部门和社会研发机构所在地直属海关核定的科技类民办非企业单位性质的社会研发机构；省级科技主管部门会同省级财政、税务部门和社会研发机构所在地直属海关核定的事业单位性质的社会研发机构。

（五）省级商务主管部门会同省级财政、税务部门和外资研发中心所在地直属海关核定的外资研发中心。

（六）国家承认学历的实施专科及以上高等学历教育的高等学校及其具有独立法人资格的分校、异地办学机构。

（七）县级及以上党校（行政学院）。

（八）地市级及以上公共图书馆。

四、本通知第二条所称出版物进口单位是指中央宣传部核定的具有出版物进口许可的出版物进口单位，科研院所是指第三条第一项规定的机构。

五、本通知第一、二条规定的免税进口商品实行清单管理。免税进口商品清单由财政部、海关总署、税务总局征求有关部门意见后另行制定印发，并动态调整。

六、经海关审核同意，科学研究机构、技术开发机构、学校、党校（行政学院）、图书馆可将免税进口的科学研究、科技开发和教学用品用于其他单位的科学研究、科技开发和教学活动。

对纳入国家网络管理平台统一管理、符合本通知规定的免税进口科研仪器设备，符合科技部会同海关总署制定的纳入国家网络管理平台免税进口科研仪器设备开放共享管理有关规定的，可以用于其他单位的科学研究、科技开发和教学活动。

经海关审核同意，科学研究机构、技术开发机构、学校以科学研究或教学为目的，可将免税进口的医疗检测、分析仪器及其附件、配套设备用于其附属、所属医院的临床活动，或用于开展临床实验所需依托的其分立前附属、所属医院的临床活动。其中，大中型医疗检测、分析仪器，限每所医院每 3 年每种 1 台。

七、"十四五"期间支持科技创新进口税收政策管理办法由财政部、海关总署、税务总局会同有关部门另行制定印发。

八、本通知有效期为 2021 年 1 月 1 日至 2025 年 12 月 31 日。

财政部 海关总署 税务总局
2021 年 4 月 15 日

财政部 中央宣传部 国家发展改革委 教育部 科技部 工业和信息化部 民政部 商务部 文化和旅游部 海关总署 税务总局关于 "十四五"期间支持科技创新 进口税收政策管理办法的通知

财关税〔2021〕24 号

各省、自治区、直辖市、计划单列市财政厅（局）、党委宣传部、发展改革委、教育厅（局）、科技厅（委、局）、工业和信息化主管部门、民政厅（局）、商务厅（委、局）、文化和旅游厅（委、局），新疆生产建设兵团财政局、党委宣传部、发展改革委、教育局、科技局、工业和信息化局、民政局、商务局、文体广旅局，海关总署广东分署、各直属海关，国家税务总局各省、自治区、直辖市、计划单列市税务局，财政部各地监管局，国家税务总局驻各地特派员办事处：

为落实《财政部 海关总署 税务总局关于"十四五"期间支持科技创新进口税收政策的通知》（财关税〔2021〕23 号，以下简称《通知》），现将政策管理办法通知如下：

一、科技部核定从事科学研究工作的中央级科研院所名单，函告海关总署，抄送财政部、税务总局。省级（包括省、自治区、直辖市、计划单列市、新疆生产建设兵团，下同）科技主管部门会同省级财政、税务部门和科研院所所在地直属海关核定从事科学研究工作的省级、地市级科研院所名单，核定结果由省级科技主管部门函告科研院所所在地直属海关，抄送省级财政、税务部门，并报送科技部。

本办法所称科研院所名单，包括科研院所所属具有独立法人资格的图书馆、研究生院名单。

二、科技部核定国家实验室、国家重点实验室、企业国家重点实验室、国家技术创新中心、国家临床医学研究中心、国家工程技术研究中心名单，国家发展改革委核定国家产业创新中心、国家工程研究中心、国家企业技术中心名单，工业和信息化部核定国家制造业创新中心、国家中小企业公共服务示范平台（技术类）名单。核定结果分别由科技部、国家发展改革委、工业和信息化部函告海关总署，抄送财政部、税务总局。

科技部核定根据《国务院办公厅转发科技部等部门关于深化科研机构管理体制改革实施意见的通知》（国办发〔2000〕38号），国务院部门（单位）所属科研机构已转制为企业或进入企业的主要从事科学研究和技术开发工作的机构名单，函告海关总署，抄送财政部、税务总局。省级科技主管部门会同省级财政、税务部门和机构所在地直属海关核定根据国办发〔2000〕38号文件，各省、自治区、直辖市、计划单列市所属已转制为企业或进入企业的主要从事科学研究和技术开发工作的机构名单，核定结果由省级科技主管部门函告机构所在地直属海关，抄送省级财政、税务部门，并报送科技部。

科技部会同民政部核定或者省级科技主管部门会同省级民政、财政、税务部门和社会研发机构所在地直属海关核定科技类民办非企业单位性质的社会研发机构名单。科技部牵头的核定结果，由科技部函告海关总署，抄送民政部、财政部、税务总局。省级科技主管部门牵头的核定结果，由省级科技主管部门函告社会研发机构所在地直属海关，抄送省级民政、财政、税务部门，并报送科技部。享受政策的科技类民办非企业单位性质的社会研发机构条件见附件1。

省级科技主管部门会同省级财政、税务部门和社会研发机构所在地直属海关核定事业单位性质的社会研发机构名单，核定结果由省级科技主管部门函告社会研发机构所在地直属海关，抄送省级财政、税务部门，并报送科技部。享受政策的事业单位性质的社会研发机构，应符合科技部和省级科技主管部门规定的事业单位性质的社会研发机构（新型研发机构）条件。

省级商务主管部门会同省级财政、税务部门和外资研发中心所在地直属海关核定外资研发中心名单，核定结果由省级商务主管部门函告外资研发中心所在地直属海关，抄送省级财政、税务部门，并报送商务部。享受政策的外资研发中心条件见附件2。

本条上述函告文件中，凡不具有独立法人资格的单位、机构，应一并函告其依托单位；有关单位、机构具有有效期限的，应一并函告其有效期限。

三、教育部核定国家承认学历的实施专科及以上高等学历教育的高等学校及其具有独立法人资格的分校、异地办学机构名单，函告海关总署，抄送财政部、税务总局。

四、文化和旅游部核定省级以上公共图书馆名单，函告海关总署，抄送财政部、税务总局。省级文化和旅游主管部门会同省级财政、税务部门和公共图书馆所在地直属海关核定省级、地市级公共图书馆名单，核定结果由省级文化和旅游主管部门函告公共图书馆所在地直属海关，抄送省级财政、税务部门，并报送文化和旅游部。

五、中央宣传部核定具有出版物进口许可的出版物进口单位名单，函告海关总署，抄送中央党校（国家行政学院）、教育部、科技部、财政部、文化和旅游部、税务总局。

出版物进口单位免税进口图书、资料等商品的销售对象为中央党校（国家行政学院）和省级、地市级、县级党校（行政学院）以及本办法第一、三、四条中经核定的单位。牵头核定部门应结合实际需要，将核定的有关单位名单告知有关出版物进口单位。

六、中央党校（国家行政学院）和省级、地市级、县级党校（行政学院）以及按照本办法规定经核定的单位或机构（以下统称进口单位），应按照海关有关规定，办理有关进口商品的减免税手续。

七、本办法中相关部门函告海关的进口单位名单和《通知》第五条所称的免税进口商品清单应注明批次。其中，第一批名单、清单自 2021 年 1 月 1 日实施，至第一批名单印发之日后 30 日内已征的应免税款，准予退还；以后批次的名单、清单，分别自其印发之日后第 20 日起实施。中央党校（国家行政学院）和省级、地市级、县级党校（行政学院）自 2021 年 1 月 1 日起具备免税进口资格，至本办法印发之日后 30 日内已征的应免税款，准予退还。

前款规定的已征应免税款，依进口单位申请准予退还。其中，已征税进口且尚未申报增值税进项税额抵扣的，应事先取得主管税务机关出具的《"十四五"期间支持科技创新进口税收政策项下进口商品已征进口环节增值税未抵扣情况表》（见附件 3），向海关申请办理退还已征进口关税和进口环节增值税手续；已申报增值税进项税额抵扣的，仅向海关申请办理退还已征进口关税手续。

八、进口单位可向主管海关提出申请，选择放弃免征进口环节增值税。进口单位主动放弃免征进口环节增值税后，36 个月内不得再次申请免征进口环节增值税。

九、进口单位发生名称、经营范围变更等情形的，应在《通知》有效期限内及时将有关变更情况说明报送核定其名单的牵头部门。牵头部门按照本办法规定的程序，核定变更后的单位自变更登记之日起能否继续享受政策，注明变更登记日期。核定结果由牵头部门函告海关（核定结果较多时，每年至少分两批函告），抄送同级财政、税务及其他有关部门。其中，牵头部门为省级科技、商务、文化和旅游主管部门的，核定结果应相应报送科技部、商务部、文化和旅游部。

十、进口单位应按有关规定使用免税进口商品，如违反规定，将免税进口商品擅自转让、移作他用或者进行其他处置，被依法追究刑事责任的，在《通知》剩余有效期限内停止享受政策。

十一、进口单位如存在以虚报情况获得免税资格，由核定其名单的牵头部门查实后函告海关，自函告之日起，该单位在《通知》剩余有效期限内停止享受政策。

十二、中央宣传部、国家发展改革委、教育部、科技部、工业和信息化部、民政部、商务部、文化和旅游部加强政策评估工作。

十三、本办法印发之日后 90 日内，省级科技主管部门应会同省级民政、财政、税务部门和社会研发机构所在地直属海关制定核定享受政策的科技类民办非企业单位性质、事业单位性质的社会研发机构名单的具体实施办法，省级商务主管部门应会同省级财政、税务部门和外资研发中心所在地直属海关制定核定享受政策的外资研发中心名单的具体实施办法。

十四、财政等有关部门及其工作人员在政策执行过程中，存在违反执行免税政策规定的行为，以及滥用职权、玩忽职守、徇私舞弊等违法违纪行为的，依照国家有关规定追究相应责任；涉嫌犯罪的，依法追究刑事责任。

十五、本办法有效期为 2021 年 1 月 1 日至 2025 年 12 月 31 日。

附件：1. 享受"十四五"期间支持科技创新进口税收政策的科技类民办非企业单位性质的社会研发机构条件

2. 享受"十四五"期间支持科技创新进口税收政策的外资研发中心条件

3. "十四五"期间支持科技创新进口税收政策项下进口商品已征进口环节增值税未抵扣情况表

财政部 中央宣传部 国家发展改革委 教育部

科技部 工业和信息化部 民政部 商务部

文化和旅游部 海关总署 税务总局

2021 年 4 月 16 日

附件 1：

享受"十四五"期间支持科技创新
进口税收政策的科技类民办非企业
单位性质的社会研发机构条件

享受"十四五"期间支持科技创新进口税收政策的科技类民办非企业单位性质的社会研发机构，应同时满足以下条件：

一、符合科技部和省级科技主管部门规定的社会研发机构（新型研发机构）基本条件。

二、依照《民办非企业单位登记管理暂行条例》、《民办非企业单位登记暂行办法》的要求，在民政部或省级民政部门登记注册的、具有独立法人资格的民办非企业单位。

三、资产总额不低于 300 万元。

四、从事科学研究工作的专业技术人员（指大专以上学历或中级以上技术职称专业技术人员）在 20 人以上，且占全部在职人员的比例不低于 60%。

附件 2：

享受"十四五"期间支持科技创新进口
税收政策的外资研发中心条件

享受"十四五"期间支持科技创新进口税收政策的外资研发中心，应同时满足以下条件：

一、研发费用标准：作为独立法人的，其投资总额不低于 800 万美元；作为公司内设部门或分公司的非独立法人的，其研发总投入不低于 800 万美元。

二、专职研究与试验发展人员不低于 80 人。

三、设立以来累计购置的设备原值不低于 2000 万元。

四、上述第一、二、三条中，有关定义如下：

（一）"投资总额"是指外商投资信息报告回执所载明的金额。

（二）"研发总投入"是指外商投资企业专门为设立和建设本研发中心而投入的资产，包括即将投入并签订购置合同的资产（应提交已采购资产清单和即将采购资产的合同清单）。

（三）"专职研究与试验发展人员"是指企业科技活动人员中专职从事基础研究、应用研究和试验发展三类项目活动的人员，包括直接参加上述三类项目活动的人员以及相关专职科技管理人员和为项目提供资料文献、材料供应、设备的直接服务人员，上述人员须与外资研发中心或其所在外商投资企业签订 1 年以上劳动合同，以外资研发中心提交申请的前一日人数为准。

（四）"设备"是指为科学研究、教学和科技开发提供必要条件的实验设备、装置和器械。在计算累计购置的设备原值时，应将进口设备和采购国产设备的原值一并计入，包括已签订购置合同并于当年内交货的设备（应提交购置合同清单及交货期限），适用本办法的上述进口设备范围为进口科学研究、科技开发和教学用品免税清单所列商品。

附件 3：

"十四五"期间支持科技创新进口税收政策项下进口商品已征进口环节增值税未抵扣情况表

编号：主管税务机关代码＋四位流水号

纳税人名称		纳税人识别号或统一社会信用代码	
		企业海关代码	
申报进口时间	年 月 日		
海关进口增值税专用缴款书	海关报关单（编号：＿＿＿＿＿＿＿）、海关进口增值税专用缴款书（凭证号：＿＿＿＿＿＿＿），进口环节增值税税款金额为（大写）＿＿＿＿＿＿＿＿＿，￥＿＿＿＿＿元。		

续表

进项税额抵扣情况	经审核，该纳税人上述海关进口增值税专用缴款书税额尚未申报抵扣。
其他需要说明的事项	

审核意见：	复核意见：	局长意见：
审核人： 　　年　月　日	复核人： 　　年　月　日	局领导：　　　　（局章） 　　年　月　日

财政部 海关总署 税务总局关于"十四五"期间支持科普事业发展进口税收政策的通知

财关税〔2021〕26号

各省、自治区、直辖市、计划单列市财政厅（局）、新疆生产建设兵团财政局，海关总署广东分署、各直属海关，国家税务总局各省、自治区、直辖市、计划单列市税务局，财政部各地监管局，国家税务总局驻各地特派员办事处：

为支持科普事业发展，现将有关进口税收政策通知如下：

一、自2021年1月1日至2025年12月31日，对公众开放的科技馆、自然博物馆、天文馆（站、台）、气象台（站）、地震台（站），以及高校和科研机构所属对外开放的科普基地，进口以下商品免征进口关税和进口环节增值税：

（一）为从境外购买自用科普影视作品播映权而进口的拷贝、工作带、硬盘，以及以其他形式进口自用的承载科普影视作品的拷贝、工作带、硬盘。

（二）国内不能生产或性能不能满足需求的自用科普仪器设备、科普展品、科普专用软件等科普用品。

二、第一条中的科普影视作品、科普用品是指符合科学技术普及法规定，以普及科学知识、倡导科学方法、传播科学思想、弘扬科学精神为宗旨的影视作品、科普仪器设备、科普展品、科普专用软件等用品。

三、第一条第一项中的科普影视作品相关免税进口商品清单见附件。第一条第二项中的科普用品由科技部会同有关部门核定。

四、"十四五"期间支持科普事业发展进口税收政策管理办法由财政部、海关总署、税务总局会同有关部门另行制定印发。

附件：科普影视作品相关免税进口商品清单（2021年版）

财政部 海关总署 税务总局
2021年4月9日

附件：

科普影视作品相关免税进口商品清单（2021年版）

2021年税则号列	名称
37.05	已曝光已冲洗的摄影硬片及软片，但电影胶片除外：
3705.0010	－－－教学专用幻灯片
	－－－缩微胶片：
3705.0021	－－－－书籍、报刊的
3705.0029	－－－－其他
3705.0090	－－－其他
37.06	已曝光已冲洗的电影胶片，不论是否配有声道或仅有声道：
	－宽度在35毫米及以上：
3706.1010	－－－教学专用
3706.1090	－－－其他
	－其他：
3706.9010	－－－教学专用
3706.9090	－－－其他
84.71	自动数据处理设备及其部件；其他税目未列名的磁性或光学阅读机、将数据以代码形式转录到数据记录媒体的机器及处理这些数据的机器：
	－存储部件：
	－－－硬盘驱动器：
8471.7011	－－－－固态硬盘（SSD）
8471.7019	－－－－其他
85.23	录制声音或其他信息用的圆盘、磁带、固态非易失性数据存储器件、"智能卡"及其他媒体，不论是否已录制，包括供复制圆盘用的母片及母带，但不包括第三十七章的产品：
	－磁性媒体：
	－－其他：
	－－－磁带：
8523.2928	－－－－重放声音或图像信息的磁带
	－光学媒体：
	－－其他：
8523.4990	－－－其他

财政部 中央宣传部 科技部 工业和信息化部 海关总署 税务总局 广电总局关于"十四五"期间支持科普事业发展进口税收政策管理办法的通知

财关税〔2021〕27 号

各省、自治区、直辖市、计划单列市财政厅（局）、党委宣传部、科技厅（委、局）、工业和信息化主管部门、广播电视主管部门，新疆生产建设兵团财政局、党委宣传部、科技局、工业和信息化局、文体广旅局，海关总署广东分署、各直属海关，国家税务总局各省、自治区、直辖市、计划单列市税务局，财政部各地监管局，国家税务总局驻各地特派员办事处：

为落实《财政部 海关总署 税务总局关于"十四五"期间支持科普事业发展进口税收政策的通知》（财关税〔2021〕26 号，以下简称《通知》），现将政策管理办法通知如下：

一、科技部核定或者省级（包括省、自治区、直辖市、计划单列市、新疆生产建设兵团，下同）科技主管部门会同省级财政、税务部门及所在地直属海关核定对公众开放的科技馆、自然博物馆、天文馆（站、台）、气象台（站）、地震台（站）以及高校和科研机构所属对外开放的科普基地（以下统称进口单位）名单。科技部的核定结果，由科技部函告海关总署，抄送中央宣传部、工业和信息化部、财政部、税务总局、广电总局、有关省级科技主管部门。省级科技主管部门牵头的核定结果，由省级科技主管部门函告进口单位所在地直属海关，抄送省级财政、税务部门和省级出版、电影、工业和信息化、广播电视主管部门，报送科技部。上述函告文件中，凡不具有独立法人资格的进口单位，应一并函告其依托单位。

享受政策的科技馆，应同时符合以下条件：（一）专门从事面向公众的科普活动；（二）有开展科普活动的专职科普工作人员、场所、设施、工作经费等条件。

享受政策的自然博物馆、天文馆（站、台）、气象台（站）、地震台（站）以及高校和科研机构设立的植物园、标本馆、陈列馆等对外开放的科普基地，应同时符合以下条件：（一）面向公众从事科学技术普及法所规定的科普活动，有稳定的科普活动投入；（二）有适合常年向公众开放的科普设施、器材和场所等，每年向公众开放不少于 200 天，每年对青少年实行优惠或免费开放的时间不少于 20 天（含法定节假日）；（三）有常设内部科普工作机构，并配备有必要的专职科普工作人员。

二、省级科技主管部门会同省级出版、电影、广播电视主管部门核定属地进口单位可免税进口的自用科普影视作品拷贝、工作带、硬盘。核定结果由省级科技主管部门函告进口单位所在地直属海关，抄送省级出版、电影、广播电视主管部门，并通知相关进口单位。

享受政策的自用科普影视作品拷贝、工作带、硬盘，应同时符合以下条件：（一）属于《通知》附件所列税号范围；（二）为进口单位自用，且用于面向公众的科普活动，不得进行商业销售或挪作他用；（三）符合国家关于影视作品和音像制品进口的相关规定。

三、科技部会同工业和信息化部、财政部、海关总署、税务总局制定并联合印发国内不能生产或性能不能满足需求的自用科普仪器设备、科普展品、科普专用软件等免税进口科普用品清单，并动态调整。

四、进口单位应按照海关有关规定，办理有关进口商品的减免税手续。

五、本办法第一、三条中，科技部或者省级科技主管部门函告海关的进口单位名单和科技部牵头制定的免税进口科普用品清单应注明批次。其中，第一批名单、清单自 2021 年 1 月 1 日实施，至第一批名单印发之日后 30 日内已征的应免税款，准予退还；以后批次的名单、清单，自印发之日后第 20 日起实施。

前款规定的已征应免税款，依进口单位申请准予退还。其中，已征税进口且尚未申报增值税进项税额抵扣的，应事先取得主管税务机关出具的《"十四五"期间支持科普事业发展进口税收政策项下进口商品已征进口环节增值税未抵扣情况表》（见附件），向海关申请办理退还已征进口关税和进口环节增值税手续；已申报增值税进项税额抵扣的，仅向海关申请办理退还已征进口关税手续。

六、进口单位可向主管海关提出申请，选择放弃免征进口环节增值税。进口单位主动放弃免征进口环节增值税后，36 个月内不得再次申请免征进口环节增值税。

七、进口单位发生名称、业务范围变更等情形的，应在《通知》有效期限内及时将有关变更情况说明分别报送科技部、省级科技主管部门。科技部、省级科技主管部门按照本办法第一条规定，核定变更后的单位自变更登记之日起能否继续享受政策，注明变更登记日期。科技部负责受理的，核定结果由科技部函告海关总署（核定结果较多时，每年至少分两批函告），抄送中央宣传部、工业和信息化部、财政部、税务总局、广电总局、有关省级科技主管部门；省级科技主管部门负责受理的，核定结果由省级科技主管部门函告进口单位所在地直属海关，抄送省级财政、税务部门和省级出版、电影、工业和信息化、广播电视主管部门，报送科技部。

八、进口单位应按有关规定使用免税进口商品，如违反规定，将免税进口商品擅自转让、移作他用或者进行其他处置，被依法追究刑事责任的，在《通知》剩余有效期限内停止享受政策。

九、进口单位如存在以虚报情况获得免税资格，由科技部或者省级科技主管部门查实后函告海关，自函告之日起，该单位在《通知》剩余有效期限内停止享受政策。

十、本办法印发之日后 90 日内，省级科技主管部门应会同省级财政、税务部门及进口单位所在地直属海关制定核定进口单位名单的具体实施办法，会同省级出版、电影、广播电视主管部门制定核定免税进口科普影视作品拷贝、工作带、硬盘的具体实施办法。

十一、进口单位的免税进口资格，原则上应每年复核。经复核不符合享受政策条件的，由科技部或者省级科技主管部门按本办法第一条规定函告海关，自函告之日起停止享受政策。

十二、财政等有关部门及其工作人员在政策执行过程中，存在违反执行免税政策规定的行为，以及滥用职权、玩忽职守、徇私舞弊等违法违纪行为的，依照国家有关规定追究相应责任；涉嫌犯罪的，依法追究刑事责任。

十三、本办法有效期为 2021 年 1 月 1 日至 2025 年 12 月 31 日。

附件："十四五"期间支持科普事业发展进口税收政策项下进口商品已征进口环节增值税未抵扣情况表

财政部 中央宣传部 科技部
工业和信息化部 海关总署
税务总局 广电总局
2021 年 4 月 9 日

附件：

"十四五"期间支持科普事业发展进口税收政策项下进口商品已征进口环节增值税未抵扣情况表

编号：主管税务机关代码 + 四位流水号

纳税人名称		纳税人识别号或统一社会信用代码	
		企业海关代码	
申报进口时间	年 月 日		
海关进口增值税专用缴款书	海关报关单（编号：＿＿＿＿＿＿）、海关进口增值税专用缴款书（凭证号：＿＿＿＿＿＿），进口环节增值税税款金额为（大写）＿＿＿＿＿＿，￥＿＿＿元。		
进项税额抵扣情况	经审核，该纳税人上述海关进口增值税专用缴款书税额尚未申报抵扣。		

续表

其他需要说明的事项		
审核意见： 审核人： 　　　　年　月　日	复核意见： 复核人： 　　　　年　月　日	局长意见： 局领导：　　　（局章） 　　　　年　月　日

（二）制造业升级

国务院关于印发新时期促进集成
电路产业和软件产业高质量
发展若干政策的通知

国发〔2020〕8 号

各省、自治区、直辖市人民政府，国务院各部委、各直属机构：

现将《新时期促进集成电路产业和软件产业高质量发展的若干政策》印发给你们，请认真贯彻落实。

国务院

2020 年 7 月 27 日

（此件公开发布）

新时期促进集成电路产业和软件
产业高质量发展的若干政策

集成电路产业和软件产业是信息产业的核心，是引领新一轮科技革命和产业变革的关键力量。《国务院关于印发鼓励软件产业和集成电路产业发展若干政策的通知》（国发〔2000〕18 号）、《国务院关于印发进一步鼓励软件产业和集成电路产业发展若干政策的通知》（国发〔2011〕4 号）印发以来，我国集成电路产业和软件产业快速发展，有力支撑了国家信息化建设，促进了国民经济和社会持续健康发展。为进一步优化集成电路产业和软件产业发展环境，深化产业国际合作，提升产业创新能力和发展质量，制定以下政策。

一、财税政策

（一）国家鼓励的集成电路线宽小于 28 纳米（含），且经营期在 15 年以上的集成电路生产企业或项目，第一年至第十年免征企业所得税。国家鼓励的集成电路线宽小于 65 纳米（含），且经营期在 15 年以上的集成电路生产企业或项目，第一年至第五年免征企业所得税，第六年至第十年按照 25% 的法定税率减半征收企业所得税。国家鼓励的集成电路线宽小于 130 纳米（含），且经营期在 10 年以上的集成电路生产企业或项目，第一年至第二年免征企业所得税，第三年至第五年按照 25% 的法定税率减半征收企业所得税。国家鼓励的线宽小于 130 纳米（含）的集成电路生产企业纳税年度发生的亏损，准予向以后年度结转，总结转年限最长不得超过 10 年。

对于按照集成电路生产企业享受税收优惠政策的，优惠期自获利年度起计算；对于按照集成电路生产项目享受税收优惠政策的，优惠期自项目取得第一笔生产经营收入所属纳税年度起计算。国家鼓励的集成电路生产企业或项目清单由国家发展改革委、工业和信息化部会同相关部门制定。

（二）国家鼓励的集成电路设计、装备、材料、封装、测试企业和软件企业，自获利年度起，第一年至第二年免征企业所得税，第三年至第五年按照 25% 的法定税率减半征收企业所得税。国家鼓励的集成电路设计、装备、材料、封装、测试企业条件由工业和信息化部会同相关部门制定。

（三）国家鼓励的重点集成电路设计企业和软件企业，自获利年度起，第一年至第五年免征企业所得税，接续年度减按 10% 的税率征收企业所得税。国家鼓励的重点集成电路设计企业和软件企业清单由国家发展改革委、工业和信息化部会同相关部门制定。

（四）国家对集成电路企业或项目、软件企业实施的所得税优惠政策条件和范围，根据产业技术进步情况进行动态调整。集成电路设计企业、软件企业在本政策实施以前年度的企业所得税，按照国发〔2011〕4 号文件明确的企业所得税"两免三减半"优惠政策执行。

（五）继续实施集成电路企业和软件企业增值税优惠政策。

（六）在一定时期内，集成电路线宽小于 65 纳米（含）的逻辑电路、存储器生产企业，以及线宽小于 0.25 微米（含）的特色工艺集成电路生产企业（含掩模版、8 英寸及以上硅片生产企业）进口自用生产性原材料、消耗品，净化室专用建筑材料、配套系统和集成电路生产设备零配件，免征进口关税；集成电路线宽小于 0.5 微米（含）的化合物集成电路生产企业和先进封装测试企业进口自用生产性原材料、消耗品，免征进口关税。具体政策由财政部会同海关总署等有关部门制定。企业清单、免税商品清单分别由国家发展改革委、工业和信息化部会同相关部门制定。

（七）在一定时期内，国家鼓励的重点集成电路设计企业和软件企业，以及第（六）条中的集成电路生产企业和先进封装测试企业进口自用设备，及按照合同随设备进口的技术（含软件）及配套件、备件，除相关不予免税的进口商品目录所列商品外，免征进口关税。具体政策由财政部会同海关总署等有关部门制定。

（八）在一定时期内，对集成电路重大项目进口新设备，准予分期缴纳进口环节增值税。具体政策由财政部会同海关总署等有关部门制定。

二、投融资政策

（九）加强对集成电路重大项目建设的服务和指导，有序引导和规范集成电路产业发展秩序，做好规划布局，强化风险提示，避免低水平重复建设。

（十）鼓励和支持集成电路企业、软件企业加强资源整合，对企业按照市场化原则进行的重组并购，国务院有关部门和地方政府要积极支持引导，不得设置法律法规政策以外的各种形式的限制条件。

（十一）充分利用国家和地方现有的政府投资基金支持集成电路产业和软件产业发展，鼓励社会资本按照市场化原则，多渠道筹资，设立投资基金，提高基金市场化水平。

（十二）鼓励地方政府建立贷款风险补偿机制，支持集成电路企业、软件企业通过知识产权质押融资、股权质押融资、应收账款质押融资、供应链金融、科技及知识产权保险等手段获得商业贷款。充分发挥融资担保机构作用，积极为集成电路和软件领域小微企业提供各种形式的融资担保服务。

（十三）鼓励商业性金融机构进一步改善金融服务，加大对集成电路产业和软件产业的中长期贷款支持力度，积极创新适合集成电路产业和软件产业发展的信贷产品，在风险可控、商业可持续的前提下，加大对重大项目的金融支持力度；引导保险资金开展股权投资；支持银行理财公司、保险、信托等非银行金融机构发起设立专门性资管产品。

（十四）大力支持符合条件的集成电路企业和软件企业在境内外上市融资，加快境内上市审核流程，符合企业会计准则相关条件的研发支出可作资本化处理。鼓励支持符合条件的企业在科创板、创业板上市融资，通畅相关企业原始股东的退出渠道。通过不同层次的资本市场为不同发展阶段的集成电路企业和软件企业提供股权融资、股权转让等服务，拓展直接融资渠道，提高直接融资比重。

（十五）鼓励符合条件的集成电路企业和软件企业发行企业债券、公司债券、短期融资券和中期票据等，拓宽企业融资渠道，支持企业通过中长期债券等方式从债券市场筹集资金。

三、研究开发政策

（十六）聚焦高端芯片、集成电路装备和工艺技术、集成电路关键材料、集成电路设计工具、基础软件、工业软件、应用软件的关键核心技术研发，不断探索构建社会主义市场经济条件下关键核心技术攻关新型举国体制。科技部、国家发展改革委、工业和信息化部等部门做好有关工作的组织实施，积极利用国家重点研发计划、国家科技重大专项等给予支持。

（十七）在先进存储、先进计算、先进制造、高端封装测试、关键装备材料、新一代半导体技术等领域，结合行业特点推动各类创新平台建设。科技部、国家发展改革委、工业和信息化部等部门优先支持相关创新平台实施研发项目。

（十八）鼓励软件企业执行软件质量、信息安全、开发管理等国家标准。加强集成电路标准化组织建设，完善标准体系，加强标准验证，提升研发能力。提高集成电路和软件质量，增强行业竞争力。

四、进出口政策

（十九）在一定时期内，国家鼓励的重点集成电路设计企业和软件企业需要临时进口的自用设备（包括开发测试设备）、软硬件环境、样机及部件、元器件，符合规定的可办理暂时进境货物海关手续，其进口税收按照现行法规执行。

（二十）对软件企业与国外资信等级较高的企业签订的软件出口合同，金融机构可按照独立审贷和风险可控的原则提供融资和保险支持。

（二十一）推动集成电路、软件和信息技术服务出口，大力发展国际服务外包业务，支持企业建立境外营销网络。商务部会同相关部门与重点国家和地区建立长效合作机制，采取综合措施为企业拓展新兴市场创造条件。

五、人才政策

（二十二）进一步加强高校集成电路和软件专业建设，加快推进集成电路一级学科设置工作，紧密结合产业发展需求及时调整课程设置、教学计划和教学方式，努力培养复合型、实用型的高水平人才。加强集成电路和软件专业师资队伍、教学实验室和实习实训基地建设。教育部会同相关部门加强督促和指导。

（二十三）鼓励有条件的高校采取与集成电路企业合作的方式，加快推进示范性微电子学院建设。优先建设培育集成电路领域产教融合型企业。纳入产教融合型企业建设培育范围内的试点企业，兴办职业教育的投资符合规定的，可按投资额30%的比例，抵免该企业当年应缴纳的教育费附加和地方教育附加。鼓励社会相关产业投资基金加大投入，支持高校联合企业开展集成电路人才培养专项资源库建设。支持示范性微电子学院和特色化示范性软件学院与国际知名大学、跨国公司合作，引进国外师资和优质资源，联合培养集成电路和软件人才。

（二十四）鼓励地方按照国家有关规定表彰和奖励在集成电路和软件领域作出杰出贡献的高端人才，以及高水平工程师和研发设计人员，完善股权激励机制。通过相关人才项目，加大力度引进顶尖专家和优秀人才及团队。在产业集聚区或相关产业集群中优先探索引进集成电路和软件人才的相关政策。制定并落实集成电路和软件人才引进和培训年度计划，推动国家集成电路和软件人才国际培训基地建设，重点加强急需紧缺专业人才中长期培训。

（二十五）加强行业自律，引导集成电路和软件人才合理有序流动，避免恶性竞争。

六、知识产权政策

（二十六）鼓励企业进行集成电路布图设计专有权、软件著作权登记。支持集成电路企业和软件企业依法申请知识产权，对符合有关规定的，可给予相关支持。大力发展集成电路和软件相关知识产权服务。

（二十七）严格落实集成电路和软件知识产权保护制度，加大知识产权侵权违法行为惩治力度。加强对集成电路布图设计专有权、网络环境下软件著作权的保护，积极开发和应用正版软件网络版权保护技术，有效保护集成电路和软件知识产权。

（二十八）探索建立软件正版化工作长效机制。凡在中国境内销售的计算机（含大型计算机、服务器、微型计算机和笔记本电脑）所预装软件须为正版软件，禁止预装非正版软件的计算机上市销售。全面落实政府机关使用正版软件的政策措施，对通用软件实行政府集中采购，加强对软件资产的管理。推动重要行业和重点领域使用正版软件工作制度化规范化。加强使用正版软件工作宣传培训和督促检查，营造使用正版软件良好环境。

七、市场应用政策

（二十九）通过政策引导，以市场应用为牵引，加大对集成电路和软件创新产品的推广力度，带动技术和产业不断升级。

（三十）推进集成电路产业和软件产业集聚发展，支持信息技术服务产业集群、集成电路产业集群建设，支持软件产业园区特色化、高端化发展。

（三十一）支持集成电路和软件领域的骨干企业、科研院所、高校等创新主体建设以专业化众创空间为代表的各类专业化创新服务机构，优化配置技术、装备、资本、市场等创新资源，按照市场机制提供聚焦集成电路和软件领域的专业化服务，实现大中小企业融通发展。加大对服务于集成电路和软件产业的专业化众创空间、科技企业孵化器、大学科技园等专业化服务平台的支持力度，提升其专业化服务能力。

（三十二）积极引导信息技术研发应用业务发展服务外包。鼓励政府部门通过购买服务的方式，将电子政务建设、数据中心建设和数据处理工作中属于政府职责范围，且适合通过市场化方式提供的服务事项，交由符合条件的软件和信息技术服务机构承担。抓紧制定完善相应的安全审查和保密管理规定。鼓励大中型企业依托信息技术研发应用业务机构，成立专业化软件和信息技术服务企业。

（三十三）完善网络环境下消费者隐私及商业秘密保护制度，促进软件和信息技术服务网络化发展。在各级政府机关和事业单位推广符合安全要求的软件产品和服务。

（三十四）进一步规范集成电路产业和软件产业市场秩序，加强反垄断执法，依法打击各种垄断行为，做好经营者反垄断审查，维护集成电路产业和软件产业市场公平竞争。加强反不正当竞争执法，依法打击各类不正当竞争行为。

（三十五）充分发挥行业协会和标准化机构的作用，加快制定集成电路和软件相关标准，推广集成电路质量评价和软件开发成本度量规范。

八、国际合作政策

（三十六）深化集成电路产业和软件产业全球合作，积极为国际企业在华投资发展营造良好环境。鼓励国内高校和科研院所加强与海外高水平大学和研究机构的合作，鼓励国际企业在华建设研发中心。加强国内行业协会与国际行业组织的沟通交流，支持国内企业在境内外与国际企业开展合作，深度参与国际市场分工协作和国际标准制定。

（三十七）推动集成电路产业和软件产业"走出去"。便利国内企业在境外共建研发中心，更好利用国际创新资源提升产业发展水平。国家发展改革委、商务部等有关部门提高服务水平，为企业开展投资等合作营造良好环境。

九、附则

（三十八）凡在中国境内设立的符合条件的集成电路企业（含设计、生产、封装、测试、装备、材料企业）和软件企业，不分所有制性质，均可享受本政策。

（三十九）本政策由国家发展改革委会同财政部、税务总局、工业和信息化部、商务部、海关总署等部门负责解释。

（四十）本政策自印发之日起实施。继续实施国发〔2000〕18 号、国发〔2011〕4 号文件明确的政策，相关政策与本政策不一致的，以本政策为准。

财政部 海关总署 税务总局关于支持集成电路产业和软件产业发展进口税收政策的通知

财关税〔2021〕4 号

各省、自治区、直辖市、计划单列市财政厅（局），新疆生产建设兵团财政局，海关总署广东分署、各直属海关，国家税务总局各省、自治区、直辖市、计划单列市税务局，财政部各地监管局，国家税务总局驻各地特派员办事处：

为贯彻落实《国务院关于印发新时期促进集成电路产业和软件产业高质量发展若干政策的通知》（国发〔2020〕8 号），经国务院同意，现将有关进口税收政策通知如下：

一、对下列情形，免征进口关税：

（一）集成电路线宽小于 65 纳米（含，下同）的逻辑电路、存储器生产企业，以及线宽小于 0.25 微米的特色工艺（即模拟、数模混合、高压、射频、功率、光电集成、图像传感、微机电系统、绝缘体上硅工艺）集成电路生产企业，进口国内不能生产或性能不能满足需求的自用生产性（含研发用，下同）原材料、消耗品，净化室专用建筑材料、配套系统和集成电路生产设备（包括进口设备和国产设备）零配件。

（二）集成电路线宽小于 0.5 微米的化合物集成电路生产企业和先进封装测试企业，进口国内不能生产或性能不能满足需求的自用生产性原材料、消耗品。

（三）集成电路产业的关键原材料、零配件（即靶材、光刻胶、掩模版、封装载板、抛光垫、抛光液、8 英寸及以上硅单晶、8 英寸及以上硅片）生产企业，进口国内不能生产或性能不能满足需求的自用生产性原材料、消耗品。

（四）集成电路用光刻胶、掩模版、8 英寸及以上硅片生产企业，进口国内不能生产或性能不能满足需求的净化室专用建筑材料、配套系统和生产设备（包括进口设备和国产设备）零配件。

（五）国家鼓励的重点集成电路设计企业和软件企业，以及符合本条第（一）、（二）项的企业（集成电路生产企业和先进封装测试企业）进口自用设备，及按照合同随设备进口的技术（含软件）及配套件、备件，但《国内投资项目不予免税的进口商品目录》、《外商投资项目不予免税的进口商品目录》和《进口不予免税的重大技术装备和产品目录》所列商品除外。上述进口商品不占用投资总额，相关项目不需出具项目确认书。

二、根据国内产业发展、技术进步等情况，财政部、海关总署、税务总局将会同国家发展改革委、工业和信息化部对本通知第一条中的特色工艺类型和关键原材料、零配件类型适时调整。

三、承建集成电路重大项目的企业自 2020 年 7 月 27 日至 2030 年 12 月 31 日期间进口新设备，除《国内投资项目不予免税的进口商品目录》、《外商投资项目不予免税的进口商品目录》和《进口不予免税的重大技术装备和产品目录》所列商品外，对未缴纳的税款提供海关认可的税款担保，准予在首台设备进口之后的 6 年（连续 72 个月）期限内分期缴纳进口环节增值税，6 年内每年（连续 12 个月）依次缴纳进口环节增值税总额的 0%、20%、20%、20%、20%、20%，自首台设备进口之日起已经缴纳的税款不予退还。在分期纳税期间，海关对准予分期缴纳的税款不予征收滞纳金。

四、支持集成电路产业和软件产业发展进口税收政策管理办法由财政部、海关总署、税务总局会同国家发展改革委、工业和信息化部另行制定印发。

五、本通知自 2020 年 7 月 27 日至 2030 年 12 月 31 日实施。自 2020 年 7 月 27 日，至第一批免税进口企业清单印发之日后 30 日内，已征的应免关税税款准予退还。

六、自 2021 年 4 月 1 日起，《财政部关于部分集成电路生产企业进口自用生产性原材料 消耗品税收政策的通知》（财税〔2002〕136 号）、《财政部关于部分集成电路生产企业进口净化室专用建筑材料等物资税收政策问题的通知》（财税〔2002〕152 号）、《财政部 海关总署 国家税务总局 信息产业部关于线宽小于 0.8 微米（含）集成电路企业进口自用生产性原材料 消耗品享受税收优惠政策的通知》（财关税〔2004〕45 号）、《财政部 发展改革委 工业和信息化部 海关总署 国家税务总局关于调整集成电路生产企业进口自用生产性原材料 消耗品免税商品清单的通知》（财关税〔2015〕46 号）废止。

自 2020 年 7 月 27 日至 2021 年 3 月 31 日，既可享受本条上述 4 个文件相关政策又可享受本通知第一条第（一）、（二）项相关政策的免税进口企业，对同一张报关单，自主选择适用本条上述 4 个文件相关政策或本通知第一条第（一）、（二）项相关政策，不得累计享受税收优惠。

财政部 海关总署 税务总局
2021 年 3 月 16 日

财政部 国家发展改革委 工业和信息化部 海关总署 税务总局关于支持集成电路产业和软件产业发展进口税收政策管理办法的通知

财关税〔2021〕5 号

各省、自治区、直辖市、计划单列市财政厅（局）、发展改革委、工业和信息化主管部门，新疆生产建设兵团财政局、发展改革委、工业和信息化局，海关总署广东分署、各直属海关，国家税务总局各省、自治区、直辖市、计划单列市税务局，财政部各地监管局，国家税务总局驻各地特派员办事处：

为落实《财政部 海关总署 税务总局关于支持集成电路产业和软件产业发展进口税收政策的通知》（财关税〔2021〕4 号，以下称《通知》），现将政策管理办法通知如下：

一、国家发展改革委会同工业和信息化部、财政部、海关总署、税务总局制定并联合印发享受免征进口关税的集成电路生产企业、先进封装测试企业和集成电路产业的关键原材料、零配件生产企业清单。

二、国家发展改革委、工业和信息化部会同财政部、海关总署、税务总局制定并联合印发享受免征进口关税的国家鼓励的重点集成电路设计企业和软件企业清单。

三、工业和信息化部会同国家发展改革委、财政部、海关总署、税务总局制定并联合印发国内不能生产或性能不能满足需求的自用生产性（含研发用）原材料、消耗品和净化室专用建筑材料、配套系统及生产设备（包括进口设备和国产设备）零配件的免税进口商品清单。

四、国家发展改革委会同工业和信息化部制定可享受进口新设备进口环节增值税分期纳税的集成电路重大项目标准和享受分期纳税承建企业的条件，并根据上述标准、条件确定集成电路重大项目建议名单和承建企业建议名单，函告财政部，抄送海关总署、税务总局。财政部会同海关总署、税务总局确定集成电路重大项目名单和承建企业名单，通知省级（包括省、自治区、直辖市、计划单列市、新疆生产建设兵团，下同）财政厅（局）、企业所在地直属海关、省级税务局。

承建企业应于承建的集成电路重大项目项下申请享受分期纳税的首台新设备进口 3 个月前，向省级财政厅（局）提出申请，附项目投资金额、进口设备时间、年度进口新设备金额、年度进口新设备进口环节增值税额、税款担保方案等信息，抄送企业所在地直属海关、省级税务局。省级财政厅（局）会同企业所在地直属海关、省级税务局初核后报送财政部，抄送海关总署、税务总局。

财政部会同海关总署、税务总局确定集成电路重大项目的分期纳税方案（包括项目名称、承建企业名称、分期纳税起止时间、分期纳税总税额、每季度纳税额等），通知省级财政厅（局）、企业所在地直属海关、省级税务局，由企业所在地直属海关告知相关企业。

分期纳税方案实施中，如项目名称发生变更，承建企业发生名称、经营范围变更等情形的，承建企业应在完成变更登记之日起 60 日内，向省级财政厅（局）、企业所在地直属海关、省级税务局报送变更情况说明，申请变更分期纳税方案相应内容。省级财政厅（局）会同企业所在地直属海关、省级税务局确定变更结果，并由省级财政厅（局）函告企业所在地直属海关，抄送省级税务局，报财政部、海关总署、税务总局备案。企业所在地直属海关将变更结果告知承建企业。承建企业超过本款前述时间报送变更情况说明的，省级财政厅（局）、企业所在地直属海关、省级税务局不予受理，该项目不再享受分期纳税，已进口设备的未缴纳税款应在完成变更登记次月起 3 个月内缴纳完毕。

享受分期纳税的进口新设备，应在企业所在地直属海关关区内申报进口。按海关事务担保的规定，承建企业对未缴纳的税款应提供海关认可的税款担保。海关对准予分期缴纳的税款不予征收滞纳金。承建企业在最后一次纳税时，由海关完成该项目全部应纳税款的汇算清缴。如违反规定，逾期未及时缴纳税款的，该项目不再享受分期纳税，已进口设备的未缴纳税款应在逾期未缴纳情形发生次月起 3 个月内缴纳完毕。

五、《通知》第一条第（五）项和第三条中的企业进口设备，同时适用申报进口当期的《国内投资项目不予免税的进口商品目录》、《外商投资项目不予免税的进口商品目录》、《进口不予免税的重大技术装备和产品目录》所列商品的累积范围。

六、免税进口企业应按照海关有关规定，办理有关进口商品的减免税手续。

七、本办法第一、二条中，国家发展改革委牵头制定或者国家发展改革委、工业和信息化部牵头制定的第一批免税进口企业清单自 2020 年 7 月 27 日实施，至该清单印发之日后 30 日内，已征的应免关税税款准予退还。本办法第三条中，工业和信息化部牵头制定的第一批免税进口商品清单自 2020 年 7 月 27 日实施。以后批次制定的免税进口企业清单、免税进口商品清单，分别自其印发之日后第 20 日起实施。

八、本办法第一、二条中的免税进口企业发生名称、经营范围变更等情形的，应自完成变更登记之日起 60 日内，将有关变更情况说明报送牵头部门。牵头部门分别按照本办法第一、二条规定，确定变更后的企业自变更登记之日起能否继续享受政策。企业超过本条前述时间报送变更情况说明的，牵头部门不予受理，该企业自变更登记之日起停止享受政策。确定结果或不予受理情况由牵头部门函告海关总署（确定结果较多时，每年至少分两批函告），抄送第一、二条中其他部门。

九、免税进口企业应按有关规定使用免税进口商品，如违反规定，将免税进口商品擅自转让、移作他用或者进行其他处置，被依法追究刑事责任的，在《通知》

剩余有效期限内停止享受政策。

十、免税进口企业如存在以虚报情况获得免税资格，由国家发展改革委会同工业和信息化部、财政部、海关总署、税务总局等部门查实后，国家发展改革委函告海关总署，自函告之日起，该企业在《通知》剩余有效期限内停止享受政策。

十一、财政等有关部门及其工作人员在政策执行过程中，存在违反执行政策规定的行为，以及滥用职权、玩忽职守、徇私舞弊等违法违纪行为的，依照国家有关规定追究相应责任；涉嫌犯罪的，依法追究刑事责任。

十二、本办法有效期为 2020 年 7 月 27 日至 2030 年 12 月 31 日。

财政部 国家发展改革委 工业和信息化部
海关总署 税务总局
2021 年 3 月 22 日

财政部 海关总署 国家税务总局 关于新型显示器件项目进口设备 增值税分期纳税政策的通知

财关税〔2016〕30 号

各省、自治区、直辖市、计划单列市财政厅（局）、国家税务局，新疆生产建设兵团财务局，海关总署广东分署、各直属海关，财政部驻各省、自治区、直辖市、计划单列市财政监察专员办事处：

为落实中央经济工作会议有关精神，推进新常态下信息技术产业实体经济发展，促进产业结构优化升级，支持国内新型显示器件生产企业降低税费成本，更好地参与国际竞争，经国务院批准，现将新型显示器件项目进口设备增值税分期纳税的有关政策通知如下：

一、对新型显示器件项目于 2015 年 1 月 1 日至 2018 年 12 月 31 日期间进口的关键新设备，准予在首台设备进口之后的 6 年（连续 72 个月）期限内，分期缴纳进口环节增值税，6 年内每年（连续 12 个月）依次缴纳进口环节增值税总额的 0%、20%、20%、20%、20%、20%，期间允许企业缴纳税款超过上述比例。

二、新型显示器件生产企业在分期纳税期间，按海关事务担保的规定，对未缴纳的税款提供海关认可的银行保证金或银行保函形式的税款担保，不予征收缓税利息和滞纳金。

三、对企业已经缴纳的进口环节增值税不予退还。

四、上述分期纳税有关政策的具体操作办法依照《关于新型显示器件项目进口设备增值税分期纳税的暂行规定》（见附件）执行。

附件：关于新型显示器件项目进口设备增值税分期纳税的暂行规定

财政部 海关总署 国家税务总局
2016 年 6 月 1 日

附件：

关于新型显示器件项目进口设备
增值税分期纳税的暂行规定

一、根据国务院批准的对新型显示器件项目进口设备增值税分期纳税有关政策的精神，特制定本规定。

二、承建新型显示器件项目的企业至少于首台设备进口时间的 3 个月前，分别向省级（含自治区、直辖市、计划单列市，下同）财政部门、企业所在地直属海关提交进口设备增值税分期纳税的申请。（一）企业申请文件需说明企业及项目有关情况，如项目建设进度、产能设计和初期产量、投产和量产时间、产品类型等，并附投资主管部门出具的项目备案（或核准）文件，如已取得鼓励类项目确认书应一并报送。（二）企业申报享受分期纳税政策的进口环节增值税总额，同时说明有关进口关键新设备的种类、金额以及进口起止时间等相关信息。（三）按照海关事务担保的规定，企业还应申报在分期纳税期间提供税款担保的具体方案，包括拟提供税款担保的种类、担保机构的名称、担保金额、次数、期限等内容。（四）经企业所在地直属海关同意后，企业在申报时可选择按季度或按月分期缴纳进口环节增值税的方式。

三、省级财政部门在接到相关企业申请文件后，会同企业所在地直属海关应在 1 个月内完成对企业申请文件的完备性和合规性的初审，并出具审核意见。初审应确保企业申请享受政策的设备属于 2015 年 1 月 1 日至 2018 年 12 月 31 日期间进口的关键新设备。企业申请及初审材料齐全后，由省级人民政府将上述材料及时报送财政部，并抄报海关总署和国家税务总局。

四、财政部会同海关总署、国家税务总局对申报材料进行审核，确定准予分期纳税的总税额，并按此税额分期征缴。自企业申报的首台设备进口时间开始，第一年（即前 12 个月）不需缴纳设备进口环节增值税。从第二年开始，按季度或按月分期缴纳进口环节增值税：即从首台设备进口时间的次年所对应的季度开始，于每季度的最后 15 日内向企业所在地直属海关至少缴纳准予分期纳税总税额的 1/20；或从首台设备进口时间的次年所对应的月份开始，于每月的最后 10 日内向企业所在地直属海关至少缴纳准予分期纳税总税额的 1/60；期间允许企业缴纳税款超过上述比例。

五、财政部会同海关总署、国家税务总局对申请材料审核同意后，正式通知相关省级财政部门、企业所在地直属海关和省级国家税务局，并抄送相关省级人民政府，由省级人民政府通知相关企业。相关企业凭此通知并按照申请文件中载明的税款担保方案提供海关认可的银行保证金或银行保函，到企业所在地直属海关办理准予分期纳税的有关手续。

六、在准予分期纳税的 6 个年度内，对经核定的准予分期缴纳的税款，不征收缓税利息和滞纳金。企业应主动配合海关履行纳税义务，否则不能享受分期纳税的有关优惠政策。

七、企业在分期纳税期间，如实际进口金额超出原有申报金额20%时，须及时向省级财政部门提交变更申请。省级财政部门会同企业所在地直属海关审核后，上报财政部并抄送海关总署、国家税务总局。财政部会同海关总署和国家税务总局负责审核，若审核同意，则通知相关省级财政部门、企业所在地直属海关和省级国家税务局纳税方案的变更。如企业实际进口金额低于原有申报金额80%时，也可依照上述流程提交分期纳税方案的变更申请。

八、企业在最后一次纳税时，海关应对该项目全部应纳税款进行汇算清缴，并完成项目实际应纳税额的计征工作。企业所在地直属海关会同省级财政部门将企业在分期纳税期间的实际纳税情况汇总报送财政部、海关总署和国家税务总局。

九、本规定由财政部会同海关总署、国家税务总局负责解释。

财政部 海关总署 税务总局关于有源矩阵有机发光二极管显示器件项目进口设备增值税分期纳税政策的通知

财关税〔2019〕47号

各省、自治区、直辖市、计划单列市财政厅（局），新疆生产建设兵团财政局，海关总署广东分署、各直属海关，国家税务总局各省、自治区、直辖市、计划单列市税务局，财政部各地监管局，国家税务总局驻各地特派员办事处：

为支持新型显示产业发展，现将有源矩阵有机发光二极管（AMOLED）显示器件项目进口设备增值税分期纳税的有关政策通知如下：

一、对有源矩阵有机发光二极管（AMOLED）显示器件项目于2019年1月1日至2020年12月31日期间进口的关键新设备，准予在首台设备进口之后的6年（连续72个月）期限内，分期缴纳进口环节增值税，6年内每年（连续12个月）依次缴纳进口环节增值税总额的0%、20%、20%、20%、20%、20%，期间允许企业缴纳税款超过上述比例。

二、有源矩阵有机发光二极管（AMOLED）显示器件生产企业在分期纳税期间，按海关事务担保的规定，对未缴纳的税款提供海关认可的银行保证金或银行保函形式的税款担保，不予征收缓税利息和滞纳金。

三、对企业已经缴纳的进口环节增值税不予退还。

四、上述分期纳税有关政策的具体操作办法依照《关于有源矩阵有机发光二极管显示器件项目进口设备增值税分期纳税的暂行规定》（见附件）执行。

附件：关于有源矩阵有机发光二极管显示器件项目进口设备增值税分期纳税的暂行规定

财政部 海关总署 税务总局
2019年12月16日

附件：

关于有源矩阵有机发光二极管显示器件项目
进口设备增值税分期纳税的暂行规定

一、根据对有源矩阵有机发光二极管（AMOLED）显示器件项目实施进口设备增值税分期纳税有关政策的精神，特制定本规定。

二、承建有源矩阵有机发光二极管（AMOLED）显示器件项目的企业，向省级（含自治区、直辖市、计划单列市，下同）财政部门提交进口设备增值税分期纳税的申请，并抄送企业所在地直属海关、省级税务局。（一）企业申请文件需说明企业及项目有关情况，如项目建设进度、产能设计和初期产量、投产和量产时间、产品类型等，并附投资主管部门出具的项目备案（或核准）文件，如已取得鼓励类项目确认书应一并报送。（二）企业申报享受分期纳税政策的进口环节增值税总额，同时说明有关进口关键新设备的种类、金额以及进口起止时间等相关信息。（三）按照海关事务担保的规定，企业还应申报在分期纳税期间提供税款担保的具体方案，包括拟提供税款担保的种类、担保机构的名称、担保金额、次数、期限等内容。（四）经企业所在地直属海关同意后，企业在申报时可选择按季度或按月分期缴纳进口环节增值税的方式。

三、省级财政部门在接到相关企业申请文件后，会同企业所在地直属海关、省级税务局应在 1 个月内完成对企业申请文件的完备性和合规性的初审，并出具审核意见。初审应确保企业申请享受政策的设备属于 2019 年 1 月 1 日至 2020 年 12 月 31 日期间进口的关键新设备。企业申请及初审材料齐全后，由省级财政部门会同企业所在地直属海关、省级税务局将上述材料及时报送财政部、海关总署、税务总局。

四、财政部会同海关总署、税务总局对申报材料进行审核，确定准予分期纳税的总税额，并按此税额分期征缴。自企业申报的首台设备进口时间开始，第一年（即前 12 个月）不需缴纳设备进口环节增值税。从第二年开始，按季度或按月分期缴纳进口环节增值税：即从首台设备进口时间的次年所对应的季度开始，于每季度的最后 15 日内向企业所在地直属海关至少缴纳准予分期纳税总税额的 1/20；或从首台设备进口时间的次年所对应的月份开始，于每月的最后 10 日内向企业所在地直属海关至少缴纳准予分期纳税总税额的 1/60；期间允许企业缴纳税款超过上述比例。

五、财政部会同海关总署、税务总局对申请材料审核同意后，正式通知相关省级财政部门、企业所在地直属海关、省级税务局，由省级财政部门告知相关企业。相关企业按照申请文件中载明的税款担保方案提供海关认可的银行保证金或银行保函，到企业所在地直属海关办理准予分期纳税的有关手续。

六、在准予分期纳税的 6 个年度内，对经核定的准予分期缴纳的税款，不征收缓税利息和滞纳金。企业应主动配合海关履行纳税义务，否则不能享受分期纳税的有关优惠政策。

七、企业在分期纳税期间，如实际进口金额超出原申报金额 20% 时，须及时向省级财政部门提交变更申请，并抄送企业所在地直属海关、省级税务局。省级财政部门会同企业所在地直属海关、省级税务局审核后，上报财政部、海关总署、税务总局。财政部会同海关总署、税务总局负责审核，若审核同意，则通知相关省级财政部门、企业所在地直属海关、省级税务局纳税方案的变更，由省级财政部门告知相关企业。如企业实际进口金额低于原申报金额 80% 时，也可依照上述流程提交分期纳税方案的变更申请。

八、企业在最后一次纳税时，海关应对该项目全部应纳税款进行汇算清缴，并完成项目实际应纳税额的计征工作。企业所在地直属海关会同省级财政部门、省级税务局将企业在分期纳税期间的实际纳税情况汇总报送财政部、海关总署、税务总局。

九、财政、海关、税务部门及其工作人员在政策执行过程中，存在违反执行政策规定的行为，以及滥用职权、玩忽职守、徇私舞弊等违法违纪行为的，依照《中华人民共和国预算法》《中华人民共和国公务员法》《中华人民共和国监察法》《财政违法行为处罚处分条例》等国家有关规定追究相应责任；涉嫌犯罪的，依法移送司法机关处理。

十、本规定由财政部会同海关总署、税务总局负责解释。

财政部 海关总署 税务总局关于 2021—2030 年支持新型显示 产业发展进口税收政策的通知

财关税〔2021〕19 号

各省、自治区、直辖市、计划单列市财政厅（局），新疆生产建设兵团财政局，海关总署广东分署、各直属海关，国家税务总局各省、自治区、直辖市、计划单列市税务局，财政部各地监管局，国家税务总局驻各地特派员办事处：

为加快壮大新一代信息技术，支持新型显示产业发展，现将有关进口税收政策通知如下：

一、自 2021 年 1 月 1 日至 2030 年 12 月 31 日，对新型显示器件（即薄膜晶体管液晶显示器件、有源矩阵有机发光二极管显示器件、Micro—LED 显示器件，下同）生产企业进口国内不能生产或性能不能满足需求的自用生产性（含研发用，下同）原材料、消耗品和净化室配套系统、生产设备（包括进口设备和国产设备）零配件，对新型显示产业的关键原材料、零配件（即靶材、光刻胶、掩模版、偏光片、彩色滤光膜）生产企业进口国内不能生产或性能不能满足需求的自用生产性原材料、消耗品，免征进口关税。

根据国内产业发展、技术进步等情况，财政部、海关总署、税务总局将会同国家发展改革委、工业和信息化部对上述关键原材料、零配件类型适时调整。

二、承建新型显示器件重大项目的企业自 2021 年 1 月 1 日至 2030 年 12 月 31 日期间进口新设备，除《国内投资项目不予免税的进口商品目录》、《外商投资项目不予免税的进口商品目录》和《进口不予免税的重大技术装备和产品目录》所列商品外，对未缴纳的税款提供海关认可的税款担保，准予在首台设备进口之后的 6 年（连续 72 个月）期限内分期缴纳进口环节增值税，6 年内每年（连续 12 个月）依次缴纳进口环节增值税总额的 0%、20%、20%、20%、20%、20%，自首台设备进口之日起已经缴纳的税款不予退还。在分期纳税期间，海关对准予分期缴纳的税款不予征收滞纳金。

三、第一条中所述国内不能生产或性能不能满足需求的免税进口商品清单，由工业和信息化部会同国家发展改革委、财政部、海关总署、税务总局另行制定印发，并动态调整。

四、2021—2030 年支持新型显示产业发展进口税收政策管理办法由财政部、海关总署、税务总局会同国家发展改革委、工业和信息化部另行制定印发。

财政部 海关总署 税务总局

2021 年 3 月 31 日

财政部 国家发展改革委 工业和信息化部 海关总署 税务总局关于2021—2030年支持新型显示产业发展进口税收政策管理办法的通知

财关税〔2021〕20 号

各省、自治区、直辖市、计划单列市财政厅（局）、发展改革委、工业和信息化主管部门，新疆生产建设兵团财政局、发展改革委、工业和信息化局，海关总署广东分署、各直属海关，国家税务总局各省、自治区、直辖市、计划单列市税务局，财政部各地监管局，国家税务总局驻各地特派员办事处：

为落实《财政部 海关总署 税务总局关于2021—2030年支持新型显示产业发展进口税收政策的通知》（财关税〔2021〕19 号，以下简称《通知》），现将政策管理办法通知如下：

一、国家发展改革委会同工业和信息化部、财政部、海关总署、税务总局制定并联合印发享受免征进口关税的新型显示器件生产企业和新型显示产业的关键原材料、零配件生产企业名单。

二、工业和信息化部会同国家发展改革委、财政部、海关总署、税务总局制定并联合印发国内不能生产或性能不能满足需求的自用生产性（含研发用）原材料、消耗品和净化室配套系统、生产设备（包括进口设备和国产设备）零配件的免税进口商品清单。

三、国家发展改革委会同工业和信息化部制定可享受进口新设备进口环节增值税分期纳税的新型显示器件重大项目标准和享受分期纳税承建企业的条件，并根据上述标准、条件确定新型显示器件重大项目建议名单和承建企业建议名单，函告财政部，抄送海关总署、税务总局。财政部会同海关总署、税务总局确定新型显示器件重大项目名单和承建企业名单，通知省级（包括省、自治区、直辖市、计划单列市、新疆生产建设兵团，下同）财政厅（局）、企业所在地直属海关、省级税务局。

承建企业应于承建的新型显示器件重大项目项下申请享受分期纳税的首台新设备进口3个月前，向省级财政厅（局）提出申请，附项目投资金额、进口设备时间、年度进口新设备金额、年度进口新设备进口环节增值税额、税款担保方案等信息，抄送企业所在地直属海关、省级税务局。省级财政厅（局）会同企业所在地直属海关、省级税务局初核后报送财政部，抄送海关总署、税务总局。

财政部会同海关总署、税务总局确定新型显示器件重大项目的分期纳税方案（包括项目名称、承建企业名称、分期纳税起止时间、分期纳税总税额、每季度纳税额等），通知省级财政厅（局）、企业所在地直属海关、省级税务局，由企业所在地直属海关告知相关企业。

分期纳税方案实施中，如项目名称发生变更，承建企业发生名称、经营范围变更等情形的，承建企业应在完成变更登记之日起60日内，向省级财政厅（局）、企业所在地直属海关、省级税务局报送变更情况说明，申请变更分期纳税方案相应内容。省级财政厅（局）会同企业所在地直属海关、省级税务局确定变更结果，并由省级财政厅（局）函告企业所在地直属海关，抄送省级税务局，报财政部、海关总署、税务总局备案。企业所在地直属海关将变更结果告知承建企业。承建企业超过本款前述时间报送变更情况说明的，省级财政厅（局）、企业所在地直属海关、省级税务局不予受理，该项目不再享受分期纳税，已进口设备的未缴纳税款应在完成变更登记次月起3个月内缴纳完毕。

享受分期纳税的进口新设备，应在企业所在地直属海关关区内申报进口。按海关事务担保的规定，承建企业对未缴纳的税款应提供海关认可的税款担保。海关对准予分期缴纳的税款不予征收滞纳金。承建企业在最后一次纳税时，由海关完成该项目全部应纳税款的汇算清缴。如违反规定，逾期未及时缴纳税款的，该项目不再享受分期纳税，已进口设备的未缴纳税款应在逾期未缴纳情形发生次月起3个月内缴纳完毕。

四、《通知》第二条中的企业进口新设备，同时适用申报进口当期的《国内投资项目不予免税的进口商品目录》、《外商投资项目不予免税的进口商品目录》、《进口不予免税的重大技术装备和产品目录》所列商品的累积范围。

五、免税进口单位应按照海关有关规定，办理有关进口商品的减免税手续。

六、本办法第一、二条中，国家发展改革委、工业和信息化部分别牵头制定的名单、清单应注明批次。其中第一批名单、清单自2021年1月1日实施，至第一批名单印发之日后30日内已征的应免关税税款，依免税进口单位申请准予退还。以后批次的名单、清单，分别自印发之日后第20日起实施。

七、免税进口单位发生名称、经营范围变更等情形的，应在《通知》有效期限内及时将有关变更情况说明报送国家发展改革委。国家发展改革委按照第一条规定，确定变更后的单位自变更登记之日起能否继续享受政策，并注明变更登记日期。确定结果由国家发展改革委函告海关总署（确定结果较多时，每年至少分两批函告），抄送工业和信息化部、财政部、税务总局。

八、免税进口单位应按有关规定使用免税进口商品，如违反规定，将免税进口商品擅自转让、移作他用或者进行其他处置，被依法追究刑事责任的，在《通知》剩余有效期限内停止享受政策。

九、免税进口单位如存在以虚报情况获得免税资格，由国家发展改革委会同工业和信息化部、财政部、海关总署、税务总局等部门查实后，国家发展改革委函告海关总署，自函告之日起，该单位在《通知》剩余有效期限内停止享受政策。

十、财政等有关部门及其工作人员在政策执行过程中，存在违反执行政策规定的行为，以及滥用职权、玩忽职守、徇私舞弊等违法违纪行为的，依照国家有关规定追究相应责任；涉嫌犯罪的，依法追究刑事责任。

十一、本办法有效期为 2021 年 1 月 1 日至 2030 年 12 月 31 日。

财政部 国家发展改革委 工业和信息化部
海关总署 税务总局
2021 年 3 月 31 日

国务院关于调整进口设备
税收政策的通知

国发〔1997〕37号

各省、自治区、直辖市人民政府，国务院各部委、各直属机构：

为进一步扩大利用外资，引进国外的先进技术和设备，促进产业结构的调整和技术进步，保持国民经济持续、快速、健康发展，国务院决定，自1998年1月1日起，对国家鼓励发展的国内投资项目和外商投资项目进口设备，在规定的范围内，免征关税和进口环节增值税。现就有关问题通知如下：

一、进口设备免税的范围

（一）对符合《外商投资产业指导目录》鼓励类和限制乙类，并转让技术的外商投资项目，在投资总额内进口的自用设备，除《外商投资项目不予免税的进口商品目录》所列商品外，免征关税和进口环节增值税。

外国政府贷款和国际金融组织贷款项目进口的自用设备、加工贸易外商提供的不作价进口设备，比照上款执行，即除《外商投资项目不予免税的进口商品目录》所列商品外，免征关税和进口环节增值税。

（二）对符合《当前国家重点鼓励发展的产业、产品和技术目录》的国内投资项目，在投资总额内进口的自用设备，除《国内投资项目不予免税的进口商品目录》所列商品外，免征关税和进口环节增值税。

（三）对符合上述规定的项目，按照合同随设备进口的技术及配套件、备件，也免征关税和进口环节增值税。

（四）在上述规定范围之外的进口设备减免税，由国务院决定。

二、进口设备免税的管理

（一）投资项目的可行性研究报告审批权限、程序，仍按国家现行有关规定执行。限额以上项目，由国家计委或国家经贸委分别审批。限额以下项目，由国务院授权的省级人民政府、国务院有关部门、计划单列市人民政府和国家试点企业集团审批，但外商投资项目须按《指导外商投资方向暂行规定》审批。审批机构在批复可行性研究报告时，对符合《外商投资产业指导目录》鼓励类和限制乙类，或者《当前国家重点鼓励发展的产业、产品和技术目录》的项目，或者利用外国政府贷款和国际金融组织贷款项目，按统一格式出具确认书。限额以下项目，应按项目投资性质，将确认书随可行性研究报告分别报国家计委或国家经贸委备案。对违反规定审批的单位，要严肃处理。

（二）项目单位凭项目可行性研究报告的审批机构出具的确认书，其中外商投资项目还须凭外经贸部门批准设立企业的文件和工商行政管理部门颁发的营业执照，到其主管海关办理进口免税手续。加工贸易单位进口外商提供的不作价设备，凭批准的加工贸易合同到其主管海关办理进口免税手续。海关根据这些手续并对照不予免税的商品目录进行审核。

（三）海关总署要对准予免税的项目统一编号，建立数据库，加强稽查，严格监管，并积极配合有关部门做好核查工作。

（四）各有关单位都要注意简化操作环节，精简审批程序，加快审批速度，使此项重大免税政策落到实处，收到实效。

三、结转项目进口设备的免税

（一）对 1996 年 3 月 31 日以前按国家规定程序批准的技术改造项目进口设备，从 1998 年 1 月 1 日起，按原批准的减免税设备范围，免征进口关税和进口环节增值税，由项目单位凭原批准文件到其主管海关办理免税手续。

（二）对 1996 年 4 月 1 日至 1997 年 12 月 31 日按国家规定程序批准设立的外商投资项目和国内投资项目的进口设备，以及 1995 年 1 月 1 日至 1997 年 12 月 31 日利用外国政府贷款和国际金融组织贷款项目的进口设备，从 1998 年 1 月 1 日起，除本规定明确不予免税的进口商品外，免征进口关税和进口环节增值税，由项目单位凭原批准的文件到其主管海关办理免税手续。

国务院

1997 年 12 月 29 日

财政部 国家发展改革委 海关总署 国家税务总局关于调整《国内投资 项目不予免税的进口商品 目录》的公告

财政部 国家发展改革委 海关总署 国家税务总局

公告 2012 年第 83 号

为加快转变经济发展方式、推动产业结构调整和优化升级，积极鼓励企业引进国内不能生产的先进技术设备，统筹兼顾对外开放和国内发展，促进先进技术引进和企业自主创新，财政部、国家发展改革委、海关总署、国家税务总局在广泛收集、整理各地方、有关部门、行业协会、企业意见的基础上，针对《国内投资项目不予免税的进口商品目录（2008 年调整）》（以下简称《2008 年目录》）执行中存在的问题，对《2008 年目录》中的部分条目进行了调整，形成了《国内投资项目不予免税的进口商品目录（2012 年调整）》（以下简称《2012 年目录》），现将有关事项公告如下：

一、根据近年来国内装备制造水平和相关产业发展的变化，对《2008 年目录》中部分条目所列技术规格进行了相关调整。另外，根据《中华人民共和国进出口税则》对《2008 年目录》中部分条目所列税则号列进行了相应调整和修正，同时对部分商品的名称等内容进行了调整和修正，调整后形成的《2012 年目录》详见附件。

二、《2012 年目录》自 2013 年 1 月 1 日起执行，即 2013 年 1 月 1 日及以后新批准的国内投资项目（以项目的审批、核准或备案日期为准，下同），其进口设备一律按照《2012 年目录》执行。

为保证老项目顺利实施，对 2013 年 1 月 1 日以前批准的国内投资项目，其进口设备在 2013 年 6 月 30 日及以前申报进口的，仍按照《2008 年目录》执行。但对于有关进口设备按照《2008 年目录》审核不符合免税条件的，而按照《2012 年目录》审核符合免税条件的，自 2013 年 1 月 1 日起，可以按照《2012 年目录》执行。货物已经征税进口的，不再予以调整。

自 2013 年 7 月 1 日起，国内投资项目项下申报进口的设备一律按照《2012 年目录》执行。

三、现行政策对国内投资项目项下进口设备的免税条件另有规定的，有关进口设备仍需执行相关规定。但此前公布实施的《进口不予免税的重大技术装备和产品目录（2012 年修订）》中相关装备和产品的技术指标与《2012 年目录》不一致的，以《2012 年目录》所列技术规格为准，并自 2013 年 1 月 1 日起一并调整。

附件：国内投资项目不予免税的进口商品目录（2012 年调整，略）

财政部 国家发展改革委
海关总署 国家税务总局
2012 年 12 月 24 日

财政部 海关总署 国家税务总局公告

2008 年第 43 号

为配合全国增值税转型改革，规范税制，经国务院批准，对部分进口税收优惠政策进行相应调整，现将有关事项公告如下：

一、自 2009 年 1 月 1 日起，对《国务院关于调整进口设备税收政策的通知》（国发〔1997〕37 号）中国家鼓励发展的国内投资项目和外商投资项目进口的自用设备、外国政府贷款和国际金融组织贷款项目进口设备、加工贸易外商提供的不作价进口设备以及按照合同随上述设备进口的技术及配套件、备件，恢复征收进口环节增值税，在原规定范围内继续免征关税。

二、自 2009 年 1 月 1 日起，对《海关总署关于进一步鼓励外商投资有关进口税收政策的通知》（署税〔1999〕791 号）中规定的外商投资企业和外商投资设立的研究开发中心进行技术改造以及按《中西部地区外商投资优势产业目录》批准的外商投资项目进口的自用设备及其配套技术、配件、备件，恢复征收进口环节增值税，在原规定范围内继续免征关税。

三、自 2009 年 1 月 1 日起，对软件生产企业、集成电路生产企业、城市轨道交通项目以及其他比照《国务院关于调整进口设备税收政策的通知》（国发〔1997〕37 号）执行的企业和项目，进口设备及其配套技术、配件、备件，一律恢复征收进口环节增值税，在原规定范围内继续免征关税。

四、对 2008 年 11 月 10 日以前获得《国家鼓励发展的内外资项目确认书》的项目，于 2009 年 6 月 30 日及以前申报进口的设备及其配套技术、配件、备件，按原规定继续执行免征关税和进口环节增值税的政策，2009 年 7 月 1 日及以后申报进口的，一律恢复征收进口环节增值税，符合原免税规定的，继续免征关税。

财政部 海关总署 国家税务总局
2008 年 12 月 25 日

海关总署关于进一步鼓励外商投资
有关进口税收政策的通知

署税〔1999〕791 号

广东分署，各直属海关、院校：

根据国务院指示精神，为了鼓励外商投资，决定进一步扩大对外商投资企业的进口税收优惠政策，经商外经贸部、国家经贸委、财政部，现就有关问题通知如下：

一、对已设立的鼓励类和限制乙类外商投资企业、外商投资研究开发中心、先进技术型和产品出口型外商投资企业（以下简称五类企业）技术改造，在原批准的生产经营范围内进口国内不能生产或性能不能满足需要的自用设备及其配套的技术、配件、备件，可按《国务院关于调整进口设备税收政策的通知》（国发〔1999〕37号）的规定免征进口关税和进口环节税。

（一）享受本条免税优惠政策应符合以下条件：

1. 资金来源应是五类企业投资总额以外的自有资金（具体是指企业储备基金、发展基金、折旧和税后利润，下同）；

2. 进口商品用途：在原批准的生产经营范围内，对本企业原有设备更新（不包括成套设备和生产线）或维修；

3. 进口商品范围：国内不能生产或性能不能满足需要的设备（即不属于《国内投资项目不予免税的进口商品目录》的商品），以及与上述设备配套的技术、配件、备件（包括随设备进口或单独进口的）。

（二）征免税手续办理程序：

1. 进口证明的出具：由有关部门根据本条第（一）款第1、2点的规定出具《外商投资企业进口更新设备、技术及配备件证明》（格式见附件一），其中：鼓励类、限制乙类外商投资企业由原出具项目确认书的部门出具（1997年12月31日以前批准设立的上述企业由原审批部门出具）；外商投资研究开发中心由原审批部门（具体部门详见本通知第二条第（一）款第1点）出具；产品出口型企业和先进技术型企业由颁发《外商投资产品出口企业确认书》和《外商投资先进技术企业确认书》的外经贸部或省、自治区，直辖市、计划单列市的外经贸厅局出具。

2. 征免税证明的办理：企业所在地直属海关凭企业提交的上述进口证明、合同和进口许可证明等有关资料，并审核进口商品范围符合本条第（一）款第3点的规定后出具征免税证明。

（三）特殊规定：

1. 凡五类企业超出本条第（一）款第 2 点界定范围进行技术改造的，其进口证明应由国家或省级经贸委按审批权限出具《技术改造项目确认登记证明》（格式见附件二）。

2. 五类企业利用自有资金进行设备更新维修或技术改造，需进口属于《国内投资项目不予免税的进口商品目录》内的商品，如确属国内同类产品的性能不能满足需要的，由归口管理该类产品的国家行业主管部门审核并出具《外商投资企业设备更新或技术改造进口国内不能生产的同类设备证明》（格式见附件三），直属海关凭上述证明和《外商投资企业进口更新设备、技术及配备件证明》或《技术改造项目确认登记证明》及合同和进口许可证明等有关资料办理设备及配套技术的免税审批手续。

二、外商投资设立的研究开发中心，在投资总额内进口国内不能生产或性能不能满足需要的自用设备及其配套的技术、配件、备件，可按《国务院关于调整进口设备税收政策的通知》（国发〔1999〕37 号）的规定免征进口关税和进口环节税。

（一）享受本条免税优惠政策应符合以下条件：

1. 享受单位应是经国家计委、国家经贸委、外经贸部以及各省、自治区、直辖市、计划单列市计委、经贸委、外经贸厅局批准，设立在外商投资企业内部或单独设立的专门从事产品或技术开发的研究机构；

2. 资金来源限于在投资总额内；

3. 进口商品范围：国内不能生产或性能不能满足需要的自用设备（指不属于《外商投资项目不予免税的进口商品目录》中的商品）及其配套的技术、配件、备件，但仅限于不构成生产规模的实验室或中试范畴，也不包括船舶、飞机、特种车辆和施工机械等。

（二）征免税手续办理程序：

1. 项目确认书的出具：按照上述研究机构的审批权限由国家计委、国家经贸委、对外经贸部以及各省、自治区、直辖市、计划单列市计委、经贸委、外经贸厅局按照本条第（一）款第 1、2 点的规定出具外商投资研究开发中心项目确认书。项目确认书的格式和内容与署税〔1997〕1062 号文所附《国家鼓励发展的内外资项目确认书》相同。

2. 征免税证明的办理：企业所在地直属海关凭上述项目确认书及有关资料，比照署税〔1999〕1062 号文的规定办理。

三、对符合中西部省、自治区、直辖市利用外资优势产业和优势项目目录（由国务院批准后另行发布，下同）的项目，在投资总额内进口国内不能生产或性能不能满足需要的自用设备及其配套的技术、配件、备件，除国发〔1997〕37 号文规定的《外商投资项目不予免税的进口商品目录》外，免征进口关税和进口环节税。有关手续比照署税〔1997〕1062 号文对外商投资项目的有关规定办理。

四、对符合中西部省、自治区、直辖市利用外资优势产业和优势项目目录的项目，在投资总额外利用自有资金进口享受税收优惠政策商品范围及免税手续比照本通知第一条对五类企业的有关规定办理。

五、符合本通知规定免税进口的货物为海关监管货物，企业不能擅自出售和转让。设备更新或技术改造而被替换的设备，如在本企业内继续使用，海关按监管年限进行管理，在监管年限内出售和转让给其他可享受进口设备税收优惠政策企业的，可免予补税，否则应照章征税。

六、企业所在地直属海关与进口地海关要加强联系配合，提高办事效率，直属海关经审核无误出具《进口货物征免税证明》后，尽快通知进口地海关办理免税验放。如企业所在地系非直属海关所在地，可由所在地处级海关受理初审，报送直属海关核准，出具征免税证明。总署将组织力量，尽快补充和调整《减免税管理系统》，将此项税收优惠政策纳入计算机管理。

七、此项税收优惠政策涉及的部门多、政策性强，各海关要认真学习领会文件精神，严格遵照执行，不得擅自扩大免税范围。要主动与地方政府和有关主管部门联系，做好宣传工作。

八、本通知自 1999 年 9 月 1 日起实施，但已征收的税款不予退还。在此日期以后报关进口，尚未办结征税手续的，按本通知的规定办结免税手续后，予以免税结案，已征收的保证金准予退还。

执行中的问题和情况，请及时报总署关税征管司。

附件一：外商投资企业进口更新设备、技术及配备件证明
附件二：技术改造项目确认登记证明
附件三：外商投资企业设备更新或技术改造进口国内不能生产的同类设备证明

海关总署
1999 年 11 月 22 日

附件一：

外商投资企业进口更新设备、技术及配备件证明

编号：

_____海关：

兹证明_____（企业名称）利用投资总额以外的自有资金对原有设备进行更新或维修，请按海关总署署税〔1999〕791 号文的规定，办理免征进口关税和进口环节税有关手续。

资金性质：

企业自有资金总额：　　　　　　　　　　　　万元人民币

进口更新设备，技术及配备件用汇额：　　　　万美元

附：进口更新设备、技术及配备件清单

备注：

审批部门

（司局级印章）

年 月 日

附件二：

技术改造项目确认登记证明

编号：

_____海关：

根据国务院有关规定以及海关总署署税〔1999〕791 号文的规定，兹证明：本项目经_____以_____号文于____年____月____日批准可行性研究报告，请按规定办理进口设备减免税手续。

项目单位：

项目性质：

项目内容：

项目投资额：　　　　　　　　　　　　　　　　万元人民币

　其中自有资金：　　　　　　　　　　　　　　万元人民币

项目用汇额：　　　　　　　　　　　　　　　　万美元

备注：

审批部门（盖章）

年 月 日

附件三：

外商投资企业设备更新或技术改造
进口国内不能生产的同类设备证明

编号：

_____海关：

兹证明_____（企业名称）在本企业设备更新或技术改造中进口的设备（详

见所附清单），价值_____（外币），目前在国内不能生产或同类产品中性能不能满足需要，请按海关总署署税〔1999〕791 号文的规定办理免征进口关税和进口环节税有关手续。

　　附：进口国内不能生产的同类设备清单

国家行业主管部门

司局（盖章）

年　月　日

海关总署 国家发展改革委 财政部 商务部公告

2007 年第 35 号

为保证外商投资项目进口税收优惠政策的正确实施，营造规范、统一、公平的贸易环境，保障外商投资企业的合法权益，针对海关在执行相关进口税收优惠政策中遇到的问题，经研究，现将有关政策适用问题明确如下：

一、关于外商投资项目适用进口税收优惠政策问题

根据外商投资的法律法规规定，在中国境内依法设立，并领取中华人民共和国外商投资企业批准证书和外商投资企业营业执照等有关法律文件的中外合资经营企业、中外合作经营企业和外资企业（以下统称外商投资企业），所投资的项目符合《外商投资产业指导目录》中鼓励类或《中西部地区外商投资优势产业目录》的产业条目的，其在投资总额内进口的自用设备及随设备进口的配套技术、配件、备件（以下简称自用设备），除《外商投资项目不予免税的进口商品目录》所列商品外，免征关税和进口环节增值税。

2002 年 4 月 1 日以前批准的外商投资限制乙类项目，以及 1996 年 4 月 1 日以前批准的外商投资项目，仍可享受上述外商投资项目进口税收优惠政策。但以上外商投资项目（包括鼓励类项目），其项目单位须于 2007 年 12 月 31 日前按照现行规定持项目确认书或其他相关资料向海关申请办理减免税备案手续，并于 2010 年 12 月 31 日前向海关申请办理项目项下进口自用设备的减免税审批手续。逾期，海关不再受理上述减免税备案和审批申请。个别投资规模大，建设期长的外商投资项目，经海关总署商原出具项目确认书的国务院有关主管部门同意，可适当延长办理减免税审批手续的时限。

二、关于外商投资股份有限公司适用进口税收优惠政策问题

（一）中外投资者采取发起或募集方式在境内设立外商投资股份有限公司，或已设立的外商投资有限责任公司转变为外商投资股份有限公司，并且外资股比不低于 25%，所投资的项目符合《外商投资产业指导目录》中鼓励类或《中西部地区外商投资优势产业目录》的产业条目的，其在投资总额内进口的自用设备，可以享受外商投资项目进口税收优惠政策。

（二）内资有限责任公司和股份有限公司转变为外资股比不低于 25% 的外商投资股份有限公司并且同时增资，所投资的项目符合《外商投资产业指导目录》中鼓励类或《中西部地区外商投资优势产业目录》的产业条目的，其增资部分对应的进

口自用设备可享受外商投资项目进口税收优惠政策。但原项目（不含增资部分）项下进口的自用设备不能享受外商投资项目进口税收优惠政策。

（三）境内内资企业发行 B 股或发行海外股（H 股、N 股、S 股、T 股或红筹股）转化为外商投资股份有限公司，其投资项目一般不享受外商投资项目进口税收优惠政策。此类外商投资股份有限公司所投资的项目符合《外商投资产业指导目录》中鼓励类或《中西部地区外商投资优势产业目录》的产业条目的，其在投资总额内进口的自用设备，除《国内投资项目不予免税的进口商品目录》所列商品外，可以免征关税和进口环节增值税。此前已经国务院特别批准按国内投资产业政策管理的此类外商投资股份有限公司，仍按原规定执行。

三、关于外国投资者的投资比例低于 25% 的外商投资企业的进口税收政策适用问题

（一）外国投资者的投资比例低于 25% 的外商投资企业，所投资的项目符合《外商投资产业指导目录》中鼓励类或《中西部地区外商投资优势产业目录》的产业条目的，其在投资总额内进口的自用设备，除《国内投资项目不予免税的进口商品目录》所列商品外，可以免征关税和进口环节增值税。

（二）持有外商投资企业批准证书的 A 股上市公司（以下简称外商投资上市公司）股权分置改革方案实施后，因增发新股或原外资法人股股东出售股份，使外资股比低于 25% 的，其投资项目不能享受外商投资项目进口税收优惠政策；之后即使原外资法人股股东通过回购股份等方式，使外资股比再次不低于 25% 的，其投资项目仍然不能享受外商投资项目进口税收优惠政策。对于股权分置改革方案实施后，外商投资上市公司增发新股，或原外资法人股股东出售股份，但外资股比不低于 25%，所投资的项目符合《外商投资产业指导目录》中鼓励类或《中西部地区外商投资优势产业目录》的产业条目的，其在投资总额内进口的自用设备仍可享受外商投资项目进口税收优惠政策。

（三）外国投资者的投资比例低于 25% 的外商投资企业不能享受外商投资项目进口税收优惠政策，因此，此类企业不属于《海关总署关于进一步鼓励外商投资有关进口税收政策的通知》（署税〔1999〕791 号）中规定的可享受有关税收优惠政策范围，不能利用自有资金免税进口自用设备。

四、关于外商投资企业境内再投资项目的进口税收政策适用问题

（一）外商投资企业向中西部地区再投资设立的企业或其通过投资控股的公司，注册资本中外资比例不低于 25%，并取得外商投资企业批准证书，所投资的项目符合《外商投资产业指导目录》中鼓励类或《中西部地区外商投资优势产业目录》的产业条目的，其在投资总额内进口的自用设备，可享受外商投资项目进口税收优惠政策。

（二）外商投资企业向中西部以外地区再投资设立的企业，以及向中西部地区再投资设立的外资比例低于 25% 的企业（上述企业包括直接或间接含有外资成分的公司），所投资的项目仍按外商投资产业政策管理，其中符合《外商投资产业指导目录》中鼓励类或《中西部地区外商投资优势产业目录》的产业条目的，其在投资总额内进口的自用设备，除《国内投资项目不予免税的进口商品目录》所列商品

外，可以免征关税和进口环节增值税。

五、本公告自 2007 年 7 月 20 日起执行。此前有关文件规定与本公告不一致的，以本公告为准。

特此公告。

海关总署 国家发展改革委 财政部 商务部

2007 年 7 月 13 日

财政部 海关总署 国家税务总局 关于外国政府贷款和国际金融组织 贷款项目进口设备增值税政策的通知

财关税〔2009〕63 号

各省、自治区、直辖市、计划单列市财政厅（局）、国家税务局，新疆生产建设兵团财务局，海关总署广东分署、各直属海关：

经国务院批准，自 2009 年 1 月 1 日起，对按有关规定其增值税进项税额无法抵扣的外国政府和国际金融组织贷款项目进口的自用设备，继续按《国务院关于调整进口设备税收政策的通知》（国发〔1997〕37 号）中的相关规定执行，即除《外商投资项目不予免税的进口商品目录》所列商品外，免征进口环节增值税。

外国政府贷款和国际金融组织贷款项目单位利用外国政府贷款和国际金融组织贷款项目进口的设备，申请免征进口环节增值税的，按如下方式办理手续：

一、对于附件 1 所列贷款项目单位可以按相关规定到海关直接办理免征进口环节增值税的手续。

二、对于附件 1 所列的贷款项目单位以外的其他外国政府贷款和国际金融组织贷款项目单位，首先需经主管国家税务局审核后报地（市）级国税主管机关认定其购置设备缴纳的增值税进项税额因不属于增值税一般纳税人或该项目项下进口设备完全用于增值税免税业务等因素而无法抵扣，并为其出具税务确认书（税务确认书格式见附件2）后，方可按相关规定到海关办理进口设备免征进口环节增值税的手续。

三、2009 年 1 月 1 日以后进口的外国政府和国际金融组织贷款项目项下设备，符合本通知上述免税条件和相关要求的，在补办海关免税审批手续后，已征收的进口环节增值税准予退还。但对于按照重大技术装备专项进口税收政策有关进口整机征收关税和进口环节增值税的规定，外国政府和国际金融组织贷款项目项下进口属于专项政策规定征税范围内的设备不能享受本通知免征进口环节增值税的待遇，已征收的进口环节增值税不予退还。

附件：1. 部分外国政府贷款和国际金融组织贷款项目单位清单
2. 外国政府贷款和国际金融组织贷款项目单位税务确认书（格式）

财政部 海关总署 国家税务总局
2009 年 11 月 16 日

附件1:

部分外国政府贷款和国际金融组织贷款项目单位清单

贷款项目:	项目单位:
污水处理、再生水项目（不包括自来水项目）	污水处理厂
环境综合治理、环境监测、生物资源保护项目（不包括固体废物焚烧发电项目）	地方政府环保部门，包括环保局、环保监测站、建设与环境资源局、市政管理委员会、自然环境管理部门
公安、消防、气象、防洪项目	公安、消防、气象、防洪部门，包括公安局、交警支队、消防局、消防支队、气象局、防洪指挥部
教育培训、人才培养项目	教育部门、高等院校、技术学院、中等职业学校
文化遗产保护项目	地方政府文化保护部门、文物局、文物保护单位
交通项目	交通管理部门、铁道部、铁路局、航道局、民航总局、市交通委员会、市交通指挥控制中心
医疗卫生项目	各级公共卫生机构，包括各级公立医院、疾控中心
广播电视、邮电项目	广播电视、邮电部门，包括电视台、广播电视中心、邮电局
农产品种植、林业产品种植、畜牧养殖、农机服务项目（不包括农林产品加工项目）	地方政府农业部门、农业综合开发办、农垦局、农机局、畜牧局、林业部门、扶贫办
其他外国政府贷款和国际金融组织贷款项目	政府部门

附件 2：

外国政府贷款和国际金融组织贷款
项目单位税务确认书（格式）

编号：

(贷款项目单位)：

根据《财政部 海关总署 国家税务总局关于外国政府和国际金融组织贷款项目进口设备增值税政策的通知》（财关税〔2009〕63 号）规定以及财政部对备选贷款项目的批复(批复文件号)，兹确认承接外国政府贷款和国际金融组织贷款项目的(贷款项目单位名称) 因□属于非增值税一般纳税人□(贷款项目具体名称) 项下进口设备完全用于增值税免税业务□其他原因(填写具体原因及增值税的有关规定)，其增值税进项税额不能抵扣。

××省、自治区、直辖市、计划单列市
××地区（市）国家税务局

抄送：国家税务总局

注：1. 其他原因应以《中华人民共和国增值税暂行条例》、《中华人民共和国增值税暂行条例实施细则》以及财政部和税务总局出台的相关规定为依据。

2. 确认书一式四联，第一联留存，第二联由项目单位交海关办理进口免税手续，第三联项目承接单位存档，第四联送国家税务总局。

财政部 工业和信息化部 海关总署 税务总局 能源局关于印发 《重大技术装备进口税收 政策管理办法》 的通知

财关税〔2020〕2 号

各省、自治区、直辖市、计划单列市财政厅（局）、工业和信息化主管部门，新疆生产建设兵团财政局，海关总署广东分署、各直属海关，国家税务总局各省、自治区、直辖市、计划单列市税务局，财政部各地监管局，国家税务总局驻各地特派员办事处：

为继续支持我国重大技术装备制造业发展，财政部会同工业和信息化部、海关总署、税务总局、能源局制定了《重大技术装备进口税收政策管理办法》（见附件），现予印发，自印发之日起实施。《财政部 国家发展改革委 工业和信息化部 海关总署 国家税务总局 国家能源局关于调整重大技术装备进口税收政策的通知》（财关税〔2014〕2 号）和《财政部 国家发展改革委 工业和信息化部 海关总署 国家税务总局 国家能源局关于调整重大技术装备进口税收政策有关目录及规定的通知》（财关税〔2015〕51 号）同时废止。

附件：重大技术装备进口税收政策管理办法

财政部 工业和信息化部 海关总署
税务总局 能源局
2020 年 1 月 8 日

附件：

重大技术装备进口税收政策管理办法

第一条 为提高我国企业的核心竞争力及自主创新能力，促进装备制造业的发展，贯彻落实国务院关于装备制造业振兴规划和加快振兴装备制造业有关调整进口税收政策的决定，制定本办法。

第二条 工业和信息化部会同财政部、海关总署、税务总局、能源局制定《国家支持发展的重大技术装备和产品目录》和《重大技术装备和产品进口关键零部件及原材料商品目录》后公布执行。对符合规定条件的企业及核电项目业主为生产国家支持发展的重大技术装备或产品而确有必要进口的部分关键零部件及原材料，免征关税和进口环节增值税。

第三条 对国内已能生产的重大技术装备和产品，由工业和信息化部会同财政部、海关总署、税务总局、能源局制定《进口不予免税的重大技术装备和产品目录》后公布执行。对按照或比照《国务院关于调整进口设备税收政策的通知》（国发〔1997〕37号）规定享受进口税收优惠政策的下列项目和企业，进口《进口不予免税的重大技术装备和产品目录》中自用设备以及按照合同随上述设备进口的技术及配套件、备件，照章征收进口税收：

（一）国家鼓励发展的国内投资项目和外商投资项目；

（二）外国政府贷款和国际金融组织贷款项目；

（三）由外商提供不作价进口设备的加工贸易企业；

（四）中西部地区外商投资优势产业项目；

（五）《海关总署关于进一步鼓励外商投资有关进口税收政策的通知》（署税〔1999〕791号）规定的外商投资企业和外商投资设立的研究中心利用自有资金进行技术改造项目。

第四条 工业和信息化部会同财政部、海关总署、税务总局、能源局核定企业及核电项目业主免税资格，每年对新申请享受进口税收政策的企业及核电项目业主进行认定，每三年对已享受进口税收政策企业及核电项目业主进行复核。

第五条 取得免税资格的企业及核电项目业主可向主管海关提出申请，选择放弃免征进口环节增值税，只免征进口关税。企业及核电项目业主主动放弃免征进口环节增值税后，36个月内不得再次申请免征进口环节增值税。

第六条 取得免税资格的企业及核电项目业主应按照《中华人民共和国海关进出口货物减免税管理办法》（海关总署第179号令）及海关有关规定办理有关重大技术装备或产品进口关键零部件及原材料的减免税手续。

第七条 财政部、工业和信息化部、海关总署、税务总局、能源局等有关部门及其工作人员在政策执行过程中，存在违反执行免税政策规定的行为，以及滥用职权、玩忽职守、徇私舞弊等违法违纪行为的，按照《中华人民共和国预算法》、《中华人民共和国公务员法》、《中华人民共和国监察法》、《财政违法行为处罚处分条例》等国家有关规定追究相应责任；涉嫌犯罪的，依法移送司法机关处理。

第八条 工业和信息化部根据本办法另行制定并颁布实施《重大技术装备进口税收政策管理办法实施细则》。

财政部 国家税务总局关于调整
进口飞机有关增值税政策的通知

财关税〔2013〕53 号

海关总署、民航局：

经国务院批准，自 2013 年 8 月 30 日起，对按此前规定所有减按 4% 征收进口环节增值税的空载重量在 25 吨以上的进口飞机，调整为按 5% 征收进口环节增值税。同时，停止执行《财政部 国家税务总局关于调整国内航空公司进口飞机有关增值税政策的通知》（财关税〔2004〕43 号）。

财政部 国家税务总局

2013 年 8 月 29 日

财政部 海关总署 国家税务总局 关于租赁企业进口飞机有关 税收政策的通知

财关税〔2014〕16 号

各省、自治区、直辖市、计划单列市财政厅（局）、国家税务局，新疆生产建设兵团财务局、海关总署广东分署、各直属海关，财政部驻各省、自治区、直辖市、计划单列市财政监察专员办事处：

经国务院批准，自 2014 年 1 月 1 日起，租赁企业一般贸易项下进口飞机并租给国内航空公司使用的，享受与国内航空公司进口飞机同等税收优惠政策，即进口空载重量在 25 吨以上的飞机减按 5% 征收进口环节增值税。自 2014 年 1 月 1 日以来，对已按 17% 税率征收进口环节增值税的上述飞机，超出 5% 税率的已征税款，尚未申报增值税进项税额抵扣的，可以退还。租赁企业申请退税时，应附送主管税务机关出具的进口飞机所缴纳增值税未抵扣证明（格式见附件）。

海关特殊监管区域内租赁企业从境外购买并租给国内航空公司使用的、空载重量在 25 吨以上、不能实际入区的飞机，不实施进口保税政策，减按 5% 征收进口环节增值税。

附件：租赁企业进口飞机增值税进项税额未抵扣证明

财政部 海关总署 国家税务总局
2014 年 5 月 13 日

附件：

租赁企业进口飞机增值税进项税额未抵扣证明

编号：主管税务机关代码＋三位流水号

纳税人名称		纳税人识别号	
		海关企业代码	

续表

飞机进口时间	年 月 日
海关进口增值税专用缴款书	该纳税人一般贸易项下进口飞机，取得海关报关单（报关单号：_____）、进口环节增值税专用缴款书（凭证号：_____），进口环节增值税税额为（大写）_____，￥_____元。
进项税额抵扣情况	经审核，该纳税人上述海关进口环节增值税专用缴款书税额尚未申报抵扣。
其他需要说明的事项	

审核意见： 审核人： 　　　年 月 日	复核意见： 复核人： 　　　年 月 日	局长意见： 局领导：　　（局章） 　　　年 月 日

注：本表由进口飞机的租赁企业所在地主管税务机关填写并盖章确认。

财政部 海关总署关于2021—2030年支持民用航空维修用航空器材进口税收政策的通知

财关税〔2021〕15号

各省、自治区、直辖市、计划单列市财政厅（局），新疆生产建设兵团财政局，海关总署广东分署、各直属海关：

为加快壮大航空产业，促进我国民用航空运输、维修等产业发展，现将有关进口税收政策内容通知如下：

一、自2021年1月1日至2030年12月31日，对民用飞机整机设计制造企业、国内航空公司、维修单位、航空器材分销商进口国内不能生产或性能不能满足需求的维修用航空器材，免征进口关税。

二、本通知第一条所述民用飞机整机设计制造企业、国内航空公司、维修单位、航空器材分销商是指：

（一）从事民用飞机整机设计制造的企业及其所属单位，且其生产产品的相关型号已取得中国民航局批准的型号合格证（TC）。

（二）中国民航局批准的国内航空公司。

（三）持有中国民用航空维修许可证的维修单位。

（四）符合中国民航局管理要求的航空器材分销商。

三、本通知第一条所述维修用航空器材是指专门用于维修民用飞机、民用飞机部件的器材，包括动力装置（发动机、辅助动力装置）、起落架等部件，以及标准件、原材料等消耗器材。范围仅限定于飞机的机载设备及其零部件、原材料，不包括地勤系统所使用的设备及其零部件。

航空器材一般具备中国民航局（CAAC）、美国联邦航空局（FAA）、欧盟航空安全局（EASA）、加拿大民用航空局（TCCA）、巴西民用航空局等民航局颁发的适航证明文件或俄罗斯、乌克兰等民航制造和维修单位签发的履历本。具有制造单位出具产品合格证明的标准件、原材料也属于航空器材范围。

免税进口的维修用航空器材清单，由中国民航局会同工业和信息化部、财政部、海关总署另行制定印发。

四、对本通知项下的免税进口维修用航空器材，海关不再按特定减免税货物进行后续监管。

五、本通知有关的政策管理办法由财政部会同有关部门另行制定印发。

财政部 海关总署

2021 年 3 月 31 日

财政部 工业和信息化部 海关总署 民航局关于2021—2030年支持民用航空维修用航空器材进口税收政策管理办法的通知

财关税〔2021〕16 号

各省、自治区、直辖市、计划单列市财政厅（局），新疆生产建设兵团财政局，海关总署广东分署、各直属海关，民航各地区管理局：

为加快壮大航空产业，促进我国民用航空运输、维修等产业发展，根据《财政部 海关总署关于2021—2030年支持民用航空维修用航空器材进口税收政策的通知》（财关税〔2021〕15 号，以下简称《通知》）有关规定，现将2021—2030年支持民用航空维修用航空器材进口税收政策管理办法通知如下：

一、民航局确定符合《通知》第二条的进口单位名单，并将名单（需注明批次）函告海关总署，抄送工业和信息化部、财政部。名单根据实际情况动态调整。

进口单位发生名称、经营范围变更等情形的，应在政策有效期内及时将有关变更情况说明报送民航局。民航局确定变更后的单位自变更登记之日起能否继续享受政策，并将确定结果和变更登记日期函告海关总署（确定结果较多时，每年至少分两批函告），抄送工业和信息化部、财政部。

二、《通知》项下免税进口航空器材实行清单管理。民航局会同工业和信息化部、财政部、海关总署确定上述清单，由民航局将清单（需注明批次）函告海关总署，抄送工业和信息化部、财政部。清单根据实际情况动态调整。

三、民航局函告海关总署的第一批进口单位名单和免税进口航空器材清单，自2021年1月1日实施，至第一批名单函告之日后30日内已征应免税款，依进口单位申请准予退还。以后批次函告的名单、清单，自函告之日后第20日起实施。

四、免税进口单位应按照海关有关规定，向海关申请办理减免税手续。

五、进口单位如存在以虚报信息等获得免税资格的，经有关部门查实后由民航局函告海关总署，抄送财政部，自函告之日起，该单位在《通知》剩余有效期内停止享受政策。

六、民航局会同有关部门对政策执行效果加强评估。

七、财政等有关部门及其工作人员在政策执行过程中，存在违反执行免税政策规定的行为，以及滥用职权、玩忽职守、徇私舞弊等违法违纪行为的，依照国家有关规定追究相应责任；涉嫌犯罪的，依法追究刑事责任。

八、本办法有效期为 2021 年 1 月 1 日至 2030 年 12 月 31 日。

财政部 工业和信息化部 海关总署 民航局

2021 年 3 月 31 日

（三）农业发展

关于干玉米酒糟进口环节增值税政策有关问题的通知

财关税〔2017〕32 号

海关总署：

自 2017 年 12 月 20 日起，对干玉米酒糟（ex23033000）免征进口环节增值税。

财政部

2017 年 11 月 14 日

财政部 海关总署 税务总局关于"十四五"期间种用野生动植物种源和军警用工作犬进口税收政策的通知

财关税〔2021〕28号

各省、自治区、直辖市、计划单列市财政厅（局），新疆生产建设兵团财政局，海关总署广东分署、各直属海关，国家税务总局各省、自治区、直辖市、计划单列市税务局，财政部各地监管局，国家税务总局驻各地特派员办事处：

为加强物种资源保护，支持军警用工作犬进口利用，现将有关进口税收政策及管理措施通知如下：

一、自 2021 年 1 月 1 日至 2025 年 12 月 31 日，对具备研究和培育繁殖条件的动植物科研院所、动物园、植物园、专业动植物保护单位、养殖场、种植园进口的用于科研、育种、繁殖的野生动植物种源，以及军队、公安、安全部门（含缉私警察）进口的军警用工作犬、工作犬精液及胚胎，免征进口环节增值税。

二、《进口种用野生动植物种源免税商品清单》由林草局会同财政部、海关总署、税务总局另行制定印发，并适时动态调整。

三、申请免税进口野生动植物种源的单位，应向林草局提出申请，林草局会同财政部、海关总署、税务总局确定进口单位名单后，由林草局函告海关总署（需注明批次），抄送财政部、税务总局。

林草局函告的第一批名单，以及林草局会同财政部、海关总署、税务总局另行制定印发的第一批《进口种用野生动植物种源免税商品清单》，自 2021 年 1 月 1 日起实施，至第一批名单印发之日后 30 日内已征的应免税款，准予退还。以后批次的名单、清单，自印发之日后第 20 日起实施。

四、申请免税进口军警用工作犬（税则号列 01061910）、工作犬精液（税则号列 05119910）及胚胎（税则号列 05119920）的单位，应向公安部、安全部或中央军委政治工作部（以下称主管部门）提出申请，主管部门确定进口单位名单后，出具有关工作犬和工作犬精液及胚胎属于免税范围的确认文件。有关确认文件格式由主管部门向海关总署备案。自 2021 年 1 月 1 日起至本通知印发之日后 30 日内已征的应免税款，准予退还。

五、取得免税资格的进口单位应按照海关有关规定，办理相关种用野生动植物种源和军警用工作犬的减免税手续。本通知第三、四条规定的已征应免税款，依进口单位申请准予退还。其中，已征税进口且尚未申报增值税进项税额抵扣的，应事先取得主管税务机关出具的《"十四五"期间种用野生动植物种源和军警用工作犬进口税收政策项下进口商品已征进口环节增值税未抵扣情况表》（见附件），向海关申请办理退还已征进口环节增值税手续。

六、进口单位发生名称、经营范围变更等情形的，应在政策有效期内及时将有关变更情况说明分别报送本通知第三、四条中确定该进口单位名单的相关部门。相关部门确定变更后的单位自变更登记之日起能否继续享受政策，确定结果每年至少分两批函告海关总署（并注明变更登记日期），抄送财政部、税务总局。

七、进口单位应按有关规定使用免税进口商品，如违反规定，将免税进口野生动植物种源和军警用工作犬相关商品擅自转让、移作他用或者进行其他处置，被依法追究刑事责任的，在本通知剩余有效期限内停止享受政策。

八、免税进口单位如存在以虚假情况获得免税资格，经林草局或主管部门查实后，函告海关总署，抄送财政部、税务总局，自函告之日起，该单位在本通知剩余有效期限内停止享受政策。

九、财政等有关部门及其工作人员在政策执行过程中，存在违反执行免税政策规定的行为，以及滥用职权、玩忽职守、徇私舞弊等违法违纪行为的，依照国家有关规定追究相应责任；涉嫌犯罪的，依法追究刑事责任。

十、林草局、主管部门加强政策执行情况评估。

附件："十四五"期间种用野生动植物种源和军警用工作犬进口税收政策项下进口商品已征进口环节增值税未抵扣情况表

财政部 海关总署 税务总局

2021 年 4 月 12 日

附件：

"十四五"期间种用野生动植物种源和军警用工作犬进口税收政策项下进口商品已征进口环节增值税未抵扣情况表

编号：主管税务机关代码＋四位流水号

纳税人名称		纳税人识别号或统一社会信用代码	
		企业海关代码	
申报进口时间		年　月　日	

海关进口增值税专用缴款书	海关报关单（编号：_____）、海关进口增值税专用缴款书（凭证号：_____），进口环节增值税税款金额为（大写）_____，￥_____元。
进项税款抵扣情况	经审核，该纳税人上述海关进口增值税专用缴款书税额尚未申报抵扣。
其他需要说明的事项	

审核意见： 审核人： 　　　年　月　日	复核意见： 复核人： 　　　年　月　日	局长意见： 局领导：　　　（局章） 　　　年　月　日

财政部 海关总署 税务总局关于 "十四五"期间种子种源进口 税收政策的通知

财关税〔2021〕29 号

各省、自治区、直辖市、计划单列市财政厅（局），新疆生产建设兵团财政局，海关总署广东分署、各直属海关，国家税务总局各省、自治区、直辖市、计划单列市税务局，财政部各地监管局，国家税务总局驻各地特派员办事处：

为提高农业质量效益和竞争力，支持引进和推广良种，现将有关进口税收政策通知如下：

一、自 2021 年 1 月 1 日至 2025 年 12 月 31 日，对符合《进口种子种源免征增值税商品清单》的进口种子种源免征进口环节增值税。

二、《进口种子种源免征增值税商品清单》由农业农村部会同财政部、海关总署、税务总局、林草局另行制定印发，并根据农林业发展情况动态调整。

三、第一批印发的《进口种子种源免征增值税商品清单》自 2021 年 1 月 1 日起实施，至该清单印发之日后 30 日内已征应免税款，准予退还。申请退税的进口单位，应当事先取得主管税务机关出具的《"十四五"期间种子种源进口税收政策项下进口商品已征进口环节增值税未抵扣情况表》（见附件），向海关申请办理退还已征进口环节增值税手续。

四、以后批次印发的清单，自印发之日后第 20 日起实施。

五、对本政策项下进口的种子种源，海关不再按特定减免税货物进行后续监管。

六、农业农村部、林草局加强政策执行情况评估。

七、财政等有关部门及其工作人员在政策执行过程中，存在违反执行免税政策规定的行为，以及滥用职权、玩忽职守、徇私舞弊等违法违纪行为的，依照国家有关规定追究相应责任；涉嫌犯罪的，依法追究刑事责任。

附件："十四五"期间种子种源进口税收政策项下进口商品已征进口环节增值税未抵扣情况表

财政部 海关总署 税务总局
2021 年 4 月 21 日

附件:

"十四五"期间种子种源进口税收政策项下进口商品
已征进口环节增值税未抵扣情况表

编号: 主管税务机关代码 + 四位流水号

纳税人名称		纳税人识别号或统一社会信用代码	
		企业海关代码	
申报进口时间	年 月 日		
海关进口增值税专用缴款书	海关报关单(编号: _____)、海关进口增值税专用缴款书(凭证号: _____),进口环节增值税税款金额为(大写)_____,¥_____元。		
进项税额抵扣情况	经审核,该纳税人上述海关进口增值税专用缴款书税额尚未申报抵扣。		
其他需要说明的事项			
审核意见: 审核人: 　　　　年 月 日	复核意见: 复核人: 　　　　年 月 日	局长意见: 局领导:　　(局章) 　　　　年 月 日	

财政部 国家税务总局关于免征饲料 进口环节增值税的通知

财税〔2001〕82号

海关总署：

经国务院批准，对《进口饲料免征增值税范围》（见附表）所列进口饲料范围免征进口环节增值税。序号1－13的商品，自2001年1月1日起执行；序号14－15的商品，自2001年8月1日起执行。此前进口的饲料，请按本通知规定退补进口环节增值税。

附件：进口饲料免征增值税的商品范围

财政部 国家税务总局
2001年8月14日

附件：

进口饲料免征增值税的商品范围

序号	税则号列	货品名称	法定增值税税率（%）	执行增值税税率（%）
1	23012010	饲料用鱼粉	13	免
2	23012090	其他不适用供人食用的水产品残渣	13	免
3	23021000	玉米糠、麸及其他残渣	13	免
4	23022000	稻米糠、麸及其他残渣	13	免
5	23023000	小麦糠、麸及其他残渣	13	免
6	23024000	其他谷物糠、麸等残渣	13	免
7	23033000	酿造及蒸馏过程中的糟粕及残渣	13	免
8	23050000	花生油渣饼	13	免

序号	税则号列	货品名称	法定增值税税率（%）	执行增值税税率（%）
9	23061000	棉子油渣饼	13	免
10	23062000	亚麻子油渣饼	13	免
11	23063000	葵花子油渣饼	13	免
12	23064000	油菜子油渣饼	13	免
13	23070000	葡萄酒渣、粗酒石	13	免
14	12141000	紫苜蓿粗粉及团粒	13	免
15	12149000	芜菁甘蓝、饲料甜菜等其他植物饲料	13	免

财政部关于对外国政府（地区）和香港、澳门特别行政区返还濒危野生动植物及其产品税收问题的通知

财税〔2003〕8 号

海关总署：

经国务院批准，对外国政府（地区）和香港、澳门特别行政区政府返还的，并由国家濒危物种进出口办公室（简称国家濒管办）接收的在《濒危野生动植物种国际贸易公约》附录中列名的濒危野生动植物及其产品，自 2002 年 1 月 1 日起凭国家濒管办出具的《外国和港澳特区政府返还濒危野生动植物及其产品证明表》（见附件）免征进口关税和进口环节增值税。对免税进口的濒危野生动植物及其产品，原则上交由中国科学院动物所和植物所妥善安置，确保野生动植物和公益性用途。

特此通知。

附件：外国和港澳特区政府返还濒危野生动植物及其产品证明表（略）

财政部
2003 年 1 月 7 日

财政部 国家税务总局关于矿物质微量元素舔砖免征进口环节增值税的通知

财关税〔2006〕73 号

海关总署：

为支持国内畜牧业的发展并根据《财政部国家税务总局关于豆粕等粕类产品征免增值税政策的通知》（财税〔2001〕30 号）第二条的有关规定，自 2007 年 1 月 1 日起，对进口的矿物质微量元素舔砖（税号 ex38249090）免征进口环节增值税。

矿物质微量元素舔砖是以四种以上微量元素、非营养性添加剂和载体为原料，经高压浓缩制成的块状预混物，供牛、羊等直接食用。

财政部 国家税务总局
2006 年 12 月 12 日

（四）能源资源

财政部 海关总署 税务总局关于"十四五"期间能源资源勘探开发利用进口税收政策的通知

财关税〔2021〕17 号

各省、自治区、直辖市、计划单列市财政厅（局）、发展改革委，海关总署广东分署、各直属海关，国家税务总局各省、自治区、直辖市、计划单列市税务局，各省、自治区、直辖市能源局，新疆生产建设兵团财政局、发展改革委，财政部各地监管局，国家税务总局驻各地特派员办事处：

为完善能源产供储销体系，加强国内油气勘探开发，支持天然气进口利用，现将有关进口税收政策通知如下：

一、对在我国陆上特定地区（具体区域见附件）进行石油（天然气）勘探开发作业的自营项目，进口国内不能生产或性能不能满足需求的，并直接用于勘探开发作业的设备（包括按照合同随设备进口的技术资料）、仪器、零附件、专用工具，免征进口关税；在经国家批准的陆上石油（天然气）中标区块（对外谈判的合作区块视为中标区块）内进行石油（天然气）勘探开发作业的中外合作项目，进口国内不能生产或性能不能满足需求的，并直接用于勘探开发作业的设备（包括按照合同随设备进口的技术资料）、仪器、零附件、专用工具，免征进口关税和进口环节增值税。

二、对在我国海洋（指我国内海、领海、大陆架以及其他海洋资源管辖海域，包括浅海滩涂，下同）进行石油（天然气）勘探开发作业的项目（包括 1994 年 12 月 31 日之前批准的对外合作"老项目"），以及海上油气管道应急救援项目，进口国内不能生产或性能不能满足需求的，并直接用于勘探开发作业或应急救援的设备（包括按照合同随设备进口的技术资料）、仪器、零附件、专用工具，免征进口关税和进口环节增值税。

三、对在我国境内进行煤层气勘探开发作业的项目，进口国内不能生产或性能不能满足需求的，并直接用于勘探开发作业的设备（包括按照合同随设备进口的技术资料）、仪器、零附件、专用工具，免征进口关税和进口环节增值税。

四、对经国家发展改革委核（批）准建设的跨境天然气管道和进口液化天然气接收储运装置项目，以及经省级政府核准的进口液化天然气接收储运装置扩建项目进口的天然气（包括管道天然气和液化天然气，下同），按一定比例返还进口环节增值税。具体返还比例如下：

（一）属于2014年底前签订且经国家发展改革委确定的长贸气合同项下的进口天然气，进口环节增值税按70%的比例予以返还。

（二）对其他天然气，在进口价格高于参考基准值的情况下，进口环节增值税按该项目进口价格和参考基准值的倒挂比例予以返还。倒挂比例的计算公式为：倒挂比例＝(进口价格－参考基准值)/进口价格×100%，相关计算以一个季度为一周期。

五、本通知第一条、第二条、第三条规定的设备（包括按照合同随设备进口的技术资料）、仪器、零附件、专用工具的免税进口商品清单，由工业和信息化部会同财政部、海关总署、税务总局、国家能源局另行制定并联合印发。第一批免税进口商品清单自2021年1月1日实施，至第一批免税进口商品清单印发之日后30日内已征应免税款，依进口单位申请准予退还。以后批次的免税进口商品清单，自印发之日后第20日起实施。

六、符合本通知第一条、第二条、第三条规定并取得免税资格的单位可向主管海关提出申请，选择放弃免征进口环节增值税，只免征进口关税。有关单位主动放弃免征进口环节增值税后，36个月内不得再次申请免征进口环节增值税。

七、"十四五"期间能源资源勘探开发利用进口税收政策管理办法由财政部会同有关部门另行制定印发。

八、本通知有效期为2021年1月1日至2025年12月31日。

附件：享受能源资源勘探开发利用进口税收政策的陆上特定地区

财政部 海关总署 税务总局
2021年4月12日

附件：

享受能源资源勘探开发利用进口税收政策的陆上特定地区

所在地区	地域名称	分布地区
新疆维吾尔自治区	塔克拉玛干沙漠	塔里木盆地
	古尔班通古特沙漠	准噶尔盆地
	库姆塔格沙漠	新疆东部地区
	库木库里沙漠	阿尔金山山间盆地
	鄯善库姆塔格沙漠	吐鲁番盆地
	阿克别勒沙漠	焉耆盆地

续表

所在地区	地域名称	分布地区
新疆维吾尔自治区	霍城沙漠	伊犁霍城
	福海沙漠	艾比湖东南
	乌苏沙漠	额尔齐斯河南侧
	布尔津－哈巴河－吉木乃沙漠	
内蒙古自治区	巴丹吉林沙漠	
	腾格里沙漠	
	乌兰布和沙漠	
	库布其沙漠	
	毛乌素沙漠	
	浑善达克沙地	
	科尔沁沙地	
	呼伦贝尔沙地	
青海省	柴达木盆地沙漠及戈壁荒沙漠	柴达木盆地
西藏自治区	藏北戈壁荒漠区	藏北

财政部 国家发展改革委 工业和信息化部 海关总署 税务总局国家能源局关于"十四五"期间能源资源勘探开发利用进口税收政策管理办法的通知

财关税〔2021〕18 号

各省、自治区、直辖市、计划单列市财政厅（局）、发展改革委、工业和信息化主管部门，海关总署广东分署、各直属海关，国家税务总局各省、自治区、直辖市、计划单列市税务局，各省、自治区、直辖市能源局，新疆生产建设兵团财政局、发展改革委、工业和信息化局，财政部各地监管局，国家税务总局驻各地特派员办事处：

为落实《财政部 海关总署 税务总局关于"十四五"期间能源资源勘探开发利用进口税收政策的通知》（财关税〔2021〕17 号，以下简称《通知》），特制定本办法。

一、关于石油（天然气）、煤层气勘探开发作业项目和海上油气管道应急救援项目的免税规定

（一）对可享受政策的有关单位，分别按下列规定执行：

1. 自然资源部作为石油（天然气）、煤层气地质调查工作有关项目的项目主管单位，依据有关项目确认文件以及《通知》第五条规定的免税进口商品清单，向项目执行单位出具《能源资源勘探开发利用进口税收政策项下有关项目及进口商品确认表》（以下简称《确认表》，见附件1）。

中国石油天然气集团有限公司、中国石油化工集团有限公司、中国海洋石油集团有限公司作为石油（天然气）、煤层气勘探开发作业的项目主管单位，依据有关部门出具的项目确认文件，以及《通知》第五条规定的免税进口商品清单，确认勘探开发项目、项目执行单位、项目执行单位在项目主管单位取得油气矿业权之日后进口的商品，出具《确认表》。

中国海洋石油集团有限公司作为海上油气管道应急救援项目的项目主管单位，依据有关部门出具的项目确认文件，以及《通知》第五条规定的免税商品清单，确认海上油气管道应急救援项目、项目执行单位、项目执行单位在海上油气管道应急救援项目批准之日后进口的商品，出具《确认表》。

2. 其他已依法取得油气矿业权并按《通知》第一条、第二条、第三条规定开展石油（天然气）、煤层气勘探开发作业项目的企业，应在每年4月底前向财政部提出享受政策的申请，并附企业基本情况、开展石油（天然气）、煤层气勘探开发作业项目的基本情况。财政部会同自然资源部、海关总署、税务总局确定该企业作为项目主管单位后，财政部将项目主管单位及项目清单函告海关总署，抄送自然资源部、税务总局、项目主管单位。项目主管单位依据《通知》第五条规定的免税商品清单，确认项目执行单位、项目执行单位在项目主管单位取得油气矿业权之日后进口的商品，出具《确认表》。

（二）符合本条第一项的项目执行单位，凭《确认表》等有关材料，按照海关规定向海关申请办理进口商品的减免税手续。

（三）项目执行单位发生名称、经营范围变更等情形的，应在政策有效期内及时将有关变更情况说明报送项目主管单位，并退回已开具的《确认表》。项目主管单位确认变更后的项目执行单位自变更登记之日起能否按《通知》规定继续享受政策，对符合规定的项目执行单位重新出具《确认表》，并在其中"项目执行单位名称、经营范围变更等情况说明"栏，填写变更内容及变更时间。

（四）《通知》第五条规定的免税商品清单，可根据产业发展情况等适时调整。

（五）《通知》第五条规定的已征应免税款，依项目执行单位申请准予退还。其中，已征税进口且尚未申报增值税进项税额抵扣的，应事先取得主管税务机关出具的《能源资源勘探开发利用进口税收政策项下进口商品已征进口环节增值税未抵扣情况表》（见附件2），向海关申请办理退还已征进口关税和进口环节增值税手续；已申报增值税进项税额抵扣的，仅向海关申请办理退还已征进口关税手续。

（六）石油（天然气）、煤层气勘探开发作业和海上油气管道应急救援项目的项目主管单位应加强政策执行情况的管理监督，并于每年3月底前将上一年度政策执行情况汇总报财政部、工业和信息化部、海关总署、税务总局、国家能源局。

（七）项目执行单位应严格按照《通知》规定使用免税进口商品，如违反规定，将免税进口商品擅自转让、移作他用或者进行其他处置，被依法追究刑事责任的，在《通知》剩余有效期内，停止享受政策。

（八）项目执行单位如存在以虚报信息等获得免税资格的，经项目主管单位或有关部门查实后，由项目主管单位函告海关总署，自函告之日起，该项目执行单位在《通知》剩余有效期内停止享受政策。

二、关于天然气进口环节增值税先征后返规定

（一）符合《通知》第四条规定的项目所进口的天然气，相关进口企业可申请办理天然气进口环节增值税返还。

（二）2020年12月31日前已按《财政部 海关总署 国家税务总局关于对2011—2020年期间进口天然气及2010年底前"中亚气"项目进口天然气按比例返

还进口环节增值税有关问题的通知》（财关税〔2011〕39号）享受了天然气进口环节增值税返还的项目，自2021年1月1日起按《通知》规定享受进口环节增值税返还。对于上述项目在2020年12月31日及以前申报进口的天然气的进口环节增值税返还，仍按财关税〔2011〕39号文件及相关规定办理。国家发展改革委、国家能源局将上述项目名称和项目主管单位函告财政部、海关总署、税务总局，并抄送项目所在地财政部监管局、发展改革委、能源局、直属海关。

（三）自2021年1月1日起，对符合《通知》规定的跨境天然气管道和进口液化天然气接收储运装置的新增项目，以及省级政府核准的进口液化天然气接收储运装置新增扩建项目，在项目建成投产后，国家发展改革委、国家能源局将新增项目和新增扩建项目的名称、项目主管单位和享受政策的起始日期，函告财政部、海关总署、税务总局，并抄送新增项目和新增扩建项目所在地财政部监管局、发展改革委、能源局、直属海关。

（四）项目主管单位发生变更的，国家发展改革委、国家能源局应在政策有效期内及时将项目名称、变更后的项目主管单位、变更日期函告财政部、海关总署、税务总局，并抄送项目所在地财政部监管局、发展改革委、能源局、直属海关。

（五）本条第二、三、四项所述的项目主管单位，依据有关部门出具的天然气项目确认文件，对符合《通知》规定的项目、进口企业和进口数量进行确认，并出具《享受能源资源勘探开发利用进口税收政策的进口天然气项目及企业确认书》（以下简称《确认书》，见附件3）。

（六）《通知》第四条第一项中的长贸气合同清单，由国家发展改革委函告财政部、海关总署、税务总局，抄送财政部各地监管局、有关企业。

（七）《通知》第四条第二项中的进口价格，是指以单个项目计算，一个季度内（即1~3月、4~6月、7~9月或10~12月，具体进口时间以进口报关单上列示的"申报日期"为准，下同）进口价格的算术平均值；参考基准值是指同一季度内参考基准值的算术平均值。

在计算进口价格的算术平均值时，应将同一季度内同一企业在同一项目下进口的符合《通知》第四条第二项的天然气均包含在内。管道天然气的进口价格为实际进口管道天然气单位体积进口完税价格的算术平均值。液化天然气的进口价格为实际进口液化天然气单位热值进口价格的算术平均值。

参考基准值由国家发展改革委、国家能源局确定并函告财政部、海关总署、税务总局，抄送财政部各地监管局、海关总署广东分署和各直属海关，告知相关企业。

（八）天然气进口企业应在每季度末结束后的三个月内，统一、集中将上一季度及以前尚未报送的税收返还申请材料报送纳税地海关。申请材料应包括《确认书》，分项目填报的《长贸气进口环节增值税先征后返统计表》（见附件4）、《管道天然气（不含长贸气）进口环节增值税先征后返统计表》（见附件5）或《液化天然气（不含长贸气）进口环节增值税先征后返统计表》（见附件6）。具体税收返还依照《财政部 中国人民银行 海关总署关于印发〈进口税收先征后返管理办法〉的通知》（财预〔2014〕373号）的有关规定执行。

（九）天然气进口企业如存在以虚报信息等获得进口税收返还资格的，经项目主管单位或有关部门查实后，由项目主管单位函告海关总署，自函告之日起，该天然气进口企业在《通知》剩余有效期内停止享受政策。

三、财政等有关部门及其工作人员在政策执行过程中，存在违反政策规定的行为，以及滥用职权、玩忽职守、徇私舞弊等违法违纪行为的，依照国家有关规定追究相应责任；涉嫌犯罪的，依法追究刑事责任。

四、本办法有效期为 2021 年 1 月 1 日至 2025 年 12 月 31 日。

附件：1. 能源资源勘探开发利用进口税收政策项下有关项目及进口商品确认表（略）

2. 能源资源勘探开发利用进口税收政策项下进口商品已征进口环节增值税未抵扣情况表（略）

3. 享受能源资源勘探开发利用进口税收政策的进口天然气项目及企业确认书（略）

4. 长贸气进口环节增值税先征后返统计表（略）

5. 管道天然气（不含长贸气）进口环节增值税先征后返统计表（略）

6. 液化天然气（不含长贸气）进口环节增值税先征后返统计表（略）

财政部 国家发展改革委 工业和信息化部
海关总署 税务总局 国家能源局
2021 年 4 月 16 日

财政部 国家税务总局关于免征
进口粗铜含金部分进口
环节增值税的通知

财关税〔2009〕60 号

海关总署：

经国务院批准，自 2009 年 11 月 1 日起，对进口粗铜（税则号列：ex74020000，货品名称：未精炼铜）中所含的黄金价值部分免征进口环节增值税。

财政部 国家税务总局

2009 年 9 月 28 日

（五）社会事业

财政部 海关总署 税务总局
关于公布《慈善捐赠物资免征
进口税收暂行办法》的公告

财政部 海关总署 国家税务总局公告 2015 年第 102 号

经国务院批准，现公布《慈善捐赠物资免征进口税收暂行办法》，自 2016 年 4 月 1 日起实施。《财政部 国家税务总局 海关总署关于发布〈扶贫、慈善性捐赠物资免征进口税收暂行办法〉的通知》（财税〔2000〕152 号）同时废止。

附件：慈善捐赠物资免征进口税收暂行办法

财政部 海关总署 税务总局

2015 年 12 月 23 日

附件：

慈善捐赠物资免征进口税收暂行办法

第一条 为促进慈善事业的健康发展，支持慈善事业发挥扶贫济困积极作用，规范对慈善事业捐赠物资的进口管理，根据《中华人民共和国公益事业捐赠法》、《中华人民共和国海关法》和《中华人民共和国进出口关税条例》等有关规定，制定本办法。

第二条 对境外捐赠人无偿向受赠人捐赠的直接用于慈善事业的物资，免征进口关税和进口环节增值税。

第三条 本办法所称慈善事业是指非营利的慈善救助等社会慈善和福利事业，包括以捐赠财产方式自愿开展的下列慈善活动：

（一）扶贫济困，扶助老幼病残等困难群体；

（二）促进教育、科学、文化、卫生、体育等事业的发展；

（三）防治污染和其他公害，保护和改善环境；

（四）符合社会公共利益的其他慈善活动。

第四条 本办法所称境外捐赠人是指中华人民共和国关境外的自然人、法人或者其他组织。

第五条 本办法所称受赠人是指：

（一）国务院有关部门和各省、自治区、直辖市人民政府。

（二）中国红十字会总会、中华全国妇女联合会、中国残疾人联合会、中华慈善总会、中国初级卫生保健基金会、中国宋庆龄基金会和中国癌症基金会。

（三）经民政部或省级民政部门登记注册且被评定为5A级的以人道救助和发展慈善事业为宗旨的社会团体或基金会。民政部或省级民政部门负责出具证明有关社会团体或基金会符合本办法规定的受赠人条件的文件。

第六条 本办法所称用于慈善事业的物资是指：

（一）衣服、被褥、鞋帽、帐篷、手套、睡袋、毛毯及其他生活必需用品等。

（二）食品类及饮用水（调味品、水产品、水果、饮料、烟酒等除外）。

（三）医疗类包括医疗药品、医疗器械、医疗书籍和资料。其中，对于医疗药品及医疗器械捐赠进口，按照相关部门有关规定执行。

（四）直接用于公共图书馆、公共博物馆、各类职业学校、高中、初中、小学、幼儿园教育的教学仪器、教材、图书、资料和一般学习用品。其中，教学仪器是指专用于教学的检验、观察、计量、演示用的仪器和器具；一般学习用品是指用于各类职业学校、高中、初中、小学、幼儿园教学和学生专用的文具、教具、体育用品、婴幼儿玩具、标本、模型、切片、各类学习软件、实验室用器皿和试剂、学生校服（含鞋帽）和书包等。

（五）直接用于环境保护的专用仪器。包括环保系统专用的空气质量与污染源废气监测仪器及治理设备、环境水质与污水监测仪器及治理设备、环境污染事故应急监测仪器、固体废物监测仪器及处置设备、辐射防护与电磁辐射监测仪器及设备、生态保护监测仪器及设备、噪声及振动监测仪器和实验室通用分析仪器及设备。

（六）经国务院批准的其他直接用于慈善事业的物资。

本办法所称用于慈善事业的物资不包括国家明令停止减免进口税收的特定商品以及汽车、生产性设备、生产性原材料及半成品等。捐赠物资应为未经使用的物品（其中，食品类及饮用水、医疗药品应在保质期内），在捐赠物资内不得夹带危害环境、公共卫生和社会道德及进行政治渗透等违禁物品。

第七条 国际和外国医疗机构在我国从事慈善和人道医疗救助活动，供免费使用的医疗药品和器械及在治疗过程中使用的消耗性的医用卫生材料比照本办法执行。

第八条 符合本办法规定的进口捐赠物资，由受赠人向海关申请办理减免税手续，海关按规定进行审核确认。经审核同意免税进口的捐赠物资，由海关按规定进行监管。

第九条 进口的捐赠物资按国家规定属于配额、特定登记和进口许可证管理的商品的，受赠人应当向有关部门申请配额、登记证明和进口许可证，海关凭证验放。

第十条 经审核同意免税进口的捐赠物资，依照《中华人民共和国公益事业捐赠法》第三章有关条款进行使用和管理。

第十一条 免税进口的捐赠物资，未经海关审核同意，不得擅自转让、抵押、质押、移作他用或者进行其他处置。如有违反，按国家有关法律、法规和海关相关管理规定处理。

第十二条 本办法由财政部会同海关总署、国家税务总局解释。

第十三条 海关总署根据本办法制定具体实施办法。

第十四条 本办法自 2016 年 4 月 1 日起施行，《财政部 国家税务总局 海关总署关于发布〈扶贫、慈善性捐赠物资免征进口税收暂行办法〉的通知》（财税〔2000〕152 号）同时废止。

财政部 国务院关税税则委员会 国家税务总局 海关总署关于印发 《关于救灾捐赠物资免征进口 税收的暂行办法》 的通知

财税字〔1998〕98 号

民政部、中国红十字会、中华全国妇女联合会：

经国务院批准，现将《关于救灾捐赠物资免征进口税收的暂行办法》（见附件）印发给你们，请按照执行。

附件：关于救灾捐赠物资免征进口税收的暂行办法

财政部 国务院关税税则委员会
国家税务总局 海关总署
1998 年 6 月 29 日

附件：

关于救灾捐赠物资免征进口税收的暂行办法

第一条 为有利于灾区紧急救援，规范救灾捐赠进口物资的管理，制定本办法。

第二条 对外国民间团体、企业、友好人士和华侨、香港居民和台湾、澳门同胞无偿向我境内受灾地区捐赠的直接用于救灾的物资，在合理数量范围内，免征进口关税和进口环节增值税、消费税。

第三条 享受救灾捐赠物资进口免税的区域限于新华社对外发布和民政部《中国灾情信息》公布的受灾地区。

第四条 免税进口的救灾捐赠物资限于：

（一）食品类（不包括调味品、水产品、水果、饮料、酒等）；

（二）新的服装、被褥、鞋帽、帐篷、手套、睡袋、毛毯及其他维持基本生活的必需用品等；

（三）药品类（包括治疗、消毒、抗菌等）、疫苗、白蛋白、急救用医疗器械、消杀灭药械等；

（四）抢救工具（包括担架、橡皮艇、救生衣等）；

（五）经国务院批准的其他直接用于灾区救援的物资。

第五条 救灾捐赠物资进口免税的审批管理。

（一）救灾捐赠进口物资一般应由民政部（中国国际减灾十年委员会）提出免税申请，对于来自国际和友好国家及香港特别行政区、台湾、澳门红十字会和妇女组织捐赠的物资分别由中国红十字会、中华全国妇女联合会提出免税申请，海关总署依照本规定进行审核并办理免税手续。免税进口的救灾捐赠物资按渠道分别由民政部（如涉及国务院有关部门，民政部应会同相关部门）、中国红十字会、中华全国妇女联合会负责接收、管理并及时发送给受灾地区。

（二）接受的捐赠物资，按国家规定属配额、特定登记和进口许可证管理的商品，应向有关部门申请配额、登记证明和进口许可证，海关凭证验放。

第六条 各地区、各有关部门要加强管理，不得以任何形式将免税进口的救灾捐赠物资转让、出售、出租或移作他用，如违反上述规定，由海关按《中华人民共和国海关法》有关条款规定处理。

第七条 外国政府、国际组织无偿捐赠的救灾物资按《中华人民共和国海关法》第三十九条和《中华人民共和国增值税暂行条例》第十六条有关规定执行，不适用本办法。

第八条 本办法由财政部会同国务院关税税则委员会、国家税务总局、海关总署负责解释。

第九条 本办法自发布之日起施行。

财政部 海关总署 国家
税务总局公告

2009 年第 2 号

《国有公益性收藏单位进口藏品免税暂行规定》经国务院批准，现予以公布施行。《财政部 国家税务总局 海关总署关于印发〈国有文物收藏单位接受境外捐赠、归还和从境外追索的中国文物进口免税暂行办法〉的通知》（财税〔2002〕81 号）经国务院批准同时停止执行。

特此公告。

附件：1. 国有公益性收藏单位进口藏品免税暂行规定
　　　 2. 免税进口藏品备案表（略）

财政部 海关总署 国家税务总局
2009 年 1 月 20 日

附件1：

国有公益性收藏单位进口藏品免税暂行规定

第一条　为贯彻落实科学发展观，弘扬和传承中外传统文化艺术，提高民族文化软实力，促进我国对文物和艺术品等进口藏品的收藏和保护事业的健康发展，特制定本规定。

第二条　国有公益性收藏单位以从事永久收藏、展示和研究等公益性活动为目的，以接受境外捐赠、归还、追索和购买等方式进口的藏品，免征进口关税和进口环节增值税、消费税。

第三条　本规定所称国有公益性收藏单位，是指：

（一）国家有关部门和省、自治区、直辖市、计划单列市相关部门所属的国有公益性图书馆、博物馆、纪念馆及美术馆（以下简称省级以上国有公益性收藏单位）。

省级以上国有公益性收藏单位的名单，由财政部会同国务院有关部门以公告的形式发布。

（二）财政部会同国务院有关部门核定的其他国有公益性收藏单位。

第四条　本规定所称的藏品，是指具有收藏价值的各种材质的器皿和器具、钱币、砖瓦、石刻、印章封泥、拓本（片）、碑帖、法帖、艺术品、工艺美术品、典图、文献、古籍善本、照片、邮品、邮驿用品、徽章、家具、服装、服饰、织绣品、皮毛、民族文物、古生物化石标本和其他物品。

第五条　国有公益性收藏单位进口与其收藏范围相应的藏品，方能享受本规定的税收政策。

第六条　符合规定的国有公益性收藏单位进口藏品，应持捐赠、归还、追索和购买等有效进口证明及海关规定的其他有关文件办理海关手续。免税进口藏品属于海关监管货物。

第七条　国有公益性收藏单位免税进口的藏品应依照《中华人民共和国文物保护法》、《中华人民共和国文物保护法实施条例》和《博物馆管理办法》进行管理，建立藏品登记备案制度。免税进口藏品入境30个工作日内须记入藏品总账——进口藏品子账，列入本单位内部年度审计必审科目。同时按规定格式（见附表）报送主管文化文物行政管理部门备案，并抄报海关。

第八条　国有公益性收藏单位免税进口的藏品应永久收藏，并仅用于非营利性展示和科学研究等公益性活动，不得转让、抵押、质押或出租。

第九条　免税进口藏品如需在国有公益性收藏单位之间依照国家有关法律法规的规定进行调拨、交换、借用，应依照法律法规的规定履行相关手续，同时报送主管文化文物行政管理部门备案，并抄报海关。

国有公益性收藏单位将免税进口藏品转让、抵押、质押或出租的，由海关依照国家有关法律法规的规定予以处罚；构成犯罪的，依法追究刑事责任。

对于有上述违法违规行为的单位，在1年内不得享受本税收优惠政策；被依法追究刑事责任的，在3年内不得享受本税收优惠政策。

第十条　海关总署根据本规定制定具体实施细则。

第十一条　本规定由财政部会同海关总署和国家税务总局负责解释。

第十二条　本规定自公布之日起施行。

海关总署令第 61 号 残疾人专用品免征进口税收暂行规定

(1997 年 1 月 22 日国务院批准，1997 年 4 月 10 日
海关总署令第 61 号发布自发布之日起施行)

第一条 为了支持残疾人康复工作，有利于残疾人专用品进口，制定本规定。

第二条 进口下列残疾人专用品，免征进口关税和进口环节增值税、消费税：

（一）肢残者用的支辅具，假肢及其零部件，假眼，假鼻，内脏托带，矫形器，矫形鞋，非机动助行器，代步工具（不包括汽车、摩托车），生活自助具，特殊卫生用品；

（二）视力残疾者用的盲杖，导盲镜，助视器，盲人阅读器；

（三）语言、听力残疾者用的语言训练器；

（四）智力残疾者用的行为训练器，生活能力训练用品。

进口前款所列残疾人专用品，由纳税人直接在海关办理免税手续。

第三条 有关单位进口的国内不能生产的下列残疾人专用品，按隶属关系经民政部或者中国残疾人联合会批准，并报海关总署审核后，免征进口关税和进口环节增值税、消费税：

（一）残疾人康复及专用设备，包括床旁监护设备、中心监护设备、生化分析仪和超声诊断仪；

（二）残疾人特殊教育设备和职业教育设备；

（三）残疾人职业能力评估测试设备；

（四）残疾人专用劳动设备和劳动保护设备；

（五）残疾人文体活动专用设备；

（六）假肢专用生产、装配、检测设备，包括假肢专用铣磨机、假肢专用真空成型机、假肢专用平板加热器和假肢综合检测仪；

（七）听力残疾者用的助听器。

第四条 本规定第三条规定的有关单位，是指：

（一）民政部直属企事业单位和省、自治区、直辖市民政部门所属福利机构、假肢厂和荣誉军人康复医院（包括各类革命伤残军人休养院、荣军医院和荣军康复医院）；

（二）中国残疾人联合会（中国残疾人福利基金会）直属事业单位和省、自治区、直辖市残疾人联合会（残疾人福利基金会）所属福利机构和康复机构。

第五条 依据本规定免税进口的残疾人专用品，不得擅自移作他用。

违反前款规定，将免税进口的物品擅自移作他用，构成走私罪的，依法追究刑事责任；尚不构成犯罪的，按走私行为或者违反海关监管规定的行为论处。

第六条 海关总署根据本规定制定实施办法。

第七条 本规定自发布之日起施行。

海关总署

1997 年 4 月 10 日

财政部 国家税务总局关于对宫内节育器免征进口环节增值税的通知

财关税〔2004〕17号

海关总署：

根据我国增值税条例，"避孕药品和用具"属于增值税免征税目，现特予以明确。即从2004年5月1日起，对"宫内节育器"（税则号90189080）免征进口环节增值税，此前所征税款不予退回。

请通知各海关遵照执行。

财政部 国家税务总局
2004年4月12日

财政部 海关总署 税务总局关于 2021—2030 年抗艾滋病病毒药物进口税收政策的通知

财关税〔2021〕13 号

北京市财政局，北京海关，国家税务总局北京市税务局：

为坚持基本医疗卫生事业公益属性，支持艾滋病防治工作，自 2021 年 1 月 1 日至 2030 年 12 月 31 日，对卫生健康委委托进口的抗艾滋病病毒药物，免征进口关税和进口环节增值税。享受免税政策的抗艾滋病病毒药物名录及委托进口单位由卫生健康委确定，并送财政部、海关总署、税务总局。

财政部 海关总署 税务总局

2021 年 3 月 29 日

财政部 海关总署 税务总局 关于防控新型冠状病毒感染的 肺炎疫情进口物资免税政策的公告

财政部 海关总署 税务总局公告 2020 年第 6 号

根据财政部、海关总署和税务总局联合发布的《慈善捐赠物资免征进口税收暂行办法》（公告 2015 年第 102 号）等有关规定，境外捐赠人无偿向受赠人捐赠的用于防控新型冠状病毒感染的肺炎疫情（以下简称疫情）进口物资可免征进口税收。为进一步支持疫情防控工作，自 2020 年 1 月 1 日至 3 月 31 日，实行更优惠的进口税收政策，现公告如下：

一、适度扩大《慈善捐赠物资免征进口税收暂行办法》规定的免税进口范围，对捐赠用于疫情防控的进口物资，免征进口关税和进口环节增值税、消费税。

（1）进口物资增加试剂，消毒物品，防护用品，救护车、防疫车、消毒用车、应急指挥车。

（2）免税范围增加国内有关政府部门、企事业单位、社会团体、个人以及来华或在华的外国公民从境外或海关特殊监管区域进口并直接捐赠；境内加工贸易企业捐赠。捐赠物资应直接用于防控疫情且符合前述第（1）项或《慈善捐赠物资免征进口税收暂行办法》规定。

（3）受赠人增加省级民政部门或其指定的单位。省级民政部门将指定的单位名单函告所在地直属海关及省级税务部门。

无明确受赠人的捐赠进口物资，由中国红十字会总会、中华全国妇女联合会、中国残疾人联合会、中华慈善总会、中国初级卫生保健基金会、中国宋庆龄基金会或中国癌症基金会作为受赠人接收。

二、对卫生健康主管部门组织进口的直接用于防控疫情物资免征关税。进口物资应符合前述第一条第（1）项或《慈善捐赠物资免征进口税收暂行办法》规定。省级财政厅（局）会同省级卫生健康主管部门确定进口单位名单、进口物资清单，函告所在地直属海关及省级税务部门。

三、本公告项下免税进口物资，已征收的应免税款予以退还。其中，已征税进口且尚未申报增值税进项税额抵扣的，可凭主管税务机关出具的《防控新型冠状病毒感染的肺炎疫情进口物资增值税进项税额未抵扣证明》（见附件），向海关申请办理退还已征进口关税和进口环节增值税、消费税手续；已申报增值税进项税额抵扣的，仅向海关申请办理退还已征进口关税和进口环节消费税手续。有关进口单位应在2020年9月30日前向海关办理退税手续。

四、本公告项下免税进口物资，可按照或比照海关总署公告2020年第17号，先登记放行，再按规定补办相关手续。

附件：防控新型冠状病毒感染的肺炎疫情进口物资增值税进项税额未抵扣证明

财政部 海关总署 税务总局

2020年2月1日

附件：

防控新型冠状病毒感染的肺炎疫情进口物资增值税进项税额未抵扣证明

编号：主管税务机关代码+四位流水号

纳税人名称		纳税人识别号或统一社会信用代码	
		企业海关代码	
进口时间	年 月 日		
海关进口增值税专用缴款书	海关报关单（编号：_____）、海关进口增值税专用缴款书（凭证号：_____），进口环节增值税税款金额为（大写）_____，￥_____元。		
进项税额抵扣情况	经审核，该纳税人上述海关进口增值税专用缴款书税额尚未申报抵扣。		
其他需要说明的事项			
审核意见： 审核人： 　　　　　年 月 日	复核意见： 复核人： 　　　　　年 月 日	局长意见： 局领导：　　（局章） 　　　　　年 月 日	

注：1. 本表由申请企业所在地主管税务机关填写并盖章确认；

2. 表中增值税进项税额是指企业进口符合本公告规定的用于防控新型冠状病毒感染的肺炎疫情物资向海关缴纳的进口环节增值税税款金额。

财政部 海关总署 税务总局 关于因新冠肺炎疫情不可抗力 出口退运货物税收规定的公告

财政部 海关总署 税务总局公告 2020 年第 41 号

经国务院批准，关于因新冠肺炎疫情不可抗力出口退运货物的相关税收规定，公告如下：

一、对自 2020 年 1 月 1 日起至 2020 年 12 月 31 日申报出口，因新冠肺炎疫情不可抗力原因，自出口之日起 1 年内原状复运进境的货物，不征收进口关税和进口环节增值税、消费税，出口时已征收出口关税的，退还出口关税。

二、对符合第一条规定的货物，已办理出口退税的，按现行规定补缴已退（免）增值税、消费税税款。

三、自本公告发布之日起，符合第一条规定的退运货物申报进口时，企业向海关申请办理不征税手续的，应当事先取得主管税务机关出具的出口货物已补税（未退税）证明。

四、自 2020 年 1 月 1 日起至本公告发布之日，符合第一条规定的退运货物已征收的进口关税和进口环节增值税、消费税，依企业申请予以退还。其中，未申报抵扣进口环节增值税、消费税的，应当事先取得主管税务机关出具的《因新冠肺炎疫情不可抗力出口货物退运已征增值税、消费税未抵扣证明》（见附件），向海关申请办理退还已征进口关税和进口环节增值税、消费税手续；已申报抵扣进口环节增值税、消费税的，仅向海关申请办理退还已征进口关税。进口收货人应在 2021 年 6 月 30 日前向海关办理退税手续。

五、符合第一条、第三条和第四条规定的货物，进口收货人应提交退运原因书面说明，证明其因新冠肺炎疫情不可抗力原因退运，海关凭其说明按退运货物办理上述手续。

六、本公告由财政部会同海关总署、税务总局负责解释。

附件：因新冠肺炎疫情不可抗力出口货物退运已征增值税、消费税未抵扣证明

财政部 海关总署 税务总局
2020 年 11 月 2 日

附件：

因新冠肺炎疫情不可抗力出口货物退运
已征增值税、消费税未抵扣证明

编号：主管税务机关代码＋四位流水号

<table>
<tr>
<td rowspan="2">纳税人名称</td>
<td rowspan="2"></td>
<td>纳税人识别号或
统一社会信用代码</td>
<td></td>
</tr>
<tr>
<td>企业海关代码</td>
<td></td>
</tr>
<tr>
<td>进口时间</td>
<td colspan="3">年　月　日</td>
</tr>
<tr>
<td>海关进口增值税、
消费税专用缴款书</td>
<td colspan="3">海关报关单（编号：＿＿＿＿＿）、海关进口增值税专用缴款书
（凭证号：＿＿＿＿＿），进口环节增值税税款金额为（大写）
＿＿＿＿＿，￥＿＿＿元；海关进口消费税专用缴款
书（凭证号：＿＿＿），进口环节消费税税款金额为（大写）
＿＿＿，￥＿＿＿元。</td>
</tr>
<tr>
<td>税款抵扣情况</td>
<td colspan="3">经审核：1. 该纳税人上述海关进口增值税、消费税专用缴款书税额
　　　　　均未申报抵扣（　　）
　　　　2. 该纳税人上述海关进口增值税税额未申报抵扣，进口消
　　　　　费税专用缴款书税额已申报抵扣（　　）
　　　　3. 该纳税人上述海关进口增值税税额已申报抵扣，进口消
　　　　　费税专用缴款书税额未申报抵扣（　　）</td>
</tr>
<tr>
<td>其他需要说明的事项</td>
<td colspan="3"></td>
</tr>
<tr>
<td colspan="2">审核意见：

审核人：

　　　　年　月　日</td>
<td>复核意见：

复核人：

　　　年　月　日</td>
<td>局长意见：

局领导：　　（局章）

　　　年　月　日</td>
</tr>
</table>

关于中国国际进口博览会展期内销售的进口展品税收优惠政策的通知

财关税〔2020〕38 号

上海市财政局、上海海关、国家税务总局上海市税务局、中国国际进口博览局、国家会展中心（上海）有限责任公司：

为支持举办中国国际进口博览会（以下简称进博会），经国务院批准，现就有关税收政策通知如下：

一、对进博会展期内销售的合理数量的进口展品免征进口关税、进口环节增值税和消费税。享受税收优惠的展品不包括国家禁止进口商品，濒危动植物及其产品，烟、酒、汽车以及列入《进口不予免税的重大技术装备和产品目录》的商品。

二、每个展商享受税收优惠的销售数量或限额，按附件规定执行。附件所列 1~5 类展品，每个展商享受税收优惠政策的销售数量不超过列表规定；其他展品每个展商享受税收优惠政策的销售限额不超过 2 万美元。

三、对展期内销售的超出政策规定数量或限额的展品，以及展期内未销售且在展期结束后又不退运出境的展品，按照国家有关规定照章征税。

四、参展企业名单及展期内销售的展品清单，由承办单位中国国际进口博览局和国家会展中心（上海）有限责任公司向上海海关统一报送。

本通知自印发之日起执行。

附件：中国国际进口博览会享受税收优惠政策的展品清单

财政部 海关总署 税务总局
2020 年 10 月 12 日

附件：

中国国际进口博览会享受税收优惠政策的展品清单

序号	类别	备注
1	机器、机械器具、电气设备及仪器、仪表（医疗或外科用仪器及设备除外）	每个参展商享受税收优惠数量不超过 12 件
2	牵引车、拖拉机	每个参展商享受税收优惠数量不超过 2 件
3	船舶及浮动结构体	每个参展商享受税收优惠数量不超过 3 件
4	医疗或外科用仪器及设备	每个参展商享受税收优惠数量不超过 5 件
5	艺术品、收藏品及古物	每个参展商享受税收优惠数量不超过 5 件
6	除上述类别外的其他展品	每个参展商享受税收优惠的销售限额不超过 2 万美元

注：上述展品不包括国家禁止进口商品，濒危动植物及其产品，烟、酒、汽车以及列入《进口不予免税的重大技术装备和产品目录》的商品。

关于中国国际服务贸易交易会展期内销售的进口展品税收政策的通知

财关税〔2021〕42 号

北京市财政局，北京海关，国家税务总局北京市税务局，北京市国际服务贸易事务中心：

为支持办好中国国际服务贸易交易会（以下称服贸会），经国务院批准，现就有关税收政策通知如下：

一、对服贸会每个展商在展期内销售的进口展品，按附件规定的数量或金额上限，免征进口关税、进口环节增值税和消费税。附件所列 1 - 5 类展品，每个展商享受税收优惠的销售数量不超过列表规定；其他展品，每个展商享受税收优惠的销售金额不超过 2 万美元。

二、享受税收优惠的展品不包括烟、酒、汽车、列入《进口不予免税的重大技术装备和产品目录》的商品、濒危动植物及其产品，以及国家禁止进口商品。

三、对展期内销售的超出附件规定数量或金额上限的展品，以及展期内未销售且在展期结束后又不退运出境的展品，按照国家有关规定照章征税。

四、参展企业名单及展期内销售的进口展品清单，由北京市国际服务贸易事务中心或其指定单位向北京海关统一报送。

五、对享受政策的展期内销售进口展品，海关不再按特定减免税货物进行后续监管。

六、每届展会结束后 6 个月内，北京市国际服务贸易事务中心应向财政部、海关总署、税务总局报送政策实施情况。

七、本通知适用于 2021 年至 2023 年期间举办的服贸会。

附件：中国国际服务贸易交易会享受税收优惠政策的进口展品清单

财政部 海关总署 税务总局
2021 年 9 月 1 日

附件：

中国国际服务贸易交易会享受税收
优惠政策的进口展品清单

序号	类别	每个展商享受税收优惠政策的销售数量或金额上限
1	机器、机械器具、电机、电气设备（医疗或外科用仪器及设备除外）	10 件
2	牵引车，特殊用途的机动车辆（主要用于载人或货运的车辆除外）	2 件
3	船舶及浮动结构体	3 件
4	光学、照相、电影、计量、检验仪器及设备、精密仪器及设备	5 件
5	医疗或外科用仪器及设备	5 件
6	除上述类别外的其他展品	2 万美元

注：上述各类别展品不包括烟、酒、汽车、列入《进口不予免税的重大技术装备和产品目录》的商品、濒危动植物及其产品，以及国家禁止进口商品。

关于"十四五"期间中西部地区国际性展会展期内销售的进口展品税收优惠政策的通知

财关税〔2021〕21 号

内蒙古、吉林、黑龙江、湖南、广西、云南、青海、宁夏、新疆等省（自治区）财政厅，海关总署广东分署、各直属海关，国家税务总局内蒙古、吉林、黑龙江、湖南、广西、云南、青海、宁夏、新疆等省（自治区）税务局：

现就"十四五"期间中西部地区国际性展会展期内销售的进口展品税收优惠政策通知如下：

一、对中国—东盟博览会（以下称东盟博览会）、中国—东北亚博览会（以下称东北亚博览会）、中国—俄罗斯博览会（以下称中俄博览会）、中国—阿拉伯国家博览会（以下称中阿博览会）、中国—南亚博览会暨中国昆明进出口商品交易会（以下称南亚博览会）、中国（青海）藏毯国际展览会（以下称藏毯展览会）、中国—亚欧博览会（以下称亚欧博览会）、中国—蒙古国博览会（以下称中蒙博览会）、中国—非洲经贸博览会（以下称中非博览会），在展期内销售的免税额度内的进口展品免征进口关税和进口环节增值税、消费税。享受税收优惠的展品不包括国家禁止进口商品、濒危动植物及其产品、烟、酒、汽车以及列入《进口不予免税的重大技术装备和产品目录》的商品。

二、享受税收优惠政策的展品清单类别范围和销售额度等规定见附件 1 和附件 2。其中，附件 1 适用于东盟博览会，附件 2 适用于东北亚博览会、中俄博览会、中阿博览会、南亚博览会、藏毯展览会、亚欧博览会、中蒙博览会和中非博览会。

三、对展期内销售的超出享受税收优惠政策的展品清单类别范围或销售额度的展品，以及展期内未销售且在展期结束后又不退运出境的展品，按照国家有关规定照章征税。

四、对享受政策的展期内销售进口展品，海关不再按特定减免税货物进行后续监管。

附件：1. 中西部地区国际性展会享受税收优惠政策的展品清单（一）
2. 中西部地区国际性展会享受税收优惠政策的展品清单（二）

财政部 海关总署 税务总局
2021 年 3 月 31 日

附件1:

中西部地区国际性展会享受税收
优惠政策的展品清单（一）

序号	类别	每个展商享受税收优惠政策的金额上限
1	动物、植物及动植物制品	每个参展商第1~7类展品免税销售总额不超过15000美元
2	贱金属及金属制品	
3	塑料、橡胶及其制品	
4	纺织原料及纺织制品	
5	鞋、帽、伞等日用品及装饰品	
6	石料、玻璃及其制品、陶瓷制品	
7	玩具、游戏及运动用品	
8	化学工业及相关工业的产品	每个参展商第8~11类展品免税销售总额不超过20000美元
9	珠宝、首饰品	
10	机器、机械器具、电气设备及仪器、仪表	
11	艺术品	

注：1. 本清单仅适用于东盟博览会。

2. 第1类展品包括以动植物为原料的食品、饮料。

3. 清单所列展品不包括国家禁止进口商品，濒危动植物及其产品，烟、酒、汽车以及列入《进口不予免税的重大技术装备和产品目录》的商品。

附件2:

中西部地区国际性展会享受税收
优惠政策的展品清单（二）

序号	类别	每个展商享受税收优惠政策的金额上限
1	动物、植物及动植物制品	每个参展商第1~20类展品免税销售总额不超过20000美元
2	贱金属及金属制品	
3	塑料、橡胶及其制品	
4	纺织原料及纺织制品	

续表

序号	类别	每个展商享受税收优惠政策的金额上限
5	鞋、帽、伞等日用品及装饰品	
6	石料、玻璃及其制品、陶瓷制品	
7	玩具、游戏及运动用品	
8	工艺品	
9	化妆品	
10	医药品、保健品	
11	化学工业及相关工业的产品	
12	珠宝、首饰品	每个参展商第 1~20 类展品免税销售总额不超过 20000 美元
13	机器、机械器具、电气设备及仪器、仪表	
14	信息产品	
15	艺术品	
16	木及木制品	
17	生皮、皮革、皮毛及其制品；鞍具及挽具	
18	地毯	
19	古生物化石标本	
20	矿物晶体标本	

注：1. 本清单适用于东北亚博览会、中俄博览会、中阿博览会、南亚博览会、藏毯展览会、亚欧博览会、中蒙博览会和中非博览会。

2. 第 1 类展品包括以动植物为原料的食品、饮料。

3. 清单所列展品不包括国家禁止进口商品，濒危动植物及其产品，烟、酒、汽车以及列入《进口不予免税的重大技术装备和产品目录》的商品。

（六）消费优化升级

财政部 海关总署 国家税务总局 国家旅游局关于印发《关于进一步 加强免税业务集中统一管理的 请示》的通知

财外字〔2000〕1 号

各省、自治区、直辖市、计划单列市人民政府，国务院有关部委：

为进一步加强国家对免税业务的集中统一管理，促进我国免税业务在符合国际惯例、适应社会主义市场经济要求的前提下持续、健康发展，增强参与国际免税品市场的竞争能力，财政部、海关总署、国家税务总局和国家旅游局上报国务院的《关于进一步加强免税业务集中统一管理的请示》已经国务院批准，现印发给你们，请遵照执行。该请示中关于进一步加强免税业务集中统一管理的有关规定自 2000 年 1 月 1 日起执行。有关设立免税商店的审批，待有关部门制定规范程序后，按程序办理。

附件：关于进一步加强免税业务集中统一管理的请示

财政部 海关总署
国家税务总局 国家旅游局
2000 年 3 月 1 日

附件：

关于进一步加强免税业务集中统一管理的请示

国务院：

　　为了适应我国改革开放的需要，完善旅游购物环境，增加国家外汇收入，参照国际上的通行做法，我国于 1979 年 11 月开办免税品销售业务。经国务院批准，由中国免税品（集团）总公司（原中国免税品公司）统一管理经营免税品销售业务，对全国免税店实行"统一经营、统一组织进货、统一制定零售价格、统一制定管理规定"的政策，并陆续制定了一系列配套制度。通过 20 年的努力，我国已初步形成了较为完善的免税商品销售网络，为海内外旅游者、驻华外交人员和国际海员提供了良好的免税购物服务，增强了口岸功能，促进了旅游业的发展，为国家赚取了大量外汇。中国免税业已在世界免税业界占据了重要的地位。

　　但是，由于我国开办免税业务毕竟缺乏经验，从目前来看，仍然存在以下突出问题：

　　1. 管理体制不顺。目前，除中国免税品（集团）总公司外，从事经营免税品销售业务的还有民航、交通、铁路等部门和一些地方政府，经营管理权分散，国务院制定的"四统一"的免税品经营业务政策无法得到全面贯彻落实；由此引起免税销售业务内部竞争无序，形成多家经营、多头对外的局面。目前，还有很多免税店纷纷提出要自主采购、自主经营，有的还通过招投标将免税业务出让给外商经营。这种做法不仅冲击了国家对免税品垄断经营的体制，而且还削弱了规模采购的优势，提高了免税品的采购成本，其结果是免税店失掉许多潜在的顾客，国家利益受损，外商从中渔利。

　　2. 企业与国家分配关系不顺。由于免税品销售业务免掉的是国家关税、进口环节税等中央税收，而在现行办法下，免税业务经营权分散在地方和部门，免税店所得收益全部归经营部门和地方所有，在经营利润的分配上没有体现中央集中管理、收益适当上交的原则。因此，一些部门、地方从局部利益出发，漠视国家现行政策，相互攀比，争要免税业务经营权，造成部门和地方利益抬头。

　　这些问题的存在，扰乱了我国免税业统一的市场秩序，损害了国家利益，也阻碍了免税业的进一步发展。

　　我们认为，1979 年我国开设免税业务，主要是顺应改革开放后日益增多的外国游客来我国旅游购物的需要，借鉴了国际上通行的免税业务的做法，但在管理体制上与国际惯例有一定差距。我国改革开放至今已经 20 多年，在此期间，我国确立了社会主义市场经济体制，1994 年还借鉴国际上市场经济国家的经验，实行了符合社会主义市场经济要求的分税制财政体制改革。而我国免税业管理体制却一直未变，影响了该行业的健康发展。从国际上看，由于免税销售业务免征的是属于中央收入的进口关税和进口环节税，因此，各国的免税业均体现了国家垄断和特许经营的性质，由中央集中管理，统一经营。这也是我国免税业需要加以完善的方面。为了促进我国免税业在适应社会主义市场经济要求的前提下持续、快速、健康发展，更好地为改革开放、经济建设和旅游业发展服务，我们建议：

一、由于免税品销售业务免掉的是国家关税、进口环节税等中央税收，涉及海关监管和旅游购物管理，制定国家有关免税品销售业务的政策，由财政部牵头会同海关总署、国家税务总局和国家旅游局提出意见，报国务院审批。

二、免税业应体现国家垄断和特许经营行业的性质，免税业务的经营权和管理权在中央，坚持统一审批的原则，地方及各部门无权审批经营管理免税业务。设立出境口岸免税品分公司和免税店，由中国免税品（集团）总公司提出申请，财政部会同海关总署、国家税务总局、国家旅游局从严掌握审批，其他部门和地方政府无权自行审批；开办市内免税店，由中国免税品（集团）总公司提出申请，财政部会同海关总署、国家旅游局和国家税务总局提出意见报国务院审批。

三、各级海关应加强对获准经营免税品销售业务单位各种免税商品的严格监管。

四、地方和各部门不得与外商合资、合作经营免税店或变相允许外商参与免税店的经营活动。

五、为体现免税业的特许经营政策，进一步理顺企业与国家的利益分配关系，中央财政对免税店收取专营利润。

六、中国免税品公司与原主管部门脱钩交由中央管理后，仍应继续坚持集中统一经营管理的原则，严格贯彻国务院规定的国家统一经营、统一组织进货、统一制定零售价格、统一制定管理规定的"四统一"方针，全国各地的免税品公司和免税店不得自行进货。

七、制定完善的免税企业财务管理制度，加强企业内部的财务管理。中国免税品（集团）总公司及所有免税店实行统一的财务核算体系，从体制上、机制上加强对国有资产的有效监督，确保国有资产及其权益不受侵犯。

八、中国免税业应以资产为纽带，坚持建立现代企业制度改革的方向，积极推进规范的公司制改革，加快企业规模化、集团化经营的步伐，将目前经营管理权分属部门和地方的免税店，逐步纳入中国免税品（集团）总公司集中统一经营管理，同时今后对其他部门和地方不再批准免税店（公司），促进中国免税业的集团化、连锁化经营，提高管理水平，增强参与国际免税市场竞争的能力。

妥否，请批示。

附：关于进一步加强免税业务集中统一管理的有关规定（略）

财政部 商务部 海关总署 国家税务总局 国家旅游局公告 2016 年第 19 号（关于口岸进境免税店政策的公告）

财政部公告〔2016〕19 号

为满足国内消费需求，丰富国内消费者购物选择，方便国内消费者在境内购买国外产品，决定增设和恢复口岸进境免税店，合理扩大免税品种，增加一定数量的免税购物额。经国务院批准，现将口岸进境免税店政策公告如下：

一、口岸进境免税店

口岸进境免税店是设立在对外开放的机场、陆路和水运口岸隔离区域，按规定对进境旅客免进口税购物的经营场所。国家对口岸进境免税店实行特许经营。

二、销售对象及条件

口岸进境免税店的适用对象是尚未办理海关进境手续的旅客。在口岸进境免税店购物必须同时符合以下条件：

1. 进境旅客持进出境有效证件和搭乘公共运输交通工具的凭证购买；未搭乘公共运输交通工具的，进境旅客持进出境有效证件购买。

2. 进出境有效证件指护照、往来港澳通行证或往来台湾通行证。

3. 购物应按规定取得购物凭证。

三、免税税种

关税、进口环节增值税和消费税。

四、免税商品品类

免税商品以便于携带的个人消费品为主，具体商品品类和限购数量见附表。

五、免税购物金额

在维持居民旅客进境物品 5000 元人民币免税限额不变基础上，允许其在口岸进境免税店增加一定数量的免税购物额，连同境外免税购物额总计不超过

8000 元人民币。

六、购物流程

进境旅客在口岸进境免税店购物后，由本人随身携带入境。在同一口岸既有出境免税店又有进境免税店，进境旅客在出境免税店预订寄存后，在进境时付款提取的，视为在口岸进境免税店购物。

本公告自 2016 年 2 月 18 日起执行。

特此公告。

附表：口岸进境免税店经营品类

财政部　商务部　海关总署
国家税务总局　国家旅游局
2016 年 2 月 18 日

附表：

口岸进境免税店经营品类

品类	商品范围	备注
烟		2 条（合计不超过 400 支）。
酒		2 瓶（合计不超过 1.5 升）。
香化产品	彩妆、护肤品、香水	
美容美发及保健器材	剃须刀、化妆工具、美容及保健器材	
手表	手表、表带、表链	
眼镜	眼镜、太阳镜、眼镜片、眼镜框	
一、二类家用医疗器械	血糖计、血糖试纸、电子血压计、红外线人体测温仪	已取得进口医疗器械注册证或备案凭证。
纺织品和鞋子	服装、丝巾、围巾、领带、手套、手帕、皮带、袜子、鞋子、帽子、其他棉织品、其他毛织品	
小皮件和箱包	小皮件、箱包	
首饰和工艺品	首饰、工艺品、摆件、挂件	

续表

品类	商品范围	备注
食品和保健食品	饼干、干果、果脯、保健品、蜂蜜、咖啡、咖啡豆、谷物片、奶茶、巧克力、糖果、蜂王浆制剂、西洋参胶囊（冲剂）、红参胶囊（冲剂）、高丽参胶囊（冲剂）、鱼油、维生素、钙片、胶原蛋白	参制品、保健食品、蜂蜜、蜂王浆制剂须为非首次进口，即已取得进口保健食品批准证书。
婴儿配方奶粉或辅食	零售包装的婴幼儿配方奶粉及辅食	婴儿配方奶粉应符合《进出口乳品检验检疫监督管理办法》〔国家质检总局 2013 年第 152 号令〕的要求，限购 4 件且合计重量不超过 5 千克。
尿不湿	尿不湿	
其他百货	笔、玩具（含童车）、转换插头	

注：1. 上述商品限定为进口品（烟除外），且国家规定不符合民航安全要求、禁止进口以及除酒类产品外的 20 种不予减免税商品除外。

2. 上述中未列明具体数量的商品，限自用合理数量。购买烟酒限 16 岁以上旅客。

3. 旅客在口岸进境免税店购买的免税品，与旅客从境外获取的物品合并计算，由海关按照现行规定验放。

财政部 商务部 海关总署 国家税务总局 国家旅游局 关于印发《口岸进境免税店 管理暂行办法》的通知

财关税〔2016〕8号

各省、自治区、直辖市、计划单列市财政厅（局）、商务主管部门、国家税务局、旅游局，新疆生产建设兵团财务局，海关总署广东分署、各直属海关，财政部驻各省、自治区、直辖市、计划单列市财政监察专员办事处：

2015年4月28日国务院第90次常务会议决定，增设和恢复口岸进境免税店。财政部会同商务部、海关总署、国家税务总局、国家旅游局研究提出了口岸进境免税店政策和增设方案。

国务院同意在广州白云、杭州萧山、成都双流、青岛流亭、南京禄口、深圳宝安、昆明长水、重庆江北、天津滨海、大连周水子、沈阳桃仙、西安咸阳和乌鲁木齐地窝堡等机场口岸，深圳福田、皇岗、沙头角、文锦渡口岸，珠海闸口口岸，黑河口岸等水陆口岸各设1家口岸进境免税店［《国务院关于口岸进境免税店政策和增设方案的批复》（国函〔2015〕221号）〕。

为落实国务院决定，规范管理口岸进境免税店，确保口岸进境免税店政策的顺利实施，现印发《口岸进境免税店管理暂行办法》，请遵照执行。

附件：口岸进境免税店管理暂行办法

财政部 商务部 海关总署
国家税务总局 国家旅游局
2016年2月18日

附件：

口岸进境免税店管理暂行办法

第一条 为规范口岸进境免税店管理工作，依照有关法律法规和我国口岸进境免税店政策，制定本办法。

第二条　口岸进境免税店，指设立在对外开放的机场、水运和陆路口岸隔离区域，按规定对进境旅客免进口税购物的经营场所。口岸进境免税店具体经营适用对象、商品品种、免税税种、金额数量等应严格按照口岸进境免税店政策的有关规定执行。

第三条　国家对口岸进境免税店实行特许经营。国家统筹安排口岸进境免税店的布局和建设。口岸进境免税店的布局选址应根据出入境旅客流量，结合区域布局因素，满足节约资源、保护环境、有序竞争、避免浪费、便于监管的要求。

第四条　除国务院另有规定外，对原经国务院批准具有免税品经营资质，且近3 年有连续经营口岸和市内进出境免税店业绩的企业，放开经营免税店的地域和类别限制，准予这些企业平等竞标口岸进境免税店经营权。口岸进境免税店必须由具有免税品经营资质的企业绝对控股（持股比例大于 50%）。

第五条　设立口岸进境免税店的数量、口岸和营业场所的规模控制，由财政部会同商务部、海关总署、国家税务总局和国家旅游局提出意见报国务院审批。

第六条　经营口岸进境免税店应当符合海关监管要求，经海关批准，并办理注册手续。

第七条　口岸进境免税店一般由机场或其他招标人通过招标方式确定经营主体。如果不具备招标条件，比如在进出境客流量较小、开店面积有限等特殊情况下，可提出申请并报财政部核准，按照《中华人民共和国政府采购法》规定的竞争性谈判等其他方式确定经营主体。

第八条　新设立或经营合同到期的口岸进境免税店经营主体经招标或核准后，招标人或口岸业主与免税品经营企业每次签约的经营期限不超过 10 年。协议到期后不得自动续约，应根据本办法第七条的规定重新确定经营主体。

第九条　招标人或口岸业主经招标或采用其他经核准的方式与免税品经营企业达成协议后，应向财政部、商务部、海关总署、国家税务总局和国家旅游局备案。备案时需提交以下材料：

（一）经营主体合作协议（包括各股东持股比例、经营主体业务关联互补情况等。独资设立免税店除外）；

（二）经营主体的基本情况（包括企业性质、营业范围、生产经营，资产负债等方面）；

（三）口岸与经营主体设立口岸进境免税店的协议。

第十条　经营主体的股权结构、经营状况等基本情况发生重大变化时，应向财政部、商务部、海关总署、国家税务总局和国家旅游局报告。

第十一条　自国务院批准设立口岸进境免税店的规模控制之日起，机场或其他招标人应在 6 个月内完成招标。经营口岸进境免税店自海关批准之日起，经营主体应在 1 年内完成免税店建设并开始营业。经批准设立的口岸进境免税店无正当理由未按照上述时限要求对外营业的，或者暂停经营 1 年以上的，机场或其他招标人按照本办法第五条、第六条和第七条的规定重新办理审批手续、确定经营主体。

第十二条　口岸进境免税店原则上不得扩大营业场所面积，不得设立分店和分柜台。确需扩大营业场所面积、设立分店和分柜台的,按照本办法第五条、第六条规定的开设新店程序审批。

第十三条 口岸进境免税店缴纳免税商品特许经营费办法,暂按《财政部关于印发〈免税商品特许经营费缴纳办法〉的通知》(财企〔2004〕241 号)和《财政部关于印发〈免税商品特许经营费缴纳办法〉的补充通知》(财企〔2006〕70 号)规定执行。

第十四条 财政部、商务部、海关总署、国家税务总局和国家旅游局应加强相互联系和信息交换,并根据职责分工,加强协作配合,对口岸进境免税店工作实施有效管理。

第十五条 财政部、商务部、海关总署、国家税务总局和国家旅游局可以定期对口岸进境免税店经营情况进行核查,发现违反相关法律法规和规章制度的,依法予以处罚。

第十六条 本办法由财政部、商务部、海关总署、国家税务总局和国家旅游局负责解释。

第十七条 本办法自 2016 年 2 月 18 日起施行。

财政部 商务部 文化和旅游部 海关总署 国家税务总局关于印发 口岸进境免税店管理暂行办法 补充规定的通知

财关税〔2018〕4 号

各省、自治区、直辖市、计划单列市财政厅（局）、商务主管部门、旅游主管部门、国家税务局，新疆生产建设兵团财政局，海关总署广东分署、各直属海关，财政部驻各省、自治区、直辖市、计划单列市财政监察专员办事处：

为进一步促进口岸进境免税店健康发展，指导相关口岸制定科学规范的招标评判标准，从严甄别投标企业实际情况，选定具有可持续发展能力的经营主体，实现政策初衷，现就《口岸进境免税店管理暂行办法》（财关税〔2016〕8 号）（以下简称《办法》）做出如下补充规定：

一、招标投标活动应严格遵守《中华人民共和国招标投标法》、《中华人民共和国招标投标法实施条例》等有关法律法规的规定。口岸进境免税店的经营主体须丰富经营品类，制定合理价格，服务于引导境外消费回流，满足居民消费需求，加速升级旅游消费的政策目标。

二、招标投标活动应保证具有免税品经营资质的企业公平竞争。招标人不得设定歧视性条款，不得含有倾向、限制或排斥投标人的内容，不得以特定行政区域或者特定的业绩作为加分条件或者中标条件。

单位负责人为同一人或者存在控股、管理关系的不同单位，不得参加同一标段投标或者未划分标段的同一招标项目投标。

三、合理规范口岸进境免税店租金比例和提成水平，避免片面追求"价高者得"。财务指标在评标中占比不得超过 50%。财务指标是指投标报价中的价格部分，包括但不限于保底租金、销售提成等。招标人应根据口岸同类场地现有的租金、销售提成水平来确定最高投标限价并对外公布。租金单价原则上不得高于同一口岸出境免税店或国内厅含税零售商业租金平均单价的 1.5 倍；销售提成不得高于同一口岸出境免税店或国内厅含税零售商业平均提成比例的 1.2 倍。

四、应综合考虑企业的经营能力，甄选具有可持续发展能力的经营主体。经营品类，尤其是烟酒以外品类的丰富程度应是重要衡量指标。技术指标在评标中占比不得低于 50%。技术指标分值中，店铺布局和设计规划占比 20%；品牌招商占比

30%；运营计划占比20%；市场营销及顾客服务占比30%。品牌招商分值中，烟酒占比不得超过50%。

五、规范评标工作程序。评标过程分为投标文件初审、问题澄清及讲标和比较评价三个阶段，对每个阶段的评审要出具评审报告。

六、中标人不得以装修费返还、税后利润返回、发展基金等方式对招标企业进行变相补偿。招标人及所在政府不得通过补贴、财政返回等方式对中标企业进行变相补偿。

七、口岸所在地的省（区、市）财政厅（局）对口岸进境免税店招标项目实施管理。财政部驻地方财政监察专员办事处对招标投标程序和政策落实情况履行行政监督职责，主要职责包括：

（一）对评标委员会成员的确定方式、评标专家的抽取和评标活动是否符合法定程序进行监督。

（二）负责受理投标人或者其他利害关系人关于招标投标活动不符合法律、行政法规规定的投诉，提出工作意见后报财政部。

（三）监督《财政部 商务部 海关总署 国家税务总局 国家旅游局关于口岸进境免税店政策的公告》（财政部 商务部 海关总署 国家税务总局 国家旅游局公告2016年第19号）和《办法》的执行情况。

八、本办法自公布之日起施行。

财政部 商务部 文化和旅游部
海关总署 国家税务总局
2018年3月29日

财政部 商务部 文化和旅游部 海关总署 税务总局关于印发 《口岸出境免税店管理暂行 办法》 的通知

财关税〔2019〕15 号

各省、自治区、直辖市、计划单列市财政厅（局）、商务主管部门、旅游主管部门、税务局，新疆生产建设兵团财政局，海关总署广东分署、各直属海关，财政部各地监管局：

为落实党中央、国务院决定，规范管理口岸出境免税店，促进口岸出境免税店健康有序发展，现印发《口岸出境免税店管理暂行办法》，请遵照执行。

附件：口岸出境免税店管理暂行办法

财政部 商务部 文化和

旅游部 海关总署 税务总局

2019 年 5 月 17 日

附件：

口岸出境免税店管理暂行办法

第一条 为了规范口岸出境免税店管理工作，促进口岸出境免税店健康有序发展，根据有关法律法规和我国口岸出境免税店政策制定本办法。

第二条 中华人民共和国境内口岸出境免税店的设立申请、审批、招标投标、经营、监管等事项适用本办法。

第三条 本办法所称口岸出境免税店，是指设立在对外开放的机场、港口、车站和陆路出境口岸，向出境旅客销售免税商品的商店。

第四条 本办法所称免税商品，是指免征关税、进口环节税的进口商品和实行退（免）税（增值税、消费税）进入口岸出境免税店销售的国产商品。

第五条 免税商品的销售对象，为已办妥出境手续，即将登机、上船、乘车前往境外及出境交通工具上的旅客。

第六条 国家对口岸出境免税店实行特许经营。国家统筹安排口岸出境免税店的布局和建设。口岸出境免税店的布局选址应根据出入境旅客流量，结合区域布局因素，满足节约资源、保护环境、有序竞争、避免浪费、便于监管的要求。

第七条 设立口岸出境免税店的数量、口岸，由口岸所属的地方政府或中国民用航空局提出申请，财政部会同商务部、文化和旅游部、海关总署、税务总局审批。

第八条 免税商品的经营范围，严格限于海关核定的种类和品种。

第九条 除国务院另有规定外，对原经国务院批准具有免税品经营资质，且近5年有连续经营口岸或市内进出境免税店业绩的企业，放开经营免税店的地域和类别限制，准予企业平等竞标口岸出境免税店经营权。口岸出境免税店必须由具有免税品经营资质的企业绝对控股（持股比例大于50%）。

第十条 口岸出境免税店由招标人或口岸业主通过招标方式确定经营主体。设有口岸进、出境免税店的口岸应对口岸进、出境免税店统一招标。招标投标活动必须严格遵守《中华人民共和国招标投标法》《中华人民共和国招标投标法实施条例》等有关法律法规的规定。如果不具备招标条件，比如在进出境客流量较小、开店面积有限等特殊情况下，可提出申请，财政部会同有关部门核准，参照《中华人民共和国政府采购法》规定的竞争性谈判等其他方式确定经营主体。

第十一条 招标投标活动应当保证具有免税品经营资质的企业公平竞争。招标人不得设定歧视性条款，不得含有倾向、限制或排斥投标人的内容，不得以特定行政区域或者特定的业绩作为加分条件或者中标条件。

单位负责人为同一人或者存在控股、管理关系的不同单位，不得参加同一标段投标或者未划分标段的同一招标项目投标。

第十二条 合理规范口岸出境免税店租金比例和提成水平，避免片面追求"价高者得"。财务指标在评标中占比不得超过50%。财务指标是指投标报价中的价格部分，包括但不限于保底租金、销售提成等。招标人应根据口岸同类场地现有的租金、销售提成水平来确定最高投标限价并对外公布。租金单价原则上不得高于国内厅含税零售商业租金平均单价的1.5倍；销售提成不得高于国内厅含税零售商业平均提成比例的1.2倍。

第十三条 应综合考虑企业的经营能力，甄选具有可持续发展能力的经营主体。经营品类，尤其是烟酒以外类的丰富程度应是重要衡量指标。技术指标在评标中占比得低于50%。技术指标分值中，店铺布局和设计规划占比20%；品牌招商占比30%；运营计划占比20%；市场营销及顾客服务占比30%。品牌招商分值中，烟酒占比不得超过50%。

第十四条 规范评标工作程序。评标过程分为投标文件初审、问题澄清、讲标和比较评价三个阶段。每个阶段的评审应当出具评审报告。

第十五条 中标人不得以装修费返还、税后利润返回、发展基金等方式对招标人进行变相补偿。招标人或所在政府不得通过补贴、财政返还等方式对中标人进行变相补偿。

第十六条　新设立或经营合同到期的口岸出境免税店经营主体经招标或核准后，经营期限不超过 10 年。经营期间经营主体不得擅自变更口岸出境免税店中标时确定的经营面积。需扩大原批准时经营面积的，招标人或口岸业主需提出申请，财政部会同有关部门核准；需缩小原批准时经营面积的，招标人或口岸业主需提出申请报海关总署核准。协议到期后不得自动续约，应根据本办法第十条的规定重新确定经营主体。

第十七条　招标人或口岸业主经招标或采用其他经核准的方式与免税品经营企业达成协议后，应按程序向财政部、商务部、文化和旅游部、海关总署、税务总局备案。备案时需提交以下材料：

（一）经营主体合作协议（包括各股东持股比例、经营主体业务关联互补情况等。独资设立免税店除外）；

（二）经营主体的基本情况（包括企业性质、营业范围、生产经营，资产负债等方面）；

（三）口岸与经营主体设立口岸出境免税店的协议。

第十八条　中标人经营口岸出境免税店应当符合海关监管要求，经海关批准，并办理注册手续。

第十九条　经营主体的股权结构、经营状况等基本情况发生重大变化时，招标人或口岸业主应按程序向财政部、商务部、文化和旅游部、海关总署、税务总局报告。若股权结构变动后，经营主体持股比例小于等于 50%，经批准设立的口岸出境免税店招标人或口岸业主需按照本办法第七条、第十条和第十八条的规定重新办理审批手续、确定经营主体。

第二十条　机场口岸业主或招标人不得与中标人签订阻止其他免税品经营企业在机场设立免税商品提货点的排他协议，口岸所在地的省（自治区、直辖市）财政厅（局）对上述情况进行监督和管理。

第二十一条　自批准设立口岸出境免税店之日起，招标人或口岸业主应当在 6 个月内完成招标。经营口岸出境免税店自海关批准之日起，经营主体应当在 1 年内完成免税店建设并开始营业。经批准设立的口岸出境免税店无正当理由未按照上述时限要求对外营业的，或者暂停经营 1 年以上的，招标人或口岸业主按照本办法第七条、第十条和第十八条的规定重新办理审批手续、确定经营主体。

第二十二条　口岸所在地的省（自治区、直辖市）财政厅（局）对招标投标履行行政监督职责，主要包括对评标活动进行监督，负责受理投诉，对违法行为依法进行处罚等。财政部各地监管局按照财政部要求开展有关监管工作。

第二十三条　口岸出境免税店应当缴纳免税商品特许经营费，具体办法按照财政部有关规定执行。

第二十四条　口岸出境免税店销售的免税商品适用的增值税、消费税免税政策，相关管理办法由税务总局商财政部另行制定。

第二十五条　财政部、商务部、文化和旅游部、海关总署、税务总局应加强相互联系和信息交换，并根据职责分工，加强协作配合，对口岸出境免税店工作实施有效管理。

第二十六条 财政部、商务部、文化和旅游部、海关总署、税务总局可以定期对口岸出境免税店经营情况进行核查，发现违反相关法律法规和规章制度的，依法予以处罚。

第二十七条 本办法自发布之日起施行。原《关于印发〈关于进一步加强免税业务集中统一管理的请示〉的通知》（财外字〔2000〕1 号）与本办法相冲突的内容，以本办法为准。

财政部 商务部 文化和旅游部 海关总署 税务总局关于调整 疫情期间口岸进、出境免税店 经营和招标期限等规定的通知

财关税〔2022〕3 号

各省、自治区、直辖市、计划单列市财政厅（局）、商务厅（局）、文化和旅游厅（局），海关总署广东分署、各直属海关，国家税务总局各省、自治区、直辖市和计划单列市税务局，财政部各地监管局：

为缓解疫情对市场主体的影响，现将《口岸进境免税店管理暂行办法》和《口岸出境免税店管理暂行办法》（财关税〔2016〕8 号和财关税〔2019〕15 号，以下统称管理办法）中有关免税店经营和招标期限规定调整如下：

一、按照管理办法批准设立并已完成招标的免税店

已按照管理办法批准设立并已完成招标（含经财政部会同有关部门核准的其他方式确定经营主体的情形，下同）的口岸进、出境免税店，免税品经营企业与招标人（或口岸业主，下同）可在友好协商的基础上，延长免税店招投标时确定的经营期限，仅能延期一次，最多延长 2 年。延期后的经营期限可超过 10 年。

免税品经营企业与招标人的延期协议应在 2022 年 12 月 31 日前签署。签署延期协议后，应按照管理办法规定进行备案。

二、按照管理办法批准设立但尚未完成招标的免税店

2020 年 7 月至 2022 年 6 月期间，由财政部会同有关部门按照管理办法批准设立的口岸进、出境免税店，由地方政府按疫情防控要求，妥善安排招标工作，可不受批准设立之日起 6 个月内完成招标的时间限制，但最晚应于 2022 年 12 月 31 日前完成招标。

三、未按照管理办法批准设立的免税店

未按照管理办法规定批准设立的免税店，继续由口岸所属地方政府提出处理意见，报财政部、商务部、文化和旅游部、海关总署和税务总局批准。

财政部 商务部 文化和旅游部 海关总署 税务总局

2022 年 1 月 12 日

财政部 海关总署 国家税务总局 关于跨境电子商务零售进口 税收政策的通知

财关税〔2016〕18 号

各省、自治区、直辖市、计划单列市财政厅（局）、国家税务局，新疆生产建设兵团财务局，海关总署广东分署、各直属海关：

为营造公平竞争的市场环境，促进跨境电子商务零售进口健康发展，经国务院批准，现将跨境电子商务零售（企业对消费者，即 B2C）进口税收政策有关事项通知如下：

一、跨境电子商务零售进口商品按照货物征收关税和进口环节增值税、消费税，购买跨境电子商务零售进口商品的个人作为纳税义务人，实际交易价格（包括货物零售价格、运费和保险费）作为完税价格，电子商务企业、电子商务交易平台企业或物流企业可作为代收代缴义务人。

二、跨境电子商务零售进口税收政策适用于从其他国家或地区进口的、《跨境电子商务零售进口商品清单》范围内的以下商品：

（一）所有通过与海关联网的电子商务交易平台交易，能够实现交易、支付、物流电子信息"三单"比对的跨境电子商务零售进口商品；

（二）未通过与海关联网的电子商务交易平台交易，但快递、邮政企业能够统一提供交易、支付、物流等电子信息，并承诺承担相应法律责任进境的跨境电子商务零售进口商品。

不属于跨境电子商务零售进口的个人物品以及无法提供交易、支付、物流等电子信息的跨境电子商务零售进口商品，按现行规定执行。

三、跨境电子商务零售进口商品的单次交易限值为人民币 2000 元，个人年度交易限值为人民币 20000 元。在限值以内进口的跨境电子商务零售进口商品，关税税率暂设为 0%；进口环节增值税、消费税取消免征税额，暂按法定应纳税额的 70%征收。超过单次限值、累加后超过个人年度限值的单次交易，以及完税价格超过2000 元限值的单个不可分割商品，均按照一般贸易方式全额征税。

四、跨境电子商务零售进口商品自海关放行之日起 30 日内退货的，可申请退税，并相应调整个人年度交易总额。

五、跨境电子商务零售进口商品购买人（订购人）的身份信息应进行认证；未进行认证的，购买人（订购人）身份信息应与付款人一致。

六、《跨境电子商务零售进口商品清单》将由财政部商有关部门另行公布。

七、本通知自 2016 年 4 月 8 日起执行。

特此通知。

财政部 海关总署 国家税务总局

2016 年 3 月 24 日

财政部 发展改革委 工业和信息化部 农业部 商务部 海关总署 国家税务总局 质检总局 食品药品监管总局 濒管办 密码局关于公布跨境电子商务零售进口商品清单的公告

财政部 发展改革委 工业和信息化部 农业部

商务部 海关总署 国家税务总局 质检总局

食品药品监管总局 濒管办 密码局公告

2016 年第 40 号

为营造公平竞争的市场环境，促进跨境电子商务零售进口健康发展，经国务院批准，财政部、海关总署、国家税务总局已印发《关于跨境电子商务零售进口税收政策的通知》（财关税〔2016〕18 号）。为落实跨境电子商务零售进口税收政策，现将《跨境电子商务零售进口商品清单》予以公布。

附件：跨境电子商务零售进口商品清单（略）

财政部 发展改革委 工业和信息化部 农业部

商务部 海关总署 国家税务总局 质检总局

食品药品监管总局 濒管办 密码局

2016 年 4 月 6 日

财政部 发展改革委 工业和信息化部 环境保护部 农业部 商务部 中国人民银行 海关总署 国家税务总局 质检总局 新闻出版广电总局 食品药品监管总局 濒管办关于公布跨境电子商务零售进口商品清单（第二批）的公告

财政部 发展改革委 工业和信息化部 环境保护部

农业部 商务部 中国人民银行 海关总署 国家税务总局 质检总局

新闻出版广电总局 食品药品监管总局 濒管办公告 2016 年第 47 号

为落实跨境电子商务零售进口税收政策，现将《跨境电子商务零售进口商品清单（第二批）》予以公布，自 2016 年 4 月 16 日起实施。

本批清单与《财政部等 11 个部门关于公布跨境电子商务零售进口商品清单的公告（2016 年第 40 号）》中《跨境电子商务零售进口商品清单》税则号列相同的商品，其"备注"以本批清单为准。

附件：跨境电子商务零售进口商品清单（第二批）（略）

财政部 发展改革委 工业和信息化部

环境保护部 农业部 商务部 中国人民银行

海关总署 国家税务总局 质检总局

新闻出版广电总局 食品药品监管总局 濒管办

2016 年 4 月 15 日

财政部 海关总署 税务总局 关于完善跨境电子商务零售 进口税收政策的通知

财关税〔2018〕49 号

各省、自治区、直辖市、计划单列市财政厅（局），新疆生产建设兵团财政局，海关总署广东分署、各直属海关，国家税务总局各省、自治区、直辖市、计划单列市税务局，国家税务总局驻各地特派员办事处：

为促进跨境电子商务零售进口行业的健康发展，营造公平竞争的市场环境，现将完善跨境电子商务零售进口税收政策有关事项通知如下：

一、将跨境电子商务零售进口商品的单次交易限值由人民币 2000 元提高至 5000 元，年度交易限值由人民币 20000 元提高至 26000 元。

二、完税价格超过 5000 元单次交易限值但低于 26000 元年度交易限值，且订单下仅一件商品时，可以自跨境电商零售渠道进口，按照货物税率全额征收关税和进口环节增值税、消费税，交易额计入年度交易总额，但年度交易总额超过年度交易限值的，应按一般贸易管理。

三、已经购买的电商进口商品属于消费者个人使用的最终商品，不得进入国内市场再次销售；原则上不允许网购保税进口商品在海关特殊监管区域外开展"网购保税 + 线下自提"模式。

四、其他事项请继续按照《财政部 海关总署 税务总局关于跨境电子商务零售进口税收政策的通知》（财关税〔2016〕18 号）有关规定执行。

五、为适应跨境电商发展，财政部会同有关部门对《跨境电子商务零售进口商品清单》进行了调整，将另行公布。

本通知自 2019 年 1 月 1 日起执行。

特此通知。

财政部 海关总署 税务总局
2018 年 11 月 29 日

财政部 发展改革委 工业和信息化部 生态环境部 农业农村部 商务部 人民银行 海关总署 税务总局 市场监管总局 药监局 密码局 濒管办 关于调整跨境电商零售进口商品清单的公告

财政部 发展改革委 工业和信息化部 生态环境部
农业农村部 商务部 人民银行 海关总署 税务总局
市场监管总局 药监局 密码局 濒管办公告 2018 年第 157 号

为促进跨境电子商务零售进口的健康发展，现将《跨境电子商务零售进口商品清单（2018 年版）》予以公布，自 2019 年 1 月 1 日起实施。

本清单实施后，《财政部等 11 个部门关于公布跨境电子商务零售进口商品清单的公告（2016 年第 40 号）》和《财政部等 13 个部门关于公布跨境电子商务零售进口商品清单（第二批）的公告（2016 年第 47 号）》所附的两批清单同时废止。

附件：跨境电子商务零售进口商品清单（2018 年版）（略）

财政部 发展改革委 工业和信息化部 生态环境部
农业农村部 商务部 人民银行 海关总署 税务总局
市场监管总局 药监局 密码局 濒管办
2018 年 11 月 20 日

财政部 发展改革委 工业和信息化部 生态环境部 农业农村部 商务部 人民银行 海关总署 税务总局 市场监管总局 药监局 密码局 濒管办关于调整扩大跨境电子商务零售进口商品清单的公告

财政部 发展改革委 工业和信息化部 生态环境部
农业农村部 商务部 人民银行 海关总署 税务总局
市场监管总局 药监局 密码局 濒管办公告 2019 年第 96 号

为落实国务院关于调整扩大跨境电子商务零售进口商品清单的要求，促进跨境电子商务零售进口的健康发展，现将《跨境电子商务零售进口商品清单（2019 年版）》予以公布，自 2020 年 1 月 1 日起实施。

本清单实施后，《财政部等 13 个部门关于调整跨境电子商务零售进口商品清单的公告（2018 年第 157 号）》所附的清单同时废止。

附件：跨境电子商务零售进口商品清单（2019 年版）（略）

财政部 发展改革委 工业和信息化部 生态环境部 农业农村部
商务部 人民银行 海关总署 税务总局 市场监管总局
药监局 密码局 濒管办
2019 年 12 月 24 日

财政部 发展改革委 工业和信息化部 生态环境部 农业农村部 商务部 海关总署 中华人民共和国濒危物种进出口管理办公室关于调整跨境电子商务零售进口商品清单的公告

财政部 发展改革委 工业和信息化部 生态环境部 农业农村部 商务部 海关总署 中华人民共和国濒危物种进出口管理办公室公告 2022 年第 7 号

为促进跨境电子商务零售进口健康发展，满足人民美好生活需要，自 2022 年 3 月 1 日起，优化调整《跨境电子商务零售进口商品清单（2019 年版）》。调整事项见附件。

附件：跨境电子商务零售进口商品清单调整表（略）

财政部 发展改革委 工业和信息化部
生态环境部 农业农村部 商务部 海关总署
中华人民共和国濒危物种进出口管理办公室
2022 年 1 月 28 日

三、区域性税收政策

（一）加工贸易

关于取消加工贸易项下进口钢材保税政策的通知

财关税〔2014〕37号

各省、自治区、直辖市、计划单列市财政厅（局）、国家税务局，新疆生产建设兵团财务局，海关总署广东分署、各直属海关：

为贯彻落实《国务院关于化解产能严重过剩矛盾的指导意见》（国发〔2013〕41号）中"落实公平税赋政策，取消加工贸易项下进口钢材保税政策"的精神，现就取消加工贸易项下进口钢材保税政策的有关问题通知如下：

一、首批对国内完全能够生产、质量能够满足下游加工企业需要的进口热轧板、冷轧板、窄带钢、棒线材、型材、钢铁丝、电工钢等78个税号的钢材产品（具体产品清单见附件），取消加工贸易项下进口钢材保税政策，自2014年7月31日起，征收关税和进口环节税。

对2014年7月31日前已签订的合同，且在2014年12月31日前实际进口的，允许在合同有效期内继续以保税的方式开展加工贸易。

二、上述政策措施适用于综合保税区等海关特殊监管区域，但2014年7月31日前区内已设立并从事附件所列产品加工贸易的企业暂予以除外。

特此通知。

附件：首批取消加工贸易项下进口钢材保税政策的产品清单

财政部 海关总署 国家税务总局
2014年7月2日

附件：

首批取消加工贸易项下进口钢材保税政策的产品清单

序号	税则号列	货品名称
1	72081000	轧压花纹的热轧卷材
2	72082500	厚度≥4.75mm 其他经酸洗的热轧卷材
3	72082610	屈服强度大于 355 牛顿/平方毫米，3mm≤厚度＜4.75mm 其他经酸洗热轧卷材
4	72082690	其他 3mm≤厚度＜4.75mm 其他经酸洗热轧卷材
5	72082710	厚度＜1.5mm 的其他经酸洗的热轧卷材
6	72082790	其他厚度＜3mm 的其他经酸洗的热轧卷材
7	72083600	厚度＞10mm 的其他热轧卷材
8	72083700	4.75mm≤厚度≤10mm 的其他热轧卷材
9	72083810	屈服强度大于 355 牛顿/平方毫米，3mm≤厚度＜4.75mm 的其他卷材
10	72083890	其他 3mm≤厚度＜4.75mm 的其他卷材
11	72083910	厚度＜1.5mm 的其他热轧卷材
12	72083990	其他厚度＜3mm 的其他热轧卷材
13	72084000	轧有凸起花纹的热轧非卷材
14	72085200	4.75mm≤厚度≤10mm 的热轧非卷材
15	72085310	屈服强度大于 355 牛顿/平方毫米，3mm≤厚度＜4.75mm 的热轧非卷材
16	72085390	其他 3mm≤厚度＜4.75mm 的热轧非卷材
17	72085410	厚度＜1.5mm 的热轧非卷材
18	72085490	其他厚度＜3mm 的热轧非卷材
19	72089000	其他热轧铁或非合金钢宽平板轧材
20	72091510	屈服强度大于 355 牛顿/平方毫米，厚度≥3mm 的冷轧卷材
21	72091590	其他厚度≥3mm 的冷轧卷材
22	72091610	屈服强度大于 275 牛顿/平方毫米，1mm＜厚度＜3mm 的冷轧卷材
23	72091690	其他 1mm＜厚度＜3mm 的冷轧卷材
24	72091710	屈服强度大于 275 牛顿/平方毫米，0.5mm≤厚度≤1mm 的冷轧卷材

续表

序号	税则号列	货品名称
25	72091790	其他 0.5mm≤厚度≤1mm 的冷轧卷材
26	72091810	厚度＜0.3mm 的冷轧卷材
27	72091890	其他厚度＜0.5mm 的冷轧卷材
28	72092500	厚度≥3mm 的冷轧非卷材
29	72092600	1mm＜厚度＜3mm 的冷轧非卷材
30	72092700	0.5mm≤厚度≤1mm 的冷轧非卷材
31	72092800	厚度＜0.5mm 的冷轧非卷材
32	72099000	其他冷轧铁或非合金钢宽平板轧材
33	72111300	未轧花纹的四面轧制的热轧非卷材
34	72111400	厚度≥4.75mm 的其他热轧板材
35	72111900	其他热轧铁或非合金钢窄板材
36	72112300	冷轧含碳量＜0.25% 的板材
37	72112900	冷轧其他铁或非合金钢窄板材
38	72119000	冷轧的铁或非合金钢其他窄板材
39	72131000	带有轧制花纹的热轧盘条
40	72132000	其他易切削钢制热轧盘条
41	72139100	直径＜14mm 圆截面的其他热轧盘条
42	72139900	其他热轧盘条
43	72141000	锻造的铁或非合金钢条、杆
44	72142000	热加工带有轧制花纹的条、杆
45	72143000	热加工易切削钢的条、杆
46	72149100	热加工其他矩形截面的条杆
47	72149900	热加工其他条、杆
48	72151000	冷加工其他易切削钢制条、杆
49	72155000	冷加工或冷成形的其他条、杆
50	72159000	铁及非合金钢的其他条、杆
51	72161010	截面高度＜80mm 的 H 型钢
52	72161020	截面高度低于 80 毫米的工字钢
53	72161090	截面高度＜80mm 的 U 型钢
54	72162100	热加工截面高度＜80mm 的角钢
55	72162200	热加工截面高度＜80mm 的丁字钢
56	72163100	热加工截面高度≥80mm 的槽型钢
57	72163210	截面高度在 200 毫米以上的工字钢

序号	税则号列	货品名称
58	72163290	热加工截面高度≥80mm 的工字型钢
59	72163311	截面高度在 800 毫米以上的 H 型钢
60	72163319	截面高度≥200mm 的 H 型钢
61	72163390	其他截面高度≥80mm 的 H 型钢
62	72164010	热加工截面高度≥80mm 的角钢
63	72164020	热加工截面高度≥80mm 的丁字钢
64	72165010	热加工乙字钢
65	72165020	热加工球扁钢
66	72165090	热加工其他角材、型材及异型材
67	72166100	冷加工板材制的角材、型材及异型材
68	72166900	冷加工其他角材、型材及异型材
69	72169100	冷加工其他板材制角材、型材及异型材
70	72169900	其他角材、型材及异型材
71	72171000	未镀或涂层的铁或非合金钢丝
72	72172000	镀或涂锌的铁或非合金钢丝
73	72173010	镀或涂铜的铁丝和非合金钢丝
74	72173090	镀或涂其他贱金属的铁丝和非合金钢丝
75	72179000	其他铁丝或非合金钢丝
76	72251100	取向性硅电钢宽板
77	72251900	其他硅电钢宽板
78	72261100	取向性硅电钢窄板

财政部 海关总署 国家税务总局 关于取消加工贸易项下进口 钢材保税政策的补充通知

财关税〔2014〕54号

各省、自治区、直辖市、计划单列市财政厅（局）、国家税务局，新疆生产建设兵团财务局，海关总署广东分署、各直属海关：

经国务院批准，适当延长《财政部 海关总署 国家税务总局关于取消加工贸易项下进口钢材保税政策的通知》（财关税〔2014〕37号）中首批取消78个税号钢材产品加工贸易项下进口保税政策的过渡期。即：自2015年1月1日起，对加工贸易项下进口上述78个税号钢材产品征收关税和进口环节税；对2014年12月31日前签订的合同，且在2015年6月30日前实际进口的，允许在合同有效期内继续以保税的方式开展加工贸易。

特此通知。

财政部 海关总署 国家税务总局

2014年8月28日

财政部 海关总署 国家税务总局关于扩大内销选择性征收关税政策试点的通知

财关税〔2016〕40号

天津市、上海市、福建省、河南省、湖北省、广东省、重庆市、四川省、陕西省财政厅（局）、国家税务局，海关总署广东分署、天津海关、上海海关、福州海关、厦门海关、郑州海关、武汉海关、广州海关、深圳海关、拱北海关、汕头海关、黄埔海关、湛江海关、江门海关、重庆海关、成都海关、西安海关：

为贯彻落实《国务院关于促进外贸回稳向好的若干意见》（国发〔2016〕27号）中"在自贸试验区的海关特殊监管区域积极推进选择性征收关税政策先行先试，及时总结评估，在公平税负原则下适时研究扩大试点"的要求，现就扩大内销选择性征收关税政策试点有关问题通知如下：

一、将内销选择性征收关税政策试点扩大到天津、上海、福建、广东四个自贸试验区所在省（市）的其他海关特殊监管区域（保税区、保税物流园区除外），以及河南新郑综合保税区、湖北武汉出口加工区、重庆西永综合保税区、四川成都高新综合保税区和陕西西安出口加工区5个海关特殊监管区域。

二、内销选择性征收关税政策是指对海关特殊监管区域内企业生产、加工并经"二线"内销的货物，根据企业申请，按其对应进口料件或按实际报验状态征收关税，进口环节增值税、消费税照章征收。企业选择按进口料件征收关税时，应一并补征关税税款缓税利息。

三、本通知自2016年9月1日起执行。

特此通知。

财政部 海关总署 国家税务总局
2016年8月1日

财政部 海关总署 税务总局
关于扩大内销选择性征收
关税政策试点的公告

财政部 海关总署 税务总局公告 2020 年第 20 号

为统筹内外贸发展，积极应对新冠肺炎疫情影响，现将有关事项公告如下：

自 2020 年 4 月 15 日起，将《财政部 海关总署 国家税务总局关于扩大内销选择性征收关税政策试点的通知》（财关税〔2016〕40 号）规定的内销选择性征收关税政策试点，扩大到所有综合保税区。

特此公告。

财政部 海关总署 税务总局

2020 年 4 月 14 日

（二）海关特殊监管区域

国务院关税税则委员会关于对部分进入海关特殊监管区域的产品不征收出口关税的通知

税委会〔2008〕3号

海关总署：

经国务院批准，国务院关税税则委员会决定，自2008年2月15日起，对部分进入海关特殊监管区域的产品不再征收出口关税。现将有关问题通知如下：

一、对进入所有海关特殊监管区域、用于建区和企业厂房的基建物资（以下简称基建物资），入区时不征收出口关税。

上述基建物资不得离境出口，如在区内未使用完毕，由海关监管退出区外。但自境外进入区内的基建物资如运往境内区外，应按海关对海关特殊监管区域管理的有关规定办理报关纳税手续。

二、对区内生产企业在国内采购用于生产出口产品的原材料（具体清单见附件），进区时不征收出口关税。区内生产企业在国内采购上述原材料未经实质性加工的，不得转入（或销售给）区内非生产企业（如保税物流、仓储、贸易等企业）、直接出境或以保税方式出区。上述享受不征收出口关税的原材料，未经实质性加工出区销往境内区外的，应照章征收进口关税和进口环节税。

三、区内非生产企业（如保税物流、仓储、贸易等企业）在国内采购进区的清单列明原材料不享受该政策。

四、上述政策仅适用于具有保税加工功能的出口加工区、保税港区、综合保税区、珠澳跨境工业区（珠海园区）和中哈霍尔果斯国际边境合作中心（中方配置区域）。

特此通知。

附件：海关特殊监管区内生产企业国内采购入区不征收出口关税原材料清单

国务院关税税则委员会

2008年2月4日

附件：

海关特殊监管区内生产企业国内采购入区
不征收出口关税原材料清单

序号	税则号列	货品名称（简称）
1	72051000	生铁、镜铁及钢铁颗粒
2	72081000	轧压花纹的热轧卷材
3	72082500	厚度≥4.75mm 其他经酸洗的热轧卷材
4	72082610	屈服强度大于 355 牛顿/平方毫米，3mm≤厚度＜4.75mm 其他经酸洗热轧卷材
5	72082690	其他 3mm≤厚度＜4.75mm 其他经酸洗热轧卷材
6	72082710	厚度＜1.5mm 的其他经酸洗的热轧卷材
7	72082790	其他厚度＜3mm 的其他经酸洗的热轧卷材
8	72083600	厚度＞10mm 的其他热轧卷材
9	72083700	4.75mm≤厚度≤10mm 的其他热轧卷材
10	72083810	屈服强度大于 355 牛顿/平方毫米，3mm≤厚度＜4.75mm 的其他卷材
11	72083890	其他 3mm≤厚度＜4.75mm 的其他卷材
12	72083910	厚度＜1.5mm 的其他热轧卷材
13	72083990	其他厚度＜3mm 的其他热轧卷材
14	72084000	轧有凸起花纹的热轧非卷材
15	72085110	厚度＞50mm 的其他热轧非卷材
16	72085120	厚度＞20mm，但不超过 50 毫米的其他热轧非卷材
17	72085190	其他厚度＞10mm 的其他热轧非卷材
18	72085200	4.75mm≤厚度≤10mm 的热轧非卷材
19	72085310	屈服强度大于 355 牛顿/平方毫米，3mm≤厚度＜4.75mm 的热轧非卷材
20	72085390	其他 3mm≤厚度＜4.75mm 的热轧非卷材
21	72085410	厚度＜1.5mm 的热轧非卷材
22	72085490	其他厚度＜3mm 的热轧非卷材
23	72089000	其他热轧铁或非合金钢宽平板轧材
24	72111300	未轧花纹的四面轧制的热轧非卷材
25	72111400	厚度≥4.75mm 的其他热轧板材

序号	税则号列	货品名称（简称）
26	72111900	其他热轧铁或非合金钢窄板材
27	72112300	冷轧含碳量 <0.25% 的板材
28	72112900	冷轧其他铁或非合金钢窄板材
29	72119000	冷轧的铁或非合金钢其他窄板材
30	72121000	镀或涂锡的铁或非合金钢窄板材
31	72122000	电镀锌的铁或非合金钢窄板材
32	72123000	其他镀或涂锌的铁窄板材
33	72124000	涂漆或涂塑的铁或非合金钢窄板材
34	72125000	涂镀其他材料铁或非合金钢窄板材
35	72126000	经包覆的铁或非合金钢窄板材
36	72131000	带有轧制花纹的热轧盘条
37	72132000	其他易切削钢制热轧盘条
38	72139100	直径 <14mm 圆截面的其他热轧盘条
39	72139900	其他热轧盘条
40	72142000	热加工带有轧制花纹的条、杆
41	72143000	热加工易切削钢的条、杆
42	72149100	热加工其他矩形截面的条杆
43	72149900	热加工其他条、杆
44	72151000	冷加工其他易切削钢制条、杆
45	72155000	冷加工或冷成形的其他条、杆
46	72159000	铁及非合金钢的其他条、杆
47	72161010	截面高度 <80mm 的 H 型钢
48	72161020	截面高度低于 80 毫米的工字钢
49	72161090	截面高度 <80mm 的 U 型钢
50	72162100	热加工截面高度 <80mm 的角钢
51	72162200	热加工截面高度 <80mm 的丁字钢
52	72163100	热加工截面高度 ≥80mm 的槽型钢
53	72163210	截面高度在 200 毫米以上的工字钢
54	72163290	热加工截面高度 ≥80mm 工字型钢
55	72163311	截面高度在 800 毫米以上的 H 型缸
56	72163319	截面高度 ≥200mm 的 H 型钢
57	72163390	其他截面高度 ≥80mm 的 H 型钢
58	72164010	热加工截面高度 ≥80mm 的角钢

序号	税则号列	货品名称（简称）
59	72164020	热加工截面高度≥80mm 的丁字钢
60	72165010	热加工乙字钢
61	72165090	热加工其他角材、型材及异型材
62	72166100	冷加工板材制的角材、型材及异型材
63	72166900	冷加工其他角材、型材及异型材
64	72169100	冷加工其他板材制角材、型材及异型材
65	72169900	其他角材、型材及异型材
66	72171000	未镀或涂层的铁或非合金钢丝
67	72172000	镀或涂锌的铁或非合金钢丝
68	72173010	镀或涂铜的铁丝和非合金钢丝
69	72173090	镀或涂其他贱金属的铁丝和非合金钢丝
70	72179000	其他铁丝或非合金钢丝
71	72191312	按重量计含锰量在5.5%及以上的未经酸洗 3mm≤厚度 <4.75mm 铬锰系不锈钢
72	72191322	按重量计含锰量在5.5%及以上的经酸洗 3mm≤厚度 <4.75mm 铬锰系不锈钢
73	72191329	厚度在3毫米及以上，但小于4.75毫米的经酸洗的其他不锈钢卷板
74	72191412	按重量计含锰量在5.5%及以上的未经酸洗厚度 <3mm 的铬锰系不锈钢
75	72191422	按重量计含锰量在5.5%及以上的经酸洗厚度 <3mm 的铬锰系不锈钢
76	72259100	电镀锌的其他合金钢宽平板轧材
77	72259200	其他镀或涂锌的其他合金钢宽板材
78	72259910	宽度≥600mm 的高速钢平板轧材
79	72259990·	宽度≥600mm 的其他合金钢平板轧材
80	72269200	宽度 <600mm 冷轧其他合金钢板材
81	72269910	电镀锌的其他合金钢窄平板轧材
82	72269920	其他镀或涂锌的其他合金钢窄板材
83	72272000	硅锰钢的热轧盘条
84	72282000	其他硅锰钢的条、杆
85	72286000	其他合金钢条、杆
86	73053100	纵向焊接的其他粗钢铁管

序号	税则号列	货品名称（简称）
87	73053900	其他方法焊接其他粗钢铁管
88	73059000	未列名圆形截面粗钢铁管
89	73063000	其他铁或非合金钢圆形截面焊缝管
90	73064000	不锈钢其他圆形截面细焊缝管
91	73065000	其他合金钢的圆形截面细焊缝管
92	73066100	矩形或正方形截面的其他焊缝管
93	73066900	其他非圆形截面的其他焊缝管
94	76041010	非合金铝条、杆
95	76042910	铝合金条、杆

国务院关税税则委员会关于印送第二批进入海关特殊监管区域不征收出口关税产品清单的通知

税委会〔2008〕37号

海关总署：

为促进海关特殊监管区域健康发展，国务院关税税则委员会决定，自2008年12月1日起，对具有保税加工功能的出口加工区、保税港区、综合保税区、珠澳跨境工业区（珠海园区）和中哈霍尔果斯国际边境合作中心（中方配置区域）内的生产企业，从境内区外采购用于生产出口产品的磷酸二氢铵、氨气和未锻轧铝合金等原材料（具体清单见附件），进区时不征收出口关税。具体按《国务院关税税则委员会关于对部分进入海关特殊监管区域的产品不征收出口关税的通知》（税委会〔2008〕3号）的有关规定执行。

特此通知。

附件：第二批海关特殊监管区内生产企业国内采购入区不征收出口关税原材料清单

国务院关税税则委员会

2008年11月12日

附件：

第二批海关特殊监管区内生产企业国内采购入区不征收出口关税原材料清单

序号	税则号列	货品名称（简称）	备注
1	28141000	氨气	ex
2	31054000	磷酸二氢铵	ex
3	76012000	未锻轧铝合金	

注：备注一栏注有ex标志的，表示入区不征收出口关税的原材料范围以货品名称为准，其他以税则号列为准。

财政部 海关总署 国家税务总局 关于在苏州工业园综合保税区 重庆两路寸滩保税港区开展促进贸易 多元化试点有关政策问题的通知

财关税〔2014〕65 号

江苏省、重庆市财政厅（局）、国家税务局，南京海关、重庆海关：

为贯彻落实《国务院关于同意在苏州工业园综合保税区重庆两路寸滩保税港区开展调整相关税收规定促进贸易多元化试点的批复》（国函〔2014〕125 号）精神，现就在苏州工业园综合保税区、重庆两路寸滩保税港区开展调整相关税收规定促进贸易多元化试点的有关事项通知如下：

一、在苏州工业园综合保税区、重庆两路寸滩保税港区开展调整相关税收规定促进贸易多元化的试点。

二、在苏州工业园综合保税区、重庆两路寸滩保税港区现有规划面积内划出专门区域作为贸易功能区，开展贸易、物流和流通性简单加工等业务，实行以下税收政策：

（一）除法律、法规和现行政策另有规定外，从境外、海关特殊监管区域以及保税监管场所进入贸易功能区的货物予以保税。

（二）允许非保税货物进入贸易功能区运作，从境内区外进入贸易功能区的货物在其实际离境后凭出口货物报关单（出口退税专用）予以退税，给予贸易功能区内符合条件的企业增值税一般纳税人资格。

（三）从境外、海关特殊监管区域以及保税监管场所进入贸易功能区内的保税货物（以下简称保税货物）在贸易功能区内销售时，继续予以保税；保税货物内销时，海关按其进入贸易功能区时的状态征收进口税款，同时税务部门按国内销售货物的规定征收增值税。

（四）除保税货物外，货物（包括含有保税货物的货物）在贸易功能区内销售或内销时，税务部门按国内销售货物的规定征收增值税；内销的货物中含有保税货物的，海关按保税货物进入贸易功能区时的状态征收进口税款。

（五）贸易功能区不再执行综合保税区、保税港区进口机器、设备、基建物资等的免税政策。

三、苏州工业园综合保税区、重庆两路寸滩保税港区贸易功能区范围的确定、隔离监管设施及管理系统的验收等工作，由海关总署会同财政部、税务总局组织实施。上述税收政策在贸易功能区正式通过验收后执行。

四、江苏省、重庆市财政厅（局）、国家税务局和南京海关、重庆海关要积极推进落实上述税收政策，并切实做好相关监管和服务工作。海关、税务等部门要加强信息共享、互换。税务部门要加强对贸易功能区增值税的征管。财政部、海关总署、税务总局将及时对试点情况进行总结、评估，不断完善政策措施和具体监管办法，经实践检验政策可行、措施成熟后，适时研究提出在其他综合保税区、保税港区扩大试点的意见。

财政部 海关总署 国家税务总局
2014 年 12 月 19 日

（三）边境贸易

财政部 海关总署 国家税务总局
关于促进边境贸易发展有关
财税政策的通知

财关税〔2008〕90号

内蒙古、辽宁、吉林、黑龙江、广西、海南、西藏、新疆、云南省（自治区）财政厅、国家税务局，呼和浩特、满洲里、大连、长春、哈尔滨、南宁、海口、昆明、拉萨、乌鲁木齐海关：

为贯彻落实科学发展观，构建社会主义和谐社会，根据《国务院关于促进边境地区经济贸易发展问题的批复》（国函〔2008〕92号）的精神，现就进一步促进边境贸易发展有关财税政策通知如下：

一、加大对边境贸易发展的财政支持力度

在现行边境地区专项转移支付的基础上增加资金规模，加大对边境贸易发展的支持力度，为企业的发展创造良好的外部环境。2008年全年按20亿元掌握，实际执行期为两个月；以后年度在此基础上建立与口岸过货量等因素挂钩的适度增长机制。具体办法由财政部会同有关部门另行制定。地方财政部门要结合本地实际，并根据支持边境贸易发展和边境小额贸易企业能力建设的要求，认真落实中央补助资金，切实发挥资金使用效益。要充分利用财政和审计部门的监督检查力量，保证专项转移支付的资金能真正发挥促进边境贸易发展的作用。

二、提高边境地区边民互市进口免税额度

边民通过互市贸易进口的生活用品，每人每日价值在人民币8000元以下的，免征进口关税和进口环节税。为加强管理，由财政部会同有关部门研究制定边民互市进出口商品不予免税的清单，有关部门应对政策执行情况进行及时跟踪、分析。

三、关于边境小额贸易进口税收问题

以边境小额贸易方式进口的商品，进口关税和进口环节税照章征收。

本通知自 2008 年 11 月 1 日起执行，由财政部、海关总署和税务总局负责解释。
特此通知。

财政部　海关总署　国家税务总局

2008 年 10 月 30 日

财政部 海关总署 国家税务总局 关于边民互市进出口商品不予 免税清单的通知

财关税〔2010〕18 号

内蒙古、辽宁、吉林、黑龙江、广西、海南、西藏、新疆、云南省（自治区）财政厅、国家税务局，新疆生产建设兵团财务局，呼和浩特、满洲里、大连、长春、哈尔滨、南宁、海口、昆明、拉萨、乌鲁木齐海关：

为贯彻落实《国务院关于促进边境地区经济贸易发展问题的批复》（国函〔2008〕92 号）中"由财政部会同有关部门研究制定边民互市进出口商品不予免税的清单"的精神，现就边民互市进出口商品不予免税清单的有关问题通知如下：

一、边民互市进口商品不予免税清单

边民通过互市贸易进口的商品应以满足边民日常生活需要为目的，边民互市贸易进口税收优惠政策的适用范围仅限生活用品（不包括天然橡胶、木材、农药、化肥、农作物种子等）。在生活用品的范畴内，除国家禁止进口的商品不得通过边民互市免税进口外，其他列入边民互市进口不予免税清单的商品见附件。

二、边民互市出口商品不予免税清单

除国家禁止出口的商品不得通过边民互市免税出口外，将应征收出口关税的商品列入边民互市出口商品不予免税清单。

三、其他有关事项

财政部将会同有关部门根据边民互市贸易发展的实际情况，适时调整边民互市进出口商品不予免税清单。

本通知自 2010 年 5 月 1 日起执行。

特此通知。

附件：边民互市进口商品不予免税清单

财政部 海关总署 国家税务总局

2010 年 4 月 16 日

附件：

边民互市进口商品不予免税清单

序号	商品名称	税则号列	备注
1	烟	24021000 24022000 24029000 ex24039900 （其他烟草及烟草代用品的制品〈烟草精汁除外〉）	
2	酒	21069020 税目2203至2208项下全部税号 ex33021090（生产食品、饮料用混合香料及制品，按容量计酒精浓度在0.5%及以上）	
3	化妆品	33030000 33041000 33042000 33043000 ex33049100 （粉，不论是否压紧〈痱子粉、爽身粉除外〉） ex33049900 （其他美容化妆品〈护肤品除外〉）	
4	成品油	27101110 27101120 27101130 27101911 27101921 27101922 27101929 27101991 27101992 27101993 27101999	
5	摩托车	税目8711项下全部税号	

序号	商品名称	税则号列	备注
6	小麦	10011000 10019010 10019090 11010000 11031100 11032010	每人每日 50 公斤以内免税
7	玉米	10051000 10059000 11022000 11031300 11042300	每人每日 50 公斤以内免税
8	稻谷和大米	10061011 10061019 10061091 10061099 10062010 10062090 10063010 10063090 10064010 10064090 11029011 11029019 11031921 11031929	每人每日 50 公斤以内免税
9	糖	17011100 17011200 17019100 17019910 17019920 17019990	每人每日 1 公斤以内免税
10	羊毛	51011100 51011900 51012100 51012900 51013000 51031010	

序号	商品名称	税则号列	备注
11	毛条	51051000 51052100 51052900	
12	棉花	52010000 52030000	每人每日 5 公斤以内免税
13	豆油	15071000 15079000	每人每日 5 公斤以内免税
14	菜子油	15141100 15141900 15149110 15149190 15149900	每人每日 5 公斤以内免税
15	棕榈油	15111000 15119010 15119090	每人每日 5 公斤以内免税
16	电视机	85284910 85284990 85285910 85285990 85286910 85286990 85287110 85287180 85287190 85287211 85287212 85287219 85287221 85287222 85287229 85287231 85287232 85287239 85287291 85287292 82587299 85287300	

序号	商品名称	税则号列	备注
17	摄像机	85258012 85258013 85258032 85258033 85258039	
18	录像机	85211011 85211019 85219011 85219012 85219019 85219090	
19	放像机	85211020 85219011 85219012 85219019 85219090	
20	音响设备	85181000 85182100 85182200 85182900 85184000 85185000 85192000 85193000 85198111 85198112 85198119 85198121 85198129 85198139 85198910 85198990 85271200 85271300 85271900 85272100 85272900	

序号	商品名称	税则号列	备注
20	音响设备	85279100 85279200 85279900	
21	空调器	84151010 84151021 84151022 84152000 84158110 84158120 84158210 84158220 84158300	
22	电冰箱 电冰柜	84181010 84181020 84181030 84182110 84182120 84182130 84182910 84182920 84182990 84183021 84183029 84184021 84184029 84185000	
23	洗衣机	84501110 84501120 84501190 84501200 84501900 84502000 84511000	

续表

序号	商品名称	税则号列	备注
24	照相机	85258022 85258029 90064000 90065100 90065300 90065990	
25	微型计算机及外设	84433110 84433190 84433211 84433212 84433213 84433219 84713000 84714140 84714940 84715040 84716050 84716060 84716071 84716072 84716090 84717090 85235110 85235120 85258013 85284100 85285110 85285190 85286100	税号 84716090 仅指 IC 卡读入器； 税号 84717090 仅指移动硬盘； 税号 85258013 仅指计算机用网络摄像头
26	电话机	85171100 85171210 85171220 85171800 85176990	税号 85176990 仅指可视电话
27	无线寻呼系统	85176299 85176910	

序号	商品名称	税则号列	备注
28	电子计算器	84701000 84702100 84702900	

（四）海南自由贸易港

财政部 海关总署 税务总局关于 海南离岛旅客免税购物政策的公告

财政部 海关总署 税务总局公告 2020 年第 33 号

为贯彻落实《海南自由贸易港建设总体方案》，经国务院同意，现将海南离岛旅客免税购物政策（以下称离岛免税政策）公告如下：

一、离岛免税政策是指对乘飞机、火车、轮船离岛（不包括离境）旅客实行限值、限量、限品种免进口税购物，在实施离岛免税政策的免税商店（以下称离岛免税店）内或经批准的网上销售窗口付款，在机场、火车站、港口码头指定区域提货离岛的税收优惠政策。离岛免税政策免税税种为关税、进口环节增值税和消费税。

二、本公告所称旅客，是指年满 16 周岁，已购买离岛机票、火车票、船票，并持有效身份证件（国内旅客持居民身份证、港澳台旅客持旅行证件、国外旅客持护照），离开海南本岛但不离境的国内外旅客，包括海南省居民。

三、离岛旅客每年每人免税购物额度为 10 万元人民币，不限次数。免税商品种类及每次购买数量限制，按照本公告附件执行。超出免税限额、限量的部分，照章征收进境物品进口税。

旅客购物后乘飞机、火车、轮船离岛记为 1 次免税购物。

四、本公告所称离岛免税店，是指具有实施离岛免税政策资格并实行特许经营的免税商店，目前包括：海口美兰机场免税店、海口日月广场免税店、琼海博鳌免税店、三亚海棠湾免税店。

具有免税品经销资格的经营主体可按规定参与海南离岛免税经营。

五、离岛旅客在国家规定的额度和数量范围内，在离岛免税店内或经批准的网上销售窗口购买免税商品，免税店根据旅客离岛时间运送货物，旅客凭购物凭证在机场、火车站、港口码头指定区域提货，并一次性随身携带离岛。

六、已经购买的离岛免税商品属于消费者个人使用的最终商品，不得进入国内市场再次销售。

七、对违反本公告规定倒卖、代购、走私免税商品的个人，依法依规纳入信用记录，三年内不得购买离岛免税商品；对于构成走私行为或者违反海关监管规定行为的，由海关依照有关规定予以处理，构成犯罪的，依法追究刑事责任。

对协助违反离岛免税政策、扰乱市场秩序的旅行社、运输企业等，给予行业性综合整治。

离岛免税店违反相关规定销售免税品，由海关依照有关法律、行政法规给予处理、处罚。

八、离岛免税政策监管办法由海关总署另行公布。

离岛免税店销售的免税商品适用的增值税、消费税免税政策，相关管理办法由税务总局商财政部另行制定。

九、本公告自 2020 年 7 月 1 日起执行。财政部公告 2011 年第 14 号、2012 年第 73 号、2015 年第 8 号、2016 年第 15 号、2017 年第 7 号，及财政部、海关总署、税务总局 2018 年公告第 158 号、2018 年第 175 号同时废止。

特此公告。

附件：离岛免税商品品种及每人每次购买数量范围

财政部 海关总署 税务总局
2020 年 6 月 29 日

附件：

离岛免税商品品种及每人每次购买数量范围

序号	商品品种	每人每次限购数	备注
1	首饰	不限	
2	工艺品	不限	
3	手表	不限	
4	香水	不限	
5	化妆品	30 件	
6	笔	不限	
7	眼镜（含太阳镜）	不限	
8	丝巾	不限	
9	领带	不限	
10	毛织品	不限	
11	棉织品	不限	
12	服装服饰	不限	
13	鞋帽	不限	
14	皮带	不限	

序号	商品品种	每人每次限购数	备注
15	箱包	不限	
16	小皮件	不限	
17	糖果	不限	
18	体育用品	不限	
19	美容及保健器材	不限	
20	餐具及厨房用品	不限	
21	玩具（含童车）	不限	
22	零售包装的婴幼儿配方奶粉及辅食	不限	
23	咖啡（咖啡豆；浓缩咖啡）	不限	
24	参制品（西洋参；红参；高丽参胶囊及冲剂）	不限	非首次进口，即已取得进口保健食品批准证书
25	谷物片；麦精、粮食粉等制食品及乳制品；甜饼干；华夫饼干及圣餐饼；糕点，饼干及烘焙糕饼及类似制品	不限	
26	保健食品	不限	非首次进口，即已取得进口保健食品批准证书
27	蜂王浆制剂	不限	非首次进口，即已取得进口保健食品批准证书
28	橄榄油	不限	
29	尿不湿	不限	
30	陶瓷制品（骨瓷器皿等）	不限	
31	玻璃制品（玻璃器皿等）	不限	
32	家用空气净化器及配件	不限	
33	家用小五金（锁具；水龙头；淋浴装置）	不限	
34	钟（挂钟；座钟；闹钟等）	不限	
35	转换插头	不限	
36	表带、表链	不限	
37	眼镜片、眼镜框	不限	
38	一、二类家用医疗器械（血糖计；血糖试纸、电子血压计；红外线人体测温仪；视力训练仪；助听器；矫形固定器械；家用呼吸机）	不限	已取得进口医疗器械注册证或备案凭证

序号	商品品种	每人每次限购数	备注
39	天然蜂蜜及其他食用动物产品（天然蜂蜜；燕窝；鲜蜂王浆；其他蜂及食用动物产品）	不限	
40	茶、马黛茶以及以茶、马黛茶为基本成分的制品（绿茶；红茶；马黛茶；茶、马黛茶为基本成分的制品）	不限	
41	平板电脑；其他便携式自动数据处理设备；小型自动数据处理设备；微型机；其他数据处理设备；以系统形式报验的小型计算机；以系统形式报验的微型机	不限	
42	穿戴设备等电子消费产品（无线耳机；其他接收、转换并发送或再生音像或其他数据用的设备；视频游戏控制器及设备的零件及附件）	不限	
43	手机手持（包括车载）式无线电话机	4 件	
44	电子游戏机	不限	
45	酒类（啤酒、红酒、清酒、洋酒及发酵饮料）	合计不超过 1500 毫升	

注：1 件商品是指具有单一、完整包装及独立标价的商品，但套装商品按包装内所含商品的实际件数计算。

财政部 海关总署 税务总局 关于海南自由贸易港原辅料 "零关税" 政策的通知

财关税〔2020〕42 号

海南省财政厅、海口海关、国家税务总局海南省税务局：

为贯彻落实《海南自由贸易港建设总体方案》，经国务院同意，现将海南自由贸易港原辅料"零关税"政策通知如下：

一、在全岛封关运作前，对在海南自由贸易港注册登记并具有独立法人资格的企业，进口用于生产自用、以"两头在外"模式进行生产加工活动或以"两头在外"模式进行服务贸易过程中所消耗的原辅料，免征进口关税、进口环节增值税和消费税。

二、"零关税"原辅料实行正面清单管理，具体范围见附件。清单内容由财政部会同有关部门根据海南实际需要和监管条件进行动态调整。

三、附件所列零部件，适用原辅料"零关税"政策，应当用于航空器、船舶的维修（含相关零部件维修），满足下列条件之一的，免征进口关税、进口环节增值税和消费税：

（一）用于维修从境外进入境内并复运出境的航空器、船舶（含相关零部件）；

（二）用于维修以海南为主营运基地的航空企业所运营的航空器（含相关零部件）；

（三）用于维修在海南注册登记具有独立法人资格的船运公司所运营的以海南省内港口为船籍港的船舶（含相关零部件）。

四、"零关税"原辅料仅限海南自由贸易港内企业生产使用，接受海关监管，不得在岛内转让或出岛。因企业破产等原因，确需转让或出岛的，应经批准及办理补缴税款等手续。以"零关税"原辅料加工制造的货物，在岛内销售或销往内地的，需补缴其对应原辅料的进口关税、进口环节增值税和消费税，照章征收国内环节增值税、消费税。"零关税"原辅料加工制造的货物出口，按现行出口货物有关税收政策执行。

五、企业进口正面清单所列原辅料，自愿缴纳进口环节增值税和消费税的，可在报关时提出申请。

六、相关部门应通过信息化等手段加强监管，防控可能的风险、及时查处违规行为，确保原辅料"零关税"政策平稳运行。海南省相关部门应加强信息互联互通，共享航空器、船舶等监管信息。

七、本通知自 2020 年 12 月 1 日起执行。

附件：海南自由贸易港"零关税"原辅料清单

财政部 海关总署 税务总局

2020 年 11 月 11 日

附件：

海南自由贸易港"零关税"原辅料清单

序号	税则号列	货品名称
1	08011200	未去内壳的鲜椰子
2	10029000	其他非种用黑麦
3	10039000	其他非种用大麦
4	10049000	其他非种用燕麦
5	10079000	其他非种用食用高粱
6	10081000	荞麦
7	10082900	其他非种用谷子
8	10083000	加那利草子
9	10089090	其他非种用谷物
10	12024100	未去壳非种用，未焙炒或未烹煮的花生
11	12024200	去壳非种用，未焙炒或未烹煮的花生
12	12040000	亚麻子
13	12060090	其他非种用葵花子
14	12071090	其他非种用棕榈果及棕榈仁
15	12072900	其他非种用棉子
16	12073090	其他非种用蓖麻子
17	12074090	其他非种用芝麻
18	12075090	其他非种用芥子
19	12076090	其他非种用红花子
20	12077091	黑瓜子

序号	税则号列	货品名称
21	12077092	红瓜子
22	12077099	其他非种用甜瓜的子
23	12079100	罂粟子
24	12079991	牛油树果
25	12079999	其他含油子仁及果实
26	25051000	硅砂及石英砂，不论是否着色
27	25059000	其他天然砂，不论是否着色
28	26140000	钛矿砂及其精矿
29	26151000	锆矿砂及其精矿
30	27011100	未制成型的无烟煤
31	27011210	未制成型的炼焦烟煤
32	27011290	未制成型的其他烟煤
33	27011900	未制成型的其他煤
34	27012000	煤砖等类似固体燃料
35	27021000	未制成型的褐煤
36	27022000	制成型的褐煤
37	27030000	泥煤
38	27040010	焦炭及半焦炭
39	27040090	甑炭
40	27073000	粗二甲苯
41	27090000	原油
42	27101220	石脑油
43	27101994	液体石蜡和重质液体石蜡
44	27111100	液化天然气
45	27111200	液化丙烷
46	27111390	其他液化丁烷
47	27111990	其他液化石油气及烃类气
48	29022000	苯
49	29023000	甲苯
50	29024100	邻二甲苯
51	29024200	间二甲苯

序号	税则号列	货品名称
52	29024300	对二甲苯
53	29026000	乙苯
54	29051100	甲醇
55	29053100	1，2－乙二醇
56	29071110	苯酚
57	29072300	4，4'－异亚丙基联苯酚（双酚A）及其盐
58	29091990	其他无环醚及其卤化、磺化、硝化或亚硝化衍生物
59	29141100	丙酮
60	29173910	间苯二甲酸
61	29209000	其他无机酸酯（不包括卤化氢的酯）及其盐和衍生物
62	38151100	以镍及其化合物为活性物的载体催化剂
63	44011100	针叶木薪柴
64	44011200	非针叶木薪柴
65	44012100	针叶木木片或木粒
66	44012200	非针叶木木片或木粒
67	44013100	木屑棒
68	44013900	其他除木屑棒之外的锯末、木废料及碎片
69	44014000	锯末、木废料及碎片，未粘结的
70	44031100	用防腐剂处理的针叶木原木
71	44031200	用防腐剂处理的非针叶木原木
72	44032110	红松和樟子松原木，截面尺寸在15厘米及以上
73	44032120	辐射松原木，截面尺寸在15厘米及以上
74	44032130	落叶松原木，截面尺寸在15厘米及以上
75	44032140	花旗松原木，截面尺寸在15厘米及以上
76	44032190	其他松木原木，截面尺寸在15厘米及以上
77	44032210	红松和樟子松原木，截面尺寸在15厘米以下
78	44032220	辐射松原木，截面尺寸在15厘米以下
79	44032230	落叶松原木，截面尺寸在15厘米以下
80	44032240	花旗松原木，截面尺寸在15厘米以下
81	44032290	其他松木原木，截面尺寸在15厘米以下
82	44032300	冷杉和云杉原木，截面尺寸在15厘米及以上

序号	税则号列	货品名称
83	44032400	其他冷杉和云杉原木，截面尺寸在 15 厘米以下
84	44032500	其他针叶木原木，截面尺寸在 15 厘米及以上
85	44032600	其他针叶木原木，截面尺寸在 15 厘米以下
86	44034100	深红色红柳桉木、浅红色红柳桉木及巴栳红柳桉木原木
87	44034910	柚木原木
88	44034920	奥克曼（奥克榄）原木
89	44034930	龙脑香木（克隆）原木
90	44034940	山樟（香木）原木
91	44034950	印茄木（波罗格）原木
92	44034960	大干巴豆（门格里斯或康派斯）原木
93	44034970	异翅香木原木
94	44034980	热带红木原木
95	44034990	其他方法处理的其他热带原木
96	44039100	栎木（橡木）原木
97	44039300	水青冈木（山毛榉木）原木，截面尺寸在 15 厘米及以上
98	44039400	其他水青冈木（山毛榉木）原木，截面尺寸在 15 厘米以下
99	44039500	桦木原木，截面尺寸在 15 厘米及以上
100	44039600	其他桦木原木，截面尺寸在 15 厘米以下
101	44039700	杨木原木
102	44039800	桉木原木
103	44039930	其他红木原木，但子目 4403.4980 所列热带红木原木除外
104	44039940	泡桐木原木
105	44039950	水曲柳原木
106	44039960	北美硬阔叶木原木
107	44039980	其他未列名的温带非针叶木原木
108	44039990	其他方法处理的除针叶木、热带木之外的其他原木
109	44041000	针叶木的箍木；木劈条；粗加工的木桩、木棒；木片条
110	44042000	非针叶木的箍木；木劈条；粗加工的木桩、木棒；木片条
111	44071110	厚度超过 6 毫米的经纵锯、纵切、刨切或旋切的红松和樟子松木材
112	44071120	厚度超过 6 毫米的经纵锯、纵切、刨切或旋切的辐射松木材
113	44071130	厚度超过 6 毫米的经纵锯、纵切、刨切或旋切的花旗松木材

序号	税则号列	货品名称
114	44071190	厚度超过6毫米的经纵锯、纵切、刨切或旋切的其他松木木材
115	44071200	厚度超过6毫米的经纵锯、纵切、刨切或旋切的冷杉和云杉木材
116	44071900	厚度超过6毫米的经纵锯、纵切、刨切或旋切的其他针叶木木材
117	44072100	厚度超过6毫米的经纵锯、纵切、刨切或旋切的美洲桃花心木木材
118	44072200	厚度超过6毫米的经纵锯、纵切、刨切或旋切的苏里南肉豆蔻木、细孔绿心樟及美洲轻木木材
119	44072500	厚度超过6毫米的经纵锯、纵切、刨切或旋切的深红色红柳桉木、浅红色红柳桉木及巴栲红柳桉木木材
120	44072600	厚度超过6毫米的经纵锯、纵切、刨切或旋切的白柳桉木、白色红柳桉木、白色柳桉木、黄色红柳桉木及阿兰木木材
121	44072700	厚度超过6毫米的经纵锯、纵切、刨切或旋切的沙比利木材
122	44072800	厚度超过6毫米的经纵锯、纵切、刨切或旋切的伊罗科木木材
123	44072910	厚度超过6毫米的经纵锯、纵切、刨切或旋切的柚木木材
124	44072920	厚度超过6毫米的经纵锯、纵切、刨切或旋切的非洲桃花心木木材
125	44072930	厚度超过6毫米的经纵锯、纵切、刨切或旋切的波罗格木材
126	44072940	厚度超过6毫米的经纵锯、纵切、刨切或旋切的热带红木木材
127	44072990	厚度超过6毫米的经纵锯、纵切、刨切或旋切的其他未列名的热带木木材
128	44079100	厚度超过6毫米的经纵锯、纵切、刨切或旋切的栎木（橡木）木材
129	44079200	厚度超过6毫米的经纵锯、纵切、刨切或旋切的水青冈木（山毛榉木）木材
130	44079300	厚度超过6毫米的经纵锯、纵切、刨切或旋切的槭木（枫木）木材
131	44079400	厚度超过6毫米的经纵锯、纵切、刨切或旋切的樱桃木木材
132	44079500	厚度超过6毫米的经纵锯、纵切、刨切或旋切的白蜡木木材
133	44079600	厚度超过6毫米的经纵锯、纵切、刨切或旋切的桦木木材
134	44079700	厚度超过6毫米的经纵锯、纵切、刨切或旋切的杨木木材
135	44079910	厚度超过6毫米的经纵锯、纵切、刨切或旋切的其他红木木材，但子目4407.2940所列热带红木除外

序号	税则号列	货品名称
136	44079920	厚度超过6毫米的经纵锯、纵切、刨切或旋切的泡桐木木材
137	44079930	厚度超过6毫米的经纵锯、纵切、刨切或旋切的其他北美硬阔叶木木材
138	44079980	厚度超过6毫米的经纵锯、纵切、刨切或旋切的其他温带非针叶木木材
139	44079990	厚度超过6毫米的经纵锯、纵切、刨切或旋切的其他木材
140	70022010	光导纤维预制棒
141	76109000	其他铝制结构体及其部件
142	83024900	其他用贱金属附件及架座
143	84072100	船用舷外点燃往复式或旋转式活塞内燃发动机
144	84081000	船用压燃式内燃发动机
145	84099110	船用点燃式活塞内燃发动机零件
146	84099199	其他专用于或主要用于税目84.07或84.08所列发动机的零件
147	84212300	内燃发动机的燃油过滤器
148	84213100	内燃发动机的进气过滤器
149	84253190	其他电动卷扬机及绞盘
150	84253990	其他非电动卷扬机及绞盘
151	84798910	船舶用舵机及陀螺稳定器
152	84799010	船舶用舵机及陀螺稳定器零件
153	84871000	船用推进器及桨叶
154	85016100	输出功率≤75kVA交流发电机
155	85021100	输出功率≤75kVA柴油或半柴油发电机组
156	85022000	装有点燃式活塞内燃发动机的发电机组
157	85030090	专用于或主要用于税目8501或8502所列机器的其他零件
158	85115010	机车、航空器、船舶用的其他发电机
159	85119010	税目8511所列供机车、航空器及船舶用的各种装置的零件
160	85176299	其他接收、转换并且发送或再生声音、图像或其他数据用的设备
161	85261090	其他雷达设备
162	85279900	其他无线电广播接收设备
163	85291010	雷达及无线电导航设备用天线或天线反射器及其零件
164	85299050	雷达设备及无线电导航设备用的其他零件

序号	税则号列	货品名称
165	88031000	飞机等用推进器、水平旋翼及其零件
166	88032000	飞机等用起落架及其零件
167	88033000	飞机及直升机的其他零件
168	88039000	其他未列名的航空器、航天器零件
169	90138090	其他液晶装置及光学仪器

注：1. 享受"零关税"的商品范围以税则号列为准。

2. 零部件指清单第 141～169 项税则号列商品。

财政部 海关总署 税务总局 关于海南自由贸易港交通工具 及游艇"零关税"政策的通知

财关税〔2020〕54 号

海南省财政厅、海口海关、国家税务总局海南省税务局：

为贯彻落实《海南自由贸易港建设总体方案》，经国务院同意，现将海南自由贸易港交通工具及游艇"零关税"政策通知如下：

一、全岛封关运作前，对海南自由贸易港注册登记并具有独立法人资格，从事交通运输、旅游业的企业（航空企业须以海南自由贸易港为主营运基地），进口用于交通运输、旅游业的船舶、航空器、车辆等营运用交通工具及游艇，免征进口关税、进口环节增值税和消费税。

符合享受政策条件的企业名单，由海南省交通运输、文化旅游、市场监管、海事及民航中南地区管理局等主管部门会同海南省财政厅、海口海关、国家税务总局海南省税务局参照海南自由贸易港鼓励类产业目录中交通运输、旅游业相关产业条目确定，动态调整。

二、享受"零关税"政策的交通工具及游艇实行正面清单管理，具体范围见附件。清单由财政部、海关总署、税务总局会同相关部门，根据海南实际需要和监管条件动态调整。

三、"零关税"交通工具及游艇仅限海南自由贸易港符合政策条件的企业营运自用，并接受海关监管。因企业破产等原因，确需转让的，转让前应征得海关同意并办理相关手续。其中，转让给不符合享受政策条件主体的，应按规定补缴进口相关税款。转让"零关税"交通工具及游艇，照章征收国内环节增值税、消费税。

四、企业进口清单所列交通工具及游艇，自愿缴纳进口环节增值税和消费税的，可在报关时提出申请。

五、"零关税"交通工具及游艇应在海南自由贸易港登记、入籍，按照交通运输、民航、海事等主管部门相关规定开展营运，并接受监管。航空器、船舶应经营自海南自由贸易港始发或经停海南自由贸易港的国内外航线。游艇营运范围为海南省。车辆可从事往来内地的客、货运输作业，始发地及目的地至少一端须在海南自由贸易港内，在内地停留时间每年累计不超过 120 天，其中从海南自由贸易港到内地"点对点"、"即往即返"的客、货车不受天数限制。

违反上述规定的，按有关规定补缴相关进口税款。

六、海南省商交通运输、民航、财政、海关、税务等部门制定《海南自由贸易港"零关税"交通工具及游艇管理办法》，明确符合政策条件企业名单的确定程序，"零关税"交通工具及游艇进口后登记、入籍、营运、监管等规定，航空器、船舶经营自海南自由贸易港始发或经停海南自由贸易港的国内外航线的认定标准，车辆在内地停留时间每年累计不超过120天的适用情形及计算方式，"点对点"和"即往即返"运输服务的认定标准、认定部门和管理要求，以及违反规定的处理办法等内容。

七、海南省相关部门应通过信息化等手段加强监管、防控风险、及时查处违规行为，确保交通工具及游艇"零关税"政策平稳运行，并加强省内主管部门信息互联互通，共享符合政策条件的企业、"零关税"交通工具及游艇的监管等信息。

八、本通知自公布之日起实施。

附件：海南自由贸易港"零关税"交通工具及游艇清单

财政部 海关总署 税务总局
2020 年 12 月 25 日

附件：

海南自由贸易港"零关税"交通工具及游艇清单

序号	税则号列	货品名称
1	87021091	仅装柴油或半柴油发动机的大型客车（30 座及以上）
2	87021092	仅装柴油或半柴油发动机的中型客车（20 座至 29 座）
3	87021093	仅装柴油或半柴油发动机的小型客车（10 座至 19 座）
4	87022091	装柴油或半柴油发动机的混合动力电动大型客车（30 座及以上）
5	87022092	装柴油或半柴油发动机的混合动力电动中型客车（20 座至 29 座）
6	87022093	装柴油或半柴油发动机的混合动力电动小型客车（10 座至 19 座）
7	87023010	装点燃式发动机的混合动力电动大型客车（30 座及以上）
8	87023020	装点燃式发动机的混合动力电动中型客车（20 座至 29 座）
9	87023030	装点燃式发动机的混合动力电动小型客车（10 座至 19 座）
10	87024010	电动大型客车（30 座及以上）
11	87024020	电动中型客车（20 座至 29 座）
12	87024030	电动小型客车（10 座至 19 座）

序号	税则号列	货品名称
13	87029010	其他大型客车（30座及以上）
14	87029020	其他中型客车（20座至29座）
15	87029030	其他小型客车（10座至19座）
16	87032150	仅装点燃式发动机的小客车，排气量≤1L（9座及以下）
17	87032250	仅装点燃式发动机的小客车，1L＜排气量≤1.5L（9座及以下）
18	87032343	仅装点燃式发动机的小客车，1.5L＜排气量≤2L（9座及以下）
19	87032353	仅装点燃式发动机的小客车，2L＜排气量≤2.5L（9座及以下）
20	87032363	仅装点燃式发动机的小客车，2.5L＜排气量≤3L（9座及以下）
21	87032413	仅装点燃式发动机的小客车，3L＜排气量≤4L（9座及以下）
22	87032423	仅装点燃式发动机的小客车，排气量＞4L（9座及以下）
23	87033123	仅装柴油或半柴油发动机的小客车，1L＜排气量≤1.5L（9座及以下）
24	87033213	仅装柴油或半柴油发动机的小客车，1.5L＜排气量≤2L（9座及以下）
25	87033223	仅装柴油或半柴油发动机的小客车，2L＜排气量≤2.5L（9座及以下）
26	87033313	仅装柴油或半柴油发动机的小客车，2.5L＜排气量≤3L（9座及以下）
27	87033323	仅装柴油或半柴油发动机的小客车，3L＜排气量≤4L（9座及以下）
28	87033363	仅装柴油或半柴油发动机的小客车，排气量＞4L（9座及以下）
29	87034013	装有点燃式发动机的混合动力电动小客车（非插电），排气量≤1L（9座及以下）
30	87034023	装有点燃式发动机的混合动力电动小客车（非插电），1L＜排气量≤1.5L（9座及以下）
31	87034033	装有点燃式发动机的混合动力电动小客车（非插电），1.5L＜排气量≤2L（9座及以下）
32	87034043	装有点燃式发动机的混合动力电动小客车（非插电），2L＜排气量≤2.5L（9座及以下）
33	87034053	装有点燃式发动机的混合动力电动小客车（非插电），2.5L＜排气量≤3L（9座及以下）
34	87034063	装有点燃式发动机的混合动力电动小客车（非插电），3L＜排气量≤4L（9座及以下）
35	87034073	装有点燃式发动机的混合动力电动小客车（非插电），排气量＞4L（9座及以下）

序号	税则号列	货品名称
36	87035023	装有压燃式发动机的混合动力电动小客车（非插电），1L＜排气量≤1.5L（9座及以下）
37	87035033	装有压燃式发动机的混合动力电动小客车（非插电），1.5L＜排气量≤2L（9座及以下）
38	87035043	装有压燃式发动机的混合动力电动小客车（非插电），2L＜排气量≤2.5L（9座及以下）
39	87035053	装有压燃式发动机的混合动力电动小客车（非插电），2.5L＜排气量≤3L（9座及以下）
40	87035063	装有压燃式发动机的混合动力电动小客车（非插电），3L＜排气量≤4L（9座及以下）
41	87035073	装有压燃式发动机的混合动力电动小客车（非插电），排气量＞4L（9座及以下）
42	87041030	非公路用电动轮货运自卸车
43	87041090	其他非公路用货运自卸车
44	87042100	装有柴油或半柴油发动机的货车，车重≤5吨
45	87042230	装有柴油或半柴油发动机的货车，5吨＜车重＜14吨
46	87042240	装有柴油或半柴油发动机的货车，14吨≤车重≤20吨
47	87042300	装有柴油或半柴油发动机的货车，车重＞20吨
48	87043100	装有点燃式发动机的货车，车重≤5吨
49	87043230	装有点燃式发动机的货车，5吨＜车重≤8吨
50	87043240	装有点燃式发动机的货车，车重＞8吨
51	87049000	其他货车
52	87091110	短距离运输货物电动牵引车
53	87091190	其他电动短距离运货车
54	87091910	短距离运输货物其他牵引车
55	87091990	其他非电动短距离运货车
56	87161000	供居住或野营用厢式挂车及半挂车
57	87162000	农用自装或自卸式挂车及半挂车
58	87163110	油罐挂车及半挂车
59	87163190	其他罐式挂车及半挂车
60	87163910	货柜挂车及半挂车
61	87163990	其他货运挂车及半挂车

序号	税则号列	货品名称
62	87164000	其他未列名挂车及半挂车
63	87168000	其他未列名非机动车辆
64	88010010	滑翔机及悬挂滑翔机
65	88010090	气球、飞艇及其他无动力航空器
66	88021100	空载重量≤2吨的直升机
67	88021210	2吨＜空载重量≤7吨的直升机
68	88021220	空载重量＞7吨的直升机
69	88022000	空载重量≤2吨的飞机及其他航空器
70	88023000	2吨＜空载重量≤15吨的飞机及其他航空器
71	88024020	空载重量＞45吨的飞机及其他航空器
72	88052900	其他地面飞行训练器及其零件
73	89011010	机动巡航船、游览船及各式渡船
74	89011090	非机动巡航船、游览船及各式渡船
75	89012011	载重≤10万吨的成品油船
76	89012012	10万吨＜载重≤30万吨的成品油船
77	89012013	载重＞30万吨的成品油船
78	89012021	载重≤15万吨的原油船
79	89012022	15万吨＜载重≤30万吨的原油船
80	89012023	载重＞30万吨的原油船
81	89012031	容积≤20000立方米的液化石油气船
82	89012032	容积＞20000立方米的液化石油气船
83	89012041	容积≤20000立方米的液化天然气船
84	89012042	容积＞20000立方米的液化天然气船
85	89012090	其他液货船
86	89013000	冷藏船
87	89019021	载集装箱≤6000箱的机动集装箱船
88	89019022	载集装箱＞6000箱的机动集装箱船
89	89019031	载重≤2万吨的机动滚装船
90	89019032	载重＞2万吨的机动滚装船
91	89019041	载重≤15万吨的机动散货船
92	89019042	15万吨＜载重≤30万吨的机动散货船

序号	税则号列	货品名称
93	89019043	载重 >30 万吨的机动散货船
94	89019050	机动多用途船
95	89019080	其他机动货运船舶及客货兼运船舶
96	89019090	非机动货运船舶及客货兼运船舶
97	89031000	娱乐或运动用的充气快艇、划艇及轻舟等船
98	89039100	帆船
99	89039200	汽艇，装有舷外发动机的除外
100	89039900	其他娱乐或运动用船舶、划艇及轻舟

注：享受"零关税"的商品范围以税则号列为准。其中序号第 72 项商品，不含其零件。

财政部 海关总署 税务总局 关于增加海南离岛旅客免税 购物提货方式的公告

财政部 海关总署 税务总局公告 2021 年第 2 号

为支持海南自由贸易港建设，加快建设国际旅游消费中心，进一步方便旅客购物，现就离岛旅客免税购物提货方式有关问题公告如下：

一、离岛旅客凭有效身份证件和离岛信息在离岛旅客免税购物商店（含经批准的网上销售窗口）购买免税品时，除在机场、火车站、码头指定区域提货外，可选择邮寄送达方式提货。选择邮寄送达方式提货的，收件人、支付人和购买人应为购物旅客本人，且收件地址在海南省外。离岛免税商店应确认购物旅客符合上述要求并已实际离岛后，一次性寄递旅客所购免税品。

二、岛内居民离岛前购买免税品，可选择返岛提取，返岛提取免税品时须提供本人有效身份证件和实际离岛行程信息。离岛免税商店应确认提货人身份、离岛行程信息符合要求后交付免税品。

岛内居民包括持有海南省身份证、海南省居住证或社保卡的中国公民，以及在海南省工作生活并持有居留证的境外人士。

海南省相关部门应向海关、税务提供验核岛内居民资格、旅客离岛、购票等相关信息及联网环境。

三、邮寄送达和返岛提取提货方式的具体监管要求由海关总署另行公布。

四、本公告自公布之日起执行。《财政部 海关总署 税务总局关于海南离岛旅客免税购物政策的公告》（财政部 海关总署 税务总局公告 2020 年第 33 号）中其他规定继续执行。

财政部 海关总署 税务总局
2021 年 2 月 2 日

财政部 海关总署 税务总局 关于海南自由贸易港自用生产设备"零关税"政策的通知

财关税〔2021〕7 号

海南省财政厅、海口海关、国家税务总局海南省税务局：

为贯彻《海南自由贸易港建设总体方案》，经国务院同意，现将海南自由贸易港自用生产设备"零关税"政策通知如下：

一、全岛封关运作前，对海南自由贸易港注册登记并具有独立法人资格的企业进口自用的生产设备，除法律法规和相关规定明确不予免税、国家规定禁止进口的商品，以及本通知所附《海南自由贸易港"零关税"自用生产设备负面清单》所列设备外，免征关税、进口环节增值税和消费税。

二、本通知所称生产设备，是指基础设施建设、加工制造、研发设计、检测维修、物流仓储、医疗服务、文体旅游等生产经营活动所需的设备，包括《中华人民共和国进出口税则》第八十四、八十五和九十章中除家用电器及设备零件、部件、附件、元器件外的其他商品。

三、符合第一条规定条件的企业名单以及从事附件涵盖行业的企业名单，由海南省发展改革、工业和信息化等主管部门会同海南省财政厅、海口海关、国家税务总局海南省税务局确定，动态调整，并函告海口海关。

四、《海南自由贸易港"零关税"自用生产设备负面清单》详见附件。清单内容由财政部、海关总署、税务总局会同相关部门，根据海南自由贸易港实际需要和监管条件进行动态调整。

五、《进口不予免税的重大技术装备和产品目录》、《外商投资项目不予免税的进口商品目录》以及《国内投资项目不予免税的进口商品目录》，暂不适用于海南自由贸易港自用生产设备"零关税"政策。符合本政策规定条件的企业，进口上述三个目录内的设备，可免征关税、进口环节增值税和消费税。

六、为便于执行，财政部、海关总署将会同有关部门另行明确第二条中家用电器及设备零件、部件、附件、元器件商品范围。

七、"零关税"生产设备限海南自由贸易港符合政策规定条件的企业在海南自由贸易港内自用，并接受海关监管。因企业破产等原因，确需转让的，转让前应征得海关同意并办理相关手续。其中，转让给不符合政策规定条件主体的，还应按规定补缴进口相关税款。转让"零关税"生产设备，照章征收国内环节增值税、消费税。

八、企业进口"零关税"自用生产设备，自愿缴纳进口环节增值税和消费税的，可在报关时提出申请。

九、海南省相关部门应通过信息化等手段加强监管、防控风险、及时查处违规行为，确保生产设备"零关税"政策平稳运行，并加强省内相关部门信息互联互通，共享符合政策条件的企业、"零关税"生产设备的监管等信息。

十、本通知自公布之日起实施。

附件：海南自由贸易港"零关税"自用生产设备负面清单

财政部 海关总署 税务总局
2021 年 2 月 24 日

附件：

海南自由贸易港"零关税"自用生产设备负面清单

一、法律法规和相关规定明确不予免税、国家规定禁止进口的商品。

二、煤炭开采和洗选业、黑色金属采选业、有色金属采选、非金属矿采选业企业进口的设备（从事建筑用砂、石、土和地热、矿泉水、海域矿产资源生产的企业除外）。

三、皮革鞣制加工业、毛皮鞣制及制品加工业企业进口的设备。

四、煤化工业、核燃料加工业企业进口的设备。

五、电石法聚氯乙烯业、铬盐业企业进口的设备。

六、黑色金属冶炼和压延加工业企业进口的设备。

七、有色金属冶炼和压延加工业企业进口的设备。

八、金属表面处理及热处理加工业中的电镀工艺，铅蓄电池制造业，印刷电路板等高污染、高环境风险生产制造业，金属废料和碎屑加工处理中的旧电池拆解回收业（新能源汽车动力蓄电池梯次利用所需设备除外）企业进口的设备。

九、煤制品制造业、核辐射加工业企业进口的设备。

十、水力发电中的小水电业企业进口的设备。

十一、燃煤电力、热力生产和供应业企业进口的设备。

财政部 海关总署 税务总局
关于中国国际消费品博览会展期内
销售的进口展品税收优惠政策的通知

财关税〔2021〕32 号

海南省财政厅，海口海关，国家税务总局海南省税务局，海南国际经济发展局：

为贯彻落实《海南自由贸易港建设总体方案》，经国务院同意，现将中国国际消费品博览会（以下称消博会）展期内销售的进口展品税收政策通知如下：

一、全岛封关运作前，对消博会展期内销售的规定上限以内的进口展品免征进口关税、进口环节增值税和消费税。每个展商享受税收优惠政策的展品销售上限按附件规定执行。享受税收优惠政策的展品不包括国家禁止进口商品、濒危动植物及其产品、烟、酒和汽车。

二、对展期内销售的超出附件规定数量或金额上限的展品，以及展期内未销售且在展期结束后又不退运出境的展品，按照国家有关规定照章征税。

三、参展企业名单及展期内销售的展品清单，由海南国际经济发展局或其指定单位向海口海关统一报送。

四、本通知自印发之日起执行。

附件：中国国际消费品博览会享受税收优惠政策的进口展品清单

财政部 海关总署 税务总局
2021 年 4 月 26 日

附件：

中国国际消费品博览会享受税收
优惠政策的进口展品清单

序号	展品类别	每个展商享受税收优惠政策的数量或金额上限
1	家具	50 件

续表

序号	展品类别	每个展商享受税收优惠政策的数量或金额上限
2	服装及衣着附件	30 件
3	皮革制品、毛皮制品、人造毛皮制品	30 件
4	旅行用品、手提包及类似容器	30 件
5	光学、照相、电影仪器及设备	10 件，且单件价格不得超过 1 万美元
6	天然或养殖珍珠、宝石或半宝石、贵金属、包贵金属及其制品	5 件，且单件价格不得超过 1 万美元
7	手表、怀表及其他表	5 件，且单件价格不得超过 1 万美元
8	除上述类别外的其他展品	2 万美元

注：上述各类别展品不包括国家禁止进口商品、濒危动植物及其产品、烟、酒和汽车。

财政部 海关总署 税务总局 民航局 关于海南自由贸易港进出岛 航班加注保税航油政策的通知

财关税〔2021〕34 号

海南省财政厅、海口海关、国家税务总局海南省税务局、民航中南地区管理局：

为贯彻落实《海南自由贸易港建设总体方案》，现将海南自由贸易港进出岛航班加注保税航油政策通知如下：

一、全岛封关运作前，允许进出海南岛国内航线航班在岛内国家正式对外开放航空口岸加注保税航油，对其加注的保税航油免征关税、增值税和消费税，自愿缴纳进口环节增值税的，可在报关时提出。

二、本通知第一条所称进出海南岛国内航线航班，是指经民航主管部门批准的进出海南岛的境内飞行活动。

三、保税油经营企业凭民航主管部门批准的飞行计划办理加注，根据航班飞行动态及加注相关材料，据实办理海关手续，同时将加注信息报送税务部门。

四、进出海南岛的国际、港澳台航班加注保税航油，按现行相关规定办理。其中，境内航空公司进出海南岛的国际、港澳台航班加注保税航油的税收政策，可参照本通知第一条规定执行。

五、本通知自公布之日起实施。

财政部 海关总署 税务总局 民航局
2021 年 7 月 2 日

财政部 交通运输部 商务部 海关总署 税务总局关于海南自由贸易港内外贸同船运输境内船舶加注保税油和本地生产燃料油政策的通知

财税〔2021〕2号

海南省财政厅、交通运输厅、商务厅，海口海关，国家税务总局海南省税务局，海南海事局：

为贯彻落实《海南自由贸易港建设总体方案》，现将海南自由贸易港内外贸同船运输境内船舶加注保税油和本地生产燃料油政策通知如下：

一、全岛封关运作前，对以洋浦港作为中转港从事内外贸同船运输的境内船舶，允许其在洋浦港加注本航次所需的保税油；对其在洋浦港加注本航次所需的本地生产燃料油，实行出口退税政策。海南省本地燃料油生产企业凭燃料油出口货物报关单（备注栏注明"用于内外贸同船运输境内船舶加注"字样）等有关材料，向税务部门申报出口退（免）税。上述保税油和适用出口退税政策的本地生产燃料油统称为"不含税油"。本条规定的境内船舶加注的本航次所需不含税油，免征关税、增值税和消费税。

二、内外贸同船运输的境内船舶，是指获交通运输主管部门颁发的《国内水路运输经营许可证》和《船舶营业运输证》（经营范围均含"国内水路货物班轮运输"），并向海关备案，同时承载内贸和外贸集装箱货物的船舶。

本航次，是指从装载外贸货物的始发港至洋浦以及从洋浦装载外贸货物至目的港的航次。其中，始发港为首个装载至洋浦中转的外贸货物的境内港；目的港为最终卸载自洋浦中转的外贸货物的境内港。

三、本航次所需不含税油加注量＝本航次里程×（燃油消耗率×额定功率÷额定航速）。

航次里程以《中国沿海航行里程表》为准。燃油消耗率以《船舶推进机器轮机说明书》中数据为准。额定功率以《船舶检验证书》中数据为准。额定航速以《船舶实验综合报告》或《船体及设备说明书》中数据为准。

四、洋浦港交通主管部门按照上述公式，对符合条件的船舶核定本航次不含税油加注量。不含税油经营企业按照交通主管部门核定加注量加注不含税油。船舶可申请累计多航次加注。不含税油经营企业应当将不含税油加油有关信息资料报送税务部门。

五、不含税油的操作、监管流程按照有关规定执行。

六、本通知自公布之日起实施。《海南自由贸易港建设总体方案》发布后至本通知公布前，内外贸同船运输境内船舶已试行加注的燃料油，可参照本通知政策有关规定执行。

财政部　交通运输部　商务部　海关总署　税务总局

2021 年 2 月 9 日

财政部 海关总署 税务总局 关于调整海南自由贸易港原 辅料"零关税"政策的通知

财关税〔2021〕49 号

海南省财政厅，海口海关，国家税务总局海南省税务局：

为进一步释放政策效应，支持海南自由贸易港建设，现将海南自由贸易港原辅料"零关税"政策调整事项通知如下：

一、增加鲜木薯、氯乙烯、航空发动机零件等 187 项商品至海南自由贸易港"零关税"原辅料清单，具体范围见附件。原辅料"零关税"政策其他内容继续执行《财政部 海关总署 税务总局关于海南自由贸易港原辅料"零关税"政策的通知》（财关税〔2020〕42 号）的有关规定。

二、海南省相关部门应结合海南自由贸易港发展定位和生态环境保护要求，充分评估产业实际需要，引导企业合理使用"零关税"原辅料。

三、本通知自公布之日起实施。

附件：海南自由贸易港原辅料"零关税"政策增补清单

财政部 海关总署 税务总局
2021 年 12 月 21 日

附件：

海南自由贸易港原辅料"零关税"政策增补清单

序号	税则号列	商品名称
1	07141010	鲜木薯
2	08043000	鲜或干菠萝

序号	税则号列	商品名称
3	08106000	鲜榴莲
4	08119090	其他冷冻水果及坚果
5	18010000	整颗或破碎的可可豆，生的或焙炒的
6	18050000	未加糖或其他甜物质的可可粉
7	20079990	其他烹煮的果酱、果冻、果泥、果膏
8	20081130	花生酱
9	20098912	芒果汁
10	20099010	混合水果汁
11	21011200	以咖啡浓缩精汁或咖啡为基本成分的制品
12	21069040	椰子汁
13	25010019	其他盐
14	25070010	高岭土
15	25199091	化学纯氧化镁
16	25262020	已破碎或已研粉的天然滑石
17	25309099	其他矿产品
18	27081000	焦油制沥青
19	27111400	液化的乙烯、丙烯、丁烯及丁二烯
20	28111990	其他无机酸
21	28151200	氢氧化钠水溶液及液体烧碱
22	28164000	锶或钡的氧化物、氢氧化物及过氧化物
23	28500012	氮化硼
24	29012200	丙烯
25	29012410	1，3－丁二烯
26	29024400	混合二甲苯异构体
27	29032100	氯乙烯
28	29101000	环氧乙烷（氧化乙烯）
29	29102000	甲基环氧乙烷（氧化丙烯）
30	29152119	其他冰乙酸（冰醋酸）
31	29161100	丙烯酸及其盐

序号	税则号列	商品名称
32	29161210	丙烯酸甲酯
33	29161220	丙烯酸乙酯
34	29161230	丙烯酸丁酯
35	29161240	丙烯酸异辛酯
36	29161300	甲基丙烯酸及其盐
37	29161400	甲基丙烯酸酯
38	29163990	其他芳香一元羧酸及其衍生物
39	29171200	己二酸及其盐和酯
40	29173700	对苯二甲酸二甲酯
41	29189900	其他含其他附加含氧基羧酸及其酸酐等衍生物
42	29212210	己二酸己二胺盐（尼龙－66盐）
43	29224919	其他氨基酸
44	29224999	其他氨基酸及其酯及它们的盐
45	29291010	2，4和2，6－甲苯二异氰酸酯混合物（甲苯二异氰酸酯TDI）
46	29291030	二苯基甲烷二异氰酸酯（纯MDI）
47	29299090	其他含氮基化合物
48	29319000	其他有机－无机化合物
49	29333990	其他结构上有非稠合吡啶环化合物（不论是否氢化）
50	29334900	其他含喹啉或异喹啉环系的化合物（但未经进一步稠合）
51	29335990	其他结构上有嘧啶环或哌嗪环的化合物（不论是否氢化）
52	29339900	其他仅含氮杂原子的杂环化合物
53	29362900	其他未混合的维生素及其衍生物
54	29413020	四环素衍生物
55	29419058	头孢克罗及其盐
56	29419090	其他抗菌素
57	30029030	细菌及病毒
58	30029040	遗传物质和基因修饰生物体
59	32042000	用作荧光增白剂的有机合成产品
60	32049010	生物染色剂及染料指示剂

续表

序号	税则号列	商品名称
61	32061110	钛白粉
62	32082010	分散或溶于非水介质的丙烯酸聚合物油漆及清漆
63	32082020	分散或溶于非水介质的乙烯聚合物油漆及清漆
64	32091000	丙烯酸或乙烯聚合物油漆及清漆，溶于水介质
65	34059000	玻璃或金属用的光洁剂
66	35069120	以环氧树脂为基本成分的粘合剂
67	38099200	造纸等工业用的其他整理剂、助剂等制剂
68	38122000	橡胶或塑料用复合增塑剂
69	38151200	以贵金属及其化合物为活性物的载体催化剂
70	38151900	其他载体催化剂
71	38170000	混合烷基苯和混合烷基萘
72	38220010	附于衬背上的诊断或实验用试剂
73	38220090	未附于衬背上的诊断或实验用试剂；有证标准样品
74	38248100	含环氧乙烷的混合物及制品
75	38249999	其他税目未列名的化学工业及其相关工业的化学产品及配制品
76	39011000	初级形状比重 <0.94 的聚乙烯
77	39012000	初级形状比重 ≥0.94 的聚乙烯
78	39013000	初级形状的乙烯 – 乙酸乙烯酯共聚物
79	39014010	乙烯 – 丙烯共聚物（乙丙橡胶）
80	39019010	初级形状的乙烯丙烯共聚物（乙丙橡胶）
81	39021000	初级形状的聚丙烯
82	39023010	初级形状的乙烯丙烯共聚物（丙烯单体含量大于乙烯单体）
83	39032000	初级形状的苯乙烯 – 丙烯腈共聚物
84	39042200	初级形状已塑化的聚氯乙烯
85	39043000	氯乙烯 – 乙酸乙烯酯共聚物
86	39061000	初级形状的聚甲基丙烯酸甲酯
87	39069010	聚丙烯酰胺
88	39069090	其他初级形状的丙烯酸聚合物
89	39077000	聚乳酸

序号	税则号列	商品名称
90	39079910	聚对苯二甲酸丁二酯
91	39079991	聚对苯二甲酸–己二酸–丁二醇酯
92	39079999	其他聚酯
93	39095000	初级形状的聚氨基甲酸酯
94	39100000	初级形状的聚硅氧烷
95	39123100	初级形状的羧甲基纤维素及其盐
96	39123900	初级形状的其他纤维素醚
97	39129000	初级形状的其他未列名的纤维素（包括化学衍生物）
98	39161000	乙烯聚合物制的单丝、条、杆、型材及异型材
99	39172100	乙烯聚合物制的硬管
100	39172200	丙烯聚合物制的硬管
101	39191010	丙烯酸树脂为基本成份的成卷胶粘板片条等，宽度≤20cm
102	39201010	乙烯聚合物制电池隔膜
103	39201090	其他乙烯聚合物制板、片、膜、箔等
104	39202010	丙烯聚合物制电池隔膜
105	39203000	苯乙烯聚合物非泡沫塑料板、片、膜、箔等
106	39204300	增塑剂含量不小于6%的聚氯乙烯板、片、膜、箔及扁条
107	39205100	聚甲基丙烯酸甲酯板片膜箔及扁条
108	39206200	聚对苯二甲酸乙二酯板片膜箔扁条
109	39207900	纤维素衍生物制板、片、膜箔及扁条
110	39211100	苯乙烯聚合物泡沫塑料板、片、膜、箔、扁条
111	39219020	嵌有玻璃纤维的聚乙烯板、片
112	39219090	未列名塑料板、片、膜、箔及扁条
113	39232100	乙烯聚合物制袋及包
114	39233000	塑料制坛，瓶及类似品
115	39269090	其他塑料制品
116	40021110	羧基丁苯橡胶胶乳
117	40159090	其他硫化橡胶制衣着用品及附件
118	43021990	已鞣未缝制的其他毛皮

序号	税则号列	商品名称
119	47031100	溶解级除外的未漂白针叶木碱木浆或硫酸盐木浆
120	47032100	溶解级除外的半漂白或漂白针叶木碱木浆或硫酸盐木浆
121	47032900	溶解级除外的半漂白或漂白非针叶木碱木浆或硫酸盐木浆
122	47050000	用机械与化学联合制浆法制得的木浆
123	47069200	其他纤维状纤维素化学浆
124	48042900	成卷或成张的未经涂布的漂白的袋用牛皮纸（税目 4802 或 4803 的货品除外）
125	48059300	每平方米重量 225 克及以上的成卷或成张的其他未经涂布的纸及纸板
126	50010010	桑蚕茧
127	50020012	土丝
128	54023400	非零售用聚丙烯变形纱线
129	54024800	其他聚丙烯纱线，未加捻或捻度每米不超过 50 转
130	54025300	非零售用聚丙烯加捻单纱，捻度每米超过 50 转
131	54026300	非零售用聚丙烯多股纱线
132	54034200	非零售醋酸长丝多股纱线或缆线
133	54041200	细度≥67 分特、≤1mm 的聚丙烯单丝
134	54079100	未漂或漂白的其他混纺合成纤维长丝布
135	55014000	聚丙烯长丝丝束
136	55032000	未梳的聚酯合成纤维短纤
137	55034000	未梳的聚丙烯合成纤维短纤
138	55041029	其他木制未梳的粘胶纤维短纤
139	55064000	聚丙烯制已梳的纤维短纤
140	56031310	70g＜每平方米≤150g 浸渍化纤长丝无纺织物
141	56039190	每平方米≤25g 的其他无纺织物
142	56039290	25g＜每平方米≤70g 其他无纺织物
143	59069100	用橡胶处理的针织或钩编的纺织物
144	63053300	聚乙烯或聚丙烯扁条制其他货物包装袋
145	64061000	鞋面及其零件，硬衬除外
146	68159920	碳纤维

序号	税则号列	商品名称
147	68159931	碳布
148	68159932	碳纤维预浸料
149	69039000	其他耐火陶瓷制品
150	70109090	容积不超过0.15升装运货物或保藏用的玻璃特小容器
151	70179000	其他实验室、卫生及配药用玻璃器
152	70200019	其他工业用玻璃制品
153	71012210	未分级、已加工的养殖珍珠
154	71049011	其他工业用合成或再造的钻石
155	71051020	人工合成的钻石粉末
156	72221100	热加工的圆形截面不锈钢条、杆
157	72222000	冷成形或冷加工的不锈钢条、杆
158	72283090	其他条、杆，除热轧、热拉拔或热挤压外未经进一步加工
159	73182900	其他无螺纹紧固件
160	73269090	其他非工业用钢铁制品
161	81052020	未锻轧钴
162	81089010	钛条、杆、型材及异型材
163	81089090	其他钛及钛制品
164	81130090	其他金属陶瓷及其制品，包括废碎料
165	82072090	其他金属拉拔或挤压用模
166	82090021	晶粒度小于0.8微米的金属陶瓷条、杆
167	82090029	其他未装配的工具用金属陶瓷条、杆
168	82090090	其他未装配的工具用金属陶瓷类似品
169	84091000	航空发动机零件
170	84111210	推力>25千牛顿的涡轮风扇发动机
171	84119100	涡轮喷气发动机或涡轮螺桨发动机零件
172	84136021	电动式齿轮回转泵
173	84148090	其他气体压缩机及通风罩
174	84195000	热交换装置
175	84213990	其他气体的过滤、净化机器及装置

序号	税则号列	商品名称
176	84821090	其他滚珠轴承
177	84834090	其他齿轮及齿轮传动装置
178	85111000	火花塞
179	85114010	机车、航空器及船舶用启动电机及两用启动发电机
180	85234920	用于重放声音、图像以外信息的计算机用已录制光学媒体
181	85389000	税目 8535 至 8537 所列装置的其他零件
182	85414020	太阳能电池
183	90262090	其他测量、检验压力的仪器及装置
184	90328990	其他自动调节或控制仪器及装置
185	90329000	税目 9032 所列仪器及装置的零件、附件
186	94019090	其他用途坐具的零件
187	96071100	装有贱金属齿的拉链

注：1. 税则号列为《中华人民共和国进出口税则（2021）》的税则号列。

2. 商品名称仅供参考，具体商品范围以《中华人民共和国进出口税则（2021）》中的税则号列对应的商品范围为准。

3. 零部件指清单第 159 项、160 项、163 项，以及第 169～181 项和第 183～186 项商品。

财政部 海关总署 税务总局
关于调整海南自由贸易港自用
生产设备"零关税"政策的通知

财关税〔2022〕4 号

海南省财政厅，海口海关，国家税务总局海南省税务局：

为进一步释放政策效应，支持海南自由贸易港建设，现就海南自由贸易港自用生产设备"零关税"政策调整事项通知如下：

一、对《财政部 海关总署 税务总局关于海南自由贸易港自用生产设备"零关税"政策的通知》（财关税〔2021〕7 号）第二条所指生产设备，增列旋转木马、秋千及其他游乐场娱乐设备等文体旅游业所需的生产设备，按照《中华人民共和国进出口税则（2022）》商品分类，包括：旋转木马、秋千和旋转平台，过山车，水上乘骑游乐设施，水上乐园娱乐设备等 8 项商品。具体范围见附件。

二、全岛封关运作前，对海南自由贸易港注册登记并具有独立法人资格的事业单位进口财关税〔2021〕7 号文件和上述第一条规定范围内的自用生产设备，按照财关税〔2021〕7 号文件规定免征关税、进口环节增值税和消费税。

三、本通知自公布之日起实施。

附件：增列自用生产设备清单

财政部 海关总署 税务总局
2022 年 2 月 11 日

附件：

增列自用生产设备清单

序号	税则号列	商品名称
1	95082100	过山车
2	95082200	旋转木马，秋千和旋转平台
3	95082300	碰碰车
4	95082400	运动模拟器和移动剧场
5	95082500	水上乘骑游乐设施
6	95082600	水上乐园娱乐设备
7	95082900	其他游乐场乘骑游乐设施和水上乐园娱乐设备
8	95083000	游乐场娱乐设备

注：1. 税则号列为《中华人民共和国进出口税则（2022）》的税则号列。

2. 商品名称仅供参考，具体商品范围以《中华人民共和国进出口税则（2022）》中的税则号列对应的商品范围为准。

（五）其他区域

财政部 海关总署 国家税务总局
关于横琴开发有关进口税收
政策的通知

财关税〔2013〕17号

广东省财政厅，海关总署广东分署、拱北海关，广东省国家税务局：

为贯彻落实《国务院关于横琴开发有关政策的批复》（国函〔2011〕85号）精神，现就横琴开发有关进口货物税收政策通知如下：

一、有关进口税收政策

横琴开发的有关进口税收政策，除法律、法规和现行政策另有规定外，按照下列规定办理：

1. 对从境外进入横琴与生产有关的下列货物实行备案管理，给予免税：横琴区内（以下简称区内）生产性的基础设施建设项目所需的机器、设备和建设生产厂房、仓储设施所需的基建物资；区内生产企业运营所需的机器、设备、模具及其维修用零配件；区内从事研发设计、检测维修、物流、服务外包等企业进口所需的机器、设备等货物。在"一线"不予免税的货物清单具体见本通知第二条。

2. 对从境外进入横琴与生产有关的下列货物实行备案管理，给予保税：区内企业为加工出口产品所需的原材料、零部件、元器件、包装物料及消耗性材料；区内物流企业进口用于流转的货物。在"一线"不予保税的货物清单具体见本通知第三条。

3. 货物从横琴进入内地按有关规定办理进口报关手续，按实际报验状态征税，在"一线"已完税的生活消费类等货物除外。

4. 横琴企业将免税、保税的货物（包括用免税、保税的料件生产的货物）销售给个人的，应按进口货物的有关规定补齐相应的进口税款。

5. 对设在横琴的企业生产、加工并经"二线"销往内地的货物照章征收进口环节增值税、消费税。根据企业申请，试行对该内销货物按其对应进口件或按实际报验状态征收关税政策，经实际操作并不断完善后再正式实施。

二、在"一线"不予免税的货物清单

在"一线"不予免税的货物包括：

1. 法律、行政法规和相关规定明确不予免税的货物。

2. 国家规定禁止进口的商品。

3. 商业性房地产开发项目进口的货物，即兴建宾馆饭店、写字楼、别墅、公寓、住宅、商业购物场所、娱乐服务业场馆、餐饮业店馆以及其他商业性房地产项目进口的建设物资、设备（如电梯、空调、水泥、钢材、大理石、灯具等建筑材料和装饰装修材料）。

4. 生活消费类货物，具体如下：

序号	商品名称	税则号列	备注
1	活动物；动物产品	第一章至第四章全部税号	
2	食用蔬菜、根及块茎	第七章全部税号	
3	食用水果及坚果；柑橘属水果或甜瓜的果皮	第八章全部税号	
4	咖啡、茶、马黛茶及调味香料；谷物	第九章全部税号；第十章全部税号	
5	制粉工业产品；麦芽；淀粉；菊粉；面筋	第十一章全部税号	
6	含油子仁及果实；杂项子仁及果实	1201 – 1208；1211 – 1213	
7	动、植物油、脂及其分解产品；精致的食用油脂	1501 – 1517	
8	食品；饮料、酒及醋；烟草、烟草及烟草代用品的制品	第十六章至第二十二章全部税号；第二十四章全部税号；25010011	
9	成品油	2710	
10	药品	第三十章全部税号	
11	精油及香膏；芳香料制品及化妆品	3301；3303 – 3307	
12	肥皂、洗涤剂等	第三十四章全部税号	
13	烟火制品；火柴	36041000；3605	
14	塑料浴缸、淋浴盘等；塑料制的餐具、厨房用具等	3922；3924 – 3926	
15	硫化橡胶制的卫生及医疗用品	4014	

序号	商品名称	税则号列	备注
16	衣箱、提箱、小手袋等；皮革或再生皮革制的衣服及衣着附件	4202 – 4203	
17	毛皮制的衣服、衣着附件及其他制品；人造毛皮及其制品	4303 – 4304	
18	木制的画框、相框、镜框等；木制餐具及厨房用具；衣架	4414；4419；44211000	
19	软木制品	4503 – 4504	
20	稻草、秸杆、针茅或其他编结材料制品等	第四十六章全部税号	
21	卫生纸、面巾纸等	4803；4817 – 4820	
22	书籍、报纸等	32159010；第四十九章全部税号	
23	羊毛、棉花、毛条	5101；51031010；52010000；52030000；51051000、51052100、51052900	
24	地毯及纺织材料的其他铺地制品；特种机织物；簇绒织物等	第五十七章全部税号；第五十八章全部税号	
25	针织物及钩编织物；针织或钩编的服装及衣着附件；非针织物或非钩编的服装及衣着附件	第六十章至六十二章全部税号	
26	其他纺织制成品等	6301 – 6304；6306 – 6309	
27	鞋、帽、伞、杖、鞭及其零件；已加工的羽毛及其制品；人造花；人发制品	第六十四章全部税号；6504 – 6507；第六十六章至六十七章全部税号	
28	陶瓷产品	6910 – 6912	
29	玻璃制品	7013；70200091、70200099	

序号	商品名称	税则号列	备注
30	天然或养殖珍珠、宝石或半宝石、贵金属、包贵金属及其制品	第七十一章中除7112之外的其他全部税号	
31	钢铁制品	7323 – 7324	
32	铜制品	7418、74199950	
33	铝制品	7615	
34	家用工具；厨房或餐桌用具；非电动的贱金属铃、钟等	82055100；8210；82119100；8213；8214；8215；83013000；8306	
35	空调器；家用型冷藏箱；家用洗碟机；家用型洗衣机；家用型缝纫机等家用器具	84151010 – 84158300；84181010 – 84182990、84183021、84183029、84184021、84184029、84185000；84212110、84213910、84219910；84221100、84231000、84248910；8450；84511000；84521010 – 84521099；84529011 – 84529019	
36	微型计算机及外设；电子计算器	84433110、84433190、84433211、84433212、84433213、84433219；8470；84713000、84714140、84714940、84715040、84716050、84716060、84716071、84716072、84716090、84717090；85235110、85235120；85258013；85284100、85285110、85285190、85286100	税号84716090仅指IC卡读入器；税号84717090仅指移动硬盘；税号85258013仅指计算机用网络摄像头
37	家用电动器具；手提式电灯；电话机；音响设备；录像机；放像机；磁带；数据存储器件等；摄像机；电视机	8509 – 8510；85121000；8513；85161010 – 85162100、85162920、85162931 – 85162939、85163100、85164000 – 85167990；85171100 – 85171220、85171800、85176299、85176910、85176990；85181000 – 85185000；8519；8521；8523；85258012 – 85258013、85258022 – 85258029、85258032 – 85258039；8527；85284910、85284990、85285910、85285990、85286910、85286990；85287110 – 85287300	税号85176990仅指可视电话

序号	商品名称	税则号列	备注
38	车辆	8701 - 8703；8711 - 8712；8715；87161000	
39	航空器	8801；88021100 - 88024020；8804	
40	船舶	8901；8903	
41	相机或摄录一体机镜头；望远镜；照相机	85258022 - 85258029；90021131、90021139；90051000；90064000、90065100、90065300、90065990	
42	钟表	9101 - 9103、9105 - 9106	
43	乐器	9201 - 9208	
44	座具；其他家具；弹簧床垫、寝具等；灯具；活动房屋	94012010 - 94018090；94032000、94034000 - 94038990；9404；94051000 - 94052000、94053000；9406	
45	玩具、游戏品、运动用品	第九十五章全部税号	
46	画笔、毛笔及化妆用的类似笔；旅行用具；纽扣；圆珠笔；铅笔；打火机等	96033010 - 96033090；9605；9606；9608；9609；9613 - 9617；9619	
47	艺术品、收藏品及古物	第九十七章全部税号	

5. 20 种不予减免税的商品中未列入上述生活消费类货物清单的其他商品。

6. 其他与生产无关的货物。

三、在"一线"不予保税的货物清单

在"一线"不予保税的货物包括：

1. 法律、行政法规和相关规定明确不予保税的货物。

2. 国家规定禁止进口的商品。

3. 商业性房地产开发项目进口的货物，即兴建宾馆饭店、写字楼、别墅、公寓、住宅、商业购物场所、娱乐服务业场馆、餐饮业店馆以及其他商业性房地产项目进口的建设物资、设备（如电梯、空调、水泥、钢材、大理石、灯具等建筑材料和装饰装修材料）。

4. 区内个人、企业和行政管理机构自用的生活消费类用品（具体商品范围同第二条中的"4"和"5"）。

5. 列入加工贸易禁止类目录的商品。

6. 其他与生产无关的货物。

四、其他有关事项

根据政策执行的实际情况，并在保持政策相对稳定的前提下，由财政部会同有关部门适时调整在"一线"不予免税的货物清单和在"一线"不予保税的货物清单。

本通知自横琴相关监管设施验收合格、正式开关运行之日起执行。

特此通知。

财政部 海关总署 国家税务总局
2013 年 5 月 20 日

财政部关于从境外经"一线"进入横琴和经"二线"进入内地的旅客携带行李物品的具体规定的通知

财关税〔2013〕30 号

海关总署：

为贯彻落实《国务院关于横琴开发有关政策的批复》（国函〔2011〕85 号）精神，现就旅客经横琴"一线"、"二线"携带行李物品的具体规定通知如下：

1. 对从境外经"一线"进入横琴的旅客携带的行李物品按现行进境物品进口税的相关规定进行管理。

2. 对经"二线"进入内地的旅客携带的行李物品实行便捷通关。海关在"二线"保留对旅客携带的行李物品的查验权。

本通知自横琴相关监管设施验收合格、正式开关运行之日起执行。

财政部

2013 年 5 月 23 日

财政部关于从境外经"一线"进入平潭和经"二线"进入内地的旅客携带行李物品的具体规定的通知

财关税〔2013〕47号

海关总署：

为贯彻落实《平潭综合实验区总体发展规划》中的相关政策，现就旅客经平潭"一线"、"二线"携带行李物品的具体规定通知如下：

1. 对从境外经"一线"进入平潭的旅客携带的行李物品按现行进境物品进口税的相关规定进行管理。

2. 对经"二线"进入内地的旅客携带的行李物品实行便捷通关。海关在"二线"保留对旅客携带的行李物品的查验权。

本通知自平潭综合实验区相关监管设施验收合格、正式开关运行之日起执行。

财政部

2013 年 8 月 28 日

财政部 海关总署 国家税务总局 关于平潭综合实验区有关进口 税收政策的通知

财关税〔2013〕62 号

福建省财政厅、福州海关、福建省国家税务局:

为贯彻落实《平潭综合实验区总体发展规划》中的相关政策，现就平潭综合实验区有关进口货物税收政策通知如下:

一、有关进口税收政策

平潭综合实验区的有关进口税收政策，除法律、法规和现行政策另有规定外，按照下列规定办理:

1. 对从境外进入平潭与生产有关的下列货物实行备案管理，给予免税:平潭综合实验区内（以下简称区内）生产性的基础设施建设项目所需的机器、设备和建设生产厂房、仓储设施所需的基建物资;区内生产企业运营所需的机器、设备、模具及其维修用零配件;区内从事研发设计、检测维修、物流、服务外包等企业进口所需的机器、设备等货物。在"一线"不予免税的货物清单具体见本通知第二条。

2. 对从境外进入平潭与生产有关的下列货物实行备案管理，给予保税:区内企业为加工出口产品所需的原材料、零部件、元器件、包装物料及消耗性材料;区内物流企业进口用于流转的货物。在"一线"不予保税的货物清单具体见本通知第三条。

3. 货物从平潭进入内地按有关规定办理进口报关手续，按实际报验状态征税，在"一线"已完税的生活消费类等货物除外。

4. 平潭企业将免税、保税的货物（包括用免税、保税的料件生产的货物）销售给个人的，应按进口货物的有关规定补齐相应的进口税款。

5. 对设在平潭的企业生产、加工并经"二线"销往内地的货物照章征收进口环节增值税、消费税。根据企业申请，试行对该内销货物按其对应进口料件或按实际报验状态征收关税政策，经实际操作并不断完善后再正式实施。

二、在"一线"不予免税的货物清单

在"一线"不予免税的货物包括:

1. 法律、行政法规和相关规定明确不予免税的货物。

2. 国家规定禁止进口的商品。

3. 商业性房地产开发项目进口的货物，即兴建宾馆饭店、写字楼、别墅、公寓、住宅、商业购物场所、娱乐服务业场馆、餐饮业店馆以及其他商业性房地产项目进口的建设物资、设备（如电梯、空调、水泥、钢材、大理石、灯具等建筑材料和装饰装修材料）。

4. 生活消费类货物，具体如下：

序号	商品名称	税则号列	备注
1	活动物；动物产品	第一章至第四章全部税号	
2	食用蔬菜、根及块茎	第七章全部税号	
3	食用水果及坚果；柑橘属水果或甜瓜的果皮	第八章全部税号	
4	咖啡、茶、马黛茶及调味香料；谷物	第九章全部税号；第十章全部税号	
5	制粉工业产品；麦芽；淀粉；菊粉；面筋	第十一章全部税号	
6	含油子仁及果实；杂项子仁及果实	1201－1208；1211－1213	
7	动、植物油、脂及其分解产品；精致的食用油脂	1501－1517	
8	食品；饮料、酒及醋；烟草、烟草及烟草代用品的制品	第十六章至第二十二章全部税号；第二十四章全部税号；25010011	
9	成品油	2710	
10	药品	第三十章全部税号	
11	精油及香膏；芳香料制品及化妆品	3301；3303－3307	
12	肥皂、洗涤剂等	第三十四章全部税号	
13	烟火制品；火柴	36041000；3605	
14	塑料浴缸、淋浴盘等；塑料制的餐具、厨房用具等	3922；3924－3926	
15	硫化橡胶制的卫生及医疗用品	4014	

序号	商品名称	税则号列	备注
16	衣箱、提箱、小手袋等；皮革或再生皮革制的衣服及衣着附件	4202－4203	
17	毛皮制的衣服、衣着附件及其他制品；人造毛皮及其制品	4303－4304	
18	木制的画框、相框、镜框等；木制餐具及厨房用具；衣架	4414；4419；44211000	
19	软木制品	4503－4504	
20	稻草、秸杆、针茅或其他编结材料制品等	第四十六章全部税号	
21	卫生纸、面巾纸等	4803；4817－4820	
22	书籍、报纸等	32159010；第四十九章全部税号	
23	羊毛、棉花、毛条	5101；51031010；52010000；52030000；51051000、51052100、51052900	
24	地毯及纺织材料的其他铺地制品；特种机织物；簇绒织物等	第五十七章全部税号；第五十八章全部税号	
25	针织物及钩编织物；针织或钩编的服装及衣着附件；非针织物或非钩编的服装及衣着附件	第六十章至六十二章全部税号	
26	其他纺织制成品等	6301－6304；6306－6309	
27	鞋、帽、伞、杖、鞭及其零件；已加工的羽毛及其制品；人造花；人发制品	第六十四章全部税号；6504－6507；第六十六章至六十七章全部税号	
28	陶瓷产品	6910－6912	
29	玻璃制品	7013；70200091、70200099	

序号	商品名称	税则号列	备注
30	天然或养殖珍珠、宝石或半宝石、贵金属、包贵金属及其制品	第七十一章中除 7112 之外的其他全部税号	
31	钢铁制品	7323 – 7324	
32	铜制品	7418、74199950	
33	铝制品	7615	
34	家用工具；厨房或餐桌用具；非电动的贱金属铃、钟等	82055100；8210；82119100；8213；8214；8215；83013000；8306	
35	空调器；家用型冷藏箱；家用洗碟机；家用型洗衣机；家用型缝纫机等家用器具	84151010 – 84158300；84181010 – 84182990、84183021、84183029、84184021、84184029、84185000；84212110、84213910、84219910；84221100；84231000；84248910；8450；84511000；84521010 – 84521099；84529011 – 84529019	
36	微型计算机及外设；电子计算器	84433110、84433190、84433211、84433212、84433213、84433219；8470；84713000、84714140、84714940、84715040、84716050、84716060、84716071、84716072、84716090、84717090；85235110、85235120；85258013；85284100、85285110、85285190、85286100	税号 84716090 仅指 IC 卡读入器；税号 84717090 仅指移动硬盘；税号 85258013 仅指计算机用网络摄像头
37	家用电动器具；手提式电灯；电话机；音响设备；录像机；放像机；磁带；数据存储器件等；摄像机；电视机	8509 – 8510；85121000；8513；85161010 – 85162100、85162920、85162931 – 85162939、85163100、85164000 – 85167990；85171100 – 85171220、85171800、85176299、85176910、85176990；85181000 – 85185000；8519；8521；8523；85258012 – 85258013、85258022 – 85258029、85258032 – 85258039；8527；85284910、85284990、85285910、85285990、85286910、85286990、85287110 – 85287300	税号 85176990 仅指可视电话

序号	商品名称	税则号列	备注
38	车辆	8701 – 8703；8711 – 8712；8715；87161000	
39	航空器	8801；88021100 – 88024020；8804	
40	船舶	8901；8903	
41	相机或摄录一体机镜头；望远镜；照相机	85258022 – 85258029；90021131、90021139；90051000；90064000、90065100、90065300、90065990	
42	钟表	9101 – 9103、9105 – 9106	
43	乐器	9201 – 9208	
44	座具；其他家具；弹簧床垫、寝具等；灯具；活动房屋	94012010 – 94018090；94032000、94034000 – 94038990；9404；94051000 – 94052000、94053000；9406	
45	玩具、游戏品、运动用品	第九十五章全部税号	
46	画笔、毛笔及化妆用的类似笔；旅行用具；纽扣；圆珠笔；铅笔；打火机等	96033010 – 96033090；9605；9606；9608；9609；9613 – 9617；9619	
47	艺术品、收藏品及古物	第九十七章全部税号	

5. 20 种不予减免税的商品中未列入上述生活消费类货物清单的其他商品。

6. 其他与生产无关的货物。

三、在"一线"不予保税的货物清单

在"一线"不予保税的货物包括：

1. 法律、行政法规和相关规定明确不予保税的货物。

2. 国家规定禁止进口的商品。

3. 商业性房地产开发项目进口的货物，即兴建宾馆饭店、写字楼、别墅、公寓、住宅、商业购物场所、娱乐服务业场馆、餐饮业店馆以及其他商业性房地产项目进口的建设物资、设备（如电梯、空调、水泥、钢材、大理石、灯具等建筑材料和装饰装修材料）。

4. 区内个人、企业和行政管理机构自用的生活消费类用品（具体商品范围同第二条中的"4"和"5"）。

5. 列入加工贸易禁止类目录的商品。

6. 其他与生产无关的货物。

四、其他有关事项

根据政策执行的实际情况，并在保持政策相对稳定的前提下，由财政部会同有关部门适时调整在"一线"不予免税的货物清单和在"一线"不予保税的货物清单。

本通知自平潭综合实验区相关监管设施验收合格、正式开关运行之日起执行。

特此通知。

财政部　海关总署　国家税务总局
2013 年 9 月 3 日

财政部 海关总署 国家税务总局 关于中国（上海）自由贸易 试验区有关进口税收政策的通知

财关税〔2013〕75 号

上海市财政局、上海海关、上海市国家税务局：

为贯彻落实《中国（上海）自由贸易试验区总体方案》中的相关政策，现就中国（上海）自由贸易试验区有关进口税收政策通知如下：

一、对试验区内注册的国内租赁公司或其设立的项目子公司，经国家有关部门批准从境外购买空载重量在 25 吨以上并租赁给国内航空公司使用的飞机，享受《财政部 国家税务总局关于调整进口飞机有关增值税政策的通知》（财关税〔2013〕53 号）和《海关总署关于调整进口飞机进口环节增值税有关问题的通知》（署税发〔2013〕90 号）规定的增值税优惠政策。

二、对设在试验区内的企业生产、加工并经"二线"销往内地的货物照章征收进口环节增值税、消费税。根据企业申请，试行对该内销货物按其对应进口料件或按实际报验状态征收关税的政策。

三、在现行政策框架下，对试验区内生产企业和生产性服务业企业进口所需的机器、设备等货物予以免税，但生活性服务业等企业进口的货物以及法律、行政法规和相关规定明确不予免税的货物除外。

四、在严格执行货物进口税收政策的前提下，允许在特定区域设立保税展示交易平台。

除上述进口税收政策外，中国（上海）自由贸易试验区所属的上海外高桥保税区、上海外高桥保税物流园区、洋山保税港区和上海浦东机场综合保税区分别执行现行相应海关特殊监管区域的税收政策。

本通知自中国（上海）自由贸易试验区挂牌成立之日起执行。

财政部 海关总署 国家税务总局
2013 年 10 月 15 日

财政部 海关总署 国家税务总局 关于中国（广东）自由贸易试验区 有关进口税收政策的通知

财关税〔2015〕19号

广东省财政厅，海关总署广东分署、广州海关、深圳海关、拱北海关，广东省国家税务局：

为贯彻落实《中国（广东）自由贸易试验区总体方案》中的相关政策，现就中国（广东）自由贸易试验区（以下简称自贸试验区）有关进口税收政策通知如下：

一、中国（上海）自由贸易试验区已经试点的进口税收政策原则上可在自贸试验区进行试点。

二、选择性征收关税政策在自贸试验区内的海关特殊监管区域进行试点，即对设在自贸试验区海关特殊监管区域内的企业生产、加工并经"二线"销往内地的货物照章征收进口环节增值税、消费税，根据企业申请，试行对该内销货物按其对应进口料件或按实际报验状态征收关税的政策。

三、在严格执行货物进出口税收政策前提下，允许在自贸试验区海关特殊监管区域内设立保税展示交易平台。

四、自贸试验区内的海关特殊监管区域实施范围和税收政策适用范围维持不变。深圳前海深港现代服务业合作区、珠海横琴税收优惠政策不适用于自贸试验区内其他区域。

本通知自自贸试验区挂牌成立之日起执行。

财政部 海关总署 国家税务总局
2015 年 5 月 20 日

财政部 海关总署 国家税务总局 关于中国（天津）自由贸易试验区 有关进口税收政策的通知

财关税〔2015〕21 号

天津市财政局、天津海关、天津市国家税务局：

为贯彻落实《中国（天津）自由贸易试验区总体方案》中的相关政策，现就中国（天津）自由贸易试验区（以下简称自贸试验区）有关进口税收政策通知如下：

一、中国（上海）自由贸易试验区已经试点的进口税收政策原则上可在自贸试验区进行试点。

二、选择性征收关税政策在自贸试验区内的海关特殊监管区域进行试点，即对设在自贸试验区海关特殊监管区域内的企业生产、加工并经"二线"销往内地的货物照章征收进口环节增值税、消费税，根据企业申请，试行对该内销货物按其对应进口料件或按实际报验状态征收关税的政策。

三、在严格执行货物进出口税收政策前提下，允许在自贸试验区海关特殊监管区域内设立保税展示交易平台。

四、自贸试验区内的海关特殊监管区域实施范围和税收政策适用范围维持不变。本通知自自贸试验区挂牌成立之日起执行。

财政部 海关总署 国家税务总局

2015 年 5 月 20 日

财政部 海关总署 国家税务总局 关于中国（福建）自由贸易试验区 有关进口税收政策的通知

财关税〔2015〕22号

福建省财政厅、国家税务局，福州海关、厦门海关：

为贯彻落实《中国（福建）自由贸易试验区总体方案》中的相关政策，现就中国（福建）自由贸易试验区（以下简称自贸试验区）有关进口税收政策通知如下：

一、中国（上海）自由贸易试验区已经试点的进口税收政策原则上可在自贸试验区进行试点。

二、选择性征收关税政策在自贸试验区内的海关特殊监管区域进行试点，即对设在自贸试验区海关特殊监管区域内的企业生产、加工并经"二线"销往内地的货物照章征收进口环节增值税、消费税，根据企业申请，试行对该内销货物按其对应进口料件或按实际报验状态征收关税的政策。

三、在严格执行货物进出口税收政策前提下，允许在自贸试验区海关特殊监管区域内设立保税展示交易平台。

四、在确保有效监管前提下，在自贸试验区海关特殊监管区域探索建立货物实施状态分类监管模式。

五、自贸试验区内的海关特殊监管区域实施范围和税收政策适用范围维持不变。平潭综合实验区税收优惠政策不适用于自贸试验区内其他区域。

本通知自自贸试验区挂牌成立之日起执行。

财政部 海关总署 国家税务总局
2015年5月20日

四、进口环节税税目税率调整

财政部 国家税务总局关于进口环节消费税有关问题的通知

财关税〔2006〕22 号

海关总署：

为适应社会经济形势的客观发展需要，进一步完善消费税制，经国务院批准，对消费税税目、税率及相关政策进行调整。根据《财政部、国家税务总局关于调整和完善消费税政策的通知》（财税〔2006〕33 号），现将进口环节征收消费税的有关问题通知如下：

一、新增对高尔夫球及球具、高档手表、游艇、木制一次性筷子、实木地板、石脑油、溶剂油、润滑油、燃料油、航空煤油等产品征收消费税，停止对护肤护发品征收消费税，调整汽车、摩托车、汽车轮胎、白酒的消费税税率；石脑油、溶剂油、润滑油、燃料油暂按应纳消费税额的 30% 征收；航空煤油暂缓征收消费税；子午线轮胎免征消费税。

二、调整后征收进口环节消费税的商品共 14 类，具体税目税率见附件。

三、关于进口环节消费税税收政策问题，按《财政部、海关总署、国家税务总局关于印发〈关于进口货物进口环节海关代征税税收政策问题的规定〉的通知》（财关税〔2004〕7 号）的有关规定执行。

四、本通知自 2006 年 4 月 1 日起执行。原有规定与本通知有抵触的，以本通知为准。

附件：进口环节消费税应税商品税目税率表

财政部 国家税务总局
2006 年 3 月 30 日

附件：

进口环节消费税应税商品税目税率表

标识	税则号列	商品名称	税率	备注
	21069020	制造饮料用的复合酒精制品	5%	
	22030000	麦芽酿造的啤酒，进口完税价格≥370美元/吨	250 元/吨	1 千克 = 0.988 升
		麦芽酿造的啤酒，进口完税价格＜370美元/吨	220 元/吨	
	22041000	葡萄汽酒	10%	
	22042100	小包装的鲜葡萄酿造的酒	10%	
	22042900	其他包装的鲜葡萄酿造的酒	10%	
	22043000	其他酿酒葡萄汁	10%	
	22051000	小包装的味美思酒及类似酒	10%	
	22059000	其他包装的味美思酒及类似酒	10%	
	22060000	黄酒	240 元/吨	1 千克 = 0.962 升
		其他发酵饮料	10%	
	22071000	浓度在80%及以上的未改性乙醇	5%	
	22072000	任何浓度的改性乙醇及其他酒精	5%	
	22082000	蒸馏葡萄酒制得的烈性酒	20% + 1 元/公斤	
	22083000	威士忌酒	20% + 1 元/公斤	
	22084000	朗姆酒及其他甘蔗蒸馏酒	20% + 1 元/公斤	
	22085000	杜松子酒	20% + 1 元/公斤	1 升 = 0.912 千克
	22086000	伏特加酒	20% + 1 元/公斤	
	22087000	利口酒及柯迪尔酒	20% + 1 元/公斤	
	22089010	龙舌兰酒	20% + 1 元/公斤	
	22089090	酒精浓度在80%以下的未改性乙醇	5%	
		薯类蒸馏酒	20% + 1 元/公斤	1 升 = 0.912 千克
		其他蒸馏酒及酒精饮料	20% + 1 元/公斤	
	24021000	烟草制的雪茄烟	40%	

标识	税则号列	商品名称	税率	备注
	24022000	烟草制的卷烟，每标准条进口完税价格≥50元人民币	45% + 150元/标准箱	1 标准条 = 200 支；1 标准箱 = 5 万支
		烟草制的卷烟，每标准条进口完税价格<50元人民币	30% + 150元/标准箱	
	24029000	烟草代用品制的卷烟，每标准条进口完税价格≥50元人民币	45% + 150元/标准箱	
		烟草代用品制的卷烟，每标准条进口完税价格<50元人民币	30% + 150元/标准箱	
		烟草代用品制的雪茄烟	40%	
	24031000	供吸用的烟草	30%	
	24039100	"均化"或"再造"烟草	30%	
ex	24039900	其他烟草及烟草代用品的制品（烟草精汁除外）	30%	
	27101110	车用汽油及航空汽油	0.2 元/升	1 千克 = 1.388 升
	27101921	轻柴油	0.1 元/升	1 千克 = 1.176 升
	27101911	航空煤油	0.1 元/升，暂缓征收	1 千克 = 1.246 升
	27101120	石脑油	0.2 元/升，减按 0.06 元/升征收	1 千克 = 1.385 升
	27101130	橡胶溶剂油、油漆溶剂油、抽提溶剂油	0.2 元/升，减按 0.06 元/升征收	1 千克 = 1.282 升
	27101991	润滑油	0.2 元/升，减按 0.06 元/升征收	1 千克 = 1.126 升
	27101922	5 – 7 号燃料油	0.1 元/升，减按 0.03 元/升征收	1 千克 = 1.015 升
ex	27101929	其他燃料油（蜡油除外）	0.1 元/升，减按 0.03 元/升征收	蜡油：350℃以下馏出物体积百分比小于 20%，550℃以下馏出物体积百分比大于 80%
ex	33021090	生产食品、饮料用混合香料及制品，按容量计酒精浓度在 0.5% 以上	5%	
	33030000	香水及花露水	30%	

标识	税则号列	商品名称	税率	备注
	33041000	唇用化妆品	30%	
	33042000	眼用化妆品	30%	
	33043000	指（趾）甲化妆品	30%	
	33049100	香粉，不论是否压紧	30%	
ex	33049900	其他美容化妆品（护肤品除外）	30%	
	36041000	烟花，爆竹	15%	
	40111000	机动小客车用新的充气子午线轮胎	0	子午线轮胎是指在轮胎结构中，胎体帘子线按子午线方向排列，并有钢丝帘线排列几乎接近圆周方向的带束层束紧胎体的轮胎
		机动小客车用新的充气非子午线轮胎	3%	
	40112000	客或货运车用新的充气子午线轮胎	0	
		客或货车用新的充气非子午线轮胎	3%	
	40114000	摩托车用新的充气橡胶轮胎	3%	
	40116100	其他人字形胎面子午线轮胎	0	
		其他人字形胎面非子午线轮胎	3%	
	40116200	其他人字形胎面子午线轮胎	0	
		其他人字形胎面非子午线轮胎	3%	
	40116300	其他人字形胎面子午线轮胎	0	
		其他人字形胎面非子午线轮胎	3%	
	40116900	其他人字形胎面子午线轮胎	0	
		其他人字形胎面非子午线轮胎	3%	
	40119200	其他新的充气橡胶子午线轮胎	0	
		其他新的充气橡胶非子午线轮胎	3%	
	40119300	其他新的充气橡胶子午线轮胎	0	
		其他新的充气橡胶非子午线轮胎	3%	
	40119400	其他新的充气橡胶子午线轮胎	0	
		其他新的充气橡胶非子午线轮胎	3%	
	40119900	其他新的充气橡胶子午线轮胎	0	
		其他新的充气橡胶非子午线轮胎	3%	
	40122010	汽车用旧的充气橡胶子午线轮胎	0	
		汽车用旧的充气橡胶非子午线轮胎	3%	
	40122090	其他用旧的充气橡胶子午线轮胎	0	
		其他用旧的充气橡胶非子午线轮胎	3%	
	40129020	汽车用实心或半实心子午线轮胎	0	
		汽车用实心或半实心非子午线轮胎	3%	
	40129090	其他用实心或半实心子午线轮胎	0	
		其他用实心或半实心非子午线轮胎	3%	

标识	税则号列	商品名称	税率	备注
	40131000	汽车轮胎用橡胶内胎	3%	
	40139090	其他橡胶内胎	3%	
	44091010	针叶木地板条（块）	5%	
	44092019	非针叶木地板条（块）	5%	
	44190031	木制一次性筷子	5%	
	71011011	未分级的天然黑珍珠	10%	
	71011019	其他未分级的天然珍珠	10%	
	71011091	其他天然黑珍珠	10%	
	71011099	其他天然珍珠	10%	
	71012110	未分级，未加工的养殖珍珠	10%	
	71012190	其他未加工的养殖珍珠	10%	
	71012210	未分级，已加工的养殖珍珠	10%	
	71012290	其他已加工的养殖珍珠	10%	
	71031000	未加工宝石或半宝石	10%	
	71039100	经其他加工的红、蓝、绿宝石	10%	
	71039910	经其他加工的翡翠	10%	
	71039990	经其他加工的其他宝石或半宝石	10%	
	71042090	未加工合成或再造其他宝石半宝石	10%	
	71049019	其他工业用合成或再造宝石半宝石	10%	
	71049099	其他非工业用合成宝石或半宝石	10%	
	71059000	其他天然或合成宝石或半宝石粉末	10%	
	71132090	其他贱金属为底的包贵金属制首饰	10%	
	71161000	天然或养殖珍珠制品	10%	
	71162000	宝石或半宝石制品	10%	
ex	87021092	20≤座≤23 柴油客车	5%	
	87021093	10≤座≤19 柴油客车	5%	
ex	87029020	20≤座≤23 非柴油客车	5%	
	87029030	10≤座≤19 非柴油客车	5%	
	87032130	排气量≤1 升的小轿车	3%	
	87032190	排气量≤1 升的其他车辆	3%	
	87032230	1 升＜排气量≤1.5 升的小轿车	3%	
	87032240	1 升＜排气量≤1.5 升的越野车	3%	

标识	税则号列	商品名称	税率	备注
	87032250	1升＜排气量≤1.5升，≤9座的小客车	3%	
	87032290	1升＜排气量≤1.5升的其他载人车辆	3%	
	87032314	1.5升＜排气量≤2升的小轿车	5%	
		2升＜排气量≤2.5升的小轿车	9%	
	87032315	1.5升＜排气量≤2升的越野车	5%	
		2升＜排气量≤2.5升的越野车	9%	
	87032316	1.5升＜排气量≤2升，≤9座的小客车	5%	
		2升＜排气量≤2.5升，≤9座的小客车	9%	
	87032319	1.5升＜排气量≤2升的其他载人车辆	5%	
		2升＜排气量≤2.5升的其他载人车辆	9%	
	87032334	2.5升＜排气量≤3升的小轿车	12%	
	87032335	2.5升＜排气量≤3升的越野车	12%	
	87032336	2.5升＜排气量≤3升，≤9座的小客车	12%	
	87032339	2.5升＜排气量≤3升的其他载人车辆	12%	
	87032430	3升＜排气量≤4升的小轿车	15%	
		4升＜排气量的小轿车	20%	
	87032440	3升＜排气量≤4升的越野车	15%	
		4升＜排气量的越野车	20%	
	87032450	3升＜排气量≤4升，≤9座的小客车	15%	
		4升＜排气量，≤9座的小客车	20%	
	87032490	3升＜排气量≤4升的其他载人车辆	15%	
		4升＜排气量的其他载人车辆	20%	
	87033130	排气量≤1.5升的小轿车	3%	
	87033140	排气量≤1.5升的越野车	3%	
	87033150	排气量≤1.5升，≤9座的小客车	3%	
	87033190	排气量≤1.5升的其他载人车辆	3%	
	87033230	1.5升＜排气量≤2升的小轿车	5%	
		2升＜排气量≤2.5升的小轿车	9%	
	87033240	1.5升＜排气量≤2升的越野车	5%	
		2升＜排气量≤2.5升的越野车	9%	
	87033250	1.5升＜排气量≤2升，≤9座的小客车	5%	
		2升＜排气量≤2.5升，≤9座的小客车	9%	

标识	税则号列	商品名称	税率	备注
	87033290	1.5 升＜排气量≤2 升的其他载人车辆	5%	
		2 升＜排气量≤2.5 升的其他载人车辆	9%	
	87033330	2.5 升＜排气量≤3 升的小轿车	12%	
		3 升＜排气量≤4 升的小轿车	15%	
		4 升＜排气量的小轿车	20%	
	87033340	2.5 升＜排气量≤3 升的越野车	12%	
		3 升＜排气量≤4 升的越野车	15%	
		4 升＜排气量的越野车	20%	
	87033350	2.5 升＜排气量≤3 升，≤9 座的小客车	12%	
		3 升＜排气量≤4 升，≤9 座的小客车	15%	
		4 升＜排气量，≤9 座的小客车	20%	
	87033390	2.5 升＜排气量≤3 升的其他载人车辆	12%	
		3 升＜排气量≤4 升的其他载人车辆	15%	
		4 升＜排气量的其他载人车辆	20%	
	87039000	其他型排气量≤1.5 升的其他载人车辆	3%	
		其他型 1.5 升＜排气量≤2 升的其他载人车辆	5%	
		其他型 2 升＜排气量≤2.5 升的其他载人车辆	9%	
		其他型 2.5 升＜排气量≤3 升的其他载人车辆	12%	
		其他型 3 升＜排气量≤4 升的其他载人车辆	15%	
		其他型 4 升＜排气量的其他载人车辆	20%	
		电动汽车和其他无法区分排气量的载人车辆	0	
	87111000	排汽量≤50 毫升摩拖车及脚踏两用车	3%	
	87112010	50 毫升＜排气量≤100 毫升摩拖车及脚踏两用车	3%	
	87112020	100 毫升＜排气量≤125 毫升摩拖车及脚踏两用车	3%	

续表

标识	税则号列	商品名称	税率	备注
	87112030	125 毫升 < 排气量 ≤ 150 毫升摩拖车及脚踏两用车	3%	
	87112040	150 毫升 < 排气量 ≤ 200 毫升摩拖车及脚踏两用车	3%	
	87112050	200 毫升 < 排气量 ≤ 250 毫升摩拖车及脚踏两用车	3%	
	87113010	250 毫升 < 排气量 ≤ 400 毫升摩托车及脚踏两用车	10%	
	87113020	400 毫升 < 排气量 ≤ 500 毫升摩托车及脚踏两用车	10%	
	87114000	500 毫升 < 排气量 ≤ 800 毫升摩托车及脚踏两用车	10%	
	87115000	排气量 > 800 毫升摩托车及脚踏两用车	10%	
	87119010	电动摩托车及脚踏两用车	0	
	87119090	排气量 ≤ 250 毫升摩拖车及脚踏两用车	3%	
		排气量 > 250 毫升摩托车及脚踏两用车	10%	
		其他无法区分排气量的摩托车及脚踏两用车	3%	
ex	89039100	机动帆船	10%	长度大于 8 米小于 90 米
ex	89039200	汽艇	10%	
ex	89039900	娱乐或运动用其他机动船舶或快艇	10%	
ex	91011100	机械指示式的贵金属电子手表，进口完税价格 ≥ 10000 元人民币/块	20%	
ex	91011200	光电显示式的贵金属电子手表，进口完税价格 ≥ 10000 元人民币/块	20%	
ex	91011900	其他贵金属电子手表，进口完税价格 ≥ 10000 元人民币/块	20%	
ex	91012100	自动上弦的贵金属机械手表，进口完税价格 ≥ 10000 元人民币/块	20%	
ex	91012900	非自动上弦的贵金属机械手表，进口完税价格 ≥ 10000 元人民币/块	20%	

标识	税则号列	商品名称	税率	备注
ex	91021100	机械指示式的其他电子手表，进口完税价格≥10000元人民币/块	20%	
ex	91021200	光电显示式的其他电子手表，进口完税价格≥10000元人民币/块	20%	
ex	91021900	其他电子手表，进口完税价格≥10000元人民币/块	20%	
ex	91022100	其他自动上弦的机械手表，进口完税价格≥10000元人民币/块	20%	
ex	91022900	其他非自动上弦的机械手表，进口完税价格≥10000元人民币/块	20%	
	95063100	全套高尔夫球棍	10%	
	95063200	高尔夫球	10%	

注："ex"标识表示非全税目商品。

财政部 国家税务总局关于明确生皮和生毛皮进口环节增值税税率的通知

财关税〔2007〕34 号

海关总署：

根据2007版《中华人民共和国进出口税则》及《财政部 国家税务总局关于印发〈农业产品征税范围注释〉的通知》（财税字〔1995〕52 号）、《财政部 国家税务总局关于调整部分商品进口环节增值税税率的通知》（财税字〔2000〕296 号），自2007年4月1日起，对生皮、生毛皮等动物皮张类商品（具体税号见附件）的进口环节增值税按13%的税率计征。

附件：按13%税率计征进口环节增值税的动物皮张类商品

财政部 国家税务总局
2007 年 3 月 20 日

附件：

按13%税率计征进口环节增值税的动物皮张类商品

税目	商品名称
41.01	生牛皮（包括水牛皮）、生马皮（鲜的、盐腌的、干的、石灰浸渍的、浸酸的或以其他方法保藏，但未鞣制、未经羊皮纸化处理或进一步加工的），不论是否去毛或剖层：
4101.2011	经退鞣处理的，完全干燥的每张重量不超过 8 公斤，干盐腌的不超过 10 公斤，鲜的、湿盐腌的或以其他方法保藏的不超过 16 公斤的整张牛皮

税目	商品名称
4101.2019	完全干燥的每张重量不超过 8 公斤，干盐腌的不超过 10 公斤，鲜的、湿盐腌的或以其他方法保藏的不超过 16 公斤的整张其他牛皮
4101.2020	完全干燥的每张重量不超过 8 公斤，干盐腌的不超过 10 公斤，鲜的、湿盐腌的或以其他方法保藏的不超过 16 公斤的整张马皮
4101.5011	经退鞣处理的，重量超过 16 公斤的整张牛皮
4101.5019	重量超过 16 公斤的整张其他牛皮
4101.5020	重量超过 16 公斤的整张马皮
4101.9011	经退鞣处理的其他牛皮，包括整张或半张的背皮及腹皮
4101.9019	其他牛皮，包括整张或半张的背皮及腹皮
4101.9020	其他马皮，包括整张或半张的背皮及腹皮
41.02	绵羊或羔羊生皮（鲜的、盐腌的、干的、石灰浸渍的、浸酸的或经其他方法保藏，但未鞣制、未经羊皮纸化处理或进一步加工的），不论是否带毛或剖层，但本章注释一（三）所述不包括的生皮除外
4102.1000	带毛的绵羊或羔羊生皮
4102.2110	经退鞣处理的，浸酸的不带毛的绵羊或羔羊生皮
4102.2190	其他浸酸的不带毛的绵羊或羔羊生皮
4102.2910	经退鞣处理的，不带毛的绵羊或羔羊生皮
4102.2990	其他不带毛的绵羊或羔羊生皮
41.03	其他生皮（鲜的、盐腌的、干的、石灰浸渍的、浸酸的或以其他方法保藏，但未鞣制、未经羊皮纸化处理或进一步加工的），不论是否去毛或剖层，但本章注释一（二）或（三）所述不包括的生皮除外
4103.2000	爬行动物生皮
4103.3000	生猪皮
4103.9011	经退鞣处理的山羊板皮
4103.9019	其他山羊板皮
4103.9021	经退鞣处理的其他山羊或小山羊生皮
4103.9029	其他山羊或小山羊生皮
4103.9090	其他动物生皮
43.01	生毛皮（包括适合加工皮货用的头、尾、爪及其他块、片），但税号 41.01、41.02 或 41.03 的生皮除外：
4301.1000	整张水貂皮，不论是否带头、尾或爪

税目	商品名称
4301.3000	下列羔羊的整张毛皮，不论是否带头、尾或爪：阿斯特拉罕、喀拉科尔、波斯羔羊及类似羔羊、印度、中国或蒙古羔羊
4301.6000	整张狐皮，不论是否带头、尾或爪
4301.8010	整张兔皮，不论是否带头、尾或爪
4301.8090	整张的其他毛皮，不论是否带头、尾或爪
4301.9010	适合加工皮货用的黄鼠狼尾
4301.9090	其他适合加工皮货用的头、尾、爪及其他块、片

财政部 国家税务总局关于调整部分乘用车进口环节消费税的通知

财关税〔2008〕73号

海关总署：

经国务院批准，自 2008 年 9 月 1 日起，对部分乘用车进口环节消费税进行调整，现将有关事项通知如下：

一、将气缸容量（排气量，下同）1.0 升以下（含 1.0 升）的乘用车进口环节消费税税率由 3% 下调至 1%；

二、将气缸容量 3.0 升以上（不含 3.0 升）至 4.0 升（含 4.0 升）的乘用车进口环节消费税税率由 15% 上调至 25%；

三、将气缸容量 4.0 升以上的乘用车进口环节消费税税率由 20% 上调至 40%。

乘用车进口环节消费税税目、税率调整对照表见附件。

附件：乘用车进口环节消费税税目、税率调整对照表

财政部 国家税务总局
2008 年 8 月 11 日

附件：

乘用车进口环节消费税税目、税率调整对照表

税则号列	商品名称（简称）	调整前税率（%）	调整后税率（%）	备注
ex87021092	20≤座≤23 柴油客车	5	5	*
87021093	10≤座≤19 柴油客车	5	5	*
ex87029020	20≤座≤23 非柴油客车	5	5	*
87029030	10≤座≤19 非柴油客车	5	5	*

税则号列	商品名称（简称）	调整前税率（%）	调整后税率（%）	备注
87032130	排气量≤1升的小轿车	3	1	降低税率
87032190	排气量≤1升的其他车辆	3	1	降低税率
87032230	1升＜排气量≤1.5升的小轿车	3	3	*
87032240	1升＜排气量≤1.5升的越野车	3	3	*
87032250	1升＜排气量≤1.5升，≤9座的小客车	3	3	*
87032290	1升＜排气量≤1.5升的其他载人车辆	3	3	*
87032314	1.5升＜排气量≤2升的小轿车	5	5	*
87032314	2升＜排气量≤2.5升的小轿车	9	9	*
87032315	1.5升＜排气量≤2升的越野车	5	5	*
87032315	2升＜排气量≤2.5升的越野车	9	9	*
87032316	1.5升＜排气量≤2升，≤9座的小客车	5	5	*
87032316	2升＜排气量≤2.5升，≤9座的小客车	9	9	*
87032319	1.5升＜排气量≤2升的其他载人车辆	5	5	*
87032319	2升＜排气量≤2.5升的其他载人车辆	9	9	*
87032334	2.5升＜排气量≤3升的小轿车	12	12	*
87032335	2.5升＜排气量≤3升的越野车	12	12	*
87032336	2.5升＜排气量≤3升，≤9座的小客车	12	12	*
87032339	2.5升＜排气量≤3升的其他载人车辆	12	12	*
87032430	3升＜排气量≤4升的小轿车	15	25	提高税率
87032430	4升＜排气量的小轿车	20	40	提高税率
87032440	3升＜排气量≤4升的越野车	15	25	提高税率
87032440	4升＜排气量的越野车	20	40	提高税率
87032450	3升＜排气量≤4升，≤9座的小客车	15	25	提高税率
87032450	4升＜排气量，≤9座的小客车	20	40	提高税率
87032490	3升＜排气量≤4升的其他载人车辆	15	25	提高税率
87032490	4升＜排气量的其他载人车辆	20	40	提高税率
87033130	排气量≤1升的小轿车	3	1	降低税率
87033130	1升＜排气量≤1.5升的小轿车	3	3	*
87033140	排气量≤1升的越野车	3	1	降低税率
87033140	1升＜排气量≤1.5升的越野车	3	3	*
87033150	排气量≤1升，≤9座的小客车	3	1	降低税率
87033150	1升＜排气量≤1.5升，≤9座的小客车	3	3	*

税则号列	商品名称（简称）	调整前税率（%）	调整后税率（%）	备注
87033190	排气量≤1升的其他载人车辆	3	1	降低税率
	1升＜排气量≤1.5升的其他载人车辆	3	3	*
87033230	1.5升＜排气量≤2升的小轿车	5	5	*
	2升＜排气量≤2.5升的小轿车	9	9	*
87033240	1.5升＜排气量≤2升的越野车	5	5	*
	2升＜排气量≤2.5升的越野车	9	9	*
87033250	1.5升＜排气量≤2升，≤9座的小客车	5	5	*
	2升＜排气量≤2.5升，≤9座的小客车	9	9	*
87033290	1.5升＜排气量≤2升的其他载人车辆	5	5	*
	2升＜排气量≤2.5升的其他载人车辆	9	9	*
87033330	2.5升＜排气量≤3升的小轿车	12	12	*
	3升＜排气量≤4升的小轿车	15	25	提高税率
	4升＜排气量的小轿车	20	40	提高税率
87033340	2.5升＜排气量≤3升的越野车	12	12	*
	3升＜排气量≤4升的越野车	15	25	提高税率
	4升＜排气量的越野车	20	40	提高税率
87033350	2.5升＜排气量≤3升，≤9座的小客车	12	12	*
	3升＜排气量≤4升，≤9座的小客车	15	25	提高税率
	4升＜排气量，≤9座的小客车	20	40	提高税率
87033390	2.5升＜排气量≤3升的其他载人车辆	12	12	*
	3升＜排气量≤4升的其他载人车辆	15	25	提高税率
	4升＜排气量的其他载人车辆	20	40	提高税率
87039000	其他型排气量≤1升的其他载人车辆	3	1	降低税率
	其他型1升＜排气量≤1.5升的其他载人车辆	3	3	*
	其他型1.5升＜排气量≤2升的其他载人车辆	5	5	*
	其他型2升＜排气量≤2.5升的其他载人车辆	9	9	*
	其他型2.5升＜排气量≤3升的其他载人车辆	12	12	*
	其他型3升＜排气量≤4升的其他载人车辆	15	25	提高税率

续表

税则号列	商品名称（简称）	调整前税率（%）	调整后税率（%）	备注
87039000	其他型4升＜排气量的其他载人车辆	20	40	提高税率
	电动汽车和其他无法区分排气量的载人车辆	0	0	＊
87111000	排气量≤50毫升摩拖车及脚踏两用车	3	3	＊
87112010	50毫升＜排气量≤100毫升摩拖车及脚踏两用车	3	3	＊
87112020	100毫升＜排气量≤125毫升摩拖车及脚踏两用车	3	3	＊
87112030	125毫升＜排气量≤150毫升摩拖车及脚踏两用车	3	3	＊
87112040	150毫升＜排气量≤200毫升摩拖车及脚踏两用车	3	3	＊
87112050	200毫升＜排气量≤250毫升摩拖车及脚踏两用车	3	3	＊
87113010	250毫升＜排气量≤400毫升摩托车及脚踏两用车	10	10	＊
87113020	400毫升＜排气量≤500毫升摩托车及脚踏两用车	10	10	＊
87114000	500毫升＜排气量≤800毫升摩托车及脚踏两用车	10	10	＊
87115000	排气量＞800毫升摩托车及脚踏两用车	10	10	＊
87119010	电动摩托车及脚踏两用车	0	0	＊
87119090	排气量≤250毫升摩拖车及脚踏两用车	3	3	＊
	排气量＞250毫升摩托车及脚踏两用车	10	10	＊
	其他无法区分排气量的摩托车及脚踏两用车	3	3	＊

注：1. "ex" 标识表示非全税目商品。

2. 备注栏中＊号表示税率未作调整。

财政部 国家税务总局关于对电池涂料征收消费税的通知

财税〔2015〕16 号

各省、自治区、直辖市、计划单列市财政厅（局）、国家税务局、新疆生产建设兵团财务局：

为促进节能环保，经国务院批准，自 2015 年 2 月 1 日起对电池、涂料征收消费税。现将有关事项通知如下：

一、将电池、涂料列入消费税征收范围（具体税目注释见附件），在生产、委托加工和进口环节征收，适用税率均为 4%。

二、对无汞原电池、金属氢化物镍蓄电池（又称"氢镍蓄电池"或"镍氢蓄电池"）、锂原电池、锂离子蓄电池、太阳能电池、燃料电池和全钒液流电池免征消费税。

2015 年 12 月 31 日前对铅蓄电池缓征消费税；自 2016 年 1 月 1 日起，对铅蓄电池按 4% 税率征收消费税。

对施工状态下挥发性有机物（Volatile Organic Compounds，VOC）含量低于 420 克/升（含）的涂料免征消费税。

三、除上述规定外，电池、涂料消费税征收管理的其他事项依照《中华人民共和国消费税暂行条例》、《中华人民共和国消费税暂行条例实施细则》等相关规定执行。

附件：1. 电池税目征收范围注释
　　　2. 涂料税目征收范围注释

财政部 国家税务总局
2015 年 1 月 26 日

附件 1：

电池税目征收范围注释

电池，是一种将化学能、光能等直接转换为电能的装置，一般由电极、电解质、容器、极端，通常还有隔离层组成的基本功能单元，以及用一个或多个基本功能单元装配成的电池组。范围包括：原电池、蓄电池、燃料电池、太阳能电池和其他电池。

一、原电池

原电池又称一次电池，是按不可以充电设计的电池。按照电极所含的活性物质分类，原电池包括锌原电池、锂原电池和其他原电池。

（一）锌原电池。以锌做负极的原电池，包括锌二氧化锰原电池、碱性锌二氧化锰原电池、锌氧原电池（又称"锌空气原电池"）、锌氧化银原电池（又称"锌银原电池"）、锌氧化汞原电池（又称"汞电池"、"氧化汞原电池"）等。

（二）锂原电池。以锂做负极的原电池，包括锂二氧化锰原电池、锂亚硫酰氯原电池、锂二硫化铁原电池、锂二氧化硫原电池、锂氧原电池（又称"锂空气原电池"）、锂氟化碳原电池等。

（三）其他原电池。指锌原电池、锂原电池以外的原电池。

原电池又可分为无汞原电池和含汞原电池。汞含量低于电池重量的 0.0001%（扣式电池按 0.0005%）的原电池为无汞原电池；其他原电池为含汞原电池。

二、蓄电池

蓄电池又称二次电池，是按可充电、重复使用设计的电池；包括酸性蓄电池、碱性或其他非酸性蓄电池、氧化还原液流蓄电池和其他蓄电池。

（一）酸性蓄电池。一种含酸性电解质的蓄电池，包括铅蓄电池（又称"铅酸蓄电池"）等。

铅蓄电池，指含以稀硫酸为主电解质、二氧化铅正极和铅负极的蓄电池。

（二）碱性或其他非酸性蓄电池。一种含碱性或其他非酸性电解质的蓄电池，包括金属锂蓄电池、锂离子蓄电池、金属氢化物镍蓄电池（又称"氢镍蓄电池"或"镍氢蓄电池"）、镉镍蓄电池、铁镍蓄电池、锌氧化银蓄电池（又称"锌银蓄电池"）、碱性锌二氧化锰蓄电池（又称"可充碱性锌二氧化锰电池"）、锌氧蓄电池（又称"锌空气蓄电池"）、锂氧蓄电池（又称"锂空气蓄电池"）等。

（三）氧化还原液流电池。一种通过正负极电解液中不同价态离子的电化学反应来实现电能和化学能互相转化的储能装置，目前主要包括全钒液流电池。全钒液流电池是通过正负极电解液中不同价态钒离子的电化学反应来实现电能和化学能互相转化的储能装置。

（四）其他蓄电池。除上述（一）、（二）、（三）外的蓄电池。

三、燃料电池

燃料电池，指通过一个电化学过程，将连续供应的反应物和氧化剂的化学能直接转换为电能的电化学发电装置。

四、太阳能电池

太阳能电池，是将太阳光能转换成电能的装置，包括晶体硅太阳能电池、薄膜太阳能电池、化合物半导体太阳能电池等，但不包括用于太阳能发电储能用的蓄电池。

五、其他电池

除原电池、蓄电池、燃料电池、太阳能电池以外的电池。

附件2：

涂料税目征收范围注释

涂料是指涂于物体表面能形成具有保护、装饰或特殊性能的固态涂膜的一类液体或固体材料之总称。

涂料由主要成膜物质、次要成膜物质等构成。按主要成膜物质涂料可分为油脂类、天然树脂类、酚醛树脂类、沥青类、醇酸树脂类、氨基树脂类、硝基类、过滤乙烯树脂类、烯类树脂类、丙烯酸酯类树脂类、聚酯树脂类、环氧树脂类、聚氨酯树脂类、元素有机类、橡胶类、纤维素类、其他成膜物类等。

财政部 国家税务总局关于调整化妆品进口环节消费税的通知

财关税〔2016〕48 号

海关总署：

为引导合理消费，经国务院批准，对化妆品的消费税政策进行调整，现将有关问题通知如下：

一、调整化妆品进口环节消费税税目税率，具体如下：

（一）将征收范围调整为高档美容修饰类化妆品、高档护肤类化妆品。高档美容修饰类和高档护肤类化妆品界定标准为进口完税价格在 10 元/毫升（克）或 15 元/片（张）及以上。调整后的税目见附件。

（二）将进口环节消费税税率由 30% 下调为 15%。

二、本通知自 2016 年 10 月 1 日起执行。

附件：化妆品进口环节消费税税目税率表

财政部 国家税务总局

2016 年 9 月 30 日

附件：

化妆品进口环节消费税税目税率表

序号	ex	税则号列	商品名称	税率
1	ex	33030000	香水及花露水	15%
2	ex	33041000	唇用化妆品	15%
3	ex	33042000	眼用化妆品	15%
4	ex	33043000	指（趾）甲化妆品	15%

续表

序号	ex	税则号列	商品名称	税率
5	ex	33049100	粉，不论是否压紧	15%
6	ex	33049900	其他美容化妆品	15%

备注：

1. "ex"标识表示非全税目商品。

2. 仅对上表进口完税价格在 10 元/毫升（克）或 15 元/片（张）及以上的商品征收消费税。

财政部 国家税务总局关于调整小汽车进口环节消费税的通知

财关税〔2016〕63 号

海关总署：

为了引导合理消费，调节收入分配，促进节能减排，经国务院批准，对小汽车进口环节消费税进行调整。现将有关事项通知如下：

对我国驻外使领馆工作人员、外国驻华机构及人员、非居民常住人员、政府间协议规定等应税（消费税）进口自用，且完税价格130万元及以上的超豪华小汽车消费税，按照生产（进口）环节税率和零售环节税率（10%）加总计算，由海关代征。具体税目见附件。

本通知自 2016 年 12 月 1 日起执行。

附件：小汽车进口环节消费税税目税率表

财政部 国家税务总局
2016 年 11 月 30 日

附件：

小汽车进口环节消费税税目税率表

序号	ex	税则号列	商品名称	进口环节消费税税率
1	ex	87021092	20≤座≤23 柴油客车	5%
2		87021093	10≤座≤19 柴油客车	5%
3	ex	87029020	20≤座≤23 非柴油客车	5%
4		87029030	10≤座≤19 非柴油客车	5%
5		87032130	排气量≤1 升的小轿车	1%
6		87032140	排气量≤1 升的越野车	1%

序号	ex	税则号列	商品名称	进口环节消费税税率
7		87032150	排气量≤1升，≤9座的小客车	1%
8		87032190	排气量≤1升的其他车辆	1%
9		87032230	1升＜排气量≤1.5升的小轿车	3%
10		87032240	1升＜排气量≤1.5升的越野车	3%
11		87032250	1升＜排气量≤1.5升，≤9座的小客车	3%
12		87032290	1升＜排气量≤1.5升的其他载人车辆	3%
13		87032341	1.5升＜排气量≤2升的小轿车	5%
14		87032342	1.5升＜排气量≤2升的越野车	5%
15		87032343	1.5升＜排气量≤2升，≤9座的小客车	5%
16		87032349	1.5升＜排气量≤2升的其他载人车辆	5%
17		87032351	2升＜排气量≤2.5升的小轿车	9%
18		87032352	2升＜排气量≤2.5升的越野车	9%
19		87032353	2升＜排气量≤2.5升，≤9座的小客车	9%
20		87032359	2升＜排气量≤2.5升的其他载人车辆	9%
21		87032361	2.5升＜排气量≤3升的小轿车	12%
22		87032362	2.5升＜排气量≤3升的越野车	12%
23		87032363	2.5升＜排气量≤3升，≤9座的小客车	12%
24		87032369	2.5升＜排气量≤3升的其他载人车辆	12%
25		87032411	3升＜排气量≤4升的小轿车	25%
26		87032412	3升＜排气量≤4升的越野车	25%
27		87032413	3升＜排气量≤4升，≤9座的小客车	25%
28		87032419	3升＜排气量≤4升的其他载人车辆	25%
29		87032421	4升＜排气量的小轿车	40%
30		87032422	4升＜排气量的越野车	40%
31		87032423	4升＜排气量，≤9座的小客车	40%
32		87032429	4升＜排气量的其他载人车辆	40%
33		87033111	排气量≤1升的小轿车	1%
34		87033119	排气量≤1升的其他载人车辆	1%
35		87033121	1升＜排气量≤1.5升的小轿车	3%
36		87033122	1升＜排气量≤1.5升的越野车	3%
37		87033123	1升＜排气量≤1.5升，≤9座的小客车	3%
38		87033129	1升＜排气量≤1.5升的其他载人车辆	3%

续表

序号	ex	税则号列	商品名称	进口环节消费税税率
39		87033211	1.5 升 < 排气量 ≤2 升的小轿车	5%
40		87033212	1.5 升 < 排气量 ≤2 升的越野车	5%
41		87033213	1.5 升 < 排气量 ≤2 升，≤9 座的小客车	5%
42		87033219	1.5 升 < 排气量 ≤2 升的其他载人车辆	5%
43		87033221	2 升 < 排气量 ≤2.5 升的小轿车	9%
44		87033222	2 升 < 排气量 ≤2.5 升的越野车	9%
45		87033223	2 升 < 排气量 ≤2.5 升，≤9 座的小客车	9%
46		87033229	2 升 < 排气量 ≤2.5 升的其他载人车辆	9%
47		87033311	2.5 升 < 排气量 ≤3 升的小轿车	12%
48		87033312	2.5 升 < 排气量 ≤3 升的越野车	12%
49		87033313	2.5 升 < 排气量 ≤3 升，≤9 座的小客车	12%
50		87033319	2.5 升 < 排气量 ≤3 升的其他载人车辆	12%
51		87033321	3 升 < 排气量 ≤4 升的小轿车	25%
52		87033322	3 升 < 排气量 ≤4 升的越野车	25%
53		87033323	3 升 < 排气量 ≤4 升，≤9 座的小客车	25%
54		87033329	3 升 < 排气量 ≤4 升的其他载人车辆	25%
55		87033361	4 升 < 排气量的小轿车	40%
56		87033362	4 升 < 排气量的越野车	40%
57		87033363	4 升 < 排气量 ≤9 座的小客车	40%
58		87033369	4 升 < 排气量的其他载人车辆	40%
59			其他型排气量 ≤1 升的其他载人车辆	1%
60			其他型 1 升 < 排气量 ≤1.5 升的其他载人车辆	3%
61			其他型 1.5 升 < 排气量 ≤2 升的其他载人车辆	5%
62		87039000	其他型 2 升 < 排气量 ≤2.5 升的其他载人车辆	9%
63			其他型 2.5 升 < 排气量 ≤3 升的其他载人车辆	12%
64			其他型 3 升 < 排气量 ≤4 升的其他载人车辆	25%
65			其他型 4 升 < 排气量的其他载人车辆	40%
66			电动汽车和其他无法区分排气量的载人车辆	0

备注：

1. 对我国驻外使领馆工作人员、外国驻华机构及人员、非居民常住人员、政府间协议规定等应税（消费税）进口自用，且完税价格 130 万元及以上的汽车（详见上表），按照进口环节消费税税率与零售环节消费税税率（10%）加总计算。

2. "ex" 标识表示非全税目商品。

财政部 海关总署 税务总局
关于对部分成品油征收进口
环节消费税的公告

财政部 海关总署 税务总局公告 2021 年第 19 号

为维护公平税收秩序，根据国内成品油消费税政策相关规定，现将有关问题公告如下：

一、对归入税则号列 27075000，且 200 摄氏度以下时蒸馏出的芳烃以体积计小于 95% 的进口产品，视同石脑油按 1.52 元/升的单位税额征收进口环节消费税。

二、对归入税则号列 27079990、27101299 的进口产品，视同石脑油按 1.52 元/升的单位税额征收进口环节消费税。

三、对归入税则号列 27150000，且 440 摄氏度以下时蒸馏出的矿物油以体积计大于 5% 的进口产品，视同燃料油按 1.2 元/升的单位税额征收进口环节消费税。

四、本公告所称视同仅涉及消费税的征、退（免）税政策。

五、本公告自 2021 年 6 月 12 日起执行。

特此公告。

财政部 海关总署 税务总局

2021 年 5 月 12 日

五、进境物品

国务院关税税则委员会关于调整进境物品进口税有关问题的通知

税委会〔2019〕17 号

海关总署：

经国务院批准，国务院关税税则委员会决定对进境物品进口税进行调整。现将有关事项通知如下：

一、将进境物品进口税税目 1、2 的税率分别调降为 13%、20%。

二、将税目 1 "药品" 注释修改为 "对国家规定减按 3% 征收进口环节增值税的进口药品，按照货物税率征税"。

三、上述调整自 2019 年 4 月 9 日起实施。

调整后的《中华人民共和国进境物品进口税税率表》见附件。

附件：中华人民共和国进境物品进口税税率表

国务院关税税则委员会

2019 年 4 月 8 日

附件：

中华人民共和国进境物品进口税税率表

税目序号	调整后	
	物品名称	税率（%）
1	书报、刊物、教育用影视资料；计算机、视频摄录一体机、数字照相机等信息技术产品；食品、饮料；金银；家具；玩具，游戏品、节日或其他娱乐用品；药品^{注1}	13

税目序号	调整后	
	物品名称	税率（％）
2	运动用品（不含高尔夫球及球具）、钓鱼用品；纺织品及其制成品；电视摄像机及其他电器用具；自行车；税目1、3中未包含的其他商品	20
3^{注2}	烟、酒；贵重首饰及珠宝玉石；高尔夫球及球具；高档手表；高档化妆品	50

注：1. 对国家规定减按3%征收进口环节增值税的进口药品，按照货物税率征税。

　　2. 税目3所列商品的具体范围与消费税征收范围一致。

中华人民共和国海关对中国籍旅客进出境行李物品的管理规定

海关总署令第 58 号公布，根据海关总署令
第 198 号和第 235 号修改

第一条　根据《中华人民共和国海关法》及其他有关法规，制定本规定。

第二条　本规定适用于凭中华人民共和国护照等有效旅行证件出入境的旅客，包括公派出境工作、考察、访问、学习和因私出境探亲、访友、旅游、经商、学习等中国籍居民旅客和华侨、台湾同胞、港澳同胞等中国籍非居民旅客。

第三条　中国籍旅客携运进境的行李物品，在本规定所附《中国籍旅客带进物品限量表》（简称《限量表》，见附件 1）规定的征税或免税物品品种、限量范围内的，海关准予放行，并分别验凭旅客有效出入境旅行证件及其他有关证明文件办理物品验放手续。

对不满 16 周岁者，海关只放行其旅途需用的《限量表》第一类物品。

第四条　中国籍旅客携运进境物品，超出规定免税限量仍属自用的，经海关核准可征税放行。

第五条　中国籍旅客携带旅行自用物品进出境，按照《中华人民共和国海关对进出境旅客旅行自用物品的管理规定》办理验放手续。

第六条　获准进境定居的中国籍非居民旅客携运进境其在境外拥有并使用过的自用物品及车辆，应当在获准定居后六个月内凭中华人民共和国有关主管部门签发的定居证明，向海关办理通关手续。上述自用物品可以向定居地主管海关或者口岸海关申报，除《定居旅客应税自用及安家物品清单》（见附件 2）所列物品需征税外，经海关审核在合理数量范围内的准予免税进境。其中完税价格在人民币 1000 元以上，5000 元以下（含 5000 元）的物品每种限 1 件。自用小汽车和摩托车向定居地主管海关申报，每户准予征税进境各 1 辆。

第七条　定居旅客自进境之日起，居留时间不满二年，再次出境定居的，其免税携运进境的自用物品应复运出境，或依照相关规定向海关补缴进口税。

再次出境定居的旅客，在外居留不满二年，重新进境定居者，海关对其携运进境的自用物品均按本规定第三条办理。

第八条　进境长期工作、学习的中国籍非居民旅客，在取得长期居留证件之前，海关按照本规定验放其携运进境的行李物品；在取得长期居留证件之后，另按海关对非居民长期旅客和常驻机构进出境公、私用物品的规定办理。

第九条　对短期内多次来往香港、澳门地区的旅客和经常出入境人员以及边境地区居民，海关只放行其旅途必需物品。具体管理规定授权有关海关制定并报中华人民共和国海关总署批准后公布实施。

前款所述"短期内多次来往"和"经常出入境"指半个月（15 日）内进境超过 1 次。

第十条　除国家禁止和限制出境的物品另按有关规定办理外，中国籍旅客携运出境的行李物品，经海关审核在自用合理数量范围内的，准予出境。

以分离运输方式运出的行李物品，应由本人凭有效的出境证件，在本人出境前向所在地海关办理海关手续。

第十一条　中国籍旅客进出境行李物品，超出自用合理数量及规定的限量、限值或品种范围的，除另有规定者外，海关不予放行。除本人声明放弃外，应在三个月内由本人或其代理人向海关办理退运手续；逾期不办的，由海关按《中华人民共和国海关法》第五十一条规定处理。

第十二条　旅客进出境时应遵守本规定和中华人民共和国海关总署授权有关海关为实施本规定所公告的其他补充规定。违者，海关将依照《中华人民共和国海关法》和《中华人民共和国海关行政处罚实施条例》的有关规定处理。

第十三条　本规定由中华人民共和国海关总署负责解释。

第十四条　本规定自 1996 年 8 月 15 日起实施。

附件：1. 中国籍旅客带进物品限量表
　　　2. 定居旅客应税自用物品及安家物品清单

附件 1：

中国籍旅客带进物品限量表

类别	品种	限量
第一类物品	衣料、衣着、鞋、帽、工艺美术品和价值人民币 1000 元以下（含 1000 元）的其他生活用品	自用合理数量范围内免税，其中价值人民币 800 元以上，1000 元以下的物品每种限一件
第二类物品	烟草制品酒精饮料	（1）香港、澳门地区居民及因私往来香港、澳门地区的内地居民，免税香烟 200 支，或雪茄 50 支，或烟丝 250 克；免税 12 度以上酒精饮料限 1 瓶（0.75 升以下） （2）其他旅客，免税香烟 400 支，或雪茄 100 支，或烟丝 500 克；免税 12 度以上酒精饮料限 2 瓶（1.5 升以下）

续表

类别	品种	限量
第三类物品	价值人民币 1000 元以上，5000 元以下（含 5000 元）的生活用品	（1）驻境外的外交机构人员、我出国留学人员和访问学者、赴外劳务人员和援外人员，连续在外每满 180 天（其中留学人员和访问学者物品验放时间从注册入学之日起算至毕业结业之日止），远洋船员在外每满 120 天任选其中 1 件免税 （2）其他旅客每公历年度内进境可任选其中 1 件征税

（中华人民共和国海关总署 1996 年 8 月 15 日修订）

注：
1. 本表所称进境物品价值以海关审定的完税价格为准；
2. 超出本表所列最高限值的物品，另按有关规定办理；
3. 根据规定可免税带进的第三类物品，同一品种物品公历年度内不得重复；
4. 对不满 16 周岁者，海关只放行其旅途需用的第一类物品；
5. 本表不适用于短期内多次来往香港、澳门地区旅客和经常进出境人员以及边境地区居民。

附件 2：

定居旅客应税自用物品及安家物品清单

1. 电视机
2. 摄像机
3. 录像机
4. 放像机
5. 音响设备
6. 空调器
7. 电冰箱、电冰柜
8. 洗衣机
9. 照相机
10. 传真机
11. 打印机及文字处理机
12. 微型计算机及外设
13. 电话机
14. 家具

15. 灯具
16. 餐料（含饮料、酒）
17. 小汽车
18. 摩托车

中华人民共和国海关总署公告 2010 年第 54 号（关于进境旅客所携行李物品验放标准有关事宜）

总署公告〔2010〕54 号

　　为进一步增强海关执法透明度，方便旅客进出境，明确进境旅客行李物品征免税规定，规范和统一海关验放标准，现就有关事项公告如下：

　　一、进境居民旅客携带在境外获取的个人自用进境物品，总值在 5000 元人民币以内（含 5000 元）的；非居民旅客携带拟留在中国境内的个人自用进境物品，总值在 2000 元人民币以内（含 2000 元）的，海关予以免税放行，单一品种限自用、合理数量，但烟草制品、酒精制品以及国家规定应当征税的 20 种商品等另按有关规定办理。

　　二、进境居民旅客携带超出 5000 元人民币的个人自用进境物品，经海关审核确属自用的；进境非居民旅客携带拟留在中国境内的个人自用进境物品，超出人民币 2000 元的，海关仅对超出部分的个人自用进境物品征税，对不可分割的单件物品，全额征税。

　　三、有关短期内多次来往旅客行李物品征免税规定、验放标准等事项另行规定。

　　特此公告

2010 年 8 月 19 日

中华人民共和国海关总署公告 2010 年第 43 号（关于调整进出境个人邮递物品管理措施有关事宜）

总署公告〔2010〕43 号

为进一步规范对进出境个人邮递物品的监管，照顾收件人、寄件人合理需要，现就有关事项公告如下：

一、个人邮寄进境物品，海关依法征收进口税，但应征进口税税额在人民币 50 元（含 50 元）以下的，海关予以免征。

二、个人寄自或寄往港、澳、台地区的物品，每次限值为 800 元人民币；寄自或寄往其他国家和地区的物品，每次限值为 1000 元人民币。

三、个人邮寄进出境物品超出规定限值的，应办理退运手续或者按照货物规定办理通关手续。但邮包内仅有一件物品且不可分割的，虽超出规定限值，经海关审核确属个人自用的，可以按照个人物品规定办理通关手续。

四、邮运进出口的商业性邮件，应按照货物规定办理通关手续。

五、本公告内容自 2010 年 9 月 1 日起实行。原《海关总署关于调整进出境邮件中个人物品的限值和免税额的通知》（署监〔1994〕774 号）同时废止。

特此公告。

2010 年 7 月 2 日

中华人民共和国海关总署令
第 174 号

　　《中华人民共和国海关对外国驻中国使馆和使馆人员进出境物品监管办法》已于 2008 年 3 月 10 日经海关总署署务会议审议通过，现予公布，自 2008 年 10 月 1 日起施行。1986 年 12 月 1 日海关总署发布的《外国驻中国使馆和使馆人员进出境物品报关办法》同时废止。

署　长
2008 年 6 月 5 日

中华人民共和国海关对外国驻中国使馆
和使馆人员进出境物品监管办法

第一章　总　　则

　　第一条　为了规范海关对外国驻中国使馆（以下简称使馆）和使馆人员进出境公务用品和自用物品（以下简称公用、自用物品）的监管，根据《中华人民共和国海关法》（以下简称《海关法》）、《中华人民共和国外交特权与豁免条例》和《中华人民共和国海关总署关于外国驻中国使馆和使馆人员进出境物品的规定》制定本办法。

　　第二条　使馆和使馆人员进出境公用、自用物品适用本办法。

　　第三条　使馆和使馆人员进出境公用、自用物品应当以海关核准的直接需用数量为限。

　　第四条　使馆和使馆人员因特殊需要携运中国政府禁止或者限制进出境物品进出境的，应当事先得到中国政府有关主管部门的批准，并按照有关规定办理。

　　第五条　使馆和使馆人员首次进出境公用、自用物品前，应当持下列资料到主管海关办理备案手续：

　　（一）中国政府主管部门出具的证明使馆设立的文件原件及其复印件；

　　（二）用于报关文件的使馆馆印印模、馆长或者馆长授权的外交代表的签字样本一式五份；

（三）外交邮袋的加封封志实物和外交信使证明书样本一式五份。

使馆如从主管海关关区以外发送或者接收外交邮袋，还应当向主管海关提出申请，并提供外交邮袋的加封封志实物和外交信使证明书样本，由主管海关制作关封，交由使馆人员向进出境地海关备案。

（四）使馆人员和与其共同生活的配偶及未成年子女的进出境有效证件、中国政府主管部门核发的身份证件原件及其复印件，以及使馆出具的证明上述人员职衔、到任时间、住址等情况的文件原件及其复印件。

以上备案内容如有变更，使馆或者使馆人员应当自变更之日起 10 个工作日内向海关办理备案变更手续。

第六条 使馆和使馆人员进出境公用、自用物品，应当按照海关规定以书面或者口头方式申报。其中以书面方式申报的，还应当向海关报送电子数据。

第七条 外交代表携运进出境自用物品，海关予以免验放行。海关有重大理由推定其中装有本办法规定免税范围以外的物品、中国政府禁止进出境或者检疫法规规定管制的物品的，有权查验。海关查验时，外交代表或者其授权人员应当在场。

第八条 有下列情形之一的，使馆和使馆人员的有关物品不准进出境：

（一）携运进境的物品超出海关核准的直接需用数量范围的；

（二）未依照本办法第五条、第六条的规定向海关办理有关备案、申报手续的；

（三）未经海关批准，擅自将已免税进境的物品进行转让、出售等处置后，再次申请进境同类物品的；

（四）携运中国政府禁止或者限制进出境物品进出境，应当提交有关许可证件而不能提供的；

（五）违反海关关于使馆和使馆人员进出境物品管理规定的其他情形。

使馆和使馆人员应当在海关禁止进出境之日起 3 个月内向海关办理相关物品的退运手续。逾期未退运的，由海关依照《海关法》第三十条规定处理。

第九条 使馆和使馆人员免税运进的公用、自用物品，未经主管海关批准，不得进行转让、出售等处置。经批准进行转让、出售等处置的物品，应当按照规定向海关办理纳税或者免税手续。

使馆和使馆人员转让、出售按照本办法第十条、第十一条规定免税进境的机动车辆以及接受转让的机动车辆的，按照本办法第五章有关规定办理。

第二章　进境物品监管

第十条 使馆运进（含在境内外交人员免税店购买以及依法接受转让）烟草制品、酒精饮料和机动车辆等公用物品，海关在规定数量范围内（见附件 1）予以免税。

第十一条 外交代表运进（含在境内外交人员免税店购买以及依法接受转让）烟草制品、酒精饮料和机动车辆等自用物品，海关在规定数量范围内（见附件 2）予以免税。

第十二条　使馆行政技术人员和服务人员，如果不是中国公民并且不在中国永久居留的，其到任后 6 个月内运进的安家物品，经主管海关审核在直接需用数量范围内的（其中自用小汽车每户限 1 辆），海关予以免税验放。超出规定时限运进的物品，经海关核准仍属自用的，按照《中华人民共和国海关对非居民长期旅客进出境自用物品监管办法》的规定办理。

第十三条　使馆和使馆人员运进公用、自用物品，应当填写《中华人民共和国海关外交公/自用物品进出境申报单》（以下简称《申报单》，见附件 3），向主管海关提出申请，并附提（运）单、发票、装箱单、身份证件复印件等有关单证材料。其中，运进机动车辆的，还应当递交使馆照会。

使馆运进由使馆主办或者参与的非商业性活动所需物品，应当递交使馆照会，并就物品的所有权、活动地点、日期、活动范围、活动的组织者和参加人、物品的最后处理向海关作出书面说明。活动在使馆以外场所举办的，还应当提供与主办地签订的合同副本。

海关应当自接受申报之日起 10 个工作日内作出是否准予进境的决定。

第十四条　经海关批准进境的物品，使馆和使馆人员可以委托报关企业到主管海关办理海关手续。

进境地不在主管海关关区的，使馆和使馆人员应当委托报关企业办理海关手续。受委托的报关企业应当按照海关对转关运输货物的规定，将有关物品转至主管海关办理海关手续。

第十五条　外交代表随身携带（含附载于同一运输工具上的）自用物品进境时，应当向海关口头申报，但外交代表每次随身携带进境的香烟超过 400 支、雪茄超过 100 支、烟丝超过 500 克、酒精含量 12 度及以上的酒精饮料超过 2 瓶（每瓶限 750 毫升）的，应当按照本办法第十三条的规定向海关提出书面申请，有关物品数量计入本办法第十一条规定的限额内。

第十六条　使馆和使馆人员进境机动车辆，应当自海关放行之日起 10 个工作日内，向海关申领《中华人民共和国海关监管车辆进/出境领/销牌照通知书》（以下简称《领/销牌照通知书》，见附件 4），办理机动车辆牌照申领手续。

第三章　出境物品监管

第十七条　使馆和使馆人员运出公用、自用物品，应当填写《申报单》，并附提（运）单、发票、装箱单、身份证件复印件等有关单证材料，向主管海关提出申请。其中，运出机动车辆的，还应当递交使馆照会。

主管海关应当自接受申请之日起 10 个工作日内作出是否准予出境的决定。

第十八条　经海关批准出境的物品，使馆和使馆人员应当委托报关企业在出境地海关办理海关手续，如出境地不在主管海关关区，受委托企业应当按照海关对转关运输货物的规定，将有关物品转至出境地海关办理海关手续。

第十九条　外交代表随身携带（含附载于同一运输工具的）自用物品出境时，应当向海关口头申报。

第二十条　使馆和使馆人员申请将原进境机动车辆复运出境的，应当经主管海关审核批准。使馆和使馆人员凭海关开具的《领/销牌照通知书》向公安交通管理部门办理注销牌照手续。主管海关凭使馆和使馆人员交来的《领/销牌照通知书》回执联，办理结案手续。

拥有免税进境机动车辆的使馆人员因离任回国办理自用物品出境手续的，应当首先向主管海关办结自用车辆结案手续。

第四章　外交邮袋监管

第二十一条　使馆发送或者接收的外交邮袋，应当以装载外交文件或者公务用品为限，并符合中国政府关于外交邮袋重量、体积等的相关规定，同时施加使馆已在海关备案的封志。

第二十二条　外交信使携带（含附载于同一运输工具的）外交邮袋进出境时，必须持有派遣国主管机关出具的载明其身份和所携外交邮袋件数的信使证明书。海关验核信使证明书无误后予以免验放行。

第二十三条　外交邮袋由商业飞机机长转递时，机长必须持有委托国的官方证明文件，注明所携带的外交邮袋的件数。使馆应当派使馆人员向机长交接外交邮袋。海关验核外交邮袋和使馆人员身份证件无误后予以免验放行。

第二十四条　使馆以本办法第二十二条、第二十三条规定以外的其他方式进出境外交邮袋的，应当将外交邮袋存入海关监管仓库，并由使馆人员提取或者发运。海关验核使馆人员身份证件无误后予以免验放行。

第五章　机动车辆后续监管

第二十五条　使馆和使馆人员按照本办法第十条、第十一条规定免税进境的机动车辆以及接受转让的机动车辆属于海关监管车辆，主管海关对其实施后续监管。公用机动车辆的监管年限为自海关放行之日起 6 年，自用进境机动车辆的监管年限为自海关放行之日起 3 年。

未经海关批准，上述机动车辆在海关监管年限内不得进行转让、出售。

第二十六条　除使馆人员提前离任外，使馆和使馆人员免税进境的机动车辆，自海关放行之日起 2 年内不准转让或者出售。

根据前款规定可以转让或者出售的免税进境机动车辆，在转让或者出售时，应当向主管海关提出申请，经批准后方可按规定转让给其他国家驻中国使馆和使馆人员、常驻机构和常驻人员或者海关批准的特许经营单位。其中需要征税的，应当由受让方向海关办理补税手续。受让方为其他国家驻中国使馆和使馆人员的，其机动车辆进境指标相应扣减。

机动车辆受让方同样享有免税运进机动车辆权利的，受让机动车辆予以免税。受让方主管海关在该机动车辆的剩余监管年限内实施后续监管。

第二十七条　使馆和使馆人员免税进境的机动车辆海关监管期限届满后，可以向海关申请解除监管。

申请解除监管时，应当出具照会，并持《中华人民共和国海关公/自用车辆解除监管申请表》（见附件5）、《机动车辆行驶证》向主管海关申请办理解除监管手续。

主管海关核准后，使馆和使馆人员凭海关开具的《中华人民共和国海关监管车辆解除监管证明书》（以下简称《解除监管证明书》，见附件6）向公安交通管理部门办理有关手续。

第二十八条 免税进境的机动车辆在监管期限内因事故、不可抗力遭受严重损毁；或者因损耗、超过使用年限等原因丧失使用价值的，使馆和使馆人员可以向主管海关申请报废车辆。海关审核同意后，开具《领/销牌照通知书》和《解除监管证明书》，使馆和使馆人员凭此向公安交通管理部门办理机动车辆注销手续，并持《领/销牌照通知书》回执到主管海关办理机动车辆结案手续。

第二十九条 免税进境的机动车辆有下列情形的，使馆和使馆人员可以按照相同数量重新申请进境机动车辆：

（一）按照本办法第二十六条规定被依法转让、出售，并且已办理相关手续的；

（二）因事故、不可抗力原因遭受严重损毁；或者因损耗、超过使用年限等原因丧失使用价值，已办理结案手续的。

第六章 附 则

第三十条 本办法下列用语的含义：

公务用品，是指使馆执行职务直接需用的进出境物品，包括：

（一）使馆使用的办公用品、办公设备、车辆；

（二）使馆主办或者参与的非商业性活动所需物品；

（三）使馆使用的维修工具、设备；

（四）使馆的固定资产，包括建筑装修材料、家具、家用电器、装饰品等；

（五）使馆用于免费散发的印刷品（广告宣传品除外）；

（六）使馆使用的招待用品、礼品等。

自用物品，是指使馆人员和与其共同生活的配偶及未成年子女在中国居留期间生活必需用品，包括自用机动车辆（限摩托车、小轿车、越野车、9座以下的小客车）。

直接需用数量，是指经海关审核，使馆为执行职务需要使用的数量，以及使馆人员和与其共同生活的配偶及未成年子女在中国居留期间仅供使馆人员和与其共同生活的配偶及未成年子女自身使用的数量。

主管海关，是指使馆所在地的直属海关。

第三十一条 外国驻中国领事馆、联合国及其专门机构和其他国际组织驻中国代表机构及其人员进出境公用、自用物品，由海关按照《中华人民共和国领事特权与豁免条例》、中国已加入的国际公约以及中国与有关国家或者国际组织签订的协议办理。有关法规、公约、协议不明确的，海关参照本办法有关条款办理。

第三十二条 外国政府给予中国驻该国的使馆和使馆人员进出境物品的优惠

和便利，低于中国政府给予该国驻中国的使馆和使馆人员进出境物品的优惠和便利的，中国海关可以根据对等原则，给予该国驻中国使馆和使馆人员进出境物品相应的待遇。

第三十三条 本办法由海关总署负责解释。

第三十四条 本办法自 2008 年 10 月 1 日起施行。1986 年 12 月 1 日海关总署发布的《外国驻中国使馆和使馆人员进出境物品报关办法》同时废止。

附件：1. 使馆公用烟酒及机动车辆限量表（略）

2. 外交代表自用烟酒及机动车辆限量表（略）

3. 中华人民共和国海关外交公／自用物品进出境申报单（略）

4. 中华人民共和国海关监管车辆进／出境领／销牌照通知书（略）

5. 中华人民共和国海关公／自用车辆解除监管申请表（略）

6. 中华人民共和国海关监管车辆解除监管证明书（略）

中华人民共和国海关总署令
2006 年第 154 号

《中华人民共和国海关对高层次留学人才回国和海外科技专家来华工作进出境物品管理办法》已于 2006 年 12 月 21 日经署务会议审议通过，现予公布，自 2007 年 1 月 1 日起施行。

署长　牟新生
2006 年 12 月 26 日

中华人民共和国海关对高层次留学人才回国和海外科技专家来华工作进出境物品管理办法

第一条　为了鼓励高层次留学人才回国和海外科技专家来华工作，推动国家科学、技术进步，根据《中华人民共和国海关法》和国家有关法律、行政法规及其他有关规定，制定本办法。

第二条　由人事部、教育部或者其授权部门认定的高层次留学人才和海外科技专家（以下统称高层次人才），以随身携带、分离运输、邮递、快递等方式进出境科研、教学和自用物品，适用本办法。

第三条　回国定居或者来华工作连续 1 年以上（含 1 年，下同）的高层次人才进境本办法所附清单（见附件 1）范围内合理数量的科研、教学物品，海关依据有关规定予以免税验放。

第四条　回国定居或者来华工作连续 1 年以上的高层次人才进境本办法所附清单（见附件 2）范围内合理数量的自用物品，海关依据有关规定予以免税验放。

上述人员可以依据有关规定申请从境外运进自用机动车辆 1 辆（限小轿车、越野车、9 座及以下的小客车），海关依据有关规定予以征税验放。

第五条　高层次人才进境本办法第三条、第四条所列物品，除应当向海关提交人事部、教育部或者其授权部门出具的高层次人才身份证明外，还应当按照下列规定办理海关手续：

（一）以随身携带、分离运输方式进境科研、教学物品的，应当如实向海关书面申报，并提交本人有效入出境身份证件；

（二）以邮递、快递方式进境科研、教学用品的，应当如实向海关申报，并提交本人有效入出境身份证件；

（三）回国定居或者来华工作连续 1 年以上的高层次人才进境自用物品的，应当填写《中华人民共和国海关进出境自用物品申请表》，并提交本人有效入出境身份证件、境内长期居留证件或者《回国（来华）定居专家证》，由本人或者委托他人向主管海关提出书面申请。

经主管海关审核批准后，进境地海关凭主管海关的审批单证和其他相关单证对上述物品予以验放。

第六条 高层次人才回国、来华后，因工作需要从境外运进少量消耗性的试剂、原料、配件等，应当由其所在单位按照《科学研究和教学用品免征进口税收暂行规定》办理有关手续。

上述人员因工作需要从境外临时运进少量非消耗性科研、教学物品的，可以由其所在单位向海关出具保函，海关按照暂时进境物品办理有关手续，并监管其按期复运出境。

第七条 已获人事部、教育部或者其授权部门批准回国定居或者来华工作连续 1 年以上，但尚未取得境内长期居留证件或者《回国（来华）定居专家证》的高层次人才，对其已经运抵口岸的自用物品，海关可以凭人事部、教育部或者其授权部门出具的书面说明文件先予放行。

上述高层次人才应当在物品进境之日起 6 个月内补办有关海关手续。

第八条 高层次人才依据有关规定从境外运进的自用机动车辆，属于海关监管车辆，依法接受海关监管。

自海关放行之日起 1 年后，高层次人才可以向主管海关申请解除监管。

对高层次人才进境自用机动车辆的其他监管事项，按照《中华人民共和国海关对非居民长期旅客进出境自用物品监管办法》有关规定办理。

第九条 高层次人才在华工作完毕返回境外时，以随身携带、分离运输、邮递、快递等方式出境原进境物品的，应当按照规定办理相关海关手续。

第十条 高层次人才因出境参加各种学术交流等活动需要，以随身携带、分离运输、邮递、快递等方式出境合理数量的科研、教学物品，除国家禁止出境的物品外，海关按照暂时出境物品办理有关手续。

第十一条 高层次人才进出境时，海关给予通关便利。对其随身携带的进出境物品，除特殊情况外，海关可以不予开箱查验。

海关在办理高层次人才进出境物品审批、验放等手续时，应当由指定的专门机构和专人及时办理。对在节假日或者非正常工作时间内以分离运输、邮递或者快递方式进出境的物品，有特殊情况需要及时验放的，海关可以预约加班，在约定的时间内为其办理物品通关手续。

第十二条 违反本办法，构成走私或者违反海关监管规定行为的，由海关依照《中华人民共和国海关法》和《中华人民共和国海关行政处罚实施条例》的有关规定予以处理；构成犯罪的，依法追究刑事责任。

第十三条　本办法由海关总署负责解释。

第十四条　本办法自 2007 年 1 月 1 日起施行。

附件：1. 免税科研、教学物品清单

　　　　2. 免税自用物品清单

附件 1：

免税科研、教学物品清单

一、科学研究、科学试验和教学用的少量的小型检测、分析、测量、检查、计量、观测、发生信号的仪器、仪表及其附件；

二、为科学研究和教学提供必要条件的少量的小型实验设备；

三、各种载体形式的图书、报刊、讲稿、计算机软件；

四、标本、模型；

五、教学用幻灯片；

六、实验用材料。

附件 2：

免税自用物品清单

一、首次进境的个人生活、工作自用的家用摄像机、照相机、便携式收录机、便携式激光唱机、便携式计算机每种 1 件；

二、日常生活用品（衣物、床上用品、厨房用品等）；

三、其他自用物品（国家规定应当征税的 20 种商品除外）。

六、税收管理

财政部 海关总署 国家税务总局 关于印发《关于进口货物进口 环节海关代征税税收政策 问题的规定》的通知

财关税〔2004〕7号

各省、自治区、直辖市、计划单列市财政厅（局）、国家税务局，海关广东分署，海关总署驻天津、上海特派办，各直属海关：

《关于进口货物进口环节海关代征税税收政策问题的规定》已经国务院批准。现印发给你们，请遵照执行。

附件：关于进口货物进口环节海关代征税税收政策问题的规定

财政部 海关总署 国家税务总局

2004 年 3 月 16 日

附件：

关于进口货物进口环节海关代征税税收政策问题的规定

一、经海关批准暂时进境的下列货物，在进境时纳税义务人向海关缴纳相当于应纳税款的保证金或者提供他担保的，可以不缴纳进口环节增值税和消费税，并应当自进境之日起 6 个月内复运出境；经纳税义务人申请，海关可以根据海关总署的规定延长复运出境的期限：

（一）在展览会、交易会、会议及类似活动中展示或者使用的货物；

（二）文化、体育交流活动中使用的表演、比赛用品；

（三）进行新闻报道或者摄制电影、电视节目使用的仪器、设备及用品；

（四）开展科研、教学、医疗活动使用的仪器、设备及用品；

（五）在本款第（一）项至第（四）项所列活动中使用的交通工具及特种车辆；

（六）货样；

（七）供安装、调试、检测设备时使用的仪器、工具；

（八）盛装货物的容器；

（九）其他用于非商业目的的货物。

上述所列暂准进境货物在规定的期限内未复运出境的，海关应当依法征收进口环节增值税和消费税。

上述所列可以暂时免征进口环节增值税和消费税范围以外的其他暂准进境货物，应当按照该货物的组成计税价格和其在境内滞留时间与折旧时间的比例分别计算征收进口环节增值税和消费税。

二、因残损、短少、品质不良或者规格不符原因，由进口货物的发货人、承运人或者保险公司免费补偿或者更换的相同货物，进口时不征收进口环节增值税和消费税。被免费更换的原进口货物不退运出境的，海关应当对原进口货物重新按照规定征收进口环节增值税和消费税。

三、进口环节增值税税额在人民币 50 元以下的一票货物，免征进口环节增值税；消费税税额在人民币 50 元以下的一票货物，免征进口环节消费税。

四、无商业价值的广告品和货样免征进口环节增值税和消费税。

五、外国政府、国际组织无偿赠送的物资免征进口环节增值税和消费税。

六、在海关放行前损失的进口货物免征进口环节增值税和消费税；在海关放行前遭受损坏的货物，可以按海关认定的进口货物受损后的实际价值确定进口环节增值税和消费税组成计税价格公式中的关税完税价格和关税，并依法计征进口环节增值税和消费税。

七、进境运输工具装载的途中必需的燃料、物料和饮食用品免征进口环节增值税和消费税。

八、有关法律、行政法规规定进口货物减征或者免征进口环节海关代征税的，海关按照规定执行。

九、本规定自 2004 年 1 月 1 日起施行。

国务院关税税则委员会关于《中华人民共和国进出口关税条例》解释权限问题的通知

税委会〔2004〕10号

海关总署，商务部，国家发展改革委，国防科工委，国土资源部，信息产业部，农业部，国家税务总局，国务院法制办：

国务院关税税则委员会（以下称税委会）关于《中华人民共和国进出口关税条例》中《中华人民共和国进出口税则》等问题解释权限的请示已经国务院批准，根据国务院办公厅的复函，现将有关问题通知如下：

一、《中华人民共和国进出口税则》中下列事项的解释由税委会报请国务院批准后执行：

（一）年度关税实施方案中对税目、税号、税率调整需要解释的事项；

（二）世界海关组织对《商品名称及编码协调制度》进行改版时，我国税则税目的转换文本；

（三）与国家安全、外交事务以及国家重大产业政策执行密切相关的税则归类、税率适用事项；

（四）经税委会审议后认为应报国务院批准的其他事项。

二、《中华人民共和国进出口税则》中除上述第一条规定以外事项的解释以及《中华人民共和国进境物品进口税税率表》的解释，由税委会负责；对海关工作中出现的执法问题，由海关总署作出具体工作解释。

三、税委会对上述第二条中有关事项作出解释时，税委会有关成员间应当加强协商；对海关总署作出的具体工作解释，其他税委会成员有不同意见的，海关总署应当同其他成员进行协商，必要时，提请税委会或者国务院作出解释。

特此通知。

国务院关税税则委员会

2004年7月5日

财政部关于贸易救济措施应税产品停止执行进口减免税政策的通知

财关税〔2009〕23 号

海关总署：

经国务院批准，在国务院关税税则委员会对从境外进口的特定产品作出贸易救济措施征税决定后，所有此类产品从贸易救济措施征税之日起停止执行进口减免税政策，由海关按规定恢复征收进口税。

本通知自 2009 年 5 月 1 日起执行。

财政部

2009 年 4 月 8 日

财政部 国家税务总局关于规范船舶进口有关税收政策问题的通知

财关税〔2014〕5号

海关总署：

近期，一些地方、部门在未经国务院批准同意的情况下通过保税港区对进口船舶实施保税登记。为维护税收政策的权威性和严肃性，增强航运业政策与船舶工业政策之间的协调性，现就规范船舶进口的有关税收政策问题通知如下：

保税港区等海关特殊监管区域的进口保税政策不适用于并不能实际入区的进境船舶。为规范政策，避免对国内船舶工业的发展造成冲击，除符合条件可享受中资"方便旗"船回国登记进口税收政策的船舶外，其他在保税港区等海关特殊监管区域登记的进境船舶，应按进口货物的有关规定办理报关手续，统一执行现行船舶进口的税收政策，照章缴纳进口关税和进口环节增值税。

财政部 国家税务总局

2014 年 1 月 28 日

财政部 海关总署 税务总局
关于不再执行 20 种商品停止
减免税规定的公告

财政部 海关总署 税务总局公告 2020 年第 36 号

经国务院同意,自公告之日起,不再执行《国务院批转关税税则委员会、财政部、国家税务总局关于第二步清理关税和进口环节税减免规定意见的通知》(国发〔1994〕64 号)中关于 20 种商品"无论任何贸易方式、任何地区、企业、单位和个人进口,一律停止减免税"的规定。

20 种商品包括电视机、摄像机、录像机、放像机、音响设备、空调器、电冰箱和电冰柜、洗衣机、照相机、复印机、程控电话交换机、微型计算机及外设、电话机、无线寻呼系统、传真机、电子计算器、打字机及文字处理机、家具、灯具、餐料(指调味品、肉禽蛋菜、水产品、水果、饮料、酒、乳制品)。

自公告之日起,现行相关政策规定与本公告内容不符的,以本公告为准。

财政部 海关总署 税务总局

2020 年 8 月 5 日

七、对美加征关税

国务院关税税则委员会对原产于美国的部分进口商品中止关税减让义务的通知

税委会〔2018〕13 号

海关总署：

为维护我国利益，平衡因美国对进口钢铁和铝产品加征关税（即 232 措施）给我国利益造成的损失，国务院关税税则委员会决定对原产于美国的部分进口商品中止关税减让义务。现将有关问题通知如下：

一、对原产于美国的水果及制品等 120 项进口商品中止关税减让义务，在现行适用关税税率基础上加征关税，加征关税税率为 15%。

二、对原产于美国的猪肉及制品等 8 项进口商品中止关税减让义务，在现行适用关税税率基础上加征关税，加征关税税率为 25%。

三、现行保税、减免税政策不变。

四、加征关税后，有关计算公式：

$$关税 = 关税完税价格 \times （现行适用关税税率 + 加征关税税率）$$
$$进口环节消费税 = 进口环节消费税计税价格 \times 进口环节消费税税率$$
$$进口环节消费税计税价格 = （关税完税价格 + 关税）/（1 - 进口环节消费税税率）$$
$$进口环节增值税 = 进口环节增值税计税价格 \times 进口环节增值税税率$$
$$进口环节增值税计税价格 = 关税完税价格 + 关税 + 进口环节消费税$$

五、本通知自 2018 年 4 月 2 日起实施。

特此通知。

附件：对美中止关税减让义务商品清单及加征关税税率（略）

国务院关税税则委员会

2018 年 4 月 1 日

国务院关税税则委员会关于对原产于美国的部分进口商品加征关税的公告

税委会公告〔2018〕1号

2018年4月4日，美国政府发布了加征关税的商品清单，将对我输美的1333项500亿美元的商品加征25%的关税。美方这一措施违反了世界贸易组织规则，严重侵犯我国合法权益，威胁我国家发展利益。

根据我方在世界贸易组织项下的权利和义务，以及《中华人民共和国对外贸易法》和《中华人民共和国进出口关税条例》相关规定，经国务院批准，国务院关税税则委员会决定对原产于美国的大豆、汽车、化工品等14类106项商品加征25%的关税。有关事项如下：

一、加征关税的商品为大豆、汽车、化工品等14类106项商品。征税范围详见附表。

二、对原产于美国的附表所列进口商品，在现行征税方式、适用关税税率基础上加征25%的关税，现行保税、减免税政策不变（本次加征的关税不予减免）。

三、加征关税后有关进口税收计算公式：

关税 = 关税完税价格 ×（现行适用关税税率 + 加征关税税率）

从价定率商品进口环节消费税 = 进口环节消费税计税价格 × 消费税比例税率

复合计税商品进口环节消费税 = 进口环节消费税计税价格 × 消费税比例税率 + 进口数量 × 消费税定额税率

从价定率商品进口环节消费税计税价格 =（关税完税价格 + 关税）÷（1 – 消费税比例税率）

复合计税商品进口环节消费税计税价格 =（关税完税价格 + 关税 + 进口数量 × 消费税定额税率）÷（1 – 消费税比例税率）

进口环节增值税 = 进口环节增值税计税价格 × 进口环节增值税税率

进口环节增值税计税价格 = 关税完税价格 + 关税 + 进口环节消费税

四、实施时间另行公告。

附表：对美加征关税商品清单（略）

国务院关税税则委员会

2018年4月4日

国务院关税税则委员会关于对原产于美国 500 亿美元进口商品加征关税的公告

税委会公告〔2018〕5 号

2018 年 6 月 15 日，美国政府发布了加征关税的商品清单，将对从中国进口的约 500 亿美元商品加征 25% 的关税，其中对约 340 亿美元商品自 2018 年 7 月 6 日起实施加征关税，同时就约 160 亿美元商品加征关税开始征求公众意见。美方这一措施违反了世界贸易组织相关规则，有悖于中美双方磋商已达成的共识，严重侵犯我方的合法权益，威胁我国国家和人民的利益。

根据《中华人民共和国对外贸易法》《中华人民共和国进出口关税条例》等法律法规和国际法基本原则，国务院关税税则委员会决定对原产于美国的 659 项约 500 亿美元进口商品加征 25% 的关税，其中 545 项约 340 亿美元商品自 2018 年 7 月 6 日起实施加征关税，对其余商品加征关税的实施时间另行公布。有关事项如下：

一、对农产品、汽车、水产品等 545 项商品，自 2018 年 7 月 6 日起实施加征关税，具体商品范围见附表 1。

二、对化工品、医疗设备、能源产品等 114 项商品，加征关税实施时间另行公告，具体商品范围见附表 2。

三、对原产于美国的附表 1 和 2 所列进口商品，在现行征税方式、适用关税税率基础上加征 25% 的关税，现行保税、减免税政策不变，此次加征的关税不予减免。

四、加征关税后有关进口税收计算公式：

关税 = 按现行适用税率计算的应纳关税税额 + 关税完税价格 × 加征关税税率

从价定率商品进口环节消费税 = 进口环节消费税计税价格 × 消费税比例税率

从量定额商品进口环节消费税 = 进口数量 × 消费税定额税率

复合计税商品进口环节消费税 = 进口环节消费税计税价格 × 消费税比例税率 + 进口数量 × 消费税定额税率

从价定率商品进口环节消费税计税价格 =（关税完税价格 + 关税）÷（1 – 消费税比例税率）

复合计税商品进口环节消费税计税价格 =（关税完税价格 + 关税 + 进口数量 × 消费税定额税率）÷（1 – 消费税比例税率）

进口环节增值税＝进口环节增值税计税价格×进口环节增值税税率

进口环节增值税计税价格＝关税完税价格＋关税＋进口环节消费税

附表：1. 对美加征关税商品清单一（略）
       2. 对美加征关税商品清单二（略）

国务院关税税则委员会

2018 年 6 月 16 日

国务院关税税则委员会关于对原产于美国的部分进口商品（第二批）加征关税的公告

税委会公告〔2018〕6号

2018年7月11日，美国政府发布了对从中国进口的约2000亿美元商品加征关税的措施，并就该措施征求公众意见。8月2日，美方宣布拟对上述2000亿美元商品加征的关税税率由10%提高到25%。美方措施背离双方多次磋商共识，导致中美双方贸易摩擦升级，严重违反世界贸易组织相关规则，损害我国国家利益和人民利益。

根据《中华人民共和国对外贸易法》《中华人民共和国进出口关税条例》等法律法规和国际法基本原则，国务院关税税则委员会决定对原产于美国的5207个税目进口商品加征关税。该措施涉及自美进口贸易额约600亿美元。有关事项如下：

一、对附件1所列2493个税目商品加征25%的关税，对附件2所列1078个税目商品加征20%的关税，对附件3所列974个税目商品加征10%的关税，对附件4所列662个税目商品加征5%的关税，具体商品范围分别见附件1至附件4。

二、对原产于美国的附件所列进口商品，在现行征税方式、适用关税税率基础上分别加征相应关税，现行保税、减免税政策不变，此次加征的关税不予减免。

三、相关进口税收的计征：

加征关税税额＝关税完税价格×加征关税税率

关税＝按现行适用税率计算的应纳关税税额＋加征关税税额

进口环节增值税、消费税按相关法律法规等规定计征。

四、实施日期另行公布。

附件：1. 对美加征25%关税商品清单（略）
2. 对美加征20%关税商品清单（略）
3. 对美加征10%关税商品清单（略）
4. 对美加征5%关税商品清单（略）

国务院关税税则委员会
2018年8月3日

国务院关税税则委员会关于对原产于美国约 160 亿美元进口商品加征关税的公告

税委会公告〔2018〕7 号

　　根据《国务院关税税则委员会关于对原产于美国 500 亿美元进口商品加征关税的公告》（税委会公告〔2018〕5 号），现将对美加征关税商品清单二有关调整事项公告如下：

　　一、对美加征关税商品清单二的商品，以本公告附件为准，自 2018 年 8 月 23 日 12 时 01 分起实施加征关税。

　　二、其他事项按照税委会公告〔2018〕5 号执行。

　　附件：对美加征关税商品清单二（略）

国务院关税税则委员会

2018 年 8 月 8 日

国务院关税税则委员会关于对原产于美国约 600 亿美元进口商品实施加征关税的公告

税委会公告〔2018〕8 号

根据《国务院关税税则委员会关于对原产于美国的部分进口商品（第二批）加征关税的公告》（税委会公告〔2018〕6 号），现将有关实施事项公告如下：

一、对税委会公告〔2018〕6 号所附对美加征关税商品清单的商品，自 2018 年 9 月 24 日 12 时 01 分起加征关税，对其附件 1 所列 2493 个税目商品、附件 2 所列 1078 个税目商品加征 10% 的关税，对其附件 3 所列 974 个税目商品、附件 4 所列 662 个税目商品加征 5% 的关税。

二、其他事项按照税委会公告〔2018〕6 号执行。

国务院关税税则委员会

2018 年 9 月 18 日

国务院关税税则委员会关于对原产于美国的汽车及零部件暂停加征关税的公告

税委会公告〔2018〕10 号

在二十国集团领导人布宜诺斯艾利斯峰会期间，习近平主席应邀同美国总统特朗普举行会晤，就中美经贸问题达成了重要共识。为落实两国元首共识，根据《中华人民共和国对外贸易法》《中华人民共和国进出口关税条例》等法律法规和国际法基本原则，国务院关税税则委员会决定对原产于美国的汽车及零部件暂停加征关税 3 个月，涉及 211 个税目。有关事项如下：

从 2019 年 1 月 1 日起至 2019 年 3 月 31 日，对附件 1 所列 28 个税目商品暂停征收《国务院关税税则委员会关于对原产于美国 500 亿美元进口商品加征关税的公告》（税委会公告〔2018〕5 号）所加征 25% 的关税；对附件 2 所列 116 个税目商品暂停征收《国务院关税税则委员会关于对原产于美国约 160 亿美元进口商品加征关税的公告》（税委会公告〔2018〕7 号）所加征 25% 的关税；对附件 3 所列 67 个税目商品暂停征收《国务院关税税则委员会关于对原产于美国约 600 亿美元进口商品实施加征关税的公告》（税委会公告〔2018〕8 号）所加征 5% 的关税，具体商品范围分别见附件 1 – 附件 3。

附件：1. 对美暂停加征 25% 关税商品清单一（略）
2. 对美暂停加征 25% 关税商品清单二（略）
3. 对美暂停加征 5% 关税商品清单（略）

国务院关税税则委员会
2018 年 12 月 14 日

国务院关税税则委员会关于对原产于美国的汽车及零部件继续暂停加征关税的公告

税委会公告〔2019〕1 号

为落实中美两国元首阿根廷会晤共识，继续为双方经贸磋商创造良好氛围，根据《中华人民共和国对外贸易法》、《中华人民共和国进出口关税条例》等法律法规，国务院关税税则委员会决定对原产于美国的汽车及零部件继续暂停加征关税。有关事项如下：

一、从 2019 年 4 月 1 日起，对《国务院关税税则委员会关于对原产于美国的汽车及零部件暂停加征关税的公告》（税委会公告〔2018〕10 号）附件 1 所列 28 个税目商品，继续暂停征收《国务院关税税则委员会关于对原产于美国 500 亿美元进口商品加征关税的公告》（税委会公告〔2018〕5 号）所加征 25% 的关税；对税委会公告〔2018〕10 号附件 2 所列 116 个税目商品，继续暂停征收《国务院关税税则委员会关于对原产于美国约 160 亿美元进口商品加征关税的公告》（税委会公告〔2018〕7 号）所加征 25% 的关税；对税委会公告〔2018〕10 号附件 3 所列 67 个税目商品，继续暂停征收《国务院关税税则委员会关于对原产于美国约 600 亿美元进口商品实施加征关税的公告》（税委会公告〔2018〕8 号）所加征 5% 的关税。

二、暂停加征关税措施截止时间另行通知。

国务院关税税则委员会
2019 年 3 月 31 日

国务院关税税则委员会关于试行
开展对美加征关税商品
排除工作的公告

税委会公告〔2019〕2 号

根据《中华人民共和国海关法》《中华人民共和国对外贸易法》《中华人民共和国进出口关税条例》等有关法律法规规定，国务院关税税则委员会决定，试行开展对美加征关税商品排除工作，根据我国利益相关方的申请，将部分符合条件的商品排除出对美加征关税范围，采取暂不加征关税、具备退还税款条件的退还已加征关税税款等排除措施。对美加征关税商品排除工作试行办法见附件。

附件：对美加征关税商品排除工作试行办法（略）

国务院关税税则委员会

2019 年 5 月 13 日

国务院关税税则委员会关于对原产于美国的部分进口商品提高加征关税税率的公告

税委会公告〔2019〕3 号

2019 年 5 月 9 日，美国政府宣布，自 2019 年 5 月 10 日起，对从中国进口的 2000 亿美元清单商品加征的关税税率由 10% 提高到 25%。美方上述措施导致中美经贸摩擦升级，违背中美双方关于通过磋商解决贸易分歧的共识，损害双方利益，不符合国际社会的普遍期待。

根据《中华人民共和国对外贸易法》《中华人民共和国进出口关税条例》等法律法规和国际法基本原则，国务院关税税则委员会决定，自 2019 年 6 月 1 日 0 时起，对原产于美国的部分进口商品提高加征关税税率。现将有关事项公告如下：

一、对《国务院关税税则委员会关于对原产于美国约 600 亿美元进口商品实施加征关税的公告》（税委会公告〔2018〕8 号）中部分商品，提高加征关税税率，按照《国务院关税税则委员会关于对原产于美国的部分进口商品（第二批）加征关税的公告》（税委会公告〔2018〕6 号）公告的税率实施。即：对附件 1 所列 2493 个税目商品，实施加征 25% 的关税；对附件 2 所列 1078 个税目商品，实施加征 20% 的关税；对附件 3 所列 974 个税目商品，实施加征 10% 的关税。对附件 4 所列 595 个税目商品，仍实施加征 5% 的关税。

二、其他事项按照税委会公告〔2018〕6 号执行。

附件：1. 对美实施加征 25% 关税商品清单（略）
2. 对美实施加征 20% 关税商品清单（略）
3. 对美实施加征 10% 关税商品清单（略）
4. 对美实施加征 5% 关税商品清单（略）

国务院关税税则委员会
2019 年 5 月 13 日

国务院关税税则委员会关于对原产于美国的部分进口商品（第三批）加征关税的公告

税委会公告〔2019〕4 号

2019 年 8 月 15 日，美国政府宣布，对从中国进口的约 3000 亿美元商品加征 10% 关税，分两批自 2019 年 9 月 1 日、12 月 15 日起实施。美方措施导致中美经贸摩擦持续升级，极大损害中国、美国以及其他各国利益，也严重威胁多边贸易体制和自由贸易原则。

根据《中华人民共和国海关法》《中华人民共和国对外贸易法》《中华人民共和国进出口关税条例》等法律法规和国际法基本原则，国务院关税税则委员会决定，对原产于美国的 5078 个税目、约 750 亿美元进口商品加征关税。有关事项如下：

一、自 2019 年 9 月 1 日 12 时 01 分起，对附件 1 第一部分所列 270 个税目商品加征 10% 的关税，对附件 1 第二部分所列 646 个税目商品加征 10% 的关税，对附件 1 第三部分所列 64 个税目商品加征 5% 的关税，对附件 1 第四部分所列 737 个税目商品加征 5% 的关税，具体商品范围见附件 1。

二、自 2019 年 12 月 15 日 12 时 01 分起，对附件 2 第一部分所列 749 个税目商品加征 10% 的关税，对附件 2 第二部分所列 163 个税目商品加征 10% 的关税，对附件 2 第三部分所列 634 个税目商品加征 5% 的关税，对附件 2 第四部分所列 1815 个税目商品加征 5% 的关税，具体商品范围见附件 2。

三、对原产于美国的附件所列进口商品，在现行适用关税税率基础上分别加征相应关税，现行保税、减免税政策不变，此次加征的关税不予减免。

四、相关进口税收的计征：

加征关税税额 = 关税完税价格 × 加征关税税率

关税 = 按现行适用税率计算的应纳关税税额 + 加征关税税额

进口环节增值税、消费税按相关法律法规等规定计征。

附件：1. 清单一（略）
　　　2. 清单二（略）

国务院关税税则委员会

2019 年 8 月 23 日

国务院关税税则委员会关于对原产于美国的汽车及零部件恢复加征关税的公告

税委会公告〔2019〕5 号

为落实中美两国元首阿根廷会晤共识，2018 年 12 月 14 日，国务院关税税则委员会发布公告，从 2019 年 1 月 1 日起，对原产于美国的汽车及零部件暂停加征关税 3 个月。2019 年 3 月 31 日，国务院关税税则委员会发布公告，从 2019 年 4 月 1 日起，继续对原产于美国的汽车及零部件暂停加征关税，暂停加征关税措施截止时间另行通知。

2019 年 5 月 9 日，美国政府宣布，自 2019 年 5 月 10 日起，对从中国进口的 2000 亿美元清单商品加征的关税税率由 10% 提高到 25%。2019 年 8 月 15 日，美国政府宣布，对从中国进口的约 3000 亿美元商品加征 10% 关税，分两批自 2019 年 9 月 1 日、12 月 15 日起实施。美方上述措施导致中美经贸摩擦持续升级，严重违背两国元首阿根廷会晤共识和大阪会晤共识。

根据《中华人民共和国海关法》《中华人民共和国对外贸易法》《中华人民共和国进出口关税条例》等法律法规和国际法基本原则，国务院关税税则委员会决定，自 2019 年 12 月 15 日 12 时 01 分起，对原产于美国的汽车及零部件恢复加征关税。现将有关事项公告如下：

对《国务院关税税则委员会关于对原产于美国的汽车及零部件暂停加征关税的公告》（税委会公告〔2018〕10 号）附件 1 所列 28 个税目商品，恢复征收《国务院关税税则委员会关于对原产于美国 500 亿美元进口商品加征关税的公告》（税委会公告〔2018〕5 号）所加征 25% 的关税；对税委会公告〔2018〕10 号附件 2 所列 116 个税目商品，恢复征收《国务院关税税则委员会关于对原产于美国约 160 亿美元进口商品加征关税的公告》（税委会公告〔2018〕7 号）所加征 25% 的关税；对税委会公告〔2018〕10 号附件 3 所列 67 个税目商品恢复征收《国务院关税税则委员会关于对原产于美国约 600 亿美元进口商品实施加征关税的公告》（税委会公告〔2018〕8 号）所加征 5% 的关税。

国务院关税税则委员会

2019 年 8 月 23 日

国务院关税税则委员会关于第一批对美加征关税商品第一次排除清单的公告

税委会公告〔2019〕6号

根据《国务院关税税则委员会关于试行开展对美加征关税商品排除工作的公告》（税委会公告〔2019〕2号），国务院关税税则委员会组织对申请主体提出的有效申请进行审核，并按程序决定，对第一批对美加征关税商品，第一次排除部分商品，分两个清单实施排除措施。有关事项公告如下：

对清单一所列商品，自2019年9月17日至2020年9月16日（一年），不再加征我为反制美301措施所加征的关税。对已加征的关税税款予以退还，相关进口企业应自排除清单公布之日起6个月内按规定向海关申请办理。

对清单二所列商品，自2019年9月17日至2020年9月16日（一年），不再加征我为反制美301措施所加征的关税。已加征的关税税款不予退还。

国务院关税税则委员会将继续开展对美加征关税商品排除工作，适时公布后续批次排除清单。

附件：1. 第一批对美加征关税商品第一次排除清单一（略）
2. 第一批对美加征关税商品第一次排除清单二（略）

国务院关税税则委员会
2019年9月11日

国务院关税税则委员会关于暂不实施对原产于美国的部分进口商品加征关税措施的公告

税委会公告〔2019〕7号

为落实中美双方近日关于经贸问题的磋商结果，根据《中华人民共和国海关法》《中华人民共和国对外贸易法》《中华人民共和国进出口关税条例》等法律法规和国际法基本原则，国务院关税税则委员会决定，暂不实施对原产于美国的部分进口商品的加征关税措施。有关事项如下：

一、自2019年12月15日12时01分起，对《国务院关税税则委员会关于对原产于美国的部分进口商品（第三批）加征关税的公告》（税委会公告〔2019〕4号）附件2商品暂不实施税委会公告〔2019〕4号所规定的加征关税措施。即：对税委会公告〔2019〕4号附件2第一部分所列749个税目商品、第二部分所列163个税目商品，暂不征收税委会公告〔2019〕4号所加征10%的关税；对附件2第三部分所列634个税目商品、第四部分所列1815个税目商品，暂不征收税委会公告〔2019〕4号所加征5%的关税。实施时间另行通知。

二、自2019年12月15日12时01分起，暂不实施《国务院关税税则委员会关于对原产于美国的汽车及零部件恢复加征关税的公告》（税委会公告〔2019〕5号）。即：自2019年12月15日12时01分起，对《国务院关税税则委员会关于对原产于美国的汽车及零部件暂停加征关税的公告》（税委会公告〔2018〕10号）附件1所列28个税目商品，继续暂停征收《国务院关税税则委员会关于对原产于美国500亿美元进口商品加征关税的公告》（税委会公告〔2018〕5号）所加征25%的关税；对税委会公告〔2018〕10号附件2所列116个税目商品，继续暂停征收《国务院关税税则委员会关于对原产于美国约160亿美元进口商品加征关税的公告》（税委会公告〔2018〕7号）所加征25%的关税；对税委会公告〔2018〕10号附件3所列67个税目商品，继续暂停征收《国务院关税税则委员会关于对原产于美国约600亿美元进口商品实施加征关税的公告》（税委会公告〔2018〕8号）所加征5%的关税。实施时间另行通知。

国务院关税税则委员会

2019年12月15日

国务院关税税则委员会关于第一批 对美加征关税商品第二次 排除清单的公告

税委会公告〔2019〕8 号

根据《国务院关税税则委员会关于试行开展对美加征关税商品排除工作的公告》（税委会公告〔2019〕2 号），国务院关税税则委员会组织对申请主体就第一批对美加征关税商品提出的有效申请完成了审核，决定排除其中部分商品，有关事项如下：

对附件清单所列商品，自 2019 年 12 月 26 日至 2020 年 12 月 25 日（一年），不再加征我为反制美 301 措施所加征的关税。已加征的关税税款不予退还。

附件：第一批对美加征关税商品第二次排除清单（略）

国务院关税税则委员会
2019 年 12 月 19 日

国务院关税税则委员会关于调整对原产于美国的部分进口商品加征关税措施的公告

税委会公告〔2020〕1号

为促进中美经贸关系健康稳定发展，根据《中华人民共和国海关法》、《中华人民共和国对外贸易法》、《中华人民共和国进出口关税条例》等法律法规和国际法基本原则，国务院关税税则委员会按程序决定，自 2020 年 2 月 14 日 13 时 01 分起，调整《国务院关税税则委员会关于对原产于美国的部分进口商品（第三批）加征关税的公告》（税委会公告〔2019〕4 号）规定的加征税率。该公告附件 1 第一、二部分所列 270 个、646 个税目商品的加征税率，由 10% 调整为 5%；第三、四部分所列 64 个、737 个税目商品的加征税率，由 5% 调整为 2.5%。

除上述调整外，其他对美加征关税措施，继续按规定执行。

国务院关税税则委员会

2020 年 2 月 6 日

国务院关税税则委员会关于开展对美加征关税商品市场化采购排除工作的公告

税委会公告〔2020〕2号

为更好满足我国消费者日益增长的需要，加快受理企业排除申请，根据《中华人民共和国海关法》、《中华人民共和国对外贸易法》、《中华人民共和国进出口关税条例》等有关法律法规规定，国务院关税税则委员会决定，开展对美加征关税商品市场化采购排除工作，根据相关中国境内企业的申请，对符合条件、按市场化和商业化原则自美采购的进口商品，在一定期限内不再加征我对美301措施反制关税。具体事项如下：

一、申请主体

申请主体为拟签订合同自美采购并进口相关商品的中国境内企业。

二、可申请排除的商品范围

可申请排除商品清单为部分我已公布实施且未停止或未暂停加征对美301措施反制关税的商品，见附件。对清单外商品，申请主体可提出增列排除商品的申请。对已出台和今后经批准出台的进口减免税政策项下自美进口商品，以及快件渠道进口商品，自动予以排除并免于申请。纳入对美加征关税商品排除清单、在排除期限内的商品，也无需进行申请。

三、申请方式和时间

申请主体应通过排除申报系统（财政部关税政策研究中心网址 https：//gszx. mof. gov. cn），按要求填报并提交市场化采购排除申请。排除申报系统于2020年3月2日起接受申请。

四、申请填报要求

申请主体应根据上述网址关于排除申请的具体说明和要求，完整填写申请排除商品税则号列、采购计划金额等排除申请信息，以作为审核参考。申请增列排除商品的，还需填报加征关税对申请主体影响等必要说明。

申请主体应对填报信息的真实性负责，经核查发现填报虚假信息的，不考虑相关申请主体该项及后续若干批次的市场化采购排除申请。申请主体填报信息仅限于对美加征关税商品排除工作使用，未经申请主体同意不会向第三方公开，但法律法规和国家另有规定除外。

五、申请结果及采购实施

国务院关税税则委员会将根据申请主体填报信息，结合第一、二批对美加征关税商品排除申请情况，组织对有效申请逐一进行审核，并通过排除申报系统等方式，及时将排除申请结果通知申请主体。相关申请主体，自核准之日起一年内，进口核准金额范围内的商品不再加征我对美 301 措施反制关税；超出部分不予排除，需自行负担加征关税。核准前已加征的关税税款不予退还。对在进口合同中明确规定且数量在 10%（含）以内的溢装商品，也适用上述排除措施。检验检疫等其他进口监管事项按现行规定执行。

申请主体需根据相关说明和要求，及时上传成交信息。经核准的采购计划，当月未成交部分在月底自动失效；超出当月采购计划的成交，需在规定时间内追加排除申请，经国务院关税税则委员会核准后予以排除。申请主体应在进口报关前，根据拟报关信息，通过排除申报系统提交自我声明并领取排除编号。国务院关税税则委员会在自我声明提交后 3 个工作日内予以核准，由排除申报系统生成排除编号。申请主体在报关单上填写排除编号，按海关规定办理报关手续。

附件：可申请排除商品清单（略）

国务院关税税则委员会
2020 年 2 月 17 日

国务院关税税则委员会关于第二批对美加征关税商品第一次排除清单的公告

税委会公告〔2020〕3 号

根据《国务院关税税则委员会关于试行开展对美加征关税商品排除工作的公告》（税委会公告〔2019〕2 号），国务院关税税则委员会组织对申请主体提出的有效申请进行审核，并按程序决定，对第二批对美加征关税商品，第一次排除其中部分商品，分两个清单实施排除措施。有关事项公告如下：

对清单一所列商品，自 2020 年 2 月 28 日至 2021 年 2 月 27 日（一年），不再加征我为反制美 301 措施所加征的关税。对已加征的关税税款予以退还，相关进口企业应自排除清单公布之日起 6 个月内按规定向海关申请办理。

对清单二所列商品，自 2020 年 2 月 28 日至 2021 年 2 月 27 日（一年），不再加征我为反制美 301 措施所加征的关税。已加征的关税税款不予退还。

国务院关税税则委员会将继续开展对美加征关税商品排除工作，适时公布后续批次排除清单。

附件：1. 第二批对美加征关税商品第一次排除清单一（略）
      2. 第二批对美加征关税商品第一次排除清单二（略）

国务院关税税则委员会
2020 年 2 月 21 日

国务院关税税则委员会关于第二批对美加征关税商品第二次排除清单的公告

税委会公告〔2020〕4号

根据《国务院关税税则委员会关于试行开展对美加征关税商品排除工作的公告》（税委会公告〔2019〕2号），国务院关税税则委员会组织对申请主体提出的有效申请进行审核，并按程序决定，对第二批对美加征关税商品，第二次排除其中部分商品，有关事项公告如下：

对附件清单所列商品，自2020年5月19日至2021年5月18日（一年），不再加征我为反制美301措施所加征的关税。对已加征的关税税款予以退还，相关进口企业应自排除清单公布之日起6个月内按规定向海关申请办理。

附件：第二批对美加征关税商品第二次排除清单（略）

国务院关税税则委员会

2020年5月12日

国务院关税税则委员会关于对美加征关税商品第一次排除延期清单的公告

税委会公告〔2020〕8 号

根据《国务院关税税则委员会关于第一批对美加征关税商品第一次排除清单的公告》（税委会公告〔2019〕6 号），第一批对美加征关税商品第一次排除清单将于 2020 年 9 月 16 日到期。国务院关税税则委员会按程序决定，对上述商品延长排除期限。现将有关事项公告如下：

对附件所列 16 项商品，税委会公告〔2019〕6 号规定的排除期限延长一年，即自 2020 年 9 月 17 日至 2021 年 9 月 16 日，继续不加征我为反制美 301 措施所加征的关税。

附件：对美加征关税商品第一次排除延期清单（略）

国务院关税税则委员会
2020 年 9 月 14 日

国务院关税税则委员会关于对美加征关税商品第二次排除延期清单的公告

税委会公告〔2020〕10 号

根据《国务院关税税则委员会关于第一批对美加征关税商品第二次排除清单的公告》（税委会公告〔2019〕8 号），第一批对美加征关税商品第二次排除清单将于 2020 年 12 月 25 日到期。国务院关税税则委员会按程序决定，对上述商品延长排除期限。现将有关事项公告如下：

对附件所列 6 项商品，税委会公告〔2019〕8 号规定的排除期限延长一年，即自 2020 年 12 月 26 日至 2021 年 12 月 25 日，继续不加征我为反制美 301 措施所加征的关税。

附件：对美加征关税商品第二次排除延期清单（略）

国务院关税税则委员会
2020 年 12 月 25 日

国务院关税税则委员会关于对美加征关税商品第三次排除延期清单的公告

税委会公告〔2021〕2 号

根据《国务院关税税则委员会关于第二批对美加征关税商品第一次排除清单的公告》（税委会公告〔2020〕3 号），第二批对美加征关税商品第一次排除清单将于 2021 年 2 月 27 日到期。国务院关税税则委员会按程序决定，对上述商品延长排除期限。现将有关事项公告如下：

对附件所列 65 项商品，延长税委会公告〔2020〕3 号规定的排除期限，自 2021 年 2 月 28 日至 2021 年 9 月 16 日，继续不加征我为反制美 301 措施所加征的关税。

附件：对美加征关税商品第三次排除延期清单（略）

国务院关税税则委员会

2021 年 2 月 26 日

国务院关税税则委员会关于
对美加征关税商品第四次
排除延期清单的公告

税委会公告〔2021〕5 号

根据《国务院关税税则委员会关于第二批对美加征关税商品第二次排除清单的公告》（税委会公告〔2020〕4 号），第二批对美加征关税商品第二次排除清单将于 2021 年 5 月 18 日到期。国务院关税税则委员会按程序决定，对上述商品延长排除期限。现将有关事项公告如下：

对附件所列 79 项商品，延长税委会公告〔2020〕4 号规定的排除期限，自 2021 年 5 月 19 日至 2021 年 12 月 25 日，继续不加征我为反制美 301 措施所加征的关税。

附件：对美加征关税商品第四次排除延期清单（略）

国务院关税税则委员会
2021 年 5 月 16 日

国务院关税税则委员会关于对美加征关税商品第五次排除延期清单的公告

税委会公告〔2021〕7号

根据《国务院关税税则委员会关于对美加征关税商品第一次排除延期清单的公告》（税委会公告〔2020〕8号）和《国务院关税税则委员会关于对美加征关税商品第三次排除延期清单的公告》（税委会公告〔2021〕2号），对美加征关税商品第一次排除延期清单和对美加征关税商品第三次排除延期清单将于2021年9月16日到期。国务院关税税则委员会按程序决定，对上述商品延长排除期限。现将有关事项公告如下：

对附件所列81项商品，延长税委会公告〔2020〕8号和税委会公告〔2021〕2号规定的排除期限，自2021年9月17日至2022年4月16日，继续不加征我为反制美301措施所加征的关税。

附件：对美加征关税商品第五次排除延期清单（略）

国务院关税税则委员会

2021年9月16日

国务院关税税则委员会关于
对美加征关税商品第六次
排除延期清单的公告

税委会公告〔2021〕9 号

根据《国务院关税税则委员会关于对美加征关税商品第二次排除延期清单的公告》（税委会公告〔2020〕10 号）和《国务院关税税则委员会关于对美加征关税商品第四次排除延期清单的公告》（税委会公告〔2021〕5 号），对美加征关税商品第二次排除延期清单和对美加征关税商品第四次排除延期清单将于 2021 年 12 月 25 日到期。国务院关税税则委员会按程序决定，对相关商品延长排除期限。现将有关事项公告如下：

自 2021 年 12 月 26 日至 2021 年 12 月 31 日，对税委会公告〔2020〕10 号和税委会公告〔2021〕5 号文件所列商品，继续不加征我为反制美 301 措施所加征的关税。自 2022 年 1 月 1 日至 2022 年 6 月 30 日，对附件所列商品，继续不加征我为反制美 301 措施所加征的关税。

附件：对美加征关税商品第六次排除延期清单（2022 年版）（略）

国务院关税税则委员会
2021 年 12 月 24 日

国务院关税税则委员会关于
对美加征关税商品第七次
排除延期清单的公告

税委会公告〔2022〕4 号

　　根据《国务院关税税则委员会关于对美加征关税商品第五次排除延期清单的公告》（税委会公告〔2021〕7 号），对美加征关税商品第五次排除延期清单将于 2022 年 4 月 16 日到期。国务院关税税则委员会按程序决定，对相关商品延长排除期限。现将有关事项公告如下：

　　自 2022 年 4 月 17 日至 2022 年 11 月 30 日，对附件所列商品，继续不加征我为反制美 301 措施所加征的关税。

　　附件：对美加征关税商品第七次排除延期清单（略）

国务院关税税则委员会

2022 年 4 月 14 日

主要参考文献*

［1］财政部税政司：《中国税收制度（2008）》，经济科学出版社 2008 年版。

［2］岑维廉、钟昌元、王华：《关税理论与中国关税制度》，格致出版社、上海人民出版社 2010 年版。

［3］陈诗启：《中国近代海关史（民国部分）》，人民出版社 1993 年版。

［4］陈诗启：《中国近代海关史（晚清部分）》，人民出版社 1993 年版。

［5］对外贸易经济合作部国际经贸关系司译：《世界贸易组织乌拉圭回合多边贸易谈判结果法律文本》，法律出版社 2000 年版。

［6］对外贸易经济合作部国际经贸关系司译：《中国加入世界贸易组织法律文件》，法律出版社 2002 年版。

［7］海关总署关税征管司：《进出口税收优惠政策》，中国海关出版社 2005 年版。

［8］海关总署政法司关税司、财政部关税司、国务院法制办财金司：《中华人民共和国进出口关税条例》释义，中国民主法制出版社 2004 年版。

［9］黄天华：《中国关税制度》，上海财经大学出版社 2006 年版。

［10］刘光溪：《互补性竞争论》，经济日报出版社 1996 年版。

［11］刘孝诚：《关税学》，中国财政经济出版社 2007 年版。

［12］马有详：《WTO 新一轮农业谈判框架协议解读》，中国农业出版社 2005 年版。

［13］石广生：《中国加入世界贸易组织知识读本——世界贸易组织基本知识》，人民出版社 2001 年版。

［14］世界贸易组织秘书处编，张江波、索必成译：《贸易走向未来——世界贸易组织概要》，法律出版社 1999 年版。

［15］孙文学、王伟：《中国关税史》，中国财政经济出版社 2003 年版。

［16］田自安、惠泽华、方明辉：《原产地规则与 EPA 实用知识手册》，中国海关出版社 2006 年版。

［17］王普光、何晓兵、李毅：《关税理论政策与实务》，对外经济贸易大学出版社 1999 年版。

---

* 本书相关数据及资料还分别参考了联合国贸易与发展会议文件系列（http：//www. unctad. org）、世界贸易组织网站资料（http：//www. wto. org）、世界贸易组织网站（http：//www. wto. org）、APEC 官方网站（ht-tps：//www. apec. org）、耶鲁大学环境法律与政策研究中心网站（https：//envirocenter. yale. edu/）、拜登竞选网站（https：//joebiden. com/climate - plan/）、澳大利亚外交与贸易部网站（https：//www. dfat. gov. au/）、新西兰外交与贸易部网站（https：//www. mfat. govt. nz/）等网络信息。

［18］吴家煌:《世界主要国家关税政策与措施》,法律出版社 1998 年版。

［19］薛荣久:《国际贸易》,对外经济贸易大学出版社 2006 年版。

［20］姚梅林:《中国海关史话》,中国海关出版社 2005 年版。

［21］Dictionary of Trade Policy Terms (Fourth Edition), Walter Goode.

［22］Doha Work Programme: Decision Adopted by the General Council, WTO, 2nd Aug. 2004.

［23］Implementation-related Issues and Concerns, WTO, 14th Nov. 2001.

［24］Ministerial Declaration, WTO, 14th Nov. 2001.

［25］The GATT Analytical Index, WTO, 2002.

［26］Understanding the WTO (3rd Edition), Information and Media Relations Division, WTO Secretariat.